AUFKLÄRUNG

Interdisziplinäres Jahrbuch
zur Erforschung des 18. Jahrhunderts
und seiner Wirkungsgeschichte

Herausgegeben von
Lothar Kreimendahl, Martin Mulsow
und Friedrich Vollhardt

Redaktion:
Marianne Willems

Band 24 · Jg. 2012

Thema:

RADIKALE SPÄTAUFKLÄRUNG IN DEUTSCHLAND
EINZELSCHICKSALE – KONSTELLATIONEN – NETZWERKE

Herausgegeben von
Martin Mulsow und Guido Naschert

FELIX MEINER VERLAG

ISSN 0178–7128

Aufklärung. Interdisziplinäres Jahrbuch für die Erforschung des 18. Jahrhunderts und seiner Wirkungsgeschichte. – Herausgegeben von Lothar Kreimendahl, Martin Mulsow und Friedrich Vollhardt. – Redaktion: Dr. Marianne Willems, Ludwig-Maximilians-Universität München, Institut für deutsche Philologie, Schellingstraße 3, 80799 München, E-mail: aufklaerung@lrz.uni-muenchen.de.

INHALT

Aufklärung 24 · © Felix Meiner Verlag 2012 · ISSN 0178-7128

EINLEITUNG

Radikale Spätaufklärung in Deutschland

Einzelschicksale – Konstellationen – Netzwerke

Die Untersuchung der radikalen deutschen Spätaufklärung war lange Zeit die Domäne einer inzwischen in die Jahre gekommenen Jakobinismus-Forschung.[1] Sie war besonders an einem politischen Begriff von Radikalität ausgerichtet, der in der Französischen Revolution und ihren unterschiedlichen nationalen Rezeptionsformen greifbar wurde. Weitgehend unabhängig davon haben sich die Forschungen zur littérature clandestine, zur Heterodoxie und zum literarischen Untergrund der Frühen Neuzeit vor allem mit den philosophischen und religionskritischen Gehalten befaßt. Der vorliegende Band möchte beide Forschungsrichtungen durch den Fokus auf die ‚vorrevolutionären‘ Problemlagen der 1770er und 1780er Jahre deutlicher miteinander ins Gespräch bringen. Dies schien uns ebenso aus forschungsgeschichtlichen wie inhaltlichen Gesichtspunkten wünschenswert, stehen doch noch ganz grundlegende Vorannahmen beider Forschungsfelder zur Diskussion, die ein Gespräch zwischen ihnen erschweren.

So werden viele Beiträge zur frühneuzeitlichen Radikalaufklärung von einer Überzeugung geleitet, die der französische Historiker Paul Hazard bereits 1935 in seinem Buch *La crise de la conscience européenne* formuliert hatte. Demzufolge ist die ‚große Schlacht der Ideen‘ bereits vor 1700 geschlagen. Damit wird gleichzeitig die Bedeutung späterer Radikalaufklärer des achtzehnten Jahrhunderts entschärft und marginalisiert. Sie erscheinen Hazard angesichts der Kühnheiten des siebzehnten Jahrhunderts geradezu als blaß.[2]

Demgegenüber gehen die verschiedenen disziplinären Forschungen zur Spätaufklärung oft wie selbstverständlich davon aus, daß der ökonomische, soziale oder intellektuelle Wandel der europäischen Gesellschaften in der ‚Sattelzeit‘

---

[1] Dazu jetzt: Wege der Aufklärung in Deutschland. Die Forschungsgeschichte von Empfindsamkeit und Jakobinismus zwischen 1965 und 1990 in Experteninterviews. Eingeleitet, bearbeitet, kommentiert und hg. von Michael Schlott, Stuttgart, Leipzig 2012.

[2] Paul Hazard, La crise de la conscience européenne (1680–1715), o.O. 1935. Vgl. Margaret C. Jacob, The crisis of the European Mind: Hazard revisited, in: Phyllis Mack (Hg.), Politics and Culture in Early Modern Europe. Essays in Honour of H. G. Koenigsberger, Cambridge 1987, 252–272. Der Aufsatz erscheint in deutscher Übersetzung in Jonathan I. Israel, Martin Mulsow (Hg.), Radikalaufklärung, Berlin 2013 (im Druck).

zur Formulierung von Zäsuren Anlaß gibt, welche die Errungenschaften der Frühen Neuzeit bestenfalls noch als Vorgeschichte in den Blick bringen läßt. Ein gutes Beispiel dafür liefert etwa die universitäre Philosophiegeschichte. Hier ist es bis heute Brauch, Denker wie David Hume oder Immanuel Kant zum Maßstab der auf sie folgenden Entwicklung zu erklären, an denen gemessen ältere parallele Denkrichtungen wie die Wolffianer, Empiristen oder Materialisten als überholt und ‚rückständig‘ erscheinen. Doch so folgenreich die ‚kopernikanische Wende‘ Kants gewesen sein mag, die Selbstbeschreibungen des Kantianismus und seiner Nachfolger zur Grundlage der historischen Narration zu wählen, verstellt den Blick auf alternative Entwicklungsmöglichkeiten und die fortdauernde Präsenz von älteren, mit dem neuen Denken nur schwer zu vereinbarenden Grundüberzeugungen.[3]

Dieser Band möchte dazu beitragen, derartige Verzerrungen sichtbar zu machen und gegebenenfalls zu korrigieren. Das kann natürlich nicht bedeuten, daß handgreifliche Unterschiede zwischen siebzehntem und achtzehntem Jahrhundert, zwischen Früh- und Spätaufklärung nun zugunsten einer zu einfachen Kontinuitätsthese verdeckt werden. Im Gegenteil möchten wir darauf hinweisen, daß diese Unterschiede erst durch den Dialog beider Forschungsperspektiven auf die Radikalaufklärung deutlicher herausgearbeitet werden können.

Die deutsche Aufklärung war im Vergleich zur französischen überwiegend moderat. Ältere Forschungen haben zur Erklärung dieses Phänomens gerne auf die soziale Position der Aufklärer verwiesen, die im Kontext der Höfe, Universitäten, Kabinette und Konsistorien ihre Kompromisse suchen mußten. Doch brachen immer wieder auch einzelne aus dem Konsens des Erlaubten und Schicklichen aus. Allerdings geschah dies nicht aufgrund eines feststehenden ‚radikalen‘ Repertoires an Überzeugungen. Will man nicht erneut in die Aporien älterer Definitionsforschungen geraten, muß daher differenzierter gefragt werden: Was waren die Gründe und Motive für das Ausscheren? Welche situativen Faktoren, Ideen und Personen konnten auch dort eine Radikalisierung veranlassen, wo keine im engeren Sinne ‚radikalen‘ Positionen vertreten wurden? Und was bedeutete beispielsweise die politische Eskalation zwischen der Bergpartei und der Gironde, mit

---

[3] Daß dies selbst bei der Rekonstruktion des radikalen Flügels des Frühkantianismus zu berücksichtigen ist, untersucht Guido Naschert in einer Reihe von Studien zum Verhältnis von Radikalaufklärung und klassischer deutscher Philosophie, siehe Guido Naschert (Hg.), Friedrich Carl Forberg: Philosophische Schriften, 2 Bde., Paderborn u. a. 2013 (im Druck); G. N., Netzwerkbildung und Ideenzirkulation. Johann Benjamin Erhards Reisen durch das Europa der französischen Revolution, in: Martin Mulsow (Hg.), Kriminelle – Freidenker – Alchemisten. Räume des Untergrunds in der Frühen Neuzeit, Wien, Köln, Weimar 2013 (im Druck); G. N., „Mit mir machst Du, o Rom, kein Glück." Johann Baptist Schads Klosterromane und ihre Religionsphilosophie, in: Martin Mulsow, Dirk Sangmeister (Hg.), Subversive Literatur. Erfurter Autoren und Verlage im Zeitalter der Französischen Revolution (1780–1806), Göttingen 2013 (im Druck).

der die Unterscheidung einer ,moderaten' von einer ,radikalen' politischen Bewegung für alle Zeitgenossen handgreiflich wurde, im Lichte frühneuzeitlicher
Radikalitätsformen, wenn sich in der Persona des Radikalen Ketzerei und ,Jako-
binismus' verbanden? Wie steht es hier um das Weiterwirken spezifischer Traditionen frühneuzeitlicher Heterodoxie?

Die damit angesprochenen deutschen Radikalaufklärer des späten 18. Jahrhunderts sind nie ganz in Vergessenheit geraten. Einige bekanntere Beispiele wurden
bereits in früheren Sammlungen des 19. Jahrhunderts, wie denen von Edgar Bau-
er[4] oder Ludwig Noack,[5] vorgestellt. Zudem hat sich die ostdeutsche Geschichtsschreibung Traditionslinien des Atheismus und Materialismus als Vorgeschichte
des Marxismus anzueignen versucht.[6] Auch die Wortprägung „Radikalaufklärung" bürgerte sich hier bereits mit großer Selbstverständlichkeit ein.[7] Im Bereich
der Frühe-Neuzeit-Forschung erhielt er durch das 1981 erschienene Buch von
Margaret C. Jacob *The Radical Enlightenment. Pantheists, Freemasons and Republicans* Aufmerksamkeit,[8] wurde dann aber vor allem mit dem Erscheinen von
Jonathan Israels Buch *Radical Enlightenment* geläufig, das Anfang des Jahrtau-
sends zu einem internationalen akademischen Bestseller wurde.[9] Behandelte
Jacob noch eine kleine Gruppe englisch-holländischer Freidenker um 1700, wei-
tet Israel die Bewegung der Radikalaufklärer erheblich aus. Ausgehend von den
Ideen Spinozas beschreibt er zudem auch radikalaufklärerische Entwicklungen
auf verschiedenen Kontinenten wie Europa, Nord- und Südamerika. Diese gipfeln
Israel zufolge in der Französischen Revolution als ihrem gesellschaftsverändern-
den Ziel.

---

[4] Martin von Geismar [Edgar Bauer], Bibliothek der Deutschen Aufklärer des achtzehnten
Jahrhundert, 5 Bde., Leipzig 1846.

[5] Ludwig Noack, Die Freidenker in der Religion oder die Repräsentanten der religiösen Aufklärung in England, Frankreich und Deutschland, 3 Bde., Bern 1853–1855.

[6] Gottfried Stiehler (Hg.), Beiträge zur Geschichte des vormarxistischen Materialismus, Berlin-
Ost 1961; Hermann Ley, Geschichte der Aufklärung und des Atheismus, 5 Bde., Berlin-Ost 1966–
1989.

[7] Andrew McKenzie-McHarg weist in seinem Beitrag für diesen Band auf einen ersten Wort-
beleg aus den 1950er Jahren hin: Günter Mühlpfordt, Die Stätte des neuen Chemie-Instituts in Halle
als einstiges Zentrum der radikalen deutschen Aufklärung, in: Hochschulwesen 4/2 (1956), 13–18.
Eine Fortsetzung fand der Sprachgebrauch im Kreis von Mühlpfordts akademischen Schülern. Siehe
Erich Donnert (Hg.), Europa in der Frühen Neuzeit. Festschrift für Günter Mühlpfordt, 6 Bde.,
Weimar u. a. 1997–2002, Bd. 7, Köln u. a. 2008.

[8] Margaret C. Jacob, The Radical Enlightenment. Pantheists, Freemasons and Republicans,
London 1981.

[9] Jonathan I. Israel, Radical Enlightenment. Philosophy and the Making of Modernity 1650–
1750, Oxford 2001; J. I. I., Enlightenment contested: Philosophy, Modernity, and the Emancipation
of Man 1670–1752, Oxford 2009; J. I. I., Democratic Enlightenment: Philosophy, Revolution, and
Human Rights, 1750–1790, Oxford 2011; J. I. I., Revolution of the Mind: Radical Enlightenment
and the Intellectual Origins of Modern Democracy, Princeton 2011.

Doch die Aufklärungsforschung war in den letzten dreißig Jahren in eine völlig andere Richtung gegangen. Man hatte sich gerade aller Teleologie entschlagen; man hatte sich den Sozietäten, den Lesezirkeln, den Repräsentationsformen und sogar den Kleidermoden zugewandt, um dort verkörperte Ideen zu finden, auf einer alltäglichen Basis und ohne den Anspruch der Hochkultur. Die Lektüreforschung hat pornografische Romane und Klatschgeschichten als – im Sinne der Verbreitung – wirkungsvoller erwiesen als jeden philosophischen Traktat.[10] Nach den Ergebnissen dieser Forschungen wäre Spinoza daher keineswegs die Rolle zuzuschreiben, die ihm Israel immer noch gibt.

Um eine Alternative zu Israels monumentaler, jedoch in mancher Hinsicht vereinfachender Geschichte zu entwickeln, bedarf es also eines genaueren Blicks auf vernachlässigte Einzelgestalten, vor allem aber auf die Netzwerke und Konstellationen, in denen diese ihre unterschiedlichen Formen von Radikalität ausprägten, wirksam machten und absicherten.[11] Die Strukturen derartiger Netzwerke haben sich im Laufe des achtzehnten Jahrhunderts erheblich verändert. War der ‚Untergrund‘ um 1700 noch eine prekäre Form von Klandestinität, die sich besonders subtiler gelehrter Strategien bedienen mußte, können wir in der Spätaufklärung beobachten, daß die Gelehrten bereits über eine erhebliche Routine im Umgang mit staatlicher Verfolgung verfügten. Beispielhaft ist hier der Zusammenhang von Zensur und Geheimbuchhandel.[12]

Zu berücksichtigen ist ferner, daß die Spätaufklärer durch säkularisierte Geschichtsmodelle, eine neue Psychologie und Anthropologie, durch die Bibelkritik, durch das Entstehen moderner Staatswissenschaften, vor allem aber auch durch die bereits in Teilen erfolgte Verwirklichung aufklärerischer Ziele vor einer veränderten Situation standen. Radikalisierung ist jetzt oft auch Folge der bloßen Befürchtung einer Zurücknahme aufklärerischer Errungenschaften.[13] Läßt sich

---

[10] Vgl. Robert Darnton, The Literary Underground of the Old Regime, Cambridge (Mass.) 1982; R. D., The Forbidden Best-Sellers of Prerevolutionary France, New York 1995; R. D., The Devil in the Holy Water, or the Art of Slander from Louis XIV to Napoleon, Philadelphia 2009.

[11] Dieter Henrichs Konzeption von „Konstellationsforschung" kann hier methodisch anleiten, um die Produktivität intellektueller Zirkel ohne voreilige Teleologie zu erfassen. Siehe Dieter Henrich, Konstellationen. Probleme und Debatten am Ursprung der idealistischen Philosophie (1789–1795), Stuttgart 1991; Martin Mulsow, Marcelo Stamm (Hg.), Konstellationsforschung, Frankfurt am Main 2005; Andrea Albrecht, ‚Konstellationen‘. Zur kulturwissenschaftlichen Karriere eines astrologisch-astronomischen Konzepts bei Heinrich Rickert, Max Weber, Alfred Weber und Karl Mannheim, in: Scientia Poetica 14 (2010), 104–149.

[12] Siehe z. B. Wilhelm Haefs, York-Gothart Mix (Hg.), Zensur im Jahrhundert der Aufklärung. Geschichte – Theorie – Praxis, Göttingen 2007; Christine Haug, Franziska Mayer, Winfried Schröder (Hg.), Geheimliteratur und Geheimbuchhandel in Europa im 18. Jahrhundert, Wiesbaden 2011; Mulsow, Sangmeister (Hg.), Subversive Literatur (wie Anm. 3).

[13] Uta Wiggemann, Wöllner und Religionsedikt: Kirchenpolitik und kirchliche Wirklichkeit im Preußen des späten 18. Jahrhunderts, Tübingen 2010.

die Spätaufklärung also insgesamt als Zeit der Transformation von Radikalität verstehen, in der sich ein frühneuzeitliches Spannungsgefüge aus Autorität und Pluralisierung neu konfiguriert?[14] Radikalität ist nicht gleich Extremismus. Man kann sie weder einfach durch einen inhaltlichen Katalog von Überzeugungen oder Leitideen bestimmen, noch in reiner Situativität auflösen. Die Opposition ‚radikal' vs. ‚moderat' bezeichnet eine komplizierte Gemengelage von Faktoren.[15]

Der Wert eines kontextsensiblen Gebrauchs der Unterscheidung besteht nicht nur in der Entideologisierung einzelner ‚Heldengeschichten', sondern zugleich darin, ein viel breiteres Netz von Autoren ans Licht zu bringen. In der Konsequenz ergibt sich das Projekt einer Topographie intellektueller Radikalität im Deutschland des späten 18. Jahrhunderts. Eine solche Topographie versucht die regionalen Konzentrationen von Theoretikern und ihre wechselseitigen Resonanzen zu rekonstruieren. Sicherlich war sie in ständigem Fluß: Die Protagonisten sind an andere Universitäten gewechselt, entlang der Linien von möglicher Patronage und Toleranz migriert, zuweilen auch geflohen oder gereist. Dennoch haben sich oft für den Zeitraum einiger Jahre relativ stabile Konstellationen ergeben, die meist an bestimmte Orte gebunden waren und zugleich über Korrespondenzen mit anderen Personen in Kontakt standen. Semiinstitutionelle Fixierungen haben manche Netzwerke zu Aufklärungs- oder Geheimgesellschaften werden lassen (z. B. Illuminaten, Deutsche Union, Freimaurerorden), was aber keineswegs immer notwendig war.

Der Themenband möchte in Einzelstudien Vorarbeiten für eine Gesamtschau leisten.[16] Zur Sprache kommen im norddeutschen Raum der Hamburger Reimarus-Kreis (Almut Spalding) und das Netzwerk Ferdinand Benekes (Frank Hatje), der Göttinger Materialismus von Christoph Meiners und Michael Hißmann (Falk Wunderlich), der Gießen-Dillenburger Kreis um Karl von Knoblauch und Georg Friedrich Werner (Martin Mulsow), das Netzwerk von Friedrich Buchholz (Ivan D'Aprile) in Berlin und Brandenburg, Einzelschicksale wie der Zopfprediger Schulz (Andreas Menk und Marcus Conrad) oder Franz Michael Leuchsenring (Reinhard Markner), das Halle Carl Friedrich Bahrdts (Andrew McKenzie-McHarg; Manuel Schulz), der Weimarer Christoph Martin Wieland (Peter-Henning Haischer und Hans-Peter Nowitzki) sowie die süddeutschen Studentennetz-

---

[14] Vgl. Jan-Dirk Müller, Wulf Oesterreicher, Friedrich Vollhardt (Hg.), Pluralisierungen: Konzepte zur Erfassung der Frühen Neuzeit, Berlin 2010.

[15] Zu diesen Faktoren zählt auch die Sicherheit bzw. Unsicherheit von Texten und Autoren sowie deren Möglichkeit, offen publizieren zu können und Schüler zu haben, vgl. Martin Mulsow, Prekäres Wissen. Eine andere Ideengeschichte der Frühen Neuzeit, Berlin 2012.

[16] Weitere Studien finden sich in Mulsow (Hg.), Kriminelle (wie Anm. 3).

werke der Revolutionszeit in Mainz, Stuttgart, Tübingen und Würzburg (Jörg Schweigard).

Keineswegs konnten alle repräsentativen Personen, Konstellationen und Netzwerkformen hier zureichend Berücksichtigung finden. Das weitgespannte Netzwerk der Illuminaten um Adam Weishaupt etwa bleibt ebenso ausgespart[17] wie die noch unzureichend erforschten Netzwerke erotischer Autoren und Verlage, die ebenfalls zur radikalen Aufklärung hinzuzurechnen sind.[18] Prominente Figuren wie Knigge oder Forster, Weckhrlin oder Rebmann, deren Untersuchung man hier erwarten könnte, kommen gar nicht oder nur am Rande in den Blick. Der süddeutsche und südwestdeutsche sowie der habsburgische Raum sind stark unterrepräsentiert.

Diese Lücken sind nicht nur dem Umfang eines Jahrbuchs geschuldet. Sie sind auch Ausdruck einer im Umbruch begriffenen Forschungssituation zur radikalen Spätaufklärung. Der Band kann daher nur im Sinne einer vorläufigen Zwischenbilanz verstanden werden, die als Anregung zur weiteren Erforschung radikaler Netzwerke dienen soll.

Martin Mulsow, Guido Naschert

---

[17] Siehe dazu Hermann Schüttler, Das Kommunikationsnetz der Illuminaten. Aspekte einer Rekonstruktion, in: Ulrich Johannes Schneider (Hg.), Kulturen des Wissens im 18. Jahrhundert, Berlin 2008, 141–150.

[18] Siehe dazu z.B. Julia Bohnengel, Sade in Deutschland. Eine Spurensuche im 18. und 19. Jahrhundert. Mit einer Dokumentation deutschsprachiger Rezeptionszeugnisse zu Sade 1768–1899, St. Ingbert 2003.

ABHANDLUNGEN

Almut Spalding

Der Fragmenten-Streit und seine Nachlese im Hamburger Reimarus-Kreis

Der Fragmentenstreit, die bedeutendste theologische Auseinandersetzung im achtzehnten Jahrhundert, scheint auf den ersten Blick ein Thema zu sein, zu dem seit den Arbeiten von Gerhard Alexander nichts Neues mehr hinzuzusetzen ist. Hat Alexander doch die Publikationsgeschichte der sogenannten Fragmente bzw. der *Apologie* von Hermann Samuel Reimarus (1694–1768) aufs gründlichste untersucht[1] und der Frage nachgespürt, wie denn das in Hamburg verfaßte Manuskript nach Wolfenbüttel geraten sein könnte, wo Gotthold Ephraim Lessing (1729–1781) vorgab, die Handschrift eines Unbekannten gefunden zu haben.[2] Alexander stützte sich dabei auch auf Briefwechsel, eben solche Dokumente, durch die intellektuelle Vernetzungen und Gedankengänge *vor* dem Schritt in die Öffentlichkeit erkenntlich werden. Sein Schluß, daß die Handschrift durch zwei Kinder von Hermann Samuel Reimarus in Lessings Hände kam – durch Tochter Elise noch wahrscheinlicher als Sohn Johann Albert Hinrich – hat weiterhin Gültigkeit. Zu Recht erkannte Alexander Elise Reimarus als eine Schlüsselfigur in der Geschichte des Fragmentenstreits.

Seit Alexanders Arbeit vor vierzig Jahren haben sich jedoch weitere Blickwinkel auf den Reimarus-Kreis eröffnet, auch solche, die wieder neues Licht auf den Fragmentenstreit werfen. Der vorliegende Beitrag soll erstens darstellen, wie Mitglieder der Familie Reimarus auch *nach* Übergabe der Handschrift an Lessing an weiteren Veröffentlichungen beteiligt waren. Die jüngeren Reimarus' hatten eindeutig eine *vollständige* Veröffentlichung der Schrift ihres Vaters zum Ziel. Ob dabei aber der Name des Verfassers genannt oder verschwiegen werden sollte, dieser Frage gegenüber verhielten sie sich zwiespältig und inkonsequent. Zweitens möchte dieser Beitrag die *Nachlese* des Fragmentenstreits im Reimarus-Kreis erörtern. Daß Lessings dramatisches Gedicht *Nathan der Weise* (1779)

---

[1] Gerhard Alexander, Einleitung, in: Hermann Samuel Reimarus, Apologie oder Schutzschrift für die vernünftigen Verehrer Gottes, hg. von G. A., Frankfurt am Main 1972, 9–38.

[2] Gerhard Alexander, Wie kam Lessing zur Handschrift der Wolfenbütteler Fragmente?, in: Philobiblon 16 (1972), 160–173.

Aufklärung 24 · © Felix Meiner Verlag 2012 · ISSN 0178-7128

zu den Nachwirkungen gehört, ist allgemein bekannt. Bisher übersehen wurde
eine gleichzeitig erschienene Schrift aus der Feder von August Hennings, das
Vers-Epos *Olavides*.[3] Obgleich im Stil ganz anders als Lessings *Nathan*, knüpft
auch diese Schrift unmittelbar an die Fragmente an, löste in Dänemark einen ähnlichen theologischen Streit aus und verdient daher, zur Nachlese des berühmteren
Fragmentenstreits gezählt zu werden. Um diese beiden Themenkomplexe zu erörtern, bietet besonders ein neu zugänglicher Briefwechsel aus dem Kommunika-
tions-Netzwerk des Reimarus-Kreises neue Untersuchungs-Ansatzpunkte.[4]

Welche Personen gehörten nun im entsprechenden Zeitraum – von Mitte der
1770er bis Anfang der 1780er Jahre – zum Reimarus-Kreis? Im Zentrum standen
der Arzt Johann Albert Hinrich Reimarus (1729–1814), oft einfach „der Doktor"
genannt; seine zweite Ehefrau Christiana Sophia Louise („Sophie") geb. Hennings (1742–1817), oft „die Doktorin" genannt; und seine Schwester Margarete
Elisabeth („Elise") Reimarus (1735–1805). Seit 1771 wohnte Johann Albert Hinrich Reimarus mit seiner Familie wieder im elterlichen Hause auf dem Plan, gegenüber dem Johanneum, mit der Mutter Johanna Friederica geb. Fabricius
(1707–1783) und Elise unter einem Dach. In diesem Hause leiteten die beiden
jüngeren Frauen, Sophie und Elise, einen literarischen Salon, den sogenannten
Reimarer Teetisch, der als Knotenpunkt für literarisch-intellektuellen Austausch
weit über die Grenzen Hamburgs bekannt war und als „die Gemeine" in die Literaturgeschichte einging.[5]

Auch die inzwischen betagte Witwe Friederica Reimarus muß man zum Teetisch hinzuzählen, obgleich sie zur Zeit des Fragmentenstreits die Leitung des
Haushaltes längst an die nächste Generation abgegeben hatte und in den überlieferten Quellen nur selten auftaucht. Es ist sehr schwer vorzustellen, daß sie – ein
Kind der Aufklärung und lebenslang von Aufklärern umgeben – am sozialen Austausch um den Teetisch und an den publizistischen Tätigkeiten ihrer Angehörigen
keinen Anteil genommen hätte. So fällt z. B. auf, daß von ihr kein Blatt mit ihrer
Handschrift erhalten ist. Dieser Umstand und das Bemühen ihrer Kinder, sie nicht
als die Witwe des Verfassers der Fragmente bloßzustellen, lassen vermuten, daß
Friederica Reimarus sich der Macht des gedruckten Wortes nicht nur sehr bewußt

---

[3] August Hennings, Olavides, herausgegeben und mit einigen Anmerkungen über Duldung und
Vorurtheile begleitet, Kopenhagen, 1779.

[4] Zur Wichtigkeit von Briefwechseln für die Rekonstruktion von Geistesströmungen: Dietrich
Henrich, Konstellationen. Probleme und Debatten am Ursprung der idealistischen Philosophie
(1789–1795), Stuttgart 1991, hier 40–41.

[5] Almut Spalding, Aufklärung am Teetisch. Die Frauen des Hauses Reimarus und ihr Salon, in:
Peter Albrecht (Hg.), Formen der Geselligkeit in Nordwestdeutschland 1750–1820, Tübingen 2003,
261–270.

war, sondern daß sie vielleicht gerade vor dem Hintergrund des Fragmentenstreits ihre eigenen Briefe selbst vernichtet hat.[6]

Außerhalb der Familie gehörten zum Reimarus-Kreis als engste Freunde in Hamburg der Leiter der Handelsakademie Johann Georg Büsch (1728–1800) und seine Frau Margaretha Augustina geb. Schwalb (1739–1793); der Bruder der Letzteren, Kaufmann und Kunstsammler August Gottfried Schwalb (1741–1777) und seine Frau Dorothea Elisabeth geb. Busse (1745–1799); die Familien der Verleger Johann Carl (1712–1773) bzw. Carl Ernst (1749–1827) Bohn; und ab Herbst 1777 der Pädagoge und Publizist Joachim Heinrich Campe (1746–1818) und seine Frau Maria Dorothea geb. Hiller (1741–1827). Zu geographisch weiter entfernten Freunden des Reimarus-Kreises gehörten im betrachteten Zeitraum Lessing in Wolfenbüttel; Moses Mendelssohn (1729–1786) in Berlin; und seit Sommer 1780 Friedrich Nicolai (1733–1811), ebenfalls in Berlin, und Friedrich Heinrich Jacobi (1749–1819) und Schwestern, unter ihnen besonders Susanne Helene („Lene") Jacobi (1753–1838), in Pempelfort.[7] Durch Korrespondenz hielten all diese Personen miteinander Verbindung, am Anfang ihrer Freundschaft stand jedoch, wie schon in anderen Fällen nachgewiesen, immer eine persönliche Begegnung.[8] So erklärt sich, daß der Briefwechsel zwischen den Reimarern und Nicolai, Jacobi und deren Familien erst nach dem persönlichen Kennenlernen in Hamburg beginnt.

Nicht zuletzt gehörte zu den engsten Vertrauten des Reimarus-Kreises auch Sophie Reimarus' Bruder, August Hennings (1746–1826), derzeit dänischer Gesandter in Berlin und Dresden, ab 1776 in Kopenhagen, wo er als Regierungsangestellter für den Aufbau der Industrie zuständig war. Hennings führte u. a. mit Elise Reimarus eine sehr ausgedehnte Korrespondenz, die er gegen Ende seines Lebens mit Blick auf seine Erinnerungen für die Nachwelt edierte. So blieb einerseits eine reiche Fülle an Briefen aus dieser Korrespondenz erhalten, andererseits sind die Handschriften – Originale und Abschriften – oft an entscheidenden Stellen gekürzt, unlesbar durchgestrichen oder gar weggeschnitten. Ein kleiner Teil dieses Briefwechsels wurde von Wilhelm Wattenbach, einem Enkel von Hen-

---

[6] Anders läßt sich das Fehlen ihrer Korrespondenz in einer Familie, wo auch Schriftstücke von Frauen aufbewahrt wurden und die Briefe ihres Ehemannes an sie überliefert sind, nicht erklären. Zu Johanna Friederica Reimarus als Kind der Aufklärung: Almut Spalding, Elise Reimarus (1735–1805), The Muse of Hamburg. A Woman of the German Enlightenment, Würzburg 2005, besonders 40–49.

[7] Genau genommen war Lene Jacobi Friedrich Heinrich Jacobis Halbschwester. Jan Wartenberg, Der Familienkreis Friedrich Heinrich Jacobi und Helene Elisabeth von Clermont. Bildnisse und Zeitzeugnisse, Bonn 2011, 84 ff.

[8] Martin Mulsow, Zum Methodenprofil der Konstellationsforschung, in: M.M. und Marcello Stamm (Hg.), Konstellationsforschung, Frankfurt am Main 2005, 74–100, hier 75.

nings, veröffentlicht, nämlich alle Abschnitte, die Lessing zum Thema haben.[9]
Dieser Aufsatz bildet noch immer die Grundlage für das, was heute über das Verhältnis zwischen der Familie Reimarus und Lessing – und so auch über den Fragmentenstreit – bekannt ist. Daß Hennings' Streitigkeit in Dänemark mit Lessings
Fragmentenstreit Parallelen aufweist, das lag außerhalb Wattenbachs Blickwinkel und ist nur anhand bisher unveröffentlichtem Quellenmaterials nachzuvollzie-
hen.

Inhaltlich beschäftigte sich der Reimarus-Kreis mit einer Bandbreite von Themen – von der neuesten Literatur über Bildung und naturwissenschaftliche Erkenntnisse bis zu Formen der Staatsordnung. Man las gemeinsam Bücher, tauschte Bücher aus, bestellte, vermittelte, rezensierte, schrieb. Und immer und immer
wieder geht es in der Korrespondenz um Toleranz und Zensur bzw. Strategien,
Zensurmaßnahmen zu umgehen. So meldete z. B. einmal Elise Reimarus an Hennings in Dresden, daß der aus Kopenhagen verbannte Kapellmeister Guiseppe
Sarti (1729 – 1802) sich in Hamburg aufhielt und sowohl von den Altonaer Dänen
wie auch vom Hamburger Magistrat vorsichtig beobachtet wurde. Öffentliche
Auftritte waren ihm nicht erlaubt, aber in einem Privathaus war schon sein zweites
Konzert angesetzt. „Die Kenner und Liebhaber der Harmonie wißen nichts von
seiner Verbannung, wenn er ein schönes Recitatif durch seinen Ausdruck noch
schöner macht".[10] Ob Georg Heinrich und Augustina Büsch, die im selben
Brief ein paar Sätze vorher als Gastgeber eines Hauskonzertes erwähnt werden,
auch die Gastgeber für Sartis Auftritte waren, geht aus dem Brief nicht eindeutig
hervor. Genau diese Zweideutigkeit mag natürlich auch Strategie gewesen sein,
und Eingeweihte wußten solche Botschaften zu lesen.

Ein anderes Mal wies Elise Reimarus Hennings darauf hin, daß er eine inzwischen rare Ausgabe des *Musenalmanach* besitze, denn „gleich nachdem ichs hatte
ward der Almanach um der Stelle S. 95 in Göckings liede [sic] den der Kaiser einen *Friedensstörer* nennt, so lange verbothen, bis die ganze Stroophe heraus mußte".[11] Ebenso berichtete Elise, daß der *Ketzeralmanach*[12] in Hamburg sofort aus-
verkauft war und „mit allgemeiner Gierigkeit verschlungen" wurde, sogar von

   [9] Wilhelm Wattenbach, Zu Lessing's Andenken, in: Neues Lausitzisches Magazin. Unter Mitwirkung der Oberlausitzischen Gesellschaft der Wissenschaften 38 (1861), 193–231.
   [10] Elise Reimarus an August Hennings, 8. Juli 1775, ms., Staats- und Universitätsbibliothek Carl
von Ossietzky, Hamburg (im Folgenden abgekürzt als „SUB HH"), NL Hennings 45, Nr. 3, 8^v-9^r.
   [11] Elise Reimarus an August Hennings, 2. Okt. 1779, ms., SUB HH, NL Hennings 79, 174^A. Es
geht um den Musenalmanach für das Jahr 1779, von den Verfassern des bish[erigen] Götting[ischen]
Musenal[manachs], Hamburg 1779.
   [12] [Karl Friedrich Bahrdt,] Kirchen- und Ketzeralmanach aufs Jahr 1781, Häresiopel [=Zülli-
chau] 1781.

den Oberalten, „um sich bey Prediger Wahlen darnach richten zu können".[13] Elise
Reimarus, Hennings und Lessing rätselten dann monatelang, wer der Verfasser
sei,[14] bis schließlich Lene Jacobi an Sophie Reimarus schrieb:

> Der Kätzer Almanach ist endlich bey uns angekommen und hat uns viel Lust gemacht.
> Fritz glaubt es wäre unmöglich, daß jemand anders als Bahrdt dies Buch geschrieben
> haben könne, weil niemand wie er in Teuschland [sic] dazu die Impertinenz und den
> Kopf zugleich hätte. Doch müßen andere wenigstens eben so stark auf Nicolai gerathen
> haben […].[15]

Dabei wird „Teuschland" kein Rechtschreibfehler gewesen sein, sondern eine
bewußte Wortwahl mit Augenzwinkern. Diese Beispiele zeigen den regen Austausch über Zensurmaßnahmen, oft mit viel Witz verbunden. Daß die verschiedensten Kommunikationskanäle mit Selbstverständlichkeit auch über Frauen lie-
fen, sollte heute nicht mehr überraschen, ist aber lange übersehen worden.

Nun zur Geschichte der Veröffentlichung der Fragmente. Als Lessing im Au-
gust/September 1769 das erste Mal die Bibliothek im Hause Reimarus benutzte,
wurde gerade der Katalog zur zweiten Auktion der Bibliothek von Hermann Samuel Reimarus (Mai 1770) zusammengestellt; die erste Auktion lag schon in der
Vergangenheit.[16] Bis Lessing im April 1770 von Hamburg endgültig wegzog, wird
es keine Gelegenheiten gegeben haben, bei der sich die Geschwister Reimarus mit
Lessing über die Handschrift ihres Vaters in Ruhe hätten aussprechen können.
Denn gerade in diesem Zeitraum war das Haus Reimarus *kein* Ort des Austauschs
wie vorher zu Lebzeiten von Hermann Samuel, als die Patriotische Gesellschaft
mittwochs im Haus Reimarus zusammenkam, oder wie später, als der Teetisch ein
geselliger Treffpunkt wurde. Stattdessen war Elise in ihrem Elternhaus mit zwei
Hauptaufgaben beschäftigt: erstens die Kinder ihres verwitweten Bruders zu er-
ziehen; und zweitens die Auflösung des schriftlichen Nachlasses ihres Vaters zu
organisieren, wozu auch die Bücherauktionen gehörten. Johann Albert Hinrich,
der zwar nahe bei der Familie wohnte, war von seiner Arztpraxis voll in Anspruch

---

[13] Elise Reimarus an G. E. Lessing, Jan. 1781, in: Gotthold Ephraim Lessings sämtliche
Schriften, hg. von Karl Lachmann, 3. Aufl., Leipzig 1907, Bd. 21, Nr. 880, 320. Im Folgenden
werden Briefe in dieser Ausgabe mit „L-M" (Lachmann-Muncker) angegeben.

[14] Elise Reimarus an August Hennings, 26. Dez. 1780, ms., SUB HH, NL Hennings 80, 39ʳ;
19. Jan. 1781, ms., SUB HH, NL Hennings 80, 90ʳ; 13. Feb. 1781, ms., SUB HH, NL Hennings 80,
43ᵛ; 14. Feb. 1781, ms., SUB HH, NL Hennings 80, 45ᵛ. G. E. Lessing an Elise Reimarus, 21. Jan.
1781, L-M (wie Anm. 13), Bd. 18, Nr. 707, 364.

[15] Helene Jacobi an Sophie Reimarus, 19. März 1781, ms., bis 1996 Privatbesitz, jetzt Staatsarchiv Hamburg (im Folgenden abgekürzt als „StA HH"), noch unerfaßt.

[16] Ausgaben für die Zusammenstellung des Auktionskatalogs sind im Herbst 1769 in den
Haushaltsbüchern der Familie Reimarus nachweisbar. Cassa-Buch 1759–1772, Privatbesitz. Dieser
Bd. stellt das dritte von vier Rechnungsbüchern der Familie dar. Ihre Veröffentlichung bei Brill,
Niederlande, ist in Vorbereitung: Almut und Paul S. Spalding (Hg.), The Household Accounts of the
Reimarus Family of Hamburg, 1728–1780, 2 Bde.

genommen. Zwei Jahre später, als Lessing seit seinem Umzug nach Wolfenbüttel wieder einmal in Hamburg weilte, hatten sich die Umstände bei Familie Reimarus grundlegend verändert. Die Bibliothek von Hermann Samuel Reimarus war versteigert, Johann Albert Hinrich hatte wieder geheiratet, das elterliche Haus war für eine neue Familienkonstellation umgebaut worden – was auch deswegen möglich war, weil jetzt viele Kammern und Räume, auf die die Bibliothek einst verteilt gewesen war, frei geworden waren – und Johann Albert Hinrich war mit Frau und neuem Baby wieder ins elterliche Haus eingezogen. Erst jetzt, bei Lessings Besuch im September 1771, bot das Haus Reimarus die idealen Umstände, wo Gleichgesinnte sich im Vertrauen miteinander austauschen konnten.[17]

Es war bei diesem Besuch in Hamburg, als Hennings die Fragmenten-Handschrift ausgehändigt bekam.[18] Man muß sich vorstellen, daß Johann Albert Hinrich und Elise Reimarus, vermutlich auch Sophie – vielleicht auch noch andere Vertraute – mit Lessing beisammen saßen und über die Möglichkeiten der Veröffentlichung beratschlagten. Das Thema einer *vollständigen* Veröffentlichung muß schon damals erörtert worden sein, wie ein Brief von Elise Reimarus an Hennings nachträglich andeutet:

> Was den Plan in Ansehung der bewußten Handschrift angehet, so sind deren hier schon vor [5] Jahren in seiner [d.h. Lessings] Gegenwart verschiedene gemacht, die ich aber so viel als möglich hintertrieben, weil ich der Meinung bin, daß die Bekanntmachung gewisser Sachen oder die Wegräumung gewisser Vorurtheile immer zu früh oder zu spät geschiehet. [...].[19]

Im ersten Moment scheint Elise noch nicht ganz hinter der Veröffentlichung gestanden zu haben. Ihre zweideutige Wortwahl verschleiert, ob ihr Bruder der Herausgabe der Schrift eher zögernd oder offen gegenüberstand.

Die ersten Überlegungen zur Veröffentlichung der Fragmente wären sicher leichter zu rekonstruieren, wenn Hennings gegen Ende seines Lebens seinen Briefwechsel weniger durch Eingriffe verändert hätte. Eindeutig ist, daß Lessing auf dem Rückweg von seiner Italienreise im Januar 1776 mit Hennings in Dresden

---

[17] Zur Chronologie von Lessings Hamburg-Aufenthalten: Wolfgang Albrecht, Lessing. Chronik zu Leben und Werk, Kamenz 2008.

[18] Für den Zweck des vorliegenden Beitrags werden Einzelheiten verschiedener Fassungen und Abschriften der *Apologie* völlig außer Acht gelassen.

[19] Elise Reimarus an August Hennings, 8. Feb. 1776, ms., SUB HH, NL Hennings 45, Nr. 27, 84ᵛ; Wattenbach, Lessing's Andenken (wie Anm. 9), 197, Alexander, Wie kam Lessing (wie Anm. 2), 162. Dieser Brief ist nur noch in einer Abschrift von Hennings überliefert, die einen Schreibfehler enthält. Typischerweise schrieb Elise in ihren Briefen Zahlen als Ziffern und wird auch hier „5" geschrieben haben, was in ihrer Handschrift manchmal wie „3" aussehen konnte. Beim Abschreiben machte Hennings daraus „drey", ein Fehler, der von Wattenbach übernommen wurde. Die daraus resultierenden zeitlichen Unstimmigkeiten des Briefes verursachen Lessing-Forschern seitdem regelmäßig Kopfzerbrechen.

auf dieses Thema zu sprechen kam.[20] Hennings muß von dem Gespräch auch berichtet haben, denn Elise antwortete ihm darauf. Aber ausgerechnet dieses Detail von Lessings Besuch in Dresden fehlt in der Abschrift, die Hennings von seinem Briefwechsel mit Elise Reimarus anfertigte. Ausgerechnet er, der radikale Aufklärer par excellence, fand das Thema eine Generation später, während der Zeit der Romantik, anscheinend so skandalös, daß er darüber seinen eigenen Briefwechsel zensierte.

Zu Anfang 1776 – bis zu diesem Zeitpunkt waren drei „Beyträge" der Fragmente erschienen – war kein Widerstand seitens der Reimarer gegen eine weitere Veröffentlichung zu erkennen. Als Elise von Lessings Besuch bei Hennings in Dresden erfuhr, schrieb sie:

> Hätte ich […] gewußt, daß Lessing zu Ihnen kommen würde, so hätte ich Sie gebeten, ihm im Namen der Reimarer zu danken für die geschickte Art, mit der er, was er bekannt gemacht, ausgeführt hat.[21]

Hennings seinerseits unterstützte den Druck geradezu:

> Wer kann aber sagen: Nun ist der Augenblick? Meinen Sie, daß Luther es besser wußte als Wiclef und Huß? Wie wollen Sie denn wissen, ob jetzt der rechte Zeitpunkt da ist, die Schrift Ihres trefflichen Vaters unumwunden drucken zu lassen? Mir scheint gerade jetzt der rechte Augenblick.[22]

Tatsächlich gewährten die Geschwister Reimarus auch anderen Personen Zugang zur Schrift ihres Vaters: „Der Abt Chapuzeau in Hannover hat sich kürzlich durch einen Freund meines Bruders das Manuskript unsers Vaters unter dem Siegel des ehrlichen Mannes ausgebeten".[23] Außer Lessing und dem innersten Familienkreis gab es durchaus weitere Personen, die mit voller Zustimmung der Reimarer Kenntnis von der Schrift hatten und sie sogar ausleihen durften. Wie geheim Her-

---

[20] Hennings berichtet über seine erste Begegnung mit Lessing in seinem Brief an Elise Reimarus vom 27. Jan. 1776, ms., SUB HH, NL Hennings 45, Nr. 24, 68^r-73^r; Wattenbach, Lessing's Andenken (wie Anm. 9), 195–196.

[21] Elise Reimarus an August Hennings, 8. Feb. 1776, ms., SUB HH, NL Hennings 45, Nr. 27, 84^v; Wattenbach, Lessing's Andenken (wie Anm. 9), 197, Alexander, Wie kam Lessing (wie Anm. 2), 162.

[22] August Hennings an Elise Reimarus, 28. Feb. 1776, ms., SUB HH, NL Hennings 45, 88^r; Wattenbach, Lessing's Andenken (wie Anm. 9), 198.

[23] Elise Reimarus an August Hennings, 24. Apr. 1776, ms., SUB HH, NL Hennings 45, 106^v-107^r; Wattenbach, Lessing's Andenken (wie Anm. 9), 200, Alexander, Wie kam Lessing (wie Anm. 2), 163. Christoph Heinrich Chappuzeau (1726–1791), evangelisch-lutherischer Theologe, hatte u. a. an der aufgeklärten Universität Göttingen studiert, war eine Zeitlang Hofprediger in Hannover und seit 1770 Abt des evangelischen, ehemaligen Zisterzienserklosters Loccum, etwa halbwegs zwischen Hannover und Minden gelegen. Der ungenannte Freund mag Johann Daniel Klefeker (1733–1806) gewesen sein, der eine Abschrift der Apologie anfertigte.

mann Samuel Reimarus' Schrift und seine Identität als Verfasser gehalten wurde,
ist also nuancierter und eine Frage der Abstufungen.

Ein halbes Jahr nach seinem Gespräch mit Hennings in Dresden, im August
1776, schickte Lessing einen Probe-Druckbogen von einem weiteren Teil der
Fragmente an die Reimarer in Hamburg. Davon berichtete Elise an Hennings
und zitierte Lessings Begleitbrief, der auf die vollständige Herausgabe der Schrift
anzuspielen schien: „[…] was geschehen soll, muß bald geschehen oder niemals;
was hilft es, wenn der Pfeil erst dann abprellt, wenn das Ziel verrückt ist?" Die
Antwort auf diese rhetorische Frage gab Elise selbst: „Und nun so mag es darauf
losgehen, das Ziel so zu durchlöchern und zu verrücken, bis daß es kein Ziel mehr
sein kann".[24] Die Wortwahl drückt implizites Einverständnis mit Lessings Druck-
vorhaben aus, obgleich die Reimarer geahnt haben müssen, welche Brisanz die
nächste Fragmenten-Veröffentlichung haben könnte. Tatsächlich wirkte dieser
„Vierte Beytrag" der Fragmente (1777) wie Öl aufs Feuer, das den Fragmentenstreit erst richtig heftig entfachte. Als Lessing daraufhin im Sommer 1778 die
Zensurfreiheit entzogen wurde und dies alle Aussichten auf weitere Veröffentlichungen der Fragmente zunichte machte, stellte Elise Reimarus mit Bedauern
fest: „Immer aber bleibt es Schade, daß das Ganze der Fragmente im Druck zu
sehen, nun auf ewig verhindert ist".[25] An der Enttäuschung kommt zum Ausdruck,
daß die Reimarer langfristig die vollständige Veröffentlichung des Werkes weiterhin beabsichtigten.

Daß noch ein Jahr später durch Lessings Vermittlung der Gothaer Verleger Ett-
linger bereit war, das ganze Werk zu drucken – ein kontroverses Buch versprach
immerhin guten Absatz – bringt eine interessante Überlegung auf. Denn Lessing
war ja zu dem Zeitpunkt nicht mehr im Besitz der Handschrift, weil er sie dem
Herzog in Wolfenbüttel hatte abliefern müssen. Eine Veröffentlichung der gesamten Schrift in Gotha hätte also aufgrund einer anderen Abschrift der Apologie geschehen müssen, und damit wären auch Fragen der Identität des Autors und der
bisherigen Verwahrer von überlieferten Handschriften wieder neu aufgekommen.
Das komplizierte die Sache, gerade auch andere Publikationsprojekte im Reimarus-Kreis in Hamburg selbst. So meldete Elise im November 1779 an Lessing:

> Auf den Vorschlag des bewußten Mannes hab' ich Ihnen blos ein schlichtes *Nein* zur
> Antwort zu geben, indem die Gemeine fest entschlossen ist, sich durch keine Bedin-
> gungen, am Wenigsten aber klingende, zu so etwas bewegen zu lassen.[26]

---

[24] Elise Reimarus an August Hennings, 20. Aug. 1776, ms., SUB HH, NL Hennings 45, Nr. 37,
128ᵛ; Wattenbach, Lessing's Andenken (wie Anm. 9), 202, Alexander, Wie kam Lessing (wie
Anm. 2), 162.
[25] Elise Reimarus an August Hennings, 25. Sep. 1778, ms., SUB HH, NL Hennings 79, 66ᵛ;
Wattenbach, Lessing's Andenken (wie Anm. 9), 212.
[26] Elise Reimarus an G. E. Lessing, 17. Nov. 1779, L-M (wie Anm. 13), Bd. 21, Nr. 825, 276.

Bemerkenswert ist bei der Begründung für die Absage der Hinweis auf die ganze „Gemeine", womit nicht nur die Reimarer selbst gemeint sein werden, sondern auch Campe und seine Frau. Seit Ende des Fragmentenstreits hatten die Reimarer eine Reihe von eigenen Publikationen zu verzeichnen – Elise sprach von einem „besondere[n] Stern der Druckerey"[27] – und Campe hatte mit ungeheurer Produktivität seine schriftstellerische Tätigkeit begonnen.[28] Dies alles jetzt durch die Veröffentlichung der Apologie aufs Spiel zu setzen, dazu war im Reimarus-Kreis Ende 1779 niemand mehr bereit.

Bei der Frage, ob die Fragmente unter der Maske des Unbekannten oder mit dem Namen des Verfassers ans Licht kommen sollten, dabei zeigte sich der Reimarus-Kreis m. E. weniger einheitlich, als oft dargestellt wird. Einerseits verteidigte Elise Reimarus Lessings Strategie der Anonymität, besonders Hennings gegenüber, der mit dem Maskentragen nicht einverstanden war:

> Hätte er den Ungenannten auf einmal hervortreten lassen, in seiner natürlichen Gestalt, was würde erfolgt seyn als daß er die ganze schwarze Facultät [...] in Harnisch gejagt haben würde, das Buch als abscheulich zu verschreien und den Umlauf zu verwehren?[29]

Ein Jahr später jedoch erklärte sich Elise völlig mit Hennings einverstanden: „Sonst habe ich schon zum Doktor gesagt, daß mich all das Larventragen ärgert, und ich nie so sehr eingesehen, daß Sie ganz recht haben von Anfang an den geraden Weg zu gehen".[30] Elise bezeichnete das Spiel mit dem Ungenannten sogar als Zwang: „[W]äre es nicht um der Ruhe einiger theuren Personen willen, ich hätte mich längst von dem verhaßten Zwange los gemacht, der mir täglich mehr zur Last wird".[31] Der Verheimlichung des wahren Autors der Fragmente stand Elise mit zwiespältigen Gefühlen gegenüber.

Johann Albert Hinrich Reimarus schaltete sich erst dann direkt in die Diskussion ein, als die Streitigkeiten zwischen Lessing und dem Hamburger Hauptpastor

---

[27] Elise Reimarus an August Hennings, 1. Mai 1778, ms., SUB HH, NL Hennings 79, 54[r]. Elise bezog sich hier insbesondere auf drei bevorstehende Veröffentlichungen: August Hennings, Ueber die Vernunft, Berlin 1778; Johann Albert Hinrich Reimarus, Vom Blitze, Hamburg 1778; und ihre eigenen Schriften für Kinder in: Kleine[n] Kinderbibliothek. Hamburgscher Kinderalmanach auf das Jahr [1779 ff], hg. von Joachim Heinrich Campe, Hamburg 1778 ff.

[28] Im Jahr 1779 erschien bei Bohn in Hamburg die erste Auflage von Campes absolutem Bestseller: Robinson der Jüngere. Zur angenehmen und nützlichen Unterhaltung für Kinder.

[29] Elise Reimarus an August Hennings, 18. Sep. 1776, ms., SUB HH, NL Hennings, Nr. 40, 138[A]; Wattenbach, Lessing's Andenken (wie Anm. 9), 206. Mit der „schwarzen Facultät" sind die Theologen gemeint, äußerlich erkenntlich an ihren schwarzen Predigergewändern.

[30] Elise Reimarus an August Hennings, 18. Nov. 1777, ms., SUB HH, NL Hennings 79, 24[v]; Wattenbach, Lessing's Andenken (wie Anm. 9), 208.

[31] Elise Reimarus an August Hennings, 30. Dez. 1777, ms., SUB HH, NL Hennings 79, 28[v]; Wattenbach, Lessing's Andenken (wie Anm. 9), 208.

Johann Melchior Goeze (1717 – 1786) im Frühjahr 1778 ihren Höhepunkt erreichten:

> Meinem Vater schadet nun zwar diese Verfolgung nicht mehr; ich würde mich auch wohl decken; allein ich habe meine Familie, der diese heimliche Feindschaft schaden könnte; ich habe eine Mutter am Leben, die durch ein solches Gerücht gekränkt werden würde.[32]

Wie seine Schwester Elise führte Johann Albert Hinrich nicht sich selbst, sondern andere an, um derentwillen er den Namen seines Vaters als Verfasser der Fragmente verschwiegen haben wollte.

Campe gestand seine Bedenken vielleicht am ehrlichsten, als er sich dem Verleger Nicolai gegenüber „als ein beweibter, nach der Ehre des Märtirerthums ganz und gar nicht dürstender Mann"[33] bezeichnete. Für ihn als freien Schriftsteller bedeutete es erst recht ein Risiko, mit dem Verfasser der Fragmente namentlich in Verbindung gebracht zu werden, und das wollte Campe unbedingt vermeiden.

Im März 1779 trug Elise Reimarus eine Bitte an Lessing heran, die allgemein als Bitte um öffentliche Verleugnung von Reimarus als Autor der Fragmente verstanden wird:

> Lesen Sie Schlözer's Briefwechsel? und haben Sie gesehen, daß in […] einem schwedischen gelehrten Blatte ausgeführt steht: *daß Herr Lessing ohnlängst in Hamburg selbst geäußert haben solle, Reimarus sey der Verfasser der Fragmente?* […] ob es nicht itzt Zeit wäre, mit derjenigen Erklärung öffentlich hervorzurücken, davon Sie schon längst sagten, daß Sie solche in Ansehung des Verfassers thun wollten, und worum die ganze hier versammlete Gemeine Sie denn inständig bittet, damit des ärgerlichen Geredes ein Ende werde.[34]

Die Formulierung ist aber zweideutig genug, um verschieden ausgelegt werden zu können.

Was auch immer Elise Reimarus mit der öffentlichen Erklärung gemeint hatte, Lessing ging nie darauf ein, seine Aufmerksamkeit war längst auf ein anderes Projekt gerichtet. Im Mai 1779, zwei Monate nach ihrer Bitte an Lessing, erhielt Elise von ihm die ersten Exemplare seines *Nathan der Weise.* Damit war bekanntlich die theologische Auseinandersetzungen auf scheinbar harmlosere Bahnen gelenkt.

Nun zum anderen Werk aus dem Reimarus-Kreis, das auch zur Nachlese des Fragmentenstreits gehört und fast zeitgleich wie Lessings *Nathan* in Druck erschien: August Hennings' *Olavides,* 1779 in Kopenhagen gedruckt. Eine zeitge-

[32] Johann Albert Hinrich Reimarus an G. E. Lessing, 19. März 1778, L-M (wie Anm. 13), Bd. 21, Nr. 743; Alexander, Wie kam Lessing (wie Anm. 2), 162 – 163.
[33] Joachim Heinrich Campe an Friedrich Nicolai, 26. Jan. 1778, in: Hanno Schmitt (Hg.), Briefe von und an Joachim Heinrich Campe, Bd. 1, Wiesbaden 1996, Nr. 116, 194.
[34] Elise Reimarus an G. E. Lessing, 13. März 1779, L-M (wie Anm. 13), Bd. 21, Nr. 792, 248; Alexander, Wie kam Lessing (wie Anm. 2), 163.

nössische Rezension beschrieb das Werk als „eine kurze Geschichte der Inquisition, und eine Beschreibung der Folgen welche Duldung und Intoleranz besonders auf die neu errichteten Staaten in America gehabt haben".[35] Im Mittelpunkt steht die Geschichte von Pablo Olavides, einem Zeitgenossen in Spanien. Olavides wurde dafür bekannt, in den 1760–70er Jahren eine wüstenhafte Gegend Spaniens durch Einwanderer aus Mitteleuropa kolonisieren und urbar machen zu wollen. Er fiel jedoch der Inquisition zum Opfer und wurde als Ketzer verurteilt. Hennings griff diese Geschichte auf, faßte sie in Hexameter und stellte dem Vers-Epos jeweils eine Prosa-Einleitung vor und Erklärungen nach.[36] Letztlich geht es in dem Werk um „Duldung" oder Toleranz, und um die Frage, ob und in wieweit ein bestimmter Glaube – Hennings nennt es „Vorurteile" – eine Auswirkung auf moralisches Handeln hat. Trotz der Brisanz dieser Fragestellung scheute Hennings sich nicht, sich als Verfasser des *Olavides* zu bekennen.

Die Idee für diese Schrift entstand bei Hennings, als gleichzeitig mit dem Fragmentenstreit die Berliner Akademie der Wissenschaften eine Preisfrage ausschrieb, ob es erlaubt sei, ein Volk zu täuschen.[37] Genau diese Fragestellung – leicht umformuliert – führte Hennings in seinen Erklärungen zum *Olavides* auf: „Es ist die Frage aufgeworfen worden, ob Vorurtheile zur Lenkung der Menschen nützlich sind und welchen Einfluß sie auf die Sitten haben?"[38] Damit griff Hennings nicht nur die Preisfrage der Berliner Akademie der Wissenschaften auf, sondern auch Themen ganz ähnlich wie in den Fragmenten. So ist z. B. die Frage, ob und wie die Jünger Jesu das Christentum manipuliert hätten, ein Kernthema der *Apologie*. Die inhaltliche Verknüpfung von Hennings' *Olavides* mit den Fragmenten ist unverkennbar.

In der Korrespondenz zwischen Hennings und Elise Reimarus kommt die Preisfrage zum ersten Mal im Dezember 1777 zur Sprache, in demselben Brief, in dem Elise sich auch über den „verhaßten Zwange" im Zusammenhang mit der Veröffentlichung der Fragmente ausläß: „Nur eins noch, und das ärgert mich, nemlich daß ich bis diese Stunde die Preisfrage nicht auffinden können davon Sie sprechen […]".[39] Zwei Wochen später jedoch war ihr die Preisfrage klar,

---

[35]　Rezension von Johann August Unzer (1727–1799), Altona, Abschrift von Elise Reimarus an August Hennings, 1. Juli 1779, ms., SUB HH, NL Hennings 79, 142ᵛ.

[36]　Der Originaltext von Hennings' *Olavides* ist neuerdings vollständig in elektronischer Form zugänglich: http://vd18-proto.bibliothek.uni-halle.de/de-slub-vd18/content/titleinfo/5746565.

[37]　Zur Entwicklung dieser Preisfrage: Niels Ingo Press, Immanuel Kant. Beantwortung der Frage: Was ist Aufklärung (1784), in: Volker Gerhardt, Rolf-Peter Horstmann, Ralph Schumacher (Hg.), Kant und die Berliner Aufklärung. Akten des IX. Internationalen Kant-Kongresses, Bd. 5, Sektion XV-XVIII, Berlin, New York 2001, 196–203; Georg Martin, Recht auf Lüge, Lüge als Pflicht. Zu Begriff, Ideengeschichte und Praxis der politischen ‚edlen' Lüge, München 2009, 227.

[38]　Hennings, Olavides (wie Anm. 3), 65.

[39]　Elise Reimarus an August Hennings, 30. Dez. 1777, ms. SUB HH, NL Hennings 79, 30ᵛ.

und auch über Hennings' Absicht, sich an der Aufgabenstellung öffentlich zu beteiligen, war in der Familie schon genau gesprochen worden:

> [Ich] wollt Ihnen doch eigentlich heute nun sagen daß der Doctor Ihren Plan einer Be-
> antwortung der Berl.[iner] Preisfrage sehr billigt, und sehr wünscht daß ein solcher von
> Ihnen ausgeführt, entweder als mit concourirender, oder auch als *bey Gelegenheit der*
> *aufgeworfnen Preisfrage entstandener* besonders in Druck gegeben würde. Nur ver-
> stünde sich ja nicht unter Ihrem Nahmen. Ich bin versichert daß Sie vermögen Ihres
> glückl.[ichen] Gedächtnisses mehr als irgend jemand es aus der Geschichte aller Völ-
> ker auffallend dar stellen würde, wie gänzl[ich] unwürksam von jeher der direct aller
> Art von angenommenen Glauben auf die Handlungen die Tugend und das eigentl[iche]
> Glück der Menschen gewesen sey.[40]

Hennings' Entwurf, wie er das heikle Thema angehen wollte, traf bei Elise und
Johann Albert Hinrich Reimarus auf sehr positives Echo – so sehr, meldete Elise,
daß sich Johann Albert Hinrich am liebsten selbst am Preisausschreiben beteiligen wollte:

> Nur die tausendfältigen Hindernisse die so manches gute Werkchen bey ihm zum Still-
> stand bringen, werden auch dies wohl wehren. Dazu kommt der Doctorinn ihre Furcht
> daß er sich exponire, und so machen Sie sich immer nur selbst daran […] Glücklich
> wer über die Furcht sich zu exponiren hinaus ist! Sie haben ganz Recht, wofür graut
> uns?[41]

Ironischerweise war es Hennings' Schwester Sophie Reimarus, die sonst für
ihren Witz und auch aus ihrer Korrespondenz für ihre scharfe Zunge bekannt
war, die sich hier furchtsam zeigte.

Zeitweilig schien Hennings das Thema der Preisfrage aufgegeben zu haben,
wie Elise in einem Brief zu verstehen gab:

> Sie haben also die bewußte Preisfrage nicht eigentl.[ich] zum Thema Ihrer Abhandlung
> nehmen wollen? Mein Bruder der in Ihr erstes Schema darüber äuserst verliebt war
> schien diese Änderung ungern zu bemerken.[42]

Am Ende blieb Hennings beim Thema, und auch trotz des politisch heiklen Themas sah er keinen Grund, seine Identität als Verfasser der Schrift zu verheimli-
chen.

Verkauft wurde Hennings' *Olavides* in Deutschland über den Hamburger Verleger Bohn. Bohn hatte durch den Reimarus-Kreis sicher schon vorher einiges
über die Schrift erfahren, nahm den Titel in Kommission und stellte ihn auch
auf der Leipziger Buchmesse unter seinem Verlag aus. Mehrere Monate nach Erscheinen des *Olavides*, im Juli 1779, meldete Elise Reimarus an Hennings: „So
wie Bohn mir schon vor einigen Wochen sagte ist er mit dem Absatz ihres Olavi-

---

[40] Elise Reimarus an August Hennings, 16. Jan. 1778, ms. SUB HH, NL Hennings 79, 32ᵛ.
[41] Elise Reimarus an August Hennings, 3. Feb. 1778, ms., SUB HH, NL Hennings 79, 36ᵛ-37ʳ.
[42] Elise Reimarus an August Hennings, 14. Mai 1778, ms., SUB HH, NL Hennings 79, 55ᵛ.

des ziemlich zufrieden, obwohl er sich denselben in Hamburg grösser vorgestellt".[43] Bohn hatte das Werk wegen seiner Brisanz offensichtlich als begehrte Ware eingeschätzt, vielleicht etwas zu hoch.

Was durchweg auf Kritik stieß, war der Stil. Elise Reimarus monierte eine Überfülle an Details, „Gallicisms im Styl" und grammatische Schnitzer,[44] Nicolai eine zu „blumigte Schreibart".[45] Mendelssohn gestand, „Ihre Poesie will mir nicht gefallen", womit er das Versmaß, den Hexameter, meinte.[46] Im Reimarus-Kreis, wo der Blankvers als „Miltonsches" Versmaß schon seit Jahrzehnten bekannt war, gab man ihm den Vorzug, zumal gerade Lessings Nathan im neuen Blankvers erschienen war.[47] Schließlich beanstandete Mendelssohn auch die unübliche Verwendung des Begriffs „Vorurteil".[48] Hennings rechtfertigte sich gegen solche Kritik mit der Begründung, er wolle nicht den stilistischen Geschmack, sondern die Denkungsart ändern, „daher verbarg ich unter wortreichen Bildern die neuen und kräftigen Gedanken, die ich bekannt machen sollte".[49] Insgesamt stieß die Schrift zunächst auf positives Echo.

Im März 1780 jedoch, ein Jahr nach Erscheinen der Schrift, trat der dänische Hofprediger Johann Christian Schönheider (1742–1803) gegen Hennings' *Olavides* auf.[50] Innerhalb kürzester Frist wurde daraus ein lodernder Streit. Noch am 31. März 1780 schien Elise Reimarus Schönheiders Auftritt Hennings gegenüber als „Nebensache" darstellen zu wollen.[51] Aber schon Tage später meldete sie Hennings, daß der eskalierende Streit das Buch begehrt mache.[52] Hen-

---

[43] Elise Reimarus an August Hennings, 30. Juli 1779, ms., SUB HH, NL Hennings 79, 156ᵛ.

[44] Elise Reimarus an August Hennings, 26. März 1779, ms., SUB HH, NL Hennings 79, 133ᵛ; und 30. März 1779, ms., SUB HH, NL Hennings 79, 118ᵛ.

[45] Friedrich Nicolai an August Hennings, 5. Juni 1779, ms., SUB HH, NL Hennings 22, Nr. 7, 9ᵛ.

[46] Moses Mendelssohn an August Hennings, 29. Juni 1779, Moses Mendelssohn, Gesammelte Schriften, Jubiläumsausgabe (im Folgenden abgekürzt als „MJA"), Bd. 12/2, hg. von Alexander Altmann, Stuttgart 1976, Nr. 490, 150.

[47] Sowohl die politische Themenstellung als auch der Stil werfen die Frage auf, ob Goethe sein Epos *Hermann und Dorothea* (1797), ebenfalls in Hexametern verfaßt, in irgend einer Form als Gegenstück zu Hennings' *Olavides* konzipiert hatte. Goethe und der Reimarus-Kreis wußten voneinander und hegten eine gegenseitige Abneigung.

[48] Moses Mendelssohn an August Hennings, 13. Juli 1779, MJA (wie Anm. 46), 12/2, Nr. 492, 152; 20. Sept. 1779, MJA 12/2, Nr. 500, 165. In Hennings' Abschrift von Mendelssohns Brief vom 13. Juli 1779 (SUB HH, NL Hennings 22, Nr. 9) ist der Abschnitt, wo Mendelssohn Hennings' Schreibstil kritisiert, durchgestrichen – ein Beispiel für Hennings' Eingreifen in die Überlieferung der Korrespondenz.

[49] August Hennings an Moses Mendelssohn, 20. Juni 1779, MJA (wie Anm. 46), 12/2, Nr. 489, S. 146.

[50] August Hennings an Moses Mendelssohn, 24. März 1780, MJA (wie Anm. 46), 12/2, Nr. 515, 182; 28. März 1780, MJA 12/2, Nr. 517, 186–187; und 5. Mai 1780, MJA, 12/2, Nr. 520, 192.

[51] Elise Reimarus an August Hennings, 31. März 1780, ms., SUB HH, NL Hennings 79, 218ᵛ.

[52] Elise Reimarus an August Hennings, 4. April 1780, ms., SUB HH, NL Hennings 79, 222ʳ.

nings verfaßte Verteidigungen und ließ Streitschriften, die zu *Olavides* herausge-
kommen waren, als geschlossene Veröffentlichung drucken.[53] Nun schaltete sich
auch Elise Reimarus ein. Über die Bohnsche Buchhandlung wollte sie Hennings'
Streitschriften in Hamburg und auf der Buchmesse in Leipzig bekannt machen:

> Ich bin, welches ich selten, oder nie zu thun pflege, in Ansehung Ihrer Streitschrift so
> sehr zu der entgegen gesetzten Meinung übergetreten, daß ich, stat sie zu unterdrücken,
> selbst die Hand angelegt sie so bekannt als möglich zu machen. […] Ich habe in diesem
> Betracht der Bohnschen Buchhandlung mein Exempl.[ar] (mit ausgelöschten Nahmen,
> versteht sich) zum Auslegen hingegeben und des Doctor seines zum Verschicken nach
> Leipzig, damit Bohn es dort in seinem Gewölbe auch so mache. Zugleich denk ich eine
> ganz kurze Anzeige davon in einer der hiesigen Zeitungen einrücken zu lassen.[54]

Elise Reimarus konnte zu diesem Zeitpunkt auf die Erfahrung mit dem Fragmentenstreit zurückgreifen, mußte aber nicht auf die Verheimlichung des Autors
achten, was ihr mehr Handlungsfreiheit verlieh. Außerdem hatte sie im Jahr 1780
ein öffentliches Selbstbewußtsein wie nie zuvor oder danach.[55] Daß sie gerade in
diesem Jahr bei Hennings' Streitsache aktiv eingriff, war kein Zufall.

Gleichzeitig jedoch warnte sie Hennings davor, den Streit mit Schönheider und
den Haß der „Despoten und Tyrannen" zu unterschätzen: „[…] nehmen Sie sich
wenigstens in Acht daß Ihnen ihr Haß nichts in den Weg lege das Ihnen wirklich
schaden kann".[56] Knapp acht Wochen später riet sie Hennings mit mehr Deutlich-
keit, seine Aufklärungswut zu zügeln:

> Mit alledem mein liebster Hennings so wünsch ich doch daß des Geblaffes Ihrer Ko-
> penhagner *Köters* einmal ein Ende wäre […] Wie aber macht man sie denn stille diese
> Blaffers? nicht durch die Peitsche! […] lieber Freund, was nun weiter? jene Aufklä-
> rung mit Gewalt betreiben? jene Uberzeugung von Recht u. Unrecht mit Gewalt er-
> zwingen? nein! sondern die Feder hin legen u. zu sich selbst sagen: ‚ich habe das meine
> gethan – ich gehe nun wieder an meine Arbeit um wenigstens durch so viel Gutes als ich
> *ausüben* kann, den bösen Eindruck zu vergessen […]'.[57]

---

[53] *Sammlung aller Streitschriften so das Buch Olavides in Dänemark veranlasst hat.* Eine Bey-
lage zum Olavides, Kopenhagen 1780.

[54] Elise Reimarus an August Hennings, 18. April 1780, ms., SUB HH, NL Hennings 79, 229ʳ.

[55] Seit 1778 erschienen eine Reihe Schriften von Elise Reimarus in Druck, meist von Campe
herausgegeben. Außerdem wurden 1780 im Hamburger Theater zwei Stücke in Elises Bühnenfas-
sungen inszeniert, und mit Lessing tauschte sie über eine weitere Dramenübersetzung aus. Dieser
ausgesprochen produktiven Zeitspanne setzte Lessings Tod ein jähes Ende. Der nachfolgende Pan-
theismusstreit – die öffentlich ausgetragene Auseinandersetzung zwischen Mendelssohn und Jacobi, ob Lessing Anhänger von Spinoza gewesen sei – in den Elise mit hineingezogen wurde, hatte
zur Folge, daß sie sich aus den öffentlichen Medien zurückzog. Dazu: Almut Spalding, Elise
Reimarus (wie Anm. 6), 218 ff.

[56] Elise Reimarus an August Hennings, 4. April 1780, ms., SUB HH, NL Hennings 79, 232ʳ.

[57] Elise Reimarus an August Hennings, 26. Mai 1780, ms., SUB HH, NL Hennings 79, 239ʳ-240ʳ.

Immerhin hatte Hennings als Amtsträger im Dienst der dänischen Regierung beim Umsetzen von aufgeklärten Idealen ins öffentliche Leben schon beachtliche Verdienste zu verzeichnen. So hatte er z. B. bei der Umstrukturierung einer aufgelösten Strumpfweber-Zunft erwirkt, daß daraus eine jüdische Strumpfweber-Zunft wurde und zwei Kopenhagener Fabriken jüdische Lehrlinge aufnehmen durften. Damit war dänischen Juden zum ersten Mal die Möglichkeit gegeben, ein Handwerk zu erlernen.[58] Solche praktische Wirksamkeit setzte Hennings mit seinen Streitschriften aufs Spiel.

Auch Hennings Schwester Sophie Reimarus gab wieder zu verstehen, daß ihr das Verhalten ihres Bruders Sorge bereitete:

[…] was mich bey der ganzen Sache verdrießen würde, wäre, wenn das viele Gute was Du in andren Sachen in Deinem Wirkungskreiß stiften kanst dadurch sehr verhindert werden und die Menschen Vorurtheile gegen alle Deine Absichten kriegen solten […].[59]

Daß Hennings mit der Weiterführung seines Streites mit Schönheider seine berufliche Zukunft in Dänemark gefährdete, war dem Reimarus-Kreis in Hamburg durchaus bewußt.

Auch Lessing und Mendelssohn wußten, welches Risiko Hennings mit seinen Streitigkeiten auf sich nahm. Lessing, der über Elise Reimarus von der Sache erfuhr,[60] erkannte zwar die Ernsthaftigkeit der Lage, versuchte sie jedoch zu verharmlosen: „Die Erfahrung, die Hennings gemacht hat, thut mir seinetwegen leid, wenn er dergleichen Dinge nicht eben so leichtsinning aufnimmt als ich".[61] Lessings Untertreibung nahm Hennings ihm allerdings nicht ab: „Lessing hat Unrecht, wenn er sagt, daß er über dergleichen Auftritte lacht […]".[62] Tatsächlich hatte sich der Streit mit Schönheider innerhalb eines Vierteljahres bis zum Sommer 1780 so verschärft, daß Hennings' Streitsache mit dem Fragmentenstreit

[58] Es waren speziell die jüdischen Fabrikanten Wessely (wohl Issachar Ber W., Vater der bekannten Aufklärer Naphtali Herz und Moses Wessely) und Warburg, die jüdische Lehrlinge anstellen durften. August Hennings an Moses Mendelssohn, 22. Juni 1779, MJA (wie Anm. 46), 12/2, Nr. 489, 146; Elise Reimarus an August Hennings, 1. Juli 1779, ms., SUB HH, NL Hennings 79, 144ᵛ; 20. Juli 1779, ms., SUB HH, NL Hennings 79, 149ʳ; 28. Juli 1779, ms., SUB HH, NL Hennings 79, 152ʳ; 4. April 1780; ms., SUB HH, NL Hennings 79, 224ʳ.

[59] Sophie Reimarus im gemeinsamen Brief von Johann Albert Hinrich, Sophie und Elise Reimarus an August Hennings, 26. April 1780, ms., SUB HH, NL Hennings 79, 234ʳ⁻ᵛ.

[60] Elise Reimarus an August Hennings, 25. April 1780, ms., SUB HH, NL Hennings 79, 226ʳ; Elise Reimarus an G. E. Lessing, 25. April, L-M (wie Anm. 13), Bd. 21, Nr. 846, 203; 13. Mai 1780, L-M, Bd. 21, Nr. 850, 297.

[61] G. E. Lessing an Elise Reimarus, 21. oder 22. April 1780, L-M (wie Anm. 13), Bd. 18, Nr. 678, 338–339. Elise Reimarus zitiert diesen Brief an August Hennings, 25. April 1780, ms., SUB HH, NL Hennings 79, 226ʳ; Wattenbach, Lessing's Andenken (wie Anm. 9), 217.

[62] August Hennings an Elise Reimarus, o.D. [Anfang Juni 1780], ms., SUB HH, NL Hennings 22, 47ᵛ.

in einem Atemzug genannt wurde. Schönheider war nicht der Einzige, der in Kopenhagen gegen Hennings predigte, und Schönheider plädierte auch dafür, Lessing aus Wolfenbüttel zu entfernen.[63] Angesichts solcher „streitsüchtige[r] Friedensverkünder" drang Mendelssohn auf Hennings ein, im tätigen Leben wenig zu schreiben, am wenigsten in dem Fach, in dem man selbst arbeitet, und erst recht nicht zur eigenen Verteidigung. Allerdings kannte Mendelssohn Hennings nur zu gut und wußte, daß ungebetener Rat bei ihm auf ziemlich taube Ohren fiel.[64]

Eine Zeitlang verteidigte sich Hennings vor seinen engen Freunden. So schrieb er an Mendelssohn: „Ich gestehe Ihnen, daß ich den Vorwurf, daß ich nicht zur Bahn der Schriftsteller bestimmt sey, den man mir hier macht, nie habe begreifen können".[65] In der Öffentlichkeit aber flaute Hennings' Streit mit Schönheider im Herbst 1780 ab. Mehrere Faktoren spielten dabei eine Rolle. Erstens hatte Hennings endlich eine Braut gefunden, und die bevorstehende Heirat zog seine Aufmerksamkeit von Schönheider ab.[66] Zweitens sprach sich im November 1780 in Hamburg herum, daß Georg Michael von La Roche (1720–1788) wegen eines Buches, an dem die katholische Kirche Anstoß nahm, aus kurfürstlichen Diensten entlassen worden war. „Wie mich das ärgert daß so was möglich ist, kann ich Ihnen nicht beschreiben", meldete Elise Reimarus an Hennings entrüstet – und sicher auch erleichtert, daß ihm ein vergleichbares Los erspart geblieben war.[67] Drittens vernahm der Reimarus-Kreis mit Schrecken, daß der Corpus Evangelicorum we-

[63] August Hennings an Moses Mendelssohn, 1. Juli 1780, MJA (wie Anm. 46), 12/2, Nr. 523, 197.

[64] Moses Mendelssohn an August Hennings, 20. Juni 1780, MJA 12/2, Nr. 522, 195. Streichungen in Hennings' Abschrift dieses Briefes (SUB HH, NL Hennings 22, Nr. 17) an genau dieser Stelle bestätigen Mendelssohns Urteil.

[65] August Hennings an Moses Mendelssohn, 1. Juli 1780, MJA 12/2, Nr. 523, 196–197. In Hennings' Abschrift dieses Briefes (SUB HH, NL Hennings 22, Nr. 18, 29^r) ist dies einer der gestrichenen Abschnitte.

[66] Hennings hatte ausführlich mit Elise Reimarus über verschiedene Heiratsaussichten konsultiert und über Elise auch Hamburgerinnen auskundschaften lassen. Am 19. Okt. 1780 heiratete er in Kopenhagen Margarethe Eleonore von Krabbe (1761–1847), die Tochter eines Kapitäns und Zivildeputierten.

[67] Elise Reimarus an August Hennings, 21. Nov. 1780, ms., SUB HH, NL Hennings 80, 29^r. Das anstößige Buch war *Briefe über das Mönchswesen. Von einem catholischen Pfarrer an einen Freund*, o.O. 1780. La Roches Entlassung zieht sich noch über Monate durch den Briefwechsel und wird z.T. als höchst vertrauliches Thema behandelt. Einzelheiten gelangten entweder über Friedrich Heinrich Jacobi in Pempelfort an Matthias Claudius in Wandsbek, von dort direkt oder über Campe an die Reimarer in Hamburg, manchmal auch von Helene Jacobi direkt an die Reimarer, und schließlich von den Reimarern aus an Hennings nach Kopenhagen. Elise Reimarus an August Hennings, 8. Dez. 1780, ms., SUB HH, NL Hennings 80, 32^v; 26. Dez. 1780, ms., SUB HH, NL Hennings 80, 40^v-41^r; 19. Jan. 1781, ms., SUB HH, NL Hennings 80, 90^v-91^r; 12. März 1781, ms., SUB HH, NL Hennings 80, 55^v; Helene Jacobi an Sophie Reimarus, 22. Dez. 1780, ms., bis 1996 privat, jetzt StA HH, noch unerfaßt.

gen der Fragmente nun doch noch eine Strafuntersuchung gegen Lessing angekündigt hatte. „Um Gottes willen was für eine Nachricht! Und an dem Allen
sind *wir* – – der Gedanke verfolgt mich wie Todtschlag".[68] Daß Lessing in diese
Lage durch *ihr* Zutun gekommen war, lastete auf Elise besonders. Zwar war Hennings in Dänemark außerhalb der Reichweite des Corpus Evangelicorum, aber
auch dort gab es Zensurinstanzen. Hennings hatte also gute Gründe, die Streitigkeiten um seinen *Olavides* fallen zu lassen.

Am Ende hatte jedoch Hennings' Methode, über seinen *Olavides* notfalls in
einem öffentlich ausgetragenen Streit Aufklärungsgedanken in Dänemark zu verbreiten, langfristige Auswirkungen auch für ihn persönlich. Zwar wurde er nie
zensiert wie Lessing, noch wurde er je aus seinem Amt entlassen wie La
Roche, aber seine beruflichen Aufstiegsmöglichkeiten wurden begrenzt. Er erreichte in Kopenhagen den Rang eines Kammerherrn, verbrachte aber den größten
Teil seines Lebens als Amtsverwalter in den südlichen Randgebieten Dänemarks
in Holstein. Immerhin erlaubte ihm die Nähe zu Hamburg und Altona, daß er auch
weiterhin publizistisch tätig sein konnte.

Die vorliegende Untersuchung zeigt nur einen begrenzten Ausschnitt dessen,
was in der Korrespondenz des Hamburger Reimarus-Kreises zur Sprache kommt.
Dennoch wird am Beispiel des Fragmentenstreits und seiner Nachlese erkennbar,
wie der Austausch und die geographische Verbreitung von Gedanken über einen
intensiven Briefwechsel erfolgten. Erwähnenswert ist m. E. die Selbstverständlichkeit, mit der zumindest in *diesem* Kreis Frauen an der Diskussion teilnahmen.
An zeitgenössisch gedruckten Werken wäre das niemals abzulesen.

*Dieser Beitrag analysiert aufgrund eines Briefwechsel, wie der Hamburger Reimarus-
Kreis mit zwei theologischen Streitigkeiten umging, die in den 1770er Jahren mit großer
Vehemenz geführt wurden. Die eine ist der bekannte Fragmentenstreit (1774–1778), die
andere eine kleinere dänische Version davon (1780). Was den Fragmentenstreit auslöste,
war Lessings Publikation von Teilen des rationalistischen Lebenswerks von Hermann Samuel Reimarus, den sogenannten Fragmenten. Was den dänischen Streit auslöste, war die
Publikation eines aufgeklärten Werks von August Hennings, des Vers-Epos Olavides.
Während der Fragmentenstreit weithin bekannt ist und die hier untersuchte Korrespondenz bekannte Umstände nur noch nuanciert, hat der dänische Streit als Nachfolger
des Fragmentenstreits bisher keine große Beachtung gefunden. Der hier untersuchte
Briefwechsel zeigt, wie der Austausch und die geographische Verbreitung von Gedanken
über einen intensiven Briefwechsel erfolgten. Erwähnenswert ist die Selbstverständlichkeit, mit der in diesem Kreis Frauen an der Diskussion teilnahmen.*

---

[68] G. E. Lessing an Elise Reimarus, 28. Nov. 1780, L-M (wie Anm. 13), Bd. 18, Nr. 699, 355–
356; Elise Reimarus an G. E. Lessing, Anfang Dez. 1780, L-M, Bd. 21, Nr. 873, 314; Alexander,
Wie kam Lessing (wie Anm. 2), 166. Zum Strafprozeß kam es nie, denn Lessing starb schon
innerhalb drei Monaten.

Based on correspondence, this paper analyzes how the Hamburg circle around Reimarus dealt with two intense theological disputes that raged from the early 1770 s until 1780. One controversy is the well-known fragment dispute (1774–1778) in Germany, the other its smaller version in Denmark (1780). The fragment dispute arose from Lessing's publication of parts of the rationalist life work of Hermann Samuel Reimarus. The Danish controversy evolved from the publication of the verse epic Olavides, penned by the Enlightened Danish publicist August Hennings. While the fragment dispute is widely known and the present examination only adds nuances to familiar circumstances, the subsequent Danish controversy has until now not received much attention. The letters examined here show how the exchange and the geographical dispersion of thoughts occurred by way of an intensive correspondence. Also noteworthy is the self-evident participation of many women in this discussion.

Almut Spalding, Illinois College, 1101 W. College Ave., Jacksonville, IL 62650, USA, E-Mail: aspaldi@mail.ic.edu

FRANK HATJE

Jakobiner, Demokraten, Republikaner?

Französische Revolution, Aufklärung und deutsches Bürgertum
in den Tagebüchern Ferdinand Benekes

Um radikalaufklärerischen und pro-revolutionären Haltungen in den 1790er Jahren auf die Spur zu kommen, sind Selbstzeugnisse eine, wo nicht gar eine der in-
struktivsten Quellengattungen, wenn man nicht auf das Schriftgut zurückgreifen
will, das Vertreter der Gegenaufklärung und der Konterrevolution hervorgebracht
haben. Freilich wüßten wir ohne die Spitzelberichte, die ein Karl Siegmund von
Göchhausen oder ein Ludwig August Christian von Grolmann zusammengetragen haben, weitaus weniger über demokratische Strömungen und Jakobinertum
in Hamburg und Altona oder im Umfeld der Universität Gießen.[1] Allerdings sind
deren Berichte, Memoranden und Publikationen tendenziös und damit eine nicht
unproblematische Quelle. Unter den Selbstzeugnissen, die über die Rezeption von
Aufklärung und Französischer Revolution Auskunft geben, hat die Reiseliteratur
seit langem einen prominenten Rang eingenommen – und im Hinblick auf die
Wertung der revolutionären Ereignisse besonders die Berichte Frankreichreisen-
der.[2] Zudem beruhte das, was deutsche Periodika über die Vorgänge in Paris verbreiteten, zu einem nicht geringen Teil auf Berichten Deutscher, die in Paris Au-
genzeugen waren, oder auf französischen Druckschriften, die diese den führenden
Blättern, wie beispielsweise Johann Wilhelm von Archenholtz' *Minerva*, zukom-

---

[1] Zu Göchhausens Aktivitäten und Berichten siehe Walter Grab, Demokratische Strömungen in
Hamburg und Schleswig-Holstein zur Zeit der ersten französischen Republik, Hamburg 1966, 54,
93 f., 98–112, 122–131; zu Grolmann siehe Rolf Haaser, Spätaufklärung und Gegenaufklärung.
Bedingungen und Auswirkungen der religiösen, politischen und ästhetischen Streitkultur in Gießen
zwischen 1770 und 1830, Darmstadt, Marburg 1997, 58–139 et passim mit weiterführender Literatur.

[2] Vgl. den anregenden Aufsatz von Aufsatz von Thomas Grosser, Der lange Abschied von der
Revolution. Wahrnehmung und mentalitätsgeschichtliche Verarbeitung der (post-)revolutionären
Entwicklungen in den Reiseberichten deutscher Frankreichbesucher 1789–1814/15, in: Gudrun
Gersmann, Hubertus Kohle (Hg.), Frankreich 1800. Gesellschaft, Kultur, Mentalitäten, Stuttgart
1990, 161–193.

Aufklärung 24 · © Felix Meiner Verlag 2012 · ISSN 0178-7128

men ließen.[3] Wie das, was auf diesem Wege an Kenntnissen nach Deutschland kam, im deutschen Bürgertum vor Ort aufgenommen wurde, erfahren wir indes in seiner ganzen Differenziertheit vor allem aus Briefen und Tagebüchern.

Von dem berühmten Freiheitsfest vor den Toren Hamburgs im Jahre 1790 beispielsweise wissen wir fast ausnahmslos durch briefliche Berichte,[4] und schon Fritz Valjavec hat in seiner bekannten Studie über die *Entstehung der politischen Strömungen in Deutschland* einen Jakobinerzirkel in Halle für sehr wahrscheinlich angenommen und sich dabei auf die Tagebücher Ferdinand Benekes gestützt.[5] Tatsächlich sind die Beneke-Tagebücher eine der bedeutendsten Quellen sowohl zur Kulturgeschichte des Bürgertums zwischen der Französischen Revolution und der Märzrevolution von 1848 im allgemeinen als auch zur Rezeption von Aufklärung und Französischer Revolution im besonderen.[6] Was diese Tagebücher für den Aspekt regionaler Konstellationen und (über-) regionaler Netzwerke besonders aussagekräftig macht, ist der Umstand, daß ihr Schreiber den Aufbau seiner Netzwerke sehr bewußt betrieb und darüber berichtete.[7]

---

[3] Vgl. dazu Rolf Reichardt, Probleme des kulturellen Transfers der Französischen Revolution in der deutschen Publizistik 1789–1799, in: Holger Böning (Hg.), Französische Revolution und deutsche Öffentlichkeit. Wandlungen in Presse und Alltagskultur am Ende des achtzehnten Jahrhunderts, München 1992, 91–146.

[4] Sophie Reimarus an August von Hennings, Hamburg, 3. August 1790, in: Sophie Reimarus, Briefe an ihren jüngeren Bruder August Hennings, hg. von Ariane Smith [in Vorbereitung]. Ich danke Dr. Smith ganz herzlich dafür, daß ich die vor dem Abschluß stehende Edition vorab benutzen durfte. Siehe ferner Adolph von Knigge an Philippine von Knigge, Hamburg, 15. Juli 1790, in: Aus einer alten Kiste. Originalbriefe, Handschriften und Documente aus dem Nachlasse eines bekannten Mannes, Leipzig 1853, 220–222. Vgl. Heinrich Sieveking, Georg Heinrich Sieveking. Lebensbild eines Hamburgischen Kaufmanns aus dem Zeitalter der französischen Revolution, Berlin 1913; Hans Werner Engels, „Freye Deutsche! singt die Stunde …". Carl Friedrich Cramers Hamburger Freunde feiern ein Freiheitsfest. Ein Beitrag zur norddeutschen Aufklärung, in: Rüdiger Schütt (Hg.), „Ein Mann von Feuer und Talenten". Leben und Werk von Carl Friedrich Cramer, Göttingen 2005, 245–270.

[5] Fritz Valjavec, Die Entstehung der politischen Strömungen in Deutschland 1770–1815, München 1951, 158 f., 422 f. Vgl. auch Axel Kuhn, Jörg Schweigard, Freiheit oder Tod! Die deutsche Studentenbewegung zur Zeit der Französischen Revolution, Köln 2005, 286–308.

[6] Die vollständige Edition der Beneke-Tagebücher erfolgt in vier Abteilungen, von denen die erste erschienen ist: Ferdinand Beneke (1774–1848). Die Tagebücher I (1792–1801), hg. im Auftrag der Hamburger Stiftung zur Förderung von Wissenschaft und Kultur von Frank Hatje u. a., 4 Bde., Göttingen 2012. Die Tagebucheinträge werden der Einfachheit halber im folgenden als „Tb." mit Angabe des Datums zitiert. – Zur ersten Orientierung über die Bandbreite der darin angesprochenen Themenbereiche siehe Frank Hatje, Ferdinand Beneke (1774–1848). Tagebücher, Briefwechsel, Schriften (Projektbericht), in: Informationen zur modernen Stadtgeschichte (2004/2), 107–110, und F. H., Ferdinand Beneke (1774–1848). Die Tagebücher. Begleitband zur ersten Abteilung: „Bürger und Revolutionen", Göttingen 2012.

[7] Siehe dazu Frank Hatje, Kommunikation und Netzwerke in den Tagebüchern Ferdinand Benekes, in: Dirk Brietzke, Norbert Fischer, Arno Herzig (Hg.), Hamburg und sein norddeutsches

Allerdings zeigen die Beneke-Tagebücher auch, wie weitaus vielschichtiger und nuancenreicher sich eine Gesellschaft im Übergang darstellt, als es *post festum* erscheint. So ist Ferdinand Beneke von der Spätaufklärung geprägt und sympathisiert mit der Französischen Revolution – in welcher Form wird noch zu analysieren sein. Andererseits gehört ab 1797 Jean Paul zu seinen bevorzugten Lektüren, mit dem er auch zeitweise korrespondiert und am Ende den Briefwechsel abbricht, weil ihm ihr Dissens in der Beurteilung Napoleons unüberbrückbar erscheint.[8] Und ab 1812 zieht Friedrich de la Motte Fouqué als neuer Stern an Benekes Literaturhimmel auf, mit dem er bald auch eine persönliche Freundschaft pflegt.[9] Doch während Beneke und Fouqué über die Schaffung eines deutschen Nationalbewußtseins mit den Mitteln der Literatur nachdenken, gründen Benekes Vorstellungen von politischen Reformen weiterhin auf den Prinzipien, die die Umgestaltung Frankreichs in der Revolution getragen hatten und die ihrerseits in der Aufklärung und der aufklärerischen Kritik des Ancien Régime wurzelten. Es scheint, als bereicherten Selbstzeugnisse wie die Beneke-Tagebücher nicht nur unsere Detailkenntnis ungemein, sondern als setzten sie dem Versuch eindeutiger Etikettierungen auch entschlossenen Widerstand entgegen. Dies soll im folgenden im Hinblick auf drei Begriffe und vier Orte näher betrachtet werden, die nicht nur in den Tagebüchern Benekes während der 1790er Jahre, sondern auch für die Frage nach radikaler Aufklärung und Rezeption der Französischen Revolution im norddeutschen Bürgertum eine zentrale Rolle spielen. Es sind dies die Termini ‚Jakobiner‘, ‚Demokrat‘ und ‚Republikaner‘ und die Universitätsstädte Halle und Göttingen sowie die Reichsstädte Hamburg und Bremen. Dabei wird sich zeigen, daß zum einen die Begriffe keineswegs eindeutig sind, sondern Ausdruck einer Suche nach Orientierung in einer Periode des – erhofften oder befürchteten – Umbruchs, und es wird sich erweisen, daß auch das *ex post* verliehene Epitheton ‚radikal‘ allenfalls relativen Wert besitzt, da Ort und Zeit darüber entschieden, was als radikal eingestuft werden kann und was nicht.

Umland. Aspekte des Wandels seit der Frühen Neuzeit. Festschrift für Franklin Kopitzsch, Hamburg 2007, 234–253.

[8] Vgl. Joist Grolle, Im Bann von Jean Paul und Napoleon. Der Tagebuchschreiber Ferdinand Beneke, in: Zeitschrift des Vereins für Hamburgische Geschichte 98 (2003), 41–78.

[9] Vgl. Arno Schmidt, Fouqué und einige seiner Zeitgenossen. Biographischer Versuch, Karlsruhe 1958 (zuletzt Zürich 1993).

I. Jakobiner in Halle?

Ferdinand Beneke[10] hatte sein erstes Studienjahr an der Universität Rinteln verbracht und wechselte zu Michaelis 1791 nach Halle, um dort sein Studium der
Rechts- und Kameralwissenschaften fortzusetzen. Der 1774 in Bremen geborene
Beneke war Sohn eines Kaufmanns. Er hatte eine Erziehung genossen, die ihm
den Zugang zu den ‚gebildeten Ständen' eröffnete, und am Bremer Domgymna-
sium einen Unterricht, der in seinem Curriculum lateinschulmäßigem Herkommen entsprach, inhaltlich aber von Lehrern geprägt war, die entweder der Dessauer Reformpädagogik zuneigten oder in Göttingen studiert hatten und damit von
einer Aufklärung mit einer großen popularphilosophischen Bandbreite geprägt
waren.

Der Niedergang des väterlichen Handelshauses veranlaßte die Familie, 1790
nach Minden zu übersiedeln, woher Benekes Mutter stammte. Der Wunsch des
sechzehnjährigen Beneke, eine Offizierslaufbahn im preußischen Militär einzu-
schlagen, zerschlug sich rasch, woraufhin er den Entschluß faßte, eine Karriere im
preußischen Justiz- und Verwaltungsdienst anzustreben. Unter diesen Vorzeichen
erscheint es folgerichtig, daß Beneke nicht *per se* der Französischen Revolution
zuneigte, sondern sich zu einer pro-revolutionären Haltung erst durchringen mußte: „Heute entschied mich ein angestrengtes Nachdenken über meine schon *solange* gedauerten Zweifel *für* die Fr. Revoluzion, [...] ich hatte nachts einen Freyheitstraum".[11]

Daß er diesen „Freyheitstraum" in Halle träumt, kommt nicht von ungefähr.
Genaueres ist zwar nicht bekannt, weil die vor Juni 1792 geschriebenen Tagebücher nicht erhalten sind, doch dürfte für Benekes Hinwendung zur Französischen
Revolution der Kontakt mit Gustav Wilhelm Hensler und seinem Stiefvater Johann Friedrich Reichardt ausschlaggebend gewesen sein.[12] Der mit Beneke
gleichaltrige Hensler war Sohn von Johanna Hensler, geb. Alberti, der Tochter
des Hamburger Pastors Julius Gustav Alberti, in dessen Haus unter anderem Johann Heinrich Voß, Gotthold Ephraim Lessing und Friedrich Gottlieb Klopstock

---

[10] Zur Biographie Benekes siehe ausführlich Hatje, Bürger und Revolutionen (wie Anm. 6), 58–
100; Joist Grolle, Art. „Beneke, Ferdinand", in: Hamburgische Biografie, Bd. 1, Hamburg 2001,
41 f.

[11] Tb. 4. Juli 1792.

[12] Zu Reichardt und Hensler Walter Salmen, Johann Friedrich Reichardt. Komponist, Schriftsteller, Kapellmeister und Verwaltungsbeamter der Goethezeit, Freiburg, Zürich 1963, insb. 47 f.,
56 f.; Walter Salmen (Hg.), Johann Friedrich Reichardt und die Literatur. Komponieren, Korrespondieren, Publizieren, Hildesheim u. a. 2003; Günther Hartung (Hg.), Johann Friedrich Reichardt.
Autobiographische Schriften, Halle 2002; Konstanze Musketa (Hg.), Johann Friedrich Reichardt
(1752–1814). Komponist und Schriftsteller der Revolutionszeit, Halle 1992.

verkehrten.[13] Nach dem frühen Tod ihres Ehemannes, des Juristen und Dichters Peter Wilhelm Hensler, heiratete Johanna Hensler 1783 Reichardt, der seit seinem ersten Besuch in Hamburg in freundschaftlichem Kontakt mit den aufklärerischen Kreisen um die Familien Reimarus und Sieveking stand. Wilhelm Hensler und Johann Friedrich Reichardt scheinen ein enges Verhältnis zueinander gehabt zu haben, was unter anderem aus dem Umstand spricht, daß Hensler später den Namen seines Stiefvaters annahm. Gemeinsam war ihnen auch die Begeisterung für das revolutionäre Frankreich, die sie 1792 nach Paris reisen ließ – wie vor ihnen Joachim Heinrich Campe,[14] mit dem Reichardt ebenso in Kontakt stand wie mit Carl Friedrich Cramer,[15] der 1794 seiner Professur in Kiel wegen unverhohlener Sympathie für die Revolution verlustig ging – im selben Jahr, in dem Reichardt aus ähnlichen Gründen als Hofkapellmeister entlassen wurde. Bei Hensler mündete die Revolutionsbegeisterung 1793 in den Entschluß, nach Frankreich zu gehen und auf seiten der Republik – zunächst in der Pyrenäenarmee – zu kämpfen. Auszüge seiner Briefe von der spanischen Front wurden in der Zeitschrift *Frankreich im Jahr ... Aus den Briefen Deutscher Männer in Paris* abgedruckt[16] – ein Periodikum, das Reichardt zusammen mit Piter Poel in Altona herausgab und dessen Beiträge (wie Henslers Briefauszüge) unzweideutig für das revolutionäre Frankreich Partei ergriffen. Es spricht für sich, daß Beneke seinen Freund Hensler Anfang 1794 im Umfeld der Hébertisten vermutete, zumal dieser, wie Beneke sich erinnerte, mit einem Empfehlungsschreiben an Jean Baptiste (Anacharsis) de Cloots[17] nach Frankreich gegangen war, weswegen Beneke um Henslers Leben fürchtete.[18]

---

[13] Zu Alberti siehe u.a. Ernst-Peter Wieckenberg, Johann Melchior Goeze, Hamburg 2007, passim; William Boehart, „Heilsame Publizität". Der Streit zwischen den Pastoren Johann Melchior Goeze und Julius Gustav Alberti über das Bußtagsgebet in Hamburg, in: Inge Stephan, Hans-Gerd Winter (Hg.), Hamburg im Zeitalter der Aufklärung, Hamburg 1989, 230–250; Rose-Maria Hurlebusch, Julius Gustav Alberti. Ein Gegner Goezes in seiner eigenen Kirche, in: Heimo Reinitzer (Hg.), Johann Melchior Goeze 1717–1786. Abhandlungen und Vorträge, Hamburg 1987, 75–95.

[14] Zu Campe siehe vor allem die einschlägigen Aufsätze in Hanno Schmitt (Hg.), Visionäre Lebensklugheit. Joachim Heinrich Campe in seiner Zeit (1746–1818), Wiesbaden 1996.

[15] Gudrun Busch, Spuren aus dem Viewegschen Briefarchiv. Johann Friedrich Reichardt, Joachim Heinrich Campe und Carl Friedrich Cramer zwischen Musik, pädagogischer Aufklärung und Revolutionsbegeisterung, in: Salmen (Hg.), Reichardt (wie Anm. 12), 121–150. Zu Cramer siehe u.a. Rüdiger Schütt (Hg.), „Ein Mann von Feuer und Talenten". Leben und Werk von Carl Friedrich Cramer, Göttingen 2005.

[16] [Gustav Wilhelm Hensler,] Auszüge aus den Briefen eines Nordländers bey der westlichen Pyrenäen=Armee, in: Frankreich im Jahr 1795. Aus den Briefen Deutscher Männer in Paris, 3. Bd., 9. St., Altona 1795, 73–79.

[17] Baron Cloots (1755–1794), Preuße von Geburt, von der Abstammung her Niederländer, katholisch erzogen, mit Rousseau und Voltaire bekannt, verfocht bereits vor der Revolution eine scharfe Religionskritik und einen ausgeprägten Antiklerikalismus. Berühmt wurde er durch seine Inszenierung als ‚orateur du genre humain' vor dem Nationalkonvent am 19. Juli 1790 und durch

Ob Hensler Beneke zu überreden versucht hat, mit ihm zu reisen, ist ungewiß. In jedem Fall bewunderte Beneke Henslers Schritt und laborierte seinerseits bis Ende 1795 an der Entscheidung, ob er es ihm gleichtun solle. Ab dem Frühjahr 1794 bedeutete der Plan, nach Amerika auszuwandern und in den Dienst der Vereinigten Staaten zu treten, für ihn eine gleichwertige, ernsthaft erwogene Alternative. Beide Auswanderungspläne gab Beneke schließlich auf Anraten von Freunden und mit Rücksicht auf seine Familie auf, um sich 1796 in Hamburg als Advokat niederzulassen – ein Punkt, auf den noch zurückzukommen sein wird. Zunächst einmal bleibt festzuhalten, daß Beneke in Halle ein mindestens revolutionsfreundliches Umfeld antraf, das ihn nicht nur prägte, sondern ihn auch in ein entsprechend gesinntes, überregionales Netzwerk zog. Denn Hensler reiste über Hamburg nach Frankreich und verabredete mit Georg Heinrich Sieveking, daß dieser die an ihn gerichtete Post kontrollieren sollte, um für den Fall, daß ein Brief interzipiert würde, auszuschließen, daß er etwas enthielte, was für ihn oder den Absender kompromittierend hätte sein können. Aufgrund dessen behielt Sieveking schon das erste Schreiben Benekes an Hensler ein und bat Reichardt, der sich zu dieser Zeit in Neumühlen, dem Sievekingschen Landsitz zwischen Hamburg und Altona, aufhielt, ihn Beneke mit der Instruktion zurückzusenden, wie er auf sicherem Wege mit seinem Freund in Frankreich korrespondieren könne. Zwar kannte Beneke Sieveking zu diesem Zeitpunkt schon aus Erzählungen, aber eben nicht persönlich, weswegen er die Gelegenheit nutzte, mit ihm in einen brieflichen Kontakt zu treten, der sich so intensivierte, daß ihr persönliches Zusammentreffen Anfang 1796 in Hamburg zu einem bewegenden Moment wurde.[19]

sein vehementes Eintreten für eine Kriegserklärung an Preußen und Österreich an der Seite der Girondisten, da er den Krieg für das geeignete Mittel hielt, die von ihm propagierte zentralistische Weltrepublik herbeizuführen. Bald jedoch brach er mit den gemäßigten Girondisten und rückte in die Nähe der Hébertisten, als er zu einem der exponierten Vertreter der Dechristianisierungsbewegung wurde und den Bischof von Paris zur Abdankung zwang. Obwohl zeitweise Präsident des Jakobinerclubs, brachten ihn seine Stellungnahme zugunsten des Kriegs und gegen die Religion in Opposition zu Robespierre. Cloots' Bekenntnis, sein Herz sei französisch, seine Seele „sansculotte", nützte ihm wenig gegen die Kampagne der gemäßigten Jakobiner, mit der die reichen Ausländer unter den Revolutionären in Verruf gebracht wurden, ihre Eintreten für die Radikalisierung der Revolution sei Teil eines vom Ausland geschmiedeten Komplotts gegen die Republik. Am 28. Dezember 1793 wurde Cloots verhaftet, am 21. März 1794 der Prozeß gegen ihn und die Hébertisten eröffnet, der trotz seiner glänzenden Verteidigung mit einem Todesurteil endete. Allgemeine Deutsche Biographie (ADB) 4 (1876), 337–339; Selma Stern, Anacharsis Cloots, der Redner des Menschengeschlechts. Ein Beitrag zur Geschichte der Deutschen in der Französischen Revolution, Berlin 1914 (ND: Vaduz 1965); Albert Soboul, Die Große Französische Revolution. Ein Abriß ihrer Geschichte (1789–1799), Darmstadt ^{5}1988, 252, 313, 326–330, 341; Roland Mortier, Anacharsis Cloots ou l'utopie foudroyée, Paris 1995.

[18] Tb. 12. April 1794.

[19] Hatje, Kommunikation und Netzwerke (wie Anm. 7), 245 f. mit Nachweisen.

Aber läßt sich vor diesem Hintergrund auf einen, wenn auch losen Jakobinerzirkel in Halle schließen, wie Fritz Valjavec es tut?[20] Man würde es sich zu leicht machen, wenn man die Frage unter Hinweis auf Lesefehler und vorschnelle Konjekturen, die Valjavec unterlaufen sind,[21] verneinen wollte. Man würde es sich allerdings auch zu einfach machen, wollte man sie platterdings bejahen. Zwar bezeichnet die wiederkehrende Tagebuchnotiz „auf dem Berg" keineswegs *per se* einen Jakobinerclub – schon gar nicht einen, der sich im ‚Kronprinzen' getroffen hätte. Denn dort kamen nach Ausweis der Beneke-Tagebücher die Mitglieder der studentischen Landsmannschaft der ‚Westphälinger' bevorzugt zusammen.[22] Vielmehr meint Beneke damit den Jägerberg, jenes an die Moritzburg angrenzende Schanzwerk, auf dem die Freimaurerloge ‚Zu den drei Degen' ihr Logenhaus hatte. Nun wurden dort nicht nur Logenversammlungen abgehalten. Die Räumlichkeiten der Loge bildeten, wie Benekes Tagebuchnotizen zeigen, ein Zentrum des gesellschaftlichen Lebens in der Universitätsstadt.[23] Daß Beneke den Ort gerne abkürzend als „den Berg" apostrophiert, ist unverkennbar als Anspielung auf die *Montagnards* des französischen Nationalkonvents gemeint. Und immerhin notiert er einmal ausdrücklich: „Abends auf dem Berge. Jakobinersitzung Profeßor R[eil] Pr. G[ren] Pr. D[abelow] p. u. ich", fügt allerdings dann hinzu: „ – die schöne Mdme Reil, u. den angenehmen Abend genoßen im Sonnentempel".[24] Gerade die Komposition dieses Tagebucheintrags wirft die Frage auf: Was dürfen

---

[20] Valjavec, Entstehung (wie Anm. 5), 158 f., 422 f.

[21] Es soll hier keinesfalls Valjavecs Leistung geschmälert werden, die es bedeutet, gleichsam als Nebenprodukt zu einer so profunden Untersuchung 820 Manuskriptseiten Tagebuch durchforstet und für einen Quellenanhang auszugsweise transkribiert zu haben, zumal in Anbetracht der bis 1793/94 oft knapp gefaßten und an schwer zu entschlüsselnden Abkürzungen reichen Tagebucheinträge. Mit Blick auf die Personen sei hier nur darauf verwiesen, daß Valjavec u.a. „Keil" statt „Reil", „Goen" statt „Gren", „Kerdura" statt „Kondura" liest und beim originalen „W." Friedrich August Wolf konjiziert, wo meistenteils der Bremer Student und nachmalige Berliner Kammergerichtsrat Johann Christoph (Christian) Willmanns gemeint ist.

[22] Tb. 28. Januar, 20., 23. Februar, 14. März, 15. April, 27. Juli 1793. Unter den ‚Westphälingern' hatte Beneke zwar etliche Freunde und manche Gleichgesinnte. Von politischen oder weltanschaulichen Diskussionen berichtet er in diesem Zusammenhang jedoch nirgends. – Im Kronprinzen stieg übrigens u.a. Madame de Staël bei ihrem Aufenthalt in Halle ab. Carl Loewe, Selbstbiographie, hg. von C. H. Bitter, Berlin 1870, 36.

[23] Vgl. Holger Zaunstöck, Gesellschaft der Aufklärer oder aufgeklärte Stadtgesellschaft – die Sozietätsbewegung und Soziabilitätskultur des 18. Jahrhunderts, in: Werner Freitag, Andreas Ranft (Hg.), Geschichte der Stadt Halle, Bd. 1, Halle 2006, 447–463; Guntram Seidler, Die Geschichte der halleschen Johannisloge „Zu den drei Degen" (1743–1934). Matrikel-Nr. 32 der Großen National-Mutterloge „Zu den drei Weltkugeln", 2. korr., erg. Aufl., Halle 2009; Karlheinz Gerlach, Die Freimaurer im Alten Preußen 1738–1806. Die Logen zwischen mittlerer Oder und Niederrhein, Bd. 1, Innsbruck 2007, 354–360.

[24] Tb. 28. Juli 1793.

wir wörtlich nehmen? Und wie müssen wir das verstehen, was wir wörtlich nehmen dürfen?

Die Revolutionsbegeisterung trieb unter Schülern und Studenten vielfältige
Blüten. Zweifellos trug sie zur Politisierung bei. Doch ist nicht jede enthusiastische Äußerung Ausdruck einer definierbaren politischen Programmatik. Wie
wird man es zu deuten haben, wenn der Göttinger Student Carl Heinrich von
Lang 1792 den Melodien des „Ça ira" und der Marseillaise, deren Noten er
von seinem Bruder in Frankfurt erhielt, Texte aus dem hannoverschen Gesangbuch unterlegt und sie von den Chorschülern vor den Häusern singen läßt?[25] Ist
es Jakobinismus, wenn „Vive la liberté" und „Vive la nation" unter Studienfreunden im Tübinger Stift als Grußformeln ausgetauscht werden,[26] oder wenn die Studenten am Hamburger Akademischen Gymnasium sich 1794 während der wenig
unterhaltsamen Geschichtsvorlesung über die neuesten Nachrichten austauschen
und bisweilen die Marseillaise anstimmen?[27] Mehr politisierte Provokation als
politische Programmatik wird man wohl auch bei den Hamburger Gesellen annehmen dürfen, die 1791 in einen Generalstreik traten und ihre althergebrachten
Protestriten mit Hochrufen auf die Freiheit und – in einer bezeichnenden Begriffs-
verwirrung – auf die „Convolution" anreicherten.[28]

Dazu kommen drei weitere Aspekte. Erstens vereinte der Pariser Jakobinerclub
phasenweise durchaus widersprüchliche Positionen: Anhänger der konstitutionellen Monarchie und des Zensuswahlrechts ebenso wie Vorkämpfer für die Republik und ein allgemeines, gleiches Wahlrecht bis zur Gründung des Clubs der
Cordeliers im April 1790 und dem Club der Feuillants im Sommer 1791; Girondisten ebenso wie *Montagnards*, die sich in der Nationalversammlung bekämpften bis zum Sturz der *Brissotins* im Sommer 1793, Anhänger Robespierres, Hé-
berts und Dantons, bis die Hébertisten und die *Indifférents* im Frühjahr 1794 aus-
geschaltet wurden. Daraus ergibt sich das Problem, welche Programmatik für eine
Definition des deutschen Jakobinertums heranzuziehen ist. Zweitens unterlag damit naturgemäß auch das, was in Deutschland mit dem Begriff des Jakobinertums
assoziiert wurde, Wandlungen, die selbst bei treuen Parteigängern der Revolution

---

[25] Vgl. Hans-Wolf Jäger, Enthusiasmus und Schabernack. Über Wirkungen der Französischen
Revolution im deutschen Alltag, in: Holger Böning (Hg.), Französische Revolution und deutsche
Öffentlichkeit. Wandlungen in Presse und Alltagskultur am Ende des achtzehnten Jahrhunderts,
München 1992, 399–417, hier 410.
[26] Jäger, Enthusiasmus (wie Anm. 25), 413; Andreas Fritz, Georg Kerner (1770–1812). Für-
stenfeind und Menschenfreund. Eine politische Biographie, Ludwigsburg [4]2003, 20 f.
[27] Johann Georg Rist, Lebenserinnerungen, hg. von Gustav Poel, 2. verb. Aufl., Bd. 1, Gotha
1884, 38 f.
[28] Andreas Grießinger, Das symbolische Kapital der Ehre. Streikbewegungen und kollektives
Bewußtsein deutscher Handwerksgesellen im 18. Jahrhundert, Berlin 1981, 115–120; Grab, Strömungen (wie Anm. 1), 33–36.

davon abhingen, was die Nachrichtenlage in Deutschland hergab. Und drittens haben wir es zusätzlich mit der Differenz zwischen Selbstdefinition und Fremdzuschreibung zu tun. Für die Göchhausens und Grolmanns stand alles, was nicht rigoros am Bestehenden festhielt, unter dem Verdacht des Jakobinertums, während die von ihnen Verdächtigten eine breitgefächerte Palette von politischen Positionen vertraten. So denunzierte Göchhausen sowohl Friedrich Wilhelm von Schütz als auch Georg Heinrich Sieveking als Köpfe jakobinischer Verschwörergruppen. Was beiden gemeinsam war, war ihre affirmative Einstellung zur Revolution in Frankreich – und das Vermeiden jeder explizit revolutionären Forderung für Deutschland. Aber während von Schütz beispielsweise die Hinrichtung Ludwigs XVI. rechtfertigte, lehnte Sieveking sie ab, nicht zuletzt weil er die Todesstrafe generell ablehnte, womit er freilich im Hinblick auf die aufklärerische Strafrechtsdebatte eine radikale Haltung vertrat, die im übrigen auch Beneke teilte.

Doch nicht nur solche allgemeinen Überlegungen lassen es angeraten erscheinen, die Notiz von der „Jakobinersitzung" auf dem „Berg" *cum grano salis* zu nehmen. Im Frühjahr 1793 nämlich sieht sich Beneke vor einer bemerkenswerten Alternative: „Jakobiner, oder Maurer doch nicht Jakobiner – sondern – was denn?"[29] Die Entscheidung zwischen diesen beiden Positionen fällt schließlich drei Monate später – am Vortag des Johannisfestes – zugunsten der Freimaurerei. In dieser Zeit hatte sich in Paris der Kampf zwischen Girondisten und Jakobinern verschärft, hatte Jean-Paul Marat den „Despotismus der Freiheit" zum legitimen Mittel erklärt, den „Despotismus der Könige zu zerschlagen", hatte Robespierre die gemäßigten Kräfte unter Generalverdacht der Konterrevolution gestellt, während die Girondisten versucht hatten, die Anarchisten unter den *Montagnards* auszuschalten, um am Ende selbst dem Druck der in der Pariser *Commune* tonangebenden Sansculotten und der sich auf sie stützenden Jakobiner zum Opfer zu fallen.[30] Vor diesem Hintergrund wird man Benekes Entschluß, sich in die Loge ‚Zu den drei Degen' aufnehmen zu lassen, als eine Distanzierung von der Radikalisierung der Revolution interpretieren müssen, was allerdings nicht heißt, daß er sich von der Revolution und ihren Errungenschaften an sich distanziert hätte, wie sich im folgenden zeigen wird.

Beneke setzte sich mit der Freimaurerei ernsthaft auseinander:

> Die Autorität, das ehrwürdige Aeussere der M[aurerischen] V[erbindung] ist mir zu heilig, als daß ich das ganze für Beutelschneiderey, oder für Epikuräismus, oder für Schwärmerey, oder gar für eine der Verfass: der Staaten gefährliche, u. ehrgeizige, oder egoistische Verbindung halten sollte.[31]

---

[29] Tb. 14. März 1793.
[30] Soboul, Revolution (wie Anm. 17), 256–277.
[31] Ferdinand Beneke, Mein Glaubenssystem, in: Beneke, Tagebücher (wie Anm. 6), Bd. I/4, 96.

Schon in seiner Bremer Schulzeit war er mit freimaurerischem Gedankengut in Kontakt gekommen – vermittelt durch den späteren Domschulrektor Hermann Bredenkamp, der nicht nur Freimaurer war, in Göttingen studiert hatte und der philanthropischen Reformpädagogik nahestand, sondern der auch die von Adolph Freiherr Knigge initiierte Reform der Domschule vollendete. Der Religionsunterricht, den Beneke dort genoß, war rationalistisch gefärbt und stand damit in einem Spannungsverhältnis zu der traditionellen lutherischen Religiosität seines Elternhauses.[32] Weder die eine und schon gar nicht die andere Lesart des Christentums scheinen ihn befriedigt zu haben, so daß die Beschäftigung mit Freimaurerei auch als Teil einer religiösen Sinnsuche verstanden werden muß.[33] Nach seiner Aufnahme in die Loge widmete er sich intensiv der Lektüre masonischen Schrifttums, und die Tagebuchaufzeichnungen seiner Hallenser Zeit legen nahe, daß er verschiedene Aspekte der Freimaurerlehren mit Freunden und Logenbrüdern diskutiert hat. Die Ergebnisse seines Nachdenkens jedenfalls formulierte Beneke Anfang 1794, nachdem er Halle verlassen hatte und in Minden auf die Anstellung als Referendar bei der Provinzialregierung hoffte.[34] *Mein Glaubenssystem* beginnt mit ausführlichen kosmologischen Ausführungen zu Raum, Zeit, Werden, Sein, Vergehen, geht dann zur Pneumatologie über, d. h. zur Seele, ihrer Beschaffenheit als feinstofflicher Körper und ihrer Vervollkommnung, zur Geisterlehre und zur Vorsehung als Einwirkung der Geister auf das irdische Leben und mündet dann in ein Kapitel über die Freimaurerei, das er auf den 9. März 1794 datiert und an seinen Freund, Logenbruder und vormaligen Studienkollegen, den aus Bremen stammenden und späteren Berliner Kammergerichtsrat Johann Christoph (Christian) Willmanns, richtet – gewissermaßen als Fortsetzung ihrer auf dem Jägerberg tatsächlich gehabten Gespräche. Darin umreißt er den Kern der „maurerischen Geheimnisse" als die „genauere Kenntnis des Vereinigungspunkts in der Kluft zwischen *dem Irdischen, u. Ueberirdischen*", als Wahrheiten, die „die Erklärung des anscheinend Wunderbahren wären" und „der Vernunft den Weg zur Uebereinstimmung mit einem *geläuterten Glauben*, oder mit einer *reinen Religion* vorzüglich in Bezug auf die so sehr verunstaltete Tradizion von Jesus, Christ. seinem Leben, Lehren, u. Tode" bahnen bzw. „den bisherigen Glauben in Ueberzeugung u. Gewißheit" verwandeln.[35] Die „Besitzer dieser Geheimnisse" seien solche Personen, die im Hier und Jetzt als die „unbekannten Oberen" der

---

[32] Hatje, Bürger und Revolutionen (wie Anm. 6), 135 ff.

[33] Vgl. Tb. 17. Oktober 1794.

[34] Ferdinand Beneke, Mein Glaubenssystem, in: Beneke, Tagebücher (wie Anm. 6), Bd. I/4, 81–103. Vgl. dazu Frank Hatje, Frank Eisermann, Kosmologisch-metaphysische Vorstellungen im hansestädtischen Bürgertum des späten 18. und frühen 19. Jahrhunderts, in: Renko Geffarth, Markus Meumann, Monika Neugebauer-Wölk (Hg.), Aufklärung und Esoterik – Wege in die Moderne, Berlin u. a. 2012 [im Druck].

[35] Beneke, Glaubenssystem (wie Anm. 34), 98 f.

Freimaurerei gelten, tatsächlich aber eine über Zeiten und Epochen hinweg wirksame Verbindung darstellten. Nach Benekes Vorstellung füllen die „geheimen Oberen" die „Lücke zwischen den Menschen, u. Geistern" bzw. der „Vorsehung". Sie seien Mittler, „die sich im Besitz einer geläuterten Weisheit, u. Tugend, durch unablässiges *reines heiliges* Bestreben bis zum Begriff grosser, wichtiger Naturkenntnisse, u. physischer Wahrheiten *selbst herdurch gearbeitet*" haben. Die Beschaffenheit solcher Wahrheiten erlaube indes nicht, sie durch einfache Mitteilung weiterzugeben. Sie müßten „von dem *das Licht* suchenden Menschen *selbst aufgespürt, entdekt, u. begriffen* werden". Die „geheimen Oberen" leiteten, so Beneke weiter, den Menschen, den sie nach seinem geistigen Vermögen für „würdig" erachteten, auf den Weg der Erkenntnis. Die Freimaurerei als Institution sei in der konkreten historischen Situation gewissermaßen das Reservoir, aus dem die „geheimen Oberen" schöpften. Indes hält Beneke es für wahrscheinlich, daß der „Orden" der „geheimen Oberen" so alt sei wie die Menschheit, und in einem späteren Zusatz zu seinem Manuskript vertritt er die Ansicht, daß die Maurerei mittlerweile ihren historischen Zweck erfüllt habe. „Denn die grossen Orden der Aufgeklärten, der Humanitätsfreunde, und der Kosmopolyten sind hiezu hinlängl. in unsrer heutigen Welt, u. es *bedarf* daher weder zur Beförderung der Tugend u. des Menschenglücks, noch zur Erreichung jenes Zwecks keiner M–y in unsern Tagen mehr".[36]

Die Ansicht, daß die „geheimen Oberen" das Werkzeug der „Vorsehung" seien und damit ein Mittel zur Vervollkommnung des Menschengeschlechts und seiner religiösen, gesellschaftlichen und politischen Verhältnisse,[37] findet sich bereits in seiner Hallenser Zeit. In Benekes Nachlaß ist ein *Trinklied* überliefert, zu dem er einige Strophen hinzugedichtet hat.[38] Darin wird die Revolution als rauschhafter Sieg der Vernunft gefeiert:

Seht den Becher aller Becher,
Froh mit Eichenlaub gekrönt!
Hört, wie er durch das Geklingel
Aller Gläser mächtig dröhnt!
Also, wenn die Franken siegen
Und das ganze Volk triumft,
Tönt die große Feyerglocke
Von dem Tempel der Vernunft.

---

[36] Ebd., 100.

[37] „Der Zweck der g: O. ist – der Zweck der Vorsehung!!! oder die geh. Obern sind Mittelpersohnen, durch welche die Vorsehung […] auf die Menschen würkt, ihre Pläne realisirt, u. so ihre mittelbahre Direkzion des Fatum's führt". Ebd., 99.

[38] Trinklied, in: Beneke, Tagebücher (wie Anm. 6), Bd. I/4, 103–105. Vgl. dazu Hatje, Bürger und Revolutionen (wie Anm. 6), 185–189.

Bemerkenswerterweise werden dabei die Ideale der Revolution von der tatsächlichen politischen Entwicklung in Frankreich abstrahiert und gegen die Jakobinerherrschaft, die Despotie unter dem Symbol der Jakobinermütze, gewendet:

> Männersinn quillt in dem Weine,
> Quillet Haß der Tyranney.
> Weinbegeistert schlug der Franke
> Seine Wappenschild' entzwey,
> Er ist's, der dem Despotismus
> Unverzagte Rächer weckt,
> Ob den Unhold eine Krone,
> Oder eine Mütze deckt.

Benekes hinzugedichtete Strophen gehen noch einen Schritt weiter und beschwören einen Bund der Menschenfreunde, der jede Form der „Despotie" beseitigt, als wäre er ein Werkzeug einer auf Freiheit, Gleichheit und Brüderlichkeit zusteuernden Menschheitsgeschichte, ein Werkzeug, das ohne Richtungskämpfe und Armeen wirkt. Daß er diesem Bund die Reformation als Befreiung von kirchlicher Doktrin, die Revolution als Befreiung vom französischen Absolutismus zuschreibt und darauf baut, daß eher dieser „Orden" als die Koalitionstruppen die Jakobinerherrschaft beenden werden, läßt die Vermutung zu, daß Beneke dabei an den im Verborgenen wirkenden „Orden" der „geheimen Oberen" denkt:

> Dieser Orden würkt, u. würkte
> Stets mit gleichem festen Gang
> Ohne Klubs, u. Propaganda
> Von dem Auf, zum Untergang
> Er zerbrach des Pabstes Feßel
> Wie er Frankreich einst erlös't,
> Einst, doch sonder *Alliirten*
> Marat's=Wuth vom Throne stößt.

Gewiß, es war keineswegs ungewöhnlich, Reformation und Revolution miteinander in Zusammenhang zu bringen.[39] Campe nannte die Revolution

> die größte und allgemeinste Wohlthat […], welche die Vorsehung, seit Luthers Glaubensverbesserung, der Menschheit zugewandt hat, und daß daher das ganze […] Menschengeschlecht, rund um den Erdball herum, ein allgemeines feierliches *Herr Gott dich loben wir* dafür anstimmen sollte.[40]

---

[39] Vgl. dazu Wolfgang Beutin, Eine „zweite Reformation, eine umfassendere und eigentümlichere"? – Die Französische Revolution im Medium des Vergleichs mit der Reformation, in: Arno Herzig, Inge Stephan, Hans G. Winter (Hg.), „Sie, und nicht Wir". Die Französische Revolution und das Reich, Bd. 2, Hamburg 1989, 515–533.
[40] Joachim Heinrich Campe, Briefe aus Paris zur Zeit der Revolution geschrieben, Braunschweig 1790, 325.

Klopstock formulierte in seiner berühmten Revolutionsode *Sie, und nicht Wir*, daß die Deutschen zwar mit der Reformation vorangegangen seien, aber damit weder das Joch des Klerus gänzlich abgeschüttelt noch Freiheit von anderen Despoten erlangt hätten – im Gegensatz zu den Franzosen, denen beides auf einmal gelungen sei.[41] Und in dem von August Hennings herausgegebenen *Schleswigschen Journal* erschien ein anonymer Artikel, der die strukturellen Ähnlichkeiten zwischen beiden Ereignissen herauszuarbeiten versucht und mit den Sätzen beginnt:

> In der Geschichte von Europa zeichnen sich zwei Zeitpunkte aus, die durch überraschende, einander äußerst ähnliche Begebenheiten, durch einen gleich großen Einfluß auf die gänzliche Umformung der Denkungsart und der Gesinnungen der Zeitgenossen und auf die Ausbildung der Menschheit zu den höhern Zwecken ihres Daseyns, äußerst merkwürdig und fruchtbar sind. Diese zwei Zeitpunkte fallen in das 16te und in das 18te Jahrhundert, wovon das erste die Reformation, das zweite die amerikanische und französische Revolution – das erste den Umsturz der Hierarchie, das zweite den Umsturz des Despotismus – das erste die kirchliche, das zweite die bürgerliche Freiheit hervorbrachte; das erste die Fesseln des Geistes weiter machte, das letzte sie gänzlich aus einander riß, indem es den Geist der unbeschränktesten Freiheit in die Untersuchung über alle Gegenstände des bürgerlichen und menschlichen Lebens, über alle Gegenstände der Philosophie und der Geschichte trug.[42]

Doch in keinem dieser Texte wird wie bei Beneke behauptet, daß Reformation und Revolution das Ergebnis eines überzeitlichen, quasi metaphysischen Wirkungszusammenhangs seien und das Werk der Vorsehung. Für Beneke ist die Revolution ein Menschheitsereignis, aber eines, das sich aus übergeordneter Notwendigkeit ereignet und sich deshalb nicht mit Flügelkämpfen verträgt. Der zweckrational ausgetragene Streit der „Faktionen" wird von ihm nachgerade als Hindernis für den der Revolution immanenten Menschheitsfortschritt gewertet. In diesem Sinne notiert Beneke am 10. August 1793 in sein Tagebuch:

> *heute feyert man in Frankreich das Bundesfest.* ich feyre in meinem treurepublik. Herzen die Hoffnung der Vereinigung eurer in Fakzionen zertheilten Bürger, zu dem Zweck, eure verruchten Königl. Kaiserl. Fürstl. u. Adl. u. Sklavischen Feinde von eurem geheil. Boden zu vertilgen, durch eure Regierung u. Aufführung aber auch den Nahmen der Republ. zu verherrlichen! – O leitende Vorsehung! erhöre diesen meinen heissen Wunsch […] Nicht mit euch, die ihr boshaft genug seyd, eure Gold, oder Blutgier auf Kosten eurer Mitbürger zu befriedigen, oder wohl gar – euch *handelnde* Jakobiner mein ich – wehe euch, sollte die Auflösung eures blutigen Räthsels – ein Henkersknecht der zürnenden Vorsehung – *ein König* seyn –? mit euch Maratisten feyre ich dieses Fest so wenig, wie Marat es thun wird. aber mit euch ihr edlen, weisen Ge-

---

[41] Friedrich Gottlieb Klopstock, „Sie, und nicht Wir", in: Claus Träger (Hg.), Die Französische Revolution im Spiegel der deutschen Literatur, Köln [3]1989, 25 f.

[42] [Anonym,] „Einige Aehnlichkeit der Reformation und der Revolution", in: Schleswigsches Journal 2 (1792), 173–198, hier 173 f.

setzgeber – ihr warmen patriotischen Bürger – ihr tapfern Helden des freyen Frankreichs mit euch alle ihr edle Freunde des Republikanismus, die ihr euch nicht irre machen lasset durch so viele, u. starkscheinende Gegenbeweise historischen Inhalts – mit
euch, die ihr Gefühl für dergl. Freude, u. Wonne habt, – feyre ich dieses Fest!

Aus dieser Perspektive wird verständlich, daß Beneke 1794 der theoretischen
Begründung für die Schreckensherrschaft durch Robespierre zu folgen vermag
und mit der ‚Reinigung' des Konvents und des Jakobinerclubs von den „in ihren
Aeusserungen so wüthenden Demokr. u. Sanskulottes" die Hoffnung auf „glück-
lichere Zeiten für die Republ." verbindet.[43] Benekes Robespierre-Bild fällt gerade
in der Zeit besonders positiv aus, als er bei der Mindener Regierung in den Diensten des preußischen Königs steht. Für ihn personifiziert Robespierre den Typus
des „wahren Democraten" und damit das konsequente Festhalten an den revolutionären Errungenschaften.[44] Mit einer durch drei Ausrufungszeichen ausge-
drückten lebhaften Zustimmung zitiert er allerdings kurioserweise auch einen ita-
lienischen Grafen, der mit elsässischen Nationalgardisten als Kriegsgefangener
durch Minden geführt wird und der neben Robespierre George Washington
und den Preußenkönig Friedrich II. zu den „plus grands hommes" zählt und hinzufügt, Friedrich sei „si grand qu'il meritè d'etre un Republicain francois".[45] Auf
den Sturz Robespierres am 9. Thermidor II reagiert Beneke vor allem mit dem
Entschluß, künftig von Personen zu abstrahieren und sich allein an die Ideen
der Revolution zu halten, um an seinem grundsätzlichen Einverständnis nicht
irre zu werden, während er wenig später schon bereitwillig den eben noch verehrten Robespierre als Verräter an der Revolution einstuft.[46] Mehr noch: Vom Ende
der Schreckensherrschaft erhofft er eine gerechtere Beurteilung der Revolution
und eine wachsende Zustimmung zu ihren republikanischen Errungenschaften
in Deutschland:

Den heutigen Zeitungen zufolge werde ich immer beruhigter wegen Robespierres
Schicksahl; dieses scheint jeden braven Bürger für die Zukunft zu sichern, daß trotz
der noch immer dauernden Krisis dergl. Grausahmkeiten, u. blutige Extremitäten, welche bisher manchen sonst vernünftigen Mann verleitet haben, die ganze edle Nazion zu
hassen, u. wider ihre für die Menschheit so wichtige Sache, eine Abneigung zu fassen, –
nicht wieder den Altar der Freyheit besudeln werden.[47]

---

[43] Tb. 12. April 1794. Mit großer Wahrscheinlichkeit kannte Beneke Robespierres berühmte
Rede vom 17. Pluviôse II (5. Februar 1794) mindestens in ihren Kernsätzen, die Friedrich von Gentz
in der *Minerva* dem deutschen Publikum nahebrachte. Friedrich von Gentz, Ueber die Grundprin-
zipien der jetzigen französischen Verfassung nach Robespierre's und St. Jüst's Darstellung derselben, in: Minerva 2 (1794), 166–189, 232–300; frz. Maximilien Robespierre, Œuvre, hg. von Albert
Laponneraye, Bd. 3, Paris 1840, 539–567.
[44] Tb. 12. April 1794.
[45] Tb. 26. Juli 1794.
[46] Tb. 13. August 1794.
[47] Tb. 18. August 1794.

Die Alternative – „Jakobiner, oder Maurer" – und die Entscheidung zugunsten der Freimaurerei bedeutete also weder eine Abkehr von der Revolution noch eine Hinwendung zu einer unpolitischen Haltung. Wovon Beneke sich distanzierte, war alles das, was der Republik als konkreter Staats- und Gesellschaftsform in seinen Augen Schaden zufügte, weil ein Scheitern oder auch nur eine Gefährdung des französischen Experiments die Republik als Idee kompromittieren und das Erreichen der nächsten Stufe der Menschheitsentwicklung verzögern würde. Deshalb geißelt er Royalisten, Aristokraten, Sansculotten und *Enragés* gleichermaßen als „Verräther". Die Freimaurerei dagegen erschien ihm als das Mittel der „Vorsehung", den Gang der Dinge in einer profunderen und auf die Menschheit (mithin auch auf Deutschland) bezogenen, wenn auch ruhigeren und langsamer fortschreitenden Weise zu befördern. Nicht von ungefähr mündet das Freimaurer-Kapitel des *Glaubenssystems* von 1794 umstandslos in ein „politisches Glaubenssystem" – als Konsequenz und Summe der umfassenden vorangegangenen Betrachtungen:

> Freyheit, Gleichheit, und Demokratie, – das ist mein politisches Ideal. Bürgerliche Ordnung, moralischer Rang, Herrschaft des Gesetzes, Hoheit des Volks, und Directorium der erprobten Aristen das Wesen, und die Bedinge desselben. […] Reine abstrakte, und nach Erfahrungsregeln angewandte Vernunft – natürliches Recht der Menschheit muss die Quelle des Gesetzes seyn. Das Naturrecht muss nicht den bürgerl. Verhältnissen, sondern diese jenem angepasst werden. […] Alles, was ihm zuwiderläuft, es sey Herkommen, oder Usurpazion *muss* und *kann* wegfallen.[48]

Bemerkenswert sind hier vor allem die Konditionen, mit denen Beneke sein „politisches Ideal" näher bestimmt. Das Naturrecht als Quelle allgemeingültiger, vernunftgemäßer Gesetze anzunehmen, ist vor dem Hintergrund der frühneuzeitlichen Naturrechtsdebatte und ihrer Verortung in den deutschen Rechtswissenschaften des späten 18. Jahrhunderts unter aufklärerischen Vorzeichen nicht sonderlich radikal, soweit es die Theorie betrifft – anders als in Frankreich, wo der Naturrechtsdiskurs eher im Philosophischen angesiedelt blieb und spätestens seit dem Prozeß gegen den König in den Dienst der Radikalisierung der Revolution gestellt wurde.[49] Zusammen mit dem Prinzip der Rechtsgleichheit und der Forderung nach Abschaffung aller durch „Herkommen, oder Usurpazion" begründeten Rechtstitel läuft der Gedanke freilich auf die Beseitigung der altständischen Privilegienordnung hinaus, wie sie in Frankreich in der Nacht vom 4. auf den 5. August 1789 vollzogen worden war. Passend dazu hatte Beneke schon im Sommer 1793 in einer kleinen akademischen Fingerübung die Legitimität adligen Grundbesitzerwerbs bestritten, um sich für eine etwaige Diskussion mit Argu-

---

48 Beneke, Glaubenssystem (wie Anm. 34), 102 f.
49 Dan Edelstein, The Terror of Natural Right. Republicanism, the Cult of Nature, and the French Revolution, Chicago, London 2009.

menten zu munitionieren, die allerdings, wenn man sie unbefangen zu Ende denkt, nur mit Mühe erlauben, die Verteilung von Grundbesitz jenseits einer agrarischen Gesellschaft nach dem Ausgang aus dem ‚Naturzustand' zu rechtfertigen. Hier liegt die Radikalität seiner Haltung freilich darin, daß er die logischen Konsequenzen seiner Prämissen nicht bis zu Ende gedacht hat.

Ähnlich verhält es sich mit einer weiteren Wendung: Da Beneke in seinem „politischen Glaubenssystem" überdies vom „natürlichen Recht der Menschheit" spricht, liegt der Schluß nahe, daß er für eine Rückbindung aller Gesetze an die (vorstaatlichen) Menschenrechte plädiert. Ob Beneke allerdings mit der rousseauistischen Wendung von der Anpassung der „bürgerlichen Verhältnisse" an das Naturrecht dieselbe radikale Konsequenz verband wie ein Saint-Just und ein Robespierre im Hinblick auf die Schaffung eines ‚neuen Menschen' und damit auch im Hinblick auf die Legitimation der Schreckensherrschaft, ist mehr denn zweifelhaft. Denn die Modifikationen seiner „politischen Ideale" reflektieren nicht nur Gedankengut, das für die Französische Revolution zentral war, sondern auch Elemente, die der Revolutionskritik entstammen.

Daß „Freyheit, Gleichheit, und Demokratie" durch das Prinzip der Volkssouveränität („Hoheit des Volks") näher bestimmt werden, ist für einen Parteigänger der Französischen Revolution wenig überraschend. Die ‚Nation' stand bereits vor der Verabschiedung der ersten Verfassung von 1791 über dem König, für die Republik – zumal unter den Vorzeichen der Jakobinerherrschaft – bildeten Volkssouveränität samt *volonté générale* das Fundament des politischen Diskurses wie auch der Verfassung von 1793. Erstaunlicher dagegen ist deren Eingrenzung durch ein „Directorium der erprobten Aristen", die Anerkennung von Rangunterschieden innerhalb der „bürgerlichen Ordnung", die freilich nicht auf ererbten Titeln beruhen, sondern durch „moralische" Qualitäten legitimiert sein sollen. Hier nämlich greift Beneke auf die kritischen Positionen deutscher Revolutionsgegner zurück, die eine über die ‚natürliche' Rechtsgleichheit aller Menschen hinausgehende Gleichheit im Hinblick auf politische Mitwirkungsrechte zurückweisen, weil diese eine „gewisse Gleichheit des Verstandes und des Interesse" notwendig voraussetze, die aber nun einmal nicht gegeben sei. Eine ‚Gleichmacherei' im Sinne einer Einebnung der unterschiedlichen intellektuellen, geistigen, moralischen und körperlichen Fähigkeiten schlage letztlich zum Nachteil des Staates aus, weil sie zu einer Nivellierung auf niedrigem Niveau führe, mithin zum Ausschluß der fähigsten und besten Köpfe von den Staatsgeschäften.[50] In ähnlicher Weise argu-

---

[50] Johann August Eberhard, Über Staatsverfassungen und ihre Verbesserung. Ein Handbuch für Deutsche Bürger und Bürgerinnen aus den gebildeten Ständen. In kurzen und faßlichen Vorlesungen über bürgerliche Gesellschaft, Staat, Monarchie, Freyheit, Gleichheit, Adel und Geistlichkeit, Heft 1, Berlin 1793, 53–62, zit. n. Jörn Garber (Hg.), Kritik der Revolution. Theorien des deutschen Frühkonservatismus 1790–1810, Bd. 1: Dokumentation, Kronberg/Ts. 1976, 207–216.

mentiert Johann Heinrich Jung-Stilling, der die „wahre Freyheit" definiert als den „Trieb, durch ungehindertes Würken von einer Stuffe zur andern hinaufzusteigen, um endlich den Gipfel der vollkommenen Menschenhöhe zu erreichen" und hinzufügt: „eigentlich ist also der Freyheitstrieb mit dem Vervollkommnungstrieb einerley". Diese Freiheit sei unveräußerliches Menschenrecht und könne durch keinen Despotismus gehindert werden, habe aber auch zur Folge, daß unter den Menschen stets Ungleichheit herrsche, weil der Grad ihrer ,Vervollkommnung' unterschiedlich sei.[51] Diesen Gedanken greift Beneke auf, wenn er das „Directorium der erprobten Aristen" zur Voraussetzung seines Bekenntnisses zur „Demokratie" erklärt. Daß hier die seit der griechischen Antike gepflegte Debatte um die beste Staatsform neuerlichen Aufschwung erhält, liegt auf der Hand. Doch während die deutschen Frühkonservativen die seit der Antike bekannten Argumente gegen die Demokratie dazu nutzen, Monarchie und Ständestaat zu legitimieren, auch wenn sie die vorstaatlichen Menschenrechte und die Staatszielbestimmung aus dem aufklärerischen Naturrechtsdiskurs als gegeben annehmen, formt Beneke die Einwände in ein modifiziertes Mischungsverhältnis der Verfassungsformen um: Mit der Ablehnung der Monarchie scheidet zwar der (neu-)platonische Philosophenkönig als Lösungsansatz aus, dafür aber erscheint eine Regierung aus Männern, die ihre intellektuelle, geistige und moralische Superiorität unter Beweis gestellt haben, als geeignetes Korrektiv. Bezeichnenderweise schreibt er Ende 1794 an anderer Stelle: „es blühe natürliche Subordinazion nach dem höheren Grade der Geisteskraft, und bürgerliche unter weises Gesetz in der Form einer demokratischen Republik!"[52] In eben diesem Zusammenhang verdammt er zugleich „Anarchisten" und „Jakobiner". Das Stichwort der „Subordinazion" indes – also der Unter- und Überordnung nach dem Grad der Vollkommenheit der Erkenntnis – taucht zum ersten Mal bei Beneke da auf, wo er vom Wesen der Freimaurerei spricht.[53]

Diese politischen und weltanschaulichen Überzeugungen hat Beneke in Halle gewonnen und nach allem, was die Tagebücher preisgeben, waren es die Gespräche auf dem Jägerberg, die ihn maßgeblich beeinflußten. Von einigen wenigen Gesprächsinhalten wissen wir: Mit Heinrich Philipp Goldhagen, dem Hallenser Ratsherrn und Sohn des 1788 verstorbenen Medizinprofessors, und Johann David Beck, dem reformierten Prediger am dortigen Dom, unterhält Beneke sich über „Sterne, Materialität, u. Immat. Entwikkel. dies. Begriffe",[54] mit Willmanns,

[51] Johann Heinrich Jung-Stilling, Über den Revolutions-Geist unserer Zeit zur Belehrung der bürgerlichen Stände, Marburg 1793, 28–40 (Zitat: 36).

[52] Tb. 31. Oktober 1794.

[53] Beneke, Glaubenssystem (wie Anm. 34), 98.

[54] Tb. 11. Juli 1793.

Beck und Dabelow über Freimaurerei,[55] abermals mit Willmanns und Beck über
die zentralen Dogmen des Calvinismus („Providenz, Prädestinaz., überhpt Würkung (u. zwar mittelbar) Gottes pp. in die – Handl. der Menschen. Vergeb. der Sünde – Gnadenwürkung – Ordnungsliebe. Harmonie G[ottes]“).[56] „Ontologie pp.“
und „Pneumathologie pp.“ sind – neben den politischen Verhältnissen in Sachsen
und Gotha – Themen, die Beneke mit dem durchreisenden Georg Eberhard Anton
Chappuzeau[57] auf der Rabeninsel lustwandelnd diskutiert, bevor die beiden sich
einer geselligen Runde im Garten auf dem Jägerberg anschließen.[58]

Die genannten Themen spielen alle eine Rolle in Benekes *Glaubenssystem*, und
die erwähnten Gespräche dürften infolgedessen in die Entwicklung der darin formulierten Ansichten eingegangen sein. Dies muß auch für die vielfältigen Gespräche mit Reil, Gren und Dabelow gelten, über die Beneke jedoch nichts Genaueres
notiert. In einem ersten Entwurf des *Glaubenssystems* deutet er allerdings an, daß
die Anregung dazu, sich über seine Grundsätze Rechenschaft abzulegen, im August 1793 aus diesem Kreis stammte.[59] Bei einem anderen Fragment aus dieser
Zeit – einem Versuch, den Begriff „Höchstes Wohl der gesammten Menschheit“
näher zu bestimmen – ist dagegen zweifelsfrei Johann Christian Reil der Stichwortgeber:[60] „Moral, Philosophie, Staatslehre, Medizin, Rechtslehre“ haben
ihre je eigenen Gesichtspunkte, mit denen sie das „Wohl der Menschheit“ definieren oder die „edleren Menschl. Bemühungen, welche es beabsichten“, betrachten.
Die Staatslehre verfolge das Ziel, die „Summe des Erdenglücks“ nach „eines Jeden Beschaffenheit und Bedürfnis“ zu verteilen und die Mittel dazu zu bestimmen. Solange aber Staaten in Konkurrenz zueinander stünden, d. h. stehende Hee-

---

[55] Tb. 23. Juli 1793.

[56] Tb. 6. August 1793.

[57] Chappuzeau (1769–1848) war der Sohn des Abts von Lokkum und studierte in Göttingen
Theologie. Der Kontakt mit Beneke war durch Empfehlungsschreiben des Leipziger Professors und
Freimaurers Johann Georg Eck und der Gothaer Freimaurerloge hergestellt worden. Tb. 7. Juli 1793.

[58] Unter diesen befinden sich neben Goldhagen und Beck auch Johann Christian Gottlieb
Schaumann, der zu diesem Zeitpunkt noch als Magister am Waisenhaus unterrichtete und zu den
Funktionsträgern der Loge „Zu den drei Degen“ gehörte, bald darauf aber als Professor für Philosophie nach Gießen wechselte und etliche Jahre in Briefkontakt mit Beneke stand, sowie Helene
Henriette Gottliebe von Burghoff, die Ehefrau des preußischen Geheimen Finanzrats Johann
Friedrich August von Burghoff, samt deren Tochter, eine Frau von Pfeilitzer, und die Gattin des
Kriegsrats und Postmeisters Matthias Wilhelm von Madeweis. Tb. 8. Juli 1793.

[59] Ferdinand Beneke, Mein Glaubenssystem über Religionen, und alle Gegenstände derselben[,]
über die Rechte der Menschen in ihren jetzigen politischen Verhältnissen[,] über Alles, was Objekt
des Nachdenkens ist – soweit meine Erfahrungen gehen [Fragment], in: Beneke, Tagebücher (wie
Anm. 6), Bd. I/4, 80. Darin heißt es einleitend: „Heute frug mich ein edler Mann: ‚wie können Sie,
wenn anders Ihre Grundsätze, welche Sie gegen mich geäussert haben, Grundsätze Ihres Herzens,
und nicht Geburten einer unüberlegten Hitze im Gespräch waren, wie können Sie Demokrat – als
Kameralist im P–schen Staate Ihr Glück suchen?‘“.

[60] Tb. 5. August 1793.

re und Allianzen zur Absicherung der Wohlfahrt als erforderlich erachtet würden und freundschaftliche Beziehungen zu anderen Nationen durch eine Regierung unter dem Gesichtspunkt wirtschaftlichen Vorteils „erlaubt" oder unterbunden würden, gehe es in der Staatslehre nur um das Wohl der Menschen jeweils eines Staates. Das Wohl der *gesamten* Menschheit dagegen könne unter den obwaltenden Umständen nur Gegenstand der spekulativen Philosophie sein.[61] Welche Konsequenzen daraus zu ziehen sind, bleibt indes unausgesprochen. Die konservativere Variante wäre, die Lage der Dinge zu akzeptieren und auf langwierige Reformprozesse zu setzen, die radikalere bestünde in einer internationalen Ausweitung der Revolution mit dem Ziel einer Art von ‚Weltrepublik' oder ‚Völkerbund'. Der Kontext des Benekeschen Denkens macht die erste Schlußfolgerung wahrscheinlicher als die zweite. Dafür spricht auch, daß die Überlegungen von einem Gespräch mit Johann Christian Reil inspiriert waren.

Nach dem gegenwärtigen Forschungsstand wissen wir verhältnismäßig wenig über Reils politische Ansichten in den 1790er Jahren. Sein Eintreten gegen soziale Mißstände dürfte Beneke beeindruckt haben,[62] der seinerseits in einigen Tagebuchnotaten seiner Empörung über die Not, die eine mangelhafte Armenfürsorge und die Durchsetzung ständischer Privilegien gegen die Erwerbsmöglichkeiten der Unterschichten verursachten, freien Lauf läßt.[63] Dasselbe kann wohl auch für all jene Aspekte der Aufklärung gelten, die Reil in seinem Berliner Jahr im Hause des jüdischen Arztes Marcus Hertz kennenlernte.[64] Wie sein Logenbruder und studentischer Gesprächspartner Beneke verehrte Reil zunächst Napoleon Bonaparte, dem er 1802 den vierten Band seines Hauptwerks *Ueber die Erkenntniß und Cur der Fieber* widmete,[65] kehrte sich später jedoch dezidiert vom französischen Kaiser ab und bekannte sich zum preußischen Königshaus. Auch Beneke nahm vergleichbare Änderungen in seiner politischen Positionierung vor.

Doch deswegen auf dieselben republikanischen Prämissen in ihrem Denken zu schließen, wäre gewagt. Denn schon Reils konsequenter Materialismus, mit dem

---

[61] Ferdinand Beneke, Von dem Begriff: Höchstes Wohl der gesammten Menschheit, in: Beneke, Tagebücher (wie Anm. 6), Bd. I/4, 71 f.

[62] Vgl. z. B. Heidi Ritter, Eva Scharf, ‚Habe unbändig viel zu tun …'. Johann Christian Reil, Halle/Saale 2011, 31 ff.

[63] Tb. 8. Juni 1793; Tb. 6. Juli 1793, wo Benekes Empörung in dem Satz kulminiert: „O Schade, daß wir noch keine Laternenpfähle haben! Schade überhaupt, dß von uns die Guillotinezeit noch so fern ist, wo der Unterdrückte vor dem Richterstuhl seiner Nazion klagen und sein Wehe über die verruchten Usurpateurs aller Volksgewalten rufen darf".

[64] Siehe dazu Wolfram Kaiser, Johann Christian Reil (1759–1813) als Medizinalorganisator und klinischer Lehrer, in: W. K., Arina Völker (Hg.), Johann Christian Reil (1759–1813) und seine Zeit, Halle 1989, 8–17, hier 12; Reinhard Mocek, Johann Christian Reil (1759–1813). Das Problem des Übergangs von der Spätaufklärung zur Romantik in Biologie und Medizin in Deutschland, Frankfurt/M. u. a. 1995, 32 ff.

[65] Mocek, Reil (wie Anm. 64), 72.

er in seinem 1796 erschienen Aufsatz *Ueber die Lebenskraft*[66] jede metaphysische Qualität der Seele negiert, muß für Beneke ebenso eine Herausforderung dargestellt haben wie Reils zehn Jahre später publizierte Abhandlung *Medicin und Pädagogik*,[67] in der er der Vervollkommnung des Individuums enge Grenzen setzt und dem aufklärerischen Axiom der Perfektibilität des Menschengeschlechts (oder auch nur der Gesellschaft) eine klare Absage erteilt. Benekes Glaube an eine fortgesetzte Perfektibilität der Seele sogar über den Tod hinaus hätte umgekehrt Reils dezidierten Widerspruch erregt. Daß Reil die Aufgabe der Erziehung darin sieht, die Selbstentwicklung des Individuums zu veranlassen, und daß sie dabei einerseits die gleichsam gattungsmäßige, allgemeine Ausbildung der Vernunftvermögen und andererseits die individuellen, speziellen Anlagen im Blick haben müsse, ja daß Reil die gegenwärtigen gesellschaftlichen Bedingungen kritisiert, die die äußeren Verhältnisse über den künftigen Wirkungsbereich („Sphäre") eines Menschen entscheiden lassen und nicht die individuellen Fähigkeiten, ist dagegen ein Erbe der Aufklärung, dem sich auch Beneke verpflichtet fühlte. Dabei verband Reil mit Friedrich August Wolf die Kritik an den umfassenden Lehrplänen der Reformpädagogik – freilich nicht aus epistemologischen Gründen, wie sie sein Hallenser Kollege vorbrachte,[68] sondern weil Erziehung nur hervorbringen könne, was als (biologisch determiniert gedachte) Anlage schon vorhanden sei. Die daraus resultierende Verschiedenheit der Fähigkeiten und Vermögen sei Naturprinzip. Die Aufgabe des Staates bestehe deshalb darin, freiheitliche Rahmenbedingungen zu garantieren, unter denen sich diese Verschiedenheit bestmöglich entfalten und die Individualitäten zu einem Zusammenwirken zusammengeführt werden können. Das Ergebnis dessen, was Reil hier vertritt, ist paradox: Aus der konsequenten Anwendung der Prämisse, daß alle Menschen biologisch-medizinisch gleich sind, folgt naturgesetzlich deren gesellschaftliche Ungleichheit. Aus eben jenem Materialismus, zu dem sich auch die radikalen französischen Revolutionäre wie die Hébertisten bekannten, ergeben sich Thesen, die der Überzeugung, die Französische Revolution sei ein Menschheitsereignis, den Boden entziehen. Und die radikale Anwendung des spätaufklärerischen Prinzips der Empirie führt zu einer ebenso radikalen, weil grundsätzlichen, noch dazu frühkonservativ gefärbten Aufkündigung der anthropologischen Grundannahmen der Auf-

---

[66] Johann Christian Reil, Ueber die Lebenskraft, in: Archiv für die Physiologie Bd. 1, Heft 1, 8–162. Vgl. dazu Mocek, Reil (wie Anm. 64), 91–100.

[67] Johann Christian Reil, Medicin und Pädagogik, in: J. C. Reil's kleine Schriften wissenschaftlichen und gemeinnützigen Inhalts, hg. von Chr. Fr. Nasse, Halle 1817, 164–191; zuerst gedruckt in: Reil's und Kayßler's Magazin für die psychische Heilkunde Bd. 1, Heft 3, Berlin 1806, 411–446. Vgl. dazu Mocek, Reil (wie Anm. 64), 44–46.

[68] Gerrit Walther, Friedrich August Wolf und die Hallenser Philologie – ein aufklärerisches Phänomen?, in: Notker Hammerstein (Hg.), Universitäten und Aufklärung, Göttingen 1995, 125–136, hier 133.

klärung, freilich nicht ohne einzelne gedankliche ,Bausteine' und vor allem die methodischen Grundlagen weiterzuführen.

Mit Blick auf das, was uns die Tagebücher Ferdinand Benekes über die Situation in Halle preisgeben, fällt es weder leicht, uneingeschränkt von Jakobinertum noch von radikaler Aufklärung zu sprechen. Was indes in die Augen springt, ist eine durch die Französische Revolution erhitzte Politisierung, die nach Neuorientierung strebt – sei es in philosophischen Gedankenexperimenten, sei es in Staats- und Gesellschaftsentwürfen, im Für und Wider des Bestehenden. Das *Trinklied*, von dem weiter oben die Rede war, wurde auf die Melodie eines Kommersliedes gesungen, das für dieselbe Zeit belegt ist, aber politisch das ganze Gegenteil verherrlicht, nämlich deutsche Dichtung, deutschen Wein und den preußischen König als Enkel des Cheruskerfürsten Arminius.[69] Andererseits berichtet Beneke davon, daß er zu einer Feier beim Stadtpräsidenten und Geheimrat Heinrich Ludwig Willibald von Barkhausen u. a. zusammen mit dem Musikdirektor Daniel Gottlob Türk am Tag des französischen Bundesfestes eingeladen war, bei dem ein beherztes „vive la Republique francaise" getrunken wurde.[70]

II. Demokraten in Göttingen?

Während die von der Französischen Revolution beschleunigten Wege, neue Orientierungen in einer im Umbruch befindlichen Gesellschaft zu suchen, binnen kurzer Zeit in die Romantik mündeten, hielt man in Göttingen weitgehend an der Aufklärung fest, für die die Universität seit ihrer Gründung in der Wissenschaftslandschaft stand. Daß die Aufklärung zu einer Politisierung insbesondere des Bürgertums in Deutschland beitrug, ist lange bekannt. Daß die in Göttingen vertretenen Lehrinhalte und die von dort ausgehenden Publikationen gerade auch wegen der in den Universitätsstatuten verankerten Zensurfreiheit einen nicht unerheblichen Anteil daran hatten, bedarf kaum der Erwähnung. Allein schon der immensen staatenkundlich-statistischen und kameralistischen Publizistik August Ludwig Schlözers war es zu verdanken, daß die dem Ancien Régime eigenen *arcana imperii* einer breiteren Öffentlichkeit und einem kritischen Räsonnement zugänglich wurden und damit den Reformdebatten in Deutschland weitere Nahrung gaben. Daß auch hier die Französische Revolution einen Politisierungsschub bedeutete, zeigt sich anschaulich am Vorlesungsbetrieb. In den 1780er Jahren boten Johann Georg Heinrich Feder und August Ludwig Schlözer alternierend Vorlesungen zur Politik an – ersterer zunächst als Teil der praktischen Philosophie im

---

[69] David Gottfried Herzog, Briefe zur nähern Kenntniß von Halle. Von einem unpartheiischen Beobachter, o. O. 1794, 89 f.; vgl. Hatje, Bürger und Revolutionen (wie Anm. 6), 187 ff.
[70] Tb. 10. August 1793.

Sinne einer allgemeinen ‚Klugheitslehre', später spezialisiert auf die ‚Staatsklug-
heit', letzterer aus dem Blickwinkel der Staatswissenschaften, des Staatsrechts
sowie der Verfassungs- und Verwaltungslehre. In den 1790er Jahren, also nach
Ausbruch der Französischen Revolution, stieg die Zahl der Politik-Vorlesungen
auf bis zu vier pro Semester, wozu ab dem Sommersemester 1795 auch Ludwig
Timotheus Spittler beitrug.[71] Bemerkenswert ist, daß Ferdinand Beneke gerade
diese drei Professoren – Feder, Schlözer und Spittler – als „Demokraten"[72] bezeichnet und damit einen Begriff verwendet, der zu dieser Zeit durchaus mit ‚Jakobiner' gleichgesetzt werden konnte. Auch hier gilt es, genauer hinzusehen.

Schon den Zeitgenossen erschien die Revolution als die in die politische Praxis
gewendete Aufklärung. Joachim Heinrich Campe sieht 1789 in Frankreich eine
„Constitution" erstehen, „welche auf die lautersten Grundsätze der Vernunft,
des Rechts und der Billigkeit gegründet" sei.[73] Friedrich von Gentz schreibt
1790, die Revolution sei „der erste praktische Triumph der Philosophie, das erste
Beispiel einer Regierungsform, die auf Prinzipien und ein zusammenhängendes
System gegründet ist".[74] Auf die vollständige Abschaffung der mittelalterlich-
frühneuzeitlichen Privilegienordnung im August 1789 war die Erklärung der
Menschen- und Bürgerrechte gefolgt, die zugleich die fundamentalen Prinzipien
der Verfassung festlegte. Sie stellte gleichsam das Bindeglied zwischen dem Naturrechtsdiskurs und der zu schaffenden Verfassung dar, proklamierte die Gleichheit der Menschen, verkündete Freiheit, Eigentum, Sicherheit und das Recht auf
Widerstand gegen Unterdrückung als unveräußerliche Rechte und garantierte Re-
ligionsfreiheit, Pressefreiheit sowie den Schutz des Privateigentums. Darüber hinaus traf sie zwei wesentliche Grundentscheidungen für die künftige Verfassung:
Die staatliche Souveränität lag nicht mehr beim König, sondern bei der Nation
und für die staatliche Ordnung galt das Prinzip der Gewaltenteilung. Mit dem ersten Grundsatz knüpfte die *Constituante* an Rousseaus *Contrat social* an, mit dem
zweiten an Montesquieus *De l'esprit des lois*. Die nunmehr auf Rechtsgleichheit
gegründete Jurisdiktion wurde als ein System landesweit einheitlicher Institutionen eingerichtet, die Verwaltung auf kommunaler Ebene in die Hände der Bürger
gelegt, mit der Schaffung der Départements eine systematische Struktur der Administration geschaffen, die die Unübersichtlichkeit von Sonderrechten ebenso

---

[71] Hans Erich Bödeker, „... wer ächte freie Politik hören will, muss nach Göttingen gehen". Die
Lehre der Politik in Göttingen um 1800, in: H. E. B., Philippe Büttgen, Michel Espagne (Hg.), Die
Wissenschaft vom Menschen in Göttingen um 1800, Göttingen 2008, 325–369, hier 328–335.

[72] Tb. 4. Juni 1795.

[73] Joachim Heinrich Campe, Briefe aus Paris zur Zeit der Revolution geschrieben, Braunschweig
1790, 325.

[74] Friedrich von Gentz an Christian Garve, 5. Dezember 1790, zit. n. Karl Mendelssohn-Bar-
tholdy, Friedrich von Gentz. Ein Beitrag zur Geschichte Oesterreichs im neunzehnten Jahrhundert,
mit Benutzung handschriftlichen Materials, Leipzig 1867, 9.

beseitigte wie den auf den König zulaufenden Zentralismus und damit auch die systemimmanente Willkür. Mit der Zivilverfassung des Klerus wurde überdies die Kirche dem Staat eingegliedert. Die Verfassung vom September 1791 besiegelte all dies und machte aus Frankreich eine konstitutionelle Monarchie, in der der König im Prinzip nicht mehr war als der oberste Beamte der Nation.

Soweit korrelierten die Errungenschaften der Französischen Revolution mit den Grundzügen der englischen Konstitution, was ihnen gerade deswegen bei vielen deutschen Aufklärern ein hohes Maß an Zustimmung eintrug. Sie entsprachen überdies dem, was der der Aufklärung verpflichtete, aber ansonsten jeder Radikalität unverdächtige Staatsrechtler August Ludwig Schlözer vertrat. Der Staat sei eine „Erfindung: Menschen machten sie zu ihrem Wol wie sie BrandCassen etc. erfanden".[75] Er ziele auf die Wohlfahrt *aller* (und nicht etwa nur einiger oder einer Mehrheit) und nur insoweit gelte die Unterwerfung des einzelnen unter welche Herrschaftsform auch immer. Die bürgerliche Gesellschaft gehe der Staatsgesellschaft voraus und auch nicht vollständig in ihr auf, weswegen die Bürger- und Menschenrechte niemals durch eine Herrschaftsform aufgehoben werden könnten. Der Staat diene der Absicherung der Bürger- und Menschenrechte und dazu, die „höchstmögliche Freiheit ungestört zu genießen".[76] So deutlich diese lapidaren Sätze an Rousseaus *Contrat social* erinnern, so wenig hielt Schlözer die Demokratie für eine in größeren Staaten realisierbare Staatsform.[77] Sein Ideal war die vermischte Verfassung, und diesem Ideal kam die englische am nächsten. Schlözer scheute sich indes nicht, die polnischen Teilungen als Willkürakte zu kritisieren und als solche mit der jakobinischen Schreckensherrschaft auf eine Stufe zu stellen. Die Französische Revolution sah er als historische Notwendigkeit, bald allerdings eher als historisch notwendiges Übel an und setzte für Deutschland auf ein gesteigertes Reformtempo, mit dem die Fürsten den Deutschen eine Revolution ersparen könnten.[78]

---

[75] August Ludwig Schlözer, Allgemeines StatsRecht und StatsVerfassungsLere […], Göttingen 1793, 3 f.

[76] Ebd., 93 ff.; zum Begriff der „bürgerlichen Gesellschaft" ebd., 63–78.

[77] Ebd., 128 f.

[78] Zu Schlözer siehe ADB 31 (1890), 567–600; NDB 23 (2007), 98 f.; Han F. Vermeulen, Göttingen und die Völkerkunde. Ethnologie und Ethnographie in der deutschen Aufklärung, 1710–1815, in: Bödeker, Büttgen, Espagne (Hg.), Wissenschaft vom Menschen(wie Anm. 71), 199–230; Bödeker, Politik; Guillaume Garner, Politische Ökonomie und Statistik an der Universität Göttingen (1760–1820), in: ebd., 371–390, insb. 382 ff.; Gérard Laudin, Gatterer und Schlözer. Geschichte als „Wissenschaft vom Menschen"?, in: ebd., 393–418; Martin Peters, Altes Reich und Europa. Der Historiker, Statistiker und Publizist August Ludwig (v.) Schlözer (1735–1809), Münster 2000; Richard Saage, August Ludwig Schlözer als politischer Theoretiker, in: Hans-Georg Herrlitz, Horst Kern (Hg.), Anfänge Göttinger Sozialwissenschaft. Methoden, Inhalte und soziale Prozesse im 18. und 19. Jahrhundert, Göttingen 1987, 13–54; Horst Kern, Schlözers Bedeutung für die Methodo-

Auch Spittler, der sich zunächst mit kirchengeschichtlichen Abhandlungen im Geiste Lessings, der Toleranz und der protestantischen Neologie einen Namen gemacht hatte, bevor er sich der mittelalterlichen und neueren politischen und Verfassungsgeschichte zuwandte und nach einer württembergischen und einer hannoverschen Landesgeschichte in den 1790er Jahren eine Geschichte der europäischen Staaten schrieb, beobachtete die Vorgänge in Frankreich nicht nur als interessierter Zeitgenosse, sondern eben auch als Historiker genau. Für ihn eröffnete die Französische Revolution wissenschaftlich gesehen einen empirischen Horizont, unter dem er vergangene „Staats=Revolution[en]" neu bewerten konnte, und sie stellte in seinen Augen ein Experiment dar, dessen Verlauf und Ausgang denselben anschaulichen Lerneffekt im „Publicum" haben werde wie eine beeindruckende physikalische Vorführung.[79]

Am meisten war Ferdinand Beneke von Johann Georg Heinrich Feder eingenommen – nicht nur weil er durch Johann Georg Eck an ihn empfohlen worden war und mit der Freimaurerei sogleich einen Anknüpfungspunkt hatte.[80] Feder war von der Philosophie Christian Wolffs beeinflußt und hatte einige Standardlehrbücher publiziert, war von Rousseau und dessen pädagogischen Ideen so beeindruckt, daß er einen *Neuen Emil* schrieb, und ließ sich durch die Lektüre von John Lockes *Essay concerning human understanding* zu seinem eigenen Hauptwerk *Untersuchungen über den menschlichen Willen* anregen, das in vier Teilen zwischen 1779 und 1793 erschien. Zudem war Feder der erste in Deutschland, der die Bedeutung von Adam Smiths *Wealth of Nations* erkannte und würdigte, was nur einer von vielen Belegen ist, in welchem Maße Göttingen als ‚Einfallstor' für englische und schottische Aufklärungsphilosophie und politische Vorstellungen in Deutschland fungierte. Was ihn für Beneke so anziehend gemacht haben dürfte, war der Umstand, daß er sich intensiv mit auf innerer Erfahrung beruhender, empirischer Psychologie beschäftigte und diese zur Grundlage für Logik, Metaphysik und Moralphilosophie machte.[81]

Wenn Beneke diese drei – ihrem politischen Denken nach eigentlich eher frühliberalen – Professoren als „Demokraten" bezeichnet, kann er damit weder gemeint haben, sie seien Jakobiner, noch behaupten, sie seien Anhänger bzw. Be-

logie der empirischen Sozialforschung, in: ebd., 55–71; Werner Hennies, Die politische Theorie August Ludwig von Schlözers zwischen Aufklärung und Liberalismus, München 1985.

[79] Ludwig Timotheus Spittler, Geschichte der dänischen Revolution im Jahr 1660 [1796], in: L. T. S., Sämmtliche Werke, hg. von Karl Wächter, Bd. 5, Stuttgart, Tübingen 1828, VIII.

[80] Tb. 8. und 20. Mai 1795.

[81] Konrad Cramer, Günther Patzig, Die Philosophie in Göttingen 1734–1987, in: Hans-Günther Schlotter (Hg.), Die Geschichte der Verfassung und der Fachbereiche der Georg-August-Universität zu Göttingen, Göttingen 1994, 87; Friedrich Saalfeld, Geschichte der Universität Göttingen in dem Zeitraume von 1788 bis 1820, Hannover 1820, 192–194; ADB 6 (1877), 595–597; NDB 5 (1961), 41 f.

fürworter einer Demokratie im strengen Sinne. Nun war um die Mitte der 1790er Jahre das Gegenstück zum ‚Demokraten' der ‚Aristokrat'.[82] Dies wird auch in einem Essay Feders deutlich, mit dem er die Begrifflichkeiten zu klären versucht und dabei zwischen der Kategorie des *Enragés* und Jakobiners, des „heftigen" und des „gemäßigten" Demokraten unterscheidet:

> Heftige Demokraten können diejenigen heissen, die den erblichen Adel zwar nicht für absolut ungerecht, aber doch für überwiegend schädlich halten; [...] Sie loben es daher uneingeschränkt, daß die Französche National=Versammlung [...] den Adel aufgehoben hat. Und wenn sie gleich nicht überall solche Revolutionen wie die Französche wünschen, und zu erregen gesonnen sind: so ist doch völlige Aufhebung oder möglichste Erniedrigung des Adels ihr entschiedener Wunsch. [...] Gemässigte Demokraten [...] nenne ich diejenigen, die [...] den Fragen über die Staatsformen sich nicht leicht erhitzen, weil sie einsehen, wie es bey den nützlichen oder schädlichen Wirkungen derselben am meisten doch immer auf die Menschen ankömmt, die sie in Händen haben, und auf die vielen übrigen Ursachen des sittlichen Zustandes derselben. Unterdessen sind die Demokraten dieser Art erklärte Freunde der wahren Freyheit und der wahren Rechte der Menschheit.[83]

Die ‚gemäßigten Demokraten' hielten die englische Verfassung für die „vollkommenste" in Europa (was Beneke nicht tut), seien überzeugt, daß die Greuel der Revolution vielfach „durch die Hartnäckigkeit, Unbilligkeit und arglistige Politik" der Gegenseite veranlaßt sei (was Beneke tut), hielten vieles an der französischen Verfassung für eine Verbesserung gegenüber dem früheren Zustand und mißbilligten „den Gedanken der Vereinigung auswärtiger Mächte zum Umsturz der Französchen Constitution" (was Beneke beides tut). Vor allem aber glaubten die gemäßigten Demokraten, daß Reformen „besser durch die Macht der Wahrheit nach und nach zu Stande gebracht werden", und seien deshalb Verfechter der „Freyheit im Denken und Schreiben, und Verehrer alles dessen, was gründliche, folglich regelmässige Aufklärung befördert".[84]

Es ist unverkennbar, daß Feder mit den „gemäßigten Demokraten" sympathisiert, ja genau genommen die Aufklärung mindestens in ihrer Göttinger Spielart unter dieser Rubrik subsumiert. Gleichfalls deutlich wird nun auch, was Beneke meint, wenn er „Demokratie" zu seinen „politischen Idealen" zählt. Aber ist dies radikal? Um die Mitte der 1790er Jahre in Göttingen zumindest war es das nicht. So schickt Schlözer 1793 mit Blick auf die von ihm vertretenen verfassungspolitischen Grundlagen seinem *Allgemeinen StatsRecht* 1793 voraus:

---

[82] Vgl. [Anonym,] Parallelzüge zwischen einem Aristokraten und Demokraten, in: Schleswigsches Journal (1792), 122 f.; [Anonym,] Aristokrat und Demokrat, in: Genius der Zeit 5 (1795), 568 f.

[83] Johann Georg Heinrich Feder, Ueber Aristokraten und Demokraten in Teutschland, in: Neues Göttingisches historisches Magazin (1793), 544–557, hier 548 ff.

[84] Ebd.

Es sind noch eben die [Lehr]Sätze, die ich, seit 22 Jaren, hier in Göttingen vorzutragen gewagt habe. Ich sage ‚gewagt‘: denn vor 22 Jaren hies man noch in manchen Gegenden Deutschlands dreist, wenn man nachsagte, was in England in Parlemens, und von allen rechtlichen StatsRechtsLerern, für allgemein wahr und bekannt angenommen war […] Gelesen, studirt, habe ich fleißig, Viele von den neusten Statsrechtlichen ReformationsSchriftstellern […] [ich habe] aber nach meinem Begriff bei ihnen nichts eigentlich Neues gefunden, das in der Wissenschaft wesentliche Aenderungen machen müßte.[85]

III. Republikaner in Hamburg und Bremen

Daß Ferdinand Beneke zunächst in Göttingen promovierte, um sich dann in Hamburg als Advokat niederzulassen, war durchaus naheliegend und entsprach einem Plan, von dem ihn Bremer Freunde – allen voran der Kaufmann, Eltermann und Freimaurer Johann Vollmers – überzeugten. Für Hamburger und Bremer Juristen war ein Studium in Göttingen obligatorisch. Von der Warte des eben Skizzierten ist dieser Umstand bedeutungsvoll genug. Für Beneke ergab sich daraus überdies die Möglichkeit, nützliche Kontakte zu knüpfen, die ihm die Etablierung erleichtern würden.[86]

Warum gab Beneke seine Pläne, nach Frankreich oder in die Vereinigten Staaten von Amerika zu emigrieren, 1795 zugunsten von Hamburg auf? Sieht man einmal von pragmatischen Gründen wie der Rücksichtnahme auf seine Familie ab, so ist der zentrale Begriff in diesem Zusammenhang ‚Republik‘ – ein Begriff, der bemerkenswerterweise um dieselbe Zeit in Frankreich mit Feders Definition des ‚gemäßigten Demokraten‘ kongruierte. Der ‚Republikaner‘, so Louis François Bertin de Veaux in einem Aufsatz, der 1797 in der *Minerva* in deutscher Übersetzung erschien, halte die Mitte zwischen den „Anhängern des Despotismus" und den „Democraten […], die man […] Jacobiner getauft hat".[87] Bertin de Vaux und sein *Journal des débats* wurden vom Direktorium und besonders von Napoleon gefördert. Seine Definition von Republik gibt er als Aristoteles-Zitat aus und behauptet nachdrücklich, daß sie mit Montesquieus *Geist der Gesetze* übereinstimme. Im Grunde jedoch reflektiert sie die dritte französische Verfassung, die nach dem Sturz Robespierres verabschiedet wurde und in vielerlei Hinsicht an die erste Verfassung von 1791 anknüpfte. Die Definition hätte so auch von der Mehrheit des gehobenen Bürgertums in den Hansestädten unterschrieben werden können:

Wenn irgend eine Majorität Theil an der Regierung nimmt; wenn diese Majorität aus Familien=Häuptern besteht, die durch ihr Eigenthum, durch ihren, wenn gleich mäßigen, Wohlstand, ihre Liebe zur Ordnung für das Wohl des Staats interessirt sind; wenn

---

[85] Schlözer, StatsRecht (wie Anm. 75), VI f.
[86] Hatje, Bürger und Revolutionen (wie Anm. 6), 193 ff.
[87] Bertin de Vaux: Was ist ein Jacobiner?, in: Minerva 8 (1797), 193–201.

sie ihre eignen Angelegenheiten so verwaltet, daß die unwissende, rohe, durch nichts an den Staat gebundene Menge von der Staatsverwaltung entfernt wird: so nennt man diese auf Gerechtigkeit und Natur gegründete Regierung ganz eigentlich und ausschließlich Republick.[88]

Im Oktober 1794 – also nach dem Sturz Robespierres und während der Neujustierung der französischen Republik durch die Thermidorianer – notiert Beneke emphatisch in sein Tagebuch: „Es lebe, was die Menschheit liebt! Es lebe alles, was Republikanisch gesinnt ist, weil das human ist!"[89] Auch wenn dies im Hinblick auf den Kurswechsel der Französischen Revolution und mit einem Enthusiasmus geschrieben ist, der in einem gewissen Kontrast zur Republik-Definition Bertin de Veaux' steht, wird daran erkennbar, daß Beneke die Republik als diejenige Staatsform ansah, in der sich die Bürger als Menschen bestmöglich entfalten, vervollkommnen und wirksam werden können. Konkreter gedacht waren es die aufklärerisch verstandene Selbstvervollkommnung durch Bildung und vor allem die gemeinnützige Tätigkeit zugunsten der Mitmenschen im besonderen wie der Gesellschaft und des Staates insgesamt, die die Zweckbestimmung des Menschen als Bürger ausmachten und die dem Lebensideal entsprachen, das er für sich selbst anstrebte und das er ohne Adelstitel, einflußreiche Familiennetzwerke und Vermögen im preußischen Staatsdienst nicht realisieren zu können überzeugt war. Konsequenterweise kleidete Beneke seinen Entschluß, nach Hamburg zu gehen, in die Formulierung, „ein nützlicher Bürger unter Hamburgs freiem Volke" werden zu wollen.[90]

In der Tat boten die stadtrepublikanischen Verfassungsverhältnisse – in Hamburg stärker als in Bremen – dafür den geeigneten Boden, und wo die altständischen Regularien direkte Einflußnahme der Bürger und Einwohner begrenzten, begann eine bürgerliche Öffentlichkeit, deren Institutionen nicht nur ein aufgeklärt-kritisches Räsonnement erlaubten, sondern darüber hinaus tätiges gemeinnütziges Engagement. Umfassende Reformprojekte wie die Allgemeine Armenanstalt waren in Hamburg durch die Patriotische Gesellschaft konzipiert, vorberaten und unter großem publizistischem Aufwand zusammen mit Senat und Bürgerschaft ins Werk gesetzt worden, um nur ein Beispiel zu nennen. Und selbst wenn man in Rechnung stellt, daß die Verfassungen der Stadtrepubliken noch weit entfernt waren von modernen Demokratien, so unterschied sich der Grad politischer Partizipation doch nur unwesentlich von dem, was die Revolution in Frank-

---

[88] Ebd., 195 f.
[89] Tb. 31. Oktober 1794.
[90] Tb. 31. Dezember 1795.

reich erreicht hatte, wenn man einmal von der – allerdings nie inkraftgetretenen – Verfassung von 1793 absieht.[91]

Das ‚Freiheitsfest', zu dem 1790 Georg Heinrich Sieveking und seine ebenso frankophilen Freunde – der mit ihm assoziierte Kaufmann Caspav (von) Voght, der ebenfalls im Frankreichhandel engagierte Conrad Johann Matthiessen sowie Piter Poel, der mit den Sievekings zusammen einen Landsitz in Neumühlen bei Hamburg bewohnte – eingeladen hatten, zeichnete sich nicht nur durch Begeisterung über die Vorgänge in Frankreich an sich aus, sondern trug auch den Tenor, daß die Franzosen an Freiheiten erlangt hatten, was schon seit langem zu den Grundlagen bürgerlicher Freiheit in Hamburg gehörte, und verband damit die freudige Hoffnung, daß sich dergleichen künftig – auf welchem Wege auch immer – auf andere Monarchien ausdehnen lasse.[92] Diese Haltung war schon zu diesem Zeitpunkt in Hamburg nicht unumstritten, und sie machte auch im Sieveking-Reimarus-Kreis bis spätestens 1793 einer tiefgreifenden Ernüchterung Platz, wofür die Radikalisierung der Revolution wie der Koalitionskrieg verantwortlich waren.[93] Befanden sich diese Kreise des hansestädtischen Bürgertums grundsätzlich in Übereinstimmung mit den französischen Girondisten, mit denen sie soziologisch betrachtet ebenso kongruierten wie sie durch Handelsbeziehungen mit ihnen verbunden waren, so zeigt sich gerade an Georg Heinrich Sievekings Engagement, daß neben Frankophilie und Freiheitsliebe auch ein handfestes wirtschaftliches Interesse an den Verhältnissen in Frankreich bestand.[94] Denn Frankreich war für Hamburg und Bremen der wichtigste Handelspartner, auch wenn Großbritannien nach dem Ausscheiden der Niederlande aus dem Welthandel 1795 für die beiden größten deutschen Seehandelshäfen eine zunehmend bedeutsame Rolle spielte.[95] Gerade die Handelsinteressen führten dazu, daß die Hamburger Bürgerschaft in außenpolitischen Entscheidungen eher auf Frankreich Rücksicht nahm als der Senat, in dem sich offensichtlich starke Kräfte für eine Loyalität gegenüber Kaiser und Reich aussprachen und Nachteile von seiten Preußens und Rußlands befürchteten.[96]

Das Ausmaß pro-revolutionärer Einstellungen in Hamburg ist kaum verläßlich zu bestimmen. Immerhin lassen sich aus den Beneke-Tagebüchern einige über den – freilich ausgedehnten – Sieveking-Reimarus-Kreis hinausgehende Konstel-

---

[91] Vgl. dazu Hatje, Bürger und Revolutionen (wie Anm. 6), 253–285 mit den zugehörigen Nachweisen.

[92] S. o. Anm. 4.

[93] Vgl. Sophie Reimarus an August Hennings, 18. März 1793; dies. an dens., 17. Mai 1793.

[94] Vgl. dazu Hatje, Bürger und Revolutionen (wie Anm. 6), 333 ff., 346 ff.

[95] Ebd., 297–300 mit Nachweisen.

[96] Ebd., 345 f.

lationen eruieren.[97] Das gilt vor allem für den Zirkel um die Kaufleute Johann Diedrich Schuchmacher und Johann Ernst Friedrich Westphalen. Schuchmacher hatte bereits eine führende Rolle in der ‚Société littéraire' gespielt, die Sieveking und der damalige französische Gesandte Louis-Grégoire Lehoc 1793 ins Leben gerufen und aus politischen Rücksichten bald wieder aufgelöst hatten, und Westphalen war Senatorensohn und wurde selbst später in den Senat gewählt. Diesem geistreichen und feierfreudigen Kreis gehörten die Ärzte Johann Jakob Rambach und Jean Henri de Chaufepié an, die beide Schüler von Johann Christian Reil in Halle gewesen waren und seit dieser Zeit auch engstens befreundet mit Ferdinand Beneke. Ferner zählten dazu Benekes juristische Studienfreunde aus Göttinger Tagen Johann Michael Gries, Eduard Rentzel und Joachim Nicolaus Schaffshausen, außerdem Friedrich Johann Lorenz Meyer, der zu den im Sinne der Aufklärung schriftstellerisch wie gemeinnützig umtriebigsten Köpfen in Hamburg gehörte. Darüber hinaus fanden sich hier der Kaufmann Christian Daniel Benecke und der freisinnige Theologe Gebhard Friedrich August Wendeborn[98] ein, ebenso der Literat, Historiker und Lehrer Leonhard Wächter alias Veit Weber, der 1792/93 auf seiten Frankreichs unter Dumouriez gekämpft hatte und als Schriftsteller zu Berühmtheit gelangt war.[99] 1796 stießen dann kurz nacheinander Ferdinand Beneke und der Sekretär des französischen Gesandten, Georg Kerner, dazu.

Während der Schuchmacher-Westphalen-Zirkel trotz seiner Parteinahme für das revolutionäre Frankreich eher den Charakter privater Geselligkeit trug, hatte die von Georg Kerner initiierte ‚Société philanthropique' eine deutlich politischere Zielrichtung, auch wenn sie eine philanthropisch-gemeinnützige und religiös-

---

[97] Näheres zum Sieveking-Reimarus-Kreis kann mit Blick auf den Beitrag von Almut Spalding in diesem Band übergangen werden.

[98] Wendeborn (1742–1811) hatte sich nach seinem Theologiestudium unter die Kandidaten des Geistlichen Ministeriums in Hamburg aufnehmen lassen und war von dort 1768 nach London an die deutsch-lutherische Gemeinde St. Mary in the Savoy berufen worden, geriet aber dort wegen seiner rationalistischen Theologie in Schwierigkeiten und wechselte 1770 an die ebenfalls deutsche Gemeinde in Ludgate Hill. 1790 quittierte er dort den Dienst und kehrte 1793 nach Hamburg zurück. Hans Schröder, Lexikon der hamburgischen Schriftsteller bis zur Gegenwart, Bd. 7 (1879), Nr. 4280; ADB 40 (1896), 721–714; G. F. A. Wendeborns Erinnerungen aus seinem Leben, von ihm selbst geschrieben und von Christian Daniel Ebeling herausgegeben, 2 Bde., Hamburg 1813.

[99] Leonhard Wächter (1762–1837) publizierte vorwiegend unter dem Pseudonym Veit Weber. Seine *Sagen der Vorzeit*, deren sieben Bände zwischen 1787 und 1798 erschienen, wurden teilweise ins Holländische, Französische und Englische übersetzt und inspirierten Sir Walter Scott. Seine Studien zur hamburgischen Geschichte nahmen ihren Anfang mit einem Schulbuch, das er 1788 zusammen mit dem Waisenhaus-Katecheten Karl Johann Heinrich Hübbe herausgab, der im übrigen gleichfalls zu Benekes Freundeskreis zählte. 1827 gab Wächter seine Lehrtätigkeit auf und wurde Bibliothekar an der Hamburger Stadtbibliothek. Schröder, Lexikon, Bd. 7 (1879), Nr. 4195; ADB 40 (1896), 428–431; Hamburgische Biografie, Bd. 1, 332; Joist Grolle, Geschichte und Zeitgenossenschaft. Leonhard Wächters historische Vorlesungen im Vormärz, in: J.G. (Hg.), Hamburg und seine Historiker, Hamburg 1997, 35–52.

freisinnige Außenseite zeigte, deren *Moralisches Glaubensbekenntnis* freimaurerische Einflüsse wie auch solche Rousseaus verrät.[100] Beneke gehörte der Gesellschaft zwar nicht an, stand aber etlichen der namentlich bekannten Mitglieder nahe. Zu den Gründungsmitgliedern gehörten neben Kerner Jean Henri de Chaufepié und der batavische Diplomat Johann Gotthard Reinhold, der französische Legationssekretär Jean-Bénédict Lemaistre und die Anwälte Theodor Hasche und Nicolaus Hartwig Petzold.[101] Bis auf Lemaistre hatte Beneke alle von ihnen schon im Februar 1796 bei Chaufepié kennengelernt, „wo wir in einem artigen ächt republ. Zirkel bis Nachts 12 Uhr blieben".[102] Sieht man einmal von Chaufepié ab, so war es aus diesem Kreis besonders der „Bataver Reinhold", dessen Umgang er besonders schätzte. Nicht nur dessen politische Einstellung, die im wesentlichen mit der Kerners übereinstimmte, nahm Beneke für ihn ein, sondern auch dessen umfassende Bildung sowie dessen literarische und schriftstellerische Interessen. Reinhold und Kerner kannten einander, seit sie beide auf der Karlsschule in Stuttgart erzogen worden waren, und Kerner hatte sich dafür eingesetzt, daß Reinhold vom batavischen Gesandten Abbéma als Legationssekretär nach Hamburg geholt worden war.[103]

Nach Kerners Absicht sollte die Gesellschaft „der Sache des Vaterlandes [gemeint ist Frankreich] und der republikanischen Freiheit im Ausland" dienen. Das Vortragswesen war dabei kein intellektueller Selbstzweck, wiewohl die Vermehrung gemeinnütziger Kenntnisse in den Vorträgen durchaus auch eine Rolle spielte, sondern als eine Schule in republikanischer Rhetorik gedacht, eine Vorbereitung auf die Übernahme öffentlicher Ämter. Einerseits diente die weitestgehend ausschließliche Verwendung der französischen Sprache als Mittel der Abschottung, und zwar nicht nur weil man die Siege der Revolutionsarmeen feierte und untereinander nur den Titel „citoyen" zuließ, sondern auch gegenüber den Mittel- und Unterschichten. Andererseits schwebte Kerner ein Netz von kleinen Tochtergesellschaften vor, die nach dem Muster der französischen Volksgesell-

---

[100] Siehe dazu vor allem die exzellente Darstellung bei Fritz, Georg Kerner (wie Anm. 26), 362–391; ferner Grab, Strömungen (wie Anm. 1), 202–223; Adolph Wohlwill, Neuere Geschichte der Freien und Hansestadt Hamburg insbesondere von 1789 bis 1815, Gotha 1914, 179–184; A. W., Hamburgische Beiträge zur Geschichte der Jahre 1798 und 1799, in: Zeitschrift des Vereins für Hamburgische Geschichte 7 (1883), 345–386.

[101] Fritz, Georg Kerner (wie Anm. 26), 368 f. – Karl Johann Heinrich Hübbe, zu dieser Zeit noch Katechet am Waisenhaus, und der Kaufmann Conrad Meckenhäuser waren zwar nicht Mitglieder, nahmen aber an den öffentlichen Versammlungen teil. Später traten Charles-André Mercier, Chaim Salomon Pappenheimer, der Sieveking nach Paris begleitet hatte, und Benekes Klient Heymann Zadich Zadig bei.

[102] Tb. 20. Februar 1796.

[103] Zu dem in Aachen geborenen Reinhold (1771–1838) siehe Adolf Wohlwill, Zur Biographie Johann Gotthard Reinhold's, in: Zeitschrift des Vereins für Hamburgische Geschichte 8 (1889), 183–191; ADB 28 (1889), 80–82; Fritz, Kerner (wie Anm. 100), passim.

schaften einem republikanischen „Gemeingeist" zuarbeiten sollten, da in Republiken alles von der Aktivität der *citoyens* abhänge und das wenigste durch die Regierung geregelt werden könne. Tausenderlei Dinge seien letztlich nur das Resultat Gemeingeistes. Wo dieser verloren gehe oder man ihn nicht zu schaffen verstehe, verlören sich die Mittel und Kräfte des Staats in blutigen Zwistigkeiten oder im Eigennutz.[104] Die Hauptaufgabe der Philanthropischen Gesellschaft betrachtete Kerner deshalb darin, die Publizistik für eine republikanische Propaganda zu nutzen, die bestehenden Zeitungen und Zeitschriften mit dazu geeigneten Beiträgen zu beliefern und dadurch den Einfluß gegenrevolutionärer Periodika zurückzudrängen. Artikel, denen man eine große Aufmerksamkeit in Deutschland verschaffen wolle, sollte man am besten in Pariser Blättern zuerst publizieren, in norddeutschen Zeitschriften könne man unbehelligter über süddeutsche Angelegenheiten schreiben und umgekehrt.[105] Um eine solche Propaganda zu koordinieren, schuf die Philanthropische Gesellschaft nach dem Vorbild des Straßburger und Mainzer Jakobinerclubs ein Korrespondenz-Büro. Solcherlei Aktivitäten siedelten freilich im Grenzbereich dessen, was der Hamburger Senat zu tolerieren geneigt war. Als die Philanthropische Gesellschaft nach dem Weggang Kerners im Herbst 1797 ihre Aktivitäten intensivierte und dies bekannt wurde, konnte der Senat schon aus außenpolitischen Rücksichten gegenüber Preußen, England-Hannover und dem Kaiser nicht mehr umhin, sie zu verbieten.

Während man wegen des Meinungspluralismus' in Hamburg schwerlich von *der* Haltung *des* Hamburger Bürgertums gegenüber der Französischen Revolution sprechen kann, erscheinen die Befunde im kleineren Bremen homogener. Zwar hatte Johann Smidt 1799 in einem Aufsatz für das von ihm herausgegebene *Hanseatische Magazin* kategorisch festgestellt, daß es in den Hansestädten und insbesondere in Bremen keinen „revolutionären Geist" gebe, und damit insofern Recht, als Kreise, die auf einen Umsturz der stadtrepublikanischen Verfassungen hinarbeiteten, inexistent waren. Doch gab es unter der Bremer Elite deutlich erkennbare Zeichen der Sympathie für die französische Republik.

Hier ist etwa Johann Ludwig Ewald zu nennen, der noch 1792 aus seiner Ablehnung gegenüber der Revolution kein Hehl gemacht, die Reduktion des französischen Königs auf wenig mehr als einen gemeinen Bürger scharf kritisiert, aber ein hohes Maß an Verständnis für die Ursachen der Revolution gezeigt, ja mahnend darauf hingewiesen hatte, daß dieselben Ursachen auch in den deutschen Staaten anzutreffen seien. Den Fürsten empfahl er Menschlichkeit als den einzigen Weg, revolutionären Unruhen zu entgehen, sowie den Verzicht auf – ohnehin auf Dauer wirkungslose – Zwangsmaßnahmen wie die Zensur, vor allem aber legte er ihnen die Förderung der Religion ans Herz. Denn das Streben nach Freiheit

---

[104] Das entsprechende Zitat mit Übersetzung bei Fritz, Kerner (wie Anm. 100), 363 f.
[105] Ebd., 373–376.

sei dem Menschen von Natur aus gegeben und sie werde einzig wirkungsvoll durch den Glauben an die „reine" – d. h. von dogmatischen und konfessionalistischen Verkrustungen freie – Lehre Jesu als dem „Menschenwohlthäter" ausbalanciert.[106] Nach der Hinrichtung Ludwigs XVI. im Januar 1793 publizierte Ewald eine weitere, diesmal an den Adel gerichtete Schrift, in der er nicht zuletzt auch mit Blick auf die Mainzer Republik schreibt:

> Überall in ganz Deutschland sind, wer weiss, wie viele tausend Menschen zerstreuet, in welchen der Durst nach Freiheit brennt; die von Eifer glühen, sie auch in ihrem Vaterlande zu bewirken. Und es sind gerade die fähigsten Köpfe, die wärmsten, reizbarsten Herzen, die kraftvollsten, unternehmendsten Menschen, die dieser Sinn belebt; und sie warten sehnlich auf den frohen Tag, wo sie etwas wirken können für die Freiheit, nach der sich ihr Herz sehnt.[107]

In Anbetracht dessen mahnt Ewald den Adel dringend, auf seine hergebrachten Vorrechte zu verzichten, die ihre Legitimierung verloren hätten und mit denen der Adel die „Gebildeten" und die „talentvollesten, thätigsten Bürgerköpfe" gegen sich aufgebracht habe. „Das Volk ist lange genug unmündig gewesen [...]. Seine Mündigkeit ist gekommen, und es wird sich selbst für majorenn [volljährig] erklären, wenn die Regenten und Sie [die Adligen] es nicht dafür erklären wollen". Es herrsche Gefahr im Verzuge, wenn man in Deutschland noch eine Revolution verhindern wolle.[108] Diese Sätze schrieb nicht irgendwer, schon gar kein Jakobiner, sondern ein Theologe, der zu diesem Zeitpunkt noch Generalsuperintendent in Detmold war und 1796, also nach Erscheinen dieser beiden Schriften, an die Bremer Stephanigemeinde berufen und einer der wichtigsten Bremer Prediger wurde, der eine breite Anhängerschaft im Bürgertum hatte.[109] Ebenfalls 1796 bescheinigte gerade Georg Kerner, der sich zu Sondierungsgesprächen in Bremen aufhielt, seinen Gesprächspartnern aus der politischen Funktionselite eine für ihn überraschend frankreichfreundliche Haltung.[110]

Freilich muß man zugestehen, daß eine gehörige Portion politischen Kalküls in einer für die Unabhängigkeit der Hansestädte gefährlichen Mächtekonstellation mit der Bremer Frankophilie spätestens ab 1795 verbunden war. So heißt es in ei-

---

[106] Johann Ludwig Ewald, Über Revolutionen, ihre Quellen und die Mittel dagegen. Den menschlichsten Fürsten gewidmet, Berlin 1792, passim. – Ich danke Frank Eisermann (Bremen/Hamburg) recht herzlich dafür, mich auf die beiden Ewaldschen Schriften aufmerksam gemacht zu haben.

[107] Johann Ludwig Ewald, Was sollte der Adel jetzt thun?, Leipzig 1793, 11 f.

[108] Ebd., 68, 76 f., 78 ff.

[109] Zu Ewald siehe Hans-Martin Kirn, Deutsche Spätaufklärung und Pietismus: Ihr Verhältnis im Rahmen kirchlich-bürgerlicher Reform bei Johann Ludwig Ewald (1748–1822), Göttingen 1998; Johann Anselm Steiger, Johann Ludwig Ewald (1748–1822). Rettung eines theologischen Zeitgenossen, Göttingen 1996.

[110] Fritz, Kerner (wie Anm. 100), 263, 266–279, 314.

nem Schreiben des Senators Liborius Diedrich von Post: „Bremens erstes Idol ist
Freiheit. Der schaudervollste Gedanke der, Untertan eines Monarchen zu werden.
Fühlte jeder französische Bürger diesen mit der Muttermilch von uns eingesoge-
nen Sinn der Unabhängigkeit so glühend wie ich und Hunderte meiner Mitbürger", so hätte Frankreich allen Anlaß, sich die bremischen Interessen bei den Frie-
densverhandlungen zu eigen zu machen.[111] Bei aller Intentionalität entsprachen
solche und ähnliche Äußerungen jedoch auch dem stadtrepublikanischen Selbstverständnis und Selbstbewußtsein.

Dies galt auch für Hamburg, wo der aufklärerisch gesonnene, Privatvorlesun-
gen über Physik haltende Kaufmann Nicolaus Anton Kirchhof als neugewählter
Senator 1784 in seiner obligatorischen Antrittsrede vor der Erbgesessenen Bürgerschaft sagte:

> Das Glück, ein freier Bürger in einer freien Republik, ja das Glück ein Bürger in Ham-
> burg zu sein, ist unschätzbar. […] Allein bedenken Sie, welch eine Glückseligkeit wir
> vor den Untertanen eines unumschränkten Herrn genießen, dessen bloßer Wille schon
> ein Gesetz und dessen Befehl mir in einem Augenblick Ehre, Freiheit, Güter und Leben
> rauben kann. Wenn der Monarch seine Departements [Verwaltungsbereiche] mit sei-
> nen Kreaturen besetzt, denen es oftmals gleichgültig ist, ob der Untertan sein Vermögen
> behält oder nicht, so genießen wir des stolzen Vorzuges, daß wir die unsrigen selber
> verwalten, daß unser Glück und das Glück unserer Mitbürger die Frucht und der Vorteil
> unserer Bemühungen ist.[112]

Um sich in dieser Weise zur Republik zu bekennen, mußte man in Hamburg
oder Bremen nicht radikal sein, sondern allenfalls ein aufgeklärter Zeitgenosse,
womit wir wieder bei unserer Ausgangsthese wären, daß Ort und Zeit darüber
bestimmen, was als ‚radikal' eingestuft wird und was nicht. Unterwegs hat sich
gezeigt, wie vielfältig die Größen sind, die auf die zeitgenössischen Begriffsbildungen Einfluß genommen haben und daß gerade dies ein Teil jener Suche nach
Neuorientierung war, die nicht nur biographisch den Tagebuchschreiber Ferdinand Beneke beschäftigte, sondern ganz Europa in der Auseinandersetzung mit
einer Französischen Revolution, die sich in vielem als die praktisch gewordene
Aufklärung darstellte.

---

[111] Liborius Diedrich von Post an Andreas Buxtorf, 7. Dezember 1797, zit. n. Hans Wiedemann,
Die Außenpolitik Bremens im Zeitalter der Französischen Revolution 1794–1803, Bremen 1960,
31.

[112] Zit. n. Hans-Dieter Loose, Nicolaus Anton Johann Kirchhof – Kaufmann, Senator, Gelehrter,
in: H.-D. L. (Hg.), Gelehrte in Hamburg im 18. und 19. Jahrhundert, Hamburg 1976, 107–131, hier
115 f. – Elaborierter noch, aber in ähnlichem Tenor war die Antrittsrede, die Johann Arnold Günther
1792 hielt und die auszugsweise abgedruckt ist in Friedrich Johann Lorenz Meyer, Johann Arnold
Günther. Ein Lebensgemählde, Hamburg 1810, 49–56.

Politisch konnotierte Begriffe und Inhalte befanden sich in den 1790er Jahren im Fluß. Dies läßt sich anhand der Tagebücher Ferdinand Benekes (1774–1848), der in Halle und Göttingen Rechtswissenschaften studierte, aus Bremen stammte und später in Hamburg tätig war, anschaulich für die Termini ‚Jakobiner‘, ‚Demokrat‘ und ‚Republikaner‘ zeigen. ‚Jakobiner‘ kennzeichnet 1792/94 bezogen auf Frankreich die Hauptträger der Revolution, die zunehmend als Parteiung in den Richtungskämpfen wahrgenommen wird. Auf Deutschland bezogen dient der Begriff eher als Etikett für die ganze Bandbreite der Zustimmung zur Französischen Revolution von der enthusiastischen Sympathie bis zur Übernahme einer konkreten politischen Programmatik. Bei Beneke selbst verschmilzt die Parteinahme für die revolutionären Errungenschaften mit freimaurerischen Vorstellungen unter dem Einfluß des Netzwerks um Reichardt, Hensler und Sieveking einerseits und der Freimaurerkontakte – vor allem mit den Professoren Reil, Gren und Dabelow – andererseits. Während bezogen auf Frankreich die ‚Demokraten‘ zwischen 1793 und 1795 tendenziell mit den Sansculotten identifiziert werden, wird der ‚Demokrat‘ bezogen auf Deutschland in erster Linie als Oppositum zum ‚Aristokraten‘ verstanden, nicht notwendig gegen die Monarchie gerichtet, wohl aber mit der Option der bürgerlichen Republik. Für Benekes Einstellung wirkten in Göttingen bestärkend die Kontakte mit Feder, Schlözer und Spittler. Mit ‚Republikaner‘ wurden ab etwa 1795 diejenigen verstanden, die in Frankreich einen tendenziell girondistischen Mittelweg zwischen jakobinisch-radikalen und reaktionären Richtungen vertraten und mit denen gerade das frankophile, von der Aufklärung geprägte Bürgertum der norddeutschen Stadtrepubliken ein hohes Maß der Übereinstimmung aufwies. Radikal erschienen solche Positionen vor allem den Revolutionsgegnern. Für die Göttinger Staatstheoretiker waren sie indes nur die Fortsetzung der Aufklärung mit anderen Mitteln, und für das Bürgertum der Hansestädte hatte die Revolution den Franzosen diejenigen Freiheiten gebracht, die sie selbst schon lange genossen und von denen sie hofften, sie würden dermaleinst auch im übrigen Deutschland zum Standard werden.

Concepts that carried political connotations were in a state of flux in the 1790 s. This can be shown by looking at the terms „Jacobin“, „Democrat“ and „Republican“ as they are used in the diary of Ferdinard Beneke (1774–1848) who came from Bremen, studied law in Halle and Göttingen, and spent his professional years in Hamburg. „Jacobin“ denotes, with reference to France in the years 1792–94, the major proponents of revolution who were increasingly perceived as a party in the struggle to define the direction of the country. With regard to Germany the concept served more as a label for the whole spectrum of approval for the French Revolution which ranged from enthusiastic sympathy to the adoption of concrete political programs. In Benekes case the partisanship for the revolutionary cause merges with Masonic visions which developed under the influence exerted by the network which had formed around Reichardt, Hensler and Sieveking on the one hand and on the other hand the Masonic contacts, particularly with the Professors Reil, Gren and Dabelow. While with regard to the French situation there was a tendency to identify the „Democrats“ between 1793 and 1795 with the sans-culottes, in Germany „Democrat“ was understood primarily in terms of its opposition to „Aristocrat“, and this did not necessarily imply hostility towards the monarchy but it did carry with it the option of a republic constituted by its citizenry. Beneke's views solidified under the influence of the contacts in Göttingen to Feder, Schlözer and Spittler. „Republican“ was understood from approximately 1795 onwards as referring to those who tended towards the Girondist middle path lying between Jacobin radicalism and the Reaction. This direction resonated among the bourgeois in the north German city republics who had been shaped by the ideas of the Enlightenment and tended to a Francophile outlook. Such positions seemed radical especially to the opponents of revolution. For the political theoreticians in Gottingen they were, however, simply a continuation of the program of Enlightenment employing new means. In the mind of much of the citizenry of the Hanseatic cities, the revolution had given the French those freedoms which they themselves had long enjoyed and which they hoped would eventually become the norm for the rest of Germany.

Dr. Frank Hatje, Historisches Seminar, Universität Hamburg, Von Melle Park 6 IX, 20146 Hamburg, E-Mail: frank.hatje@uni-hamburg.de

FALK WUNDERLICH

Empirismus und Materialismus an der Göttinger Georgia Augusta – Radikalaufklärung im Hörsaal?

Im Mittelpunkt dieses Beitrages stehen zwei Göttinger Philosophen des 18. Jahrhunderts, Christoph Meiners (1747–1810) und Michael Hißmann (1752–1784), in gewissem Maße auch noch, als Dritter im Bunde, Johann Georg Heinrich Feder (1740–1821).[1] Wendet man sich der älteren historiographischen Literatur zu, dann fällt die außerordentlich schlechte Reputation auf, die diese Philosophen genießen. Sie hatten im Laufe ihrer späteren Karriere nämlich das Sakrileg (aus der Perspektive der älteren Literatur) begangen, die Philosophie Immanuel Kants zu kritisieren. So sind für den Kant-Biographen Karl Vorländer schlechterdings „die Fachprofessoren *Feder* und *Meiners* unfähig, die Tiefe der neuen Philosophie zu fassen".[2] Und noch enragierter urteilt Benno Erdmann: „Geradezu maßlos plump und thöricht endlich ist der Ausfall, den Meiners, ein überall urtheilsloser Polyhistor, in der Vorrede zu seiner Psychologie gegen Kant sich erlaubte."[3] Auch in neueren Darstellungen werden die Göttinger vornehmlich hinsichtlich ihrer Rolle in den Auseinandersetzungen um Kant behandelt, und auch hier oft nicht übermäßig wohlwollend.[4]

---

[1] Die vorliegende Arbeit ist Teil des von der Deutschen Forschungsgemeinschaft geförderten Projekts „Denkende Materie versus Influxus physicus" (WU 695/1–1). Mein Dank gilt auch dem Max-Planck-Institut für Wissenschaftsgeschichte (Berlin), dessen Forschungsinfrastruktur ich als Gastwissenschaftler nutzen konnte.

[2] Karl Vorländer, Immanuel Kant, Hamburg ³1992, 415.

[3] Benno Erdmann, Kant's Kriticismus in der ersten und in der zweiten Auflage der Kritik der reinen Vernunft, Leipzig 1878, 105.

[4] Vgl. zu Feder, Meiners und Hißmann insgesamt Walter Ch. Zimmerli, ‚Schwere Rüstung' des Dogmatismus und ‚anwendbare Eklektik'. J. G. J. Feder und die Göttinger Philosophie im ausgehenden 18. Jahrhundert, in: Studia Leibnitiana 15 (1983), 58–71; Kurt Röttgers, J. G. H. Feder – Beitrag zu einer Verhinderungsgeschichte eines deutschen Empirismus, in: Kant-Studien 75 (1984), 420–441; Manfred Kühn, Scottish Common Sense in Germany, Kingston 1987; M. K., The German Aufklärung and British Philosophy, in: Stuart Brown (Hg.), British Philosophy and the Age of Enlightenment, London 1996, 309–331; Reinhard Brandt, Feder und Kant, in: Kant-Studien 80 (1989), 249–264; Konrad Cramer und Günter Patzig, Die Philosophie in Göttingen 1734–1987, in: Hans-Günther Schlotter (Hg.), Die Geschichte der Verfassung und der Fachbereiche der Georg-

Aufklärung 24 · © Felix Meiner Verlag 2012 · ISSN 0178-7128

Um diese Themenlage soll es hier jedoch nicht gehen, sondern um einen bislang wenig beleuchteten Aspekt: Michael Hißmann war ein erklärter Materialist, und Christoph Meiners stand ihm bis 1786 darin in nichts nach.[5] Beide äußerten dies öffentlich in Form von Büchern, die zwar in der Regel anonym, aber doch in etablierten Verlagen erschienen. Der Universitätslaufbahn des in der Formulierung seiner Auffassungen etwas moderateren Meiners hat sein Materialismus keinen Abbruch getan, er wurde 1772 Extraordinarius in Göttingen und 1775 Ordinarius ebenda, erhielt Offerten aus Erfurt und Halle und war Mitglied zahlreicher wissenschaftlicher Gesellschaften. Der jüngere Hißmann erhielt 1782 eine außerordentliche Professur in Göttingen und 1784 das Angebot einer ordentlichen, das er zugunsten eines Rufs an die Universität Pest ausschlug; sein früher Tod kam der Übernahme dieses Amtes zuvor.

Die zentrale Frage wird daher sein, wie es möglich war, daß mit den Materialisten Meiners und Hißmann Positionen an einer deutschen Universität Fuß fassen konnten, die üblicherweise der radikalen Aufklärung zugeordnet werden und wenige Jahrzehnte zuvor noch zu politischer Verfolgung führen konnten. Jonathan Israels bekannter Klassifikation zufolge ist für die radikale Fraktion der Aufklärung neben den verschiedenen Spielarten des Deismus oder Atheismus vor allem ein ‚Substanzmonismus' kennzeichnend, der seinerseits unterschiedliche Formen annehmen konnte.[6] Dies spiegele sich auch in der zeitgenössisch üblichen Rubrizierung dieser verschiedenen Formen unter dem gemeinsamen Titel des Spinozismus oder der ‚Spinozisterey' wider. Als philosophische Basis für radikale Aufklärung kommt Israel zufolge demnach nur ein ‚Substanzmonismus' in Frage, in Verbindung mit der Leugnung einer göttlichen Regierung der Welt und einer generellen Attitüde des weitgehenden Neubeginns und Bruchs mit der Tradition. Dieser Substanzmonismus soll sich insbesondere in der Ablehnung vom Körper getrennter Geister oder Seelen (der üblichen Hypothese des neuzeitlichen Substanzdualismus) und damit verbunden der Unsterblichkeit der Seele äußern.

August-Universität zu Göttingen, Göttingen 1994, 86–91; Luigi Marino, Praeceptores Germaniae. Göttingen 1770–1820, Göttingen [2]1995; Udo Thiel, Varieties of Inner Sense: Two Pre-Kantian Theories, in: Archiv für Geschichte der Philosophie 79 (1997), 58–79; U. T., Johann Georg Heinrich Feder, in: Heiner F. Klemme, Manfred Kühn (Hg.), The Dictionary of Eighteenth-Century German Philosophers, London 2010, Bd. 1, 308–315; Falk Wunderlich, Kant und die Bewußtseinstheorien des 18. Jahrhunderts, Berlin 2005, 90–101; F.W., Michael Hissmann, in: Klemme, Kühn, The Dictionary, Bd. 1, 515–522; F. W., Christoph Meiners, in: ebd., Bd. 2, 773–781.

[5] Ein erster umfangreicherer Versuch einer Gesamtwürdigung Hißmanns befindet sich in Vorbereitung: Heiner F. Klemme, Gideon Stiening, Falk Wunderlich (Hg.), Michael Hißmann (1752–1784). Ein materialistischer Philosoph der deutschen Aufklärung, Berlin 2012 [im Druck].

[6] Jonathan Israel, Radical Enlightenment, Oxford 2001, 3–22; zuletzt J. I., Democratic Enlightenment, Oxford 2011, 1–35. Ich verstehe Israel so, daß Substanzmonismus einerseits *Bedingung* für radikalaufklärerische Theorie ist, andererseits das Vorliegen monistischer Lehren zumindest ein *Indiz* für eine Zugehörigkeit zum radikalen Flügel darstellt.

Es wird sich im Folgenden zeigen, daß Israels Unterscheidungen nur begrenzt auf den Göttinger Materialismus anwendbar sind. Winfried Schröder hat in seiner Kritik an Israels Verständnis dieser Unterscheidungen darauf aufmerksam gemacht, daß er markante Traditionslinien aus dem Blick verliert oder der moderaten Aufklärung zuordnet, die in gewisser Hinsicht durchaus radikal zu nennen wären.[7] So dürfte es, so Schröder, kaum eine Metaphysikkritik geben, die radikaler wäre als die Kants oder Humes (eine Hinsicht, in der Spinoza umgekehrt wesentlich traditioneller erscheint). Bei Israel werden beide jedoch der moderaten Seite zugeordnet, und Hume firmiert sogar als Konservativer. Dies findet eine interessante Entsprechung in Israels Diskussion von Christoph Meiners: Meiners wird grundsätzlich in einem Atemzug mit Feder als Lockeanischer Empirist mit ausdrücklich immaterialistischer Ontologie sowie als Konservativer und Parteigänger des Hofes bezeichnet.[8] Dies trifft zwar auf den späteren Meiners nach 1786 zu, keineswegs jedoch auf die früheren Schriften, in denen er, anders als Feder, nachdrücklich materialistisch argumentiert. Der Materialismus von Meiners und Hißmann wird sich im Folgenden jedoch als ein seinerseits moderater, nämlich eher an einem Vorschlag Lockes orientierter erweisen; auf diese Weise wird sich zugleich zeigen, daß die ontologische Grundentscheidung für den Materialismus weit weniger folgenreich ist, als Israels Klassifikation nahezulegen scheint. Dies zeigt sich schon dann, wenn man berücksichtigt, daß es materialistische Theorien unterschiedlicher Reichweite gab. Idealtypisch lassen sich zumindest zwei Varianten unterscheiden:[9]

(1) Materie kann denken, daher ist die Annahme einer immateriellen Substanz als Träger des Denkens überflüssig. Diese Position geht auf eine von John Locke nur hypothetisch angenommene Überlegung zurück, wonach es jedenfalls nicht auszuschließen sei, daß Gott die Materie mit der Fähigkeit zu denken ausgestattet hat.[10] Faktisch bezieht sich ein großer Teil gerade der Materialismus-kritischen Diskussion auf diese Frage. Hier sind dann wiederum Varianten möglich im Hinblick auf die Existenz und Sterblichkeit der Seele: man kann argumentieren, daß es gar keine vom Körper unterschiedene Seele gibt,[11] oder daß es zwar eine ma-

---

[7] Winfried Schröder, Zur Modernität der Radikalaufklärung, in: Hubertus Busche (Hg.), Departure for Modern Europe, Hamburg 2011, 986–993.

[8] Israel, Democratic Enlightenment (wie Anm. 6), 199 f., 838.

[9] Zur Geschichte des Materialismus insgesamt vgl. vor allem John Yolton, Thinking Matter, Minneapolis 1983; J. Y., Locke and French Materialism, Oxford 1991; Ann Thomson, Bodies of Thought, Oxford 2008.

[10] John Locke, An Essay Concerning Human Understanding, hg. von Peter H. Nidditch, Oxford 1975, 541 (IV, 3, 6).

[11] Dieses ist die wahrscheinlich am weitesten verbreitete Variante des Materialismus, wie sie etwa bei Thomas Hobbes oder den französischen Materialisten zu finden ist (vgl. z. B. Thomas Hobbes, Leviathan, hg. von Edwin Curley, Indianapolis 1994, 6–15, 458–459). Zu Urban Gottfried

terielle Seele gibt, die aber ebenso vergänglich ist wie der Körper,[12] oder aber, daß es eine materielle Seele gibt, die auch getrennt vom Körper weiterexistieren kann.[13] Diese These schließt ausdrücklich nicht aus, daß es immaterielle Substanzen geben könnte; sie bezieht sich nur darauf, ob ihre Annahme zur Erklärung von Denken und Bewußtsein erforderlich ist.

(2) Weiter als die erste These reicht die Behauptung, daß es in der Welt *überhaupt keine* immateriellen Substanzen gibt, sondern *nur* materielle. *Diese* Form des Materialismus bedeutet zugleich unmittelbar eine Leugnung der Existenz Gottes (zumindest sofern er, wie meist üblich, als ein immaterielles Wesen vorgestellt wird), und sie schließt der Möglichkeit nach alle Varianten der schwächeren These (1) ein. Sie ist möglicherweise von Thomas Hobbes vertreten worden und findet sich etwa im *Traité des trois imposteurs*, der seinerseits für den französischen Materialismus zentral wurde.[14]

Im Unterschied zu letzterer ist die erstgenannte Auffassung problemlos auch mit theistischen Positionen vereinbar, sie bezieht sich ja nur auf die Frage, ob Materie insgesamt oder auch nur besonders ausgezeichnete, z. B. organisierte Materie mit der Fähigkeit zu denken ausgestattet worden sein kann. Der Thinking-Matter-Materialismus ist dadurch geradezu prädestiniert für moderate Aufklärer; hier geht der Substanzmonismus eben gerade nicht mit dem Atheismus zusammen, und zumindest in der Formulierung von Locke selbst wird klarerweise eine theistische Theologie vorausgesetzt.[15]

Es ist daher bemerkenswert, daß – wie im einzelnen zu sehen sein wird – Meiners und Hißmann zu keiner Zeit auch nur Tendenzen zum Atheismus aufweisen.

Bucher als einem Vertreter dieser Variante in Deutschland vgl. Martin Mulsow, Säkularisierung der Seelenlehre? Biblizismus und Materialismus in Urban Gottfried Buchers *Brief-Wechsel vom Wesen der Seele* (1713), in: Lutz Danneberg, Sandra Pott u. a. (Hg.), Säkularisierung in den Wissenschaften seit der Frühen Neuzeit. Zwischen christlicher Apologetik und methodologischem Atheismus, Berlin 2002, Bd. 2, 145–73.

[12] Dies ist die Auffassung z. B. des neuzeitlichen Epikureianismus und der christlichen Mortalisten, vgl. Catherine Wilson, Epicureanism at the Origins of Modernity, Oxford 2008; Margaret Osler (Hg.), Atoms, Pneuma, and Tranquillity. Epicurean and Stoic Themes in European Thought, Cambridge 2005.

[13] Das ist letztlich Hißmanns Auffassung, vgl. [Michael Hißmann], Psychologische Versuche, ein Beytrag zur esoterischen Logik, Frankfurt, Leipzig 1777, 255.

[14] Traktat über die drei Betrüger, hg. von Winfried Schröder, Hamburg 1992. Es ist umstritten, ob oder in welchem Ausmaß Hobbes diese Überzeugung teilt (zumindest aber in dem Sinne, daß Gott Teil der materiellen Welt ist), vgl. Edwin M. Curley, 'I durst not write so boldly' or, How to Read Hobbes's Theological-Political Treatise, in: D. Bostrenghi (Hg.), Hobbes e Spinoza, scienza e politica, Neapel 1992, 497–593; Douglas M. Jesseph, Hobbes's Atheism, in: Midwest Studies in Philosophy 26 (2002), 140–66; Stewart Duncan, Hobbes's Materialism in the Early 1640 s, in: British Journal for the History of Philosophy 13 (2005), 437–48.

[15] Locke, Essay (wie Anm. 10), 541, spricht ausdrücklich davon, daß die Verleihung der Denkfähigkeit auf einen willentlichen Akt Gottes zurückgeführt werden kann.

Ihr Materialismus scheint ihnen ohne weiteres mit dem christlichen Glauben vereinbar gewesen zu sein, realisiert vor allem durch die Überlegung, daß auch eine materielle, vom Körper unterschiedene Seele nicht zwangsläufig mit dem Tod des Körpers vergehen muß. Sie stehen damit eindeutig in der Tradition des von Locke eingeführten Thinking-Matter-Materialismus, was mit ihrem generell sehr affirmativen Locke-Verständnis gut vereinbar ist. In den 1760er und 1770er Jahren bewegte man sich zumindest innerhalb der Philosophie hier auch nicht mehr auf besonders heiklem Terrain. Der einflußreiche Hallenser Wolffianer Georg Friedrich Meier (1718–1777) hatte bereits 1742 in seinem *Beweiß, daß keine Materie dencken könne* zwar einerseits die Immaterialität der Seele verteidigt, aber zugleich herausgearbeitet, daß die gesamte Diskussion keine Auswirkungen auf die Frage nach ihrer Unsterblichkeit besitzt.[16]

Soll nun von einer Göttinger Konstellation im Sinne eines engeren Arbeits- und Diskussionszusammenhanges gesprochen werden, dann muß sich dies auf Feder, Meiners und Hißmann beziehen.[17] In inhaltlicher Hinsicht kann Feder hier jedoch vernachlässigt werden, da er niemals auch nur in die Nähe materialistischer Positionen gerät. Wichtig ist er als Wegbereiter vor allem für Meiners' Karriere (vgl. Kap. 2). Der ‚Göttinger Materialismus' wird also im wesentlichen durch das Zweigestirn Meiners und Hißmann repräsentiert, da Feder eben dem Substanzdualismus verpflichtet bleibt. Auffallend ist an den persönlichen Verhältnissen, daß es sich dabei zugleich um akademische Schüler-Lehrer-Verhältnisse handelt, die dann in eine Zusammenarbeit übergehen: Zunächst ist Feder akademischer Lehrer von Meiners, woraus sich ausweislich von Feders Autobiographie eine intensive Freundschaft entwickelt.[18] Hißmann immatrikuliert sich am 19. April 1774[19] und studiert bei beiden, weist aber größere inhaltliche Nähe zu Meiners

---

[16] Georg Friederich Meier, M. Georg Friederich Meiers Beweiß: daß keine Materie dencken könne, Halle 1742, 13. Vgl. dazu Corey W. Dyck, Kant and the Illusion of the Soul, Oxford [im Druck], sowie Paola Rumore, Meier, Kant e il materialismo psicologico, in: Luigi Cataldi Madonna, Paola Rumore (Hg.), Kant und die Aufklärung, Hildesheim 2011, 329–355. Diese Auffassung fand weite Verbreitung, wie die Beispiele von Sulzer und Platner zeigen, vgl. Falk Wunderlich, Johann Georg Sulzers Widerlegung des Materialismus und die Materietheorien der Zeit, in: Frank Grunert, Gideon Stiening (Hg.), Johann Georg Sulzer (1720–1779), Berlin 2011, 35–55, und Gideon Stiening, Zur physische Anthropologie einer ‚Unsterblichkeit der Seele', in: ebd., 57–81.

[17] Vgl. zu diesem Ansatz z. B. Martin Mulsow, Marcelo Stamm (Hg.), Konstellationsforschung, Frankfurt am Main 2005.

[18] Meiners immatrikuliert sich am 24. Oktober 1767 (vgl. Götz von Selle, Die Matrikel der Georg-August-Universität zu Göttingen, 1734–1837, Hildesheim, Leipzig 1937, 169). Er wird in Feders Autobiographie als „mein nachheriger College und ununterbrochen vieljähriger vertrautester Freund" bezeichnet (J.G.H. Feder's Leben, Natur und Grundsätze, hg. von Karl August Ludwig Feder, Leipzig, Hannover, Darmstadt 1825, 75), und dies zieht sich durch den gesamten Band (vgl. ebd., 105, 112–113).

[19] Selle, Die Matrikel (wie Anm. 18), 208.

auf. In Feders Autobiographie wird er nicht erwähnt,[20] der einzige erhaltene Brief
von Meiners an Hißmann läßt jedoch auch hier auf ein enges Verhältnis schließen;
so bittet Meiners um Vertraulichkeit, wenn er von seiner bevorzugten Behandlung
durch den Fürstbischof von Würzburg berichtet und erwähnt, daß Hißmann und
Feder die Einleitung zum zweiten Band von Meiners' *Geschichte des Ursprungs,
Fortgangs und Verfalls der Wissenschaften in Griechenland und Rom* durchgese-
hen und verbessert haben.[21] Wichtiger sind hier ohnehin die inhaltlichen Bezüge
und Überschneidungen. In ihren Publikationen aus den 1770er Jahren beziehen
sich Meiners und Hißmann häufig implizit und explizit aufeinander, zitieren
sich teilweise in extenso, und Hißmann scheint etliche Anregungen von Meiners
aufgenommen und weiterverarbeitet zu haben.[22]

Im Folgenden ist zunächst herauszuarbeiten, worin genau eigentlich die materialistische Lehre von Meiners und Hißmann besteht (Abschnitt I). Sodann ist
nachzuzeichnen, unter welchen Bedingungen sich eine solche Lehre an einer
deutschen Universität etablieren konnte (Abschnitt II). Ich konzentriere mich dabei ganz auf die Materialismus-Frage, so daß eine Reihe interessanter Probleme
ausgeblendet bleiben muß, die aber in Abschnitt III im Sinne weiterer Forschungsperspektiven kurz angerissen werden. In diesem Kapitel versuche ich
auch, den weiteren Umkreis der Göttinger Konstellation durch Einbeziehung
von Studenten und Bekannten von Meiners und Hißmann zu beleuchten; auch
dies kann hier nicht mehr als ein vorläufiger Überblick sein.

I. Die Entwicklung materialistischer Theorie in Göttingen

Für Feders Philosophie ist der Verzicht auf eine Festlegung im Sinne eindeutiger
Schulzusammenhänge, Systeme oder Methoden kennzeichnend. Entsprechend
äußert er aus der Retrospektive: „Denn der Gedanke war schon in mir, daß, vor

---

[20] Hißmann, Anleitung zur Kenntniß der auserlesenen Litteratur in allen Theilen der Philosophie,
Göttingen, Lemgo 1778, VI, bezeichnet Feder als Lehrer und Freund.

[21] Brief von Meiners an Hißmann vom 20. Mai 1782, MS H. H. 3. Slg. Johann Filtsch. Brukenthal'sches Museum in Hermannstadt Bll. 148v-149r. Meiners bezieht sich auf seine Geschichte
des Ursprungs, Fortgangs und Verfalls der Wissenschaften in Griechenland und Rom, Lemgo 1781–
1782. Ich danke Hans-Peter Nowitzki für die Überlassung der Transkription von Meiners' Brief.

[22] Beispielsweise lassen sich die wesentlichen Bezugspunkte von Hißmanns *Geschichte der
Lehre von der Association der Ideen, nebst einem Anhang vom Unterschied unter associirten und
zusammengesezten Begriffen, und den Ideenreyhen* (Göttingen 1776) bereits in einer frühen Rezension von Meiners finden (Göttingische Anzeigen von gelehrten Sachen 1776, 249–253), auffällig
ist hier vor allem die ungewöhnliche Betonung von Malebranche und die Formulierung der drei
Assoziationsgesetze; vgl. dazu Falk Wunderlich, Assoziation der Ideen und denkende Materie, in:
Klemme, Stiening, Wunderlich, Michael Hißmann (wie Anm. 5). Auch die Theorie der Person, die
breiten Raum bei Hißmann einnimmt, stammt ursprünglich von Meiners.

den Blendwerken einseitiger Vorstellungen sich zu bewahren, und zu gründlichen Einsichten zu gelangen, die Vergleichung verschiedener Vorstellungsarten, das Studium mehrerer Systeme, erforderlich sey".[23] So finden sich neben Elementen des Wolffianismus ein gemäßigter, an Locke orientierter Skeptizismus über unser Wissen von äußeren Gegenständen, der aber nicht so weit ging, ihre Existenz insgesamt in Frage zu stellen, sowie eine Orientierung am Common Sense oder der „gesunden Vernunft", die in der zweiten Hälfte des 18. Jahrhunderts recht häufig anzutreffen ist.[24] So ist Feder zufolge sein Ziel „*anwendbare* Philosophie aus den natürlichsten, oder nicht füglich zu bestreitenden, Vorstellungsarten zu entwickeln", und er charakterisiert seine Auffassung als „irenisch-eclectische Lehrart".[25] Dieser moderate Skeptizismus zeigt sich etwa an Feders Diskussion des Prinzips des zureichenden Grundes oder an seiner Weigerung, sich im Hinblick auf das Determinismusproblem festzulegen.[26] In der für die Aufklärung zentralen Frage nach der Möglichkeit von Offenbarungen und Wundern geht Feder klarerweise von der Möglichkeit derselben aus und weist auch alle deistischen Vorstellungen zurück.[27] In der hier besonders relevanten Frage nach dem Seelenbegriff legt er sich allerdings auf den Immaterialismus fest. So diskutiert er in seinem am weitesten verbreiteten Lehrbuch, der *Logik und Metaphysik*, die unterschiedlichen Theorien über das Wesen der Seele ausführlich und kommt schließlich zu dem Ergebnis, daß die Seele immateriell sein muß: Ein „evidenter Beweis für die Einfachheit" der Seele liegt „unwiderleglich in der Einfachheit des Bewußtseyns. Denn, können wir uns die Gewahrnehmung oder das *Bewußtseyn* wohl gedenken, als etwas, welches, wo es nur einmal vorhanden, dennoch vertheilt und ausgebreitet wäre?"[28] Feder ist also eindeutig kein Materialist, sondern Substanzdualist.

Christoph Meiners tritt 1772 mit der anonym erschienenen *Revision der Philosophie* an die Öffentlichkeit, in der er programmatisch einen vollständigen Umbau der Philosophie auf Lockescher Grundlage propagiert, sich aber zunächst auf

---

[23] Feder's Leben (wie Anm. 18), 60, vgl. ebd., 88: „daß ich mehr für mich gedacht als gelesen habe; und daß ich eben so wenig je *Lockianer* als *Wolfianer*, *Crusianer* oder *Kantianer* gewesen bin".

[24] Vgl. zu diesem Aspekt Kühn, Scottish Common Sense (wie Anm. 4).

[25] Feder's Leben (wie Anm. 18), 80.

[26] Ebd., 59–61, 96–97.

[27] Ebd., 271.

[28] Johann Georg Heinrich Feder, Logik und Metaphysik, Göttingen ⁵1778, 352. Dieselbe Überlegung findet sich auch noch in Feder's Leben (wie Anm. 18), 254–265. Es handelt sich hier um das wohlbekannte sogenannte Achilles-Argument gegen den Materialismus, das auf der Überzeugung basiert, Gedanken könnten in keinem materiellen Substrat inhärieren, da ihre Teile dann über die Teile dieses Substrats verteilt werden müßten; vgl. Thomas Lennon, Robert Stainton (Hg.), The Achilles of Rationalist Psychology, Dordrecht 2008.

Vernunftlehre und empirische Psychologie beschränkt.[29] Er richtet sich deutlich
und polemisch gegen die Wolffsche „Dogmatik", die sich in den „düstern Höhlen
der Kosmologie und Monadologie" verkroch und zu „transcendentischen Specu-
lationen" griff.[30] Seine Einteilung der Psychologie (auch „esoterische Logik" genannt) in vier Hauptstücke ähnelt stark der Einteilung der vier Bücher in Lockes
Essay, den er als Gegenentwurf zur Wolffianischen Einteilung der Metaphysik in
Stellung bringt.[31] Generell ist er voll des Lobes über Locke und erwähnt ihn in
einem Atemzug mit Sextus Empiricus als hauptsächliches Vorbild seiner Philosophie.[32] Die Vorzüge Lockes liegen darin, so Meiners, daß seine Theorie nicht
mit willkürlichen Grundsätzen und Begriffen beginnt, sondern mit sinnlichen
Eindrücken, aus denen über Zwischenbegriffe die allgemeinen Ideen abgeleitet
werden.[33]

In den ersten Jahren seiner Laufbahn veröffentlicht Meiners wenig zur Seelenlehre, der *Kurze Abriß der Psychologie* stellt nur stichwortartig die Themen zusammen, die er in seiner Vorlesung behandelt hat.[34] Einschlägig für Meiners'
frühe, materialistische Phase ist daher vor allem der Artikel „Psychologisches
Fragment über die Verschiedenheiten des innern Bewustseyns".[35] In diesem Artikel lassen sich Indizien dafür finden, daß Meiners hier einer materialistischen
Metaphysik zuneigt: er kritisiert die gängigen Materialismus-Widerlegungen
wie namentlich das Achilles-Argument (das auch Feder verwendet) als nicht
überzeugend und wendet sich gegen die substantialistische Deutung der Identität
von Personen.[36] In seiner Auseinandersetzung mit dieser Deutung behauptet er,
daß sie auf ungenauen Beobachtungen basiere und aus unrichtigen Beobachtungen unverständliche Folgerungen ziehe: Man schloß, so Meiners, „aus der unzer-
trennlichen Einheit des Gefühls, oder Bewustseyns mehrer gleichzeitiger Impressionen auf die Einfachheit des wahrnehmenden Wesens des Ich, oder der Person".[37] Meiners räumt ein, daß wir viele sinnliche Eindrücke nicht unmittelbar

[29] [Christoph Meiners], Revision der Philosophie, Göttingen, Gotha 1772.

[30] Ebd., 37.

[31] Ebd., 54, 162; entsprechend ist auch Meiners's *Kurzer Abriß der Psychologie* aufgebaut
(Christoph Meiners, Kurzer Abriß der Psychologie zum Gebrauche seiner Vorlesungen, Göttingen
und Gotha 1773).

[32] „Dir, weiser Locke, habe ich es zu danken, daß ich mich aus dem wüsten Chaos scholastischer
Zeichendeutereien in die helle Region der deutlichen Begriffe empor gehoben habe. Und wie könnte
ich deinen Unterricht, vortrefflicher Sextus, vergessen?" (Meiners, Revision der Philosophie [wie
Anm. 29], 161, vgl. z. B. ebd., 87).

[33] Ebd., 208.

[34] Meiners, Kurzer Abriß (wie Anm. 31).

[35] Meiners, Psychologisches Fragment über die Verschiedenheiten des innern Bewustseyns, in:
M., Vermischte philosophische Schriften. Zweyter Theil, Leipzig 1776, 3–44.

[36] Meiners, Psychologisches Fragment (wie Anm. 35), 24–28.

[37] Ebd., 24.

in den Körperteilen wahrnehmen, auf die äußere Gegenstände unmittelbar einwirken (daß also irgendeine Vereinigungsleistung seitens des Subjekts stattfinden muß). Er weist jedoch darauf hin, daß die Folgerung auf die Existenz eines einfachen, die sinnlichen Eindrücke vereinigenden Subjekts unhaltbar ist:

> wo aber diese gleichzeitigen an mehrern Seiten unsers Nervensystems erregte Impressionen sich endigen: ob sie in einer, oder mehrern Fibern, oder nur in einem unzertrennbaren Theilchen einer Fiber zusammenlaufen, darüber sagt mir, wenigstens mein inneres Gefühl ganz und gar nichts.[38]

Damit ist der Materialismus zumindest als *gleichberechtigte* alternative Erklärung etabliert. Darüberhinaus hält Meiners es für durch die Erfahrung gesichert, daß die Nerven durchaus in der Lage sind, mehrere Eindrücke zur gleichen Zeit zu enthalten und sie somit zu vereinigen. Das Achilles-Argument, wonach nur einfache Wesen Vorstellungen vereinigen können, wird damit zurückgewiesen.[39]

Noch eindeutiger läßt sich Meiners' materialistischer Grundansatz in seiner (überaus komplexen und bisher nicht ausreichend gewürdigten) Theorie der Person ausmachen. Meiners unterscheidet die „Einerleyheit oder Unveränderlichkeit" von Personen, als dasjenige, was üblicherweise als transtemporale Identität oder Persistenz von Personen angesehen wird, von der von ihm so genannten „Einheit der Person", die eine schwächere Relation darstellen soll und nur ein Bewußtsein früherer Existenz *überhaupt* einschließt, nicht aber von früherer Existenz als *dasselbe* Wesen.[40] Er behauptet, daß sich nur diese schwächere Einheit der Person beweisen läßt. Entscheidend ist hier Meiners' Bemerkung, daß die Einheit der Person „in einer sich stets verändernden Substanz" stattfindet.[41] Damit gibt er zu verstehen, daß immaterielle Seelen im Rahmen seiner Theorie eben nicht vorgesehen sind; durch solche per se unveränderlichen Substanzen ließe sich die stärkere „Einerleyheit" der Person leicht etablieren, die Meiners aber gerade bestreitet.

Auch wenn Meiners also nicht expressis verbis behauptet, daß Materie denken kann, läßt sich doch seine materialistische Präferenz zeigen.[42] Spätestens mit Er-

---

[38] Ebd., 25.

[39] „Wir wissen es durch die Erfahrung, daß die Nerven unsrer äußeren Sinne mehrere Impressionen zu gleicher Zeit erhalten können: man kann daher als wahrscheinlich vermuthen, daß die ihnen ähnliche Organen des Gehirns, in denen die Reste sinnlicher Eindrücke aufbewahret werden, durch ihre gleichzeitige Bewegungen mehrere Vorstellungen in demselbigen Augenblicke hervorbringen können" (ebd., 26).

[40] Ebd., 38–42.

[41] Ebd., 40.

[42] Zu Meiners' Psychologie-Vorlesung befindet sich eine recht umfangreiche Nachschrift aus Michael Hißmanns Feder in dessen Nachlaß (MS H. H. 3. Slg. Johann Filtsch. Brukenthal'sches Museum in Hermannstadt, Bll. 590v-730r). Zur weiteren Erhärtung der Thesen über Meiners' frühen Materialismus stellt eine Edition dieser Nachschrift ein wichtiges Desiderat dar.

scheinen des *Grundriß der Seelenlehre* 1786 ändert sich dies jedoch grundlegend.[43] Wenn auch nach wie vor unter empiristischem Vorbehalt gibt sich Meiners nun überzeugt, daß die immaterialistische Option größere Wahrscheinlichkeit beanspruchen kann. Meiners argumentiert nun, man könne aus dem „Gefühl unsers Ich nicht unmittelbar beweisen, aber doch mit überwiegender Wahrscheinlichkeit schließen, daß das in uns wahrnehmende Wesen eine einfache Substanz sey",[44] und verweist auf Johann Nicolaus Tetens als Gewährsmann.[45]

Michael Hißmann veröffentlicht 1777 anonym die *Psychologischen Versuche*.[46] Er stellt seine Untersuchungen mit durchaus radikal zu nennender Rhetorik in den Zusammenhang anti-klerikaler Aufklärung:

> Es ist gerade die merkwürdige Epoche, da man der geistlichen Gerichtsbarkeit das fürchterliche Recht, neue, wohlgemeinte Lehrsätze, die aber den unsinnigen Behauptungen irgend eines unwissenden Kirchenvaters entgegen zu stehen schienen, mit tausend barbarischen Flüchen zu belegen, fast im ganzen aufgeklärten Europa aus den Händen gewunden hat.[47]

Hißmann tritt auch sonst entschiedener auf als Meiners. Jedoch finden sich auch bei ihm eher zurückhaltenden Formulierungen über das Wesen des Geistes: „Alle Beweise für die Möglichkeit immaterieller geistiger Wesen reichen nicht zu, so wenig auf der andern Seite das Gegentheil bewiesen werden kann, weil wir keine Erfahrungsvorstellung von einem Geiste haben".[48] Auch für Hißmann ist also die Rückbindung an die Erfahrung zentral, und diese bietet keinen unmittelbaren kognitiven Zugriff auf die Substanz des Geistes. Er zielt nicht auf „Demonstrationen" ab, sondern sucht „blos das mehr Wahrscheinliche gegen das Unwahrscheinliche abzuwiegen".[49] Namentlich auf dem Gebiet der Seelenlehre sind Begriffsanalyse und Introspektion durch Rückgang auf Erfahrungen zu erset-

---

[43] Christoph Meiners, Grundriß der Seelenlehre, Lemgo o. J. [1786].

[44] Meiners, Grundriß (wie Anm. 43), 15, noch deutlicher ebd., 65: „Unbezweyfelte Erfahrungen über das Gefühl unsers Ich zwingen uns die Meynungen derer zu verwerfen, welche die Seele für ein cörperliches Wesen halten".

[45] Vgl. Johann Nicolaus Tetens, Philosophische Versuche über die menschliche Natur und ihre Entwickelung, Leipzig 1777, Bd. 2, 187–188. Interessanterweise behält Meiners seine grundsätzlich materialistische Theorie der Person hier aber bei (Grundriß [wie Anm. 43], 16), auch in den deutlich später erschienenen *Untersuchungen über die Denkkräfte und Willenskräfte des Menschen* (Christoph Meiners, Untersuchungen über die Denkkräfte und Willenskräfte des Menschen, nach Anleitung der Erfahrung, nebst einer kurzen Prüfung der Gallischen Schedellehre, Göttingen 1806, Bd. 1, 120–122.

[46] Hißmann, Psychologische Versuche (wie Anm. 13). Die Bezeichnung „esoterische Logik" für die Psychologie hatte Meiners bereits in der *Revision der Philosophie* vorgeschlagen (Meiners, Revision [wie Anm. 29], 54).

[47] Hißmann, Psychologische Versuche (wie Anm. 13), 14.

[48] Ebd., 262.

[49] Ebd., 18.

zen,[50] die Hißmann aus den „Hauptbeobachtungen der Aerzte" entnimmt.[51] Auf dieser Grundlage läßt sich die materialistische Option nun aber Hißmann zufolge als die wahrscheinlichere etablieren, und entsprechend bejaht er die Möglichkeit denkender organisierter Materie ausdrücklich: „Nach der Erfahrung, auf die ich mich stütze, glaube ich daher annehmen zu müssen, daß unserm Gehirn die Kraft zu denken zugeschrieben werden müsse".[52] Durchgängig besteht Hißmann aber darauf, sich mit Schlußfolgerungen zurückzuhalten und die Grenze dessen, was die Erfahrung darbietet, nicht zu überschreiten. Zu den Erfahrungen, auf die er sich beruft, gehören beispielsweise die (aus materialistischen Theorien wohlbekannte) Korrelation zwischen der Stärke geistiger Kräfte und dem körperlichen Zustand, die sich besonders dann beobachten lassen, wenn sich ein schlechter körperlicher Zustand negativ auf die mentalen Fähigkeiten auswirkt.[53] Würden die Seelenkräfte aber einem einfachen Wesen angehören, so könnten sie, so Hißmann, nicht abnehmen, da einfache Wesen bekanntlich unzerstörbar sein sollen. Ebenso kann als gesichert gelten, daß es materielle Substanzen wie die Nerven gibt, die selbst zumindest rudimentäre oder primitive geistähnliche Fähigkeiten besitzen.[54] Und schließlich erscheint es Hißmann gerade unplausibel, daß ein einfaches Wesen eine Mannigfaltigkeit an Ideen besitzen könnte: Ganz entgegen den Annahmen, die das Achilles-Argument macht, spricht Hißmann zufolge die Mannigfaltigkeit der mentalen Ereignisse und Seelenkräfte, die wir beobachten, eher für ein zusammengesetztes Wesen als für ein einfaches.[55]

Weiteren Aufschluß über die nähere Verfaßtheit von Meiners' und Hißmanns materialistischer Theorie kann eine Analyse ihrer umfangreichen Rezensionstätigkeit bieten, die sich auch auf zahlreiche Beiträge aus der Materialismus-Debatte erstreckt. Allein in den *Göttingischen Anzeigen von gelehrten Sachen* finden sich von beiden jeweils mehrere hundert Rezensionen, die auch hier noch nicht

---

[50] „Das Wesen unserer Seele läßt sich nicht aus tiefsinnigen, sich auf willkührliche Begriffe und Voraussetzungen gründenden Spekulationen bestimmen" (ebd., 247).

[51] Entsprechend heißt es an anderer Stelle, daß die Physiologie die wichtigste Hilfswissenschaft der philosophischen Psychologie ist (Hißmann, Anleitung zur Kenntniß [wie Anm. 20], 150).

[52] Hißmann, Psychologische Versuche (wie Anm. 13), 252.

[53] „[…] wenn insbesondere mit der Zerrüttung des Gehirns durch Krankheiten, Alter und Medikamente der Verlust aller Seelenfähigkeiten unzertrennlich verbunden ist […]" (ebd., 248).

[54] „Wir wissen aus der Erfahrung zuverlässig, daß körperliche Substanzen […] die Fähigkeit zu empfinden besitzen. Unsre Nerven, eine sichtbare körperliche Substanz, empfinden, und wenn sie mit einem andern körperlichen Theil des Menschen zusammenhangen: so sind wir uns unsrer Empfindung bewußt" (Hißmann, Psychologische Versuche [wie Anm. 13], 263).

[55] „Mir ist es ungleich unbegreiflicher, wie ein einfaches Wesen diese Seelenkräfte in sich schließen, und wie es eine so ungeheure Menge von Ideen verschlingen und wiederum ausspeyen könne" (ebd., 259).

vollständig ausgewertet werden konnten.[56] Darüber hinaus ist etwa bekannt, daß Hißmann auch für die *Frankfurter Gelehrten Anzeigen* und die *Gothaer Gelehrte Zeitung* Rezensionen verfaßt hat, die aber noch nicht im einzelnen identifiziert wurden. Die Rezensionen von Meiners und Hißmann sind noch mit den Ausläufern der Debatten um das *Système de la nature* beschäftigt, dann vor allem aber mit Joseph Priestley und seinen Gegnern.[57]

Meiners setzt sich in mehreren Rezensionen mit dem Arzt und Materialismus-Kritiker Balthasar Ludwig Tralles (1708–1797) auseinander. Dieser war 1749 schon mit einer Schrift gegen La Mettrie hervorgetreten.[58] In Meiners' Rezension von Tralles' *Gedanken über das Daseyn, die Immaterialität und Unsterblichkeit der menschlichen Seele* wird kritisiert, daß unsere (von Meiners zugestandene) Unwissenheit darüber, wie materielle Substanzen Gedanken hervorrufen, sich nicht als Argument für immaterielle Seelen instrumentalisieren läßt, da wir über die Funktionsweise solcher Substanzen erst recht kein Wissen besitzen.[59] In der Rezension einer weiteren Tralles-Schrift reagiert Meiners auch auf Angriffe gegen seine eigenen *Vermischten philosophischen Schriften*, namentlich, „daß wir zu viel Complimente mit den Materialisten gemacht haben, indem wir die Unbegreiflichkeit, wie die Materie denken könne, nicht für Unmöglichkeit gelten lassen wollen".[60] Meiners verweist hier darauf, daß Tralles' Argument für die Im-

---

[56] Vgl. Oscar Fambach, Die Mitarbeiter der Göttingischen Gelehrten Anzeigen 1769–1836, Tübingen 1976, 463 (zu Hißmann), 480 (zu Meiners).

[57] Zu den Rezensionen zum französischen Materialismus in den *Göttingischen Anzeigen* vgl. Peter-Eckhard Knabe, Die Rezeption der französischen Aufklärung in den „Göttingischen Gelehrten Anzeigen" (1739–1779), Frankfurt am Main 1978, zu d'Holbach 155–165. Zur deutschen d'Holbach-Rezeption vgl. neuerdings auch Martin Schmeisser, Baron d'Holbach in Deutschland: Reaktionen in deutschen Zeitschriften der Aufklärung, in: Christina Haug, Franziska Mayer, Winfried Schröder, Geheimliteratur und Geheimbuchhandel in Europa im 18. Jahrhundert, Wiesbaden 2011, 85–107. Im Hinblick auf Meiners diskutiert Schmeisser vor allem eine seiner frühen Rezensionen von Isaac de Pinto, *Précis des arguments contre les Matérialistes* (Den Haag 1775) und weist auf die nüchterne und abgewogene Darstellung hin, die diese Rezension von den weitaus polemischeren namentlich Albrecht von Hallers im Zusammenhang der d'Holbach-Diskussion in den *Göttingischen Anzeigen* unterscheidet.

[58] Balthasar Ludwig Tralles, De Machina et anima humana prorsus a se invicem distinctis commentatio, libello latere amantis auctoris Gallico Homo Machina inscripto opposita, Leipzig, Bratislava 1749.

[59] Balthasar Ludwig Tralles, Gedanken über das Daseyn, die Immaterialität und Unsterblichkeit der menschlichen Seele, Breslau 1778; Göttingische Anzeigen 1776, 1171–1174.

[60] Balthasar Ludwig Tralles, Deutliche und überzeugende Vorstellung, daß der für das Daseyn und die Immaterialität der menschlichen Seele aus der Medicin von der Veränderlichkeit aller festen Theile des Körpers ohne Ausnahme hergenommene Beweis höchstrichtig und gültig sey, Breslau 1778; Göttingische Anzeigen 1778, 1242–1244, hier 1244. Bei Tralles' Schrift handelt es sich um eine Reaktion auf Johann Christlieb Kemme, Beurtheilung eines Beweises vor die Immaterialität der Seele aus der Medicin, Halle 1776.

materialität der Seele aus der Veränderlichkeit des Körpers ins Leere läuft, weil dies von den Materialisten ohnehin zugegeben wird und insofern keine Beweiskraft für die Gegenposition besitzen kann.

Meiners' Rezensionen zu Joseph Priestley und David Hartley fallen schon durch ihre ungewöhnliche Ausführlichkeit ins Auge. Bereits sein erster Beitrag zu den *Göttingischen Anzeigen* befaßt sich mit Priestleys Neuausgabe von Hartleys *Observations on Man*, die dieser 1775 unter dem Titel *Hartley's Theory of the human Mind* herausbrachte.[61] Generell sind diese Rezensionen weder umstandslos zustimmend noch ablehnend, sondern von Meiners' Interesse an differenzierter Sachdiskussion gekennzeichnet, etwa in der Auseinandersetzung mit Priestleys *Disquisitions relating to Matter and Spirit*[62] und seiner *Doctrine of Philosophical Necessity*.[63] Gegenüber dem hier entwickelten Determinismus gibt sich Meiners freilich distanziert. In seiner Rezension von Priestleys Briefwechsel mit Richard Price wird deutlich, daß Meiners besonderes Gewicht auf die theologische „Unschädlichkeit" des Materialismus legt, die Priestley herauszuarbeiten versucht.[64] Priestleys dynamistischer Materiebegriff, demzufolge Undurchdringlichkeit keine ursprüngliche Eigenschaft der Materie ist, sondern auf die Grundkräfte der Attraktion und Repulsion zurückgeführt wird, könnte Meiners zufolge „ein bequemer Vereinigungsgrund für Spiritualisten, Idealisten und Materialisten werden".[65] Unzufrieden zeigt sich Meiners dagegen mit Priestleys Diskussion des Selbstbewußtseins, die keine zufriedenstellende Auseinandersetzung mit den darauf basierenden immaterialistischen Argumenten liefere. Meiners beschließt diese Rezension mit einem Lob der „wahrhaftig republikanischen Freimüthigkeit", die beide Korrespondenten auszeichne.[66]

---

[61] Joseph Priestley, Hartley's theory of the human mind, on the principle of the association of ideas, London 1775 (Göttingische Anzeigen 1776, 249–253).

[62] Joseph Priestley, Disquisitions relating to matter and spirit, London 1777 (Göttingische Anzeigen 1779, Zugabe, 97–108).

[63] Joseph Priestley, The doctrine of philosophical necessity illustrated, being an appendix to the Disquisitions relating to matter and spirit, London 1777 (Göttingische Anzeigen 1779, Zugabe, 289–297).

[64] Joseph Priestley, A free discussion of the doctrine of materialism, and philosophical necessity, in a correspondence between Dr. Price, and Dr. Priestley, London 1778 (Göttingische Anzeigen 1780 Zugabe, 425–428, hier 426).

[65] Ebd., 427.

[66] Ebd., 428. Weitere relevante Rezensionen von Meiners betreffen Priestleys *Letters to a Philosophical Unbeliever* (Göttingische Anzeigen 1781, Zugabe, 406–414) sowie zahlreiche Debattenbeiträge über Priestleys Lehre, namentlich Jacob Bryants *An Address to Dr. Priestley upon his Doctrine of Philosophical Necessity* (Göttingische Anzeigen 1781, 414–415), Andrew Baxters *The evidence of reason in Proof of the immortality of the soul* (Göttingische Anzeigen 1780, 337–340), John Palmers *Observations in defence of the liberty of man* (Göttingische Anzeigen 1780, 805–808) und Priestleys Reaktion, *A letter to the Rev. Mr. John Palmer, in defence of the illustrations of philosophical necessity* (Göttingische Anzeigen 1781, 36–37).

Auch Hißmann beteiligt sich direkt an der Priestley-Debatte, vor allem mit seiner Übersetzung von Priestleys Einleitung in die Hartley-Ausgabe, in der Priestleys Materialismus besonders prononciert zum Ausdruck kommt;[67] desgleichen mit Rezensionen von Priestleys *Flight sketch of the controversy between Dr. Priestley and his opponents on the subject of his disquisitions on matter and spirit* und des anonymen *Essay on the nature and existence of a material world*.[68] Bemerkenswert ist auch Hißmanns Rezension von Antonio Maria Gardinis *L'anima umana e sue proprieta dedotte da soli principi di ragione*.[69] Gardinis Buch unternimmt eine Widerlegung von d'Holbachs 1772 anonym erschienener Schrift *Le Bon Sens*, die eine Zusammenfassung des *Système de la nature* darstellt.[70] Hißmann hat *Le Bon Sens* nicht selbst gelesen, gibt aber zu verstehen, daß er es

> nach den ausführlichen Auszügen zu urtheilen, welche Hr. G. seiner Widerlegung eingewebt hat, nicht einmal näher zu kennen wünscht. Sie scheint ein *System der Natur* in nuce zu seyn; ihr Verfasser ist ein ganz unbändiger Schriftsteller, der in alle Gebiete des geprüftesten menschlichen Wissens und der Rechtgläubigkeit Husarenstreitereyen wagt.[71]

Diese vehemente Ablehnung von d'Holbachs Materialismus bei gleichzeitiger Unterstützung des Priestleyschen kann in ihrer Bedeutung für die spezifische Form, die der Göttinger Materialismus annahm, nicht genug hervorgehoben werden.

II. Wie konnten sich Materialisten an einer deutschen Universität etablieren?

In Göttingen konnten Positionen *öffentlich* vertreten werden, die an anderen deutschen Universitäten undenkbar waren. Daraus folgt, daß der Bedarf an *grundsätzlich* geheim bleibender Verständigung geringer war als anderswo, wenn er denn überhaupt existierte. Welches waren die spezifischen Bedingungen an der Georgia Augusta, die dies ermöglichten? Es wird sich im Folgenden zeigen, daß es sich

---

[67] Michael Hißmann, Psychologische Versuche von Joseph Priestley. Aus dem Englischen, in: Magazin für die Philosophie und ihre Geschichte 1 (1778), 7–90.

[68] Joseph Priestley, A flight sketch of the controversy between Dr. Priestley and his opponents on the subject of his disquisitions on matter and spirit, London o. J. (Göttingische Anzeigen 1781, 45–48); Anon., An essay on the nature and existence of a material world, London 1781 (Göttingische Anzeigen 1782, 641–645).

[69] Antonio Maria Gardini, L'anima umana e sue proprieta dedotte da soli principi di ragione dal P. Ant. Mar. Gardini contro i materialisti e specialmente contro l'opera intitolata ,Le bon-Sens, ou idées naturelles opposées aux idées surnaturelles', Padua 1781 (Göttingische Anzeigen 1782, 634–635).

[70] [d'Holbach, Paul Henri Thiery], Le bon sens, ou idées naturelles opposées aux idées surnaturelles, London (recte: Paris?) 1789.

[71] Göttingische Anzeigen 1782, 634.

beim Göttinger Materialismus wohl eher um ein toleriertes *Nebenprodukt* anderer Entwicklungen handelt, die für die Gründer und Administratoren der Universität im Vordergrund standen.

Die Bemühungen um die Neugründung einer Universität im Kurfürstentum Braunschweig-Lüneburg (Kurhannover) im frühen 18. Jahrhunderts sind Ausdruck des Bedeutungszuwachses, den dieses durch die Personalunion mit der britischen Krone erlangte; Georg I. Ludwig (1660–1727) erbte die Krone 1714 von der ohne Nachkommen gebliebenen Königin Anne Stuart (1665–1714). Das Kurfürstentum besaß in Helmstedt nur eine einzige Universität, die bereits zu dieser Zeit in schlechtem Ansehen stand.[72] Die Göttinger Neugründung – der Vorlesungsbetrieb war bereits 1734 drei Jahre vor der offiziellen Inauguration eröffnet worden – war von Beginn an mit hohen Ambitionen verbunden, sie sollte in Konkurrenz zu den etablierten Hochschulen in Wittenberg, Jena und insbesondere Halle treten. Diesem Ziel sollten einige Besonderheiten der Universitätsverfassung dienen, die in der Folgezeit auch zu Faktoren zählten, die dissidente und ungewöhnliche philosophische Positionen im Universitätsbetrieb möglich machten.

Zu diesen Besonderheiten gehört zunächst die starke Stellung, die den Kuratoren der Universität zugewiesen wurde. Dies ist auch als Reaktion auf die internen Schwierigkeiten zu verstehen, die an anderen Universitäten wie in Halle auftraten. In Halle verpflichteten die Statuten die Professoren auf die christliche Religion und die evangelische Lehre und machten es ihnen zur Pflicht, Streitgespräche zu entfachen, wenn der begründete Verdacht bestand, Äußerungen innerhalb der Universität wichen von der protestantische Lehre ab.[73] Solche als lähmend und kontraproduktiv empfundenen Konflikte sollten vermieden werden, zunächst eben dadurch, daß die Macht nicht auf mehrere Instanzen – die Professoren, die theologische Fakultät und den Prorektor – verteilt, sondern in wenigen Händen gebündelt und außerhalb der Universität angesiedelt wurde. Von Beginn an bis zu seinem Tod übte Gerlach Adolph von Münchhausen (1688–1770) die Funktion des Kurators aus. Er ist die entscheidende Figur für die Gründungs- und Aufbau-

---

[72] Zur Göttinger Universitätsgeschichte im folgenden vgl. vor allem Ulrich Hunger, Die Georgia Augusta als hannoversche Landesuniversität. Von ihrer Gründung bis zum Ende des Königreichs, in: Ernst Böhme, Rudolf Vierhaus (Hg.), Göttingen. Geschichte einer Universitätsstadt, Göttingen 2002, Bd. 2, 139–213; Anne Saada, Die Universität Göttingen. Traditionen und Innovationen gelehrter Praktiken, in: Hans Erich Bödeker u. a. (Hg.), Die Wissenschaft vom Menschen in Göttingen um 1800, Göttingen 2008, 23–46. Die umfangreichste Sammlung von Dokumenten stellt Emil Rössler, Die Gründung der Universität Göttingen. Eine Sammlung bisher ungedruckter Entwürfe, Berichte und Briefe, Göttingen 1855, dar.

[73] Auf dieser Praxis basiert auch der Pietismusstreit mit der Folge von Wolffs Ausschluß 1723, der im allgemeinen als der Universität schädlich angesehen wurde; vgl. Saada, Die Universität Göttingen (wie Anm. 72), 29–30.

phase der Universität und wird daher meist als ihr eigentlicher Gründer bezeichnet. Über alle Besetzungen von Lehrstühlen besaß er die Entscheidungsgewalt.

Die zweite entscheidende Besonderheit bestand in der bereits in der Präambel des kaiserlichen Privilegiums festgehaltenen Freiheit der Lehre, die sich in der Praxis auch auf die Forschung bezog:[74] Die akademischen Lehrer sollen „zu ewigen Zeiten vollkommene unbeschränkte Freyheit, Befugniß und Recht haben [...] öffentlich und besonders zu lehren".[75] Die Lehrfreiheit bezog sich dabei einerseits auf die Wahl der Themen – es gab keine vom Ministerium festgelegten Lehrbücher –, andererseits auf die Vorlesungstermine, die ebenfalls nicht mehr vorgegeben wurden.[76] Die Forschungsfreiheit fand ihren weiteren Ausdruck darin, daß die Statuten überhaupt nicht mehr auf die kirchliche Lehre Bezug nahmen und die theologische Fakultät kein Zensurprivileg über Veröffentlichungen der anderen Fakultäten besaß.[77] Dies bedeutete keineswegs eine Einladung zu Heterodoxie und Atheismus, über entsprechende Verstöße hatten aber eben nicht mehr die Theologen zu befinden, sondern das Ministerium in Hannover. Vorzubeugen galt ihnen durch die Berufung solcher Bestrebungen unverdächtigen Personals.

Die Rahmenbedingungen für moderat-dissidente Auffassungen waren in Göttingen also besser als anderswo, solange bestimmte Grenzen nicht überschritten wurden. Um das Aufkommen materialistischer Lehren in Göttingen verstehen zu können, ist es darüber hinaus notwendig, die Berufungspraxis zunächst Münchhausens näher zu betrachten. Münchhausen war sich im klaren darüber, daß renommierte Gelehrte nur dann für die neugegründete Universität zu gewinnen waren, wenn ihnen vorteilhafte Bedingungen geboten wurden. Neben exzellenter Bezahlung gehörte dazu eine Beschränkung des Einflusses der theologischen Fakultät nicht nur auf institutioneller Ebene, sondern auch durch die Besetzung der theologischen Lehrstühle mit unproblematischen Kandidaten. In einer Stellungnahme von Münchhausen heißt es, es sei

zum Grunde zu setzen [...], dasz die Theologische Fakultät weder mit solchen Männern zu besetzen, deren Lehren zum Atheismo und Naturalismo leiten oder auch die Articulos fundamentales religionis evangelicae anfechten oder den Enthusiasmum einführen, noch dasz nach *Göttingen* solche Theologi zu beruffen, welche ein evangelisches Pabsthum behaupten, ihr gantzes Systema andern aufdringen, diejenigen so in gewiszen das Fundamentum fidei nicht concernirenden quaestionibus mit ihnen kein gleiches Sentiment führen, verketzern, und die Libertatem conscientiae samt

[74] Der Text des Privilegiums Kaiser Karls VI. ist nachgedruckt in Rössler, Die Gründung (wie Anm. 72), 41–49.

[75] Wilhelm Ebel (Hg.), Die Privilegien und ältesten Statuten der Georg-Augustus-Universität zu Göttingen, Göttingen 1961 (zitiert nach Hunger, Die Georgia Augusta [wie Anm. 72], 148).

[76] Rössler, Die Gründung (wie Anm. 72), 24; Saada, Die Universität Göttingen (wie Anm. 72), 40.

[77] Saada, Die Universität Göttingen (wie Anm. 72), 33–34.

der Tolerantz als unleidentlich ansehen, woraus nichts als unnöthiger Streit und inner-
liche Unruhe zu entstehen pflegt.[78]

Was die Besetzung der Lehrstühle in der philosophischen Fakultät betrifft, so galt
Münchhausens Interesse zwar vornehmlich der Geschichtswissenschaft, die einen Anziehungspunkt für adlige und ausländische Studenten bilden sollte.[79]
Doch auch hinsichtlich der traditionell der Philosophie zugerechneten Lehrgebie-
te der Logik, Metaphysik und Sittenlehre hatte er klare Vorstellungen. Münchhausen zeigte sich nämlich durchaus reserviert gegenüber Wolff und seiner Schule,
die die deutsche Philosophie bis zur Mitte des 18. Jahrhunderts dominierte. Zwar
müsse man aufgrund dieser Dominanz wohl Lehrveranstaltungen über Wolffsche
Philosophie zulassen. Doch gegen den auch erwogenen Versuch, Wolff selbst
nach Göttingen zu berufen, spricht Münchhausen sich klar und deutlich aus:

> Ob ich gleich die Persohn des *Wolffen* selbst zu vociren vielerley Bedencken finde, auch
> für mich vor des *Wolffens* Philosophie kein sonderliche Hochachtung trage, in dem sel-
> bige mehr subtilitatem als nützliche Wahrheiten in sich faszet; das ganze Systema der
> harmoniae praestabilitae gehet dahin, auf was Weise die Seele im Leibe würke und sel-
> bigen bewege, welches jedoch ein Geheimnisz der Natur ist, so man in diesem Leben
> schwerlich entdecken wird.[80]

Münchhausens Bedenken gegen den Wolffianismus sind also einerseits gewissermaßen praktischer Natur: ihre schulmäßige und ‚more geometrico‘ demonstrie-
rende Anlage scheint der Gewinnung nützlicher Wahrheiten abträglich zu sein,
und er hält es für möglich, daß man „die tempora Scholasticorum wieder erleben
werde, wann die *Wolffianer* auf denen Academien die Oberhand behalten“.[81] Zugleich wendet sich er gegen ein zentrales Lehrstück der Leibniz-Wolffschen Philosophie, die prästabilierte Harmonie, die er hier insbesondere im Hinblick auf das
Verhältnis von Leib und Seele für fragwürdig hält. Obwohl Münchhausen hier
keine Präferenz für eines der anderen metaphysischen Systeme (also Okkasiona-
lismus oder Influxus physicus) erkennen läßt, sondern das ganze Leib-Seele-Pro-
blem für mit irdischen Mitteln unlösbar erklärt, so kann dies doch bedeuten, daß
Anhänger der prästabilierten Harmonie einen grundsätzlich schwereren Stand bei
ihm hatten. Es wird in diesem Zusammenhang vielleicht kein Zufall sein, daß der
aus Wittenberg berufene Samuel Christian Hollmann (1696–1787), der erste Professor der Logik und Metaphysik in Göttingen, sich im Hinblick auf die prästa-

---

[78] Nachträgliches Votum Münchhausens über die Einrichtung der Universität in der Sitzung des
geheimen Raths-Collegium. Nach dem eigenhändigen Entwurfe *Münchhausens*, in: Rössler, Die
Gründung (wie Anm. 72), 33–34.

[79] Saada, Die Universität Göttingen (wie Anm. 72), 39.

[80] Nachträgliches Votum Münchhausens, zitiert nach Rössler, Die Gründung (wie Anm. 72), 36–
37.

[81] Ebd.

bilierte Harmonie und die konkurrierenden Systeme nicht eindeutig festlegt und es zurückweist, als Wolffianer angesehen zu werden.[82] In jedem Fall läßt sich eine Tendenz der philosophischen Berufungspraxis identifizieren, die auch in der Folgezeit wirksam bleibt: Bevorzugt gesucht wurde nach Alternativen zum Wolffianismus, wobei es anscheinend zunächst einmal zweitrangig war, wie diese des näheren beschaffen waren. Das bedeutet aber, daß in einem gewissen Rahmen zwar durchaus nicht radikale oder materialistische Positionen gefördert werden sollten, wohl aber solche, die sich zum wolffianischen Mainstream dissident verhielten. Weiterhin kann eine gewisse inhaltliche Voreingenommenheit für die später so genannte ‚Popularphilosophie‘ angenommen werden – obwohl diese Klassifizierung selbst problematisch ist und in der späteren Philosophiegeschichtsschreibung denunziatorischen Charakter erhielt.[83]

Diese Tendenz ist in jedem Fall deutlich zu erkennen bei der Berufung von Johann Georg Heinrich Feder, dem wichtigsten philosophischen Lehrer von Christoph Meiners. Wie kam es zu Feders Berufung? Feder war seit 1765 Professor der Logik und Metaphysik am Gymnasium Coburg, einer sicherlich nicht besonders herausgehobenen akademischen Einrichtung also. Etwas bekannter geworden war er durch seinen 1767 erschienenen *Grundriß der philosophischen Wissenschaften*.[84] Die Philosophie im engeren Sinne wurde in Göttingen zu dieser Zeit von Hollmann, dem Crusianer Otto David Heinrich Becmann (1722– 1784) sowie dem Wolffianer Andreas Weber (1781–1781) vertreten; philosophische Vorlesungen bot auch der Mathematiker Abraham Gotthelf Kästner (1719– 1800) an, der sich ebenfalls an Leibniz und Wolff orientierte.[85]

---

[82] Vgl. Udo Thiel, Samuel Christian Hollmann, in: Klemme, Kühn, The Dictionary (wie Anm. 4), Bd. 2, 542–544, sowie Konrad Cramer, Die Stunde der Philosophie. Über Göttingens ersten Philosophen und die philosophische Theorielage der Gründerzeit, in: Jürgen v. Stackelberg (Hg.), Zur geistigen Situation der Zeit der Göttinger Universitätsgründung 1737, Göttingen 1988, 101–43.

[83] In Abgrenzung von den üblichen stereotypen Zuordnungen arbeitet Udo Roth heraus, daß Hißmann mit seinen *Briefen über Gegenstände der Philosophie* (Briefe über Gegenstände der Philosophie, an Leserinnen und Leser, Gotha 1778) eine eigene Konzeption populärer Philosophie verfolgt, die von seinen übrigen fachphilosophischen Veröffentlichungen gerade zu unterscheiden ist (Udo Roth, ‚Wohl auch Frauenzimmer dürfen lesen‘. Michael Hißmanns Beitrag zur Popularphilosophie, in: Klemme, Stiening, Wunderlich, Michael Hißmann (wie Anm. 5).

[84] Johann Georg Heinrich Feder, Grundriß der philosophischen Wissenschaften nebst der nöthigen Geschichte, Coburg 1767.

[85] Feder beschreibt die Situation bei seiner Ankunft folgendermaßen: „Ein neuer Lehrer der Philosophie war zu der Zeit nichts Überflüßiges in Göttingen. *Weber*, ein Wolfianer, der als Professor der Theologie in Kiel starb, war in der öffentlichen Achtung sehr gesunken. *Becmann*, ein eifriger Crusianer, hatte keinen Vortrag. *Hollmann* war vielleicht zu gelehrt für die jungen Leute, vielleicht zu alt, und, nach dem damals herrschend gewordenen ästhetischen Tone, zu trocken; nach dem Urtheile eines aufblühenden Genies an mich *ein palaeologus, der Gellert's Fabeln in Schlüsse auflöst. Auf Ersuchen las *Kästner* Metaphysik" (Feder's Leben [wie Anm. 18], 71).

In seiner posthum erschienenen Autobiographie berichtet Feder, daß Münchhausen zunächst anonym durch einen Amtmann bei Feders Vermieter Erkundigungen über ihn einholen ließ, worauf einige Monate später eine briefliche Anfrage durch Johann Stephan Pütter (1725–1807) in Münchhausens Namen folgte,

> ob und unter welchen Bedingungen ich den Ruf zu einer philosophischen Professur in Göttingen annehmen wolle? Wie ich in der Folge von *Pütter* erfuhr, hatte Ernesti mich Münchhausen vorgeschlagen; dem ich, so wie auch *Kästner'n*, *Hollmann* und *Crusius*, meinen Grundriß zugeschickt hatte. Letzterer bezeugte in der Antwort seine Zufriedenheit darüber, daß ich in einigen Lehrpuncten von *Wolf* abwich und ihm mich näherte; und versprach gelegentliche Empfehlungen.[86]

Die Rede ist hier von dem Leipziger Theologen Johann August Ernesti (1707–1781), den Münchhausen in dieser Besetzungsangelegenheit kontaktiert hatte.[87] Feder hatte schon länger Ambitionen auf einen Wechsel nach Göttingen gehegt, daher vermutlich die Übersendung des *Grundrisses* an Hollmann und Kästner. Bemerkenswert ist ebenso die Einbeziehung von Ernestis Leipziger Kollegen Christian August Crusius (1715–1775), dem vermutlich renommiertesten philosophischen Kritiker Wolffs zu dieser Zeit. Feder versuchte ganz offenkundig, mit seiner distanzierteren Haltung zu Wolff auf sich aufmerksam zu machen. Dies dürfte Münchhausen ebenso beeindruckt haben wie seine häufige Berufung auf den gesunden Menschenverstand und seine Ablehnung eindeutiger metaphysischer Festlegungen zugunsten einer „irenisch-eclectische[n] Lehrart".[88] Ganz in Münchhausens Sinne ist denn auch Feders retrospektive programmatische Erklärung: „Ich suchte *anwendbare* Philosophie aus den natürlichsten, oder nicht füglich zu bestreitenden, Vorstellungsarten zu entwickeln".[89]

Nun ist also Johann Georg Feder an der Göttinger Universität installiert, ohne dort durch materialistische oder anderweitig als radikal zu bezeichnende Ansichten aufzufallen. Dies ändert sich erst mit seinem Schüler und Vertrauten Christoph Meiners, der, wie oben schon erwähnt, 1772 zum außerordentlichen und 1775 zum ordentlichen Professor der Philosophie berufen wird. Es ist anzunehmen, daß das enge Lehrer-Schüler-Verhältnis bei der Berufung den Ausschlag gab, wie auch einige Jahre später bei Hißmanns Extraordinariat.

Münchhausen war 1770 verstorben, und die Kuratoren nach ihm sollten keine derartig zentrale Stellung mehr einnehmen. Münchhausens Nachfolge trat zunächst Johann Burchard von Behr (1714–1771) an, der bald darauf verstarb. An-

---

[86] Feder's Leben (wie Anm. 18), 67.

[87] Für den Hinweis auf die zentrale Rolle Ernestis danke ich Hans Peter Nowitzki; vgl. Hans-Peter Nowitzki, Platner und die Wolffsche Philosophietradition, in: Aufklärung 19 (2007), 69–104, hier 78.

[88] Feder's Leben (wie Anm. 18), 80.

[89] Ebd.

schließend wurde das Amt, wie von den Statuten eigentlich vorgesehen, geteilt.[90] Wichtiger als die Kuratoren wurden nun die zuständigen Hannoveraner Ministerialbeamten, vor allem Georg Friedrich Brandes (1709–1791). Anders als Münchhausen sprach sich dieser nun nicht mehr mit allen Professoren ab, sondern in erster Linie mit Christian Gottlob Heyne (1729–1812), Leiter der Universitätsbibliothek und Professor der Beredsamkeit und der Altertumswissenschaften und später Brandes' Schwiegersohn.[91] Heyne wurde damit zur zentralen Figur der Universität, und entsprechend äußert er: „Von allen Professoren in Göttingen, die noch lebten, ist keiner, bei dessen Berufung und Ansetzung ich nicht Gevatter gestanden und als Mittelsperson gebraucht worden wäre."[92] Die Berufungen von Meiners und Hißmann müssen also von ihm zumindest genehmigt worden sein. Auf Georg Friedrich Brandes folgte im Ministerium sein Sohn Ernst (1758–1810), der nach Heynes Tod einen neuen Vertrauten in niemand anderem als Meiners fand.[93] Eine weitere Untersuchung dieser Entwicklungen würde den thematischen Rahmen dieses Beitrags sprengen, es ist jedoch hinreichend klar geworden, wie Meiners's moderater Materialismus gewissermaßen als Nebeneffekt an der Göttinger Universität Fuß fassen konnte, um dann von Hißmann in etwas prononcierterer Weise fortgeschrieben zu werden.

III. Der weitere Umkreis des Göttinger Materialismus

Noch weitgehend unerforscht sind die weiteren Kreise, die der Göttinger Materialismus durch Studenten und befreundete Philosophen zog. Ich kann hier nur sehr summarisch einige Fakten dazu zusammenstellen. Zu erwähnen ist zunächst Dieterich Tiedemann (1748–1803), der von 1767 bis 1769 und von 1774 bis 1776 in Göttingen studierte und später Professor für Philosophie und alte Sprachen in Kassel und Marburg wurde und mit Meiners befreundet war.[94] Tiedemann trat durch seine *Untersuchungen über den Menschen* hervor, in denen er eine differen-

[90] Zu den späteren Kuratoren vgl. Johann Stephan Pütter, Versuch einer academischen Gelehrten-Geschichte von der Georg-August-Universität zu Göttingen, Göttingen 1838 (Repr. Hildesheim 2006), 4–5.

[91] Vgl. Stefan Brüdermann, Göttinger Studenten und akademische Gerichtsbarkeit im 18. Jahrhundert, Göttingen 1990, 67 f.; Hunger, Die Georgia Augusta (wie Anm. 72), 170–173.

[92] Zit. nach Norbert Kamp, Heyne und die Georgia Augusta, in: Der Vormann der Georgia Augusta. Christian Gottlob Heyne zum 250. Geburtstag. Sechs akademische Reden, Göttingen 1980, 7–11, hier 10.

[93] Vgl. Brüdermann, Göttinger Studenten (wie Anm. 91), 68.

[94] Selle, Die Matrikel (wie Anm. 18), 165. Zu Tiedemanns Biographie vgl. vor allem die Vorrede von Ludwig Wachler zu dessen Ausgabe von Dieterich Tiedemann, Handbuch der Psychologie, zum Gebrauche bei Vorlesungen und zur Selbstbelehrung bestimmt, Leipzig 1804, III-XXV.

zierte Position zum Problem des Materialismus einnimmt.[95] Einerseits schließt er sich David Hume an, der die Frage nach der Materialität oder Immaterialität der Seele für unsinnig, da der Erfahrung grundsätzlich entzogen erklärt hatte, andererseits aber einräumte, daß die Erfahrung durchaus zeige, daß körperliche Zustände mentale auslösen können.[96] Schließlich sei die Seele einerseits materiell, „wenn man alles, was ausgedehnt ist, materiell nennen will; nicht materiell, wenn man nur das materiell nennen will, was aus mehreren würklich verschiedenen Theilen besteht".[97]

Wichtig ist weiterhin Karl von Knoblauch (1756–1794), der später mit dem Gießener Zirkel verbunden war.[98] Für die Materialismusdebatte ist vor allem sein Artikel „Ueber das Denken der Materie" zu erwähnen, in dem er einerseits die klassische Auseinandersetzung um denkende Materie für durch Kant beendet erklärt, andererseits einen an Spinoza orientierten, seinerseits materialistischen Eigenschaftsdualismus ins Spiel bringt.[99] In Göttingen haben ebenfalls der Arzt Christian Gottlieb Selle (1748–1800, später an der Berliner Charité und Leibarzt Friedrichs II.) und der Naturwissenschaftler Johann Christian Reil (1759–1813) studiert.[100] Selle wendet sich gegen die Existenz immaterieller Substanzen in der Welt, behält aber die Annahme eines immateriellen Schöpfers der Welt bei.[101] Im Zusammenhang mit Reil, der sich später dem Kantianismus zuwendet, ist zumindest im Hinblick auf seine frühen Arbeiten eine Tendenz zum Materialismus diskutiert worden.[102] Erst nach Hißmanns Tod schrieb sich der als Materialist und Religionskritiker hervorgetretene Johann Gottlieb Carl Spazier (1761–1805) in Göttingen ein.[103] Der Materialist Johann August von Ein-

---

[95] Dieterich Tiedemann, Untersuchungen über den Menschen, Leipzig 1777–1778.

[96] Tiedemann, Untersuchungen (wie Anm. 95), Bd. 2, 36–37. Vgl. David Hume, A Treatise of Human Nature, hg. von David Fate Norton, Mary J. Norton, Oxford 2000, 152–164.

[97] Tiedemann, Untersuchungen (wie Anm. 95), Bd. 2, 93. Tiedemanns Materialismus-Verständnis müßte noch erheblich genauer untersucht werden.

[98] Knoblauch immatrikulierte sich am 17. April 1776 (Selle, Die Matrikel [wie Anm. 18], 220); zu Knoblauch vgl. auch den Beitrag von Martin Mulsow in diesem Band.

[99] [Karl von Knoblauch], Ueber das Denken der Materie, in: Der Teutsche Merkur 1787/3, 185–197.

[100] Selle immatrikulierte sich am 22. April 1768 (Selle, Die Matrikel [wie Anm. 18], 171), Reil am 20. April 1779 (Selle, Die Matrikel [wie Anm. 18], 241).

[101] Christian Gottlieb Selle, Philosophische Gespräche, Berlin 1780, Bd. 1, 153–155; vgl. Michael Albrecht, Christian Gottlieb Selle, in: Klemme, Kühn, The Dictionary (wie Anm. 4), Bd. 3, 1082–1083.

[102] Matthew Bell, The German Tradition of Psychology in Literature and Thought, 1700–1840, Cambridge 2005, 168.

[103] Immatrikuliert am 26. April 1785 (Selle, Die Matrikel [wie Anm. 18], 287). Relevant ist vor allem: *Anti-Phädon, oder Prüfung einiger Hauptbeweise für die Einfachheit und Unsterblichkeit der menschlichen Seele in Briefen*, Leipzig 1785; vgl. Werner Krauss, Eine Verteidigungsschrift des

siedel (1754–1837) war zwar nicht in Göttingen eingeschrieben, hat sich aber 1778 oder 1779 eine zeitlang dort aufgehalten.[104] Aus Meiners' Brief an Hißmann vom 20. Mai 1782 ist in jedem Fall ein persönlicher Kontakt zwischen Meiners und Einsiedel in Weimar zu entnehmen.

Diese knappen Ausführungen können natürlich nur einige Hinweise für die künftige Forschung geben. Ein Thema für sich ist daneben die Rolle von Feder und Meiners im Illuminatenorden, zu der Martin Mulsow bereits eine umfangreiche Untersuchung vorgelegt hat.[105] Für den Göttinger *Materialismus* im engeren Sinne scheint diese Verbindung jedoch nicht unmittelbar relevant zu sein, da zum einen Feder klarerweise kein Materialist ist und der Orden, wie Mulsow eindringlich gezeigt hat, auch insgesamt nicht dem Materialismus zuneigt. Schließlich ist Hißmann offenbar kein Mitglied gewesen. Eine umfassendere Würdigung dieses Aspekts wäre jedoch nur im Zusammenhang einer Untersuchung der Philosophie des Illuminatenordens insgesamt zu leisten, die ihrerseits ein Desiderat darstellt.

Richtet man den Blick weiter über die unmittelbare Materialismus-Debatte hinaus, dann ist bemerkenswert, daß der eigentliche Kampf, den die Göttinger auszufechten hatten und schließlich verloren, sich auf einem anderen Gebiet abspielte, nämlich den Auseinandersetzungen um die Philosophie Kants.[106] Es ist allerdings auch zu beachten, daß mit der Berufung von Feders Schwiegersohn Gottlob Ernst Schulze (1761–1833) die empiristische Kant-Kritik zumindest in Göttingen lebendig blieb. Wiederum separat wäre die gesamte politische Philosophie und die Stellung der Göttinger zur französischen Revolution zu untersuchen.[107] Das Göttinger Zensurprivileg blieb bis 1819 erhalten, als es im Zuge der Karlsbader Beschlüsse auch formell aufgeweicht wurde.[108] Unter dem Eindruck der französischen Revolution hatte sich das Klima freilich auch schon zuvor seit 1792 verschärft, es wurden Zensurmaßnahmen durch das Hannoveraner Ministerium eingeleitet und 1793 Schlözers *Staatsanzeigen* und 1794 studentische und freimaurerische Aktivitäten verboten.[109] Ulrich Hunger weist in diesem Zusam-

---

Materialismus in der deutschen Aufklärung, in: Werner Krauss, Studien zur deutschen und französischen Aufklärung, Berlin 1963. 455–68.

[104] Wilhelm Dobbek, Einleitung. Leben und Schaffen Einsiedels, in: August von Einsiedel, Ideen, hg. von W. D., Berlin 1957, 7–58. Einsiedel schätzte jedoch anscheinend vor allem Kästner, Büttner und Lichtenberg, so daß unklar ist, welchen Einfluß die Fachphilosophie zu dieser Zeit auf ihn hatte (ebd., 10).

[105] Martin Mulsow, ‚Steige also, wenn du kannst, höher und höher zu uns herauf'. Adam Weishaupt als Philosoph, in: Walter Müller-Seidel, Wolfgang Riedel (Hg.), Die Weimarer Klassik und ihre Geheimbünde, Würzburg 2002, 27–66; vgl. Feder's Leben (wie Anm. 18), 137–146.

[106] Vgl. z. B. Marino, Preaceptores Germania (wie Anm. 4); die recht umfangreiche Literatur zu dieser Fragestellung nimmt jedoch meist die Position Kants als des ‚Siegers' ein.

[107] Einen Ansatz kann Feders Autobiographie bieten (Feder's Leben [wie Anm. 18], 131–141).

[108] Ebd., 193.

[109] Ebd., 184–185.

menhang auf den interessanten Umstand hin, daß mehrere Töchter und Söhne von Göttinger Professoren als „Göttinger Kolonie" an der Mainzer Republik beteiligt waren und sich hier insofern auch ein Generationenkonflikt abgespielt haben dürfte.[110] Auch Meiners' zunehmend reaktionäre politische Einstellung wäre zu untersuchen, die in seinen *Untersuchungen über die Verschiedenheiten der Menschennaturen* mündet. In diesem Werk unternimmt Meiners nicht nur eine Einteilung der Menschheit in Rassen unterschiedlicher Wertigkeit, sondern wendet sich generell gegen den Gleichheitsgedanken als einen Irrweg, auf den die französische Revolution geführt habe.[111]

Einen weiteren Forschungsansatz bietet schließlich das Verhältnis von Feder, Meiners und Hißmann zu anderen Göttinger Kollegen. Von Bedeutung wären dabei namentlich August Ludwig Schlözer (1735–1809), Johann David Michaelis (1717–1791) und Heyne sowie Georg Christoph Lichtenberg (1742–1799) und Christian Conrad Wilhelm Dohm (1751–1820). Von Lichtenberg ist bekannt, daß sich sein Verhältnis zu Feder und Meiners im Laufe der Zeit grundlegend änderte, wobei der aufkommende Kantianismus möglicherweise eine Rolle spielte.[112] Dohm war ursprünglich eng mit Hißmann befreundet und korrespondierte ausführlich mit ihm (in Hißmanns Nachlaß finden sich zahlreiche Briefe), was

---

[110] Hunger, Die Georgia Augusta (wie Anm. 72), 183–187.

[111] Christoph Meiners, Untersuchungen über die Verschiedenheiten der Menschennaturen, hg. von Johann Georg Heinrich Feder, Tübingen 1811–1815. Zu den Kontroversen mit Forster und Blumenbach, die diese Schrift auslöste, vgl. Friedrich Lotter, Christoph Meiners und die Lehre von den unterschiedlichen Wertigkeiten der Menschenrassen, in: Hartmut Boockmann, Hermann Wellenreuther (Hg.), Geschichtswissenschaft in Göttingen, Göttingen 1987, 30–75; Frank W. P. Dougherty, Christoph Meiners und Johann Friedrich Blumenbach im Streit um den Begriff der Menschenrasse, in: Gunter Mann, Franz Dumont (Hg.), Die Natur des Menschen, Stuttgart 1990, 89–111.

[112] So heißt es in einer zwischen 1776 und 1779 verfaßten Notiz vertrauensvoll: „Spricht jemand mit Dir in der männlichen Prose Mendelssohns oder Feders oder Meiners oder Garves und du stößest auf einen Satz, der Dir bedenklich scheint, so kannst du ihn allemal glauben bis auf weitere Untersuchung" (Georg Christoph Lichtenberg, Sudelbücher, hg. von Wolfgang Promies, München 2005, Bd. 1, 573). Vollständig anders dann in einem Brief von 1787: „Mit dem verbindlichsten Danke geht hier Meiners' Psychologie zurück. Ich habe lange nichts so *gelehrt* Schlechtes gelesen als diese Vorrede. Sie werden gewiß auch bemerkt haben, daß sein ganzes Räsonnement gegen Kant darauf hinausläuft: ‚Wenn Kant Recht hätte, so hätten wir ja unrecht. Da nun aber dieses nicht wohl sein kann […] so ist sonnenklar, daß Kant unrecht hat'" (An Gottfried August Bürger, Herbst 1787; Georg Christoph Lichtenberg, Briefwechsel, München 1983–1992, Bd. 3, 295). Gänzlich abqualifiziert wird Meiners dann in einer Notiz von 1789: „Meiners ist einer von den schwachen Leuten wie Zimmermann, die ihrem stärksten Gegner sogleich verzeihen, wenn sie irgend eine gut angelegte *Schmeichelei* gegen sie erfahren, und die sogar alsdann die Meinung ihres Gegners annehmen können" (Lichtenberg, Sudelbücher, Bd. 1, 728).

aber unter Hißmanns harscher, von antisemitischen Stereotypen bestimmter Kritik an Dohms *Bürgerlicher Verbesserung der Juden* gelitten haben dürfte.[113]

IV. Fazit

Abschließend soll noch einmal der Versuch unternommen werden, die spezifische Form des Göttinger Materialismus etwas näher zu bestimmen, anhand von Hißmanns Theorie als der am weitesten ausgearbeiteten Version. Hißmann faßt diese zusammen: „Ich glaube, die Materie könne, den strengsten Raisonnements zufolge, allerdings denken, wenn sie auf eine gewisse Weise organisiret ist, die ich nicht näher bestimmen will, weil ich das Gehirn nur sehr unvollständig kenne".[114] Dieser Materialismus ist zunächst in einem direkten Sinne als *Lockeanisch* zu bezeichnen, insofern Hißmann sich unmittelbar im Anschluß auf Lockes Überlegung zur Möglichkeit denkender Materie beruft: „Locke sahe dieses deutlich ein, und unstreitig hat er hier, wie in anderen Stücken, besser gesehen, als diejenigen, die ihn dieser Behauptung wegen für schwach gehalten haben".[115] Hißmann ist offenbar, so scheint man mir diese Passage verstehen zu müssen, überzeugt, daß Locke nicht nur der Auffassung war, daß wir *nicht ausschließen* können, daß Materie denkt, sondern daß es sich tatsächlich so verhält (was anhand des Lockeschen Textes als Mißverständnis bezeichnet werden muß). Wenn dies zutrifft, dann wäre dieser Materialismus für Hißmann nichts anderes als ein *integraler Bestandteil* des Lockeschen Empirismus, und insofern bestens mit der allgemeinen empiristischen Tendenz in Göttingen verträglich.

Dies würde auch erklärlich machen, warum die Göttinger und namentlich Hißmann auf den *französischen* Materialismus weit weniger gut zu sprechen waren. Dieser ging eben deutlich weiter als der (Pseudo-)Lockeanische, vor allem in einer Hinsicht: er trat zugleich als atheistische Lehre auf. Hißmann dagegen scheint einerseits, im Anschluß an die epikureische Auffassung, die Seele für ein materielles *und* gleichwohl vom Körper verschiedenes Wesen zu halten. Anders als im Epikureianismus üblich,[116] hält er diese Seele jedoch nicht per se für sterblich,

---

[113] Christian Conrad Wilhelm Dohm, Ueber die bürgerliche Verbesserung der Juden, Berlin 1781; Hißmanns Rezensionen befinden sich in den Göttingischen Anzeigen, 1781, Zugabe, 753–763 und 1783, 1659–1661. Zu dieser Debatte liegt bereits eine ausführliche Untersuchung vor von Gerda Heinrich, ‚… man sollte itzt beständig das Publikum über diese Materie en haleine halten'. Die Debatte um ‚bürgerliche Verbesserung' der Juden 1781–1786, in: Ursula Goldenbaum (Hg.), Appell an das Publikum. Die öffentliche Debatte in der deutschen Aufklärung 1687–1796, Berlin 2004, Bd. 2, 813–895.

[114] Hißmann, Psychologische Versuche (wie Anm. 13), 270.

[115] Ebd.

[116] Vgl. Wilson, Epicureanism (wie Anm. 12), 142–155.

sondern schlägt vor, daß ihr ihrerseits von Gott Unsterblichkeit verliehen werden kann:

> Was hindert also, daß man die Seele für ein zusammengesetztes, unzertrennbares Wesen halte? Unzerstörbarkeit sey ihr Charakter, der sie vom groben Körper unterscheide. Mit eben der Kraft, mit welcher Gott eine einfache Monade erhält, kan er eine materielle Substanz ewig leben lassen.[117]

Dies könnte ganz analog zur Lockeschen „superaddition" vorgestellt werden: Locke zufolge könnte Materie dann denken, wenn ihr Gott diese ihr eigentlich nicht von Natur aus zukommende Eigenschaft willkürlich beilegt, was kraft seiner Allmacht möglich ist.[118] Kraft derselben Allmacht könnte Gott Hißmann zufolge auch einer körperlichen Seele Unzerstörbarkeit verleihen. Eine vergleichbare, mit Priestleys Idee von der körperlichen Auferstehung vereinbare Spekulation findet sich im übrigen schon auch am Ende von Meiners' *Psychologischem Fragment*: Der Mensch bleibt auch nach dem Tod dieselbe Person, „wenn die Organen des Gedächtnisses entweder unzerstört fortdauern, oder nach ihrer Auflösung durch die Stimme des Allmächtigen in eben der Ordnung zusammengefügt werden, in welcher sie am Ende des irdischen Lebens coexistierten".[119] Es wäre also vollständig verfehlt, würde man den neuzeitlichen Materialismus in all seinen Formen umstandslos auf den Aspekt der Religionskritik reduzieren: er kann mit religionskritischen oder atheistischen Thesen einhergehen, ist aber ebensogut mit bestimmten christlichen Überzeugungen vereinbar.[120] Der spezifische Göttinger Materialismus konnte sich etablieren, weil er einerseits zu dieser christlichen Variante gehörte. Andererseits paßte er durch seine empiristische Einbettung gut zu den generellen Präferenzen auch der Göttinger Hochschulleitung, und schließlich hatten schon Meier und andere deutlich gemacht, daß sich Materialismus und Atheismus nicht systematisch wechselseitig bedingen. Hißmanns Tod und die nun aufkommende Diskussion um den Kantianismus setzten der Entwicklung des Materialismus in der Göttinger Konstellation ein Ende, dokumentiert schließlich in Meiners' ausdrücklichem Abrücken vom Materialismus im *Grundriß der Seelenlehre* von 1786.

---

[117] Ebd., 255.

[118] Vgl. Locke, Essay (wie Anm. 10), 541. Zur Diskussion um Lockesche „superaddition" vgl. Michael Ayers, Mechanism, Superaddition, and the Proof of God's Existence in Locke's Essay, in: The Philosophical Review 90 (1981), 210–251; Matthew Stewart, Locke on superaddition and mechanism, in: British Journal for the History of Philosophy 6 (1998), 351–379.

[119] Meiners, Psychologisches Fragment (wie Anm. 35), 43–44. Vgl. Priestley, Disquisitions (wie Anm. 62), 155–166.

[120] Dies hat Ann Thomson, Bodies of Thought, eindringlich herausgearbeitet: Die enge Verbindung von Materialismus und Religionskritik ist spezifisch nur für den französischen Materialismus.

Der von Christoph Meiners und Michael Hißmann repräsentierte Göttinger Materialismus stellt insofern eine Besonderheit dar, als er offen an einer Universität vertreten wurde. Der Beitrag beschäftigt sich mit der Frage, wie dies möglich war. Es zeigt sich, daß dies zum einen auf die besonderen institutionellen und berufungspolitischen Bedingungen in Göttingen zurückzuführen ist, zum anderen aber auf den moderaten, die christliche Religion nicht infragestellenden Charakter dieses Materialismus. Das zentrale Vorbild für diese Variante des Materialismus ist, wie im Beitrag gezeigt wird, die Philosophie Joseph Priestleys, bei gleichzeitiger Anlehnung an eine bestimmtes Verständnis von Lockes Empirismus und scharfer Ablehnung des französischen Materialismus.

Göttingen materialism, represented by Christoph Meiners and Michael Hißmann, is an exception in having been taught openly at a university. This contribution deals with how that was possible. I argue that there are two reasons: first, the specific institutional background and hiring practices in Göttingen, and second, the moderate nature of this branch of materialism. It is crucial for Göttingen materialism that it did not attack christian religious belief, following the role model of Joseph Priestley and, to some extent, John Locke, as well as strictly rejecting French atheist materialism.

Dr. Falk Wunderlich, Johannes Gutenberg-Universität Mainz, Jakob-Welder-Weg 18, 55099 Mainz, E-Mail: wunder@mpiwg-berlin.mpg.de

MARTIN MULSOW

Karl von Knoblauch und Georg Friedrich Werner als Materialisten

Eine Gießen-Dillenburger Konstellation

Es gibt eine wenig bekannte Gruppe von Theoretikern der radikalen Spätaufklärung, die in Gießen und dem dreißig Kilometer entfernten Dillenburg ansässig war. Der Gießener Gruppierung gehören – wie wir durch Arbeiten von Rolf Haaser, daneben auch von Christine Haug und neuerdings Christa-Irene Nees wissen[1] – vor allem an: Georg Friedrich Werner, ein Naturwissenschaftler, der seit 1778 Professor für Kriegswissenschaften an der Universität in Gießen war; Karl von Knoblauch auf Hatzbach, ein Jurist in Dillenburg, der sich philosophisch betätigte, August Friedrich Wilhelm Crome, ein nicht unbedeutender Kameralwissenschaftler, späterer Diplomat und Rheinbund-Befürworter, der seit 1787 an der Giessener Universität tätig war, und schließlich Wilhelm Friedrich Hezel, ein Bibelexeget und Orientalist, Professor und geheimer Regierungsrat in Gießen.

Alle Mitglieder der Gruppierung stammen aus einer Generation, Mitte der 1750er Jahre geboren: Hezel und Werner 1754, Crome 1753, Knoblauch 1756. Man war um 1790, als die internen Debatten ihren Höhepunkt erreichten, also um die 35 Jahre alt. Philosophisch war man in diesem Winkel des Reiches – zumindest ex post gesehen – vielleicht rückständig: nicht kantianisch, eher empiristisch oder materialistisch; erst wenn man aus der Perspektive der Radikalaufklärung blickt, gewinnt die Gruppierung ein gewisses Interesse, und es wäre zu fra-

---

[1] Rolf Haaser, Spätaufklärung und Gegenaufklärung: Bedingungen und Auswirkungen der religiösen, politischen und ästhetischen Streitkultur in Gießen zwischen 1770 und 1830, Darmstadt 1997; Christine Haug, Das Verlagsunternehmen Krieger (1725–1825). Die Bedeutung des Buchhändlers, Verlegers und Leihbibliothekars Johann Christian Konrad Krieger für die Entstehung eines Buchmarktes und einer Lesekultur in Hessen um 1800, in: Archiv für Geschichte des Buchwesens 49 (1998), 97–262; Christa-Irene Nees, August Friedrich Wilhelm Crome: „Man kann nicht alles seyn, jeder muß seinen Beruf fühlen. Meiner liegt in der großen Welt". Zum Selbstverständnis eines umstrittenen Professors um 1800, Diss. Gießen 2010, jetzt veröffentlicht als: Vom Katheder in die große Welt: Zum Selbstverständnis August Wilhelm Cromes (1753–1833). Eine kritische Biographie, Hildesheim 2012. Ich zitiere noch nach der Dissertationsfassung.

Aufklärung 24 · © Felix Meiner Verlag 2012 · ISSN 0178-7128

gen, ob hier eine Konstellation vorliegt, also eine intensive wechselseitige Beeinflussung innerhalb der Gruppe. Das intellektuelle Milieu in Gießen war durch den Aufenthalt von Karl Friedrich Bahrdt nachhaltig geprägt worden. Vier Jahre lang, von 1771 bis 1775, war Bahrdt Quartus in der Theologischen Fakultät Gießen gewesen. Johann Christoph Koch, der Universitätskanzler, war sein „Busenfreund", und noch mehr als zehn Jahre später, als Bahrdt längst in Halle lebte, wirkte sein Impuls in Gießen nach. Interessant sind vor allem die späten 1780er Jahre. 1787 wurde Crome, der zuvor am Dessauer Philanthropin gewesen war, als Professor für Kameralistik berufen. In Dessau war er eng mit Gottlieb Karl Spazier befreundet gewesen, dem materialistischen Verfasser des *Antiphädon* von 1785 und Freund von Bahrdt.[2] Sobald Crome in Gießen angekommen war, bemühte er sich darum, Spazier ebenfalls eine Stelle als Professor für Philosophie an dieser Universität zu verschaffen.[3] Wie man sieht, waren die aufklärerischen Bahrdt-Anhänger und Philanthropen in ihrem Netzwerk aktiv. Der Buchdrucker Johann Christian Konrad Krieger, auch ein Mitglied von Bahrdts „Deutscher Union", fungierte als der publizistische Arm der Gruppe.[4] Bei ihm veröffentlichte auch Werner seine Werke, vor allem die *Aetiologie,* auf die wir noch zu sprechen kommen werden. Hezel wiederum kam 1786 nach Gießen und entfaltete dort aufklärerische Aktivitäten. Seine Frau gründete zusammen mit Kriegers Bruder Damenlesezirkel in Marburg. Auch Werner rief 1786 zu Lesezirkeln auf.[5] Weitere mit der Gruppierung näher oder ferner Assoziierte waren Johann Ludwig Justus Greineisen, ein revolutionär gesinnter juristischer Privatdozent in Gießen, oder in Marburg der politisch höchst aktive Medizinprofessor Ernst Gottfried Baldinger, zu-

---

[2] Nees, August Friedrich Wilhelm Crome (wie Anm. 1), 142. Zu Spazier vgl. Friedrich Brandes, Karl Spazier, in: Allgemeine Deutsche Biographie (ADB), Bd. 35, Leipzig 1893, 74 f.

[3] Nees, August Friedrich Wilhelm Crome (wie Anm. 1), 143.

[4] Vgl. Christine Haug, Das Verlagsunternehmen Krieger (wie Anm. 1), sowie C. H., Geheimbündische Organisationsstrukturen und subversive Distributionssysteme zur Zeit der Französischen Revolution. Die Mitgliedschaft des hessischen Buchhändlers Johann Christian Konrad Krieger in der „Deutschen Union", in: Leipziger Jahrbuch zur Buchgeschichte 7 (1997), 51–74; C. H., Wissenschaftliche Literaturkritik und Aufklärungsvermittlung in Hessen um 1800. Die Zeitschriftenprojekte des Verlagsunternehmens Johann Christian Konrad Krieger (1725–1825), in: Astrid Blome (Hg.), Zeitung, Zeitschrift, Intelligenzblatt und Kalender. Beiträge zur historischen Presseforschung, Bremen 2000, 35–66.

[5] Christine Haug, Die Bedeutung der radikal-demokratischen Korrespondenzgesellschaft „Deutsche Union" für die Entstehung von Lesegesellschaften in Oberhessen im ausgehenden 18. Jahrhundert, in: Erich Donnert (Hg.), Europa in der Frühen Neuzeit. Festschrift für Günter Mühlpfordt, Bd. 2: Frühmoderne, Köln u. a. 1997, 299–321; C. H., Weibliche Geselligkeit und literarische Konspiration im Vorfeld der Französischen Revolution – Über das Projekt zur Gründung einer Frauenlesegesellschaft in Gießen 1789/1790, in: Holger Zaunstöck, Markus Meumann (Hg.), Sozietäten, Netzwerke, Kommunikation. Neue Forschungen zur Vergesellschaftung im Jahrhundert der Aufklärung, Tübingen: Niemeyer 2003, 177–192.

vor Hochschullehrer in Göttingen.[6] Auch im nahegelegenen Herborn gab es Aktive im Sinne von Spätaufklärung und „Deutscher Union".[7] Man darf diese Kreise natürlich nicht überschätzen. Sie bilden ein kleines Segment innerhalb vieler anderer, die sehr viel konservativer waren, vor allem die um Regierungspräsident Ludwig Adolf Christian von Grolman in Gießen.[8] Aber in unserem Kontext kann die Gruppe zu einer Reihe von Fragestellungen Anlaß geben: Läßt sich, besonders bei Knoblauch und Werner, ein Materialismus als Korrelat zu radikalaufklärerischen Ideen feststellen, der inhaltliche Verbindungen nach Göttingen besitzt? Haben Knoblauch und Werner aufeinander eingewirkt? Sind ihre Theorien möglicherweise unterschätzt worden, aus dem einfachen Grund, daß sie in Knoblauchs Fall nur anonym und verstreut wirken konnten und, was Werner angeht, durch seinen Außenseiterstatus und sein undiplomatisches Auftreten keine Chance bekamen? Wie sind die Beiträge in die zeitgenössische Debattenlage einzuordnen? War die Distanz Gießens zu den Zentren Göttingen, Berlin oder Jena so groß, daß man hier nicht in die aktuellen Debatten involviert war, nicht die relevanten Werke zur Hand hatte, oder war die Konstitution von Öffentlichkeit im Deutschland der 1780er Jahre schon so dicht, daß man von der Existenz intellektueller Provinzen nicht mehr ausgehen kann?

I. Knoblauchs Materialismus

Karl von Koblauch hat nach Stationen in Herborn und Gießen von 1776 bis 1778 in Göttingen studiert, mutmaßlich bei Christoph Meiners und Michael Hißmann und nachweislich bei August Ludwig von Schlözer – auch er ein Mitglied der „Deutschen Union" –, in dessen Hörerlisten er auftaucht.[9] Dies sind just die Jahre,

---

[6] Medizinprofessor Ernst Gottfried Baldinger war seit 1785 in Marburg und davor seit 1773 in Göttingen.

[7] Hans Haering, Drei Herborner Mitglieder von Bahrdts „Deutscher Union", in Donnert (Hg.), Europa (wie Anm. 5), 323–346.

[8] Zu Grolmann vgl. Haase, Spätaufklärung (wie Anm. 1); Siegfried Orgler, Ludwig Adolf Christian von Grolman: Versuch einer Biographie, Innsbruck, Univ. Diss. 2004.

[9] Göttingen, Universitätsarchiv, Schlözer-Nachlaß, Hörerverzeichnisse: Politik 1777/78, Nr. 11: „Carl von Knoblauch, aus Dillenburg". Ich danke Guido Naschert für die Information. Zu Schlözer vgl. Martin Peters, Altes Reich und Europa. Der Historiker, Statistiker und Publizist August Ludwig (v.) Schlözer (1735–1809), Münster 2003. – Zu Knoblauch vgl. die sehr dürftigen Arbeiten von Otto Finger, Der Kampf Karl von Knoblauchs gegen den religiösen Glauben, in: Gottfried Stiehler (Hg.), Beiträge zur Geschichte des vormarxistischen Materialismus, Berlin-Ost 1961, 255–297; O. F., Karl von Knoblauch, ein deutscher Atheist des 18. Jahrhunderts, in: Deutsche Zeitschrift für Philosophie 6 (1958). Vgl. demnächst auch Martin Mulsow, Knoblauch, in: Grundriss der Geschichte der Philosophie, Bd. 4: Deutschland, Nord- und Osteuropa, hg. von Helmut Holzhey, Basel (im Druck).

in denen Meiners in seinen *Vermischten Schriften* über innere Empfindungen und Michael Hißmann seine *Psychologischen Versuche* publiziert hat, beides Versuche einer materialistischen Seelenlehre.[10] An seinen Freund Jakob Mauvillon, dessen Aufsatz vom Genius des Sokrates er 1777 begeistert gelesen hatte, schreibt Knoblauch am 22. Oktober 1791 über seinen Aufenthalt in Göttingen:

> Hier entwickelten sich meine Begriffe. Hier ward ich Skeptiker, hier trat ich in interessante Verbindungen ein, deren endliches unwillkührliches Zerreissen bey meinem Abschiede von Göttingen (1778) das schmerzhafteste Ereignis meines Lebens war […].[11]

Welches genau diese Verbindungen gewesen sind, wissen wir nicht. Knoblauch wurde nach dem Studium Kanzleiauditor in Dillenburg, 1782 Kanzleiassessor, 1786 Justizrat, 1792 zugleich Bergrat. Er starb schon 1794. Seit Mitte der 80er Jahre trat er mit anonymen Veröffentlichungen hervor, vor allem religions-, wunder- und aberglaubenskritischen Aufsätzen in Wielands *Teutschem Merkur,* in Eberhards *Philosophischem Magazin* sowie in Wekhrlins *Grauem Ungeheuer* und den *Hyperboreischen Briefen,* aber auch mit kleinen selbständigen Schriften.[12]

In seiner Philosophie verbindet Knoblauch in der Art Diderots und Holbachs Spinozismus mit moderner Naturwissenschaft. Die physiologische Psychologie, Boskowichs Physik, Buffons „matière vive"[13] und Bonnets Theorien der „Organisation" der Materie – alles Einflüsse, die etwa auch Herders Spinoza-Rezeption

---

[10] Christoph Meiners, Vermischte philosophische Schriften, 3 Bde., Göttingen 1776; Michael Hißmann, Psychologische Versuche. Ein Beytrag zur esoterischen Logik, Göttingen 1777. Zu Meiners vgl. Luigi Marino, I maestri della Germania, Göttingen 1770–1820, Torino 1975; Michael C. Carhart, The Science of Culture in Enlightenment Germany, Cambridge, Mass. 2007. Zu Hißmann vgl. jetzt Heiner F. Klemme, Gideon Stiening, Falk Wunderlich (Hg.), Michael Hißmann. Ein materialistischer Philosoph der deutschen Aufklärung, Berlin 2012. Zum Hintergrund vgl. auch Hans-Peter Nowitzki, Der wohltemperierte Mensch. Aufklärungsanthropologien im Widersteit, Berlin 2003.

[11] Mauvillons Briefwechsel oder Briefe von verschiedenen Gelehrten an den in Herzoglich Braunschweigschen Diensten verstorbenen Obristlieutenant Mauvillon, ,Deutschland' 1801, 199. Zu Mauvillon vgl. Jochen Hoffmann, Jakob Mauvillon. Ein Offizier und Schriftsteller im Zeitalter der bürgerlichen Emanzipationsbewegung, Berlin 1981; Gisela Winkler, Die Religionsphilosophie von Jakob Mauvillon in seinem Hauptwerk „Das einzige wahre System der christlichen Religion", Bochum 2000.

[12] Ein Auflistung von Knoblauchs zahlreichen Zeitschriftenbeiträgen in Wekhrlins *Grauen Ungeheuer,* den *Hyperboreischen Briefen* und den *Paragraphen,* in Wielands *Teutschen Merkur,* in Hennings *Schleswigschem Journal* und *Genius der Zeit,* in Archenholtz' *Minerva* sowie in Eberhards *Philosophischen Magazin* bietet Jean Mondot, Wilhelm Ludwig Wekhrlin. Un publiciste des lumières, 2 Bde., Bordeaux 1986, 725–728.

[13] Vgl. etwa Knoblauch, Die Nachtwachen des Einsiedlers zu Athos, Nürnberg 1790, 87 ff. Weitere Nachweise der Einflüsse bei Mulsow, Knoblauch (wie Anm. 9).

geprägt haben[14] – sowie eine agnostische Skepsis sind charakteristisch für sein Denken. Auch Kant hat er sehr geschätzt; schon 1786 spricht er von ihm als dem „Fürst der deutschen Denker".[15] Was Hißmann angeht, so zitiert er ihn nur einmal, 1787, im Zusammenhang mit der Unmöglichkeit einer Bezeugung der psychischen Zustände eines angeblich Inspirierten durch andere Personen.[16] Aber er nennt ausgiebig andere philosophische Ärzte wie Christian Gottlieb Selle, der in Göttingen studiert hatte und in Berlin Mitglied der Mittwochsgesellschaft war, wie Joseph Priestley und Adam Weikard.[17]

Wie Falk Wunderlich gezeigt hat, hat Knoblauch eine Theorie denkender Materie entwickelt, die man durchaus sinnvoll auf die Problemlage der Zeit beziehen kann, denn mit Spinoza läßt sich ein Dualismus von Eigenschaften, nicht von Substanzen entwickeln, bei dem aus der Kombination mehrerer Materieteilchen emergent ein Denken entsteht.[18] Im Hintergrund ist bei Knoblauch dabei das Interesse an französischen Naturalisten zu erkennen, einschließlich der genauen Lektüre von physiologischen Theorien der Empfindung. In einer Rezension im elften und zwölften Heft des *Grauen Ungeheuers* von 1787 bespricht er auf rund fünfzig Seiten ausgiebig den *Essai sur les facultés de l'âme considérées dans leurs rapports avec l'irritabilité et la sensibilité de nos organes* des Pariser Chirurgen Pierre Fabre.[19] Er beschließt die Rezension mit den Worten: „In der Tat scheint es nur Eine Materie zu geben, welche aber wesentlich aktiv, und unend-

---

[14] Vgl. Wolfgang Proß, Herder und die Anthropologie der Aufklärung, in: Herder, Werke, Bd. 2, hg. von W. P., München 1987, 1128–1216.

[15] [Knoblauch], Noch etwas von Mirakeln: oder ein Paragraf aus der *Kritik der reinen Vernunft*, in: Das graue Ungeheuer 9 (1786), 329–333, hier 329. Vgl. Knoblauch, Fragment eines Poems, in: Das graue Ungeheuer 11 (1787), 122–124; Knoblauch, Ueber Wunder, in: Teutscher Merkur (April 1787), 85–91. Zum Kontext: Lutz-Henning Pietsch, Topik der Kritik: Die Auseinandersetzung um die kantische Philosophie (1781–1788) und ihre Metaphern, Berlin 2010, 157.

[16] Das graue Ungeheuer 11 (1787), 76: „Si unicus solum testis, licet fide dignissimus, de miraculo quodam perhibeat testimonium, tum fide in hoc casu omni ad alia nimirum sufficiente, destituuitur".

[17] Vgl. etwa Das graue Ungeheuer 10 (1787), 188. Zu Selle vgl. Bernd L. P. Luther: Das philosophische Gedankengut des Charité-Arztes Christian Gottlieb Selle (1748–1800) und sein Anteil an der Herausbildung einer materialistischen Weltanschauung in Preussen, Diss. Berlin 1991; zu Weikard vgl. Otto M. Schmitt: Melchior Adam Weikard: Arzt, Philosoph und Aufklärer, Fulda 1970; Markwart Michler, Melchior Adam Weikard und sein Weg in den Brownianismus. Medizin zwischen Aufklärung und Romantik, Halle 1995.

[18] Falk Wunderlich, Der Philosoph Karl von Knoblauch über denkende Materie (Vortrag Gotha 2010, im Erscheinen).

[19] Das graue Ungeheuer 11 (1787), 343–360, Das graue Ungeheuer 12 (1787), 56–65, 189–200, 339–351. Das Buch war 1687 in Paris in zweiter, erweiterter Auflage erschienen. Zu Theorien dieser Art vgl. Fernando Vidal, Les sciences de l'âme XVe-XVIIIe siècle, Paris 2006; Jean Ehrhard, L'Idee de nature en France à l'aube des Lumieres, Paris 1970; Georges Gusdorf, Les origines des sciences humaines, Paris 1967.

licher Formen, Kombinationen, Modifikationen fähig ist. Man kann gewißen Philosophen nicht zugeben, daß die Materie blos passiv sey".[20] Und in einem Traktat von 1790 heißt es: „Tendenz zur Bewegung scheint wirklich der Materie wesentlich zu sein".[21]

Knoblauch benutzt solche Hintergründe allerdings im allgemeinen nur, um damit sein Spezialthema zu munitionieren: die Argumente gegen Wunder und Aberglauben. Wenn er etwa von der Prämisse ausgeht, daß „Impressionen oder sinnliche Eindrücke [...] unsere Begriffe" erzeugen, und diese „Folgen vorhergegangener Impressionen" sind, die dieselben vorstellen, schließt er, daß „aus ganz anderen Eindrücken [...] also ganz andere Begriffe entspringen" würden.[22] Wenn also ein Mensch in der gleichen Situation, wo wir nichts sehen, Geister und Schatten sehen,

> so würde man annehmen müssen: daß seine Organisation in wesentlichen Stücken von derjenigen abweiche, die unserer Art eigen ist; wir würden urtheilen, daß die Werkzeuge seines Sehens und Denkens fehlerhaft gebildet oder verstimmt sind; wir würden endlich sagen: der Mensch hat Visionen, er ist ein Narr.[23]

Bei solchen Argumentationen benutzt Knoblauch gelegentlich auch eine kantische Terminologie, wenn er 1791 etwa sagt:

> Eine blos intelligible Ursache ist nothwendig von allem sinnlich Wahrnehmbaren verschieden. Sie kann also auch keine bewegende Kraft haben, denn diese inhäriert der Materie, welcher die Bewegung wesentlich ist. Sie kann also auch keine Bewegungen in der Körperwelt, mithin gar keine Veränderungen in derselben hervorbringen, mithin kann sie auch in der Körperwelt keine Wunder thun, weil diese Nichts sein würden als Veränderungen, die den Gesetzen der Bewegung entgegen wären.[24]

Das klingt nach der kantischen Unterscheidung von noumenaler und phänomenaler Welt, doch im Kern handelt es sich um das alte cartesische Argument von

---

[20] Ebd., 351. Knoblauch stellt Buffon Seite 347 dem deutschen Leser Kants Kosmogonie in der Berlinischen Monatsschrift und Lichtenberg an die Seite. S. 350 f. nennt er Heinrich Friedrich von Diez, Benedikt von Spinoza nach Leben und Lehren, Dessau 1783. Hatte er Kontakt auch zu Dietz? Und zu anderen Berliner Radikalaufklärern wie Johann Heinrich Schulz? Es gibt in der Forschungsbibliothek Gotha ein Werk von Knoblauch, in dem als Besitzername „Schulz" eingetragen ist.

[21] [Knoblauch], Die Nachtwachen des Einsiedlers zu Athos, Nürnberg 1790; hier zitiert nach dem Abdruck in: Martin von Geismar [= Edgar Bauer] (Hg.), Bibliothek der deutschen Aufklärer des achtzehnten Jahrhunderts, 5. Heft, Leipzig 1847 (Reprint Darmstadt 1963), 262.

[22] [Knoblauch], Grundsätze der Vernunft und Erfahrung in ihrer Anwendung auf das Wunderbare 1791; in: Geismar: Bibliothek (wie Anm. 21), 273.

[23] Ebd.

[24] [Knoblauch], Euclides anti-thaumaturgicus, Germanien [= Weißenfels] 1791; in: Geismar, Bibliothek (wie Anm. 21), 265.

Balthasar Bekker, daß ein rein geistiges Wesen keine körperlichen Effekte haben kann.[25]

Wann Knoblauch Werner kennengelernt hat, ist schwer zu sagen. 1778 kam Werner nach Gießen, Knoblauch nach Dillenburg. Spätestens seit Ende der 1780er Jahre mögen sie befreundet gewesen sein und ausführlich über Haller, Fabre, Bonnet oder Hißmann diskutiert haben. Ein erstes Mal nennt Knoblauch Werners Namen 1791 in Wekhrlins *Paragrafen*, und da bereits voller Enthusiasmus: „Wie stolz macht mich mein Schicksal. Voltaire pflegte zu sagen: Ich bins, der Newtons Philosophie bekannt machte; ich darf ihm nachsprechen: Durch mich wird die *Analyse der Natur* angekündigt". Ebenso könne nun er die *philosophische Naturlehre* Werners ankündigen (1791, ein Jahr vor der Publikation, war dies noch der Arbeitstitel von Werners *Aetiologie*). Und am 14. Juli 1792 weist Knoblauch in einem Brief Mauvillon, der in den 1770er Jahren am *Collegium Carolinum* in Kassel gelehrt hatte und nun in Braunschweig lebte, auf das nun erschienene Buch von Werner hin, als das „eines meiner schätzbarsten, von mir persönlich gekannten Freunde".[26] Auch wenn man die Beschreibung von Knoblauchs Nachfahren Karl Damian Achaz von Knoblauch mit einer gewissen Vorsicht behandeln muß, wenn er davon spricht, die *Aetiologie* sei „nach ihrem Erscheinen das philosophische Evangelium des gießen-dillenburg-braunschweigischen Aufklärungskreises" geworden, so scheint dies angesichts von solchem Enthusiasmus doch nicht völlig abwegig. Wir haben jedenfalls in den Veröffentlichungen Knoblauchs (und möglicherweise auch Mauvillons) nach 1791/92 mit Einflüssen Werners zu rechnen, ebenso wie mit Einflüssen Knoblauchs auf Werner.[27]

---

[25] Balthasar Bekker, De Betoverde Wereld, Zijnde een Grondig Ondersoek Van 't gemeen gevoelen aangaande de Geesten, derselver Aart en Vermogen, Bewind en Bedrijf: als ook 't gene de Menschen door derselver kraght en gemeinschap doen, Leeuwarden 1691. Zu Bekker vgl. Annemarie Nooijen, „Unserm grossen Bekker ein Denkmal?" Balthasar Bekkers 'Betoverde Weereld' in den deutschen Landen zwischen Orthodoxie und Aufklärung, Münster 2009; Andrew Fix, Fallen Angels: Balthasar Bekker, Spirit Belief, and Confessionalism in the Seventeenth-Century Dutch Republic, Dordrecht 1999.

[26] Mauvillons Briefwechsel oder Briefe von verschiedenen Gelehrten an den in Herzoglich Braunschweigschen Diensten verstorbenen Obristlieutenant Mauvillon. Herausgegeben von seinem Sohn Friedrich Wilhelm Mauvillon, Braunschweig 180, 217. Zum Collegium Carolinum vgl. Eberhard Mey, Aufklärung in der Residenzstadt Kassel: Das Collegium Carolinum, in: Bernd Heidenreich (Hg.), Aufklärung in Hessen. Facetten ihrer Geschichte, Wiesbaden 1999, 46–56.

[27] Karl Damian Achaz von Knoblauch, Art. „Knoblauch, Karl von", in: Allgemeine Deutsche Biographie (ADB), Bd. 16, Leipzig 1882, 307 f. – Schon im Beitrag zur Erläuterung einiger mathematischen, ontologischen und philosophischen Wahrheiten, Amsterdam [Berlin?] 1790, ist möglicherweise mit dem Einfluß zu rechnen.

II. Werners Aetiologie

Dieser Professor Werner war nach anfänglichen Studien in Darmstadt wissenschaftlicher, technischer und philosophischer Autodidakt – ein Außenseiter der
Zunft, der mit „selbstdenkerischer" Attitüde, praktisch ohne sich auf irgendwelche anderen Werke und Theorien zu beziehen, mit einer deutlichen Selbstüberschätzung und einem gewissen Ressentiment auf seine Lage reagiert hat. Es ist
die Selbstüberschätzung des Naturwissenschaftlers, der nicht nur meint, Newton
widerlegt zu haben und eine neue, integrale Theorie der Natur und der Sinnes-
wahrnehmung vorzulegen, sondern auch noch grundlegende philosophische Probleme dabei zu lösen. Dabei bekennt er ganz offensiv, er habe die Werke seiner
Vorgänger gar nicht genau gelesen, sondern verlasse sich lieber auf sein eigenes
Denken und seine eigenen Experimente. Ein Ressentiment kam schnell auf, als
Werner feststellen mußte, daß seine Werke, die er für revolutionär und völlig gewiß hielt, kaum rezipiert wurden. Das gilt schon für den *Entwurf einer neuen
Theorie der anziehenden Kräfte des Aethers* von 1788.[28] Die darin angenommene
anziehende Kraft ist die allgemeinste und vielleicht einzige Kraft der Natur. Man
denkt an Francesco Algarottis auf Boscovich beruhende Verteidigung von Newtons *vis attractiva* gegen den Vorwurf, eine okkulte Qualität zu sein, die Knoblauch in seiner Fabre-Rezension lobend erwähnt hatte.[29] Diese Kraft scheint
sich erst bei der unmittelbaren Berührung zu äußern und wirkt mit Wahl und Neigung. Alle Materie besitzt, so Werner, Leben und Empfindung. Physische Anziehung kann nur zwischen einfachen materiellen Teilen verschiedenen Geschlechts,
mechanische Anziehung hingegen nur zwischen Elementarteilchen von einer Art
geschehen. Die Äußerung der anziehenden Kraft, sozusagen der „Hunger" der
Teilchen, wächst, je mehr man versucht, verbundene Teile künstlich zu trennen.
Hier scheint Werner chemische Verbindungen im Auge zu haben. Er postuliert
nun einen absolut flüssigen „Ether", den er zur Absetzung gegen gängige Äther-
theorien mit „E" schreibt, der aus einer einzigen Art von Elementarteilchen be-

---

[28] Werner, Entwurf einer neuen Theorie der anziehenden Kräfte des Aethers, der Wärme und des
Lichts, Frankfurt 1788. Zur Thematik der Attraktionskräfte vgl. Manfred Durner, Francesco Moisi,
Jörg Jantzen, Wissenschaftshistorischer Bericht zu Schellings naturphilosophischen Schriften
1799–1800 (= Schelling, Historisch-kritische Ausgabe, hg. von Hans-Michael Baumgartner u. a.,
Reihe I: Werke. Ergänzungsband zu Bd. 5 bis 9), Stuttgart 1994. Zur Ätherproblematik vgl. Edmund
T. Whittaker, A History of the Theories of Aether and Electricity, Dublin 1910; G. N. Cantor,
Michael J. S. Hodge (Hg.), Conceptions of Ether: Studies in the History of Ether Theories, 1740–
1900, Cambridge 1981.

[29] Das graue Ungeheuer 12 (1787), 189 f. Zu Algarotti vgl. Hans Schumacher (Hg.), Francesco
Algarotti: ein philosophischer Hofmann im Jahrhundert der Aufklärung, Hannover 2009; Maria T.
Marcialis, Francesco Algarotti's worldly Newtonianism, in: Memorie della Società Astronomica
Italiana 60 (1989), 807-821.

stehe. Dieser Ether äußert gegen alle Stoffe eine anziehende Kraft und hat die Tendenz, alles aufzulösen. Körperliche Stoffe, in Ether aufgelöst, stellen Luft dar – die also nur ein Zustand von Materie ist. Nur die Gegenwirkung gegen den Ether ist der Grund für die Elastizität der Körper und ihre Bindungen. Wärme besteht in einer oszillierenden Bewegung der Körperteilchen, die entweder durch ein Gleichgewicht der lösenden und bindenden Kräfte oder durch Einwirkung erregt wird. Es gibt also keinen Wärmestoff, anders als viele Zeitgenossen Werners ihn annahmen. Wird ein Teil unseres Körpers auf diese Weise in Bewegung gesetzt, entsteht ein Gefühl der Wärme. Die oszillierende Kraft ist aber nicht so groß, daß ein Körperteilchen das andere in einem Körper erreichen könnte; sondern die Mitteilung geschieht nur durch die anziehende Kraft.

So wenig es einen Wärmestoff gibt, so wenig gibt es auch eine Lichtmaterie für Werner, wie Newton sie noch angenommen hatte. Auch Licht wird durch den Ether übertragen, als eine Form von Bewegungsübertragung. Alles im Universum geschieht also durch Bewegung. Daran knüpft dann das Hauptwerk Werners an, die von ihm so genannte *Ätiologie*. Erschienen ist 1792 das erste Buch, geplant waren noch zwei weitere, die zusammen mit dem ersten ein vollständiges philosophisch-naturwissenschaftliches System entwerfen sollen. Dieses System hat einen ontologischen Monismus zur Grundlage.

> Es fließen […] alle Wesen der Welt in Eine Klasse zusammen, in welcher der Geist des Menschen […] eines der ersten, die Elemente der Materie die letzten sind. Die bisherige Scheidemauer zwischen Metaphysik und Physik verschwindet, beide machen Eine grosse Wissenschaft aus.[30]

Das ist deutlich das Programm einer physikalistischen oder materialistischen Gesamtwissenschaft.

Interessant wird es erst dann, wenn man die Begründung dieses Monismus genauer besieht.

> Die Ähnlichkeit zwischen der sogenannten Materie und dem denkenden Princip des Menschen – Geist – konnte sich meinem Blick nicht lange verbergen. Ich entdeckte bald, – das dieser mit jener – nein! daß jene mit diesem in Eine Klasse gehöre: dass den Elementen der Materie, Einfachheit, Unzerstörbarkeit, Fähigkeit wahrzunehmen und zu empfinden, Kraft sich zu bewegen und zu handeln, Neigungen und Leidenschaften so wenig abgesprochen werden können, als man dies Alles bißher der menschlichen Seele hat absprechen können.[31]

Diese Bemerkung sagt nun einiges darüber, welche Art von „Materialismus" es ist, mit der wir es hier zu tun haben. Buffons „matière vive", die für Knoblauch maßgeblich war und die bei Werner durch seine Ether-Theorie eine ganz eigene

---

[30] Georg Friedrich Werner, Versuch einer allgemeinen Aetiologie. Erstes Buch, Gießen 1792, Einleitung, XIII.
[31] Ebd., XII.

Ausgestaltung gefunden hat, macht Materie so geistaffin, daß Werners Materialismus genauso gut ein Panpsychismus genannt werden könnte („jene mit diesem in Eine Klasse"). Präziser kann man vielleicht von der Grundidee sprechen, die Wechselwirkung zwischen Ich und den Elementen der Natur gerade deshalb in einer „realistischen" Weise zu rekonstruieren, weil in diesem Prozeß sowohl das Ich als auch die Dinge einen aktiven Part haben. Das ist es, was Werner Aetiologie nennt. Aetiologie ist dabei Philosophie in der Form einer Metatheorie der empirischen Wissenschaft. Zunächst kommt immer die Bestimmung der Gegenstände durch die Erfahrung; erst dann kann man, darauf aufbauend, nach den „ersten Ursachen aller wahrnehmbaren Dinge und ihrer Veränderungen" fragen.[32]

Soll man so etwas einen – wie auch immer kruden – „transzendentalen" Realismus oder Materialismus nennen? Wie auch immer, Werners System steht etwas erratisch zwischen metaphysischer Spekulation und reinem Physikalismus.[33] Genau genommen ist die Verortung, um die es hier geht, die eines Dreiecks: Ichtheorie, physikalische Theorie und die Chemie der Bindungskräfte sind in eine Proportionalität zu bringen, die alles aufeinander bezieht.[34] Eine Schlüsselrolle bei dieser Idee spielt natürlich – wie in der Sinnesphysiologie der zweiten Hälfte des 18. Jahrhunderts überhaupt – Hallers Entdeckung der Irritabilität. Erst dadurch war es möglich geworden, selbständige Aktionen nichtlebendiger Stoffe, etwa Muskelfasern, anzunehmen. Doch Werner bemängelt, daß man nicht daran dachte, „die Reizbarkeit genauer zu entwickeln". Er weist darauf hin, „die Ähnlichkeit zwischen dem Ich und diesen Endsubstanzen nicht zu verkennen, das heißt: Es müssen die Substanzen, welche an den Enden der Nerven sitzen, eigne ursprüngliche Kräfte und Fähigkeiten haben; oder lebende empfindende Wesen sein".[35] Wären sie nicht lebend und empfindend, würden sie nicht selbst agieren. Ich werde darauf noch zurückkommen.

[32] Ebd., XXIIII.

[33] Ebd., XXVIff.

[34] Ebd., XXXI: „Nun kann unser Ich nur durch die genaueste Betrachtung der Natur, wie in einem Spiegel, vollständig erkannt werden, und hierzu ists nicht genug, nur die Aussenseite der Natur zu beschauen, wie dieß der Physiker tut, nein! man muß auch ihre verborgenen Kräfte kennen lernen, wozu die Scheidekunst allein den Weg öffnet. Umgekehrt können wir diese inneren Kräfte und Fähigkeiten der natürlichen Dinge, nur vermittelst einer genauen Kenntniß unseres Selbst, ergründen. Da nun diese drei innigst verwandten Theile des menschlichen Wissens – spekulative Philosophie, Physik und Scheidekunst – bisher abgesondert von verschiedenen Menschenklassen bearbeitet wurden, so war es wohl fast ohnmöglich, dass einer durch den anderen hätte – selbst in vielen Jahrhunderten – beträchtliche Aufschlüsse erhalten können".

[35] Ebd., 103. Zur Irritabilität vgl. Hubert Steinke, Irritating Experiments. Haller's Concept and the European Controversy on Irritability and Sensibility, 1750–90, Amsterdam 2005; Simone de Angelis, Anthropologien. Genese und Konfiguration einer ‚Wissenschaft vom Menschen' in der Frühen Neuzeit, Berlin 2010, 396 ff.

III. Eine Theorie des Ich

Konzentrieren wir uns im Folgenden zunächst darauf, welche Rolle in diesem komplexen „Materialismus" Werners die Ichtheorie bzw. das Bewußtsein spielt. Werner steht dem Cartesianismus und dem deutschen Idealismus insofern nahe, als er seinen Ausgangspunkt beim Ich nimmt. Basis ist hier die Evidenz und Nichtexplizierbarkeit des Bewußtseins: „Bewusstsein lässt sich nicht weiter erklären, sondern jeder muß es, in sich selbst, fühlen". Bewußsein ist Selbstgefühl. Der Terminus wird hier nicht gebraucht, ist aber von der Sache her nahe.[36] Empfindung ist nur eine Art des Bewußtseins, mit Vorstellungen ist das Bewußtsein nur verbunden – daher hat Bewußtsein der Grundbegriff zu sein.[37] Wesentlich ist es für das Bewußtsein, zu wollen – das ist eine der einfachsten Veränderungen im Ich, „wodurch es sich seiner bewusst wird".[38] Das Ich ist das im Menschen wohnende Prinzip, „welches sich bewusst ist und denkt".[39] Wenn der Wille den Zustand der Dinge ändert, ist das Kraft, und die Veränderung, die dabei im Ich vorgeht, ist „handeln".[40] Das „Bewusstsein unserer Kraft ist mit dem Bewusstsein unsers Ichs einerlei".[41] Gegen einen subjektiven Idealismus ist dabei zu sagen, daß wenn wir Veränderungen der Dinge wahrnehmen, die wir nicht wollen, wir anzunehmen haben, daß anstelle unseres Willens und unserer Kraft jetzt „andere Willen und andere Kräfte stehen".[42] Das ist natürlich keine sehr elaborierte Widerlegung des Idealismus, aber wir werden gleich noch sehen, welche Rolle das Wechselspiel mit anderen Kräften einnimmt.

Unser Wille ist frei, insofern es keine frühere Ursache gibt, die wir von unseren Handlungen beobachten.[43] Doch auch diese Freiheit ist intrinsisch an andere Kräf-

---

[36] Aetiologie (wie Anm. 30), 1. Zum Begriff vgl. Manfred Frank, Selbstgefühl: Eine historisch-systematische Erkundung, Frankfurt 2002; Udo Thiel, Varieties of Inner Sense. Two Pre-Kantian Theories, in: Archiv für Geschichte der Philosophie 79 (1997), 58–79; U. T., The Early Modern Subject: Self-Consciousness and Personal Identity from Descartes to Hume, Oxford 2011.

[37] [Georg Friedrich Werner], Journal für Wahrheit, Erstes Stück, [Marburg] 1793, VIII.

[38] Aetiologie (wie Anm. 30), 4: „Zergliedern wir diese Veränderung, wodurch wir zum Bewußtseyn unserer Selbst gelangen, so werden wir bald entdecken: daß das blosse Wollen der Veränderung von der Ausführung verschieden sey, und noch mehr beides von der Wahrnehmung der geschehenen Veränderung. Ausführung und Wahrnehmung der gewollten Veränderung lassen sich also vom Willen absondern. Da nun Niemand wird leugnen können, daß wir uns durch das alleinige Wollen schon unserer bewußt werden können; auf der anderen Seite aber nicht weniger geschehen kann, noch darf, als Wollen; wenn, dieses Bewußtseyn statt haben soll: so folgt: daß das Wollen eine der einfachseten Veränderungen im Ich sey, wodurch es sich seiner bewußt wird, und daß das Ich seiner sich nicht bewußt werden könne, ohne sich zugleich seines Willens bewußt zu werden".

[39] Ebd., 2.

[40] Ebd., 5.

[41] Ebd., 6.

[42] Ebd., 8.

[43] Ebd., 12.

te gebunden, insofern zumindest, daß ein Mehr oder Weniger an Freiheit des Willens „allein von dem Dasein anderer wirkender Kräfte abhänge", die überwunden werden können. Nun kommt es darauf an, einen Begriff von Substanz zu entwickeln. „Die Kraft", sagt Werner, „welche ein Ding anwendet, an einem bestimmten Ort zu seyn, (wodurch es jedes andere Ding verhindert, an eben dem Ort zu seyn) nenne ich Substanz. Und die Wirkung, welche ein anderes Ding erfährt, das an eben den Ort will, wo sich jenes befindet, Undurchdringlichkeit. Substanz ist demnach das erste, wesentliche (nothwendige) Merkmahl alles Existierenden".[44] Man sieht hier schon, daß Werners Ortsbegriff an den Substanzbegriff gebunden ist und nicht im Sinne einer kantischen reinen Anschauungsform eingeführt werden kann. Hier nun kommt Werner zur Schlussfolgerung: „Die Kräfte und Substanzen, als solche, sind also unzerstörbar oder ewig".[45] Denn Handeln und Leiden setzt Substanzen bereits voraus. Substanzen – und auch Kräfte – müssen daher schon rein vom Begriff her als ewig angenommen werden. „Also alles, was da ist, gehört unter den Begriff undurchdringlicher ewiger Kräfte, und was nicht weiter unter diesen Begriff gehört, ist nicht da". Konnte an dieser Stelle – zumal wenn Werner im Singular gesprochen hätte – sein Freund Knoblauch Nähen zu seinem eigenen Spinozismus erkennen? Man denke einerseits an die Ewigkeit von Spinozas einer Substanz, andererseits insbesondere an den „conatus conservationis sui ipsius", mit dem Modi ihre Selbständigkeit behaupten.

Alles mögliche Wissen eines möglichen Wesens betrifft Wille, Handlung und Leiden.[46] Leiden ist aber Bewegtwerden, verbunden mit einem Bewußtsein davon, und Handeln Bewegen, verbunden mit einem Bewußtsein, – ein Bewegen, das über Druck geschieht – daher sind die eigentlichen Grundbegriffe der Aetiologie Wille, Bewußtsein und Bewegung. Auch Werners Natuphilosophie und Physiologie ist ja gänzlich eine der Bewegung und kann insofern – aber nur insofern – mechanistisch genannt werden (ein Terminus, den Werner nicht benutzt). Wie aber ist die Ichlehre mit der Sinnesphysiologie verbunden? Das Ich ist im Gehirn zu lokalisieren,[47] ja, so heißt es später genauer: „im flüssigen Theil des Gehirns".[48] Da das Ich existiert und eine Substanz ist, muß es a fortiori auch einen Ort haben – so Werners Schlußweise. Auch muß es als undurchdringliche, unzerstörbare und ewige Kraft verstanden werden.[49] Von hier aus wird nun verständlich, daß Werner all seine folgende Sinnesphysiologie als Übertragung von Bewegungen zwischen Ich und Dingen fassen wird, und daß die Nerven dabei eine promi-

---

[44] Ebd., 21. Zur Undurchdringlichkeit vgl. Wolfgang Lefèvre, Art. „Undurchdringlichkeit", in: Historisches Wörterbuch der Philosophie, Bd. 11, Basel 2001, Sp. 138 f.

[45] Ebd., 26.

[46] Ebd., 27.

[47] Ebd., 2; vgl. auch 31 Anm.

[48] Ebd., 55.

[49] Möglicherweise gibt es hier Bezüge zu Hißmanns Theorie der Unsterblichkeit.

nente Rolle spielen. Das ist in der Tat anschlußfähig zu zeitgenössischen materialistischen Psychologien à la Meiners und Hißmann. Zentral und für Werner typisch scheint mir nun die Idee der Wechselwirkung zu sein, die sich in der Theorie des Nervensystems manifestiert.

> Das Ich befindet sich im Menschen, als eine einfache Substanz oder (undurchdringliches) Element und ist mit andern Substanzen und mit Reihen von Substanzen (den Nerven) in Verbindung, welche den Bewegungen des Ichs folgen, und welche wieder dem Ich Bewegungen von aussenher mittheilen. Durch diese Bewegungen entstehet nun in allen jenen Substanzen Bewusstsein, (inneres Gefühl) [...].[50]

Wohlgemerkt: inneres Gefühl entsteht auf beiden Seiten. Empfindung ist die Wahrnehmung einer Wirkung.[51] Sind nun sich bewegende Substanzen die Ursachen der Wahrnehmung und Empfindung, dann können wir auch davon ausgehen, daß die Dinge außer uns „auch ihre eigenen Fähigkeiten, Willen und Kräfte haben".[52] Man denkt an die Monadentheorien früherer Naturwissenschaftler, oder an die noch früheren Vorstellungen von einem „sensus rerum", bei Telesio und Campanella, aber letztlich auch schon bei den Vorsokratikern, an die diese anknüpfen.[53] Uns erscheinen diese Kräfte nur als die Eigenschaften der Dinge, da wir ja kein Bewußtsein dieser Kräfte haben, aber aus der Innenperspektive müßte man sagen, daß Wille, Fähigkeiten und Kräfte die Ursachen der Handlungen der Dinge sein können.

Damit ist schon gleich auch der Unterschied in der Grundanlage zu sonstigen materialistischen Sinnestheorien in der Art der Göttinger benannt. Die Wechselwirkung ist vor allem nicht nur faktisch da, sondern konstitutiv für das Bewußtsein:

> Soll [...] das Ich sich seiner Kraft und seiner Fähigkeiten bewusst werden, so muß es auf andere Substanzen wirken, und diese müssen aufs Ich wirken, welches letztere alsdann das Ich wahrnimmt, empfindet und erkennt.[54]

Oder anders ausgedrückt:

> Das Vorstellen und das Denken überhaupt besteht mithin im wechselseitigen Wirken des Ichs auf die ersten Substanzen und dieser aufs Ich, welches Wirkens und Rückwirkens das Ich sich bewusst ist.[55]

---

[50] Journal für Wahrheit (wie Anm. 37), 25.
[51] Aetiologie (wie Anm. 30), 42.
[52] Ebd., 44 Anm.
[53] Bernardino Telesio, De rerum natura juxta propria principia, Rom 1586; Tommaso Campanella, De sensu rerum et magia, Frankfurt 1620.
[54] Aetiologie (wie Anm. 30), 48.
[55] Journal für Wahrheit (wie Anm. 37), 56.

Damit die Wechselwirkung auch möglich ist, ist es zum einen nötig, daß sich das Ich nicht in einem völlig leeren Raum befindet. Bewegungsübertragung muß ja möglich sein. Werner zieht die Konsequenz des „principle of plenitude", wie Lovejoy es genannt hat:[56] „Hieraus folgt, dass die Möglichkeit alles Handelns und Leidens einen mit Substanzen ganz erfüllten Raum voraussetze".[57] Werner entwickelt also eine Theorie der „Mittel", die Bewegungsübertragungen sichern. Damit kann dann eine Nerventheorie begründet werden. Primäre Mittler, die Werner „erste Substanzen" nennt,[58] wirken im flüssigen Teil des Gehirns auf das Ich, wo die Übertragung besonders gewährleistet ist. Aber es sei auch schon gesagt, daß auch Werners Ether-Physik hier anschließen kann. Denn wenn der Gesichtssinn Licht wahrnimmt, etwa von einer Kerze, tut er dies, indem das allgemeine Fluidum des Ethers die Erschütterung des Zusammenpralls von Partikeln überträgt, unabhängig von der Luft, sogar durch den Weltraum. Auch Lichtübertragung ist demnach nach dem Modell der Schallübertragung zu denken.[59]

IV. Das System

Im geplanten zweiten Band der *Aetiologie* – den er nicht mehr ausgeführt hat – hatte Werner dann genauer vor, die Prinzipien des ersten Buchs „auf die, ausser uns befindliche Materie" anzuwenden und damit eine neue Theorie der physischen Chemie zu geben.[60] Der Bezug auf die Sinnestheorie des ersten Bandes wäre aber immer beachtet gewesen, was den Teil von einer herkömmlichen Physik unterschieden hätte. Ein weiterer, dritter Band, sollte dann „die organisirte und unorganisirte Natur im Ganzen" behandeln, also Chemie und Biologie, wieder allerdings mit Bezug auf die philosophischen Vorgaben. Dabei plante Werner auch, Bezüge zur Moral, zum Naturrecht und zur Theologie herzustellen. Vor allem in diesem Buch wären wohl die Diskussionen mit Knoblauch zum Tragen gekommen. Eine Idee davon, wie die Brücke zu Moral und Naturrecht gedacht war, gibt eine Fußnote zum § 121. Dort geht es um Verbindung als dem „ersten Wunsch" des Ich, und Trennung als dessen „größtes Übel". Entgegen anderer Versuche, Sittlichkeit aus solchen Grundaffekten herzuleiten – man denke an die Moral Sen-

---

[56] Arthur O. Lovejoy, Die große Kette der Wesen. Geschichte eines Gedankens, Frankfurt 1985.

[57] Aetiologie (wie Anm. 30), 50.

[58] Ebd., 55.

[59] Journal für Wahrheit (wie Anm. 37), 29: „Die Bestandteile der Kerze lösen sich auf, und gehen, indem sie dieses thun, wieder neue Verbindungen ein, bei diesem Verbinden prellen die Theile gleichsam zusammen, es entsteht eine Erschütterung im allgemeinen Fluidum (sonst Aether genannt), das den Weltraum, unabhängig von der Luft, erfüllt, und welches sich also auch zwischen dem Auge jenes Menschen und dem Licht befindet". Vgl. auch Aetiologie (wie Anm. 30), § 186 ff.

[60] Aetiologie (wie Anm. 30), XL.

se Theorie – beansprucht Werner, auf die einzig richtige Weise „diesen allgemeinen Trieb zum freien Gebrauch unserer Kräfte und Fähigkeiten, vernünftig beschränkt durch eben diesen Trieb anderer mit uns lebender Menschen", als „einzigen Grund aller Moralität, Glückseligkeit und aller Menschen- und Völkerrechte" aufzuzeigen.[61]

Die Besonderheit von Werners Torso gebliebenem System hätte zweifellos darin bestanden, die in der Grundanlage gegebene Synthese von Physik, Chemie und Bewußtseinstheorie auszuführen. Dazu ist es nicht mehr gekommen. Schon mit dem ersten Band hatte Werner Publikationsschwierigkeiten. Da er im Vorwort des Manuskripts durchaus revolutionäre Töne (im Sinne der Kritik an despotischen Fürsten)[62] hatte anklingen lassen, wurde er, wohl von Grolman, denunziert, und es gab 1791 eine Untersuchung gegen ihn.[63] Mehr als ein Jahr lang zog sich dieses Verfahren hin und verzögerte die Veröffentlichung. Knoblauch, aber besonders auch Crome haben sich dabei für ihn eingesetzt; man ließ Protokolle des „inquisitorischen" Verfahrens an die Öffentlichkeit gelangen und setzte damit die Behörden unter Druck. Schließlich erließ Landgraf Friedrich Ludwig von Hessen-Darmstadt ein Reskript, nach dem das Buch veröffentlicht werden konnte.

Bis zu seinem frühen Tod 1798 hat Werner dann zwar nicht mehr die Bände 2 und 3 fertiggestellt, aber in zwei Jahrgängen einer von ihm allein verfaßten Zeitschrift, dem *Journal für Wahrheit*, seine Theorie weiter expliziert und gegen andere zeitgenössische Modelle profiliert. Davon abgesehen macht es Werners idiosynkratisches Vorgehen und sein Verschweigen von Bezugnahmen auf Vor-

---

[61] Ebd., 97 f.

[62] Vgl. auch noch in der veröffentlichten Fassung der Aetiologie (wie Anm. 30), Einleitung, XXXIX: „Gegen solche böse Fürsten, gegen solche gefährlichen Gleißner [die freie Untersuchungen unterbinden],so wie gegen alle Art von Unwahrheit und Vorurtheile – sey es auch hinter tausendjährige Altäre des Herkommens verschanzt! – kurz gegen alles, was dem Glück der Menschheit im Einzeln oder im Allgemeinen entgegen strebt, will ich dann auch meine Kräfte, bis auf den letzten Lebenshauch, verwenden". Vgl. auch Journal für Wahrheit (wie Anm. 37), XI, wo es erläuternd heißt: „Also nicht zu einer Volksempörung will ich mitwirken; sondern zu einer Revolution in den Meinungen und der daraus fließenden Handlungsweise". Allerdings hat Werner selbst handschriftlich die Folgeworte in das Exemplar geschrieben, das sich heute in der Hessischen Landesbibliothek Wiesbaden befindet: „der Fürsten, der < ... > und der höheren Volksklassen". Daß diese Zusätze von Werner stammen, wird dadurch wahrscheinlich gemacht, daß auf S. 4 in der fünften Zeile von unten das Wort „Darstellung" mit gleicher Hand in „Vorstellung" korrigiert ist – eine typische Autorenkorrektur. – Zur Semantik des „Despotismus" in dieser Zeit vgl. Hans Jürgen Schings, Die Brüder des Marquis Posa. Schiller und der Geheimbund der Illuminaten, Tübingen 1996.

[63] Staatsarchiv Darmstadt E6B 27/1: Untersuchung gegen den Prof. Werner wegen seiner Aetiologie 1792–1794; vgl. auch Rolf Haaser, Sonderfall oder Paradigma? Karl Friedrich Bahrdt und das Verhältnis von Spätaufklärung und Gegenaufklärung in der hessen-darmstädtischen Universitätsstadt Gießen, in: Donnert (Hg.), Europa (wie Anm. 5), 247–285, bes. 265 ff.

gängertheorien aber schwer, Einflüsse zu identifizieren. Nur sehr allgemein kann man eine Präsenz von Ideen Lockes und Condillacs, Buffons und Boskovichs, Platners und Tetens' vermuten. Die Präsenz von Fabre bei Knoblauch und somit im unmittelbaren Umkreis von Werner hatten wir nachweisen können.

V. Werner, Schmid, Reinhold und Fichte

Als die *Aetiologie* erschien, enthielt sie als einzige Verweise auf andere Philosophen in der Vorrede eine Fußnote zu Kant und zu Reinhold. Er habe, sagt Werner, erst nach Fertigstellung seines Textes Kants *Kritik der reinen Vernunft* gelesen, die er, wie Reinholds *Theorie des Vorstellungsvermögens* auch, als „Meisterwerk des menschlichen Verstandes" schätze. Was darin stehe sei „schwerlich von irgend einem vernünftigen Menschen je geleugnet worden", aber es sei unverständlich ausgedrückt und enthalte auch manches Falsche, wie die Lehre vom Raum und die von den synthetischen Urteilen.[64] Diese Kritik hat Werner dann ein Jahr später in einem Aufsatz in Eberhards *Philosophischem Archiv*[65] und vor allem im ersten Stück seines eigenen *Journals für Wahrheit*, das auch – ohne dies auf dem Titelblatt anzugeben – bei Krieger erschien, ausgeführt, anhand von Johann Schultz' *Erläuterungen*.[66] Eine genaue Besprechung von Feders Philosophie wollte Werner auch noch geben.[67]

Reinholds *Theorie des Vorstellungsvermögens* schätzte Werner höher als Kants Buch. Sie sei „der Wahrheit um einen Schritt näher". Er moniert aber – und das sollte im Blick auf Schelling interessieren – daß eine Theorie des Vorstellungsvermögens „ohne Betrachtung der uns umgebenden Natur" sich nicht entwickeln lasse. Außerdem fehle es Reinholds System an einem Fundament, was dieser ja auch in seiner Schrift vom *Fundament des philosophischen Wissens*, die Werner aber nur aus Rezensionen kannte, eingesehen habe. Das eigentliche Fundament sei das Bewußtsein.[68]

Die Auseinandersetzung mit Reinhold geht in den nächsten Jahren weiter. In der ALZ vom Dezember 1796 kündigt Werner für Anfang 1797 das Erscheinen des zweiten Stückes des *Journals für Wahrheit* an. In diesem gibt es eine „Prüfung der Reinholdischen Philosophie", einen Abschnitt über den „Streit über die Dinge

---

[64] Aetiologie (wie Anm. 30), IX.

[65] Philosophisches Archiv 2/3 (1794), 32–43.

[66] Johann Schultz, Erläuterungen über des Herrn Professor Kant Critik der reinen Vernunft, Königsberg 1791. Vgl. zum Frühkantianismus auch Pietsch, Topik der Kritik (wie Anm. 15); Norbert Hinske u. a. (Hg.), Der Aufbruch in den Kantianismus. Der Frühkantianismus an der Universität Jena von 1785–1800 und seine Vorgeschichte, Stuttgart 1995.

[67] Journal für Wahrheit (wie Anm. 37), 21.

[68] Aetiologie (wie Anm. 30), IXf.

an sich, aus der Aetiologie geschlichtet" sowie einen „Angriff der Aetiologie auf den Skepticism des Aenesidemus".[69] Gottlob Ernst Schulzes pseudonyme Kritik an Reinhold und der Kantischen Philosophie war 1792 erschienen. Die Dinge an sich, so Werner, sind nur ihr Wille und ihr Bewußtsein. Es gibt also für jedes Individuum nur ein Ding, das sich selbst kennt, und das ist es selbst. Was die Aenesidemus-Kontroverse angeht, so ist es klar, sagt ein Rezensent, „daß er den wahren Streitpunkt nicht einmal ahndet; denn die Notwendigkeit, Gegenstände zu denken, leugnet der Skeptiker ganz und gar nicht".[70] Werner aber hatte versucht, die Verschiedenheit unseres tätigen und unseres leidenden Zustands dafür in Anschlag zu bringen, daß – wie oben erläutert – auch von außen Gegenstände auf uns wirken.

Schließlich enthielt das Journal auch noch Bemerkungen über Samuel Thomas von Soemmerrings Abhandlung vom *Organ der Seele*, die 1796 in Königsberg mit einem Nachwort von Kant erschienen war. Immerhin hatte Werner, wie wir gesehen haben, selbst das Ich im flüssigen Teil des Gehirns verortet. Sömmering war nun noch weitergegangen und hatte die Flüssigkeit (Ventrikelfeuchtigkeit) als das sensorium commune bezeichnet und damit als die allgemeine Empfindungsstelle, „wo alle Nerven zusammenkommen".[71] Dagegen wendet Werner ein, daß ein fluides Sensorium die Einheit des Bewußtseins nicht begreiflicher mache als ein rigides, zumal eine fluide Organisation unvollkommener sei als eine rigide.

Das sind nicht viele Bezüge Werners auf die zeitgenössische Physiologie und Philosophie, aber immerhin einige. Umgekehrt gibt es auch einige wenige Bezugnahmen anderer Philosophen auf ihn. Eine frühe Rezension der *Aetiologie*, die in der Salzburger *Literaturzeitung* und in den *Rintelischen theologischen Annalen* erschien, kritisiert die *Aetiologie* mit recht viel Galle, behauptet aber zugleich, Werners System widerspreche dem Kantischen im Grunde gar nicht.[72] Wir haben Grund zur Annahme, daß der Rezensent niemand anders als Carl Christian Erhard Schmid gewesen sein könnte.[73] Schmid lebte von 1791 bis 1793 in Gießen als Kol-

---

[69] ALZ Dezember 1796, 1516. Ich habe bisher kein Exemplar dieses zweiten Bandes auffinden können. Nur die Rezension (s. Anm. 70) legt nahe, daß das Heft auch wirklich erschienen ist.

[70] Neue Allgemeine Deutsche Bibliothek 55 (1800), 80–82.

[71] Samuel Thomas von Soemmerring, Über das Organ der Seele, Königsberg 1996, 36. Vgl. Peter McLaughlin, Soemmering und Kant: Über das Organ der Seele und den Streit der Fakultäten, in: Soemmerring-Forschungen 1 (1985) 191–201.

[72] Vgl. Journal für Wahrheit (wie Anm. 37) 60, 105 ff. – Für weitere Kritik an Werner, insbesondere seiner Physik, vgl. Georg Christoph Lichtenberg: Sudelbücher, in: Schriften und Briefe, Frankfurt 1994, GH(II) 64, J(I) 967, J(II) 1451, 1455, 1987; SK (II) 210, 333, 585. Vgl. auch die Kontakte von Knoblauch mit Lichtenberg aus den Jahren 1786 und 1792: Ulrich Joost, Albrecht Schöne (Hg.), Georg Christoph Lichtenberg: Briefwechsel, 4 Bde, München 1983–1992.

[73] Allerdings hatte Schmid bei der Untersuchung 1791/92 (s. o. Anm. 63) für Werner vorteilhaft gegutachtet.

lege Werners.[74] Wenn Werner den Rezensenten als „einen der eifrigsten Anhänger der Kantischen Philosophie" charakterisiert, dem es vor allem auf die Erhaltung dieser Philosophie ankomme, und zugleich vermutet, daß er ein Gießener sei, dann kommt kaum jemand anderes als Schmid in Frage. Werner spricht vorsichtig von der Person als „mittelbarem Verfasser" – also mag Schmidt einem anderen die Informationen und Details gegeben haben, der sie dann niederschrieb und abschickte.

Solche komplexe Praxis könnte auch Aufschluß über die für Immanuel Carl Diez so wichtige Rezensionen von Kleuker in der ALZ vom Dez 1790 und Juli 1791 sein, die Dieter Henrich prominent herausgestellt hat. Henrich hat auf Ähnlichkeiten der dort formulierten auf Kant basierenden Wunderkritik mit einigen Paragraphen der zweiten Auflage von Schmids *Versuch einer Moralphilosophie* von 1792 aufmerksam gemacht und vermutet daher eine Nähe des Rezensenten zu Schmid.[75] Wenn man bedenkt, daß Schmid damals gerade im Übergang von Jena nach Gießen war und möglicherweise schon Kontakte zu in Gießen verkehrenden Intellektuellen wie Knoblauch geknüpft hatte, dann könnte man an eine wechselseitige Beeinflussung von Knoblauch und Schmid in dieser Sache denken. Knoblauchs Varianten der Wunderkritik von 1791 sind auf auffällige Weise durch Kantische Terminologie geprägt.[76] Der *Euclides anti-thaumaturgus* und auch die eng verwandten *Grundsätze der Vernunft und Erfahrung in ihrer Anwendung auf das Wunderbare* erschienen anonym und ohne Verlagsangabe „in Germanien", wie das Titelblatt sagt, in Wirklichkeit aber in Weißenfels bei Friedrich Severin – anders als die meisten anderen Schriften Knoblauchs. Nun hatte Schmid Beziehungen nach Weißenfels, denn er war Hauslehrer des jungen Novalis gewesen, und die Familie war 1785 nach Weißenfels übergesiedelt. Als Novalis 1790 die Universität Jena bezog und Schmid wiedertraf, hat er ihm offenbar eine Abschrift des Traktates *De tribus impostoribus* aus Familienbesitz gegeben, die dieser 1792 in Gießen heimlich bei Krieger drucken ließ, zusammen mit einer seinerzeit verbotenen Schrift des radikalen Frühaufklärers Lau, als „zwey seltene antisupernaturalistische Manuscripte eines genannten und eines Ungenannten", in deutlicher

---

[74] Vgl. Journal für Wahrheit (wie Anm. 37), 111: „Wenn ich noch dazu nehme, daß die Direction einer gewissen berühmten litterarischen Zeitung, welche sich das Gesetz aufgelegt zu haben vorgiebt, nie ein Buch von jemand recensiren zu lassen, der mit dem Verfasser an Einem Ort wohnt, dieses Gesetz in Ansehung meiner, nicht gehalten und meine Aetiologie dennoch an jemand hier in Giesen zum Recensiren geschickt hat, den ich noch darzu als mittelbaren Verfasser jener beiden Recensionen im Verdacht habe: so wird hoffentlich das Mißtrauen meiner Leser gegen die Zuverlässigkeit der deutschen Recensenten wachsen".

[75] Dieter Henrich, Grundlegung aus dem Ich. Untersuchungen zur Vorgeschichte des Idealismus. Tübingen – Jena 1790–1794, 2 Bde., Frankfurt 2004, 133, 162, 171, 177ff; Carl Christian Erhard Schmid, Versuch einer Moralphilosophie, 2. Aufl. Jena 1792, Bd. 2, § 15 und 50.

[76] [Knoblauch], Euclides anti-thaumaturgicus (wie Anm. 24), 264–67.

Anspielung auf Lessings Veröffentlichung der Wolfenbütteler Fragmente.[77] Die Publikation zeigt, daß der in mancher Beziehung durchaus konservative ordinierte Pfarrer Schmid in diesen Jahren in Hinsicht auf Wunder- und Aberglaubenskritik recht kompromißlos war.

All dies könnte auf eine recht enge Verbindung von Schmid und Knoblauch in den Jahren 1790 bis 93 hinweisen, bis zur Vermutung, Schmid habe Knoblauch die Verlagsverbindung nach Weißenfels ermöglicht; doch muß dies bloße Spekulation bleiben, solange keine neuen Dokumente es verifiziert oder falsifiziert haben. Man hätte jedenfalls in diesem Fall eine deutliche Spannung in der Gießender Konstellation zu konstatieren: Schmid verstand sich in aberglaubenskritischer Hinsicht durchaus als Radikaler, stand Krieger und Bahrdts „Deutscher Union" nahe; auf der anderen Seite scheint er seinen Kollegen Werner, der ja zum selben Kreis gehörte, nicht sehr ernst genommen zu haben oder zumindest für jemanden, den man problemlos als Kantianer für sich vereinnahmen konnte: als eine etwas primitive Variante von kritischer Philosophie, die sich dieser Tatsache nur nicht bewußt ist. Auch gab es eine klare Friktion zwischen Crome und dem Bahrdt-Freund Johann Christoph Koch, die sich nicht leiden konnten.[78]

Eine weitere Rezension, diesmal des ersten und zweiten Bandes des *Journals für Wahrheit*, erschien 1800 in der *Neuen Allgemeinen Deutschen Bibliothek* unter dem Kürzel „Rh.".[79] Hinter dem Kürzel verbarg sich Friedrich Heinrich Loschge, ein Professor für Anatomie und Physiologie an der Universität Erlangen.[80] Loschge, der Werner nach eigener Aussage „geraume Zeit durch persönlich kannte" – einer der wenigen Hinweise auf auswärtige Kontakte Werners, die wir haben –, bestätigte die Integrität und Liebenswürdigkeit des Verfassers, deutete aber auch auf die mangelnde Selbsteinschätzung und Literaturkenntnis des Autodidakten hin. Im gleichen Heft gab Loschge übrigens eine kritische Rezension von Schellings *Erstem Entwurf eines Systems der Naturphilosophie*. Daran wird die Gleichzeitigkeit von Werners Theoriebemühungen mit den ersten Äußerungen eines naturphilosophisch gewendeten Deutschen Idealismus sichtbar, eine

---

[77] Zwey seltene antisupernaturalistische Manuscripte eines Genannten und eines Ungenannten. Pendants zu den Wolfenbüttelschen Fragmenten, Berlin [= Gießen] 1792. Vgl. Christine Haug, Ein Zensurverfahren in Giessen zur Zeit der Französischen Revolution, in: Quatuor Coronati 32 (1995), 149–182.

[78] Nees, August Friedrich Wilhelm Crome (wie Anm. 1), z.B. 301.

[79] Neue Allgemeine Deutsche Bibliothek 55 (1800), 80–82.

[80] Gustav Friedrich Constantin Parthey, Die Mitarbeiter an Friedrich Nicolai's „Allgemeiner Deutscher Bibliothek" nach ihren Namen und Zeichen in zwei Registern geordnet. Ein Beitrag zur deutschen Literaturgeschichte, Berlin 1842, Nachdruck Hildesheim 1973. Ich danke Reinhard Markner für seine Hilfe bei der Recherche. Zu Loschge vgl. Allgemeine Deutsche Biographie (ADB), Bd. 19, Leipzig 1884, 213.

Gleichzeitigkeit, die sofort die Theoriebedürfnisse der Zeit, aber auch das mangelnde Reflexionsniveau Werners deutlich werden läßt.

Auch Fichte hat 1797 das erste Heft des *Journals für Wahrheit* rezensiert, vernichtend.[81] Und als er Bardilis *Grundriß der Ersten Logik* bespricht, schreibt er, „daß seit der Wernrischen Aetiologie – und hier ist mehr als Werner – ähnlicher Unsinn im Gebiete der Philosophi nicht vorgekommen" sei.[82] 1801 notiert er sich:

> Wenn ich mir mit dem Publikum einen Spaß machen wollte, so würde ich in der A.L.Z.t –, Werke – mit vollen Paken loben: u. man sollte sehen, daß alles aus [Ken]nern bestünde, u. mit der Zeit denn auch wohl ein vernünftiger Sinn in diesem – gefunden <werde>, Etwa Werners Aetiologie. Aetiologische Philosophie.[83]

Für ihn ist das Buch also voll Nonsens, an dem man höchstens zeigen könnte, daß Nachbeter sogar so ein Produkt als sinnreich erachten würden, wenn ein Fichte positiv von ihm spräche.

VI. Fazit

Vor dem Hintergrund solcher Abschätzigkeit her ist es schwer, ein angemessenes Resümee zu ziehen. Ich hatte vom mangelnden Reflexionsniveau Werners gegenüber den idealistischen Philosophien gesprochen. All die idealistischen Naturphilosophien, die ihren Ausgangspunkt in Kants *Kritik der Urteilskraft* und in Fichtes intellektueller Anschauung nehmen, können für sich beanspruchen, auf einer komplexen Reflexion zu basieren, die von subjektiver Gewißheit ausgeht. Schelling hat – durchaus umstritten – diesen Ausgangpunkt zu einem Subjekt-Objekt erweitert.[84] Die von Werner intendierte wechselseitige Erhellung von Ichtheorie und Naturlehre ist damit gewissermaßen vorweg, auf einen Schlag, vorausgesetzt, angedeutet schon in dem, was Schelling 1795 eine „prästabilierte Harmonie", die „bloß immanent" sei, zwischen der Kausalität des empirischen Ich und der Kausalität der Objekte genannt hat.[85] Auch bei Schelling gibt es ja eine Konstitutivität in der Wechselwirkung zwischen Ich und Naturprozessen, in der Art daß erst die

---

[81] Johann Gottlieb Fichte, Gesamtausgabe der Bayerischen Akademie der Wissenschaften, Stuttgart 1962ff, Bd. I, 4, 431–447.

[82] Ebd., Bd. I, 6, 445.

[83] Fichte, Abriß. Aphorismen zur Geschichte der Philosophie [1801], hg. von Reinhard Lauth, in: Fichte-Studien (1990), 203; Das „[Ken]" ist meine Konjektur.

[84] Vgl. Reinhard Lauth, Die Genese von Schellings Konzeption einer rein apriorischen spekulativen Physk und Metaphysik aus der Auseinandersetzung mit La Sages spekulativer Mechanik, in: R. L., Transzendentale Entwicklungslinien von Descartes bis zu Marx und Dostojewski, Hamburg 1989, 227–247.

[85] Schelling, Vom Ich als Princip der Philosophie oder über das Unbedingte im menschlichen Willen (1795), in: Friedrich Wilhelm Joseph von Schellings sämmtliche Werke, hg. von Karl Friedrich August Schelling, Stuttgart, Augsburg 1856–1861, Bd. I, 1 240.

Wechselwirkung zu einem vollen Begriff von Selbstbewußtsein führt. Das könnte – in seiner etwas kruden Weise – auch Werner unterschrieben haben.

Die Gruppe aus Freunden und Unterstützern um Knoblauch und Werner, die wir ausgemacht haben, ist klein, aber wird um so entschiedener aufeinander eingewirkt haben. Hier deuten sich etliche Aufgaben für künftige Forschung an. Zum einen ist genauer zu klären, in welcher Weise Knoblauch und Werner selbst sich beeinflußt haben. Hat Werner bei Knoblauch nur verstärkt, was bei ihm durch eine Rezeption des französischen „matière vive"-Materialismus schon angelegt war? Oder ist diese Rezeption umgekehrt supervenient auf den durch Werner bescherten Evidenzen? Wie verlängert sich bei beiden Denkern der naturphilosophische Materialismus hinein in eine Kritik von Religion und Gesellschaft? Die Auffindung neuer Dokumente, etwa von Briefen, wird zu solchen Punkten möglicherweise eine breitere Grundlage für die Untersuchung schaffen.

Zum zweiten ist die Fragestellung zu vertiefen, ob die Dichte wechselseitiger Beeinflussung von konstellatorischer Qualität sich auch auf Crome und Hezel bezieht. Waren diese beiden Mitglieder der informellen Gruppierung nur Sympathisanten von Werners und Knoblauchs Philosophien, oder waren sie in ihrem eigenen – theologischen, kameralistischen, politischen – Denken tief durch sie geprägt?

Schließlich deutet sich als Forschungsaufgabe an, aufgrund zusätzlicher Dokumente die Rolle Carl Christian Erhard Schmids in diesem Kreis genauer zu bestimmen. Hat er mit Knoblauch und anderen kollaboriert? Wie gut hat er Werners Naturlehre gekannt? Sind seine superstitionskritischen Neigungen während der Gießener Zeit Produkt des intellektuellen Klimas dort? Wir haben – soviel läßt sich jedenfalls sagen – gesehen, daß die Rekonstruktion des intellektuellen Profils von Werner und Knoblauch einen nicht unwesentlichen Mosaikstein zur Kenntnis der spätaufklärerisch-radikalen Strömungen beiträgt, die mit den Entwicklungen in der Frühphase des Deutschen Idealismus interagiert haben.

Karl von Knoblauch gilt als einer der entschiedensten Vertreter einer materialistischen, religionskritischen Spätaufklärung in Deutschland. Es wird gezeigt, daß sein Werk in engem Zusammenhang mit der Philosophie von Georg Friedrich Werner in Gießen zu sehen ist, sowie mit dem Denken von Crome und Hezel. Werners „Aetiologie", eine auf einer Bewußtseinstheorie basierende monistische Naturlehre von 1792, wird hier zum ersten Mal analysiert. Sie nimmt Bezug auf Kant und Reinhold, ist aber kaum rezipiert worden, soweit sie nicht ridikülisiert und abgelehnt wurde. Für den Gießener Kreis aber, so wird gezeigt, hat sie eine große Bedeutung gehabt, und auch Beziehungen zum Kantianismus von Carl Christian Erhard Schmid sind nicht auszuschließen.

Karl von Knoblauch is regarded as one of the most prominent German representatives of a stream of late enlightenment thought espousing a materalist standpoint and an unequivocal criticism of religion. It will be demonstrated that his work needs to be seen in close connection with the philosophy of Georg Friedrich Werner in Gießen as well as that of

Crome and Hezel. Werners „Aetiologie", a monistic natural philosophy printed in 1792 and based on a theory of consciousness, will be subjected here to closer analysis for the first time. This philosophy is linked to that of Kant and Reinhold but hardly received wider attention other than being ridiculed and rejected. Despite this, the present contribution will show the significance it had for the circle of thinkers in Gießen. The possibility of connections to the Kantian ideas of Carl Christian Erhard Schmid are also not to be discounted.

Prof. Dr. Martin Mulsow, Forschungszentrum Gotha der Universität Erfurt, Schloß Friedenstein, Postfach 100561, 99855 Gotha, E-Mail: martin.mulsow@uni-erfurt.de

IWAN-MICHELANGELO D'APRILE

„Mein eigentlicher Zweck geht auf eine Beschleunigung der Freiheit."

Netzwerke zwischen radikaler Spätaufklärung, Frühliberalismus
und Vormärz in Brandenburg-Preußen am Beispiel
von Friedrich Buchholz

Ein häufig betontes Spezifikum der Aufklärung in Brandenburg-Preußen ist ihre Staatsnähe. Als Herrschaftslegitimation sind Elemente der Aufklärung seit dem Toleranzedikt von Potsdam 1685 mit der Aufstiegsgeschichte des Brandenburg-Preußischen Staates untrennbar verbunden und bleiben dies im Grunde mindestens bis zum Ende der Hardenbergschen Reformzeit im Jahr 1822. Nicht nur rekrutieren sich zahlreiche Aufklärer aus der Beamtenschaft, auch sind zivilgesellschaftliche Formationen wie Freimaurerzirkel, Vereine und Medien hier auf vielfache Weise mit den Regierungsorganen verbandelt. Dies gilt nicht allein für die *Berliner Mittwochsgesellschaft*, die häufig als Musterbeispiel für diese Querverbindungen angeführt wird.

Allerdings wäre es verkürzend, würde man von dieser Staatsnähe einfach auf eine besondere Angepaßtheit der Aufklärung in Brandenburg-Preußen schließen und sie insgesamt als halbierte oder „limitierte Aufklärung" abqualifizieren.[1] Damit geht man an dem Faktum vorbei, daß seit der Phase der Frühaufklärung immer auch Dissidenten und radikale Aufklärer den Diskurs wesentlich mitprägten – und zwar häufig gerade mit staatlicher Protektion: dies gilt von Spinozisten wie Friedrich Wilhelm Stosch oder Samuel Crell über radikale Pietisten wie Gottfried Arnold bis hin zu Skandalautoren wie Johann Christian Edelmann oder Julien Offray de La Mettrie.[2] In der Spätaufklärung und im revolutionären Zeitalter gewinnt das Spannungsverhältnis zwischen Staatsnähe und radikaler Aufklärung eine neue Qualität, die sich etwa im offenen Beamtenaufstand gegen die gegenaufklärische

---

[1] So Ernst Haberkern, Limitierte Aufklärung. Die protestantische Spätaufklärung in Preußen am Beispiel der Berliner Mittwochsgesellschaft, Marburg 2005.

[2] Martin Mulsow, Moderne aus dem Untergrund. Radikale Frühaufklärung in Deutschland 1680–1720, Hamburg 2002.

Aufklärung 24 · © Felix Meiner Verlag 2012 · ISSN 0178-7128

Politik Friedrich Wilhelms II. im Zusammenhang mit den Debatten um das Religions- und das Zensuredikt äußert.[3] Das Baseler Friedensjahrzehnt weckte dann bei vielen Aufklärern die Hoffnung auf eine Koalition der Vernunft zwischen einem stabilisierten postrevolutionären Frankreich und den Reformkräften in Preußen, die sich nach dem Zusammenbruch des Alten Preußischen Staates 1806 zu realisieren schien.

Sowohl die Frage nach den Kontinuitäten der radikalen Spätaufklärung im 19. Jahrhundert als auch das spezifisch preußische Spannungsverhältnis der Aufklärung zwischen Staatsnähe und Gesellschaftskritik lassen sich am Beispiel der Netzwerke um den politischen Journalisten und Historiker Friedrich Buchholz (1768–1843) konkretisieren. Zum einen repräsentieren Buchholz und Autoren wie Hans von Held (1764–1842), Saul Ascher (1767–1822) oder Karl Ludwig Woltmann (1770–1817), die zu diesen Netzwerken gehören, eine Aufklärergeneration, die bereits selbst innerhalb der deutschen Spätaufklärung sozialisiert wurde und die deren Positionen bis weit über die Grenzen des 18. Jahrhunderts hinaus vertreten hat.[4] Und zum anderen ist Buchholz ein eindrückliches Beispiel eines neuen Typus' des hauptberuflichen politischen Schriftstellers, der einerseits die Nähe zu reformbereiten Entscheidungsträgern sucht und andererseits eine Gesellschaftskritik übt, die bereits von den Zeitgenossen als besonders ‚radikal' eingeschätzt wurde.

Vor diesem Hintergrund werden im folgenden drei Konstellationen entlang von Friedrich Buchholz' Schaffensperioden rekonstruiert: Erstens das Netzwerk um den Projektemacher, Staatskritiker und Geheimbündler Hans von Held, in dem Buchholz sich nach seinem Umzug nach Berlin im Jahr 1800 als ‚freier Schriftsteller' auf dem Gebiet der historisch-politischen Publizistik positionierte. Zweitens das Netzwerk von politischen Publizisten in Hardenbergs Staatskanzlei nach 1810. Und drittens die Verbindungen zwischen Buchholz und den französischen Saint-Simonisten und Positivisten nach 1820.

---

[3] Paul Schwartz, Der erste Kulturkampf in Preußen um Kirche und Schule (1788–1798), Berlin 1925; Dirk Kemper, Missbrauchte Aufklärung. Schriften zum Religionsedikt vom 9. Juli 1788, Hildesheim 1996.

[4] Iwan-Michelangelo D'Aprile, ‚Die letzten Aufklärer'. Politischer Journalismus in Berlin um 1800, in: Berliner Aufklärung. Ein kulturwissenschaftliches Jahrbuch, hg. von Ursula Goldenbaum und Alexander Kosenina, Bd. 4, Hannover-Laatzen 2011, 179–206.

I. Netzwerke radikaler Spätaufklärung in Berlin
1800–1810

Friedrich Buchholz wurde im Jahr 1768 in Altruppin in der Brandenburgischen Provinz geboren und stammte aus einem armen Landpastorenhaushalt. Sozialisiert wurde er in den Kreisen der preußischen Aufklärung. Die Schulbildung erhielt er am Friedrichwerderschen Gymnasium bei Friedrich Gedike. In seinem Abschlußzeugnis heißt es:

> Friedr. Buchholz aus Alt-Ruppin, war seit Ostern 1785 unser Gymnasiast in der ersten Klasse. Er zeigte gute Fähigkeiten und Fleiß, und sein Betragen verdiente Lob. Nach ehe indessen ein halbes Jahr verlaufen war, verließ er das Gymnasium, ohne Abschied zu nehmen, und bezog die Universität, zu der er sich reif genug glaubte.[5]

Schon hier deutet sich an, daß Buchholz nicht den üblichen Karriereweg eines preußischen Theologen vom Gymnasium bei Gedike zur Universität Halle in den Staatsdienst als Feldprediger einschlagen würde.[6] So wechselte er aus seinem im Herbst 1785 in Halle begonnenen Theologiestudium rasch zum Philologen Friedrich August Wolf und studierte Neuere Sprachen und Literatur. Im Jahr 1787 mußte er sein Studium aus Geldmangel aufgeben und eine schlecht bezahlte Stelle als Lehrer für französische, spanische, italienische und englische Literatur an der Ritterakademie in Brandenburg an der Havel annehmen, wo er zwölf Jahre blieb.[7] Hier hat er die literarischen Grundlagen für seine spätere Tätigkeit als politischer Journalist gelegt. Von besonderer Bedeutung war dabei für ihn die Tradition des europäischen Republikanismus von Machiavelli über James Harrington bis zu Vittorio Alfieri, deren Texte Teil der Lehrbücher waren.[8] Eine Übersetzung von Vittorio Alfieris großem republikanischen Traktat *Il principe e le lettere* zählt zu Buchholz ersten Werken, wurde jedoch von der Zensur nicht zum

---

[5] Friedrich Gedike, Einige Gedanken über den mündlichen Vortrag des Schulmanns, Berlin: Unger 1786, 31.

[6] Vgl. Hanno Schmitt, Netzwerke im Zeitalter der Aufklärung. Das Beispiel Friedrich Gedike (1754–1803), in: H. S., Vernunft und Menschlichkeit. Studien zur philanthropischen Erziehungsbewegung, Bad Heilbrunn 2007, 117–130.

[7] Rütger Schäfer, Friedrich Buchholz – ein vergessener Vorläufer der Soziologie. Eine historische und bibliographische Untersuchung über den ersten Vertreter des Positivismus und des Saint-Simonismus in Deutschland, 2 Bde., Göppingen 1972, Bd. 1, 40. Buchholz verdiente hier 200 Taler im Jahr, vgl. Kurt Bahrs, Friedrich Buchholz. Ein preußischer Publizist 1768–1843, Berlin 1907, 6.

[8] Handbuch der Italiänischen Sprache und Litteratur oder Auswahl interessanter Stücke aus den klassischen italiänischen Prosaisten und Dichtern nebst Nachrichten von den Verfassern und ihren Werken, von Christian Ludwig Ideler, Berlin 1800; Handbuch der englischen Sprache und Litteratur, oder Auswahl interessanter chronologisch geordneter Stücke aus den Klassischen Englischen Prosaisten und Dichtern : nebst Nachrichten von den Verfassern und ihren Werken, von Christian Ludwig Ideler, Berlin 1802.

Druck zugelassen und erst im Jahr 2010 erstmals veröffentlicht.[9] Auf die Bedeutung von Buchholz' Machiavelli-Rezeption im Kontext der Machiavelli-Renaissance um 1800 hat zuletzt Annette Meyer aufmerksam gemacht.[10]

Im Frühjahr 1800 gab Buchholz seine Lehrer-Stelle auf und ging nach Berlin, um hier sein Glück als freier Schriftsteller zu suchen, sich zu verheiraten und eine Familie zu gründen. Trotz anfänglicher großer Armut konnte er im Jahr 1808 rückblickend berichten, daß es ihm gelungen sei, seine sechsköpfige Familie von nichts als seinem „schriftstellerischen Fleiß" zu ernähren.[11] In die literarischen Zirkel der Stadt eingeführt wurde Buchholz durch Hans von Held (1764–1842).[12] Buchholz hatte Held spätestens im Frühjahr 1797 in Brandenburg an der Havel kennengelernt, möglicherweise aber schon während seiner Hallenser Studienzeit, wo im Jahr 1785 auch Held eingeschrieben war und den studentischen *Konstantinistenorden* gegründet hatte.[13] Held war einer der eifrigsten Netzwerker der preußischen Spätaufklärung. Von seinen Studentenbund-Aktivitäten in Halle über den *Evergetenbund* in Schlesien bis hin zum Freimaurerorden der Loge *Royal York* in Berlin stand er im Zentrum unterschiedlicher radikalaufklärerischer Geheimorden. Nachdem er 1801 in seinem sogenannten *Schwarzen Buch* mit dem Titel *Die wahren Jakobiner im Preußischen Staate* die Güterschacher und Nepotismus-Politik des Schlesischen Ministers Hoym in den seit der

---

[9] Vittorio Alfieri, Der Fürst und die Wissenschaften, übers. von Friedrich Buchholz, hg. von Enrica Yvonne Dilk und Helmuth Mojem, Göttingen 2011.

[10] Annette Meyer, Machiavellilektüre um 1800. Zur marginalisierten Rezeption in der Popularphilosophie, in: Cornel Zwierlein, Annette Meyer, (Hg.), Machiavellismus in Deutschland – Chiffre von Kontingenz, Herrschaft und Empirismus in der Neuzeit, München 2010 (Historische Zeitschrift. Beihefte 51 [2010]), 191–213.

[11] Die finanzielle Situation von Buchholz in dessen Anfängen als Schriftsteller schildert Karl Friedrich Zelter in seinem Brief an Goethe vom 7. September 1803: „[…] Herr Buchholz der das bekannte Gravitationssystem geschrieben hat […] lebt hier mit einer zahlreichen Familie in Dürftigkeit. Jetzt redigiert der die polit. Artikel der Ungerschen Zeitung". Briefwechsel zwischen Goethe und Zelter in den Jahren 1799 bis 1832, hg. von Hans-Günter Ottenberg und Edith Zehm [= Johann Wolfgang Goethe, Sämtliche Werke nach Epochen seines Schaffens. Münchener Ausgabe, hg. von Karl Richter in Zusammenarbeit mit Herbert G. Göpfert u. a., Bd. 20.1], München 1991, 55. Buchholz schreibt in seinem Selbstporträt in der *Gallerie Preußischer Charaktere*: „In Berlin hatte er für seine Subsistenz keine andere Grundlage, als seinen schriftstellerischen Fleiß". [Friedrich Buchholz], *Gallerie Preußischer Charaktere*. Aus der Französischen Handschrift übersetzt (Germanien, 1808 [Berlin, 1808]), neu hg. von Hans-Michael Bock, Frankfurt am Main, 1979, 481–769, hier 754.

[12] Grundlegend zu Held immer noch: Karl August Varnhagen von Ense, Hans von Held. Ein preußisches Karakterbild, Leipzig 1845.

[13] Ebd., 5. Zu den Hallenser Studentenbünden: Holger Zaunstöck, Denunziation und Kommunikation. Studentenorden und Universitätsobrigkeit in Halle zur Zeit der Spätaufklärung, in: Holger Zaunstöck, Markus Meumann (Hg.), Sozietäten, Netzwerke, Kommunikation. Neue Forschungen zur Vergesellschaftung im Jahrhundert der Aufklärung, Tübingen 2003, 231–249.

Zweiten und Dritten Polnischen Teilung von Preußen besetzten Gebieten ange-
prangert hatte, wurde er wegen Hochverrats angeklagt und mehrfach verhaftet.
Nach Karl August Varnhagen von Ense, der Held persönlich kannte und dessen
heute verschollenen Nachlaß zur Grundlage seiner biographischen Darstellungen
über Held nehmen konnte, war Buchholz einer der wenigen, die Held auch nach
dessen Festnahme verbunden blieben.[14]

Unterstützung erfuhr Held in den Reformkreisen innerhalb der preußischen
Regierung um den Finanzminister Carl August von Struensee, die den Baseler Se-
paratfrieden zwischen Preußen und der französischen Republik als Bündnis der
Vernunft zwischen den beiden rationalen und modernen Europas deuteten. Carl
August Struensee, der jüngere Bruder des berühmteren dänischen Reformmini-
sters Johann Friedrich Struensee, brachte diese Haltung 1799 gegenüber dem
französischen Gesandten in Berlin und Revolutionsautor Emmanuel Sieyès auf
den Punkt: „La révolution très utile que vous avez faite du bas en haute se fera
lentement en Prusse du haute en bas. Sous peu d'année, il n'y aura plus des classes
privilégiées en Prusse".[15]

Struensee war es auch, dem der wegen seiner Verteidigungsschrift der Französischen Revolution berüchtigte Johann Gottlieb Fichte im Jahr 1800 seine Schrift
über den *Geschlossenen Handelsstaat* widmete, in der er ein jakobinisches Staats-
modell vertrat, das unter anderem ein staatlich garantiertes Recht auf freie Tätigkeit, die Abschaffung der konvertierbaren Währung zu Gunsten einer Landes-
geldes und den Verzicht auf expansionistischen Kolonialhandel vorsah und mit
dem Fichte hoffte, im preußischen Staatsdienst eine Anstellung zu finden. In
der *Gesellschaft der Freunde der Humanität*, wo unter anderem auch Johann Benjamin Erhard seine republikanischen Thesen verbreitete,[16] in der Freimaurerloge
Royal York und in Zeitschriften wie der *Eunomia. Eine Zeitschrift des neunzehnten Jahrhunderts* fanden diese Kreise zusammen. Auf sie bezog sich der frühkon-

---

[14] Varnhagen, Held (wie Anm. 12), 121 f.

[15] „Die sehr nützliche Revolution, welche Sie von unten nach oben gemacht haben, wird sich in
Preußen allmählich von oben nach unten vollziehen. In ein paar Jahren wird es in Preußen keine
privilegierten Klassen mehr geben". Zit. n. Peter Weber, Mirabeau und die Berliner Aufklärer – Zur
preußischen Reformideologie im französischen Kontext, in: P. W., Literarische und politische
Öffentlichkeit. Studien zur Berliner Aufklärung, hg. von Iwan D'Aprile und Winfried Siebers,
Berlin 2006, 169–183, hier 181 f. Zu Sieyès in Berlin vgl. auch Dominique Bourel, Zwischen
Abwehr und Neutralität. Preußen und die Französische Revolution 1789 bis 1795/1795 bis 1803/06,
in: Otto Büsch, Monika Neugebauer-Wölk, Helmut Berding (Hg.), Preußens revolutionäre Herausforderung, Berlin 1991, 43–76. In der in letzten Struensee-Monographie findet sich leider nichts
von diesen Zusammenhängen: Rolf Straubel, Carl August von Struensee. Preußische Wirtschafts-
und Finanzpolitik im ministeriellen Kräftespiel (1786–1804/06), Potsdam 1999.

[16] Zu Erhards Vorträgen in der Humanitätsgesellschaft vgl. Uta Motschmann, Schule des Geistes,
des Geschmacks und der Geselligkeit. Die Gesellschaft der Freunde der Humanität (1797–1861),
Hannover-Laatzen 2009, 174–185.

servative Publizist Friedrich Gentz, als er im Jahr 1800 empört die politische Öffentlichkeit in der Preußischen Hauptstadt beschrieb, um seinen Wechsel in österreichisch-englische Dienste zu rechtfertigen:

> Was alle anderen von sich stoßen, [...] finde[t] hier nicht bloß Zuflucht, sondern Protektion. Die ausgelassensten Revoluzionsprediger ziehen frei und frech in den Caffeehäusern, auf den Promenaden, in den Freymaurer-Logen, in den Humanitätsgesellschaften, in hundert Clubbs und sogenannten Ressourcen herum.[17]

In einer Erinnerung von Hans von Held an dieses Netzwerk sind alle Akteure genannt, die Friedrich Buchholz' publizistisches Umfeld nach seiner Ankunft in Berlin prägten:

> Das war eine vergnügte Zeit. [...] Wir konversirten viel mit Struensee, der Zerboni'n [dem Gründer des Evergetenbundes, Anm. I.D.] behilflich war, mit dem Minister von Buchholz, mit Fichte und dem Schriftsteller Friedrich Buchholz, und speisten [...], von Feßler eingeladen, in der Loge Royal York, wo ich den Professor Schummel aus Breslau kennen lernte. Unter anderem gab uns auch der Professor Unger im Schulgarten ein ländliches Mittagsmahl, wobei der Schriftsteller und Geheime Legationsrath Woltmann die Honneurs machte.[18]

Beim Verleger Johann Friedrich Unger veröffentlichte Buchholz seine ersten Arbeiten. Dazu gehören Beiträge zu Karl Ludwig Woltmanns bei Unger herausgegebener historisch-politischer Zeitschrift *Geschichte und Politik*, die von 1800 bis 1805 erschien und bei der Buchholz von Beginn an zu den Hauptmitarbeitern zählte. Ab 1802 setzte Buchholz bei Unger *Girtanner's historische Nachrichten und politische Betrachtungen über die französische Revoluzion* fort. Ab 1803 machte Unger ihn zum Redakteur der wichtigsten Berliner Zeitung, der *Königlich privilegierten Berlinischen Zeitung* (*Vossische Zeitung*). Außerdem schrieb Buchholz von einem *Handbuch der spanischen Sprache und Literatur* bis hin zu Romanen in den populären Gattungen der Spätaufklärung bei Unger zwischen 1801 und 1805 zahlreiche weitere Werke. Daneben publizierte Buchholz regelmäßig Beiträge in der von Feßler herausgegebenen *Eunomia* und gab später mit Johann Gottlieb Schummel und Christian Massenbach seine erste eigene Zeitschrift, die *Lichtstrahlen*, heraus.

Das erste selbständige Werk, das Buchholz auch als seine Eintrittskarte in die literarische Welt verstand, war aber seine im Jahr 1801 (mit Jahresangabe 1802) bei Unger erschienene *Darstellung eines neuen Gravitationsgesetzes für die moralische Welt*. Mit dem Titel nimmt Buchholz Bezug auf eine Bemerkung von Immanuel Kant in seinem in der Berlinischen Monatsschrift im Jahr 1784 erschienenen geschichtsphilosophischen Aufsatz *Idee zu einer allgemeinen Geschichte*

---

[17] Paul Wittichen, Das preußische Kabinett und Friedrich von Gentz. Eine Denkschrift aus dem Jahre 1800, in: Historische Zeitschrift. Neue Folge, 53 (1902), 239–273, hier 263.
[18] Zit. n. Varnhagen, Held (wie Anm. 12), 93.

in weltbürgerlicher Absicht, in dem Kant die Ausformulierung seiner Ideen einem künftigen Newton der Geschichtsschreibung anheimstellt.[19] Ausgehend davon radikalisiert Buchholz die spätaufklärerischen Prinzipien von Rationalität, Empirie und der Einheit von Natur- und Kulturwissenschaften zu einer konsequent historisierenden und naturalistischen Kritik an der idealistischen Welt- und Geschichtsauffassung. In einem Brief an Christian Gottfried Schütz, den Herausgeber der *Allgemeinen Literaturzeitung*, bezeichnet Buchholz sein Werk als „eine Generalattaque auf den Idealismus, um ihn in seinen Grundvesten zu erschüttern". Mit dem Selbstbewußtsein des Neuankömmlings auf dem literarischen Markt erklärt Buchholz, daß sein Werk endlich die Überwindung überkommener idealistischer und metaphysischer Systeme einläuten wird

> [...] wenn mich nicht alles täuscht, so gebe ich dem Untersuchungsgeiste eine ganz neue Richtung, weil man sich durchaus überzeugen muß, daß aller Idealismus nichts anderes ist, als Unwissenheit. Ich habe bewiesen, daß die einzige Philosophie in der Geschichte enthalten ist und gezeigt, wie viel aus ihr gemacht werden kann. Damit muß ich jetzt Eingang finden, da die ganze Metaphysik in den letzten Zügen liegt.[20]

In der Vorrede seines *Gravitationsgesetzes* schreibt Buchholz, daß er mit diesem Werk das ausformulieren werde, „was Kant suchte [...] und Fichte verdarb".[21] Zwar habe Kant in seinem geschichtstheoretischen Aufsatz die richtige Aufgabe formuliert, aber mit seiner normativen Transzendentalphilosophie habe er dann eben diese Geschichtlichkeit wieder eliminiert. Diese Flucht ins Ideale sei von den „modernen Metaphysikern" wie Fichte noch verstärkt worden. Zwar habe Fichte mit seiner Wissenschaftslehre alles geleistet, was auf dem Weg der Metaphysik zu leisten war, aber eben idealistisch verkehrt. „Es ist in der Wissenschaftslehre vielleicht alles richtig, aber es ist alles einwärts gestellt". Man müsse „Das Ich und Nicht-Ich" „nicht in dem Kopf, sondern in den bewegenden Kräften" suchen, schreibt Buchholz.[22] Nur eine an naturwissenschaftlichen Erkenntnismethoden orientierte historische Sozialwissenschaft könne modernen Wissensansprüchen genügen, während man Werke wie Kants *Kritik der reinen Vernunft* oder Fichtes *Wissenschaftslehre* in naher Zukunft auf die gleiche okkulte Stufe

[19] Immanuel Kant, Idee zu einer allgemeinen Geschichte in weltbürgerlicher Absicht, in: Kants Werke, Akademie Ausgabe (photomech. Nachdruck der Ausgabe Berlin 1902–1923), Bd. 8, Berlin 1968, 15–32, hier 16.
[20] Brief von Buchholz an Schütz, Berlin, 3. September 1802. Christian Gottfried Schütz, Darstellung seines Lebens, Charakters und Verdienstes. Nebst einer Auswahl aus seinem litterarischen Briefwechsel mit den berühmtesten Gelehrten und Dichtern seiner Zeit, hg. von seinem Sohne Friedrich Karl Julius Schütz, Bd. 2, Halle 1835, 30 f.
[21] Friedrich Buchholz, Darstellung eines neuen Gravitationsgesetzes für die moralische Welt, Berlin 1802 [eigtl. 1801], III.
[22] Ebd., 275 f.

wie scholastische Disputationen über „die unbefleckte Jungfernschaft Mariä" stellen werde.[23]

Wie Newton für die Natur müsse man nach Buchholz die „bewegenden Kräfte" für den Bereich der Kultur und der Geschichte aufzeigen. Wie es in der Vorrede heißt, will er so „das Moralische an das Physische [...] knüpfen und dadurch den Idealismus zerstören".[24] Zu den die menschliche Geschichte bewegenden Kräften gehören dabei ökologische Voraussetzungen wie „das Fortbestehen der Beschaffenheit des Planeten, den wir bewohnen"[25] ebenso wie eine bestimmte biologische Grundausstattung: diese beschreibt Buchholz im Anschluß an Kants Geschichtsaufsatz als antagonistische Triebstruktur der „ungeselligen Geselligkeit", d. h. dem Widerstreit zwischen Selbsterhaltungs- und Geselligkeitstrieb. Über Kant hinaus verortet Buchholz diese Triebstruktur allerdings in zwei Körperorganen: den Selbsterhaltungstrieb im Magen, den Geselligkeitstrieb in den Geschlechtsorganen. Schließlich leitet Buchholz aus der Dynamik dieses Widerstreits die historischen „Sozialverhältnisse"[26] ab, die er nacheinander an den unterschiedlichen Bereichen menschlicher Kultur nachzeichnet: Gesellschaft, Staat, Religion, Polizei, Wissenschaften, Technologien und Künste, schließlich auch die Geschichtsschreibung selbst, werden so in einem umfassenden Geschichtsmodell historisiert.

Damit ist nach Buchholz auch das Verhältnis von Aufklärung und Geschichte neu zu bestimmen. So wie ihm die Wissenschaft der Geschichte – neben der Physik und der Mathematik – als einzige Wissenschaft gilt, die dem neuen Exaktheitsanspruch gerecht werden kann, so ist Aufklärung immer nur historisch zu bestimmen. Sie besteht nicht in zeitlosen normativen Setzungen der Vernunft, sondern im Erkennen der je wandelbaren historischen Sozialverhältnisse, auf die sich Buchholz bevorzugt auch mit Begriffen wie dem „Geist der Zeiten", dem „Zeitgeist", und vor allem dem „Weltgeist" bezieht. Wie wenig später Hegel meint Buchholz damit eine Art objektive Logik des jeweiligen spezifischen Handlungsfeldes. Die Einsicht in die Veränderbarkeit und Geschichtlichkeit aller Verhältnisse ist nach Buchholz das beste Heilmittel gegen Intoleranz und Dogmatismus und damit wesentlich selbst bereits Aufklärung. Im Fazit seines *Gravitationsgesetzes* heißt es:

> Studiert, statt einer ewig unfruchtbaren Metaphysik, die Geschichte und die Gesellschaft, und ihr werdet finden, dass die Aufklärung in jedem gegebenen Momente das ist, was sie seyn kann; nie mehr, nie weniger, aber im nächsten Augenblick nicht mehr dieselbe. Wie? Dies sollte euch nicht toleranter machen? Die Geschichte

---

[23] Ebd., 277.
[24] Ebd., III.
[25] Ebd., 347.
[26] Ebd., 117, 135.

sagt uns, dass alles nur Übergang und Verwandlung ist, und dass nichts fortdauert [...]
Dies muß euch von allem Stolze heilen, der die Quelle aller Intoleranz ist.[27]

Anhand mehrerer unveröffentlichter Quellenbestände läßt sich zeigen, wie Buchholz mit dieser Schrift Eingang in die verschiedenen einschlägigen Institutionen der Öffentlichkeit in Berlin Eingang gesucht hat. In einer im Geheimen Staatsarchiv handschriftlich überlieferten Eingabe von Buchholz an das Preußische Kabinett zu einer *Reorganisation der Akademie der Wissenschaften* vom 18. Juli 1802 forderte er ganz entsprechend der im *Gravitationsgesetz* formulierten Thesen, daß alle Metaphysiker aus der Akademie ausgeschlossen werden sollen, weil die Gesellschaft sie entbehren kann. Übrig bleiben sollen nach Buchholz neben den Naturwissenschaftlern und Mathematikern nur diejenigen „welche in der Geschichte aller Zeiten die Gesetze der menschlichen Entwicklung studieren und zugleich Geschichtsforscher und Geschichtsschreiber sind".[28] Außerdem stellte Buchholz sein Werk sowohl in der *Philomatischen Gesellschaft* als auch in der *Gesellschaft der Freunde der Humanität* vor – allerdings blieben alle diese Versuche ohne den erwünschten Erfolg.[29]

---

[27] Ebd., 357.

[28] Friedrich Buchholz, Zeichen der Zeit. Akademien der Wissenschaften in Europa. Handschriftliche Eingabe an das Preußische Kabinett. Geheimes Staatsarchiv Preußischer Kulturbesitz GStA PK I. HA Rep. 96 A, Tit 36.

[29] Der Kantianer Lazarus Bendavid hatte Buchholz' Werk bereits am 13. Oktober 1801 in der *Philomatischen Gesellschaft* kritisiert. In den Vierteljahresprotokollen der Gesellschaft heißt es: „der Sekretär [Bendavid] stattete in der darauf folgenden Sitzung Bericht über ein neu erschienenes Werk ab, das den Titel führt: Darstellung eines neuen Gravitationssystems in der moralischen Welt. Er zeigte die völlige Unhaltbarkeit des Gedankenspiels des Verf. und zeigte wie wenig das vom Vf. Hervorgebrachte die Lehren Kants berühren, geschweige denn widerlege, und erklärte, da der Verf. alles aus einem Antagonism erklärt wissen will, die Entstehung des Buches aus dem Antagonism eines leeren Magens mit einem leeren Beutel". Staatsbibliothek Berlin, Ms. germ. fol. 1034, Bd. 1, Bl. 2 r [Vierteljahresbericht vom 3. Jan. 1802]. In einer Rede vor der *Humanitätsgesellschaft* vom 16. Oktober 1802 führte Bendavid dies weiter aus. Hier unterstellt er, daß auch im Autor des *Gravitationsgesetzes* ein Antagonismus gewirkt habe, nämlich ein „Kampf der nothwendig in einem Menschen entstehen muß, der nichts gelernt hat, der Gesellschaft also nur durch Holzhaken nützlich werden könnte, und seinen Hunger doch als Schriftsteller stillen will". Buchholz besitze „nicht die geringste Kenntniß von irgend einem Fache der Wissenschaft", daher „muß ein solches Machwerk mit keiner Schonung behandelt werden, und es ist Pflicht eines jeden es dahin zu bringen, daß kein einziges Exemplar an andere verkauft werde, als an solche, die Lust daran finden, für das Herumwandern in einem Irrenhause ein paar Thaler zu bezahlen". Lazarus Bendavid, Bericht über das neue Gravitations System in der moralischen Welt. Rede in der Gesellschaft der Freunde der Humanität am 16. Oktober 1802. Handschriftliches Manuskript im Nachlaß Bendavid. University Archive Jerusalem ARC.792 A10 – 4. Bendavid tritt in seiner Polemik als Verteidiger des Idealismus und der Wissenschaftlichkeit gegen einen Unberufenen auf. Ob auch antisemitische Äußerungen von Buchholz, wie sie sich in vielen seiner späteren Werke finden, hierfür mitursächlich gewesen sind, bleibt Spekulation. Fakt ist, daß Buchholz' Aufnahmeantrag in die Humanitätsgesellschaft im November 1801 in einer Kampfabstimmung abgelehnt wurde. Landesarchiv Berlin A Rep. 060 – 40

Buchholz' Kant- und Fichte-Kritik im *Gravitationsgesetz* zeigt die Ausdifferenzierung der Berliner Aufklärung in ihrer Spätphase. Anders als noch Friedrich Nicolai, der seine Polemik gegen Kant, Fichte – aber auch gegen einen radikalen Spätaufklärer wie Johann Benjamin Erhard – mit dem Vorwurf des revolutionären Aufrührertums verband,[30] teilt der auch generationell Fichte näher stehende Buchholz dessen politischen Reformeifer. Zugleich radikalisiert er die von Nicolai und anderen vom Standpunkt des spätaufklärerischen Empirie- und Pragmatismusgebots geübte Kritik am Idealismus hin zu einem radikalen Historismus.

Hier trifft sich Buchholz mit Woltmann, den er sich für sein Gravitationsgesetz ausdrücklich – neben einem anderen Mitarbeiter an Geschichte und Politik, Georg Christian Otto –, als einen kompetenten möglichen Rezensenten seines Werks wünscht.[31] Tatsächlich hat Woltmann das Werk in einem Brief an den damals führenden Historiker Johannes von Müller vom 16. Oktober 1802 als Zeichen einer neuen Schule der Geschichtsschreibung empfohlen:

> Eine Tendenz, die Ihrem Geiste sehr wohlthun wird, finden Sie in einem kaum erschienenen Buche: Darstellung eines neuen Gravitationsgesetzes für die moralische Welt. Alles, was die Philosophie bisher usurpirte, theilt der Verfasser (Buchholz) der Historie zu, und mit einer großen Konsequenz führt er seine Grundidee durch. Seine meisten Urtheile sind weniger schneidend und einseitig, als sie scheinen, sobald man den Gedanken festhält, daß der Verfasser nur nach einem Gesichtspunkte urtheilt. [...] Uebrigens bestätigt auch dieses Buch meine Hoffnung, daß wir jungen Historiker uns bald zu einer Schule ausbreiten werden, in welcher Sie nicht ohne Vergnügen als Meister ihren Sitz einnehmen.[32]

Fichte selbst reagierte erwartungsgemäß eher verhalten auf Buchholz' Kritik. In einem Schreiben an den gemeinsamen Freund Hans von Held, der Fichte das Werk nahegelegt hatte, stellt er Buchholz in eine Reihe mit frühmaterialistischen Denkern wie Spinoza und La Mettrie, um aber zugleich festzustellen, daß sein idealistisches System auch schon diese widerlegt habe und Buchholz bei weitem nicht deren Niveau erreicht habe. Schließlich bleibe Buchholz wegen seines mangelnden Verständnisses für die moderne Metaphysik auf den veralteten Bahnen der Berliner Spätaufklärung:

13, Sitzungsprotokoll vom 28. November 1801. Vgl. auch: Motschmann, Schule des Geistes (wie Anm. 16). Ich danke Uta Motschmann für diese Hinweise.

[30] Friedrich Nicolai, Über meine gelehrte Bildung, über meine Kenntniß der kritischen Philosophie und meine Schriften dieselbe betreffend, und über die Herren Kant, J.B. Erhard, und Fichte, Berlin 1799; vgl. auch Iwan-M. D'Aprile, Friedrich Nicolai und die zivilgesellschaftliche Aneignung von Bildung und Wissenschaft um 1800, in: Stefanie Stockhorst, Knut Kiesant, Hans-Gert Roloff, Friedrich Nicolai (1733–1811), Berlin 2011, 139–158.

[31] Buchholz, Gravitationsgesetz (wie Anm. 21), 284.

[32] Briefe an Johann von Müller, Supplement zu dessen sämmtlichen Werken, hg. von Maurer-Constant, Bd. 3, Schaffhausen 1839, 212.

Daß er sich einbildet, die Metaphysik zu schlagen, ist ihm zu verzeihen; er weiß nicht, was Metaphysik ist, und hat keinen metaphysischen Atom in seiner ganzen Wesenheit. – [...] Unser einer hat z. B. den Spinoza ausgehalten, und ihm sogar die Wege gewiesen; und ohne Schimpf und Spaß, Spinoza ist doch ganz etwas anderes, als Buchholz; ja sogar La Méttrie ist etwas anderes. Buchholz vermag einiges Interesse nur bei denen zu erregen, deren Kenntnis sich nicht viel über die Deutsche Bibliothek und die Berliner Monatsschrift hinaus erstreckt.[33]

Mit dem Tod Struensees und Johann Friedrich Ungers Ende 1804, dem Wechsel der Regierungspolitik und der Beendigung des Baseler Separatfriedens 1805, mit dem auch frankophile Journale wie *Geschichte und Politik* ihr Erscheinen einstellen mußten, und vor allem mit dem Zusammenbruch des Alten Preußischen Staates im Oktober 1806 veränderten sich die hier beschriebenen Konstellationen, ohne daß sie sich ganz auflösten. Buchholz hatte bereits Anfang 1805 den Verleger gewechselt und arbeitete nun für Cotta in Tübingen in dessen seinerzeit deutschlandweit wichtigster historisch-politischer Zeitschrift, den *Europäischen Annalen*. Hier entwickelte er seine in Preußen nicht mehr erwünschten Thesen weiter, daß sich im Weltkonflikt zwischen England und Frankreich der soziale Konflikt zwischen den von der antifranzösischen Koalition unterstützten alten Feudalklassen und einer auf Rechtsgleichheit und Freiheit basierenden liberalen Gesellschaft entscheide. Bei Cotta sind auch seine diesbezüglichen drei Hauptwerke *Der Neue Leviathan* (1805), *Rom und London oder über die Beschaffenheit der nächsten Universalmonarchie* (1807) sowie *Hermes. Oder über die Natur der Gesellschaft* (1810) erschienen.

Die Zeit der französischen Oberzensur in Preußen zwischen 1806 und 1808 nutzte Buchholz zudem für seine berüchtigten Abrechnungen mit dem preußischen *Ancien Régime*: die *Untersuchungen über den Geburtsadel* von 1807, in denen er die Abschaffung des Adels forderte und die *Galerie Preußischer Charaktere* von 1808, in der er die politische und kulturelle Elite des alten preußischen Staates in satirischen Einzelporträts karikierte oder das *Gemählde des gesellschaftlichen Zustandes im Königreiche Preussen bis zum 14. October des Jahres 1806. Von dem Verfasser des Neuen Leviathan* (1808), das in einer zeitgenössischen Rezension als ein „Terroristenanschlag" auf den preußischen Staat gebrandmarkt wurde.[34] Die *Galerie Preußischer Charaktere* wurde zu Buchholz' größtem Markterfolg und zum Bestseller der Napoleonischen Zeit. Als die fran-

---

[33] Varnhagen, Held (wie Anm. 12), 124.

[34] So der Breslauer Pastor Georg Goldfinder in einer Polemik gegen das Werk unter dem Titel *Leviathan der Große, der Reformator. Versuch einer Beleuchtung* in der Zeitschrift *Die Zeiten*, 9. Stück, September 1808, 335–374 (fortgesetzt im 10. Stück, Oktober 1808, 3–31), hier 354: „Welch ein Heil solche Terroristenanschläge der Menschheit zu bringen pflegen, hat die Welt jüngst reichlich gesehen [...] Obige Weise zu reformiren nennen unsere Revolutionärs, unsere Leviathans radikal".

zösische Oberzensur das Buch auf preußisches Drängen verbieten und konfiszieren lassen wollte, waren bereits alle 6000 Exemplare verkauft. In dieser Zeit wurde Buchholz zum großen Gegenspieler der konservativen politischen Publizisten.[35] Friedrich Gentz erkannte in ihm den „Chef der neuen revoluzionairen Schule"[36] in Berlin, Adam Müller erklärte ihn sogar zum „Haupt der politischen Presse in Deutschland".[37]

II. Hardenbergs Staatskanzlei als Sammelpunkt radikaler Spätaufklärer (1810–1820)

Nach 1810 wurde die Behörde des neu berufenen Staatskanzlers Karl August von Hardenberg zum Knotenpunkt radikalaufklärerischer Netzwerke. Für die Unterstützung seiner Reformen gegen die altständische Opposition wählte Hardenberg seine pressepolitischen Mitarbeiter bevorzugt unter den Radikalen, politischen Gefangenen und Ausgestoßenen des preußischen Ancien Regime aus.[38] Direkt aus dem Gefängnis holte er neben Hans von Held unter anderem Karl Julius Lange, Saul Ascher, Friedrich von Cölln, Johann Benjamin Erhard und Konrad Engelbert Oelsner in die Staatskanzlei. Daß sich unter ihnen besonders viele Anhänger der von Frankreich ausgehenden Gesellschaftsreformen finden, ist nicht nur als Konzession an Napoleon zu sehen, sondern eine bewußte politische Maxime: Hardenberg erhoffte sich von diesen Autoren, daß sie „durch Verbreitung liberaler Ideen und guter Gesinnung am Wiederaufbau des Preußischen Staates teilnehmen", wie er es gegenüber der Preußischen Polizeibehörde ausdrückte, als er die Freilassung von Konrad Engelbert Oelsner anordnete.[39] Tatsächlich lassen sich anhand dieser Gruppe wie an der Reformpolitik Hardenbergs insgesamt die Kontinuitäten zwischen Spätaufklärung und einem Frühliberalismus, der erstmals auch in politische Entscheidungen umgesetzt wurde, in Preußen aufzeigen.

---

[35] Iwan-M. D'Aprile, „Wo der Pöbel vernünftelt". Die Fehde zwischen Buchholz und Gentz, in: Zeitschrift für Ideengeschichte 4 (2009), 33–46.

[36] Zit. n. Jörn Garber, Politische Revolution und industrielle Evolution. Reformstrategien des preußischen Saint-Simonismus (Friedrich Buchholz), in: Büsch u. a., Preußen und die revolutionäre Herausforderung (wie Anm. 15), 301–330, 305.

[37] Adam Müller, ‚Bei Gelegenheit der Untersuchungen über den Geburtsadel von Fr. Buchholz', in: Pallas (1808), 83.

[38] Grundlegend zu Hardenbergs Pressepolitik: Andrea Hofmeister-Hunger, Pressepolitik und Staatsreform. Die Institutionalisierung staatlicher Öffentlichkeitsarbeit bei Karl August von Hardenberg. Göttingen 1994; A. H.-H., Opposition via Pressepolitik. Netzwerke bei der Arbeit, in: Bernd Sösemann (Hg.), Kommunikation und Medien in Preußen vom 16. bis zum 19. Jahrhundert. Berlin 2002, 308 ff.

[39] Hardenberg an Konrad Engelbert Oelsner am 18.11.1815. Zit. n. Hofmeister-Hunger, Pressepolitik (wie Anm. 38), 323.

Daß auch Buchholz in Hardenbergs Dienste berufen wurde, ist insofern bemerkenswert, als Hardenberg in der *Galerie Preußischer Charaktere* ein satirisches Porträt gewidmet war: Er wird dort als einer der typischen Repräsentanten der altadligen, überforderten Funktionsträger dargestellt. Wie wir aus den Tagebüchern Hardenbergs wissen, hat dieser das Buch nicht nur gelesen, sondern ihm war darüber hinaus auch Buchholz als Verfasser bekannt.[40]

Buchholz erhielt von Hardenberg, nachdem er bereits Ende 1810 als informeller Berater tätig gewesen war, ab März 1811 ein monatliches Gehalt von 90 Talern und wurde eine Art Beauftragter für die Rheinbundreformen und westeuropäische Verfassungen.[41] In einem Brief von Hardenberg an Buchholz vom 16. März 1811 findet sich die Dienstbeschreibung: Buchholz soll als ein „Mann, der mit historischen Kenntnißen die Einsicht des für den jetzigen Moment Wichtigen verbindet" prüfen, welche „inneren Einrichtungen der benachbarten Staaten" man nachahmen könne und welche nicht.[42] Auf der Grundlage dieser Aufgabenbeschreibung hat Buchholz die wichtigsten Reformvorhaben vom Finanzedikt über das Emanzipationsedikt für die Juden bis hin zur Frage nach einer Nationalrepräsentation durch öffentliche Kommentierung oder auch durch vorbereitende Studien pressepolitisch begleitet.

---

[40] „Dans les pamphlets qui paroissent sur les Événémens des dernières années, je ne suis point ménagé, quoique personne ne se soit permis de dire quelque chose contre mon caractère, ce qui est arrivé à bien d'autres. Je ferai des notes aux plus rémarquables de ces productions, comme les Vertrauten Briefe, die Feuerbrände, Récueil de traits caractéristiques [=Charakteristik Friedrich Wilhelms III. und der bedeutendsten Persönlichkeiten an seinem Hofe. Gesammelt und bekannt gemacht von M.W., Paris 1808, Anm. I.D.], Gallerie de caractères prussiens – apparamet de Bucholz et rempli de fiel et de méchanceté…" Karl August von Hardenberg 1750–1822. Tagebücher und autobiographische Aufzeichnungen, hg. und eingel. von Thomas Stamm-Kuhlmann, München 2000, 683, Eintrag Freitag, 25. März 1808.

[41] Am 14. Juni 1816 werden die monatlichen Zahlungen von Hardenberg in ein festes Jahresgehalt von 1080 Taler verwandelt. Zu Buchholz' Anstellung bei Hardenberg vgl. auch Bahrs, Buchholz (wie Anm. 7), 86 ff.

[42] „Bei der täglich wachsenden Nothwendigkeit, von den innern Einrichtungen der benachbarten Staaten Kenntnis zu nehmen, damit man das Heilsame nachahme, das Verderbliche vermeide, hat es mir räthlich geschienen, durch einen Mann, der mit historischen Kenntnißen die Einsicht des für den jetzigen Moment Wichtigen verbindet die zu jenem Zweck erforderlichen Ausmittelungen vornehmen zu lassen [...]. Sie werden zwar in der Regel die Gegenstände der Bearbeitung aus meinem Bureau vorgezeichnet erhalten; doch auch wird es mir sehr angenehm seyn, wenn Sie selbst bei Ihrer ausgebreiteten Kenntniß mich auf die Puncte aufmerksam machen, welche eine Beleuchtung und Darlegung verdienen, und welche in fremden Staaten bereits bearbeitet und ausgeführt sind [...]" Hardenberg an Buchholz, 16. März 1811, Geheimes Staatsarchiv Preußischer Kulturbesitz (im folgenden GStA PK) I. HA, Rep. 74 N III Nr. 40, Bl. 1 f.

Aus Buchholz' Briefen an seinen Verleger Cotta läßt sich sein Weg in die Hardenberg'sche Staatskanzlei genau rekonstruieren.[43] Am 2. Oktober 1810, als sich seine Zusammenarbeit mit Hardenberg bereits anzubahnen beginnt, teilt er Cotta mit, daß er sich nun mit Fragen der Volkssouveränität und der Nationalrepräsentation beschäftige. In diesem Schreiben verdichtet er seinen radikal historisierenden Ansatz, wie er ihn seit seinem *Gravitationsgesetz für die moralische Welt* entwickelt hat, seine frühliberale politische Orientierung und sein Selbstverständnis über seine Aufgaben als politischer Schriftsteller in der Formel, daß der eigentliche Zweck seiner Schriftstellerei in der „Beschleunigung der Freiheit in Deutschland" bestehe:

> Ich arbeite jetzt an einem Werk über National-Repräsentation. Mein Gedanke ist, die Grundsätze derselben vollständig zu entwickeln u. den Deutschen klar zu machen, was durch sie für die Verbesserung des gesellschaftlichen Zustandes in Deutschland geleistet werden kann. Wenn Deutschland in seinen Partikular-Verfassungen so weit hinter Frankreich zurückbleibt: so scheint mir die Ursache darin vorzüglich darin zu liegen, daß die deutschen Staatsmänner durchaus nicht wissen, was sie von Frankreichs Verfassung halten sollen, u. wie viel von einer Uebertragung derselben zu hassen u. zu fürchten ist. Hierin möchte ich ihnen zu Hülfe kommen; mein eigentlicher Zweck aber geht auf eine Beschleunigung der Freiheit in Deutschland, ohne welche kein Heil zu erwarten ist.[44]

Buchholz' erste Veröffentlichung im Auftrag Hardenbergs trägt den Titel *Freimüthige Betrachtungen über die Verordnung vom 27. October in Betreff des Finanz-Wesens* und ist als offener Brief an die Mitbürger ausgewiesen, der unmittelbar nach Verkündigung des Finanzedikts beim Verleger Matzdorff in Berlin mit persönlichem Imprimatur Hardenbergs erschien.[45] Hinter dem fiskalisch klingenden Titel *Finanzedikt* verbirgt sich bereits Hardenbergs gesamtes Regierungsprogramm: Es stellt seine Antwort auf die scheinbar ausweglose Situation dar, den bankrotten preußischen Staat wieder liquide zu machen und gleichzeitig die Kontributionsforderungen der französischen Besatzungsmacht zu erfüllen. Dies sollte einerseits durch Steuererhöhung und Einführung neuer Abgaben gelingen, vor allem aber durch den Abbau von Privilegien, Standes- und Zunftschranken und Binnenzöllen, um so Wirtschaftstätigkeit und Handel zu erleichtern. Daneben enthält das Edikt auch das erste einer Reihe von Verfassungsversprechen, die Hardenberg dem König abgetrotzt hat.

---

[43] Die Korrespondenz wird demnächst erstmals publiziert in: Iwan-M. D'Aprile, Die Erfindung der Zeitgeschichte. Geschichtsschreibung und Journalismus zwischen Aufklärung und Vormärz, Berlin 2012.

[44] Buchholz an Cotta am 2. Oktober 1810, in: ebd.

[45] Hardenberg erteilte Buchholz *Freimüthigen Betrachtungen* das Imprimatur eigenhändig am 24. November 1810, „da er gegen den Inhalt derselben nichts zu erinnern habe". Vgl. Reinhold Steig, Heinrich von Kleist's Berliner Kämpfe, Berlin 1901, 154.

In der Vorrede seiner *Betrachtungen* thematisiert Buchholz zunächst seine eigene Rolle als Autor und rechtfertigt sich dafür, warum er als unabhängiger politischer Schriftsteller nun plötzlich zum Propagandisten von Staatsverordnungen wird. Er macht darauf aufmerksam, daß das Finanzedikt in der Tendenz seinen eigenen bereits seit Jahren vertretenen politischen Grundsätzen entspricht und jenen Zustand der „Gleichheit vor dem Gesetz" realisiere, den er selbst immer als einzigen Ausweg aus der Krise des Ancien regime gesehen habe. In euphorischen Worten drückt Buchholz seine Hoffnung aus, daß sich mit dem Edikt eine „neue Aera" für Preußen eröffne. Daher habe er als Patriot das Bedürfnis empfunden, sich mit seinen Mitbürgern, die ja das Subjekt der neuen Nation seien, über die Bedeutung der neuen Verordnung auszutauschen. Offenkundig geht Buchholz davon aus, daß die Leserinnen und Leser den offiziellen Hintergrund seiner Veröffentlichung durchschauen und er verspricht, trotz dieser sehr propagandistisch klingenden Einleitung nichts zu schreiben, was mit seinen bekannten früheren politischen Ansichten in Widerspruch stehe, sondern den Gegenstand „mit der gleichen Freimüthigkeit abzuhandeln", die seine Leser von ihm erwarteten.[46]

Tatsächlich argumentiert Buchholz ganz entsprechend der sozioökonomischen Herangehensweise seiner anderen Werke und zeigt, wie die „einzelnen Classen der Gesellschaft" durch den Übergang von der „Productenwirtschaft" zur „Geldwirtschaft" und durch den damit verbundenen Privilegien- und Bürokratieabbau gewinnen werden: Die Bauern durch neugewonnene Freiheit, die Bürger durch Zeitgewinn. Vor allem aber würde die Klasse gewinnen, die sich am lautesten über die Reformen beklagt, nämlich die Adligen, die sich durch die neuen Gesetze aus mittelalterlichen Feudaladligen in moderne Agrarunternehmer verwandeln würden. Während solche wirtschaftsliberalen Nutzenkalkulationen noch kompatibel mit der offiziellen Argumentationslinie für das Finanzedikt waren, macht besonders der Schluß von Buchholz' Werk deutlich, daß er seinem Anspruch, mit seiner Abhandlung nicht bloße Regierungspropaganda zu betreiben, durchaus gerecht wird. Er zieht nämlich hier das überraschende Fazit, daß das Hardenbergsche Finanzedikt den ersten Schritt zur Übernahme der Verfassung Frankreichs in Preußen darstelle und damit die Voraussetzung für eine dauerhafte Friedensordnung in Europa schaffe. Buchholz geht sogar noch weiter und unterstellt in einem hintersinnigen Fürstenlob Friedrich Wilhelm III, daß diese Entwicklung schon immer dessen geheimsten Wünschen entsprochen habe, daß er sich aber gegen die Beharrungskräfte und Privilegienträger nicht habe durchsetzen können, bis „durch einen Stoß von außen" der Alte Staat in Preußen abgeschafft und damit

---

[46] Friedrich Buchholz, Freimüthige Betrachtungen über die Verordnung vom 27. October in Betreff des Finanz-Wesens, Berlin 1810, 13.

jene „Gleichheit vor dem Gesetz" ermöglicht worden wäre, die Buchholz in der
Vorrede als seine eigene politische Hauptforderung ausgewiesen hatte.[47]
Anhand der im Geheimen Staatsarchiv überlieferten Zensurakten läßt sich zeigen, zu welchen Komplikationen Buchholz' Schriften im Auftrag Hardenbergs in
der Preußischen Verwaltung geführt haben.[48] So mußte sich der für die gesamte
politische Zensur zuständige Beamte Johann Heinrich Renfner gegenüber seinem
Vorgesetzten Hardenberg gewunden rechtfertigen, daß er eine Eloge von Buchholz auf den Staatskanzler gestrichen habe, weil Buchholz dort seine eigenen,
sehr radikalen Gedanken zur Abschaffung der Adelsprivilegien Hardenberg un-
tergeschoben habe. Zwar sei die Abschaffung der Adelsprivilegien „das Lieb-
lingsthema des Herrn Buchholz", aber seines Wissens nicht die Politik des Staatskanzlers und deshalb sei er sich dessen Zustimmung sicher gewesen, als er auf
diese falsche Behauptung seine „Hand gelegt habe":

> Un autre champion, un peu difficile à combattre, étaiet le professeur Buchholtz, et ce-
> pendant mes corrections dans son Journal de poche était d'une nécessité absolue. Il a
> cru m'embarrasser par ma radiation côtée f, le passage en question impliquant en même
> temps une éloge de Votre Exc. Mais á quel prix ? Il La prônait de ce qu'en Se mettant au
> dessus des préjuges de Sa caste, Elle avait aboli dès le commencement de Son admi-
> nistration tous les privilèges de la Noblesse. C'est là le thême favori de Sieur Buchholtz,
> mais Votre Excellence n'abondant pas, que je sache, dans le même sens, j'étais sûr de ne
> pas Lui déplaire en faisant main basse sur une assertion qui est fausse.[49]

Daß gerade Buchholz' lobende Artikel über Hardenberg vom Zensor mißtrauisch
beäugt wurden, zeigt sich auch ein Jahr später, als Renfner in Buchholz *Histori-
schem Taschenbuch für das Jahr 1814* eine Passage streicht, in der dieser Hardenbergs erste Dienstanordnungen beim Amtsantritt als Staatskanzler öffentlich machen wollte.[50] Auch eine – bis heute verschollene – Geschichte der Freimaurerei
von Buchholz habe er nicht zum Druck zulassen können, weil die Schrift „ein
wahrer jakobinischer Skandal" („un vrai scandale Jacobin") und „in jeder Hinsicht sträflich" sei.[51] Besonders aufschlußreich für die Beziehungen zwischen
dem reformfreudigen Staatskanzler, dem radikalen Spätaufklärer und dem peni-
blen Zensor sind dabei die Vermerke und Randnotizen an den Zensurakten:
immer wieder finden sich hier Hinweise, nach denen sowohl Buchholz als
auch Hardenberg versuchten, den Zensor zu umgehen und die Druckerlaubnis
auf dem kurzen Dienstweg zu regeln: Das persönliche Imprimatur Hardenbergs

---

[47] Ebd., 96 f.
[48] Geheimes Staatsarchiv Preußischer Kulturbesitz (GStA PK), III. HA: Ministerium für Auswärtige Angelegenheiten, I, Nr. 8942: Acta Renfner.
[49] Johann Heinrich Renfner, Begleitschreiben zum Verzeichnis der im Monat November 1813
censirten Schriften, Berlin, le 30. Novembre 1813, GStA PK, I. HA Rep. 74 JX, Nr. 5 adh, Bl. 3.
[50] Ebd., Bl. 80.
[51] GStA PK, III. HA, Nr. 8942, Bl. 53.

für Buchholz' *Freimüthige Betrachtungen über das Finanzedikt* ist hierfür nur ein Beispiel von vielen.

III. Nach 1820: Zwischen Spätaufklärung und Saint-Simonismus

Nach Hardenbergs allmählichem Rückzug aus der Regierung und schließlich dessen Tod am 26. November 1822 geriet Buchholz in verschärfte Zensurschwierigkeiten. Der zuständige Polizeiminister Friedrich von Schuckmann deutete die Dienstbeschreibung von Buchholz nun so um, daß dieser ausschließlich „Darstellungen der Einrichtungen benachbarter Staaten" zu liefern habe, nicht aber sich über die inneren Verhältnisse in Preußen und alle damit zusammenhängenden Fragen von Nationalrepräsentation und konstitutioneller Monarchie öffentlich äußern dürfe. Im Falle der Zuwiderhandlung drohte Schuckmann Buchholz mit Entzug des Privilegs und des Honorars. Das Oberzensur-Kollegium und das Ober-Präsidium der Provinz Brandenburg wurden zu einer aufmerksameren Überwachung von Buchholz' Schriften ermahnt.[52] Insbesondere bezog sich diese Mahnung auf Buchholz' historisch-politische Monatszeitschrift, die er von 1815–1820 unter dem Titel *Journal für Deutschland* und von 1820–1837 als *Neue Monatsschrift für Deutschland* herausgab.

Buchholz machte sein Journal in der Folge zu einer Art Pressespiegel westeuropäischer politischer Debatten. Neben Übernahmen aus der liberalen *Edinburgh Review* waren es vor allem die Schriften der saint-simonistischen Bewegung, die Buchholz als erster im deutschen Sprachraum bekannt machte. Anhand des in der Forschung bislang weitgehend unberücksichtigten Briefwechsels zwischen Gustave d'Eichthal und Auguste Comte lassen sich die überraschenden Querverbindungen zwischen dem preußischen Spätaufklärer und den französischen Positivisten und Frühsozialisten nachverfolgen.[53] Zugleich spiegelt sich hier auch der Pa-

---

[52] Vgl. auch Schäfer, Buchholz (wie Anm. 7), Bd. 1, 111 f.

[53] Die Korrespondenz ist abgedruckt in: La Revue Occidentale philosophique, sociale et politique, Organe du Positivisme, hg. von Pierre Laffitte, Seconde Série, Tôme XII, Premier semestre (1896), 186–276. Rütger Schäfer und nach ihm Stefanie Siebers-Gfaller haben die frühe Rezeption des Saint-Simonismus am Beispiel von Friedrich Buchholz ansonsten detailliert aufgearbeitet. Schäfer, Buchholz (wie Anm. 7); Stefanie Siebers-Gfaller, Deutsche Pressestimmen zum Saint-Simonismus 1830–1836. Eine frühsozialistische Bewegung im Journalismus der Restaurationszeit, Frankfurt am Main 1992. Bei Friedrich August von Hayek und bei der Comte-Biographin Mary Pickering findet sich ein Verweis auf die Korrespondenz, allerdings mit fehlerhafter bibliographischer Angabe. Friedrich August von Hayek, Mißbrauch und Verfall der Vernunft, 3. überarb. Aufl., Tübingen 2004, 177, Anm. 280. [Engl. Originalfassung: The Counter-Revolution of Science. Studies in the Abuse of Reason, Glencoe 1952, dt. Übers. zuerst: Frankfurt am Main 1959]; Mary Pickering, Auguste Comte. An Intellectual Biography, Cambridge 2006, Bd. 1, 275, Anm. 182.

radigmenwechsel zwischen Spätaufklärern wie Buchholz und den Hegelianern in den frühen 1820er Jahren.

Gustave d'Eichthal begab sich als junger Mann im Alter von 22 Jahren, kurz bevor er in die Firma seines Vaters eintreten sollte, zwischen März 1824 und Januar 1825 auf eine Bildungsreise nach Deutschland. Er war ein Schüler und Bewunderer Auguste Comtes und reiste offenkundig auch mit dem Auftrag, Anhänger für Comtes positive Philosophie in Deutschland zu suchen.[54] Bereits im ersten Brief vom 23. März 1824 aus München berichtet d'Eichthal von Friedrich Buchholz, auf dessen Bedeutung als historisch-politischer Schriftsteller er in der Bayerischen Hauptstadt aufmerksam gemacht worden sei:

> J'ai pris beaucoup d'informations depuis que je suis ici sur M. Fr. Bucholz. C'est un homme qui a beaucoup écrit tant sur l'histoire que sur la politique, principalement de nos jours. Son principale ouvrage historique est son ouvrage sur les Romains. Il fera aussi bientôt paraître un ouvrage sue le moyen âge. Malheureusement, je n'ai encore pu me procurer ici aucun de ses ouvrages. Il a la réputation d'avoir une très bonne tête.[55]

Bereits drei Wochen später hatte sich d'Eichthal umfassend informiert. Sein zweiter Brief vom 19. April 1824, immer noch aus München, handelt nur noch von Buchholz. D'Eichthal hat Buchholz' *Hermes oder über die Natur der Gesellschaft* gelesen und darin eine Wissenschaft des Politischen („Science politique") in der Richtung des Positivismus entdeckt. Insbesondere hebt d'Eichthal Buchholz' Geldtheorie, die dieser aus der Ausdifferenzierung der Gesellschaft und der zunehmenden Arbeitsteilung entwickelt, hervor, durch welche ihm die Wichtigkeit der politischen Ökonomie deutlich geworden sei:

> Je vois tous les jours mieux l'importance des connaissances financières. Une théorie de l'argent dans M. de Bucholz, théorie qu'il déduit fort heureusement de la diversité des fonctions sociales, m'a donné bien des idées à ce sujet.[56]

Anfang Mai 1824 traf d'Eichthal in Berlin ein und berichtete schon am 11. Mai begeistert über sein erstes Treffen mit Buchholz am Morgen desselben Tages. Dieser großartige Mann habe das ganze System des Positivismus in seinem Kopf:

> J'ai été le voir ce matin, et nous avons eu immédiatement une conversation de deux heures. C'est un homme superbe, grand, une tête magnifique et pleine de génie […] On peut dire qu'il a tout le système positif dans la tête.[57]

---

[54] Revue Occidentale (wie Anm. 53), 190.
[55] D'Eichthal an Comte, München, 23. März 1824, ebd., 192.
[56] D'Eichthal an Comte, München, 19. April 1824, ebd., 195.
[57] D'Eichthal an Comte, Berlin, 11. Mai 1824, ebd., 206.

Umgekehrt übersetzte Buchholz sofort den ersten Teil von Comtes *Système de politique positive* unter dem Titel *Grundlinien einer nicht-metaphysischen Staatswissenschaft* für die Juli-Ausgabe seiner Monatsschrift.[58]

Am 18. Juni kommt d'Eichthal auf Buchholz' Erstlingswerk, das *Gravitationsgesetz für die moralische Welt* zu sprechen. Dieses sei als erster Streich des Genies wahrscheinlich deßen bestes Werk („probablement son mellieur, parce que c'était le premier jet d'un homme de génie"[59]), in jedem Fall zeige sich in ihm, daß Buchholz seit seinen Anfängen eine ähnliche Richtung verfolgt habe wie Comte selbst. Zusammen mit Herder, der in einer Linie mit Buffon als antimetaphysischer Evolutionsdenker präsentiert wird, und Condorcet zählt d'Eichthal es zu den unmittelbaren Vorgängerwerken des Positivismus: „Il est incontestable que dans toute sa carrière il a suivi d'une manière plus ou moins précise la direction que vous indiquez".[60] D'Eichthal empfiehlt dieses „perfekte" Werk für eine französische Übersetzung und kündigt Comte an, für ihn eine solche anzufertigen: „chacun de ces chapitres est plein des points de vue les plus justes et les plus spiritules […] En un mot, à l'exception de quelques chapitres théoriques, l'ouvrage est parfait, et il mérite entièrement d'être traduit".[61] Bis zu seiner Abreise aus Berlin hat d'Eichthal dann einen großen Teil seiner französischen Übersetzung des *Gravitationsgesetzes* an Comte geschickt.

Direkt von Buchholz übernahmen d'Eichthal und Comte anfangs dessen Deutung von zwei widerstreitenden Schulen in Deutschland, den idealistischen Metaphysikern und den empirischen Historikern, wobei Leibniz, Kant, Fichte und Ancillon die erstere bilden und Herder, Buchholz, Heeren und Savigny die letztere.[62] Nicht ohne Stolz berichtet Comte in einem Brief an seinen Freund, den Physiker Emile Tabarié, über seine neuen Beziehungen in Deutschland, daß der berühmte Autor Friedrich Buchholz seine Arbeiten mit Hilfe seiner Monatsschrift fördern wolle und auf eine breite Rezeption unter den metaphysik-kritischen Historikern hoffe:

> M. Bucholtz a beaucoup de crédit en Allemagne, il pense que mon ouvrage doit agir fortement sur les esprits allemands plus que sur les français, et les articles ont pour but de seconder cette tendance. Je suivrai avec soin cette relation, et suis effectivement porté à croire à un assez grand success en Allemagne, dans le parti des historiens qui lute dans toutes les universities et dans la nation germanique contre celui des métaphy-

---

[58] D'Eichthal an Comte, Berlin, 6. Juni 1824, ebd., 217 f. Neue Monatsschrift für Deutschland historisch-politischen Inhalts, hg. von Friedrich Buchholz, Bd. 14 (1824), 314–351 und Bd. 15 (1824), 52–85.

[59] D'Eichthal an Comte, Berlin 18. Juni 1824, ebd., 225.

[60] Ebd., 218.

[61] Ebd., 228 f.

[62] Comte an Eichthal, Paris, 5. August 1824, ebd., 236.

siciens, fait trop peu connu en France, et qui est très essential à la conaissance exacte de l'Allemagne.[63]

Die Beziehung zwischen d'Eichthal und Buchholz kühlte allerdings schnell wieder ab. Von Anfang an konstatierte d'Eichthal, daß der damals über fünfzigjährige Buchholz eigentlich bereits zu alt sei, die neue Lehre des Positivismus zu vertreten. Zudem bewegte d'Eichthal sich nun in Berlin mehr und mehr in den Kreisen um Hegel und Eduard Gans, die ihn überzeugten, daß Buchholz seinen Hauptgedanken nur aus Kants *Idee zu einer allgemeinen Geschichte in weltbürgerlicher Absicht* abgeschrieben habe – d'Eichthal fertigte sofort auch eine Übersetzung der Kantischen Schrift für Comte an. Jetzt meinte d'Eichthal, daß doch eher Hegel der „ideale Mann" für die Vermittlung des Positivismus in Deutschland sei, während Buchholz ihm nun als ein sehr später Aufklärer erschien, der ohne jeden eigenständigen philosophischen Sinn sei. Für die Verbreitung des Positivismus in Deutschland könne dieser daher lediglich als „Portier" dienen, nicht aber als „Meister":

> Bucholz a été pour nous le portier de l'Allemagne ; mais il ne faut pas nous tromper, et prendre le portier pour le maître de maison. En un mot, c'est un homme qui comprend ce que les autres ont écrit, mais qui, par la faute de son éducation, ne produira jamais rien par lui-même.[64]

Und auch Comte reagiert eher indigniert, als Buchholz ihn in einem Brief auf die Übereinstimmungen in ihren Arbeiten hinweist. Gegenüber d'Eichthal mokiert er sich darüber, daß Buchholz ihm die Ehre gemacht habe, ihm mitzuteilen, daß er bereits seit 24 Jahren, also seit seinem *Gravitationsgesetz*, die gleichen Gedanken gehabt habe wie Comte:

> J'ai reçu, il y a quelques jours, la lettre si longtemps attendue de Bucholz [...] La lettre est très flatteuse, et même plus formelle que je ne m'y attendais, puisqu'il me fait l'honneur de regarder mes idées comme conforme à ce qu'il a pensé depuis vingt-quatre ans.[65]

---

[63] Auguste Comte an Emile Tabarié, Paris, 22. August 1824, in: Lettres d'Auguste Comte à divers, publiée par ses Testamentaires 1850–1857, 3 Bde., Paris 1902, Bd. 2, 25. „Herr Buchholz genießt hohes Ansehen in Deutschland. Er nimmt an, daß mein Werk die Deutschen stärker beeinflussen wird als die Franzosen [...] Ich werde mit Sorgfalt diese Beziehung pflegen und bin tatsächlich geneigt, an einen ziemlich großen Erfolg in Deutschland unter den Historikern zu glauben, die in allen Universitäten und in der gesamten deutschen Nation gegen die Metaphysiker kämpfen". Schäfer, Buchholz (wie Anm. 7), Bd. 1, 119 f.

[64] D'Eichthal an Comte, Berlin, 22. August 1824, Revue Occidentale (wie Anm. 53), 245.

[65] Comte an d'Eichthal, Paris, 24. November 1824, in: Lettres à divers (wie Anm. 63), 95. [hier fälschlich als Brief vom 24. November 1825 ausgewiesen].

Dennoch blieben Comte und Buchholz in Kontakt[66] und Buchholz machte seine Monatsschrift im Folgenden durch Comtes Vermittlung geradezu zum Sprachrohr saint-simonistischer Schriften und zu einer Art deutscher Teilausgabe des *Producteur*.[67] Nicht weniger als 32 Abhandlungen auf rund 850 Seiten von Allier, Bazard, Blanqui, Buchez, Comte, Decaen, Enfantin, Dubouchet, Laurent, Rodrigues und Rouen übersetzte Buchholz hier in den Jahren 1826 bis 1829. Hinzu kommen weitere Artikel aus Journalen wie der *Revue encyclopédique* und der *Revue du progrès social*, die dem Saint-Simonismus nahestanden.[68] Buchholz verteidigte die neue Sozialtheorie gegen den Vorwurf der Aufrührerei[69] und betonte die vollkommene Übereinstimmung zwischen der saint-simonistischen Lehre mit der „leitenden Idee" seiner eigenen Zeitschrift:

> Was uns betrifft, so haben wir, die volle Wahrheit zu gestehen, unseren Lesern den Inhalt dieses Aufsatzes um so weniger vorenthalten können oder wollen, da seine Uebereinstimmung mit dem, was seit achtzehn Jahren die leitende Idee der Monatsschrift für Deutschland ausmacht, sich keinen Augenblick verkennen läßt.[70]

So erhielt der Saint-Simonismus zuerst über den radikalen Spätaufklärer Friedrich Buchholz in seiner mit Privileg der Regierung erscheinenden *Neuen Monatsschrift* Einzug in Preußen, wo er vermittelt durch Eduard Gans, Karl August Varnhagen von Ense, Friedrich von Raumer, Hermann von Pückler-Muskau, Heinrich Heine, Friedrich Engels und viele andere ab den 1830er Jahren eine breite Wirkung entfaltete und für den Vormärz und Junghegelianismus von entscheidender Bedeutung wurde.[71]

---

[66] Vgl. ebd., 108.

[67] Der *Producteur – journal de l'industrie, des sciences et des beaux-arts* erschien von Oktober 1825 bis Oktober 1826 und war in dieser Zeit das zentrale saint-simonistische Publikationsorgan. Rütger Schäfer hat die von Buchholz in seiner Monatsschrift übersetzten saint-simonistischen Artikel neu abgedruckt in: Saint-Simonistische Texte. Abhandlungen von Saint-Simon und anderen in zeitgenössischen Übersetzungen, hg. und eingel. von Rütger Schäfer, 2 Bde., Bd. 1, Aalen 1975, 9 – 16.

[68] Schäfer, Buchholz (wie Anm. 7), Bd. 1, 8, 13.

[69] Vgl. Saint-simonistische Texte (wie Anm. 67), sowie Siebers-Gfaller, Pressestimmen (wie Anm. 53), 184 ff.

[70] Über die neue Tendenz der Ideen (aus dem Französischen), in: Neue Monatsschrift für Deutschland, Bd. 38, 1832, 212 – 223, 212.

[71] Zuletzt: Hans-Christoph Schmidt am Busch (Hg.), Hegelianismus und Saint-Simonismus, Paderborn 2007; zu Gans: Reinhard Blänkner u. a. (Hg.), Eduard Gans. Politischer Professor zwischen Restauration und Vormärz, Leipzig 2002; zu Friedrich Engels' Saint-Simonismus-Rezeption: Niels Mader, Philosophie als politischer Prozess. Karl Marx und Friedrich Engels – Ein Werk im Werden, Köln 1986, 63.

Zusammen mit Autoren wie Saul Ascher, Hans von Held, Karl Ludwig Woltmann oder Garlieb Merkel gehört der politische Publizist, Schriftsteller und Historiker Friedrich Buchholz (1768–1843) generationell zu einer Gruppe von Autoren, anhand derer sich die Kontinuitäten der Preußischen Spätaufklärung bis ins 19. Jahrhundert und in den Vormärz exemplifizieren lassen. Diese Kontinuitäten sind in Preußen, wo die Aufklärung seit den Zeiten Friedrichs II. zu den Legitimationsmustern des Staates gehört und sowohl in staatlichen als auch zivilgesellschaftlichen Institutionen, Vereinen und Medien verankert ist, von besonderer Bedeutung. So stehen noch die Hardenbergschen Staatsreformen in der Tradition der aufgeklärten Modernisierung. Bei den genannten Autoren gehen denn auch radikale politische Kritik an der Ständegesellschaft und der Versuch, durch die Nähe zu reformbereiten Entscheidungsträgern Einfluß zu gewinnen, Hand in Hand. In dem Beitrag werden die Kontinuitäten zwischen radikaler Spätaufklärung, frühliberalen Gesellschaftsreformen und dem Vormärz am Beispiel der Netzwerke um Friedrich Buchholz rekonstruiert.

The political publicist, author and historian Friedrich Buchholz (1768–1843) can be assigned to a generation of authors to which Saul Ascher, Hans von Held, Karl Ludwig Woltmann and Gabriel Merkel also belong and whose works provide exemplary material for examining the continuities linking the late Enlightenment in Prussia to the period before the 1848 revolution („Vormärz"). These continuities are of special significance for Prussia where the Enlightenment since the times of Friedrich II. had served as a basis for state legitimacy and had thrown down its roots also in the form of civil institutions, associations and media. In this sense the political reforms undertaken under the direction of Hardenberg belong to the tradition of Enlightenment modernization. The authors mentioned above combined radical political criticism levelled at the old system of estates with the attempt to attain influence through a proximity to reform-minded decision-makers. In this essay, the continuities between the radical Enlightenment, early liberal social reform and the „Vormärz" period are reconstructed by focussing on the network surrounding Friedrich Buchholz.

Prof. Dr. Iwan Michelangelo D'Aprile, Juniorprofessur Europäische Aufklärung, Historisches Institut, Universität Potsdam, Am Neuen Palais 10, 14469 Potsdam, E-Mail: daprile@uni-potsdam.de

A N D R E A S   M E N K

Johann Heinrich Schulz – „Meteor an dem Kirchenhimmel der Mark von Deutschland"

Über eine personelle Konstellation der Ermöglichung radikaler Religionskritik im spätfriderizianischen Preußen

Die Empfindung des Bedrohlichen und spektakulär Außerordentlichen, die Johann Georg Hamanns Metapher vom „Meteor an dem Kirchenhimmel der Mark von Deutschland",[1] ebenso wie der wenige Jahre später von Johann Friedrich Ouvrier vorgenommene Vergleich der skandalösen Erscheinung des Radikalaufklärers Schulz mit einem Kometen[2] anklingen läßt, findet de facto eine Entsprechung in der anhand zahlreicher Quellen dokumentierbaren Resonanz der Zeitgenossen auf diese überaus polarisierende Figur. Die Sensation bestand dabei gar nicht zuerst in der für die deutsche Aufklärung ungewöhnlich spöttischen und radikalen Religionskritik des mit einem unakademischen, gleichermaßen rhetorisch prägnanten wie polemischen Stil auf Publikumswirkung zielenden Autors, sondern zunächst in dem besonderen Umstand, daß dieser nicht ohne Grund des Atheismus bezichtigte Schriftsteller zugleich das Amt eines protestantischen Dorfpredigers innehatte. Auf den ersten Blick begünstigt auch in seinem Fall das quantitative Übergewicht kritischer und empörter Reaktionen die vertraute Einschätzung, derzufolge radikale Religionskritik als eine so abseitige Außenseiterposition innerhalb der deutschen Aufklärung zu gelten hat, daß deren Protagonisten, zumal wenn es sich wie bei Schulz um dissentierende Theologen oder Geistliche handelt, kaum anders als unter der Kategorie des pathologischen Sonderlings begreifbar scheinen. Von daher bietet sich an, eine Erkundung der spe-

---

[1] Johann Georg Hamann, Entkleidung und Verklärung. Ein fliegender Brief an Niemand den Kundbaren. Erste Fassung, in: J. G. H., Sämtliche Werke, hg. von Josef Nadler, Bd. 3: Schriften über Sprache/Mysterien/Vernunft 1772–1788, Wien 1951, 360.

[2] Vgl. Johann Friedrich Ouvrier, Der Comet oder Erinnerungen und Bemerkungen über den Religions=Prozeß des Prediger Schulze zu Gielsdorf, Berlin 1793, 12. Der Text liegt vor als Teil einer umfangreichen Mikrofiche-Edition: Dirk Kemper (Hg.), Mißbrauchte Aufklärung? Schriften zum preußischen Religionsedikt vom 9. Juni 1788, 118 Schriften auf 202 Mikrofiches, Hildesheim u. a. 1996, T95.

zifischen Konstellation vorzunehmen, die das öffentliche Wirken dieser ungewöhnlichen Persönlichkeit ermöglicht und stabilisiert hat. Dabei soll durch Ein-
zelbetrachtungen der personellen Figuration im näheren und weiteren Umkreis
von Schulz die Konstituierung sowohl des institutionellen Freiraums als auch
des inhaltlichen Bezugsrahmens seiner Religionskritik ergründet werden, um
so das Kräftespiel am „Kirchenhimmel" des spät- und nachfriderizianischen
Preußens auszuloten, das diesem dynamischen, mit den angeführten Metaphern
astronomischer Ausnahmeereignisse beschriebenen Auftritt des Predigers Schulz
den Weg ebnete.[3] Am Beginn der Skizzierung dieser ‚Unterstützerkonstellation'
steht mit Friedrich dem Großen die prominenteste Identifikationsfigur institutioneller Aufklärung des achtzehnten Jahrhunderts, der auch in diesem Fall als der
eigentliche Impresario im Hintergrund des Spektakels angesehen werden darf,
wie die Fortsetzung des Geschehens in den Jahren nach seinem Tod bestätigen
sollte.

I. Durchführung einer königlichen Vorgabe zur Privilegierung der Moral gegenüber Metaphysik und Dogmatik

Sieht man in ihrer Anwendungsorientierung und der damit einhergehenden Bemühung um eine Popularisierung aufklärerischer Philosophie einen charakteristischen Zug der deutschen Spätaufklärung, datiert man ihren Beginn zudem um das
Jahr 1770, so läßt sich unschwer ein Ereignis benennen, in dem sowohl die Eröffnung dieser Endphase des ‚siècle des Lumières' seitens der königlich-preußischen
Aufklärung als auch das Vorspiel zum kometenhaften Aufschwung des Predigers
Schulz gesehen werden kann. Am 11. Januar 1770 wird in der Berliner Akademie
der Wissenschaften ein Vortrag Friedrichs des Großen verlesen, der unter dem Titel *Essai sur l'amour-propre envisagé comme principe de morale* in die Reihe seiner philosophischen Schriften Eingang gefunden hat.[4]

---

[3] Der vorliegende Beitrag ist begleitend zur Ausarbeitung meiner Dissertation über Johann
Heinrich Schulz entstanden, die sich eingehender auch mit der inhaltlichen Dimension der Religionskritik von Schulz befassen wird, die im folgenden nur beiläufig gestreift werden kann. Die
bislang ausführlichsten Darstellungen hierzu bieten Otto Finger, Johann Heinrich Schulz, ein Prediger des Atheismus, in: Gottfried Stiehler (Hg.), Beiträge zur Geschichte des vormarxistischen
Materialismus, Berlin 1961, 213–254, und Daniel Minary, Le problème de l'athéisme en Allemagne
à la fin du „siècle des Lumières", Paris 1993 (Annales Littéraires de l'Université de Besançon, 506),
156–172.

[4] Der französische Originaltext liegt vor als Bestandteil der folgenden Neuausgabe: Frédéric II
roi de Prusse, Oeuvres Philosophiques. Corpus des oeuvres de philosophie en langue française, hg.
von Jean-Robert Armogathe und Dominique Bourel, Paris 1985, 333–345. Im folgenden wird der
Vortrag überwiegend nach der 1770 erschienenen deutschen Übersetzung zitiert.

Der kurze Aufsatz will dazu anregen, die Moral auf ein solideres Fundament zu stellen als es seither in Philosophie und Religion unternommen wurde. Friedrich verweist zunächst auf die „dépravation du genre humain",[5] die ihm als Beleg dafür dient, daß die unterschiedlichen, von Philosophen und Theologen aufgestellten Beweggründe zur Tugend, nicht jene Wirkungen hervorgebracht haben, die man von ihnen hätte erwarten sollen. Nach einer galanten Bescheidenheitsbekundung – „Ich weiß zwar nicht, ob ich in einer so wichtigen Materie meine Muthmaassungen entdecken darf"[6] – nimmt der König, dem Anstoß zu einer grundlegenden Neuorientierung gemäß, eine Bestandsaufnahme des Scheiterns aller bisherigen Hauptrichtungen der Moralphilosophie vor, die im Rekurs auf ihre antiken Archetypen in vier Gruppen aufgefächert werden: die Stoiker, die Platoniker, die Epikureer und schließlich die Vertreter der christlichen Religion. Deutlich zum Ausdruck kommt hierbei Friedrichs Skepsis gegenüber jedweder Metaphysik,[7] die sein Denken als anschlußfähig gegenüber jener philosophischen Richtung der deutschen Spätaufklärung ausweist, die als ‚Philosophie des gesunden Menschenverstands' gekennzeichnet werden kann.[8] Für unseren Zusammanhang ist vor allem seine Kritik der platonischen und der christlichen Position von Interesse:

> Die Platoniker hätten sich des unermeßlichen Abstandes zwischen dem Wesen aller Wesen und der gebrechlichen Kreatur erinnern sollen. […] Unser | Geist ist der Herrschaft der Sinne unterworfen; unsere Vernunft würkt nur auf Dinge, wo uns die Erfahrung vorleuchtet; und dieser Vernunft abgezogene Materien vorlegen, heißt nichts anders, als sie in ein Labyrinth verleiten, wo sie niemals den Ausgang finden wird. […] Es giebt nur wenige grosse Geister, die ihren natürlichen gesunden Verstand [bon sens] nicht einbüssen, wenn sie sich in die Finsternisse der Metaphysik hinein wagen, und der Mensch ist überhaupt mehr empfindsam [sensible], als vernünftig gebohren. […]
> Die christliche Religion […], sage ich, legte dem Verstande so abgezogene Begriffe vor, daß man einen jeden Katechismusschüler in einen Metaphysiker hätte verwandeln und nur Leute von einer starken Einbildungskraft erwählen müssen, um durch diese Ideen hindurchzudringen; allein es giebt nur wenig Menschen, deren Köpfe dergestalt

---

[5] Frédéric II., Essai sur l'amour-propre envisagé comme principe de morale, in: Frédéric II, Oeuvres Philosophiques (wie Anm. 4), 334.

[6] [Friedrich II.], Versuch über die Selbstliebe, als ein Grundsatz der Moral betrachtet. In der ordentlichen Versamlung der Königl. Preußl. Akademie der Wissenschaften Donnerstags den 11. Jänner 1770 abgelesen. Aus dem Französischen übersetzt, Berlin 1770, 7.

[7] In Friedrichs Metaphysikskepsis manifestiert sich seine Rezeption von Pierre Bayle; vgl. Stefan Lorenz, Friedrich der Große und der Bellerophon der Philosophie. Bemerkungen zum „Roi Philosophe" und Pierre Bayle, in: Martin Fontius (Hg.), Friedrich II. und die europäische Aufklärung, Berlin 1999 (Forschungen zur brandenburgischen und preußischen Geschichte, Beiheft, 4), 73–85.

[8] Vgl. Jan Rachold, Die aufklärerische Vernunft im Spannungsfeld zwischen rationalistisch-mertaphysischer und politisch-sozialer Deutung. Ein Studie zur Philosophie der deutschen Aufklärung (Wolff, Abbt, Feder, Meiners, Weishaupt), Frankfurt am Main 1999 (Daedalus, 11), 161–231.

organisiret sind. Die Erfahrung lehrt, daß bey dem grösten Theile der Menschen der gegenwärtige Gegenstand, weil er ihre Sinne rühret, über einen entfernten Vorwurf die Oberhand behält, weil der leztere viel schwächer auf sie wirket; und folglich werden die Güter dieser Welt, deren Genuß wir in der Nähe vor uns sehen, bei den meisten Menschen ohnfehlbar den Vorzug vor den eingebildeten Gütern haben, deren Besitz sie sich nur auf eine undeutliche Art in einer dunklen Ferne vorstellen.[9]

Sogleich im Anschluß kommt Friedrich einem naheliegenden Einwand gegen seine Behauptung zuvor, das Christentum habe zur Beförderung der Tugend nur abstrakte Begriffe aufzubieten, indem er auch die Gott entgegengebrachte Liebe als geeigneten Ansporn zur Tugend infragestellt:

Ist eine solche Liebe wohl unter die möglichen Dinge zu zählen? Das Endliche kann das Unendliche nicht begreifen; folglich sind wir nicht im Stande uns eine genaue Idee von der Gottheit zu machen: wir können uns bloß von ihrem Daseyn überzeugen, und das ist alles. Wie kann man von einer groben Seele [âme agreste] verlangen, daß sie ein Wesen, welches sie auf keine Art und Weise erkennen kann, lieben soll?[10]

Damit konkretisiert sich die zuvor bereits artikulierte Metaphysikskepsis in Richtung eines prinzipiellen Zweifels an der Möglichkeit der Erkennbarkeit Gottes und damit an der eines moralisch motivierenden Gottesbezugs. In Anbetracht der von ihm konstatierten Unzulänglichkeit aller herkömmlichen Ansätze in der Moralphilosophie und deren Unbrauchbarkeit in Hinblick auf die anzustrebende Breitenwirkung der Unterweisung zur Tugend plädiert Friedrich nun dafür, die Sittenlehre auf ein allgemeines und einfaches, dem Menschen unmittelbar naheliegendes Prinzip zu gründen:

Diese so mächtige Triebfeder ist die Selbstliebe [l'amour-propre] [...]; dieser verborgene Grund [principe caché] aller menschlichen Handlungen. Sie findet sich in hohen Grade bey Leuten von Verstande, und sie unterrichtet [éclaire] auch so gar den einfältigsten Menschen in Dingen, die seinen Vortheil betreffen. Was kann also schöner und bewundernswürdiger seyn, als einen Grundsatz, der zum Laster verleiten kann, selbst zur Quelle des Guten, der Wohlfarth, und der allgemeinen Glückseligkeit zu machen? Und dieses müßte geschehen, wenn ein gründlicher [habile] Philosoph diese Materie behandelte, welcher die Selbstliebe gehörig ordnen, sie zum Guten lenken, den Leidenschaften andere Leidenschaften | entgegen setzen, und die Menschen durch die Ueberzeugung, daß sie ihres eigenen Vortheils wegen tugendhaft seyn müßten, zugleich wirklich tugendhaft machen würde.[11]

Diese indirekte Aufforderung, ein dazu befähigter Philosoph möge die vorzügliche Eignung der Selbstliebe als Moralprinzip eingehender ausführen, ergänzt der König schließlich mit einem unmißverständlichen Wink, welche Ausrichtung er

  [9] [Friedrich II.], Versuch (wie Anm. 6), 8–10. Die Ergänzungen in eckigen Klammern sind der französischen Originalfassung entnommen: Frédéric II, Essai (wie Anm. 5), 335.
  [10] [Friedrich II.], Versuch (wie Anm. 6), 11; Frédéric II, Essai (wie Anm. 5), 336.
  [11] [Friedrich II.], Versuch (wie Anm. 6), 12 f.; Frédéric II, Essai (wie Anm. 5), 336.

den Philosophen und Theologen seiner Zeit zum Zweck der Beförderung praktischer Aufklärung als wünschenswert und zielführend anrät:

> Ich wünschte, daß die Philosophen, an statt sich mit eben so seltenen als unerheblichen [aussi curieuses que vaines] Untersuchungen zu beschäfftigen, ihre Talente mehr der Moral widmen, vor allen Dingen aber ihren Schülern durch ihren Wandel in allen Stücken ein gutes Beyspiel geben möchten: alsdenn würden sie sich mit Recht Lehrer des menschlichen Geschlechts nennen können. Die Gottesgelehrten müsten sich billig nicht so sehr darauf legen, unbegreifliche Lehren [dogmes inintelligibles] zu erklären; sie müsten von dem Eifer ablassen, Dinge beweisen zu wollen, welche uns als Geheimnisse, die höher sind als alle Vernunft, angekündigt werden, dagegen | aber die praktische Moral fleißiger predigen; und an statt in einer geschmückten Sprache [discours fleuris] zu reden, sollten sie ihren Vortrag nützlich, ungekünstelt, deutlich und nach der Fähigkeit ihrer Gemeine einzurichten suchen. Die Zuhörer gähnen zuletzt, wenn gar zu scharfsinnige Betrachtungen ihre Aufmerksamkeit ermüden; sie ermuntern sich aber alsbald, wenn von Dingen, die ihren Vortheil betreffen, gehandelt wird; dergestalt, daß man durch geschickte und weise Reden die Selbstliebe zum Heerführer der Tugend [coryphée de la vertu] machen könnte.[12]

Mit dieser ausdrücklichen Adressierung, die nun auch den Geistlichen dringlich nahelegt, die vorgeschlagene Novellierung der moralischen Unterweisung zu beherzigen, wird eine Distanzierung von der herkömmlichen Kirchenlehre nicht bloß gebilligt, sondern geradezu angeraten. So ist unverkennbar, wie sich hier bereits eine Legitimationsbasis für einen institutionskritischen Prediger wie Schulz abzeichnet. Zwar enthält der Essay keinen direkten Aufruf zur Kritik kirchlicher Glaubenslehren, doch wird deutlich, daß Friedrich in der Verkündigung der traditionellen Dogmatik nicht das eigentliche Betätigungsfeld der christlichen Prediger in seinen Staaten sehen mochte. Insofern erscheint die Empfehlung, die Schulz vierzehn Jahre später seinen Amtskollegen im Predigtamt erteilte, auf die Intentionen des Landesherrn abgestimmt: „Wenn ihr nicht das Herz habt, oder die Umstände es euch nicht erlauben, Glaubenslehren zu *bestreiten* ! so laßt sie wenigstens *schlummern*. Ueber alles aber laßt es euer unabläßiges Geschäft seyn, *Moral zu lehren* !"[13]

Die Anregung des Königs zur gründlichen Ausarbeitung einer Moral der Selbstliebe scheint zunächst auf keine positive Resonanz gestoßen zu sein. Mit Gotthilf Samuel Steinbarts Schrift *Prüfung der Bewegungsgründe zur Tugend nach dem Grundsatz der Selbstliebe* wurde hingegen noch im gleichen Jahr eine kritische Würdigung des königlichen Essays publiziert.[14]

---

[12] [Friedrich II.], Versuch (wie Anm. 6), 34 f.; Frédéric II, Essai (wie Anm. 5), 345.

[13] [Johann Heinrich Schulz], Philosophische Betrachtung über Theologie und Religion überhaupt und über die jüdische insonderheit, Frankfurt, Leipzig ²1786, 241.

[14] Der französische Originaltitel lautet: Considerations sur les motifs à la vertu deduits du principe de l'amour de soi même (Berlin 1770). In der Allgemeinen deutschen Bibliothek ist der Text unmittelbar im Anschluß an Friedrichs Essay von Friedrich Germanus Lüdke besprochen

Ein Jahrzehnt später fand sich schließlich doch ein Bürger der preußischen Staaten bereit, sich der umfangreichen Ausarbeitung des vom König vorgegebenen Themas anzunehmen. Im Jahr 1783 erschien mit dem *Versuch einer Anleitung zur Sittenlehre für alle Menschen ohne Unterschied der Religionen, nebst einem Anhange von den Todesstrafen* eine vier Bände umfassende moralphilosophische Abhandlung, deren Autor sich ausdrücklich auf die königliche Initiative berief. Der ungenannte Verfasser dieser ,elaboratio thematis regii' war Johann Heinrich Schulz, seit 1765 lutherischer Prediger in drei märkischen Dörfern unweit von Berlin: Gielsdorf, Wilkendorf und Hirschfelde. Schulz war 1739 in Beeskow, einer Kleinstadt in der Niederlausitz, als Sohn und Enkel von lutherischen Geistlichen geboren worden, hatte nach dem Schulbesuch im Internat Kloster Bergen bei Magdeburg an der Universität Halle – unter anderem bei Johann Salomo Semler – Theologie studiert und schließlich im Anschluß an eine mehrjährige Lehrtätigkeit an der Berliner Realschule die besagte Pfarrstelle angetreten.

In der *Sittenlehre* des Predigers ist die „Selbstliebe" als „die einzige Triebfeder aller und jeder unserer Handlungen ohne alle Ausnahme"[15] der umfangreichen Ausführung einer angewandten Moralphilosophie zugrundegelegt. Die mit wörtlichen Zitaten versehene Bezugnahme auf den Essay des Königs findet sich in der Vorrede zum dritten Band[16] und steht damit in unmittelbarer Nachbarschaft zu einer prinzipiellen Kritik am geistlichen Stand und am Anspruch von Offenbarungsreligionen auf die exklusive Vermarktung göttlicher Wahrheiten überhaupt.[17] Daß es sich bei dieser gleichermaßen grundsätzlichen wie polemischen Attacke nicht um den gewöhnlichen, bei zahlreichen protestantischen Autoren der deutschen Aufklärung anzutreffenden Antiklerikalismus handelt, unterstreicht die Bemerkung eines zeitgenössischen Kommentators:

> Ich habe manchen Ausfall auf die Geistlichkeit gelesen, aber nie einen allgemeinern und grimmigern, als den in der Vorrede zum dritten Theile: und dieser Ausfall kam – von einem, noch zur Zeit im Amte stehenden Geistlichen selbst.[18]

---

worden (vgl. AdB 15/1 [1771], 58–76). Dieser Rezension ist zu entnehmen, daß Steinbart nicht nur auf der Unverzichtbarkeit einer religiösen Orientierung zur Internalisierung der Moral besteht, sondern sich überdies zu der Bemerkung veranlaßt sieht, beim einfachen Volk sei die drastische Warnung vor dem Teufel doch offenbar wirkungsvoller als moralphilosophische Einlassungen (vgl. ebd., 74 f.).

[15] [Johann Heinrich Schulz], Versuch einer Anleitung zur Sittenlehre für alle Menschen ohne Unterschied der Religionen, nebst einem Anhange von den Todesstrafen, Berlin 1783, Vierter Theil, 126.

[16] Vgl. [Schulz], Versuch (wie Anm. 15), Dritter Theil, 20–42.

[17] Vgl. ebd., 42–88.

[18] [Johann Georg Schummel], Schreiben eines Layen an den Verfasser des Versuchs einer Anleitung zur Sittenlehre für alle Menschen, Breslau 1784, 5.

Das Erstlingswerk des Predigers Schulz fand breite Beachtung, es wurde vielfach rezensiert, der erste Band unter anderem von Immanuel Kant, außerdem erschien eine Reihe von Gegenschriften. Alarmiert durch die religionskritischen Einlassungen schaltete auch das Oberkonsistorium in Berlin sich ein, das in seiner Funktion als kurmärkisches Provinzialkonsistorium für die Dienstaufsicht des Gielsdorfer Pastors zuständig war. Bereits im Vorjahr hatte sich das Gremium mit Schulz befassen müssen, nachdem eine Anzeige von dessen Hirschfelder Patron Johann Christian von Bismarck eingegangen war. Gegenstand der Beschwerde war unter anderem die Frisur des Predigers, der schon einige Jahre nicht mehr die zur geistlichen Amtstracht gehörende Perücke angelegt hatte, sondern auch im Dienst mit einer weltlichen Frisur, das eigene Haar zu einem Zopf gebunden, vor seine Gemeinde trat. In späteren Jahren hat ihm das die Beinamen ‚Zopfprediger‘ und ‚Zopfschulz‘ eingetragen. Gerechtfertigt hat Schulz seinen Verzicht auf die Perücke mit gesundheitlichen Gründen, die warme Kopfbedeckung verursache ihm Schwindel bis hin zu Ohnmachtsanfällen. Damals hatte das Oberkonsistorium die noch einige weitere Punkte betreffende Klageschrift des Patrons von Bismarck jedoch zu den Akten gelegt, ohne eine Disziplinierung des Predigers auf den Weg zu bringen.[19]

Mit der Veröffentlichung der *Sittenlehre* hatte sich unterdessen die Situation jedoch erheblich zugespitzt. Neben den jetzt ganz handgreiflichen, inhaltlich schwerwiegenden Distanzierungen des Autors von der offiziellen Kirchenlehre erlaubte es vor allem die öffentliche Wirkung der Schrift nicht mehr, die Angelegenheit stillschweigend zu übergehen. Schulz erhielt ein Schreiben, das ihm die Mißbilligung seiner kirchlichen Vorgesetzten eröffnete und ihn zu einer Stellungnahme aufforderte. An seiner Publikation wurde in erster Linie die „*roheste Vorstellung des deterministischen Systems*" gerügt sowie einige Äußerungen in der Vorrede zum dritten Teil, wonach „*die Vernunft von Gott nichts wisse*" und auch keine Pflicht zur Religion erkennen könne.[20] Schulz antwortete mit einer Verteidigungsschrift, in der er die schützende Nähe des Königs sucht, indem er sich mit Friedrich als dem Autor des oben zitierten *Versuchs über die Selbstliebe, als ein Grundsatz der Moral betrachtet* in ein und dieselbe Haftungsgemeinschaft stellt:

---

[19] Vgl. Paul Schwartz, Die beiden Opfer des Preußischen Religionsediktes vom 9. Juli 1788, J. E. [sic] Schulz in Gielsdorf und K. W. Brumbey in Berlin, in: Jahrbuch für Brandenburgische Kirchengeschichte 27 (1932), 108–115; Johannes Tradt, Der Religionsprozeß gegen den Zopfschulzen (1791–1799). Ein Beitrag zur protestantischen Lehrpflicht und Lehrzucht in Brandenburg-Preußen gegen Ende des 18. Jahrhunderts, Frankfurt am Main u. a. 1997, 13–18.

[20] Schreiben des Kurmärkischen Konsistoriums an den Prediger Schulze zu Gielsdorf. Berlin, den 2. Oktober 1783, abgedruckt in: Karl Ludwig Amelang, Zur Vertheidigung des Prediger Herrn Schulz zu Gielsdorf, Wilkendorf und Hirschfelde, [Braunschweig] 1792 (Edition Kemper [wie Anm. 2] T92), 225 f. (Anhang A).

Denn es muß | einem Jeden, der des *Monarchen* Schrift, und meine dritte Anmerkung aus der Vorrede [...] gelesen hat, in die Augen fallend seyn, daß wir als Schriftsteller, einerlei und eben dasselbe gesagt haben! und folglich, wenn es an das Ketzerrichten und Verdammen gehen soll, uns in gleicher Verdamniß befinden![21]

Diese Beschwörung angeblicher Komplizenschaft kommt freilich einer Verharmlosung der *Sittenlehre* in ihrer Gesamtheit gleich, deren Religionskritik an vielen Stellen deutlich über die Ausführungen des Königs hinausgeht. Vor allem aber wegen ihres respektlosen Tonfalls eignete sich die Rechtfertigung des Predigers nicht, eine Deeskalation herbeizuführen. Vielmehr bewirkte sie eine noch größere Verärgerung im Oberkonsistorium, so daß ein Bericht über den Fall an das geistliche Departement als zuständiges Ministerium verabschiedet wurde. Offenbar war eine Amtsenthebung von Schulz angezielt, denn die Vorlage stellte fest, „daß er Lehrer der Religion nicht heißen, seyn und bleiben könne".[22]

Nicht geteilt wurde diese Einschätzung von Schulz' Gielsdorfer Patron Otto Friedrich von Pfuel, der der Rechtfertigungsschrift seines Predigers eine Erklärung beifügte, in der er androhte, wegen Verstoßes gegen die Gewissensfreiheit unmittelbar an den König zu appellieren.[23] Die Erfolgsaussichten einer solchen Eingabe standen günstig. Wie Johann Erich Biester, Mitherausgeber der *Berlinischen Monatsschrift* und Sekretär des für lutherische Kirchenangelegenheiten zuständigen Ministers von Zedlitz, 1785 in einem Brief an Immanuel Kant berichtet, hielt Friedrich II. sich bei Personalentscheidungen in Landpfarreien aus Gleichgültigkeit meist an die Wünsche der Gemeinden und war ohne weiteres bereit, dabei anderslautende Entscheidungen des zuständigen Konsistoriums zu ignorieren.[24] So ist anzunehmen, daß, wenn in diesem Fall der Ritterschaftsdirektor von Pfuel sich anschickte, beim König für die Beibehaltung seines Predigers einzutreten, ein solches Gesuch kaum abschlägig beschieden worden wäre. Auf Otto Friedrich von Pfuels durchgehende Rolle als Unterstützer von Schulz werden wir im Zusammenhang des späteren Amtsenthebungsverfahrens gegen Schulz vor dem Berliner Kammergericht nochmals zurückkommen.

---

[21] Johann Heinrich Schulz, Abgenöthigte Rechtfertigung über die Herausgabe meines Buchs: Versuch einer Anleitung zur Sittenlehre für alle Menschen ohne Unterschied der Religionen, abgedruckt in Heinrich Eberhard Gottlob Paulus, Johann Heinrich Schulz, vormals Prediger zu Gielsdorf: nebst dessen Vertheidigung wegen seiner Sittenlehre ohne Unterschied der Religionen. Aus Dr. Paulus Kirchenbeleuchtungen II. Heft besonders abgedruckt als Manuscript für Freunde, Heidelberg, Leipzig 1827, 8–27, hier 12 f. Eine Zusammenfassung des Inhalts bietet Schwartz, Die beiden Opfer (wie Anm. 19), 118–122.

[22] Zit. nach Amelang, Zur Vertheidigung (wie Anm. 20), 46.

[23] Vgl. Schwartz, Die beiden Opfer (wie Anm. 19), 122 f.

[24] Vgl. Brief von Johann Erich Biester an Immanuel Kant. Berlin, den 5. Juni 1785, in: Kant's gesammelte Schriften, hg. von der Königlich Preußischen Akademie der Wissenschaften, Bd. 10, Zweite Abteilung: Briefwechsel, Bd. 1: 1747–1788, Berlin, Leipzig ²1922, 403 f.

Welches Drohpotential die Ankündigung einer Appellation an den Monarchen in solcher Angelegenheit hatte, und weshalb es Schulz möglich war, sich überhaupt auf das Wagnis einzulassen, die bereits mit seiner Buchveröffentlichung vorhandene Provokation seiner kirchlichen Vorgesetzten offenbar mit bewußter Absicht noch weiter zu treiben, läßt sich besser nachvollziehen, wenn man eine kirchenpolitische Entscheidung berücksichtigt, die in die Entstehungszeit des *Versuchs einer Anleitung zur Sittenlehre* fiel. Im Streit um die Einführung eines neuen, der zeitgenössischen Aufklärungstheologie besser entsprechenden Gesangbuchs hatte Friedrich II. auf die Beschwerde einiger Berliner Gemeinden hin diesen zugestanden, das alte Gesangbuch weiterhin in Gebrauch zu behalten. In der bei diesem Anlaß ausgegebenen Kabinettsordre bekräftigte der Monarch seinen Grundsatz der Toleranz in Glaubenssachen:

> Se Königl. Majest. von Preußen [...] haben es sich [...], aus völliger Ueberzeugung, daß es die Pflicht eines jeden guten Landesherrn und Vaters ist, zum unverbrüchlichen Gesetz gemacht, jedem Dero Unterthanen völlige Freiheit zu lassen, zu glauben, und seinen Gottesdienst zu verrichten, wie er will, nur daß seine Lehrsätze und Religions-Uebungen weder *der Ruhe des Stats,* noch *den guten Sitten,* nachteilig seyn müsten. Höchst Dieselben wollen dahero auch, daß in den Kirchen kein Zwang in Ansehung des *Katechismus* noch *GesangBuchs* herrschen, sondern jede Gemeine hierunter ganz freie Hände haben und behalten soll.

Noch direkter wurde Friedrich in dem von ihm eigenhändig angefügten Postskriptum:

> Ein jeder kan bei Mir glauben, was er will, wenn er nur ehrlich ist. Was die Gesang-Bücher angehet, so stehet einem jeden frei, zu singen: Nun ruhen alle Wälder, oder dergleichen tummes und törigtes Zeug; aber die Priester müssen die Toleranz nicht vergessen, denn ihnen wird keine Verfolgung zugestattet werden.[25]

Da Schulz diese Ergänzung des Königs in seinen späteren Schriften mehrfach zitiert,[26] darf man vermuten, daß die Gesangbuch-Resolution ihm nicht nur entscheidenden Rückhalt gewährte, als er die Konfrontation mit dem Oberkonsistorium suchte, sondern daß er in ihr den Freibrief sah, der ihm seine religionskriti-

---

[25] Friedrich II., CabinetsResolution wegen des neuen Gesangbuchs vom 18.1.1781, mit eigenhändigem Postskriptum, zit. nach A[ugust]. L[udwig]. Schlözer's Briefwechsel 8/45 (1781), 199 f. Zum Gesangbuchstreit vgl. Johann Friedrich Bachmann, Zur Geschichte der Berliner Gesangbücher. Ein hymnologischer Beitrag, Berlin 1856, Reprint Hildesheim 1970, 208–217.

[26] Vgl. [Johann Heinrich Schulz], Beurtheilung der vertrauten Briefe, die Religion betreffend. Etwas zur frommen Erbauung für gläubige und ungläubige Seelen. Vom Verfasser des Versuchs einer Anleitung zur Sittenlehre für alle Menschen, Amsterdam [Berlin, Braunschweig] 1786, 57; [Johann Heinrich Schulz], Erweis des himmelweiten Unterschieds der Moral von der Religion! nebst genauer Bestimmung der Begriffe von Theologie, Religion, Kirche und (protestantischer) Hierarchie, und des Verhältnisses dieser Dinge zur Moral und zum Staate. Von einem unerschrocknen Wahrheitsfreunde, Frankfurt, Leipzig [Halle] 1788, 291.

schen Publikationen ebenso wie seine heterodoxe Gemeindelehre erst gefahrlos möglich machte.

Noch aus einem weiteren Grund hatte die Eingabe der Oberkonsistorialräte beim geistlichen Departement wenig Aussicht auf Erfolg. Wie Friedrich bei anderer Gelegenheit drastisch zum Ausdruck brachte, war er nämlich geneigt, den Vertretern der Kirchenleitung – wie den ‚Pfaffen' überhaupt – mit genereller Geringschätzung zu begegnen: „die Consistorialpersonen seindt ja bekandt, man muß Sich an die scholastische Esels nicht Keren".[27] Auch im Fall des Gielsdorfer Predigers zeigte er sich nicht gewillt, ihre Bedenken ernst zu nehmen. Vielmehr versicherte er Schulz persönlich seines Wohlwollens in Form eines kurzen, eigenhändigen Schreibens und autorisierte damit dessen Rekurs auf seine eigenen Darlegungen zur Selbstliebe:

> Würdiger, Lieber, Getreuer. Es ist mir lieb, daß Ihr in Eurer Sittenlehre Meinen vorgezeichneten Plan weiter auszuführen gesucht habt; und ich danke Euch für den Mir zur Beurtheilung dieses Versuchs eingesandten 3. Theil derselben, als Euer gnädiger König. *Friedrich.*[28]

Überdies hatte hierdurch eben derjenige Band der vierteiligen *Sittenlehre* das Einverständnis des Königs gefunden, der die ausgeprägtesten und umfangreichsten Ausführungen religionskritischer Stoßrichtung in der ansonsten vorwiegend moralphilosophischen Abhandlung enthält. Noch deutlicher fiel die offizielle Entscheidung in der Sache Schulz durch das geistliche Departement aus. Dem Prediger wurde Anerkennung für seine Amtsausübung ausgesprochen, das Oberkonsistorium hingegen erhielt eine Rüge für die Überschreitung seiner Kompetenzen, so zu lesen in einer durch den Minister Karl Abraham von Zedlitz (1731–1793), der seit 1771 das geistliche Departement für lutherische und katholische Angelegenheiten leitete, am 12. Dezember 1783 unterzeichneten Verfügung. Eindeutig festgestellt wird darin die Unzuständigkeit der kirchlichen Dienstaufsicht für den Inhalt der Publikation des Geistlichen, was mit einer Unterscheidung der verschiedenen Adressatenkreise begründet wird:

> Gegen das Publikum, für welches das Buch seyn soll, mag der Verfasser, die darin enthaltene philosophisch=spekulativen Sätze vertheidigen, zu deren Prüfung und Beur-

---

[27] Zitiert nach Georg Borchardt (Hg.), Die Randbemerkungen Friedrichs des Großen. Gesammelt und erläutert von Georg Borchardt. Erster Teil. Elfte druchgesehene und illustrierte Auflage, Potsdam [o. J.], 82. Nach Angabe des Herausgebers bezog sich die Äußerung auf die Konsistorien in (Ost-)Preußen und Pommern.

[28] Schreiben Friedrichs II. an J. H. Schulz. Potsdam, den 5. Dezember 1783, zitiert nach Paulus, Johann Heinrich Schulz (wie Anm. 21), 30; in geringfügig abweichender Schreibweise ebenfalls abgedruckt bei Johann David Erdmann Preuß, Friedrich der Große. Eine Lebensgeschichte. Mit einem Urkundenbuche, Bd. 3, Berlin 1833, 220.

theilung aber Leute, die seine Gemeinde ausmachen, nicht aufgelegt sind, auch keinen Beruf haben.[29]

In seiner Differenzierung bestätigt finden konnte sich der Chef des geistlichen Departements durch den im Folgejahr in der *Berlinischen Monatsschrift* erschienenen Aufsatz *Beantwortung der Frage: Was ist Aufklärung?* aus der Feder des dem Minister in gegenseitiger Wertschätzung verbundenen Königsberger Philosophieprofessors Immanuel Kant. Darin wird die von Zedlitz angewandte Unterscheidung in präzisierter Form ausgeführt:

> Der Gebrauch also, den ein angestellter Lehrer von seiner Vernunft vor seiner Gemeinde macht, ist bloß ein *Privatgebrauch*; weil diese immer nur eine häusliche, obzwar noch so große, Versammlung ist; und, in Ansehung dessen ist er, als Priester, nicht frei, und darf es auch nicht sein, weil er einen fremden Auftrag ausrichtet. Dagegen als Gelehrter, der durch Schriften zum eigentlichen Publikum, nämlich der Welt, spricht, mithin der Geistliche im *öffentlichen Gebrauche* seiner Vernunft, genießt einer uneingeschränkten Freiheit, sich seiner eigenen Vernunft zu bedienen und in seiner eigenen Person zu sprechen. Denn daß die Vormünder des Volks | (in geistlichen Dingen) selbst wieder unmündig sein sollen, ist eine Ungereimtheit, die auf Verewigung der Ungereimtheiten hinausläuft.[30]

Um die Freiheit nicht zu unterschätzen, die ein Geistlicher in der damaligen kirchenpolitischen Situation im Königreich Preußen auch im „Privatgebrauch" seiner Vernunft, also bei der Ausübung seines kirchlichen Amtes genoß, hat man sich zu vergegenwärtigen, daß der „fremde Auftrag", dem Kant zufolge ein Prediger vor seiner Gemeinde nachzukommen hatte, gemäß den Vorstellungen Friedrichs des Großen und seines Ministers von Zedlitz ganz vordringlich in der moralischen Unterweisung bestand, während die Verkündigung kirchlicher Glaubenslehren aus ihrer Sicht offenbar nicht zu den sanktionswürdigen Verpflichtungen eines Geistlichen gehörte. Anders ist kaum zu erklären, daß jede weitere Untersuchung der Gemeindelehre des Gielsdorfer Predigers Schulz von höchster Stelle verhindert wurde, obwohl der Inhalt der *Sittenlehre für alle Menschen ohne Unterschied der Religionen* dazu hinreichenden Anlaß geboten hätte. Mitnichten beschränkte sich diese durchaus volksaufklärerisch ausgerichtete Abhandlung auf „philosophisch-spekulative Sätze", wie es in dem oben zitierten Erlaß des Ministers

---

[29] Ministerialerlaß des Freiherrn von Zedlitz im Namen Friedrichs II., Berlin, den 12. Dezember 1783, abgedruckt bei Amelang, Zur Vertheidigung (wie Anm. 20), 227 f. (Anhang B), hier 227.

[30] Immanuel Kant, Beantwortung der Frage: Was ist Aufklärung? abgedruckt in: Norbert Hinske (Hg.), Was ist Aufklärung? Beiträge aus der Berlinischen Monatsschrift, Darmstadt [4]1990, 452–465, hier 458 f. Auf eine mögliche Verbindung zwischen den Ministerialerlassen in der Disziplinarsache Schulz sowie in dem einige Jahre älteren, partiell ähnlichen Fall des Königsberger Oberhofpredigers Johann August Starck (1741–1816) und Kants Aufklärungsaufsatz ist wohl erstmals von Beyerhaus hingewiesen worden; vgl. Gisbert Beyerhaus, Kants ‚Programm' der Aufklärung aus dem Jahre 1784, in: Kant-Studien 26 (1921), 1–16, hier 10 f.

heißt. Unverkennbar ist vielmehr die Intention ihres Verfassers, die Autorität des Christentums als Offenbarungsreligion ebenso wie die seiner kirchlichen Repräsentanten zu untergraben.

Man darf vermuten, daß die wohlwollende Haltung Friedrichs gegenüber Schulz auf die Einflußnahme des Freiherrn von Zedlitz zurückzuführen ist. Auch sonst hatte sich Zedlitz während seiner Amtszeit bereits als Förderer radikalerer Aufklärer hervorgetan. Der konfliktreichste Fall war wohl sein Eintreten für den Aufklärungstheologen Carl Friedrich Bahrdt (1741–1792), dem er eine Lehrbefugnis als Privatdozent an der Universität Halle verschaffte.[31] Auf Bahrdt wird noch zurückzukommen sein, da er unter den zeitgenössischen Autoren als engagiertester Fürsprecher und Verteidiger von Schulz auftrat. Von ihm stammt auch die folgende Schilderung des Inhalts einer wohlwollenden Instruktion, womit der Leiter des geistlichen Departements den König über den Prediger Schulz informiert haben soll:

> Der Herr von Zedlitz, ehedem unverbesserlicher Fürsorger der Preußischen Gelehrten, sagte einst, auf Befragen, dem Könige: daß der Prediger Schulz, ein Mann von sehr vielen Kenntnissen, von dem besten Charakter, und von unbescholtenem Wandel sey: daß seine drei Gemeinen, denen er vorsteht, ihn einstimmig verehrten und wie ihren Vater liebten: daß er sein Amt bisher mit augenscheinlichem Nutzen unter diesen Gemeinen verwaltet habe: daß Se. Majestät sich von dem Werthe dieses Mannes und dem wohltätigen Einflusse seiner Lehren auf die Gemeine gar leicht überzeugen würden, wenn Sie diese Gemeinen in der Nähe beobachten lassen wollten: denn es sey augenscheinlich, daß ihre Gemarkungen durch Kultur und Indüstrie ganz vorzüglich sich auszeichneten: daß unter diesen Gemeinen Fleiß, Sittsamkeit und brüderliche Eintracht vorzüglich herrsche: daß z. B. unter diesen Gemeinen seit zwanzig Jahren kein Prozeß gewesen sey, u.s.w. So zeugte ein Zedlitz von diesem Manne. Und wenn auch kein Zedlitz von ihm gezeugt hätte, so wäre das alles dennoch die lauterste Wahrheit.[32]

---

[31] Vgl. Peter Mainka, Karl Abraham von Zedlitz und Leipe (1731–1793). Ein schlesischer Adliger in Diensten Friedrichs II. und Friedrich Wilhelms II. von Preußen, Berlin 1994 (Quellen und Forschungen zur Brandenburgischen und Preußischen Geschichte, 8), 492–499.

[32] Carl Friedrich Bahrdt, Mit dem Herrn [von] Zimmermann, Ritter des St. Wladimir-Ordens von der dritten Klasse, Königlichem Leibarzt und Hofrath in Hannover, der Academie der Wissenschaften in Petersburg und Berlin, der Gesellschaften der Aerzte in Paris, London, Edinburgh und Copenhagen, und der Societät der Wissenschaften in Göttingen Mitgliede deutsch gesprochen von D. Carl Friedrich Bahrdt auf keiner der Deutschen Universitäten weder ordentlichem noch außerordentlichem Professor, keines Hofes Rath, keines Ordens Ritter, weder von der ersten noch dritten Klasse, keiner Akademie der Wissenschaften, wie auch keiner einzigen gelehrten noch ungelehrten Societät Mitgliede. ec. ec. [1790]. Mit einem Nachwort hg. von Christoph Weiß, St. Ingbert 1994 (Kleines Archiv des achtzehnten Jahrhunderts, 19), 24.

II. Ermutigungen für den ‚freimütigen Selbstdenker'

Nachdem der Versuch des Oberkonsistoriums, ihn für sein Erstlingswerk zur Rechenschaft zu ziehen, derart eindrucksvoll gescheitert und seine schriftstellerische Betätigung der Aufsicht durch seine kirchlichen Vorgesetzten offiziell entzogen war, setzte Schulz den bereits in der *Sittenlehre* eingeschlagenen Weg konsequent fort. In dem kurzen Zeitraum von 1784 bis zum Frühjahr 1786 veröffentlichte er fünf weitere, ebenfalls anonym erschienene Schriften, in denen es zu einer Zuspitzung und Radikalisierung seiner Religionskritik kommt. So fordert er in der von ihm fingierten *Antwort der weltlichen Stände auf die Supplic, welche der Protestantische Geistliche Friedrich Germanus Lüdke über die Nicht=Abschaffung des geistlichen Standes bei ihnen eingereicht hat* (1784) nicht weniger als die Abschaffung der Geistlichkeit und zwar in Form einer Umwandlung der Prediger in unprätentiöse Volkslehrer. Die inhaltlich interessanteste Schrift dieser Publikationsphase, die *Philosophische Betrachtung über Theologie und Religion überhaupt und über die jüdische insonderheit* (1784), nimmt sich vornehmlich der Verteidigung des Atheismus an, dem von Schulz im Unterschied zur Religion eine unverstellte Vereinbarkeit mit der Moral attestiert wird. Als eigenes Bekenntnis zum Atheismus will er seine Ausführungen jedoch ausdrücklich nicht verstanden wissen. Weder auf die Frage, wie ernst diese Distanzierung zu nehmen ist, noch auf seine spezifische Bestimmung des Atheismusbegriffs kann hier eingegangen werden. Doch wird man davon auszugehen haben, daß Schulz ohne sein sophistisch anmutendes Verwirrspiel im Falle einer expliziten und unbemäntelten Gottesleugnung gewiß nicht die hier geschilderte breite Unterstützung gefunden hätte. Die außerdem in der *Philosophischen Betrachtung* vorgenommene, sehr kritische Auseinandersetzung mit der jüdischen Religion steht im Kontext der durch Christian Wilhelm von Dohm (1751 – 1820) angestoßenen Debatte um die bürgerliche Verbesserung, d. h. die rechtliche Besserstellung der Juden. Die Konfrontation mit dem offiziösen Vernunftchristentum der Aufklärungstheologie suchte Schulz schließlich in der spöttisch satirischen *Beurtheilung der vertrauten Briefe, die Religion betreffend* (1786), die auf eine Schrift des Berliner Oberkonsistorialrats Johann Joachim Spalding (1714 – 1804) bezogen ist.

Nicht bloß durch die auf allerhöchsten Befehl erfolgte Niederschlagung seiner Disziplinierung konnte sich Schulz zu dieser Fortsetzung seiner schriftstellerischen Betätigung ermutigt sehen, sondern auch durch die Resonanz, die sein Erstlingswerk gefunden hatte. In der *Abgenöthigten Rechtfertigung über die Herausgabe meines Buchs: Versuch einer Anleitung zur Sittenlehre für alle Menschen ohne Unterschied der Religionen* beruft er sich darauf, die „allgemeine vortheilhafte Stimme des Publicums" auf seiner Seite zu wissen, und führt dazu aus:

Wofern mein Buch wirklich die *rohesten* Sätze und Lehren *von unläugbarer Anstößigkeit enthielte*, so würde ich selbst trostlos darüber seyn. Da aber alle gelehrte Recensionen, soviel mir derselben zu Gesicht gekommen sind, mir ihren lauten Beifall darüber bezeugt haben; da ich ferner eine Menge schriftlicher Zeugnisse von Männern,
deren bloßer Name in der gelehrten Welt schon ein Lob ist, aufzuweisen habe, die
sich auf die vortheilhafteste Art über mein Buch erklären, und über das Daseyn desselben ihre Freude bezeugen; so gräme ich mich über die Existenz meines Buchs so wenig,
daß ich vielmehr, des ans Schimpfen gränzenden Urtheils des Churmärkischen
Ober=Consistorii über dasselbe ungeachtet, mich seiner als meines Kindes, mit väter-
licher Freude inniglich freue![33]

Zwar gibt diese Eigendarstellung ihres Autors die Rezeption der *Sittenlehre* nicht
in der ganzen Bandbreite wieder, denn es gab eine ganze Reihe teilweise sehr kritischer Kommentare wie etwa die Rezensionen von Hermann Andreas Pistorius in
der *Allgemeinen deutschen Bibliothek*, tatsächlich waren jedoch auch positive bis
euphorische Reaktionen zu vernehmen, die Schulz durchaus als Ansporn zu weiteren Publikationen auffassen konnte. Neben der *Königl. privilegirten Berlinischen Staats= und gelehrten Zeitung*, besser bekannt als *Vossische Zeitung*,[34]
sprechen unter anderem die *Leipziger Gelehrten Zeitungen* dem Verfasser der *Sittenlehre* ihre dezidierte Anerkennung aus:

Wir haben es hier mit einem freymüthigen Philosophen zu thun, der kühn und doch
vorsichtig nach Wahrheit forscht, und nur das für Wahrheit annimmt und wieder andern
giebt, wovon er sich mit unumstößlichen Gründen der geübten und durch Ausbildung
erhöhten Vernunft überzeugen kann.[35]

In Anbetracht der Unausgereiftheit der Abhandlung und ihrer argumentativen
Schwächen mag ein solches Lob dem heutigen Leser schwer nachvollziehbar
sein, doch veranschaulicht es den Rückhalt, den Schulz in der damaligen publizistischen Öffentlichkeit gefunden hat. Ein weiteres Beispiel für eine trotz kritischer Anmerkungen insgesamt freundliche Beurteilung bietet die Rezension der
Göttingischen Anzeigen von gelehrten Sachen:

Dieses Buch [...] ist die Arbeit eines selbstdenkenden Mannes, der die Gegenstände der
Moralphilosophie mit Anstrengung und mit Gewissenhaftigkeit untersucht, und dabey
nichts, was ihm Vorurtheil oder Irrthum zu seyn scheint, schont; weil dies, wie er selbst
berichtet, seine grösten und besten Ueberzeugungen sind.[36]

---

[33] Schulz, Abgenöthigte Rechtfertigung (wie Anm. 21), 12.
[34] Vgl. Königl. privilegirte Berlinische Staats= und gelehrte Zeitung. 5/135 (11. November
1783), 1052; 5/7 (16. Januar 1783), 43; 5/55 (8. Mai 1783), 483; 5/83 (12. Juli 1783), 689.
[35] Leipziger Gelehrte Zeitungen 69/32 (21. April 1783), 257.
[36] Göttingische Anzeigen von gelehrten Sachen unter der Aufsicht der Königl. Gesellschaft der
Wissenschaften 31/70 (1. Mai 1783), 700.

Diese von Michael Hißmann (1752–1784)[37] verfaßte Stellungnahme dürfte für Schulz von besonderem Gewicht gewesen sein. Er selbst hatte Hißmann, mit dem er eine materialistische Überzeugung teilte, ein Exemplar seiner *Sittenlehre* zukommen lassen und sich außerdem in einem Brief an den Göttinger Philosophen anerkennend über dessen *Psychologische Versuche* geäußert.[38] Der Charakterisierung des Verfassers der *Sittenlehre* als eines freimütigen Sebstdenkers hat sich auch Immanuel Kant in seiner Rezension ihres Einleitungsteils angeschlossen. Während Kants Kritik sich im weiteren Verlauf nahezu ausschließlich auf Schulz' Leugnung der Willensfreiheit beschränkt, wird der von ihm besprochene Band zunächst vorgestellt als

> ein Werk, das durch seine Freimütigkeit, und noch mehr durch die aus den vielen sehr auffallenden Paradoxen dennoch hervorleuchtende gute Absicht des selbstdenkenden Herrn Verfassers bei jedem Leser ungeduldige Erwartungen erregen muß, wie doch eine auf *dergleichen* Prämissen gegründete Sittenlehre ausfallen werde.[39]

Wenn Kant hier die Paradoxien der *Sittenlehre* anspricht, dürfte das nicht als Hinweis auf durchaus vorhandene interne Widersprüchlichkeiten zu verstehen sein, sondern vielmehr jene Positionen von Schulz betreffen, die allgemein gängigen Überzeugungen entgegenstanden. Wie der Erläuterung des Paradoxiebegriffs in der *Anthropologie in pragmatischer Hinsicht* zu entnehmen ist, war Kant geneigt, derart unkonventionelle Diskussionsbeiträge durchaus zu begrüßen, da er von ihnen eine belebende Wirkung für den Fortschritt der menschlichen Erkenntnis erwartete:

> Es ist nicht eine Kühnheit, etwas auf die Gefahr, daß es unwahr sei, sondern nur, daß es bei wenigen Eingang finden möchte, zu wagen. [...] so ist der Vorwurf der Paradoxie, wenn sie nicht auf Eitelkeit, sich blos unterscheiden zu wollen, gegründet ist, von keiner schlimmen Bedeutung. – Dem Paradoxen ist das *Alltägliche* entgegengesetzt, was die gemeine Meinung auf seiner Seite hat. Aber bei diesem ist eben so wenig Sicherheit,

---

[37] Zur Person vgl. Falk Wunderlich, Art. „Hissmann, Michael", in: Heiner F. Klemme, Manfred Kuehn (Hg.), The Dictionary of Eighteenth-Century German Philosophers, Vol. 2: H-P, London, New York, 2010, 515–522.

[38] Vgl. Brief von Karl Franz von Irwing an Michael Hißmann. Berlin, den 4. November 1782 und Brief von J. H. Schulz an M. Hißmann. Gielsdorf, Oktober/November 1782, bei Hißmann eingegangen am 12. November 1782, Korrespondenz aus dem Nachlaß Michael Hißmann, Rumänisches Nationalarchiv – Filiale Sibiu (Hermannstadt), Sammlung HH 1–5, Nr. 43, Blatt 112 bzw. 103.

[39] Immanuel Kant, Rezension von Schulz's Versuch einer Anleitung zur Sittenlehre für alle Menschen ohne Unterschied der Religion. 1. Teil, abgedruckt in: I. K., Kleinere Schriften zur Geschichtsphilosophie Ethik und Politik (Philosophische Bibliothek; Bd. 471), hg. von Karl Vorländer (1913), Hamburg 1973, 181–186, hier 181. Vorländers Ausgabe enthält zusätzlich eine kurze Einleitung zu Schulz; vgl. ebd., XLVI-XLVIII.

wo nicht noch weniger, weil es einschläfert; statt dessen das Paradoxon das Gemüt zur Aufmerksamkeit und Nachforschung erweckt, die oft zu Entdeckungen führt.[40]

Die anhand dieser Beispiele dokumentierte Anerkennung von Schulz' Unerschrockenheit entsprach ganz seinem Selbstverständnis und war daher geeignet, in besonderem Maße seine Entschlossenheit zur Ausräumung religiös bedingter Vorurteile zu untermauern. Ausdrücklich bekennt er sich in der Vorrede zum vierten Band der *Sittenlehre* zu einer

> dreistere[n] Freymütigkeit [...], mit der ich vielleicht freyer, als Jemand vor mir gethan, und *meiner guten Sache zu sehr gewiß*, wider die *tyrannische Sclaverey* auftrete; in welcher | die Geistlichen und Theologen überhaupt den menschlichen Verstand gefesselt halten![41]

III. Karl Franz von Irwing – der Kontaktmann im Oberkonsistorium

Mit Ausnahme der *Predigt über die falsche Lehre von ewigen Höllenstrafen* (1784) erschienen die weiteren von Schulz veröffentlichten Schriften anders als noch die *Sittenlehre* ohne Nennung des Verlegers unter Angabe fingierter, außerhalb Preußens gelegener Druckorte. Zu dieser Vorsichtsmaßnahme dürfte Schulz durch die Schwierigkeiten veranlaßt worden sein, die sich ergeben hatten, als er das Manuskript der *Sittenlehre* zu Beginn des Jahres 1782 in Berlin zur Zensur vorgelegt hatte. Die zunächst verweigerte Druckerlaubnis wurde nach mehrfachem Insistieren von Schulz und einem komplizierten Verfahrensverlauf, in den mehrere Minister und Gutachter involviert waren, schließlich erst infolge der Einbeziehung des Oberkonsistorialrats Karl Franz von Irwing (1728–1801)[42] bewilligt. Irwing, der bei diesem Anlaß in seiner Funktion eines außerordentlichen Gutachters erstmals mit dem Gielsdorfer Prediger in Berührung kam und in den Folgejahren durch anhaltende Präsenz auffällt, ist eine der zentralen Figuren der ,Unterstützerkonstellation' im persönlichen Umfeld von Schulz. Er selbst war kein Theologe, sondern gehörte als Jurist zu den weltlichen Räten des Oberkonsistoriums. Wie Schulz betätigte auch Irwing sich neben seiner dienstlichen Tätigkeit als freier Schriftsteller. Der Autor des ihm gewidmeten Artikels in den *Büsten berlinscher Gelehrten und Künstler mit Devisen* aus dem Jahr 1787 sieht in Irwing einen „der auf=|geklärtesten Gelehrten Berlins", rechnet ihn „unter die Philosophen, deren Leben ein Abdruck ihrer Weisheit ist", der demnach also

---

[40] Immanuel Kant, Anthropologie in pragmatischer Hinsicht, Kant's gesammelte Schriften (wie Anm. 24), Bd. 7, Berlin 1907, 129.

[41] [Schulz], Versuch (wie Anm. 15), Vierter Theil, 37 f.

[42] Zur Person vgl. Falk Wunderlich, Art. „Irwing, Karl Franz von", in: Klemme, Kuehn (Hg.), The Dictionary (wie Anm. 37), Vol. 2, 573–575.

dem von Friedrich dem Großen eingeforderten Ideal eines beispielhaften Lebenswandels der Philosophen entsprochen hätte, und empfiehlt seine Schriften als Abhandlungen „von philosophischem Scharfsinn und reifer Beurtheilungskraft".[43] Thematisch sind partielle Überschneidungen mit der *Sittenlehre* von Schulz auszumachen. Das betrifft u. a. Irwings Explikation eines sensualistischen Empirismus in der vierbändigen Schrift *Erfahrungen und Untersuchungen über den Menschen* (1772–85), seine moralphilosophischen Überlegungen im *Fragment der Naturmoral, oder Betrachtungen über die natürlichen Mittel der Glückseligkeit* (1782) sowie seine offenbarungskritischen Ausführungen im *Versuch über den Ursprung der Erkenntniß der Wahrheit und der Wissenschaften* (1781). Doch insbesondere seine Offenbarungskritik läßt erkennen, daß Irwing im Vergleich zu Schulz als ein sehr viel gemäßigterer und mehr auf Ausgleich bedachter Autor agiert. Zwar hält er jede über die durch den Schöpfer hervorgebrachte Natur hinausgehende, unmittelbare göttliche Offenbarung für verzichtbar und für eine gegenüber den Sinnen und der Vernunft ganz nachrangige und weniger nützliche Erkenntnisquelle – eine für einen Oberkonsistorialrat der lutherischen Kirche bemerkenswerte Auffassung –, doch will er unter Hinweis auf die historischen Umstände – darin unterscheidet sich seine Position deutlich von Schulz' polemischer Kritik der alttestamentlichen Moses-Figur – die wohlgesinnten Religionsstifter der Vergangenheit nicht des Vorwurfs der Schwärmerei oder gar des Betrugs ausgesetzt sehen.[44]

Über den Gang des die *Sittenlehre* von Schulz betreffenden Zensurverfahrens übermittelt Irwing einen detaillierten Bericht an Michael Hißmann in Göttingen, mit dem über mehrere Jahre in Briefkontakt stand. Irwing hatte Schulz im Zuge des Verfahrens auch persönlich kennengelernt und, wie seine Schilderung zeigt, hatte diese Begegnung bei ihm Sympathien für den Gielsdorfer Prediger geweckt:

> Ich habe Ihnen doch von diesen Umständen Nachricht geben wollen, weil ich vermuthe, daß dieser Mann auf eine oder die andre Weise noch Aufsehens in der Welt machen wird. Übrigens kenne ich ihn bisher nicht anders, als einen rechtschaffenen Mann, der Menschenliebe in seinem Herzen hegt, und als ein ehrlicher Determinist seinem Schicksal treulich und ohne Murren folgt.[45]

---

[43] Art. „von Irwing, Carl Franz", in: [Julius Friedrich Knüppeln, Carl Christoph Nencke, Christian Ludwig Paalzow], Büsten berlinscher Gelehrten und Künstler mit Devisen, Leipziger Ostermesse [Stendal] 1787, 140 f.

[44] Vgl. [Karl Franz von Irwing], Versuch über den Ursprung der Erkenntnis der Wahrheit und der Wissenschaften. Ein Beytrag zur philosophischen Geschichte der Menschheit, Berlin 1781, 105–160.

[45] Brief von Karl Franz von Irwing an Michael Hißmann. Berlin, den 4. November 1782. Korrespondenz aus dem Nachlaß Michael Hißmann (wie Anm. 38), Blatt 113. Zu dem angesprochenen Zensurverfahren vgl. auch Georg Manten, Das Notbischofsrecht der preußischen Könige und die preußische Landeskirche zwischen staatlicher Aufsicht und staatlicher Verwaltung. Unter beson-

Dementsprechend hatte Irwing ein halbes Jahr zuvor eine im Vergleich zu seinen Amtskollegen sehr viel entgegenkommendere Bewertung der Gemeindelehre von Schulz vorgenommen. Als im Oberkonsistorium der Determinismus des Gielsdorfer Predigers zur Diskussion stand, plädierte Irwing dafür, „Schulz völlige Freiheit in der Verkündigung einer Lehre zu gestatten, die auf Vermehrung und Verbesserung der deutlichen Erkenntnis seiner Zuhörer hinleite".[46] Nachdem beide sich kennengelernt hatten und infolge von Irwings Begutachtung die Druckerlaubnis für Schulz' *Sittenlehre* bewilligt worden war, kam es zu einer freundschaftlichen Annäherung. So vermittelte Irwing in dem oben zitierten Schreiben Schulz den Briefkontakt mit Hißmann, und auch noch Jahre später, während des Verfahrens vor dem Berliner Kammergericht, hat zwischen dem Oberkonsistorialrat und dem Angeklagten offenbar ein privater Austausch fortbestanden, wie ein Textfragment aus einem Brief von Schulz an seinen Rechtsbeistand vom Juni 1792 vermuten läßt.[47] Zudem fungierte Irwing auch im weiteren dienstlichen Verkehr des Oberkonsistoriums mit Schulz als Verbindungsmann. Die Besonderheit dieses Vertrauensverhältnisses zwischen dem radikalaufklärerischen Prediger und seinem kirchlichen Vorgesetzten, das seinen deutlichsten Beleg in dem unten zitierten Protokoll der Vernehmung von Schulz durch Irwing findet, hat Paul Schwartz damit illustriert, daß er Irwing mit ironischem Unterton als „oberkonsistorialen Beichtvater" von Schulz vorstellt.[48]

IV. Im Schatten des Wiederaufstiegs
der protestantischen Hierarchie

Ziehen wir an diesem Punkt eine Zwischenbilanz, so ergibt sich das Bild einer vierstufigen ‚Unterstützerkonstellation', die die Institutionen des preußischen Staates durchzieht. Gestaffelt nach dem Grad der persönlichen Nähe zu Schulz läßt sich die folgende Besetzung rekapitulieren: der Gielsdorfer Patron Otto Friedrich von Pfuel, der Oberkonsistorialrat Karl Franz von Irwing, der Chef des geistlichen Departements für lutherische und katholische Angelegenheiten Minister von Zedlitz und an der Spitze schließlich Friedrich II. selbst. In den Folgejahren kam es nun zu einschneidenden Verschiebungen dieses personellen Gefüges, wodurch die Betrachtung der damit in Bewegung geratenen Konstellation

derer Berücksichtigung der Kirchen- und Religionspolitik Friedrich Wilhelms II., Berlin 2007 (Quellen und Forschungen zur Brandenburgischen und Preußischen Geschichte, 32), 482.

[46] Schwartz, Die beiden Opfer (wie Anm. 19), 113.

[47] Vgl. Paul Schwartz, Der erste Kulturkampf in Preußen um Kirche und Schule (1788–1798). Berlin 1925 (Monumenta Germaniae Paedagogica, 58), 478.

[48] Schwartz, Die beiden Opfer (wie Anm. 19), 130.

noch ergiebiger wird. Die Veränderung erfolgte in drei Schritten. 1786 bestieg mit Friedrich Wilhelm II. ein Monarch den preußischen Thron, dessen kirchenpolitische Ambitionen sich deutlich von der distanzierten Toleranz seines Vorgängers unterschieden. Es vergingen jedoch noch zwei Jahre bis diese Neuausrichtung sich in Gesetzesform manifestierte, indem 1788 – nach der vorangegangenen Ablösung des Freiherrn von Zedlitz als Chef des geistlichen Departements durch Johann Christoph von Woellner – das preußische Religionsedikt in Kraft trat. Schließlich wurde 1791 mit der Einrichtung der geistlichen Immediat-Examinationskommission ein Exekutivkommittee geschaffen, das die Umsetzung der kirchenpolitischen Vorstellungen des Königs vom Berliner Oberkonsistorium unabhängig machen und damit die bis dahin ausgebliebende effiziente Anwendung des Religionsedikts gewährleisten sollte.[49]

Schulz geriet im Zuge dieser Entwicklungen nach und nach in eine immer schwierigere Situation. Bereits kurze Zeit nach dem Tod Friedrichs des Großen bekam der Gielsdorfer Prediger den Machtwechsel zu spüren, denn nur wenige Tage nach seiner Inthronisation verfügte der neue König, daß Schulz ab sofort wieder die geistliche Amtsperücke zu tragen habe. Die Übermittlung dieser Anordnung – dafür sorgte der vorerst im Amt verbliebene Minister von Zedlitz – erfolgte jedoch unter größtmöglicher Schonung des Delinquenten, indem nämlich Karl Franz von Irwing den Auftrag erhielt, den Prediger in einem privaten Schreiben auf die veränderte Lage hinzuweisen und ihm nahezulegen, sich wieder standesgemäß zu kleiden.[50] Daß der König sich damit zunächst zufrieden gab und weder die schriftstellerische Betätigung des Predigers zu unterbinden versuchte, noch eine Überprüfung von dessen Gemeindelehre veranlaßte, mag damit zu erklären sein, daß Friedrich Wilhelm II. ein begründetes Mißtrauen haben durfte, ob mit den überwiegend der Religionspolitik seines Onkels verpflichteten Funktionsträgern in den staatlichen und kirchlichen Institutionen ein solches Vorhaben in seinem Sinne zum Erfolg geführt werden konnte.

Gewichtiger war der Einschnitt, der sich für Schulz mit dem Inkrafttreten des Religionsedikts ergab. Daß er sich dem Adressatenkreis des neuen Gesetzes zuzurechnen hatte, unterlag keinem Zweifel, da doch in § 7 des Gesetzestextes moniert wird,

[49] Zur Religionspolitik unter Friedrich Wilhelm II. vgl. Peter Krause, Mit Kants schädlichen Schriften muß es auch nicht länger fortgehen. Trägt die Ära Woellner ihren Namen zu Recht?, in: Jörg Wolff (Hg.), Stillstand, Erneuerung und Kontinuität. Einsprüche zur Preußenforschung, Frankfurt am Main u. a. 2001 (Rechtshistorische Reihe, 234), 87–140; Manten, Das Notbischofsrecht (wie Anm. 45), 338–528; Uta Wiggermann, Woellner und das Religionsedikt. Kirchenpolitik und kirchliche Wirklichkeit im Preußen des späten 18. Jahrhunderts, Tübingen 2010 (Beiträge zur historischen Theologie, 150).

[50] Vgl Schwartz, Die beiden Opfer (wie Anm. 19), 127 f.

daß manche Geistliche der Protestantischen Kirche sich ganz zügellose Freyheiten, in Absicht des Lehrbegriffs ihrer Confession, erlauben; [...]. Man entblödet sich nicht, die elenden, längst widerlegten Irrthümer der Socinianer, Deisten, Naturalisten und an-|derer Secten mehr wiederum aufzuwärmen, und solche mit vieler Dreistigkeit und Unverschämtheit durch den äußerst gemißbrauchten Namen: *Aufklärung*, unter das Volk auszubreiten.[51]

Um dem zukünftig Einhalt zu gebieten, verfügte der sich anschließende § 8,

daß hinführo kein Geistlicher, Prediger, oder Schullehrer der protestantischen Religion bey unausbleiblicher Cassation und nach Befinden noch härterer Strafe und Ahndung, sich [...] in so fern schuldig machen soll, daß er solche Irrthümer bey der Führung seines Amtes oder auf andere Weise öffentlich oder heimlich auszubreiten sich unterfange.[52]

Schulz hat der neuen Gesetzeslage dadurch entsprochen, daß er vorerst keine weiteren Schriften veröffentlichte. Diese Zurückhaltung erlegte er sich jedoch erst auf, nachdem er unmißverständlich seine Meinung zur neuen Religionspolitik kundgetan hatte. Er tat dies in der radikalsten seiner Schriften, dem *Erweis des himmelweiten Unterschieds der Moral von der Religion! nebst genauer Bestimmung der Begriffe von Theologie, Religion, Kirche und (protestantischer) Hierarchie, und des Verhältnisses dieser Dinge zur Moral und zum Staate*, die massive Kritik an besagter „protestantischer Hierarchie" und der kirchlichen Verfaßtheit des offiziellen Christentums im allgemeinen übt. Mit der Terminierung ihrer Veröffentlichung etwa zeitgleich mit dem Religionsedikt gelang Schulz ein geschickter und zugleich äußerst wirkungsvoller Schachzug. Da das Buch bereits vor Inkrafttreten des Edikts gedruckt worden war, ließ sich das Gesetz auf diesen neuerlichen Affront noch nicht anwenden. Umgekehrt jedoch bot sich der *Erweis* dem Lesepublikum als begleitender, höchstaktueller Kommentar zum Religionsedikt dar, obgleich eine explizite Bezugnahme gar nicht gegeben war. Die Unmißverständlichkeit des Zusammenhangs wird bestätigt durch eine Anmerkung des Berliner Gymnasialprofessors Peter Villaume (1746–1825), der sich mit seinen im gleichen Jahr erschienenen *Freimüthigen Betrachtungen über das Edict vom 9. Julius. die Religionsverfassung in den Preußischen Staaten betreffend* als einer der profiliertesten Kritiker des Religionsedikts hervortat. In einer späteren Schrift unter dem Titel *Ueber das Verhältniß der Religion zur Moral und zum Staate*, worin er sich unter anderem kritisch mit der Verhältnisbestimmung von Moral und Religion im *Erweis des himmelweiten Unterschieds* auseinandersetzt, hält er be-

---

[51] Edict, die Religions-Verfassung in den Preußischen Staaten betreffend. *De Dato* Potsdam, den 9. Julii 1788, abgedruckt in: Kemper (Hg.), Mißbrauchte Aufklärung? (wie Anm. 2), Begleitband, 226–234, hier 229 f.

[52] Ebd., 230. Tatsächlich war Schulz der einzige Geistliche der wegen ‚mißbrauchter Aufklärung' auf Grundlage des Religionsedikts seines Amtes enthoben wurde; vgl. Wiggermann, Woellner und das Religionsedikt (wie Anm. 49), 506.

züglich des zeitgeschichtlichen Kontexts von Schulz' Publikation fest, daß „der Ursprung der [...] Schrift gar nicht zweydeutig" sei.[53] Somit war, auch wenn Schulz freilich keine Namen nennt, jedem offensichtlich, gegen wen sich die erbitterte Anklage richtete, mit der sein *Erweis* endet:

> Möchten doch die am Staats=Ruder sizenden Männer bedenken: daß die Gewissensfreyheit des einen Menschen so viel gelte, als des andern seine! [...] daß kein Fürst hierin etwas vor dem Bettler voraus habe! [...]
> daß der Fürst, der die Gewissensfreyheit auch nur eines einzigen Unterthanen einschränken will, oder ihre Bedrückung von Andern begünstiget, sich als ein Tyrann und Verbrecher aufführe! von dem, da er nicht einmal für *die allerersten angebohrnen Menschheits=Rechte* seiner Unterthanen Respekt hat, noch viel weniger zu erwarten | steht, daß er sich irgend ein anderes, bürgerliches und gesellschaftliches Recht derselben heilig seyn lassen werde! – Und Fluch, über den niederträchtigen und landesverrätherischen Bösewicht! der einen *schwachen* Fürsten zu einem solchen Verbrechen wider ein angebohrnes Menschheits=Recht, seiner Unterthanen verleitet!!![54]

Der vehemente Schlußsatz wurde in wenigstens zwei deutschprachigen Zeitschriften abgedruckt, jeweils mit dem Kommentar versehen: „Wöllner fand sich gewiß darin getroffen!"[55]

V. Mitstreiter in der Konfrontation mit den Propagandisten der ‚Gegenaufklärung'

Auch während der Jahre 1788 bis 1792, als Schulz wohl in Rücksicht auf das Religionsedikt von weiteren Buchveröffentlichungen absah, hielt die publizistische Auseinandersetzung mit dem inzwischen zu einiger Berühmtheit gekommenen Geistlichen dennoch unvermindert an. Während in den vorangegangenen Jahren bereits eine Reihe von Gegenschriften zu seinen Publikationen erschienen waren, wurde der Gielsdorfer Prediger nun auch Gegenstand belletristischer Verarbeitung, so in Ernst August Anton von Göchhausens Drama *Thorheit steckt an, wie der Schnupfen oder Die Weltbauern zu Tollmannshausen* (1788), in Carl Friedrich Bahrdts Lustspiel *Das Religions=Edikt* (1789) oder in David Christoph

---

[53] Peter Villaume, Ueber das Verhältniß der Religion zur Moral und zum Staate, Libau 1791, 2.
[54] [Schulz], Erweis (wie Anm. 26), 369 f.
[55] Strasburgisches politisches Journal 1/2 (August 1792), 864; Teutsche Stats=Literatur 3/123 (Juli 1792), 331. Zwar entsprach die von Schulz implizit vorgenommene Unterstellung einer Manipulation des Königs durch seinen Minister von Woellner einer weit verbreiteten Einschätzung, sie dürfte jedoch der tatsächlichen Rollenverteilung nicht gerecht geworden sein, da sie nicht nur Woellners Einfluß auf Friedrich Wilhelm II. überschätzte, sondern auch die originäre Entschlossenheit des Monarchen zu einer restriktiveren Religionspolitik verkannte; vgl. Wilhelm Bringmann, Preußen unter Friedrich Wilhelm II., Frankfurt am Main u. a. 2001, 211, 216–220; Krause, Mit Kants schädlichen Schriften (wie Anm. 49), 95–101.

Seybolds Roman *Lucian's Neueste Reisen oder wahrhafte Geschichten* (1791).
Bahrdt, der im Unterschied zu den beiden anderen Autoren Schulz in positivem
Licht zeichnet, legt der in seiner Politsatire auf das preußische Religionsedikt auf-
tretenden Figur des Prediger Schulz eine sehr drastische Kampfansage in den
Mund: „Warlich, so lang es in Deutschland noch Pressen giebt, sollen die Scheis-
kerls uns nicht unterdrücken".[56] Bei einem Besuch in Gielsdorf hatte er Schulz
nach eigener Angabe persönlich kennengelernt und ergriff seitdem öffentlich Partei für ihn. Besonders kommt seine Sympathie zum Ausdruck, wenn er den ein-
nehmenden Charakter von Schulz herausstellt: „der Mann hat alle Menschen für
sich, die ihn je gesehen und in der Nähe beobachtet haben".[57] Allerdings dürfte
Bahrdts Unterstützung Schulz bei seinen Gegnern eher geschadet als genützt haben, denn er war von allen Aufklärungstheologen der Zeit der wohl am meisten
umstrittene und angefeindete.[58]

Das wenige hingegen, was über Schulz' Einstellung zu Bahrdt bekannt ist, läßt
ein inhaltlich distanziertes Verhältnis erkennen. So spricht er über das systematische Hauptwerk Bahrdts, das *System der moralischen Religion zur endgültigen
Beruhigung für Zweifler und Denker* (1787), ein hartes Verdikt aus: „Ein Buch,
das so, wie alle theologische Moralen, voll verwirrter Begriffe ist".[59] Diese Kritik
ist im Kontext der generellen Absage von Schulz gegenüber dem bei einer Viel-
zahl von Autoren der deutschsprachigen Aufklärung in verschiedensten Ausprägungen anzutreffenden Vermittlungsmodell der ‚Vernunftreligion' zu sehen, dem
er die eigene Überzeugung vom „himmelweiten Unterschied" von Moral und Religion entgegenhält. Auch wenn Bahrdt deren synergetische Vereinbarkeit in seiner Gegenschrift zu Schulz' *Erweis des himmelweiten Unterschieds der Moral
von der Religion* (1788) unter dem Titel *Sonnenklare Unzertrennlichkeit der Religion und der Moral* (1791) entschlossen verteidigt, zeigt er sich – anders als
Schulz – doch grundsätzlich begeistert über die Publikation seines kirchenkritischen Mitstreiters:

> Ihr *Erweis des himmelweiten Unterschiedes der Moral und Religion* ec. ec. ist in mei-
> nen Augen ein eben so gründliches und nutzbares Buch, welches Ihren Einsichten und
> Ihrem Herzen in gleichem Grade Ehre macht. Es enthält Wahrheiten, die es im höchsten
> Grade verdienen, vom Throne bis zur Hütte beherziget zu werden. Und Sie haben diese
> Wahrheiten so lichtvoll auseinander gesetzt, und mit solcher Wärme und edeler Frei-
> müthigkeit vorgetragen, daß jeder unbefangene Leser, ob auch alle jesuitischen Ver-

---

[56] Karl Friedrich Bahrdt, Das Religions-Edikt. Ein Lustspiel, Faksimile der Ausgabe von 1789,
mit einem Nachwort hg. von Ludger Lütkehaus, Heidelberg 1985, 88.
[57] Bahrdt, Mit dem Herrn [von] Zimmermann […] deutsch gesprochen (wie Anm. 32), 24.
[58] Für weitere Literaturangaben vgl. Otto Jacobi, Ingrid Majewski, Karl Friedrich Bahrdt: radikaler deutscher Aufklärer, Bibliographie, Halle 1992.
[59] [Schulz], Erweis (wie Anm. 26), 160.

fechter des Kirchenglaubens die Zähne fletschen und Gift und Galle darüber ausschüt-
ten, Sie lieben und hochschätzen wird.[60]

Es ist anzunehmen, daß Bahrdts Eintreten für Schulz dadurch bestärkt wurde, daß
sich beide Angriffen von gemeinsamen Gegnern aus dem Lager der sogenannten
‚Gegenaufklärung‘ ausgesetzt sahen, die Bahrdt ebenso wie Schulz verächtlich
karikierten. Namentlich handelte es sich hierbei in erster Linie um Johann Georg
Zimmermann und August von Kotzebue.

Die im Verhältnis zwischen Bahrdt und Schulz nur mit Einschränkungen mögliche inhaltliche Verständigung hat Schulz vielleicht jedoch in einer anderen Verbindung tatsächlich erfahren, nämlich in dem freundschaftlichen Verhältnis zu
dem in Dillenburg als Regierungsbeamter tätigen Karl von Knoblauch (1756–
1794). In ihrem langjährigen Briefkontakt, den von Knoblauch bezeugt, indem
er Schulz im Jahr 1792 als seinen „alten Freund und Correspondenten"[61] bezeichnet, könnte sich ein Gedankenaustausch ereignet haben, der die Intensität einer
philosophischen Konstellation im engeren Sinn erreicht hat. Solange die Briefe
allerdings verschollen bleiben, läßt sich darüber nur spekulieren. Immerhin finden sich bei Karl von Knoblauch konkrete Anzeichen für eine Rezeption von
Schulz' *Philosophischer Betrachtung* (1784), nämlich in seiner kurzen Thesen-
sammlung *Axiomen und Theoremen meiner esoterischen Philosophie* (1792).[62]

Neben Bahrdt ist schließlich noch ein zweiter Autor zu nennen, der Schulz gegenüber Johann Georg Zimmermanns polemischen Angriffen in Schutz genommen hat. Es handelt sich um den Juristen und Publizisten Julius Friedrich Knüppeln (1757–1840), der nach seinem Studium in Leipzig bis 1787 in Berlin lebte.[63]
Beeindruckt durch die Lektüre des *Versuchs einer Anleitung zur Sittenlehre für
alle Menschen ohne Unterschied der Religionen* und, wie seine Bemerkungen na-
helegen, wohl auch persönlich bekannt mit den örtlichen Verhältnissen in den Gemeinden des Predigers, hat sich Knüppeln engagiert für Schulz ausgesprochen.
Diese Äußerungen stehen im Kontext seiner Bemühungen um Aufrechterhaltung
des Nachruhms von Friedrich dem Großen als eines aufgeklärten Monarchen und

---

[60] Carl Friedrich Bahrdt, Sonnenklare Unzertrennlichkeit der Religion und der Moral, an den
Verfasser des Himmelweiten Unterschieds derselben. Nebst einer Vertheidigung desselben Verfassers gegen die allgemeine deutsche Bibliothek, Halle 1791, 1.

[61] Brief Karl von Knoblauchs an Jakob Mauvillon, Bernburg, den 14. Juni 1792, in: Mauvillons
Briefwechsel oder Briefe von verschiedenen Gelehrten an den in Herzogl. Braunschweigischen
Diensten verstorbenen Obristlieutenant Mauvillon gesammelt und herausgegeben von seinem Sohn
F. Mauvillon Hauptmann in dem Holländischen Artillerie-Corps, Deutschland 1801, 217.

[62] Vgl. Karl von Knoblauch, Axiomen und Theoremen meiner esoterischen Philosophie. Erstes
Bündel, in: Mauvillons Briefwechsel (wie Anm. 61), 208–212.

[63] Vgl. Moses Mendelssohn, Gesammelte Schriften. Jubiläumsausgabe, Bd. 23: Dokumente II:
Die frühen Mendelssohn-Biographien, bearbeitet von Michael Albrecht, Stuttgart-Bad Cannstadt
1998, 54.

zwar insbesondere in religionspolitischer Hinsicht. So verteidigt Knüppeln im
Verlauf seiner *Widerlegung der Schrift des Ritters von Zimmermann über Friedrich den Großen* auch den Gielsdorfer Prediger in Form eines flammenden Plä-
doyers, das die Ausnahmeerscheinung, die Schulz am brandenburgischen Kirchenhimmel markiert, nicht als Skandal sieht, sondern vielmehr als voranleuch-
tendes Beispiel für dessen Kollegen im geistlichen Amt anpreist:

> Das war freylich ein *Hochverrat gegen den geistlichen Schlendrian,* daß der Herr
> *Schulz* allen Priesterstand wegwarf, daß er sich aussonderte von den Heuchlern, und
> *nicht mehr scheinen* wollte, als er war, nicht mehr seyn wollte, als alle Prediger
> seyn sollten – *Lehrer! Rathgeber!* und *Freunde ihrer Gemeinde!* und daß er dieses
> im hohen Grade ist, bewies die Liebe seiner Gemeinde, da ihn die Geistlichkeit vor
> ihr *Forum* zog. – Daß er auch ein vortreflicher *Prediger* und *Moralist,* nicht in *Worten,*
> sondern in der *That* ist, beweiset die sittliche Ordnung, welche in seiner Gemeinde
> herrscht, die seine Collegen nur zu sehr beschämt; wollte der Himmel alle Landpredi-
> ger wären so, und handelten so wie dieser, so | würde sich bald eine *wahre Aufklärung*
> auf dem Lande verbreiten, anstatt jetzt *Aberglauben* und *stockdumme Grundsätze* herr-
> schen, und von den geistlichen Herren vorsätzlich begünstigt werden, damit der gemei-
> ne Mann nicht denke, sondern ihnen blindlings gehorche. Dies war und ist der Grund-
> satz der *geistlichen Don Quixotte,* die Vernunft zu unterjochen, und den Menschen am
> Sklavenseil der Dummheit und des Aberglaubens herum zu zerren, damit sie als Ge-
> sandten der Gottheit ihre Aussprüche thun können. Dahero unterdrückten und verfolg-
> ten sie stets die Philosophen, weil sie sich vor ihre *leuchtende Fackel* fürchteten; dahero
> schrien sie stets über *Irreligion, Deismus* und *Atheisterey,* wenn man nicht ihr Ge-
> schwätze als Wahrheit annehmen, und ihre geistliche Würde anerkennen wollte.[64]

VI. Beistand im Amtsenthebungsprozeß
vor dem Berliner Kammergericht

Nach über 25 Jahren der beinahe ungehinderten Tätigkeit von Schulz als Prediger
von Gielsdorf, Wilkendorf und Hirschfelde kamen die besagten „*geistlichen Don
Quixotte*" mit der Eröffnung des Lehrbeanstandungsverfahrens gegen den Prediger Schulz endlich zum Zug. Dem vorausgegangen waren eine Reihe von Denun-
ziationen, deren letzte vermutlich den unmittelbaren Anstoß zur Anklageerhebung gab.[65] In unserem Zusammenhang sind insbesondere die Folgen der anonymen Anzeige vom Sommer 1788 von Interesse. Beim König waren zwei
Mitschriften von Predigten, die Schulz Ende März bzw. Ende Juli vor seiner Gemeinde gehalten hatte, zusammen mit einem den Pastor wegen seiner Heterodoxie anklagenden Begleitschreiben eingereicht worden. Schulz wurde daraufhin

---

[64] [Julius Friedrich Knüppeln], Widerlegung der Schrift des Ritters von Zimmermann über
Friedrich den Großen, von einem Wahrheitsfreunde, Germanien [Berlin] 1788, 42 f.
[65] Vgl. Tradt, Der Religionsprozeß (wie Anm. 19), 25–30, 32–34.

für den 5. September zu einer Vernehmung nach Berlin vorgeladen, die jedoch durchgeführt vom Oberkonsistorialrat von Irwing in dessen Privatwohnung unter den für ihn denkbar angenehmsten Umständen stattfinden sollte. Auf die wohlwollende Darstellung der Unterredung in dem 1792 gemeinsam mit anderen Aktenstücken veröffentlichten Protokoll hat deren Herausgeber, sehr wahrscheinlich Schulz selbst, betont hingewiesen:

> Man sieht es dem ganzen Protocoll deutlich an, daß es aus der sanften Feder des Hrn. *von Irwing* geflossen ist. Gewiß würde der Pr. *Schulz*, wenn er die Vortrags= und Einkleidungs=Art seinem würdigen Freunde nicht völlig überlaßen hätte, sich in stärkern Worten und Darlegungen seiner Ueberzeugungen erklärt haben. Indessen war es in dem gegenwärtigen Fall recht gut, daß er sich mit der allgemeinen Angabe seiner Verantwortungs=Gründe begnügte, und die Auseinandersetzungs= und Darstellungs=Art derselben, seinem rechtschaffenen ihn liebenden Commissario überließ; von dem es schon bekannt genug ist; wie sehr er selbst für die gute Sache der Wahrheit und Vernunft eingenommen ist; so wie es auch kein Redlicher und Edelgesinnter anders seyn kann.[66]

Man gewinnt den Eindruck, dieses Verhör, das die erste günstige Gelegenheit geboten hätte, dem Prediger Schulz nur wenige Wochen nach Inkrafttreten des Religionsedikts eine deutliche Verwarnung auszusprechen, sei stattdessen in Form einer freundschaftlichen Unterhaltung abgelaufen, in der sich zwei Gleichgesinnte ihrer gemeinsamen Verständnislosigkeit gegenüber dem denunziatorischen Eifer eines unaufgeklärten Orthodoxen versicherten. Es ist bemerkenswert, daß Woellner sich mit der Beauftragung Irwings für eine derart entgegenkommende Behandlung des Gielsdorfer Predigers entschieden hat. Dem König gegenüber hatte er in einem Schreiben vom 5. August noch angekündigt, er werde die „beiden in der That Gottes lästerlichen Predigten des p Schultze zu Gühlsdorff"[67] dem Konsistorium vorlegen, die Stellungnahme der Oberkonsistorialräte einholen und dann den Fall an den Oberkonsistorialfiskal weiterleiten. Damit erweckte Woellner den Eindruck, als sei er entschlossen gewesen, die erforderlichen Schritte für eine Amtsenthebung in die Wege zu leiten. Zudem gab er sich zuversichtlich, daß ein solches Verfahren auch ohne seine eigene Einflußnahme unausweichlich zum Erfolg führen werde:

---

[66] Abschrift, eines, schon am 5ten Sept. 1788. auf Königlichen Befehl, vom Ober=Consistorial=Rath von Irwing, über die Lehr=Vorträge des Prediger Schulz, aufgenommenen Protokolls, in: [Johann Heinrich Schulz (Hg.?)], Religions=Prozeß des Prediger Schulz zu Gielsdorf ec., nebst dessen eigenen, gerichtlich übergebenen Vertheidigungs=Schrift seiner Lehren, [o. O.] 1792, 202, Anm. des Herausgebers.

[67] Schreiben des Ministers von Woellner an Friedrich Wilhelm II. vom 5. August 1788, zitiert nach Tradt, Der Religionsprozeß (wie Anm. 19), 26, Anm. 97. Das Originaldokument befindet sich, wie der Großteil des Aktenmaterials aus dem Schulz-Prozeß, in Berlin im Geheimen Staatsarchiv Preußischer Kulturbesitz.

Ich für meine Person werde dabei ganz sanfte verfahren, damit man nicht über Intoleranz schreie. Der Fiscus, die Gesetze, und der Groß-Canzler werden ihn aber schon züchtigen wie er verdient, und wenn in diesen 2 Predigten nur die Hälfte als *wahr erwiesen* wird; so sehe ich nicht ab, wie er der Cassation entgehen will.[68]

Obwohl aus dem Vernehmungsprotokoll hervorgeht, daß Schulz sich von wenigen Einschränkungen abgesehen zu den Aufzeichnungen bekannte, die der Denunziant von seinen Predigten angefertigt hatte, verzichtete Woellner entgegen seiner vollmundigen Ankündigung schließlich doch auf die Einleitung weiterer Ermittlungen. Nach eigenen Angaben vernichtete er sogar die Akten und beseitigte damit das den Gielsdorfer Pastor schwer belastende Beweismaterial.[69]

Dieses sonderbare Verhalten des Ministers wirft die Frage auf, wie Woellners Rolle während der Anbahnung der Amtsenthebung von Schulz einzuschätzen ist. Verfolgte er womöglich die gezielte Absicht, das Verfahren aufzuhalten, während er zugleich den König durch Vorspiegelung seiner Entschlossenheit beschwichtigte, um mit dieser doppelzüngigen Strategie den heterodoxen Prediger zu schützen? Wäre damit also auch Woellner den Unterstützern von Schulz zuzurechnen?[70] Zwar ist festzuhalten, daß der Chef des geistlichen Departements alles vermieden hat, was die Einleitung eines Lehrbeanstandungsverfahrens gegen den Gielsdorfer Prediger hätte befördern können, doch würde man meines Erachtens zu weit gehen, wollte man daraus auf eine wohlwollende Haltung Woellners gegenüber Schulz schließen. Gegen eine solche Deutung spricht vor allem die eindeutige Parteinahme des Ministers zugunsten der Anklage während des Prozesses, die insbesondere sein Eingreifen in die richterliche Beweisaufnahme erkennen läßt, und das unabhängig davon, wie der Vorgang juristisch zu bewerten ist.[71]

Wie Woellners Auftreten hätte ausfallen können, falls er wirklich entschlossen gewesen wäre, Schulz zu schützen, läßt sich vorstellen, wenn man sich vor Augen führt, wie unnachgiebig sein Vorgänger Zedlitz sich 1781 der Mitwirkung an der Verurteilung der am Müller-Arnold-Prozeß beteiligten Richter verweigerte.[72] Die

---

[68] Ebd., 26.

[69] Vgl. Tradt, Der Religionsprozeß (wie Anm. 19), 27.

[70] In diese Richtung zielen die von Peter Krause und Georg Manten vorgenommenen Interpretationen des Quellenbefunds. Demnach habe Woellner das Verfahren, „so weit wie möglich gehemmt" (Manten, Das Notbischofsrecht [wie Anm. 45], 483, Anm. 336; vgl. ebd., 408) und jahrelang versucht, Schulz zu schützen (vgl. ebd., 484 f., Anm. 343; Krause, Mit Kants schädlichen Schriften [wie Anm. 49], 91, Anm. 18, 130).

[71] Vgl. Tradt, Der Religionsprozeß (wie Anm. 19), 80 f.; Krause, Mit Kants schädlichen Schriften (wie Anm. 49), 133 f. Auch monierte Woellner ausdrücklich die Verschleppung des Verfahrens seitens des Kammergerichts; vgl. Tradt, Der Religionsprozeß (wie Anm. 19), 90.

[72] Vgl. Malte Dießelhorst, Die Prozesse des Müllers Arnold und das Eingreifen Friedrichs des Großen, Göttingen 1984 (Göttinger Rechtswissenschaftliche Studien, 129), 59–62. Gänzlich unabhängig davon zu beantworten ist die Frage der Vergleichbarkeit des Müller-Arnold-Prozesses mit dem Verfahren gegen Schulz.

naheliegendste Erklärung für Woellners widersprüchliches Verhalten ergibt sich aus dem Dilemma, in dem der Minister sich befand. Je eindeutiger er die Bereitschaft erkennen ließ, den kirchenpolitischen Vorstellungen des Königs zur Umsetzung zu verhelfen, desto mehr mußte sich die Konfrontation mit dem Oberkonsistorium zuspitzen, dessen Mitglieder fast ausnahmslos gegen das Religionsedikt opponiert hatten.[73] Außerdem hatte Woellner eine weitere Beschädigung seiner öffentlichen Reputation zu befürchten, die im Zuge der erregten Debatte um das neue Gesetz bereits empfindlich gelitten hatte. Erst nachdem der König selbst den ausdrücklichen Befehl zur Untersuchung des Falles Schulz erteilt hatte, stellte sich die Situation für ihn anders dar. Von nun an konnte sich Woellner in der Funktion eines subordinierten Exekutivorgans bedenkenloser der Umsetzung des allerhöchsten Willens annehmen und damit seinen Beitrag leisten, den ‚Gotteslästerungen‘ des Predigers Schulz Einhalt zu gebieten.

Den Untersuchungsbefehl, der zur Anklageerhebung gegen Schulz vor dem Berliner Kammergericht führte, erteilte Friedrich Wilhelm II. im August 1791. Durch die unterdessen erfolgte Einrichtung einer geistlichen Immediat-Examinationskommission hatten sich die für den Erfolg des Lehrbeanstandungsverfahrens erforderlichen institutionellen Voraussetzungen beträchtlich verbessert. Zwei ihrer Mitglieder, Hermann Daniel Hermes und Gottlob Friedrich Hillmer, gehörten der eigens für den Fall Schulz beauftragten Untersuchungskommission an.[74] Daß nach dem Tod Friedrichs des Großen und der Ablösung des Freiherrn von Zedlitz nun auch die neuerliche Vernehmung von Schulz nicht mehr von Karl Franz von Irwing, sondern von dem zur Durchsetzung des Religionsedikts eingesetzten Hermes durchgeführt wurde, markiert einen weiteren Schritt in der Entwicklung, mit der die oben vorgestellte vierstufige Unterstützerkonstellation im Machtgefüge der preußischen Monarchie ihren Einfluß auf das Schicksal des Predigers verlor.

Gegenstand des Amtsenthebungsverfahrens war nicht, wie mitunter zu lesen ist, der gegenüber Schulz erhobene Atheismusvorwurf oder gar der Zopf des Predigers. Untersucht werden sollte der sittliche Lebenswandel von Schulz und insbesondere seine Amtsausübung, um dem dringenden Verdacht einer Abweichung von der kirchlichen Lehrverpflichtung nachzugehen. Auf den komplexen Prozeßverlauf kann hier nicht im einzelnen eingegangen werden,[75] es sollen nur die zum Verständnis erforderlichen Eckdaten mitgeteilt werden, um daran anschließend die auch in dieser letzten Phase der öffentlichen Wirkung des Predigers Schulz aufgetretenen Unterstützer vorzustellen. Nach einer von Kompetenzstreitigkeiten

---

[73] Vgl. Wiggermann, Woellner und das Religionsedikt (wie Anm. 49), 154–197.
[74] Vgl. Tradt, Der Religionsprozeß (wie Anm. 19), 34–37, 341–343.
[75] Die detaillierteste Darlegung bietet Tradt, Der Religionsprozeß (wie Anm. 19). Zwei neuere Kurzdarstellungen finden sich bei Manten, Das Notbischofsrecht (wie Anm. 45), 481–504 und bei Wiggermann, Woellner und das Religionsedikt (wie Anm. 49), 506–512.

überschatteten Beweisaufnahme, in deren Verlauf der konkrete zur Verhandlung anstehende Fall hinter Grundsatzfragen der Auslegung und Anwendbarkeit des Religionsedikts zurücktrat,[76] entschied der zuständige Senat des Kammergerichts mit knapper Mehrheit, Schulz könne zwar nicht als ein lutherisch-protestantischer, sehr wohl aber als ein christlicher Prediger gelten und sei darum weiterhin als Pastor seiner Gemeinden zu tolerieren. Der Vorwurf der Sittenlosigkeit, den die Anklage bereits zurückgezogen hatte, wurde als gegenstandslos abgewiesen. Friedrich Wilhelm II. war jedoch nicht bereit, diesen für den Prediger Schulz überraschend günstig ausgefallenen Richterspruch zu akzeptieren. In seinem Confirmationsreskript bestätigte er das Ergebnis nur in dem Punkt, daß die Amtsausübung von Schulz nicht der eines lutherisch-protestantischen Predigers entsprach, und zog daraus die auch innerhalb der überstimmten Minderheit des Richtergremiums befürwortete Konsequenz, daß der Gielsdorfer Prediger seines Amtes zu entheben sei. Außerdem erteilte er den für das Mehrheitsvotum verantwortlichen Mitgliedern des mit der Sache befaßten Senats eine mit Strafandrohungen verbundene Rüge. In zweiter Instanz bestätigte der Oberappellationssenat des Kammergerichts im September 1793 das königliche Confirmationsreskript. Damit war die Amtsenthebung von Schulz rechtskräftig. Erst nach dem Tod von Friedrich Wilhelm II. kam es auf Schulz' Initiative hin zu einer nach damaliger Prozeßordnung eigentlich nicht vorgesehenen Wiederaufnahme des Verfahrens in dritter Instanz. Doch auch das hiermit befaßte Geheime Obertribunal hielt unter Hinweis auf das Religionsedikt als geltende Rechtsgrundlage der Entscheidung in der Vorinstanz deren Urteil aufrecht. Trotz dieser juristischen Niederlage ergab sich für Schulz dennoch ein versöhnlicher Ausgang. Friedrich Wilhelm III. entschädigte den ehemaligen Prediger 1799 mit einer neuen Anstellung in der staatlichen Gewerbeaufsicht mit Pensionsanspruch. Wie erstmals für das Jahr 1804 dokumentiert ist, hatte Schulz zuletzt das Amt eines Fabrikeninspektors inne.[77]

Auch während des langwierigen Rechtsstreits vor dem Berliner Kammergericht fand Schulz Rückhalt bei einer Reihe von Unterstützern und Sympathisanten, deren Vorstellung erneut von den Akteuren in der unmittelbaren Umgebung von Schulz ausgehen soll. Die für den Verlauf des Verfahrens wichtigste Funktion an der Seite des angeklagten Predigers kam der Natur der Sache gemäß seinem Rechtsbeistand zu. Mit Karl Ludwig Amelang (1755–1819) übernahm einer „der angesehensten rechtsgelehrten Verteidiger Berlins"[78] diese Aufgabe. Amelang führte nicht nur die eigentliche juristische Verteidigung mit Umsicht und En-

---

[76] Vgl. Manten, Das Notbischofsrecht (wie Anm. 45), 488.

[77] Vgl. ebd., 190.

[78] Bringmann, Preußen (wie Anm. 55), 213; zur Person vgl. Kemper (Hg.), Mißbrauchte Aufklärung? (wie Anm. 2), Begleitband, 187 f.; Tradt, Der Religionsprozeß (wie Anm. 19), 10, Anm. 34, 51 f., 354, 359 f.

gagement, sondern trug auch maßgeblich dazu bei, die Sympathien für seinen Mandanten in der zeitgenössischen Öffentlichkeit zu befördern. Aufgrund des hohen Bekanntheitsgrads des Angeklagten – in der *Allgemeinen deutschen Bibliothek* findet sich die rhetorische Frage formuliert: „Wer sollte auch nicht von dem Gielsdorfer Prediger wenigstens gehört haben?"[79] – war eine publizistische Begleitung des Prozeßgeschehens naheliegend. Noch während des laufenden Verfahrens in erster Instanz veröffentlichte Amelang unter dem Titel *Zur Vertheidigung des Prediger Herrn Schulz* seine Darstellung des Falls und richtete sich damit bereits Monate vor dem Urteilsspruch mit einem persönlichen Plädoyer an das Lesepublikum, das seine Wirkung nicht verfehlte. So kommentierte beispielsweise Johann Gottlieb Fichte (1762–1814) die Verteidigungsschrift mit der Bemerkung, sie sei „mit dem Ernste, und der kühnen Gerechtigkeitsliebe eines Britten geschrieben. […] kurz, ich halte diese Schrift für ein Muster einer Vertheidigungsschrift".[80]

Wie schon in den ein Jahrzehnt zurückliegenden Auseinandersetzungen mit dem Konsistorium fand Schulz zudem neuerliche Unterstützung bei seinem Gielsdorfer Patron Otto Friedrich von Pfuel, der zunächst zugunsten des Predigers aussagte und auch nach der rechtskräftigen Amtsenthebung sich bemühte, durch eine an den König adressierte Bittschrift den Verbleib seines Predigers zu erreichen.[81] Diese Solidarisierung mit Schulz läßt sich nicht allein aus persönlicher Zuneigung Otto Friedrichs erklären, es handelte sich vielmehr um eine generationsübergreifende Tradition der als staatstragende Stütze innerhalb der preußischen Ministerial- und Offiziersaristokratie bekannten Familie Pfuel, wie es der Friedrich-Biograph Johann David Erdmann Preuß bezeugt:

> Der Präsident v. Pfuel [Hempo Ludwig (1690–1770)] hatte ihn 1765 […] auf die Pfarre in Gielsdorf berufen; sein Sohn der Ritterschafts=Direktor [Otto Friedrich (1731–1811)], war eben so sein Freund, und in dem dritten Geschlechte hat der noch lebende General der Infanterie [Ernst Heinrich Adolf (1779–1866)] der Wittwe Schulz bis zu ihrem Ende das hülfreichste Wohlwollen bewiesen.[82]

---

[79] Heinrich Philipp Conrad Henke, Beurtheilung aller Schriften welche durch das Königlich Preußische Religionsedikt und durch andere damit zusammenhängende Religionsverfügungen veranlaßt sind; […]. Aus der allgem. deutsch. Biblioth. B. CXIV. St. 2. u. CXV. St. I. besonders abgedruckt, Kiel 1793, 542.

[80] Brief von Johann Gottlieb Fichte an Heinrich Theodor von Schön, Krockow, den 21. Mai 1792, in: Johann Gottlieb Fichte-Gesamtausgabe der Bayerischen Akademie der Wissenschaften, hg. von Reinhard Lauth und Hans Jacob, Briefe, Bd. 1: Briefwechsel 1775–1793, Stuttgart-Bad Cannstatt 1968, 309.

[81] Vgl. Tradt, Der Religionsprozeß (wie Anm. 19), 49 f., 159.

[82] Johann David Erdmann Preuß, Zur Beurtheilung des Staatsministers von Wöllner, in: Zeitschrift für Preußische Geschichte und Landeskunde 3 (1866), 65–95, hier 69. Ergänzungen in eckigen Klammern von A. M.

Der historisch bedeutendste der drei Familienangehörigen ist sicher der zuletzt genannte Adolph Heinrich Ernst von Pfuel, der während der Revolution von 1848 für einen liberal konstitutionellen Weg Preußens eintrat.[83]

An dritter Stelle ist hinzuweisen auf die von zeitgenössischen Theologen erstellten Gutachten. Hierbei hat sich Josias Friedrich Christian Löffler (1752– 1816), der neben weiteren namhaften Vertretern seines Faches von Amelang mit der Erstellung eines Gutachtens beauftragt worden war,[84] durch ein besonders entschiedenes Eintreten für Schulz hervorgetan. Als Generalsuperintendent und Oberkonsistorialrat in Gotha hatte Löffler von den preußischen Behörden nichts zu befürchten. Zugleich war er jedoch mit den religionspolitischen Verhältnissen in Preußen bestens vertraut. Nach einer mehrjährigen Tätigkeit in Berlin als Hauslehrer und Prediger hatte ihn der Minister von Zedlitz 1782 zum Theologieprofessor in Frankfurt an der Oder berufen. Im September 1788, wenige Wochen nach Woellners Ernennung, entschied sich Löffler für einen Wechsel nach Gotha.[85] Die Stellungnahme in der Prozeßsache Schulz bot ihm nun die Gelegenheit, aus sicherer Distanz seine Kritik am preußischen Religionsedikt vorzubringen. So stellt sein 1794 im Druck veröffentlichtes Gutachten die Vereinbarkeit des Edikts mit den Prinzipien des Protestantismus grundsätzlich in Frage und wendet damit den Heterodoxievorwurf gegen das Gesetz selbst. Auch wenn sich, so Löffler, der Beweis erbringen ließe, daß der Prediger Schulz tatsächlich gegen das Religionsedikt verstoßen habe, dürfe ihm darum der Status eines lutherischen Predigers nicht per se aberkannt werden:

> Diese Abweichung von dem Religions=Edicte aber, schließt die Folge, daß der *Abweichende kein Lutheraner* sey, so wenig in sich; daß vielmehr ein großer Theil der Lutherschen Theologen sich gedrungen sehen wird, zu urtheilen, daß ein Edict, welches solche kirchliche Lehrsätze, über welche Luther selbst seine Einsicht veränderlich, und sich einer bessern Belehrung nach der heiligen Schrift fähig hielt, als eine unveränderliche und keiner weitern Prüfung unterworfene Norm, für die lutherische Kirche festsetzen, und also alle Fortschritte in der Erkenntniß der christlichen Wahrheit nach der heiligen Schrift, und jede Verbesserung des Vortrags derselben untersagen und für

---

[83] Zur Person vgl. Bernhard von Gersdorff, Ernst von Pfuel. Freund Heinrich von Kleists, General, Preußischer Ministerpräsident 1848 (Preußische Köpfe, 7), Berlin 1981. Unter dem Datum vom 7. Oktober 1848 findet sich im Tagebuch des mit Pfuel befreundeten Karl August Varnhagen von Ense (1785–1858) die folgende Eintragung: „Pfuel habe vertraulich gesagt, die reinste und vernünftigste Staatsform sei allerdings die Republik! Er selbst sei in abstracto ein Republikaner" (zitiert nach Gersdorff, Ernst von Pfuel, 124). Pfuel war zu diesem Zeitpunkt preußischer Ministerpräsident und Kriegsminister (vgl. ebd., 117–129).

[84] Vgl. Tradt, Der Religionsprozeß (wie Anm. 19), 131–134; Schwartz, Die beiden Opfer (wie Anm. 19), 151 f.

[85] Vgl. Rudolf Schwarze, Art. „Löffler, Josias Friedrich Christian", in: Allgemeine Deutsche Biographie, hg. von der Historischen Kommission bei der Bayerischen Akademie der Wissenschaften, Bd. 19 (1884), 106 f.

strafwürdig erklären wollte; *selbst kein protestantisches, im Geiste Luthers abgefaßtes Edict sey.*[86]

Auch unter den Gutachten der Berliner Oberkonsistorialräte, die auf Anforderung der mit der Strafsache Schulz befaßten Richter erstellt wurden, finden sich Bewertungen, die zugunsten des Angeklagten ausfallen und damit entscheidenden Anteil an dem Freispruch in erster Instanz hatten. Bemerkenswert sind vor allem die Voten von Johann Friedrich Zöllner und Wilhelm Abraham Teller, der für seine Stellungnahmen mit einem befristeten Gehaltsentzug zugunsten des Irrenhauses bestraft wurde.[87] In diesem Fall kann allerdings weniger von einer persönlichen Unterstützung für Schulz gesprochen werden, vielmehr profitierte der Prediger von der generellen Opposition der Oberkonsistorialräte gegenüber dem Religionsedikt.

Die letzte Gruppe, der wir uns zuwenden wollen, sind jene Juristen, die in den drei Instanzen, welche das Verfahren durchlief, den Fall Schulz zu beurteilen hatten. Unter den Angehörigen der richterlichen Mehrheit, die in erster Instanz mit 14 zu 11 Stimmen[88] für die Beibehaltung von Schulz im Predigtamt votierte, gab der Kammergerichtsrat Carl Georg von Raumer eine besonders eindeutige Stellungnahme zugunsten des Angeklagten zu Protokoll:

> ich bin der pflichtmäßigen Meinung, daß der *Schulz* und die drei Gemeinen fernerhin tolerirt und geschützt werden müssen, denn sie haben sich nicht allein ruhig im Staate verhalten, sondern die Gemeinden haben sich auch besonders gut und musterhaft aufgeführt. Sie verdienen Toleranz, sind seit 27 Jahren und besonders seit dem Religions=Edict geduldet, und ein Verbot gemeinschaftlicher Erbauung würde Gewissenszwang seyn, den das Religions=Edict selbst verbietet.[89]

Dieser Erklärung kommentarlos angeschlossen hat sich das unter dem Gesichtspunkt der Radikalaufklärung interessanteste Mitglied des Richtergremiums, der Kriminalrat Christian Ludwig Paalzow (1753–1824).[90] Mit seinem Votum zugunsten von Schulz bot sich Paalzow die Gelegenheit auch in seiner beruflichen

---

[86] Josias Friedrich Christian Löffler, Beantwortung der in dem Religions=Proceße des Prediger Schulz zu Gielsdorf ec. von dem Königlichen Kammergerichte in Berlin dem dasigen Ober=Consistorio vorgelegten Fragen, in: Dr. und Cons. R. Döderleins, Dr. und Prof. Eckermanns, und Dr. und Generalsup. Löfflers Gutachten über einige wichtige Religions-Gegenstände, Görlitz 1794 (Edition Kemper [wie Anm. 2], T98), 103.

[87] Vgl. Tradt, Der Religionsprozeß (wie Anm. 19), 78–80, 83, 86 f., 113.

[88] Vgl. ebd., 93.

[89] Verhandlung beim Großkanzler am 7. Juni 1792. Actum Berlin, den 7. Junius 1792, abgedruckt bei Friedrich Holtze, Geschichte des Kammergerichts in Brandenburg-Preußen, Dritter Theil: Das Kammergericht im 18. Jahrhundert, Berlin 1901 (Beiträge zur Brandenburg-Preußischen Rechtsgeschichte, 5), 453–463, hier 461.

[90] Vgl. ebd. 462; Tradt, Der Religionsprozeß (wie Anm. 19), 354; zur Person vgl. Martin Mulsow, Die Transmission verbotenen Wissens, in: Ulrich Johannes Schneider (Hg.), Kulturen des Wissens im 18. Jahrhundert, Berlin, New York 2008, 72 f.

Stellung, den religionskritischen Überzeugungen gemäß zu agieren, die er als Privatmann in seinen anonym publizierten Schriften propagierte. Wie einem Brief Paalzows an den Verleger Gebauer in Halle vom 14. November 1788 zu entnehmen ist, war ihm der *Erweis des himmelweiten Unterschieds der Moral von der Religion* bekannt; auch wußte er bereits zu diesem frühen Zeitpunkt, wer das Buch verfaßt hatte.[91] Somit mußte ihm völlig klar gewesen sein, wen er mit seinem Abstimmungsverhalten im Predigtamt zu halten versuchte. Schockiert war Paalzow gewiß nicht von der agressiven Streitschrift, denn neben Schulz gehörte er zu den wenigen Autoren der deutschen Spätaufklärung, die mit der Religionskritik des französischen Atheisten Paul Henri Thiry d'Holbach (1723–1789) sympathisierten.

In der zweiten Instanz fiel zwar die abschließende Entscheidung gegen Schulz aus, doch trotz der eindeutigen Positionierung des Königs in seiner Reaktion auf den Richterspruch der Vorinstanz kam auch dieses Resultat nicht einstimmig zustande. Mit dem auf den 28. Juli 1793 datierten *Vortrag aus den Akten auf geführte weitere Vertheidigung in Untersuchungssachen wider den Prediger Schulz zu Gielsdorf, Wilkendorf und Hirschfelde*[92] des als Berichterstatter des Verfahrens fungierenden Kammergerichtsrats Christoph Goßler[93] lag dem Oberappellationssenat ein detailliert begründetes Rechtsgutachten zugunsten des Angeklagten vor. Goßler plädierte nicht nur dafür, die gegen Schulz erhobene Anschuldigung, er habe gegen das Religionsedikt verstoßen, zurückzuweisen und ihn als Prediger im Amt zu belassen, im Unterschied zum Freispruch der ersten Instanz wollte er ihm darüberhinaus – entsprechend dem oben angeführten Gutachten des Gothaischen Oberkonsistorialrats Löffler – sogar die Anerkennung als lutherischer Prediger zugestanden wissen.[94]

Schließlich fand sich auch unter den Richtern am Geheimen Obertribunal, das mit der außerordentlichen Wiederaufnahme der Strafsache in dritter Instanz befaßt war, ein Befürworter der liberalen Kirchenpolitik Friedrichs des Großen. In seiner Relation vom 14. Februar 1799 erklärte der Obertribunalrat Heinrich Dietrich von Grolmann, dem Fall Schulz sei nicht mit einer eindimensionalen Bewer-

---

[91] Brief von Christian Ludwig Paalzow an Johann Jakob Gebauer. Berlin, den 15. November 1788, Verlagsarchiv der Firma Gebauer&Schwetschke, Stadtarchiv Halle (Saale), Signatur A 6.2.6 Nr. 23872 (Kartonnr. 82), Online-Ressource.

[92] Vgl. G.....r, Vortrag aus den Akten auf geführte weitere Vertheidigung in Untersuchungssachen wider den Prediger Schulz zu Gielsdorf, Wilkendorf und Hirschfelde, in: Neue Beiträge zur Kenntniß der Justizverfassung und der juristischen Literatur in den Preussischen Staaten, hg. von C. L. Stengel, Siebenter Band, Halle 1801, 1–86. Erneut publiziert wurde die Darlegung im Jahr 1846 zusammen mit einer Einleitung des anonymen Herausgebers unter dem Titel *Erinnerungen an das Ministerium Wöllner*.

[93] Vgl. Manten, Das Notbischofsrecht (wie Anm. 45), 500 f.

[94] Vgl. G[oßle]r, Vortrag aus den Akten (wie Anm. 93), 38, 41 f.

tung gerecht zu werden. So sehe er sich „genöthiget die Sache aus dem doppelten Gesichtspunkte, einmal nach den Vorschriften des Religionsedicts, und einmal nach wahren Duldungsgrundsätzen vorzutragen".[95] Auf Grundlage dieser Differenzierung gelangte Grolmann zu folgendem Resultat:

> Durch disjenige, was ich bisher bemerket habe, scheinet mir hinlänglich dargethan zu seyn, daß, wenn des Königes Absicht ist, der Schulzsche process soll ohne Rücksicht auf das Religionsedict reviditet werden, alsdenn anzunehme[n] sey,
> daß Schulz seines Lehramts nicht habe entsetzet werden könen, und daß er noch jetzt von Gemeinen welche ihn zum Lehrer verlangen würde angenomen werden könen.[96]

Unter der formalen Voraussetzung der Geltung des Religionsedikts als vormaliger Rechtsgrundlage des Verfahrens sah Grolmann hingegen keine andere Möglichkeit der juristischen Beurteilung als die Bestätigung der vorinstanzlichen Entscheidung. Doch unterbreitete er den erstaunlichen Vorschlag, in das Urteil einen Passus aufzunehmen, daß es gemäß den „nunmehr wiederhergestellten nöthigen Duldungs Grundsätzen der geistlichen Behörde zu überlaßen sey, ob dem Schulz in protestantischen Kirchen ein anderweitiges Lehramt anvertrauet werden köne".[97] In den Urteilstext fand ein solcher Zusatz jedoch keinen Eingang, da er offenbar nicht auf hinreichende Zustimmung bei Grolmanns Richterkollegen stieß.

Abschließend bleibt noch ein Detail zu ergänzen, das exemplarisch den bis in die Regierungszeit Friedrich Wilhelms III. andauernden Einfluß preußischer Staatsdiener aufzeigt, die noch von Friedrich dem Großen berufen worden waren. Das von Schulz eingereichte Gesuch auf Revision seines Prozesses in dritter Instanz wurde nämlich bewilligt durch den Kabinettsrat Anastasius Ludwig Mencken (1752–1801), der die Sache in Vertretung des wegen Krankheit verhinderten Königs entschied.[98] Friedrich II. hatte Mencken 1782 zum Geheimen Kabinettssekretär ernannt. Somit wird er von dem oben beschriebenen, im Jahr 1783 mit dem Konsistorium ausgetragenen Disput um Schulz' *Sittenlehre* Kenntnis gehabt haben. Mencken war außerdem mit Woellner verfeindet und galt als „frondeur" mit „jakobinischen Grundsätzen", was seine wohlwollende Haltung gegenüber Schulz plausibel macht.[99]

In Anbetracht der dargelegten Stellungnahmen von Theologen und Juristen läßt sich zusammenfassend festhalten, daß die Einschätzung, Schulz sei als Pre-

---

[95] Heinrich Dietrich von Grolmann, Relation vom 14. Februar 1799 in der Revisionsinstanz des Religionsprozesses, teilweise abgedruckt bei Tradt, Der Religionsprozeß (wie Anm. 19), 392–409, hier 397.

[96] Ebd., 406.

[97] Ebd., 408.

[98] Vgl. Tradt, Der Religionsprozeß (wie Anm. 19), 176 f.

[99] Zitate bei Bringmann, Preußen (wie Anm. 55), 651; zu Mencken vgl. ebd., 650 f.

diger „schlechterdings untragbar"[100] gewesen, dem differenzierten Meinungsspektrum seiner Zeitgenossen nicht gerecht wird. Vielmehr wurde deutlich, daß eine Reihe von Funktionsträgern in Kirche und Justiz offenbar keine gravierenden Bedenken gegen den Verbleib eines radikalen Religionskritikers wie Schulz im Predigtamt hatte.

Nicht weniger deutlich fielen die Solidaritärsbekundungen aus, die Schulz von unbeteiligten Beobachtern der zeitgenössischen Öffentlichkeit zuteil wurden. Ein besonders auffallendes Beispiel bietet ein Geschenk, das Schulz im Frühjahr 1792 von einem Prinzen der königlichen Familie erhielt – möglicherweise handelte es sich hierbei um Friedrich Heinrich Ludwig von Preußen (1726–1802), ein jüngerer Bruder Friedrichs des Großen, der auch den radikalaufklärerischen Theologen Andreas Riem protegiert hatte[101] –, der

> dem verfolgten Prediger *Schulz* zu Gielsdorf eine große goldene Medaille und dem einsichtsvollen und braven Vertheidiger desselben, dem Kriminalrath *Amelang*, ein beträchtliches Geldgeschenk, als ein Merkmal seiner Achtung und seiner Zufriedenheit mit ihrem Benehmen, hat zustellen lassen.[102]

Vergegenwärtigt man sich, daß auch ein revolutionärer Publizist wie Andreas Georg Friedrich Rebmann (1768–1824), der in seinem Roman *HansKiekindieWelts Reisen in alle vier Welttheile* aus dem Jahr 1794 eine literarische Adaption des Schulz-Prozesses vorgenommen hat,[103] seine Solidarität mit dem kassierten Prediger signalisierte, so wird deutlich wie breit das Spektrum der Unterstützer und Sympathisanten von Schulz war.

Dieser Befund findet eine Entsprechung in der differenzierten Positionierung von Schulz zu politisch-gesellschaftlichen Themenbereichen. Einerseits wird von ihm die Toleranzpolitik Friedrichs des Großen enthusiastisch gepriesen und der König gefeiert als der „*große Monarch*, den alle vier Welttheile bewundern",[104]

---

[100] Manten, Das Notbischofsrecht (wie Anm. 45), 359.

[101] Vgl. Karl H. L. Welker, Andreas Riem – Daten und Fakten zu seiner Biographie, in: K. H. L. W. (Hg.), Andreas Riem, ein Europäer aus der Pfalz, Stuttgart 1999 (Schriften der Siebenpfeiffer-Stiftung e.V., 6), 14. Für diese Vermutung spricht zudem, daß sich Prinz Heinrich Anfang Juli 1792 in der Tat mit dem Schulz-Prozeß befaßt hat; vgl. Holtze, Geschichte des Kammergerichts (wie Anm. 90), Bd. 3, 413.

[102] Schleswigsches ehemals braunschweigisches Journal 1/4 (April 1792), IV.

[103] Vgl. Andreas Georg Friedrich Rebmann, HansKiekindieWelts Reisen in alle vier Welttheile, nach der zweiten durchgehends verbesserten Auflage von 1796 neu herausgegeben und mit einem Nachwort und Erläuterungen versehen von Harro Zimmermann, Bremen 1989 (Kleine Bibliothek der Aufklärung, 3), 16–18. Außer von Rebmann ist Schulz auch von Georg Forster rezipiert worden; vgl. Ludwig Uhlig, Georg Forster. Lebensabenteuer eines gelehrten Weltbürgers (1754–1794), Göttingen 2004, 196, 234, 237; Brief Georg Forsters an S. Th. Sömmering, Wilna, am 19. März 1786, in: Georg Forster's Briefwechsel mit S. Th. Sömmering, hg. von Hermann Hettner, Braunschweig 1877, 292 f.

[104] [Schulz], Abgenöthigte Rechtfertigung (wie Anm. 21), 18.

andererseits spricht er sich für eine grundlegende Reform des Strafvollzugs, insbesondere für die Abschaffung der Todesstrafe aus, fordert mehr Mitsprache der Bürger bei der Gesetzgebung sowie den staatlichen Schutz der angeborenen Menschenrechte, übt scharfe Kritik an einem überzogenen Patriotismus[105] und läßt sogar eine distanzierte Haltung gegenüber der Euphorie angesichts der militärischen Erfolge Preußens erkennen, wenn er sich dezidiert ablehnend äußert zu den „bis auf den heutigen Tag üblichen, der Vernunft und Menschheit zur Schande gereichenden Dankfeste und Jubellieder [...], die wir der Gottheit nach jeder gewonnenen Schlacht zu feyern und anzustimmen pflegen".[106] In Schulz' Religionskritik lassen sich noch weitere Anknüpfungspunkte für eine Politisierung seiner radikalen Aufklärung ausmachen, vor allem im Kontext seiner Monotheismuskritik, bei der unterschwellig zugleich die Kritik absolutistischer Herrschaft mitschwingt. So spricht Schulz den „klügeren Heiden" seine Anerkennung dafür aus, daß sie „mit ihren Göttern kein Federlesens machten, sie bald ein= bald ab= zu sezen, wie es ihnen gut dünkte".[107] Noch offenkundiger ist der politische Bezug, wenn in der *Philosophischen Betrachtung* die angeblich mit der polythestischen Religionspraxis verbundene Kontrolle über die Herrschaftsausübung eines Gottes beschrieben wird:

> verwaltete er das Regierungsgeschäft, welches ihm aufgetragen war, nicht ordentlich; machte er sich etwa zu vieler Nachläßigkeiten in seinem Departement schuldig; so jagte man den Taugenichts zum Tem=|pel hinaus! und sezte einen andern, zu dem man mehr Vertrauen hatte, an seine Stelle.[108]

Eine solche von Schulz als vorbildlich dargestellte Unverbindlichkeit und Liberalität der Religion, in der er ohnehin nichts anderes als ein willkürliches Spiel der Phantasie sieht,[109] wird von ihm aktualisiert in seiner Konzeptionalisierung des christlichen Protestantismus als „Freiheits=System".[110] Mit diesem extrem autoritätskritischen Verständnis seiner eigenen Konfession eröffnet sich der lutherische Prediger zu Gielsdorf einerseits die implizite Möglichkeit zur Integration auch materialistischer und atheistischer Überzeugungen innerhalb eines religionslosen Christentums und gibt andererseits durch die dezidierte Infragestellung

---

[105] [Schulz], Versuch (wie Anm. 15), Vierter Theil, 283–366, 93 f., 166 f.

[106] [Schulz], Philosophische Betrachtung (wie Anm. 13), 64.

[107] [Schulz], Erweis (wie Anm. 26), 342.

[108] [Schulz], Philosophische Betrachtung (wie Anm. 13), 159 f.

[109] Vgl. [Schulz], Beurtheilung (wie Anm. 26), 49 f.; [Schulz], Erweis (wie Anm. 26), 96–98.

[110] Johann Heinrich Schulz, Eigene Vertheidigungsschrift des Prediger Schulz zu Gielsdorf, welche derselbe Behufs der zweyten Instanz seines Religions=Processes beym Kammergerichte eingereicht hat, abgedruckt in: [J. H. S. (Hg.?)], Fortsetzung des Religions=Processes des Predger Schulz zu Gielsdorf ec. in der zweyten und letzten Instanz. Nebst einem Nachtrage und einem Anhange, [o. O.] 1798, 48, 75, 82; vgl. ebd., 34, 38 f., 43 f., 73 f., 78, 80, 113 f.

hierarchischer Autoritäten einen neuerlichen Anstoß zur Transformation seiner radikalen Religionskritik ins Politische.

VII. Fazit

Die Darstellung der ‚Unterstützerkonstellation' um den Radikalaufklärer Johann Heinrich Schulz vermag zunächst als Nahbetrachtung der institutionellen Strukturen des ‚aufgeklärten Absolutismus' in Preußen die Bestätigung zu erbringen, daß hier Ende des achtzehnten Jahrhunderts eine weitreichende Implementierung von Aufklärung, insbesondere von religions- bzw. orthodoxiekritischer Aufklärung gegeben war, so daß der Eigeninitiative der subordinierten Staatsdiener ein wesentlicher Anteil an der Realisierung der friderizianischen Aufklärung zukam, wie nicht zuletzt deren Resistenz nach dem Thronwechsel von 1786 bestätigt.

Darüberhinaus unterlegt die Nachzeichnung der gleichermaßen auf institutioneller Ebene wie im Bereich freier Publizistik aktiven ‚Unterstützerkonstellation' von Schulz nicht nur die Annahme einer lockeren Vernetzung radikalaufklärerischer Autoren, sie zeigt vor allem, daß die Propagierung radikaler Religionskritik im Preußen des späten 18. Jahrhunderts nicht ein übermütiges Wagnis der Gefährdung des eigenen Lebensschicksals bedeutete, sondern sich durchaus als rationales Handeln verstehen läßt, das demnach auch mit Schulz' eigenem moralphilosophischen Prinzip der aufgeklärten Selbstliebe vereinbar war. Wenn der Gielsdorfer Prediger sowohl in seiner Amtsausübung als auch in seiner schriftstellerischen Betätigung als „unerschrockner Wahrheitsfreund" auftritt – so die von Schulz im Titel der Schrift *Erweis des himmelweiten Unterschieds der Moral von der Religion* vorgenommene Selbstbezeichnung –, dann handelte er nicht als isolierter und weltfremder Sonderling, vielmehr konnte er aus einem begründeten Vertrauen auf eine Konstellation von Freunden der Aufklärung aus der Deckung hervorpreschen. Diese bildeten zwar nur zum Teil ein stabiles persönliches Netzwerk, mit dem zumindest partiellen Konsens innerhalb der spätaufklärerischen Gesellschaft Preußens, den sie repräsentierten, schufen sie aber den Horizont, in dem der einzelne Akteur die Aktualisierung persönlicher Loyalitäten und Solidarisierungen erwarten konnte, wie sich am Fall von Schulz exemplarisch zeigen ließ.

Anschließen könnte sich eine mentalitätsgeschichtliche Betrachtung der Ambivalenz in der Wahrnehmung des Außerordentlichen als eines zerstörerisch Bedrohlichen oder aber zukunftsweisend ‚Reformatorischen'. Eine derart optimistische Erwartungshaltung bezüglich schockierender Normabweichungen war in der Wertschätzung des späten 18. Jahrhunderts für freimütige Selbstdenker, paradoxe Schriftsteller oder dissentierende Genies bereits angelegt und ist 1774 von Johann Gotfried Herder wiederum unter Verwendung der Kometen-Metapher auch ausdrücklich formuliert worden:

Es gibt *Ausnahmen höherer Gattung*, und meist alles *Merkwürdige der Welt* geschieht *durch* diese Ausnahmen. Die *geraden* Linien gehen nur immer gerade fort, würden alles auf der Stelle lassen! wenn nicht die Gottheit auch *außerordentliche Menschen, Kometen*, in die Sphären der ruhigen *Sonnenbahn* würfe, [...].[111]

Der vorliegende Beitrag plausibilisiert die Ermöglichung radikaler Religionskritik anhand der Skizzierung der ‚Unterstützerkonstellation' des protestantischen Predigers Johann Heinrich Schulz (1739–1823), besser bekannt als ‚Zopfschulz'. In Anlehnung an den chronologischen Ablauf der Zensur- und Disziplinarverfahren gegen Schulz werden sowohl die beteiligten Institutionen in Berlin – das geistliche Departement, das Oberkonsistorium und das Kammergericht – in den Blick genommen als auch das lockere Netzwerk radikalaufkärerischer Autoren im Umkreis des Predigers. Ausgangspunkt der Betrachtung ist die Rolle Friedrichs des Großen. Die Darlegung der Synergie der schriftstellerischen Betätigung des Monarchen mit seinem Eingreifen als Regent vermag aufzuzeigen, wie das Ideal des ‚roi philosophe' in kirchenpolitischer Hinsicht seine Realisierung gefunden hat. Ergänzt werden diese Ausführungen mit kurzen Informationen zur konkreten Ausprägung der Religionskritik von Schulz sowie zu seiner Positionierung als Reformer in politisch-gesellschaftlichen Belangen.

This essay looks at the factors which made radical religious criticism possible by looking at the „constellation of backers" on whose support the protestant preacher Johann Heinrich Schulz, more widely known as „Zopfschulz" („pony-tailed Schulz"), could rely. With reference to the chronological sequence of events associated with the censorship and disciplinary action taken against Schulz, the focus will be directed at those institutions involved in this episode – the Department of clergy, the higher consistory and the courts – as well as the loose network of radical Enlightenment authors in which Schulz was an important player. The point of departure for these considerations is the role played by Friedrich the Great. By looking at the synergy between the literary activities of the monarch and his intervention as regent is it possible to show how the ideal of the „roi philosophe" was realized when it came to religious policy. This analysis will be buttressed with information on the actual criticism of religion as formulated by Schulz and on his position as a reformer in political and social matters.

Andreas Menk, Walpodenstraße 16, 55116 Mainz, E-Mail: andr.menk@freenet.de

---

[111] Johann Gottfried Herder, Auch eine Philosophie der Geschichte zur Bildung der Menschheit, hg. von Hans-Georg Gadamer, Frankfurt am Main 1967, 135.

REINHARD MARKNER

Franz Michael Leuchsenring, „Philosoph ambulant" in Berlin und Zürich

Der alte Graf zu Wied war für seine Toleranz weithin bekannt: Inspirierten, Herrnhutern, Mennoniten und Juden hatte er gleichermaßen Zuflucht gewährt. Wilhelm Heinse drängte sich im Juni 1780 allerdings der Eindruck auf, daß die Liberalität des Herrschers über das „Städtlein Neuwied und funzig Dörferchen" mittlerweile zu weit ging. Johann Friedrich Alexander gewähre allen vorbeikommenden „Vagabunden" bereitwillig Protektion, berichtete er an Fritz Jacobi. „Jetzt ist auch *Leichsenring* bey ihm [...] und will im *Teufelshaus* am Rhein eine *Universalnachdruckerey* anlegen, wozu *Beaumarchais* den Plan gemacht haben soll. Ihnen will er nachreisen, wie mir La Roche erzehlte, und sie sprechen; vermuthlich sollen Sie auch davon profitieren".[1]

Daß es für das sogenannte Teufelshaus, das verwaiste Schloß Friedrichstein gegenüber Andernach, tatsächlich hochfliegende Pläne gab, war zur gleichen Zeit auch den Journalen zu entnehmen. Eine neugegründete „Loge Provinciale" mit dem Namen „la Vraie Espérance", so hieß es, habe das Gebäude erworben, um hier gemeinnützige Einrichtungen zu gründen: eine freimaurerische Witwenkasse, eine freimaurerische Schule „à l'instar des Ecoles Militaires connues" und ein freimaurerisches Altenheim. Um die kostspieligen Vorhaben finanzieren zu können, sei „un plan d'Association générale pour toutes les Loges" entworfen worden, der auch schon die Zustimmung zahlreicher Logen und Brüder gefunden habe.[2]

Hinter all diesen Projekten steckte ein ehemaliger preußischer Offizier namens Johann Wilhelm von Assum, der in Darmstadt zeitweilig die Lotteriegesellschaft geleitet hatte. Dem ehemaligen Mitglied (1762) und Sekretär (1764) der Berliner Mutterloge „Zu den drei Weltkugeln" war es gelungen, einen Schutzbrief des Grafen für seine Loge „Zur wahren Hoffnung" ausgestellt zu bekommen. Diese hatte

---

[1] Heinse an F. H. Jacobi, 14.7.1780, in: Heinse, Sämmtliche Werke, Bd. 10, Leipzig 1910, 11.
[2] Journal de littérature, des sciences et des arts 3 (1780), 68; vgl. auch Journal politique, ou Gazette des gazettes, Juli 1780, 16.

Aufklärung 24 · © Felix Meiner Verlag 2012 · ISSN 0178-7128

sich nur wenige Tage später, am 7. Dezember 1779, zum ersten Mal versammelt. Im folgenden April erlangte ein Abgesandter dieser Loge in Paris eine Unterstützungszusage von seiten des Grand Orient. Der Graf, selbst langjähriger Freimaurer, war daraufhin auch bereit, einer zu errichtenden „Witwen-Kasse und Unterstützungsbank" seinen Schutz zu gewähren. Diese neue Lotteriegesellschaft veranstaltete Anfang 1781 tatsächlich vier Ziehungen, stellte dann aber ebenso wie die vermeintliche Provinzialloge ihre Tätigkeit wieder ein, nachdem Herzog Ferdinand von Braunschweig als Großmeister der vereinigten deutschen Logen strikter Observanz den Grand Orient dazu bewogen hatte, sich von der zweifelhaften „opération de finances" zu distanzieren.[3]

In welchem Maße Franz Michael Leuchsenring Anteil an den Projekten Assums hatte, ist nicht deutlich, zumal in dessen Ankündigungen von einer Druckerei nicht die Rede war. Der hessisch-darmstädtische Hofrat und ehemalige Prinzenerzieher hatte Paris verlassen, wo er als Herausgeber des *Journal de Lecture,* einer Art Chrestomathie in Fortsetzungen, gescheitert war.[4] Jacobi hatte als einer der wichtigsten Geldgeber an diesem Unternehmen mehr als 5000 Gulden verloren, weshalb er auch keinesfalls bereit war, Leuchsenring für neue Vorhaben Geld vorzustrecken oder ihn auch nur zu empfangen.[5] Auch Pierre-Augustin de Beaumarchais engagierte sich nicht am Mittelrhein. Er hatte in Kehl die Société Philosophique, Littéraire et Typographique gegründet, um dort die in Frankreich verbotenen Werke Voltaires zu drucken. Einen Abgang nach Neuwied brachte er nur vorübergehend ins Gespräch, als der Markgraf von Baden Einwände wegen der Wiederauflage des *Candide* machte.[6]

Leuchsenring hatte bereits 1773 kurzzeitig erwogen, für den Druck seines *Journal de Lecture* am Rhein: in Neuwied, Düsseldorf oder Kleve, eine eigene Werkstatt zu errichten.[7] Er war dann 1775/76, als er in Paris mit der Redaktion seiner Zeitschrift befaßt war, als Lehrkraft für ein Neuwieder Philanthropin im Gespräch gewesen, zu dessen Errichtung es jedoch nicht kommen sollte.[8] Wie lan-

---

[3] Vgl. Arwid Liersch, Die Freimaurerei in Neuwied in der zweiten Hälfte des achtzehnten Jahrhunderts. Ein Beitrag zur freimaurerischen Geschichte des Rheinlands, Neuwied 1899, 32–41.

[4] Vgl. die sehr wohlwollende Darstellung von Roland Mortier, Le „Journal de Lecture" de F. M. Leuchsenring (1775–1779) et l'esprit „philosophique", in: Revue de littérature comparée 29 (1955), 205–222.

[5] Vgl. F. H. Jacobi an Amalia von Gallitzin, 22.11.1785, in: Friedrich Heinrich Jacobi, Briefwechsel, Bd. I, 4, hg. von Albert Mues, Gudrun Schury und Jutta Torbi, Stuttgart-Bad Cannstatt 2003, 252, sowie Peter-Paul Schneider, Die „Denkbücher" Friedrich Heinrich Jacobis, Stuttgart-Bad Cannstatt 1986, 56.

[6] Vgl. Georges Lemaitre, Beaumarchais, New York 1949, 262.

[7] Vgl. Leuchsenring an Füßli, 16.6.1773, in: Briefe von und an F. M. Leuchsenring, hg. und kommentiert von Urs Viktor Kamber, Stuttgart 1976, 42.

[8] Vgl. Henriette Caroline vom und zum Stein an Lavater, 19.9.1775, in: Alfred Stern, Die Mutter des Freiherrn vom Stein und Lavater, in: Historische Zeitschrift 93 (1904), 230–252, hier

ge sich Leuchsenring tatsächlich in Neuwied aufhielt, wäre noch zu klären.[9] Fest steht nur, daß er im Verzeichnis der dortigen Loge „Caroline zu den drei Pfauen" aus dem Jahre 1783/84 als Mitglied im ersten Grad aufgeführt ist, aber mit dem Zusatz „auf Reisen", da er die Stadt längst wieder verlassen hatte.[10] Seine weiteren Wege als „irrender Ritter"[11] durch Deutschland und die Schweiz, die im folgenden anhand bisher großenteils unausgeschöpfter Quellen nachgezeichnet werden sollen, führten den Lehrling in der Freimaurerei mitten hinein in den Kampf zwischen den untergründig um Hegemonie ringenden Geheimgesellschaften.

Die Neuwieder Pfauenloge, die schon vor Assums Ankunft existiert hatte, erhielt im Juni 1782 durch Adolph von Knigge eine neue und durchaus als Fälschung zu bezeichnende Konstitution.[12] Der Vorgang stand im Zusammenhang mit Knigges Bemühungen, den krisenhaften Zustand der Freimaurerei dafür zu nutzen, dem Illuminatenorden maßgeblichen Einfluß auf die Logen zu verschaffen. Leuchsenring muß den umtriebigen Freiherrn schon im Jahr zuvor kennengelernt haben, vermutlich von Homburg vor der Höhe aus, wo er einige Zeit als Gast des Landgrafen Friedrich V. Ludwig zubrachte.[13] Offenbar entwickelte er ein intensives Interesse an Knigges geheimbündlerischer Tätigkeit, denn es kann kein Zufall gewesen sein, daß er sich im November des Jahres in Ingolstadt aufhielt, als „Philo" dort eintraf, um mit den bayerischen Illuminaten über das weitere Vorgehen zu beraten.

An diesen Verhandlungen, die anschließend in München fortgesetzt wurden, konnte Leuchsenring selbst nicht teilnehmen, da er kein führendes, ja nicht einmal ein ordentliches Mitglied des Geheimbunds war, auch wenn dies immer wieder behauptet worden ist.[14] In Wirklichkeit war er durch Knigges bereitwillige Indiskretion mit System und Zielen des Illuminatenordens vertraut geworden, ohne

249; zum Kontext ferner Adolf Bach, Wieland und der Plan einer Neuwieder Akademie, in: A. B., Aus dem Kreise der Sophie La Roche, Köln 1924, 37–54.

[9] Daß er überhaupt in Neuwied ein Auskommen zu finden versuchte, ist von seinen Biographen bisher übersehen worden. Schon Bollert übersprang diesen Zeitraum einfach (vgl. Martin Bollert, Beiträge zu einer Lebensgeschichte von Franz Michael Leuchsenring, Straßburg 1901 [= Diss. Straßburg 1901; auch in: Jahrbuch für Geschichte, Sprache und Litteratur Elsaß-Lothringens 17 (1901), 33–112], 66). Kamber druckt in seiner Edition als letzten Brief Leuchsenrings aus Paris ein Schreiben an Lavater vom 16.9.1779 ab (vgl. Briefe von und an Leuchsenring [wie Anm. 7], 95). Im Kommentar heißt es lediglich, Leuchsenring habe „zwischen 1779 und 1781" Paris verlassen, und über seine „Tätigkeit bis Ende 1782" sei „nichts Genaues" bekannt (ebd., 232).

[10] Liersch, Freimaurerei in Neuwied (wie Anm. 3), 62.

[11] Leuchsenring an Füßli, 15.4.1772, in: Briefe von und an Leuchsenring (wie Anm. 22), 24.

[12] Vgl. Liersch, Freimaurerei in Neuwied (wie Anm. 3), 49 f.

[13] Vgl. Heinrich Jacobi, Goethes Lila, ihre Freunde Leuchsenring und Merck und der Homburger Landgrafenhof, hg. von Fritz Sandmann, Homburg v. d. H. 1957, 135.

[14] Vgl. Hermann Schüttler, Die Mitglieder des Illuminatenordens, 1776–1787/93, München 1991, 93. Eine Neuausgabe dieses völlig überholten Verzeichnisses ist in Vorbereitung.

überhaupt formell initiiert worden zu sein. Dementsprechend ist nirgendwo in den überlieferten Papieren der Illuminaten die Rede von seiner Aufnahme, und kein authentisches Dokument ordnet ihm einen Tarnnamen zu.[15] Um so bemerkenswerter ist es, daß er sich einen Moment lang in Ingolstadt in unmittelbarer Nähe des Geschehens befand und Adam Weishaupt („Spartacus") in Gesellschaft einiger seiner engsten Mitstreiter zu einem Zeitpunkt kennenlernte, da der Illuminatenorden sich außerhalb Bayerns noch kaum ausgebreitet hatte.

Leider ging Nicolai Jahre später nicht über Andeutungen hinaus, als er eine Leuchsenring betreffende Meldung der antirevolutionären *Fliegenden Blätter*[16] kommentierte:

> Herr Leuchsenring wird grade zu ein Illuminat genannt, ist aber nie Illuminat gewesen; das weis ich aus sichern Quellen. Philo gab sich Mühe, ihn für das System zu gewinnen; allein L. hatte einen andern Plan im Kopfe, bei welchem er *die erste Rolle* spielen wollte. Er reiste selbst nach Bayern und unterredete sich mit Spartacus; Sie wurden aber nicht einig und seit dieser Zeit ist Leuchsenring mit keinem von den Häuptern der Illuminaten in der geringsten Verbindung gewesen.[17]

Leuchsenrings eigener Plan, über den weiter nichts bekannt ist, sah offenbar vor, die Donau hinab nach Wien zu reisen.[18] Nachdem seine Mission in Ingolstadt nicht den gewünschten Erfolg gehabt hatte, änderte er jedoch seine Richtung und wandte sich stattdessen nach Berlin. Auf dem Weg dorthin passierte er Erfurt, wo er sich angeblich „zum Sterben" in die sechzehnjährige Carolina von Dacheröden verliebte, die spätere Frau Humboldt.[19] Während dies eine flüchtige Episode blieb, sollte sein anschließender Besuch bei Johann Joachim Christoph Bode in

---

[15] Sein bürgerlicher Name erscheint allerdings auf einer von Bode zusammengestellten Liste von „O⁸ Bbrn. im Ill. System" (Schwedenkiste Bd. X, Dok. 214, z.Zt. Militärarchiv Moskau).

[16] Le Citoyen Leuchsenring, in: Fliegende Blätter 1794, 15. Auf diesen kurzen Text geht indirekt die in der Literatur unkritisch weiterverbreitete Behauptung zurück, Leuchsenring habe als Illuminat den Decknamen „Leveller" getragen. Sie konnte schon deshalb nicht stimmen, weil es sich dabei nicht um den Namen einer einzelnen Person handelt, und beruht auch nur auf einem Mißverständnis. Leuchsenring wurde in dem Artikel als „der zu Berlin durch seine ehemalige Jesuitenriecherey, und seinen Zwist mit Mendelsohn, bekannte Illuminat, Leveller und Correspondent vom Moniteur" bezeichnet. Das Komma zwischen „Illuminat" und „Leveller" übersehend, machte daraufhin ein anderer Autor im Juli des Jahres aus Leuchsenring einen „unter dem Nahmen Leveller bekannte Apostel des Illuminatismus" (B., Unerwartete Aufschlüße über Theilnehmer an der französischen Revolution, in: Magazin der Kunst und Litteratur 2/3 [1794], 62–85, hier 69). Sein Irrtum verfestigte sich dann schnell zu vermeintlichem Wissen.

[17] Eunomus, Einige Bemerkungen über eine neue Zeitschrift, die unter dem Namen der fliegenden Blätter herauskömmt. Brief an einen Freund, in: Annalen der leidenden Menschheit 1 (1795), 40–56, hier 46. Die Zuschreibung ergibt sich zwanglos aus Stil und Inhalt des Schreibens.

[18] Vgl. Cobenzl an Weishaupt, [7. 11. 1781], in: Reinhard Markner, Monika Neugebauer-Wölk, Hermann Schütter (Hg.), Die Korrespondenz des Illuminatenordens, Bd. 1, Tübingen 2005, 421.

[19] Caroline an Humboldt, 28. 4. 1790, in: Wilhelm und Caroline von Humboldt in ihren Briefen, hg. von Anna von Sydow, Bd. 1, Berlin 1906, 135 f.

Weimar nachhaltige Folgen haben.[20] Als Buchhändler und Verleger in Hamburg hatte Bode zu den Unterstützern des *Journal de Lecture* gezählt.[21] Nun, nach Aufgabe seines Geschäfts, interessierte den langgedienten Freimaurer mehr als jedes literarische Unternehmen, was es über das Treiben Assums in Neuwied zu berichten gab und welche Eindrücke Leuchsenring von den Illuminaten in Bayern gewonnen hatte, über die Bode noch kaum informiert war. Man sprach in diesem Zusammenhang geradezu zwangsläufig „über das Streben der Jes[uiten], sich unter einer andern Maske zu erhalten".[22] Damit setzte Bode, der schon seit etwa fünfzehn Jahren die Jesuiten im Verdacht hatte, die europäische Freimaurerei zu unterwandern, Leuchsenring auf eine Spur, die dieser von nun an intensiv verfolgen sollte.

Erstes Zeugnis von Leuchsenrings Aufenthalt in Berlin ist ein knapper Eintrag vom 4. Februar 1782 im Stammbuch von Friedrich Nicolais ältestem Sohn Samuel: „Seyn, nicht scheinen".[23] Er kam als ein Unbekannter in die preußische Hauptstadt, aber er führte Empfehlungen bei sich, wie stets, und er wußte zu gefallen, wie überall. Es war wohl Nicolai, der ihm zu Anschluß im engsten Kreis der Berliner Aufklärer verhalf, darunter zu Moses Mendelssohn.[24] Wiederholt war er zu Gast im Haus des Verlegers.[25] Im Oktober des Jahres erhielt er hier offenbar den Auftrag, die kurz zuvor erworbenen Handschriften aus dem Nachlaß Johann Valentin Andreäs zu ordnen.[26] Aus gegebenem Anlaß erinnerte Georg Wilhelm Petersen, ein Schulfreund Leuchsenrings, Nicolai an seine schon früher ausgesprochene Warnung, sich mit dem Mann nicht in Geschäfte einzulassen oder ihm Kredit zu geben. Seiner Kenntnis nach, schrieb er aus Darmstadt, lebe Leuchsenring „gegenwärtig von Fr[ey] M[au]r[e]r Unterstützung". Was es damit auf sich gehabt haben könnte, ist dunkel. Petersen spekulierte, er werde in Berlin vielleicht versuchen, die Unterstützung der Prinzessin Friederike Louise zu erlangen, der um zwei Jahre älteren Schwester seines einstigen Zöglings Ludewig von Hes-

---

[20] Vgl. Bode an Nicolai, 11.2.1782, Staatsbibliothek zu Berlin, Nachlaß Nicolai, Bd. 6.

[21] Vgl. Leuchsenring an Rey, 10. 2. 1774, in: Briefe von und an Leuchsenring (wie Anm. 7), 58.

[22] Bode an Nicolai, 25. 11.1782, Staatsbibliothek zu Berlin, Nachlaß Nicolai, Bd. 6.

[23] Staatsbibliothek zu Berlin, Nachlaß Nicolai II, 5, 67. Vgl. Ingeborg Stolzenberg, Friedrich Nicolais Reise durch Deutschland und die Schweiz 1781. Eine Dokumentation nach den Stammbüchern seines Sohnes Samuel in der Staatsbibliothek zu Berlin, in: Archiv für die Geschichte des Buchwesens 49 (1998), 171–219.

[24] Vgl. Mendelssohn an Herz Homberg, 1.7.1782, in: M. M., Briefwechsel, Bd. 3 (Gesammelte Schriften. Jubiläumsausgabe, Bd. 13), bearb. von Alexander Altmann, Stuttgart-Bad Cannstatt 1977, 68.

[25] Vgl. Nicolais Einladungen, Staatsbibliothek zu Berlin, Slg. Autogr., z.Zt. Krakau.

[26] Leuchsenring an Nicolai, 19. 10. 1782, in: Briefe von und an Leuchsenring (wie Anm. 7), 95. Der Verbleib dieser Handschriften ist mit Ausnahme eines Bandes ungewiß, vgl. Wolf-Dieter Otte, Eine Briefsammlung aus dem Umkreis von Johann Valentin Andreä und seinem Sohn Gottlieb, in: Wolfenbütteler Beiträge 5 (1982), 155–161.

sen, die mit dem Kronprinzen Friedrich Wilhelm vermählt war. Petersen hielt seine Aussichten jedoch für düster. Durch seine „vieljährige unstete u. flüchtige Lebensweise" habe er jede Aussicht darauf verloren, eine feste Anstellung zu finden oder auch nur als freier Schriftsteller leben zu können; sein Vermögen sei verbraucht, und eine Pension stehe ihm auch nicht zu.[27] Soweit erkennbar, erhielt er denn auch keinen Kredit von Nicolai, sondern nur gelegentliche Aufträge, darunter die Korrektur des zweiten Teils von Christian Wilhelm Dohms aufsehenerregender Schrift *Ueber die bürgerliche Verbesserung der Juden*.[28]

Ende November 1782 ersuchte Bode seine „Brüder" Nicolai und Leuchsenring gemeinsam darum, etwas „für die erzgute Frau La Roche" und „durch Empfehlung, durch Werbung, durch Collektion" für deren neue Zeitschrift *Pomona* zu tun.[29] Das wäre kaum nötig gewesen, denn Leuchsenring kannte Sophie sehr gut und war wiederholt bei ihr in Ehrenbreitstein und Speyer zu Gast gewesen. Anfang des folgenden Jahres, als das „für Teutschlands Töchter" bestimmte Journal auf den Markt kam, erneuerte Bode seine Bitte. Er erkundigte sich außerdem nach Leuchsenrings Vorhaben, nach Wien zu reisen, und lud ihn zur Ostermesse nach Leipzig ein.[30] Dieser antwortete nach einem Monat, ihm fehle noch das Geld zu der aufgeschobenen Reise. Auf Wirkung nicht zuletzt auch in Wien berechnet sei aber die kommentierte Übersetzung einer kleinen Schrift, die er in der Zwischenzeit angefertigt hatte: *Vertheidigung der Mönche, von einem Capuziner,* erschienen bei Friedrich Maurer in Berlin.

Auch wenn es sich, wie Leuchsenring selbst zugab, bei diesem „Wisch"[31] um eine Trivialität handelt, ist er immerhin bemerkenswert als seine einzige bisher bekannte selbständige Veröffentlichung in deutscher Sprache.[32] Der Neuwieder Journalist François Métra hatte in seiner *Correspondance secrete* am 25. Dezember 1782 auf das französische Original des vorgeblich aus dem Portugiesischen übersetzten Heftchens hingewiesen und dessen Stil als „trivial, décousu, inégal & peu exact" bezeichnet.[33] Dabei war ihm anscheinend entgangen, daß es sich um eine an Voltaire anschließende Persiflage[34] handelte, durch die jede Widerrede

---

[27] Petersen an Nicolai, 20. 11. 1782, Staatsbibliothek zu Berlin, Nachlaß Nicolai, Bd. 89.

[28] Vgl. Dohm an Nicolai, 14. 11. 1782, Staatsbibliothek zu Berlin, Nachlaß Nicolai, Bd. 15.

[29] Bode an Nicolai und Leuchsenring, 26. 11. 1782, Staatsbibliothek zu Berlin, Nachlaß Nicolai, Bd. 6.

[30] Bode an Leuchsenring, 5. 1. 1783, Staatsbibliothek zu Berlin, Slg. Autogr., z. Zt. Krakau.

[31] Leuchsenring an Bode, 4. 2. 1783, Geheimes Staatsarchiv Preußischer Kulturbesitz (im folgenden GStA) Berlin, FM 5.2. G 39 Nr. 104, Dok. 151a.

[32] Die Zuschreibung der Schrift Anreden an die Richter des D. Bahrdt, von einem deutschen Manne, o. O. 1789, an Leuchsenring ist unbegründet.

[33] François Métra, Correspondance secrete, politique & littéraire, Bd. 14, London 1788, 36 f.

[34] Voltaire hatte 1769 eine satirische Instruction du gardien des Capucins de Raguse à frère Pédiculoso verfaßt. Vgl. Diana Guiragossian, Voltaire's facéties, Genf 1963, 81 f.

gegen die Aufhebung von Klöstern und Mönchsorden lächerlich gemacht werden sollte. Leuchsenring räumte in seinen kurzen Vorbemerkungen ein, daß man durchaus auf den Gedanken kommen könne, die Schrift sei nicht von einem verlausten Kapuziner, „sondern von einem Kezzer oder Philosophen geschrieben, der die boshafte Absicht habe die Mönche, unter dem Scheine sie zu vertheidigen, lächerlich zu machen". Die verstreuten Anmerkungen und Zusätze, die er seiner Übersetzung beigab, sollten diesen Effekt noch unterstreichen. Andererseits deutete er an, den Gedanken für plausibel zu halten, „daß die Jesuiten (welche man seit einigen Jahren Exjesuiten nennt) sich vorgesetzt haben, die Vertilgung der Mönchsorden zu befördern, damit der römische Hof gezwungen werde, sich ihres Ordens, welcher kein Mönchsorden ist, zu Erreichung seiner großen Absichten wieder zu bedienen".[35] Leuchsenrings Jesuitenfurcht war allemal stärker als seine Abneigung gegen die klösterliche Lebensform.

Schon das *Journal de Lecture* war dafür kritisiert worden, daß sein Herausgeber selbst nicht eine einzige Zeile dazu beitrug.[36] An Leuchsenrings Graphophobie scheiterte auch Dohms Vorstoß, ihn zum festen Mitarbeiter am *Deutschen Museum* zu machen. Heinrich Christian Boie als Mitverantwortlicher machte keine Einwände geltend. Die Sache verlief jedoch im Sande, da von den in Aussicht gestellten Beiträgen, „Gedanken über Amerika, über die Genfer Unruhen, über Protestantismus und Katholizismus, einen Vergleich zwischen Voß und französischen Übersetzern der Odyssee und der Georgica", kein einziger geliefert wurde.[37] Tatsächlich stand Leuchsenring der Sinn nicht nach schriftstellerischen Aufträgen, sondern nach einer Verwendung im diplomatischen Dienst. Bode schrieb er, er wünsche sich vorzugsweise „von einem oder mehrern der Sächsischen Höfe Aufträge in W[ien]", aber es gebe auch Pläne, ihn in Berlin zu halten:

Erst[ens] ist (unter uns gesagt) Frage mich in einer vortheilhaften entreprise auf eine Art zu assicuriren daß ich wenig oder nichts riskire. Dabey behielte ich die Freiheit Reisen von einigen Monaten zu machen. Zweitens man hat mich gefragt, ob ich ein gewisses Amt, wobei weniger angenehme Geschäfte und ein gutes Einkommen ist annehmen würde, im Fall wenn der König mir es anböte. Die Frage kommt von jemand, der nicht wenig vermag. Ich habe geantwortet, ich würde es schwerlich ausschlagen, wenn man mir in gewissen Punkten freye Hand liesse, würde aber keinen Schritt deßwegen thun. Dieses auch unter uns. Nun wäre mir freylich lieber, wenn einige deutsche Höfe mir ihre hiesige Geschäfte auftrügen, doch so, daß ich Freyheit behielte einige

[35] Vertheidigung der Mönche, von einem Capuziner, Berlin 1783, 3 f.

[36] Vgl. Correspondance littéraire, philosophique et critique, hg. von Maurice Tourneux, Bd. 11, Paris 1879, 128 f.

[37] Vgl. Walther Hofstaetter, Das Deutsche Museum (1776–1788) und das Neue Deutsche Museum (1789–1791). Ein Beitrag zur Geschichte der deutschen Zeitschriften im 18. Jahrhundert, Leipzig 1908, 111.

Monate zu reisen. Noch angenehmer aber wenn man zuvor einen Versuch mit mir in W. machen wollte.[38]

Weimar war in Wien bereits durch einen ständigen Residenten vertreten. Deshalb hätte es Leuchsenring gern gesehen, wenn Gotha vorangegangen wäre. Aber weder die weimarische Herzogin Louise, die ihn als jüngere Schwester Prinz Ludewigs bereits aus Darmstädter Zeiten kannte, noch Carl Theodor von Dalberg, der kurmainzische Statthalter in Erfurt, vermochten Leuchsenring den gewünschten diplomatischen Auftrag zu verschaffen.[39]

Ohne seine berufliche Zukunft geklärt zu haben, begab sich Leuchsenring Ende Mai 1783 von neuem auf eine Reise, deren Verlauf sich vergleichsweise gut rekonstruieren läßt. Veranlassung für die Abfahrt aus Berlin dürfte die Nachricht vom Tod seines Bruders Johann Philipp gewesen sein, der am 13. Mai im pfälzischen Edenkoben verstorben war.[40] Aber es hat den Anschein, daß die Reise vor allem den Zweck hatte, Erkundigungen über die Illuminaten und ihre Gegner einzuholen. Den ersten Teil des Wegs, bis Leipzig, nahm ihn Hofkapellmeister Johann Friedrich Reichardt mit, der eine Italienreise antrat.[41] In der Messestadt traf er auf Christian Garve, der den Sommer hier damit zubrachte, die Drucklegung seiner Cicero-Übersetzung voranzutreiben.[42] In Weimar besprach sich Leuchsenring wieder mit Bode und machte auch Goethe seine Aufwartung, dem gegenüber er sich aber scheute, von seinen Ambitionen auf eine diplomatische Mission zu sprechen. Vielleicht kam es auch zu einem Wiedersehen mit Caroline Herder, vormals einer der schönen Seelen von Darmstadt. Ihr hatte er vorab einen Brief geschrieben, den ihr Mann keinesfalls zu sehen bekommen sollte.[43]

Leuchsenrings Weg führte ihn weiter nach Gotha. Hier warb er für Mendelssohns soeben erschienene Schrift *Jerusalem,* die er im Manuskript hatte lesen können.[44] Zu seinen Gesprächspartnern zählten Schloßhauptmann Christian Georg von Helmolt sowie der Prinzenerzieher Joachim Ernst Friedrich von der Lühe

---

[38] Leuchsenring an Bode, 4. 2. 1783 (wie Anm. 31).

[39] Vgl. Leuchsenring an Bode, [ca. 23. 6. 1783], GStA Berlin, FM 5.2. G 39 Nr. 104, Dok. 150, sowie Dalberg an Leuchsenring, 13. 10. 1783, in: Briefe von und an Leuchsenring (wie Anm. 7), 97 f.

[40] Vgl. Werner Esser, Ute Keppel, Ortsfamilienbuch Kandel. Die Familien aus Kandel vom Beginn der Aufzeichnungen bis 1900, Bd. 1, Ludwigshafen 2009, 946.

[41] Vgl. Leuchsenring an Bode, [Anfang Juni 1783,] GStA Berlin, FM 5.2. G 39 Nr. 104, Dok. 149.

[42] Vgl. Garve an F. H. Jacobi, 24. 6. 1786, in: Friedrich Heinrich Jacobi, Briefwechsel, Bd. I, 5, hg. von Walter Jaeschke und Rebecca Paimann, Stuttgart-Bad Cannstatt 2005, 276. Garve war 1783 in Leipzig, nicht 1782, wie er selbst irrtümlich angibt. Vgl. Hans Jessen, 200 Jahre Wilhelm Gottlieb Korn, Breslau 1932, 121–25.

[43] Vgl. Leuchsenring an Bode, 1. 6. 1783, GStA Berlin, FM 5.2. G 39 Nr. 104, Dok. 148. Der Brief ist nicht erhalten, sein Inhalt nicht zu erschließen.

[44] Vgl. Mendelssohn an Homberg, 1. 3. 1784, in: M. M., Briefwechsel (wie Anm. 24), 178.

und seine Frau Caroline, die mit Gedichten und Kompositionen hervorgetretene Freundin Lavaters. Helmolt, Meister vom Stuhl der zinnendorfischen Loge „Zum Rautenkranz", und Lühe, vormals Freimaurer im rivalisierenden System der Strikten Observanz, waren beide im Januar des Jahres von Bode für den Illuminatenorden geworben worden. Leuchsenring berichtete nach Weimar, man habe ihm „einige Gewissens Fragen gemacht – über die ill.", die er zurückhaltend, aber freimütig beantwortet habe, „weil man ganz positiv fragte".[45] Bode erfuhr aus Gotha, daß Leuchsenring dort „einen grossen Eindruck" gemacht habe.[46] Prinz August, dem jüngeren Bruder des Herzogs, gefiel er jedenfalls „vorzüglich wohl".[47]

Im benachbarten Eisenach lernte Leuchsenring Ernst August Anton von Göchhausen kennen.[48] Der Kammerassessor und Schriftsteller, der langjähriger Freimaurer wie auch Gold- und Rosenkreuzer war, hatte im Januar einen äußerst schlechten Eindruck von Knigge gewonnen, als dieser nach Eisenach gekommen war, um mit Bode über illuminatische Angelegenheiten zu konferieren.[49] Er hatte daraufhin seine Illuminatenpapiere wieder zurückgegeben.[50] Seine 1786 veröffentlichte *Enthüllung des Systems der Weltbürger-Republik,* die nicht zuletzt auf diesen Erfahrungen beruhte, zählte später zu den Schriften, die Leuchsenring fälschlicherweise zugeschrieben wurden.

Für Kassel hatte Bode Leuchsenring Empfehlungen an Johann Wilhelm Casparson mitgegeben. Dem erfahrenen Freimaurer erschien Leuchsenring als „ein Mensch von Hirn, Geist und Erfahrung".[51] Casparson stellte Leuchsenring dem schöngeistigen Staatsminister Martin Ernst von Schlieffen vor und wohl auch seinem Kollegen am Collegium Carolinum, dem Militärwissenschaftler Jacob Mauvillon. Dieser, ein guter Freund Dohms, vergaß über einer Einladung an Leuchsenring beinahe seine Verpflichtungen als Meister vom Stuhl der Loge „Friedrich zur Eintracht". Daraufhin lud er den Reisenden, von dem er annahm, daß er Freimaurer sei und sich „par les Lignes accoutumés" als solcher ausweisen könne, kurzerhand statt zu sich nachhause zum Besuch in der Loge ein.[52] Ob Leuchsenring dieser Einladung folgte oder nicht, alles in allem stiftete Mauvillon mit ihm

45 Leuchsenring an Bode, [ca. 23. 6. 1783] (wie Anm. 39).
46 Bode an Leuchsenring, 4. 7. 1783, Staatsbibliothek zu Berlin, Slg. Autogr., z. Zt. Krakau.
47 Prinz August von Sachsen-Gotha an Herder, 24. 6. 1783, Staatsbibliothek zu Berlin, Ms. germ. 4° 1336.
48 Vgl. Göchhausen an Bode, 2. 12. 1783, GStA Berlin, FM 5.2. G 39 Nr. 103, Dok. 175.
49 Göchhausen an Bode, 27. 1. 1783, GStA Berlin, FM 5.2. G 39 Nr. 103, Dok. 174.
50 Göchhausen, Revers, 30. 4. 1783, Schwedenkiste Bd. X (wie Anm. 15), Dok. 124.
51 Casparson an Bode, 1. 8. 1783, GStA Berlin, FM 5.2. G 39 Nr. 99/26.
52 Mauvillon an Leuchsenring, [8. 7. 1783?], Staatsbibliothek zu Berlin, Slg. Autogr., z. Zt. Krakau.

„eine sehr genaue Verbindung".[53] Vermutlich war also in den Gesprächen der beiden auch wieder vom Illuminatenorden die Rede, dem Mauvillon bereits seit 1781 angehörte. Gerade erst hatte er seinem Freund Günther von Goeckingk versprochen, die ihm durch eine „gewiße Verbindung" eröffneten Möglichkeiten für das angekündigte *Journal von und für Deutschland* einzusetzen.[54] Dementsprechend bat er auch Leuchsenring darum, dafür „theils selbst Beyträge einzusenden, theils alle seine Bekannten dazu aufzumuntern es zu thun".[55]

Von Kassel reiste Leuchsenring weiter über Homburg und Darmstadt nach Heidelberg, wo er Knigge wiedersah.[56] Hier schloß sich ihm Christian Carl Kröber an, der ihn bis Rastatt begleitete. Kröber, Hofmeister der Söhne des Grafen Johann Martin zu Stolberg-Roßla in Neuwied, erstattete an diesen als seinem Vorgesetzten im Illuminatenorden von Straßburg aus einen Bericht, von dem leider nur ein Regest erhalten ist. Leuchsenring wird darin als „Mitwissender" bezeichnet, der „manches im Plan" der Illuminaten mißbillige. Offenkundig hatte er auch Kröber gegenüber die von Bode übernommenen Thesen zur jesuitischen Unterwanderung der Logen und Geheimbünde ausgebreitet: „Die Jesuiten sollen überal seyn, und stekten hinter den Zinnendorfern, R[osenkreuzern], Stricten Observanz, ia selbsten Illuminaten".[57]

Viel Zeit verbrachte Leuchsenring nicht in der Heimat. Auf dem Rückweg sah er Schiller in Mannheim, mit dem er mehrere Stunden lang sehr angeregt über das Theater sprach.[58] Anschließend machte er Mitte September für einige Tage in Darmstadt Station, wo er Petersen aufsuchte[59] und sicherlich auch andere alte Bekannte. Daß er es in Homburg übernahm, für den Landgrafen einige juristische Gutachten zu verfassen, läßt Rückschlüsse auf seine im Dunkeln liegende akademische Ausbildung zu.[60] Am 28. Dezember 1783 langte Leuchsenring wieder in Weimar an, wurde hier am 2. Januar vom Herzogspaar „mit zur Tafel invitiret" und nahm auch an mehreren der folgenden Tage die Gelegenheit wahr, mittags im Schloß zu speisen.[61]

Im November 1782 war Bode noch sehr zurückhaltend gewesen, als es darum ging, ob Leuchsenring seinen Kommentar zu Saint-Martins Schrift *Des erreurs et*

---

[53] Mauvillon an Goeckingk, 19.7.1783, Universitätsbibliothek Kassel, 4° Ms Hist. litt. 37, Nr. 11.

[54] Mauvillon an Goeckingk, 18.6.1783, ebd., Nr. 10.

[55] Mauvillon an Goeckingk, 19.7.1783 (wie Anm. 53).

[56] Vgl. Knigge an Bode, 9. [8. 1783,] GStA Berlin, FM 5.2. G 39, Nr. 104, Dok. 29.

[57] Stolberg-Roßla an Weishaupt, 19. 8. 1783, Staatsarchiv Hamburg 614–1/72 Große Loge, Nr. 1256.

[58] Vgl. Schillers Gespräche, NA Bd. 42, Weimar 1967, 62 f.

[59] Petersen an Nicolai, 20.10.1783, Staatsbibliothek zu Berlin, Nachlaß Nicolai, Bd. 56.

[60] Vgl. Jacobi, Goethes Lila (wie Anm. 13), 136 f.

[61] Fourierbuch 1784, Hauptstaatsarchiv Weimar, Hofmarschallamt Nr. 4533.

de la vérité lesen dürfe.[62] Nun aber zeigte er sich weitaus offenherziger und gab dem Besucher seine gesammelten Materialien über den Wiesbadener Freimaurer-konvent von 1776 in die Hände. Das damalige Auftreten des Hochstaplers Gott-lieb von Gugomos, an dessen Enttarnung er beteiligt gewesen war, galt Bode als besonders eindrückliches Beispiel für die Versuche der Exjesuiten, die Kontrolle über die deutsche Freimaurerei zu erlangen.[63] Zum Gespräch kam aber nicht nur die Vergangenheit der Freimaurerei, sondern auch die Zukunft des Illuminatenor-dens. Gegen Ende seines Aufenthalts in Weimar faßte Leuchsenring das Ergebnis der Erkundigungen, die er auf seiner Reise eingeholt hatte, und seines sicherlich intensiven Austauschs mit Bode in einem Brief an Weishaupt zusammen, der mit bemerkenswerter Klarheit und Voraussicht die Probleme benannte, denen sich der Illuminatenorden gegenübersah:[64]

Als ich vor zwey Jahren Ihre Bekanntschaft machte, mein vortreflicher Freund, glaubte ich nicht, daß manches was ich damahls befürchtet u. vorhersagte, so bald in Erfüllung gehen würde. Da ich durch Sie und durch Philo so viel von dem sich damals noch bil-denden System der Ill. wußte, da man selbst einige meiner Ideen adoptirt hatte, und ich an manchen Orten als ein Glied der Gesellschaft vorangekündigt worden, so suchte ich, ob ich gleich durch nichts gebunden war, das wahre Beste des Instituts, wo ich mir Ge-legenheit dazu fand, mit Klugheit zu befördern. Als ich bey meinem Aufenthalt in Ber-lin erfuhr, daß man von allen Seiten Ill. werbe, daß viele einzelne Glieder äusserst miß-vergnügt seyen, daß unter den Obern ein heftiger Streit entstanden, daß in einigen M [aure]r[logen] öffentlich gegen das Ill. System gepredigt werde u. d[a]ß die Feinde auf dem Punkte stünden die Cahiers drucken zu lassen; unternahm ich aus eigener Bewe-gung eine Reise durch einen Theil Deutschlands, um den Gang der Sache ein wenig zu beobachten. Hier, mein lieber Freund, ist das Resultat meiner Beobachtungen. Ich bin überzeugt, daß das Institut, so wie es itzt ist, unmöglich als eine Schule der Weisheit und Tugend bestehen kann, und daß am Ende Sie und Philo in nicht geringe Verlegenheit kommen müssen. Die beste Männer werden nach und nach herausgetrieben, und die Carcasse wird ein Instrument womit Schurken ihre Absichten durchsetzen. Die ehrli-che Leute die dabei bleiben werden von den Schurken sehr geängstiget und in die miß-lichste Lage versetzt werden. Ich habe seit einigen Jahren die Geschichte geheimer Ge-sellschaften nachgeforscht, und sonderbare Sachen entdeckt. Vestigia me torrent.
Es ist bereits so weit gekommen, daß die Illuminaten Gesellschaft, von der schon Wei-ber und Kinder sich unterhalten, den Fürsten u. Ministern als eine für Staat u. Religion höchst gefährliche Cabale geschildert u. verhaßt gemacht wird. Bald wird man kein Amt mehr erhalten, ohne zu schwören, man sey kein Ill., wolle es auch nie werden. Einem der angesehensten Fürsten Deutschlands wurden vor einiger Zeit alle Ill. die sich in seiner Residenz befinden, von einem Fremden genannt, der nicht Ill. ist, und der die Ill. von keiner reizenden Seite darstellte. Auch die Fürsten die Ordens Glieder sind, werden, wenn der erste Eifer sich abgekühlt hat, anfangen mißtrauisch zu werden und mit Nachdrucke Erläuterungen über gewisse Punkte fordern z. E. über Franklin u.

---

[62] Vgl. Bode an Nicolai, 25.11.1782, Staatsbibliothek zu Berlin, Nachlaß Nicolai, Bd. 6.
[63] Leuchsenring an Bode, o. D., GStA Berlin, FM 5.2. G 39, Nr. 104, Dok. 155.
[64] Vgl. Bode an Nicolai, 7.1.1784, Staatsbibliothek zu Berlin, Nachlaß Nicolai, Bd. 6.

Choiseul u. dgl. Wehe alsdenn den Stiftern, wenn sie nicht befriedigen können!
Ich habe mehr als eine Ursache zu glauben, daß die Jesuiten das Ill. System nicht nur
kennen, sondern anscheinend dessen treflich benutzen.
Der Sache ist indessen noch zu helfen, wenn man keine Zeit verliert und die itzige Gäh-
rung dazu benutzet das Institut *von Grund aus* zu reformieren, die Ma[urere]y davon zu
trennen, die untern Grade so einzurichten daß man sie im Nothfall ohne Gefahr exo-
terisch machen kan u. s. w. Das Ganze muß aber aus Einem Kopfe kommen. Freylich
wird es einem jeden der in dem Regenten Grade ist freystehen, ob er in die neue Einrichtung einwilligen, oder abtreten will. Ich habe schon lange gesagt u. geschrieben,
daß es bey einer geheimen Gesellschaft, die das Wohl der Menschheit zur Absicht
hat, nicht auf die Anzahl sondern auf Weisheit und Tugend der Glieder ankomme,
daß wer in einem solchen Bündnisse nicht nützet immer schade, u. daß zwölf edle Männer, die wahre Cosmopoliten sind u. ohne Rücksicht auf PrivatVortheile zu wirken suchen, mehr ausrichten könne, als 1200 Leute, die ohne Wahl zusammengeraft werden.
Ist der Reformator keiner von den bekannten Obern, so fällt alles Ärgerniß wegen
Rangstreit u. dgl. weg, u. es wird offenbar daß die Obern nicht ihre eigne Ehre sondern
das gemeine Beste suchen. Der Mann, der die erste Idee des Instituts gehabt, bleibt immer in den Annalen der Gesellschaft ein höchst verehrungswürdiger Mann, dessen Andenken desto länger wird gefeyert werden, je mehr die Gesellschaft für Verderbniß und
Umsturz gesichert wird.[65]

Es gibt keine Anzeichen dafür, daß Weishaupt auf Leuchsenrings Anregungen
einging. Er war ohnehin kein Mann, der für Kritik besonders empfänglich war.
Darüber hinaus stand ihm vor Augen, welche Mühe es ihn gekostet hatte, Knigge
aus dem Feld zu schlagen, dessen Ambitionen das Machtgefüge unter den führenden Illuminaten erschüttert hatten. Vor diesem Hintergrund war Weishaupt unter
keinen Umständen bereit, anstehende Umgestaltungen in dem von ihm gegründeten und geführten Geheimbund freiwillig einem anderen zu überlassen. Erst recht
mußte ihm die leise Drohung im letzten Absatz des Briefes anmaßend erscheinen,
wo Leuchsenring für den Fall eines Scheiterns des Illuminatenordens oder seiner
Reform ankündigte, „eine eigene Gemeinde zu stiften".

Am 21. Januar nahm Leuchsenring seinen Abschied vom Weimarer Hof.[66] Von
hier aus ging es über Leipzig nach Dessau, wo er von August Friedrich Wilhelm
Crome erwartet wurde,[67] dem Lehrer der Geschichte und Erdkunde am Basedow-
schen Philanthropin, einem Freund Sophie von La Roches. In die Gästeliste des
Fürsten Franz wurde er am 30. Januar eingetragen.[68] Als er Mitte Februar Potsdam
erreichte, bat er als erstes Nicolai darum, etwas gegen die Gerüchte zu unterneh-

---

[65] Leuchsenring an Weishaupt, 17. 1. 1784, Staatsarchiv Hamburg, 614–1/72 Große Loge,
Nr. 1289.
[66] Fourierbuch 1784 (wie Anm. 61).
[67] Vgl. Leuchsenring an Weishaupt, 17. 1. 1784 (wie Anm. 65).
[68] Vgl. Carl Eucharius von Glafey, Fremden-Liste vom März 1770 bis September 1806, Landeshauptarchiv Sachsen-Anhalt, Abt. Dessau, A 12 a Nr. 19.

men, daß er die *Briefe eines reisenden Franzosen* verfaßt habe.[69] Nicolai wußte sehr gut, wer tatsächlich der Autor des vieldiskutierten Buches war, denn Kaspar Risbek[70] hatte sich ihm gegenüber schon vor Erscheinen dazu bekannt.[71]

In der Zeit von Leuchsenrings Abwesenheit hatte sich in Berlin die „Gesellschaft der Freunde der Aufklärung" konstituiert. Zu den Gründungsmitgliedern zählten Dohm, Nicolai und Mendelssohn, als Sekretär amtierte Biester. Dieser teilte Leuchsenring nun mit, er habe ihn erfolgreich zum Mitglied vorgeschlagen, und bat ihn darum, „sich dies Anerbieten gefallen zu lassen".[72] Eine Antwort ist nicht überliefert. Aber auch wenn Leuchsenring die ehrenvolle Wahl kaum abgelehnt haben wird,[73] scheint er den Versammlungen der Mittwochsgesellschaft zumeist ferngeblieben zu sein: „Sein Name taucht in ihren Papieren nirgends auf, ein Votum von ihm ist nicht nachweisbar".[74]

Wiederum war es der unermüdliche Dohm, der Leuchsenring ins Gespräch brachte, als an Johann Bernhard Merian zur gleichen Zeit der Auftrag erging, einen Lehrer der Dialektik für den damals dreizehnjährigen Prinzen Friedrich Wilhelm zu suchen.[75] „Der edelste, reinste, festeste u. sanfteste Character, Alles mit einander verbunden, wie es selten sich findet, die mannichfaltigsten Kenntnisse mit weisem Verstande geordnet", all das, schwärmte Dohm in einem Brief an seinen Mentor Gleim, zeichne Leuchsenring vor anderen aus.[76] Seine Talente für den preußischen Staat zu gewinnen gelang nun. Nach zwei Vorgesprächen in Potsdam erhielt Leuchsenring den Auftrag, dem Prinzen philosophische Vorlesungen zu halten. Man erzählte sich den Scherz, er habe vom König alle Freiheiten erhalten, solange er bloß „von *Religion* u. *Liebe*" schweige.[77] In Wirklichkeit erhielt er am

---

[69] Vgl. Leuchsenring an Nicolai, 12.2.1784, in: Briefe von und an Leuchsenring (wie Anm. 7), 99.

[70] So unterzeichnete er selbst, vgl. Rudolf Schäfer, Johann Kaspar Riesbeck, der „reisende Franzose" aus Höchst. Sein Leben, sein Werk, seine Zeit, Frankfurt a. M.-Höchst ²1971 (Höchster Geschichtshefte, 1a), 30.

[71] Vgl. Risbek an Nicolai, 3.6.1782, Staatsbibliothek zu Berlin, Nachlaß Nicolai, Bd. 62.

[72] Biester an Leuchsenring, 9.4.1784, Staatsbibliothek zu Berlin, Slg. Autogr., z.Zt. Krakau.

[73] Vgl. auch Gleim an Herder, 2.5.1784: „Nicolai kommt oft zum Minister [Zedlitz], geht in die Mittwochsgesellschaft, und was in dieser nicht gefällt, dagegen wird cabalirt; Dohm, Leuchsenring, Biester sind darin" (Von und an Herder. Ungedruckte Briefe aus Herders Nachlaß, hg. von Heinrich Düntzer und Ferdinand Gottfried von Herder, Bd. 1, Leipzig 1861, 104).

[74] Klaus Berndl, Ernst Ferdinand Klein (1743–1810). Ein Zeitbild aus der zweiten Hälfte des Achtzehnten Jahrhunderts, Münster 2004, 150.

[75] Vgl. [Merian,] Eloge de Monsieur de Moulines, in: Mémoires de L'Académie Royale des Sciences et Belles-Lettres 1802 (1804), 40–50, hier 45. Zum Gleichklang zwischen Merian und Dohm vgl. W[ilhelm] Gronau, Christian Wilhelm von Dohm nach seinem Wollen und Handeln. Ein biographischer Versuch, Lemgo 1824, 82.

[76] Dohm an Gleim, 10.4.1784, Stadtarchiv Regensburg, Nachlaß Dohm I/60.

[77] Herder an Hamann, 10.5.1784, in: Hamann, Briefwechsel, Bd. 5, hg. von Arthur Henkel, Frankfurt a. M. 1965, 152.

6. April 1784 eine von Friedrich selbst entworfene Instruktion übersandt, die ihm auftrug, in seinen Lektionen auf Locke und Leibniz einzugehen und wider die Rhetorik das Ideal der Wahrheitsfindung hochzuhalten.[78] Mit der Begründung, daß dies dem Lerneifer des Prinzen förderlich sei, äußerte Leuchsenring den ungewöhnlichen Wunsch, für seine Dienste nicht entlohnt zu werden.[79] Der König schlug ihm dies jedoch ab, ebenso wie das Ersuchen, für Fahrten von Berlin nach Potsdam und zurück eine königliche Kutsche verwenden zu dürfen. „Je ne prends personne sans lui donner de pension", schrieb Friedrich, und das Gehalt werde es dem Erzieher erlauben, sich selbst Pferde zu besorgen.[80]

Wie schon in Leiden, als Erzieher des Sohnes der Großen Landgräfin, geriet Leuchsenring auch in Berlin, als Erzieher ihres Enkelsohns, in Konflikt mit den anderen Hofmeistern. Schon im Juni gab er daher seinen Auftrag wieder zurück. In einem Schreiben an den König beklagte er sich, daß ihm seine Beziehungen zu den „Savans les plus distingués en France et en Allemagne" zum Nachteil ausgelegt worden seien und man ihn als „un homme peu scrupuleux en matiere de Religion" hingestellt habe.[81] Gleich von Anfang an sei er einer „cabale" gegen sich ausgesetzt gewesen.[82] Friedrich ignorierte diese offenbar auf seine eigene Biographie gemünzten Andeutungen. Er nahm die Demission kühl entgegen[83] und ließ Merian einen anderen Mann engagieren: den hugenottischen Prediger Guillaume de Moulines, der als herzoglich braunschweigischer Resident einen diplomatischen Auftrag von der Art erfüllte, wie sein Vorgänger ihn sich bloß erträumt hatte.

Leuchsenring war nun wieder ohne feste Anstellung und seine Hoffnung, „Resident einiger deutschen Höfe" in Berlin zu werden, um auf diese Weise „voll thätigen Eifers gegen den Unterdrückungs-Geist des gepriesenen Kaisers" wirken zu können, ohne Aussicht auf Verwirklichung.[84] Auf literarische Gelegenheitsarbeiten angewiesen, nahm er beim Direktor des Französischen Gymnasiums, Jean-Pierre Erman, gemeinsam mit Jean-Pierre-Frédéric Ancillon und Pierre-Christian-Frédéric Reclam an einer Lektürerunde teil, die sich der Revision der Homer-

---

[78] Friedrich II. König von Preußen an Leuchsenring, 6.4.1784, J. A. Stargardt, Berlin, Auktion Juni 2002. Die Instruktion selbst abgedruckt bei Heinrich von Sybel, Zwei Lehrer Friedrich Wilhelm's III. in der Philosophie [1879], in: H. v. S., Kleine Historische Schriften, Bd. 3, Stuttgart 1880, 199–228, hier 217–219, sowie in Briefe von und an Leuchsenring (wie Anm. 7), 300 f.

[79] Vgl. Leuchsenring an Friedrich II., 10.4.1784, in: Briefe von und an Leuchsenring (wie Anm. 7), 99.

[80] Vgl. Friedrich II. an Leuchsenring, 9.4.1784, in: Gotthilf Weisstein, Ein Brief Friedrichs des Großen an Leuchsenring. Für den Bibliophilentag in Berlin 18. Dec. 1904, [Berlin] 1904.

[81] Leuchsenring an Friedrich II., in: Briefe von und an Leuchsenring (wie Anm. 7), 100.

[82] Leuchsenring an Friedrich II, ebd., 101.

[83] Vgl. Friedrich II. an Leuchsenring, 2.7.1784, J. A. Stargardt, Berlin, Auktion Juni 2002.

[84] Dohm an Gleim, 10.4.1784 (wie Anm. 76).

Übersetzung Paul Jérémie Bitaubés widmete.[85] Leuchsenring übernahm es, die Neuausgabe der *Ilias* zu redigieren.[86] Im September 1784 stellte er seine Orts-kenntnis, wie schon 1777 in Paris,[87] dem Landgrafen Friedrich von Hessen-Hom-burg zur Verfügung, der für einige Tage nach Berlin kam. Er diente dem Gast als „sein Begleiter zu allen berühmten Männern, welche er besuchte, nur nicht zur Kirche, wenn es galt, Spalding, Sack und andere ausgezeichnete Prediger zu hö-ren, führte ihn zur Bibliothek, zu allen Kunstsammlungen und Sehenswürdigkei-ten".[88]

Von den Kirchen mußte sich Leuchsenring wohl deshalb fernhalten, weil sein Verständnis von religiöser Toleranz im Sommer zu einem Skandal geführt hatte, der Wellen bis nach Königsberg schlug.[89] Im Salon des vermögenden Hoffaktors Benjamin Veitel Ephraim hatte er sich unvorsichtigerweise in dessen Tochter Adelaide verliebt. Carl Friedrich Zelter, der seinerseits ein Auge auf deren jüngere Schwester geworfen hatte, beschreibt Adelaide als ein Mädchen „von feiner wei-ßer Haut, blauen Augen und sehr einnehmendem Wesen", das sprachgewandt und mit einer schönen Stimme begabt war.[90] Varnhagen von Ense berichtet, Leuchsen-ring habe die „Heirath, gegen welche sich große Bedenken und Schwierigkeiten erhoben, mit Gewalt durchsetzen" wollen. Als besonders anstößig sei es empfun-den worden, daß er „durchaus darauf bestand, daß seine Frau keine Christin wer-den, sondern Jüdin bleiben sollte".[91] Dieser Vorsatz muß im Kontext von Diskus-sionen um Dohms Schrift über die Juden gesehen werden. So hatte Heinrich Friedrich Diez, der auch mit Leuchsenring bekannt war,[92] gerade erst einen noch radikaleren Gedanken aufgebracht. Seiner Ansicht nach sollte es ermöglicht werden, „das Judenthum zu verlaßen, ohne das Christenthum anzunehmen, das

---

[85] Vgl. Pascale Hummel, Paul-Jérémie Bitaubé, un philologue binational au XVIIIe siècle, in: International Journal of the Classical Tradition 2 (1996), 510–535, hier 517.

[86] Vgl. Bitaubé, L'Odyssée d'Homère, traduction nouvelle, Paris 1785, Bd. 1, 13.

[87] Vgl. Merck an L. von Stockhausen, [Sept. 1777,] in: Johann Heinrich Merck, Briefwechsel, hg. von Ulrike Leuschner, 5 Bde., Göttingen 2007, Bd. 1, 756.

[88] Karl Schwartz, Landgraf Friedrich V. von Hessen-Homburg und seine Familie. Aus Archiva-lien und Familienpapieren, Rudolstadt 1878, Bd. 1, 133.

[89] Vgl. Hamann an Herder, 6.8.1784, in: Hamann, Briefwechsel, Bd. 5 (wie Anm. 77), 178.

[90] Carl Friedrich Zelters Darstellungen seines Lebens, hg. von Johann-Wolfgang Schottländer, Weimar 1931 (Schriften der Goethe-Gesellschaft, 44), 136. Über das Leben der Adelaide Ephraim (1763–1840) ist außer den bloßen Daten kaum etwas bekannt, vgl. zuletzt Olga Stieglitz, Die Ephraim. Ein Beitrag zu Geschichte und Genealogie der preußischen Münzpächter, Großunterneh-mer und Bankiers und ihre Verbindung zu den Itzig und anderen Familien, Neustadt a. d. Aisch 2001 (Deutsches Familienarchiv, 131/132), 146 f.

[91] K. A. Varnhagen von Ense, Leuchsenring [Fassung letzter Hand], in: K. A. V. v. E., Ausge-wählte Schriften, Bd. 18, Leipzig 1875, 20–50, hier 32.

[92] Vgl. Diez an Leuchsenring, 2.5.1784, Staatsbibliothek zu Berlin, Mendelssohn-Archiv, Nachl. 6,1–11,4.

heißt bey der natürlichen Religion, oder überhaupt bey einer Gottesverehrung, die den Juden wahr scheint und dem Staate nicht schadet, stehn zu bleiben".[93] Es ist gut denkbar, daß Leuchsenring auch für diese Idee Sympathien hegte, zumal ihm Alexander von Humboldt in einem Brief an Henriette Herz (aus dem Abstand von Jahrzehnten zwar, aber sehr bestimmt) nachsagte, daß er in der Mischehe ein „Mittel des Unterganges des Judenthums" gesehen habe.[94] Was Adele betraf, so hatte er angeblich vor, sich von dem für seine aufgeklärten Ansichten bekannten Oberkonsistorialrat Wilhelm Abraham Teller „heimlich mit dem Judenmädchen copulieren" zu lassen. Jacobi zufolge „fand sich aber daß die große Liebe des Mädchens zu Leuchsenring ein Märchen war. Es hatte gar keine Lust sich entführen zu lassen".[95]

Nach diesen romantischen Wirrungen, die ihn seine Freundschaft mit Mendelssohn kosteten, hielt es Leuchsenring nicht mehr lange in Berlin. Als ein Versuch des Hauptmanns Heinrich Wilhelm von Stamford, ihn in Braunschweig unterzubringen, ohne Erfolg geblieben war,[96] brach er im April 1785 als Begleiter des jungen Freiherrn Hans von Labes (1763–1831)[97] zu einer dritten Reise in die Schweiz auf.[98] Den Auftrag dazu hatte er von der verwitweten Mutter des jungen Barons erhalten, die in ihrem Haus am Brandenburger Tor auch ihren Enkelsohn Achim von Arnim aufzog. Der Weg führte über Halberstadt, wo Leuchsenring fünf Tage bei Gleim blieb.[99] Dieser lud auch seinen Freund Johann Ludwig Benzler dazu ein, von Wernigerode herüberzukommen, um „den großen Weltweisen" kennenzulernen.[100] Ende Mai 1785 traf sich Leuchsenring mit Ernst Friedrich

---

[93] Zit. in: Christian Wilhelm Dohm, Ueber die bürgerliche Verbesserung der Juden, Bd. 2, Berlin, Stettin 1783, 114. Vgl. auch [Heinrich Friedrich Diez], Ueber Juden, An Herrn Kriegsrath Dohm in Berlin, Dessau, Leipzig 1783, 34.

[94] A. von Humboldt an H. Herz, [ca. 1837,] in: Heinrich Hahn, Aus dem Nachlaß von Henriette Herz, in: Nord und Süd 63 (1892), 58–74, hier 73.

[95] Jacobi an Hamann, 30. 4. 1787, in: Hamann, Briefwechsel, hg. von Arthur Henkel, Bd. 7, Frankfurt a. M. 1979, 187. Im Brief eines Unbekannten heißt es: „Die rechtschaffensten Leute, ja selbst Ihre Feinde, mein L[ieber], weinen über Ihren Verlust und verfluchen das Judenmädgen" (an Leuchsenring, 10. 1. 1786, Staatsbibliothek zu Berlin, Slg. Autogr., z. Zt. Krakau).

[96] Vgl. Stamford an Leuchsenring, 13. 12. 1784, Staatsbibliothek zu Berlin, Slg. Autogr., z. Zt. Krakau.

[97] Vgl. zu seiner Biographie Fr[iedrich] Brüssow, Hans, Graf von Schlitz, in: Neuer Nekrolog der Deutschen 9 (1831) [1833], 665–668. Leider setzt die Autobiographie erst mit der Rückkehr von der Kavalierstour ein, vgl. Denkwürdigkeiten des Grafen Hans von Schlitz von den letzten Lebensjahren Josephs II. bis zum Sturze Napoleon's I., hg. von Albert Rolf, Hamburg 1898.

[98] Varnhagen verwechselte die Reise in Begleitung von Labes mit der voraufgegangenen von 1783/84 (vgl. Varnhagen, Leuchsenring [wie Anm. 91], 31). Der Fehler findet sich wieder bei Kamber (vgl. Briefe von und an Leuchsenring [wie Anm. 7], 172) und an anderen Stellen in der Literatur.

[99] Vgl. Gleim an E. von der Recke, 22. 5. 1785, Gleimhaus Halberstadt, Hs. A 6134.

[100] Gleim an Benzler, 8. 5. 1785, Gleimhaus Halberstadt, Hs. A 8469.

Hector Falcke und Johann Georg Zimmermann in Hannover. Mit dem Schweizer Arzt sprach er angeregt „über Friedrich den Zweyten, über Catharina die Zweyte, über Gesetzgebung und Nationalerziehung, über Schwärmerey und Mißbrauch der Religion zu politischen Absichten, über Religionsvereinigung und den fortdauernden Einfluß der Jesuiten".[101] Man trennte sich allem Anschein nach im besten Einverständnis.[102]

Im Juli 1785 traf Nicolai Leuchsenring in Pyrmont an. Er hatte ihn aus Rücksicht auf Moses in den letzten acht Monaten vor seiner Abreise nicht mehr gesehen, wahrte nach eigener Aussage seine Distanz und sprach mit ihm nur „von sehr gleichgültigen Dingen".[103] Auf der Promenade herrschte rege Betriebsamkeit. Aus Weimar waren das Herzogspaar und Bertuch angereist, aus Osnabrück Justus Möser und seine Tochter Jenny. Nachdem Nicolai bereits wieder abgefahren war, kam aus Hannover Zimmermann herbei, und Anfang August stieß auch noch Gleim hinzu.[104] Nachdem sie längere Zeit in Pyrmont verbracht hatten, steuerten Leuchsenring und Labes mit dem hessen-kasselschen Hofgeismar gleich den nächsten Badeort an.[105] Hier hielt sich wie jedes Jahr Amalia von Gallitzin auf, diesmal begleitet von Franz von Fürstenberg, Frans Hemsterhuis und Anton Matthias Sprickmann.[106] Leuchsenring hatte Hemsterhuis und wahrscheinlich auch Amalia bereits 1770 im Haag kennengelernt.[107] Er kündigte ihnen das Erscheinen eines Artikels im aktuellen Heft der *Berlinischen Monatsschrift* an, der das Treiben der geheimen Gesellschaften beleuchte und derart brisant sei, daß er Gefahr laufe, vergiftet zu werden, falls seine Autorschaft bekannt werde.[108]

---

[101] Leuchsenring, Erklärung über eine Stelle in nachbenanntem Buche, in: Der Teutsche Merkur Juni 1788, 577–579, hier 577.

[102] Vgl. Briefe von und an Leuchsenring (wie Anm. 7), 301.

[103] Friedrich Nicolai, Anmerkungen über das zweyte Blatt von Herrn J. C. Lavaters Rechenschaft an seine Freunde, und über Herrn P. J. M. Sailers zu Dillingen Märchen, Berlin, Stettin 1787, 190.

[104] Vgl. Herzog Carl August an Herzogin Anna Amalia, 3.8.1785: „Gleim, Zimmermann, ein Leichsenring, Bertuch, allerhand dergl. große Männer sind hier" (Briefe des Herzogs Carl August von Sachsen-Weimar an seine Mutter die Herzogin Anna Amalia, Oktober 1774 bis Januar 1807, hg. von Alfred Bergmann, Jena 1938, 61). Vgl. ferner Gleim an Benzler, 8.8.1785, Gleimhaus Halberstadt, Hs. A 8475; Fourierbuch 1785, Hauptstaatsarchiv Weimar, Hofmarschallamt Nr. 4534; Zimmermann an Nicolai, 17.9.1785, in: Sigrid Habersaat, Verteidigung der Aufklärung. Friedrich Nicolai in religiösen und politischen Debatten, Würzburg 2001, Bd. 2, 123.

[105] Da nicht überliefert ist, ob Labes stets an Leuchsenrings Seite blieb, soll im folgenden nicht weiter auf seine Teilnahme an der Reise Bezug genommen werden.

[106] Vgl. A. von Gallitzin an Bucholtz, 14.9.1785, in: Der Kreis von Münster. Briefe und Aufzeichnungen Fürstenbergs, der Fürstin Gallitzin und ihrer Freunde, hg. von Siegfried Sudhof, Bd. 1, Münster i. W. 1962, 230.

[107] Vgl. L[eendert] Brummel, Frans Hemsterhuis. Een philosofenleven, Haarlem 1925, 88.

[108] F. H. Jacobi an Garve, 27.4.1786, in: Jacobi, Briefwechsel, Bd. I, 5 (wie Anm. 42), 170.

Gemeint war der Text „Noch über den Beitrag zur Geschichte itziger geheimer Proselytenmacherei", [109] der einen Nachtrag zu einem „Beitrag zur Geschichte itziger geheimer Proselytenmacherei" [110] darstellte, welcher bereits im Januarheft erschienen war. Beide Texte waren auf komplizierte Weise miteinander verbunden. Der erste, der ohne weitere Erläuterung als „Auszug eines Schreibens aus **" abgedruckt wurde, hatte einen Mann zum Autor, der geschäftehalber „beinahe drei Monat im Reiche, und besonders in Schwaben und in verschiedenen am Rhein belegenen Provinzen" unterwegs gewesen war und dabei Anzeichen katholischer Missionierungstätigkeit wahrgenommen hatte. [111] Das Aprilheft der *Monatsschrift* brachte, versehen mit zahlreichen Anmerkungen Johann Erich Biesters, die wütende Replik eines „T***y (aus Br.)", [112] ein Kürzel, hinter dem sich der preußische Offizier George Heinrich Wilhelm von Reibnitz verbarg, [113] „Actuarius" des niederschlesischen Gold- und Rosenkreuzerzirkels „Victrinus" sowie Sekretär der Loge „Friedrich zur aufgehenden Sonne" in Brieg. [114] Die Duplik im Augustheft schließlich hatte die Form eines Briefs an Biester, dessen anonymer Absender sich als ein Unbekannter vorstellte, der sein Inkognito wahren müsse. Nur sein Freund, „Hr. – –", der Einsender des „Schreibens aus **", sei Bie-

[109] Daß Varnhagen Leuchsenrings Beitrag um ein Jahr auf den August 1786 nachdatierte (vgl. Varnhagen, Leuchsenring [wie Anm. 91], 35), hat schier endlose Verwirrung zur Folge gehabt. So nahm Georg Benjamin Mendelssohn die Angabe wörtlich und schrieb Leuchsenring deshalb den harmlosen Artikel *Geglaubte Neigung der Protestanten zum Catholicismus* im Augustheft 1786 zu (vgl. Moses Mendelssohn's gesammelte Schriften, Bd. 5, Leipzig 1844, 658). Franz Muncker und Max Koch hingegen, die Biographen Leuchsenrings in der Allgemeinen Deutschen Biographie (1883) und der Allgemeinen Encyclopädie (1889), entschieden sich für den wohl von Bode verfaßten Artikel *Noch etwas über Geheime Gesellschaften im protestantischen Deutschland* im Juliheft 1786 (vgl. Briefe von und an Leuchsenring [wie Anm. 7], 165). Spätere Autoren wählten mal die eine, mal die andere Lösung. Einen neuen Weg beschritt zuletzt Ralf Klausnitzer, indem er die störende Datumsangabe Varnhagens einfach verschwinden ließ, um einen Bezug zum Artikel im Januarheft 1785 konstruieren zu können (vgl. R. K., Poesie und Konspiration. Beziehungssinn und Zeichenökonomie von Verschwörungsszenarien in Publizistik, Literatur und Wissenschaft, 1750– 1850, Berlin 2007, 221).

[110] Berlinische Monatsschrift 5 (1785), 59–80.

[111] Ebd., 59.

[112] Ueber den Beitrag zur Geschichte itziger geheimer Proselytenmacherei, in: Berlinische Monatsschrift 5 (1785), 316–91.

[113] Dies geht aus dem handschriftlichen Verzeichnis des Nachlasses von Christian Garve hervor (heute Universitätsbibliothek Breslau). Nachdem sich Garve mit einem offenen Brief an Biester in die Debatte geworfen hatte (Ueber die Besorgnisse der Protestanten in Ansehung der Verbreitung des Katholicismus, in: Berlinische Monatsschrift 6 (1785), 19–67), erhielt er am 18.7.1785 Post von einem „P–y", der sich in einem zweiten Brief vom 30.12. dann unter dem Klarnamen von Reibnitz aus Brieg zu erkennen gab. Die Briefe selbst sind verschollen, aber man darf annehmen, daß der erste in Wirklichkeit mit „T–y" unterzeichnet war.

[114] Vgl. Bruno Goedecke, Festschrift zur Feier des 150jährigen Bestehens der Loge Friedrich zum goldenen Zepter im Or. zu Breslau, 1776–1926, Breslau 1926, 32 f.

ster bekannt. Dessen Autor „– – –" wiederum bezeichnete der Unbekannte als einen seiner besten Freunde, den er deshalb gegen die Angriffe von „T–y" verteidigen müsse, zumal er diesen zu kennen glaube. Wenn diese Angaben zutrafen und nicht bloß der Verschleierung dienten, konnte Leuchsenring nur als Mittelsmann fungiert haben. Biester betonte, „ein wakrer und glaubwürdiger Mann"[115] habe ihm das „Schreiben aus **" zur Verfügung gestellt. Leuchsenring selbst war weder im Sommer 1784 auf Reisen gewesen, wie dessen Verfasser, noch war er hochrangiges Mitglied eines preußischen Gold- und Rosenkreuzerzirkels, als der sich der Autor des im Augustheft abgedruckten Beitrags zu erkennen gab.

Der Verfasser des „Schreibens aus **" führte einen verdeckten Angriff auf den Darmstädter Oberhofprediger Johann August Starck, auf den er als einen namhaften protestantischen Geistlichen anspielte, von dem „beinahe schon öffentlich" gesagt werde, „daß er nicht nur den Jesuiten affiliirt, sondern selbst ein Jesuit von der vierten Klasse" sei und damit auch zur Mission verpflichtet.[116] Ganz offen war hingegen seine Attacke auf Lavater, den er beschuldigte, durch die „fanatischen und dunkeln mystischen Begriffe" seiner Theologie das Vordringen katholisierender Tendenzen zu begünstigen.[117] Er schaltete sodann die ausführlich erzählte Geschichte eines „guten Diakonus" ein, der sich zunächst an die Lavatersche Wundergläubigkeit angenähert hatte und bald darauf für eine geheime Gesellschaft gewonnen wurde, von der ihre Werber behaupteten, daß sie in einer ungebrochenen Tradition bis hinauf in urchristliche Zeiten stehe und im Besitz wunderwirkender Kräfte sei. Mit der Begründung, daß man „zur Kenntniß des Innern der Natur nicht anders als durch das magische Feuer", mithin den Heiligen Geist gelangen könne, daß aber dieses Feuer nur „durch die ununterbrochen *fortgesetzte Weihe* bei den *Priestern der katholischen Kirche* geblieben sei", habe man den Diakonus dazu überredet, „sich ganz insgeheim *die sieben katholischen Weihen geben zu lassen*" und damit vorgeblich der protestantischen Kirche sogar einen Dienst zu leisten.[118] Erst als ihm als Ordenszeichen auch noch ein Marienbild ausgehändigt wurde, sei dem jungen Geistlichen bewußt geworden, wie unbedacht er gehandelt hatte. Der Verfasser brach die Erzählung an dieser Stelle ab und schloß sein Schreiben mit der Erinnerung daran, daß die Religion mit dem Verstand als einer Gottesgabe harmonieren solle.

In seinen „Unbefangenen Bemerkungen" über dieses „Schreiben aus **", das Biester trotz erheblichen Bedenken im Aprilheft abdruckte, ging Reibnitz zunächst ganz allgemein die „aufgeklärten Kraftmännerchen" hart an, hinter deren menschenfreundlichen Deklamationen sich bloß „schaaler Afterwitz, elende Klü-

---

[115] Berlinische Monatsschrift 5 (1785), 317.
[116] Ebd., 62.
[117] Ebd., 64.
[118] Ebd., 72 f.

gelei, und gewaltiger Egoismus" verberge.[119] Die Angriffe auf einen „*Orden, der die Ehre der Menschheit*" sei,[120] gälten einer Gesellschaft, die in Wirklichkeit „den Allmächtigen im Geist und in der Wahrheit anbetet und verehrt, die die wahre Glükseligkeit ihrer Mitmenschen zu befördern sich aus allen Kräften bemühet, die dem Staat getreue Unterthanen, gute Bürger und nützliche Glieder zu bilden sich angelegen sein läßt" und deren letztes Ziel es sei, „den Geist der Wahrheit, der Weisheit und der Liebe unter den Menschen zu verbreiten".[121] Die zum Beleg für den kryptokatholischen Charakter dieses Ordens erzählte Geschichte vom Diakonus bestehe demgegenüber aus einem „Gewebe von Allfanzereien, Sophistereien und Lügen".[122] Biester wies diese in sehr derbem Ton vorgetragene Kritik in ausführlichen, mit gelehrten Fußnoten versehenen Nachbemerkungen zurück, an denen hier nur hervorgehoben werden muß, daß er darin nebenbei auf den „launigten Verfasser" der *Vertheidigung der Mönche* Bezug nahm,[123] genauer gesagt auf Leuchsenring als den Autor des Vorworts zu seiner Übersetzung dieser Schrift.

Auch der Beitrag im Augustheft der *Monatsschrift* wurde wieder von einer Vorrede Biesters eingeleitet, in der dieser sein Erstaunen über die ihm authentische erscheinende „Beschreibung der innern Einrichtung einer *ganz unbekannten* geheimen Gesellschaft" ausdrückte.[124] Diese hatte die Form einer Anrede „An meine würdigen und geliebten Brüder D.H.O.D.G.U.R.C., besonders an diejenigen, welche der ächten evangelischen Lehre zugethan sind".[125] Daß der Text tatsächlich auf Wirkung unter den Geheimordensbrüdern berechnet war, ging schon aus der verwendeten Abkürzung hervor, die für Uneingeweihte kaum zu entschlüsseln und von Biester auch nicht annotiert war: angesprochen fühlen sollten sich die Brüder des hohen (oder hocherleuchteten) Ordens des Goldenen und Rosen-Creutzes (oder der Goldenen und Rosen-Creutzer).

Der Verfasser gab an, dem Orden „vor mehr als zwölf Jahren" in der Hoffnung beigetreten zu sein, auf diese Weise „besondere Aufschlüsse über die Religion und die Natur der Dinge zu erhalten".[126] In den Gradtexten sei jedoch zu seiner Enttäuschung „fast nichts als eine veraltete paracelsische Terminologie" aufzufinden gewesen.[127] Ein befreundeter Chemiker habe seine Eindrücke bestätigt und ihm sogar vorgeführt, „daß eine Arbeit, welche die Obern als ein großes Ge-

---

[119] Ebd., 323 und 326.
[120] Ebd., 330 f.
[121] Ebd., 332.
[122] Ebd., 337.
[123] Ebd., 346.
[124] Berlinische Monatsschrift 6 (1785), 105.
[125] Ebd., 107.
[126] Ebd., 111.
[127] Ebd., 112.

heimniß übersendet hatten, *aus einem alten gedrukten Buche, und noch dazu mit den Drukfehlern, abgeschrieben war*".[128] Als sich eine unauffällige Gelegenheit fand, sein Amt im Orden niederzulegen, habe man ihm versichert, als „Magus" seien ihm nunmehr „alle Geheimnisse und Aufschlüsse des O[rdens] bekannt".[129] Aber statt geheimer naturwissenschaftlicher Kenntnisse habe er vielmehr „auf einer andern Seite ganz unglaubliche Kenntnisse erhalten", die ihm „nicht allein den ganzen Zusammenhang des O[rdens], sondern auch seinen eigentlichen Zwek" zu erkennen möglich gemacht hätten.[130]

Der Orden stamme zweifelsfrei „*aus katholischen Landen* her", wohl aus dem Österreichischen, weshalb die Versammlungen nicht selten „Konventikeln" ähnelten, und so erkläre sich auch, daß von den Mitgliedern blinder Gehorsam verlangt werde, eben jener Gehorsam, der auch „die Stütze des *Katholicismus* und des *Mönchsthums*" sei.[131] Es sei Anlaß für begründetes Mißtrauen, wenn das Ordensmitglied „Chrysophiron", von dem der Verfasser anzugeben wußte, daß er *„ein ordinirter evangelisch lutherischer Prediger"* sei,[132] in seinen rosenkreuzerischer Versammlungsreden[133] der konfessionellen Vereinigung das Wort rede und in seinem Zirkel das Studium der *Philosophie der Religion* des Jesuiten Sigismund von Storchenau empfehle. Zwar habe er selbst nichts von katholischen Priesterweihen oder Marienbildern als Ordenszeichen wahrgenommen, aber aufgrund der hierarchischen Organisation des Ordens könne niemand mit Sicherheit behaupten, daß die Geschichte des Diakonus „falsch oder erdichtet" sei.[134]

Was schließlich den protestantischen Theologen betreffe, von dem gesagt werde, daß er insgeheim ein Jesuit sei, so habe dieser „wider diese beinahe öffentliche Beschuldigung sich weder mündlich noch schriftlich vertheidigt, sondern hat vielmehr fortgefahren, so wie er schon seit langer Zeit zweideutig gehandelt hatte, ferner zweideutig zu handeln".[135] Der Verfasser der Anrede erinnerte an die Rolle, die Starck als Freimaurer der Strikten Observanz gespielt hatte:

> Der protestantische Gottesgelehrte, von dem wir reden, war in diesem geheimen [Orden] ein *Klerikus,* d. h. ein *Priester,* und hatte in dieser Qualität den Namen *Archimedes*.[136] Er erschien als *Klerikus* zu einer Zeit, da das Gebäude dieses geheimen [Ordens]

---

[128] Ebd., 114.
[129] Ebd., 115.
[130] Ebd., 116.
[131] Ebd., 122, 124 und 129.
[132] Ebd., 129. Es handelte sich um Justinus Friedrich Göhrung (1732–1783), Pfarrer in Burgstall seit 1764, in Grunbach (Württ.) seit 1782.
[133] Die Pflichten der G. und R. C. alten Sistems. In Juniorats-Versammlungen abgehandelt von Chrysophiron, nebst einigen beigefügten Reden anderer Brüder, o. O. 1782.
[134] Berlinische Monatsschrift 6 (1785), 137.
[135] Ebd., 149.
[136] Fälschlich für Archidemides.

schon wanken wollte, wie ein Deux ex machina. Er versicherte, er käme als unmittelbarer Gesandte von den *unbekannten Obern* dieses [Ordens]. Er ward dafür erkannt, und erhielt eine zeitlang das Gebäude; das er vor einigen Jahren, gewiß auch *auf Befehl der unbekannten Obern,* selbst einzustürzen unternahm, und dadurch so vielen ein *Stein des Anstoßes* ward. Laßt nun diesen *protestantischen Gottesgelehrten* auftreten, wenn er das Herz hat, und seinen protestantischen Mitchristen erklären, was es denn für ein *Klerikat* gewesen ist, das er zu haben vorgab, und wegen dessen er eine Tonsur hatte [...]; wenn es nicht ein *katholisches Priesterthum* war. Laßt ihn sich erklären, wer denn diese *unbekannten Obern* waren, die ihn auf solche merkwürdige geheime Mission schikten, und laßt ihn beweisen, daß es *nicht die Jesuiten* waren. [...] Dazu kömmt, daß er mit dem berüchtigten *Schröpfer* in Korrespondenz stand, dessen Macht er rühmte, und wobei *Florenz* und der *Thurm* zum Zeichen angegeben wurden. Von dieser Korrespondenz, so wie von gewissen andern Papieren, sind in sichern Händen Abschriften.[137]

Lavater und Matthias Claudius, der mit seiner „unbedachtsamen und unnützen Uebersetzung des Buchs *des Erreurs et de la Verité* [...] einen unbeschreiblichen Schaden angerichtet" habe,[138] seien diese Zusammenhänge nicht bewußt und könnten daher auch nicht erkennen, daß es sich bei Saint-Martins Schriften um nichts als „eine allegorische und mystische Anpreisung des *Jesuiterordens in einer geheimen Schreibart*" handele,[139] wofür der Verfasser der Anrede einige Beispiele anführte. An dieser Stelle verwies er auf Bodes „Schlüssel [...], oder das sogenannte Examen", das er, „obgleich nur auf kurze Zeit, handschriftlich, aber nicht gedrukt, gelesen" und als völlig überzeugend empfunden habe:

> Es ist dieses Examen eigentlich gedrukt worden, um bei einer gewissen solennen Gelegenheit vorgelegt zu werden, wo es die Intriguen der Jesuiten aufdekken und wahren Nutzen hätte schaffen können.[140] Aber es waren da allzuviel heimliche Anhänger der Jesuiten, welche dieses so nützliche Buch zwar nicht unterdrückten [...], aber so sacht darüber weggingen, als ob es nicht dagewesen wäre [...]. Ich bedaure es sehr, daß der vortrefliche Verfasser, dieses Examen, und weit mehrere Entdekkungen, die er gewiß gemacht haben muß, nicht öffentlich bekannt werden läßt.[141]

Alle Anhänger Saint-Martins in Frankreich und Italien seien „erklärte *Anhänger der Jesuiten* [...], einige öffentlicher, andere *heimlicher*".[142] Dies gelte nicht nur für einige namentlich genannte Ritter der Strikten Observanz, sondern auch einen „gewissen feinen *Mr. Misa du Renis*" in Paris, womit der Verfasser zu erkennen gab, daß ihm die im Herbst 1784 ergangene Einladung der „Philalethen" zu einem Freimaurerkonvent in Paris bekannt war. Nachdem er zuletzt noch in

---

[137] Berlinische Monatsschrift 6 (1785), 150 f.
[138] Ebd., 153.
[139] Ebd., 154.
[140] Der Freimaurerkonvent von Wilhelmsbad im Sommer 1782.
[141] Berlinische Monatsschrift 6 (1785), 154 f.
[142] Ebd., 159.

Aussicht gestellt hatte, daß „ein redlicher und sehr erfahrner Bruder" die Chiffren-sprache, in der nicht nur Saint-Martins *Des Erreurs et de la vérité,* sondern auch der rosenkreuzerische *Compaß der Weisen* abgefaßt seien, aufzuschlüsseln ge-denke, schloß er seine Anrede mit dem Wunsch, „D. G. U. S. W. M. U. S." (daß Gott und sein Wille mit uns sey).[143]

Georg Wilhelm Petersen schrieb begeistert an Nicolai, der Verfasser der Ansprache verdiene, „daß ihm die Protestanten eine Ehrensäule setzen lassen".[144] Einen Tag darauf meldete er, der Beitrag mache in Darmstadt „*am Hofe* u. in der Stadt große Sensation" und habe genau die richtigen Adressaten erreicht. „Man glaubt nun, *das Ende aller Dinge* sey nicht mehr weit entfernt".[145] Gemeint war damit die Protektion, die Starck von seiten des Landgrafen und zumal des Erbprin-zen genoß. Auch in Schlözers *Stats-Anzeigen* hieß es, die Berliner hätten sich für die Veröffentlichung „wärmsten Dank" verdient.[146] Bode hingegen gab Nicolai gegenüber zu, daß ihn der Beitrag des ihm unbekannten Verfassers „anfangs or-dentlich erschrocken" habe, weil er „zwar nicht darin mit Namen genannt, aber doch durch Anführung des Examen de la Verité, für viele meiner ehemaligen in-nern Ordens Brbr. unverkennbar bezeichnet" sei. Er fürchtete, daß ihm dies Fein-de machen oder zumindest „allerley Verdrüßlichkeiten" bereiten könne und spiel-te mit dem Gedanken, sich öffentlich zu distanzieren, worauf er dann aber verzich-tete.[147]

Unter den Gold- und Rosenkreuzern suchte man währenddessen nach den Schuldigen. Der Leipziger Zirkeldirektor François Du Bosc, der im Beitrag selbst mit seinem anagrammatischen Ordensnamen „Soc" genannt war,[148] stellte die Vermutung auf, daß man „diese Scharteque keinem andern als dem 7 gradigten Colurus" zuschreiben müsse, „dem ein und anders von Aeneas u. Floridus hiezu eingeblasen worden" sei.[149] Als Hauptverantwortlichen sah er also den kur-sächsischen Staatsminister Friedrich Ludwig von Wurmb und als dessen weitere Zuträger die beiden Leipziger Johann Carl Gottlieb Lohse und Carl Friedrich Crantz: drei Männer, die den Orden verlassen oder aus ihm ausgeschlossen wor-den waren.[150] Eindeutige Beweise oder gar Geständnisse lagen jedoch nicht vor.

---

[143] Ebd., 164.
[144] Petersen an Nicolai, 22. 9. 1785, Staatsbibliothek zu Berlin, Nachlaß Nicolai, Bd. 56.
[145] Petersen an Nicolai, 23. 9. 1785, ebd.
[146] [Ernst Brandes], Etwas über geheime Verbindungen, in: Stats-Anzeigen 8 (1785), 257–193, hier 257 (zur Autorschaft vgl. August Wilhelm Rehberg, Sämmtliche Schriften, Bd. 4, Hannover 1829, 424).
[147] Bode an Nicolai, 2.9. 1785, Staatsarchiv Wolfenbüttel, 298 N 601.
[148] Berlinische Monatsschrift 6 (1785), 122 (hier fälschlich „Sok").
[149] Du Bosc an Wöllner, 29.8. 1785, zit. in: Renko D. Geffarth, Religion und arkane Hierarchie. Der Orden der Gold- und Rosenkreuzer als Geheime Kirche im 18. Jahrhundert, Leiden 2007, 175.
[150] Vgl. ebd., 172.

Leuchsenring hatte in der Zwischenzeit seine Reise fortgesetzt. Nach der Abfahrt aus Hofgeismar kam es in Frankfurt zu einer folgenreichen Begegnung mit dem preußischen Diplomaten Johann Friedrich Freiherr vom Stein. Auch ihm gegenüber renommierte Leuchsenring damit, daß er die aufsehenerregenden Beiträge für die *Berlinische Monatsschrift* geliefert habe. Dies teilte Stein wenig später in Düsseldorf Fritz Jacobi mit, der von Reichardt bereits erfahren hatte, „daß Leuchsenring Lavatern zu Berlin als einen Mann von weit aussehenden Planen geschildert hätte, der hinter einer Maske spielte". Diese Vorstellung, so Jacobi in einem Brief an Johann Friedrich Kleuker in Osnabrück, habe ihn bloß amüsiert, aber nun hatte ihm Stein vor Augen geführt, „daß die ganze Abentheuerliche Geschichte vom Krypto Jesuitismus diesen Landstreicher zum Urheber haben könnte".[151] Offenbar in der Absicht, Kleuker zu einer öffentlichen Stellungnahme zu animieren, faßte Jacobi zusammen, was er von Leuchsenring wußte und selbst mit ihm erlebt hatte. Er erinnerte an Leuchsenrings Schulden bei ihm, an die skandalumwitterten Berliner Heiratspläne und an einige von Goethes bösen Versen über den „Pater Brey". Das Ergebnis ließ er in Abschrift zunächst Hamann, später auch Amalia von Gallitzin und Johannes von Müller zukommen.[152] Kleuker wiederum ließ sich zwar nicht dazu bewegen, „den Berlinern" einige „treffende und auffallenden Wahrheiten zu sagen", informierte aber seinerseits weitere Korrespondenten, unter ihnen Benzler[153] und vielleicht auch Starck.

Ebenfalls noch in Frankfurt scheint Leuchsenring auch Joachim Heinrich Campe begegnet zu sein, der sich auf einer Reise von Hamburg nach Schaffhausen befand.[154] Befeuert von Leuchsenrings Erzählungen, richtete Campe an Lavater einen flammenden Appell, sich gegen mißbräuchliche Anwendungen seiner Lehren öffentlich zu verwahren.[155] Dieser Brief sollte offenbar helfen, Leuchsenrings Mission in der Schweiz vorzubereiten.

Anfang Oktober 1785 erreichte Leuchsenring Lausanne, Ende des Monats war er in Genf.[156] Von dort reiste er über Bern nach Zürich, wo er sich nunmehr anschickte, Lavater eigenhändig aus den Fängen der Obskuranten zu befreien. Diese seltsame Kampagne sollte sich, wenngleich mit Unterbrechungen, über Monate

---

[151] Jacobi an Kleuker, 5.12.1785, in: Jacobi, Briefwechsel, Bd. I, 4 (wie Anm. 5), 269.

[152] Vgl. Jacobi an Hamann, 20.12.1785, ebd., 290, sowie Jacobi an A. von Gallitzin, 12.5.1786, in: Jacobi, Briefwechsel, Bd. I, 5 (wie Anm. 42), 200.

[153] Vgl. Kleuker an Benzler, 16.12.1785, Universitäts- und Landesbibliothek Halle, Stolb.-Wern. Zl 27 h.

[154] Vgl. J[akob Anton] Leyser, Joachim Heinrich Campe. Ein Lebensbild aus dem Zeitalter der Aufklärung, Bd. 1, Braunschweig ²1896, 50–52, sowie J. H. Campe, Sammlung interessanter und durchgängig zwekmässig abgefaßter Reisebeschreibungen für die Jugend, Bd. 2, Reutlingen 1793.

[155] Vgl. Campe an Lavater, 25.9.1785, in: Briefe von und an Joachim Heinrich Campe, hg. von Hanno Schmitt, Bd. 1, Wiesbaden 1996, 392.

[156] Vgl. Briefe von und an Leuchsenring (wie Anm. 7), 241 und 103.

hinziehen. Sie war von vornherein ähnlich aussichtslos wie weiland Lavaters eigener Versuch, Mendelssohn für eine Konversion zum Christentum zu gewinnen. Leuchsenring war mit Lavater schon während seiner ersten Schweizreise Ende 1771 heftig aneinandergeraten. Lavater hatte ihm daraufhin nach seiner Abreise aus Zürich brieflich hinterhergeworfen, daß er mit seiner Absicht, das „eigentliche *Christenthum* aus der Welt auszurotten", scheitern werde.[157] Er nahm diesen Vorwurf später wieder zurück, indem er Leuchsenrings Bruder gegenüber klarstellte, daß die Meinungsverschiedenheit seiner eigenen Christologie und nicht dem christlichen Bekenntnis schlechthin galt.[158] Man war dann lose in Verbindung geblieben, vor allem mit Blick auf eine Veröffentlichung der *Physiognomischen Fragmente* in Frankreich.

Mannhaft kündigte Leuchsenring sich nun selbst an als einen Besucher, der im Unterschied zu den zahlreichen unkritischen Verehrern Lavaters Wirken als schädlich ansehe. Er wurde dennoch empfangen und erhielt so die Gelegenheit, Lavater unter vier Augen vorzuhalten, daß bei ihm „fremdes Feuer auf dem Alter" brenne.[159] Der so Angegriffene gab Leuchsenring, dessen Umgang er zunächst sogar noch als „belehrend" empfand,[160] seine abschlägige Antwort an Campe zu lesen und zeigte im übrigen begreiflicherweise keine Neigung, sich davon überzeugen zu lassen, in Wirklichkeit ein nützlicher Idiot der Jesuiten zu sein.

Sein voraussehbarer Mißerfolg scheint Leuchsenring nur umso mehr angeregt zu haben, andere Zuhörer für seine Thesen zu finden. Da er diese nie schriftlich niederlegte, lassen sie sich nur bruchstückhaft aus Äußerungen anderer rekonstruieren. So behauptete er Heinrich Korrodi zufolge, daß allein in Deutschland „über 40 geheime Gesellschaften" existierten, „auf welche die Jesuiten größtentheils Einfluß haben sollen".[161] Johannes von Müller, der Leuchsenring in Bern gesprochen hatte, war er als höchst „sonderbarer Kopf" aufgefallen, der geradezu alles auf das Wirken geheimer Gesellschaften zurückführe, selbst die Abfassung des Alten Testaments. Wenigstens sei nach seiner Theorie der Pentateuch „zu Cyri Zeit", also erst um 550 v. Chr. in Persien entstanden, als Teil einer „*spéculation de finance* […], Palästina zu bevölkern";[162] „das Gesez war von gestern, und die geh. Ges. machte ihnen weiß, es seye tausend Jahre alt, nachmals wurde ein David und Salomo erdacht, weil doch auch die Römer einen Romulus und Numa hatten ..."[163]

---

[157] Lavater an Leuchsenring, 12.1.1772, in: Briefe von und an Leuchsenring (wie Anm. 22), 20.

[158] Vgl. Lavater an J. L. Leuchsenring, 19.5.1772, ebd., 284–286.

[159] Leuchsenring an Lavater, 20.11.1785, ebd., 105.

[160] Lavater an F. H. Jacobi, 14.12.1785, in: Jacobi, Briefwechsel, Bd. I, 4 (wie Anm. 5), 279.

[161] Korrodi an Nicolai, 6.2.[1786], Staatsbibliothek zu Berlin, Nachlaß Nicolai, Bd. 42.

[162] Vgl. auch Müller an Jacobi, 4.8.1788, in: J. v. M., Sämmtliche Werke, hg. von Johann Georg Müller, Bd. 38, Stuttgart, Tübingen 1835, 104.

[163] Müller an F. H. Jacobi, 3.6.1786, in: Jacobi, Briefwechsel, Bd. I, 5 (wie Anm. 42), 232.

Heinrich Matthias Marcard schließlich berichtete an Nicolai, wie Leuchsenring ihn und andere Ende Juni 1786 in Zürich unablässig mit seinen Theorien ge-
plagt hatte:

> Ich brachte 7 Tage in Zürich zu, da Lavater eben auf seiner Reise war, den ich also nicht
> sah; u. in diesen 7 Tagen […] vergiengen nicht sieben Stunden, da ich nicht von Lavater
> hören mußte. […]. Keiner plagte mich mehr als Leuchsenring mit Lavatern. […] Ich
> sah, daß Leuchs. die Absicht hatte mich zu seinen phantastischen Ideen über Lav. u.
> andere Dinge hinüber zu ziehen, die mir in ihrer Art eben so unklug vorkamen als La-
> vater seine. Ich ließ ihn daher seine Sache immer vortragen, u. weil ich bey guter Laune
> war, so brachte ich ihn durch gelindes Widersprechen, durch Vertheidigen von Lavater,
> zuweilen durch Lachen u. durch führen ad absurdum, jedesmahl so in Wuth, da ihm die
> Lippen blau wurden u. die Hände zitterten. Leuchsenring ist gewiß ein so arger Schwär-
> mer in seiner Art als Lavater. Ausserdem habe ich Ursachen, gegen ihn zu seyn, die
> zwar mich nicht betreffen, die ich ihm aber sehr übel genommen habe u. die ihn mir
> als einen intriguanten Menschen zeigen, der in einigen Dingen eben nicht delicat in
> seinen principiis seyn mag. […] L. sagt ohngefehr, er habe nun Lavater 10 Jahre beob-
> achtet, u. sey nun gewiß daß er ein Schurke sey, ein Jesuit u. alles was Sie wollen. […]
> Lavater ließ sich auf nichts ein, sie sahen sich selten u. endlich gar nicht, u. endlich
> brach denn Leuchsenring loß, u. sprach bey allen Menschen mit der äußersten Wuth
> gegen Lavater, erzählte alle die kleinen traits von Zweydeutigkeit, Widersprüchen,
> von Pfiffigkeit u. List die man L. schuld giebt, seine Thorheiten brachte er in System,
> trug alle die Geschichten vor, die Sie gewiß kennen, u. von denen ich einige, aus beßern
> Quellen, ganz anders kannte, sagte, er habe Briefe von Lavatern in Händen, die ihn auf
> einmahl zum Betrüger u. Schurken machen würde[n], u. erklärte Lavaters Absicht sey
> nichts weniger als alle Gewalt in Zürich an sich zu ziehen, wenn es möglich wäre, eine
> neue Religion zu stiften, davon er Haupt Stifter u. Pabst seyn wolle, oder doch wenig-
> stens die ganze Protestantische Welt catholisch zu machen, versteht sich, unter guten
> Bedingungen für sich. Sie können sich vorstellen wie unsinnig mir alles das vorkam
> […]. […] Wer Lavater tief angelegte Plane beymißt, der kennt ihn, u. ich möchte sagen,
> überhaupt den Menschen nicht. Ein so unverschlossener, äußerst indiscreter Mensch in
> Absicht auf sich selbst u. in Absicht auf andre, […] ist nicht dazu gemacht tief gelegte
> Plane auszuführen.[164]

Es kann unter diesen Umständen nicht verwundern, daß Lavater sich über
Leuchsenrings „inquisitionsmäßige Zudringlichkeit" beklagte.[165] Er entwarf einen zweiten Teil der *Rechenschaft an Seine Freunde,* den er Leuchsenring im Manuskript zu lesen gab. Bezeichnenderweise reagierte dieser auf nichts so heftig
wie auf die Nennung seines Namens,[166] auf die Lavater daraufhin in der Druck-
fassung Verzicht leistete.

Unterstützung fand Lavater bei Johann Georg Schlosser, der Leuchsenring in
seiner Zeit als Redakteur der *Frankfurter Gelehrten Anzeigen* kennengelernt und
ihn wohl ebenso wie sein damaliger Kollege Johann Heinrich Merck nicht in der

---

[164] Marcard an Nicolai, 7.2.1787, Staatsbibliothek zu Berlin, Nachlaß Nicolai, Bd. 47.
[165] Lavater an Leuchsenring, 19.8.1786, in: Briefe von und an Leuchsenring (wie Anm. 7), 113.
[166] Vgl. Leuchsenring an Lavater, 22.8.1786, ebd., 113.

besten Erinnerung hatte. Er stellte bei einem Besuch in Zürich fest, daß der „Philosoph ambulant" aus Berlin Lavater zur Last fiel und suchte deshalb nach einem Mittel, „diese summende Hummel von ihm wegzutreiben".[167] Schlosser verfaßte in dieser Absicht einen umfangreichen Brief, worin er die Idee entwickelte, zur Vermeidung einer langwierigen öffentlichen Auseinandersetzung über den Streit zwischen Lavater und seinen Gegnern nicht das Publikum richten zu lassen, sondern „zwey oder vier ausgesuchte Männer".[168]

Leuchsenring ließ diesen Vorschlag Schlossers unbeantwortet. Er verließ Zürich, um den Jahreswechsel bei Neuenburg als Gast der deutschen Marchesa Maria Antonia di Branconi zu verbringen.[169] Mitte Februar 1787 sah ihn der junge Carl Ludwig von Haller in Bern.[170] Anfang März nach Zürich zurückgekehrt, fand er zu seiner Überraschung Schlossers Brief im *Deutschen Museum* gedruckt vor. Er formulierte umgehend eine ausweichende, überdies als vorläufig bezeichnete Antwort, in der er Schlosser vorhielt, seine Ansichten falsch dargestellt zu haben. Sowohl das *Museum* als auch die *Berlinische Monatsschrift* veröffentlichten den Text.[171]

Salomon Geßner hatte Leuchsenring im Kreise der Zürcher Gegner Lavaters, der sich um den Kanonikus Johann Jacob Steinbrüchel scharte, kennenlernen können.[172] Von ihm erfuhr Nicolai, daß Leuchsenring „durch Lav. und seiner Leüthe beleidigende Impertinenzen, und durch Schloßers unsinnigen Brief, aufs äußerste erbittert" sei.[173] Er trat nun seine Rückreise an, die ihn im April 1787 zunächst zu seinem Bruder Johann Ludwig in Karlsruhe führte, der seit dem Tod der Großen Landgräfin in Diensten ihrer nach Baden verheirateten Tochter Friederike Amalie stand. Es kam hier auch zu einem Wiedersehen mit dem Prinzenerzieher Friedrich Dominicus Ring, den er schon seit zwanzig Jahren kannte.[174] Anschließend verbrachte Leuchsenring knapp zwei Wochen in Homburg als Gast des Landgrafen

---

[167] Schlosser an Sarasin, 3. 9. 1786, zit. in: August Langmesser, Jacob Sarasin, der Freund Lavaters Lenzens, Klingers u. a. Ein Beitrag zur Geschichte der Genieperiode, Diss. Zürich 1899, 137.

[168] J. G. Schlosser an den Herrn Rath Leuchsenring, damals in Zürich, über Lavater, in: Briefe von und an Leuchsenring (wie Anm. 7), 301–310.

[169] Vgl. Mathei an Sarasin, 25. 12. 1786, in: Langmesser, Jacob Sarasin (wie Anm. 167), 152.

[170] Vgl. Haller an Schultheß, 14. 2. 1787, in: Adolphine Haasbauer, Briefe Karl Ludwig von Hallers an seinen zürcher Großvater, Hans Caspar Schultheß, aus den Jahren 1782–1797, in: Berner Zeitschrift für Geschichte und Heimatkunde 12 (1950), 171–187, hier 183.

[171] Vorläufige Erklärung über Schlossers Brief an Leuchsenring, nebst einem Mährchen, in: Briefe von und an Leuchsenring, 310–312.

[172] Vgl. Christian Gottlieb Schmidt, Von der Schweiz. Journal meiner Reise vom 5. Julius 1786 bis den 7. August 1787, hg. von Theodor und Hanni Salfinger, Bern 1985, 144 f.

[173] Geßner an Nicolai, 28. 4. 1787, Staatsbibliothek zu Berlin, Nachlaß Nicolai, Bd. 86.

[174] Vgl. Pfeffel an Ring, 11. 4. 1787, in: Fritz Frankhauser (Hg.), Briefe von Gottlieb Konrad Pfeffel an Friedrich Dominikus Ring (III), in: Jahrbuch für Geschichte, Sprache und Literatur Elsaß-Lothringens 33 (1917), 71–151, hier 124.

Friedrich, den er zweifellos umzustimmen suchte, da er öffentlich die Partei Lavaters ergriffen hatte.[175] Auch in Mainz kannte er kein anderes Thema als Lavater. Er sprach hier Anfang Mai mit Samuel Thomas Soemmerring, der im übrigen seine eigenen Erfahrungen mit den Gold- und Rosenkreuzern gemacht hatte, und wohl auch mit Dalberg.[176]

Bode, der soeben zu seiner Reise nach Paris aufgebrochen war, um dort am freimaurerischen Konvent der Philalethen teilzunehmen, traf Leuchsenring am 7. Mai in Hanau an. Man kam selbstverständlich sofort auf „Jesuitismus und Lavaterianismus" zu sprechen, und Bode gelangte schnell zu der Überzeugung, daß Lavater Unrecht daran getan habe, „sich gegen diesen scharfsichtigen Mann nicht freundschaftlicher und nachgiebiger benommen zu haben".[177] Er selbst verlor „den kleinen Unwillen", den die Veröffentlichung in der *Berliner Monatsschrift* und die damit verbundenen Indiskretionen bei ihm hinterlassen hatten.[178] Ende des Monats sah man sich in Frankfurt wieder; Bode war auf seiner Fahrt nach Paris immer noch nicht vorangekommen. Aufgehalten von seinem Begleiter, Christian Wilhelm von dem Bussche, hatte er Muße genug, sich an den folgenden Tagen aus Lavater betreffenden Briefwechseln vorlesen zu lassen: „das *erste* Cahier zwischen dem seel. Hartmann, Professor in Mitau und dem Zunftmeister Burkli", Leuchsenrings Gastgeber in Zürich. „Das *2te,* zwischen Lavater und Burkly. Das 3te zwischen Lavater, und Steinbrüchel und Breitinger. Das 4te ein Gespräch zwischen Lavater, und Meister und einem gewissen Abbé, nebst Briefwechsel darüber". Leuchsenring hatte diese Unterlagen von Lavater zur Verfügung gestellt bekommen und sich in charakteristischer Weise über dessen Verbot hinweggesetzt, Kopien anzufertigen. Bode zeigte sich immerhin nahezu überzeugt: „In allen diesen 4 Heften scheint mir Lavaters Schaale zu steigen".[179] Nachdem sie noch ein letztes Mal über Zimmermann Lavater gesprochen hatten, reiste Bode schließlich nach Darmstadt ab.[180] Leuchsenring hingegen begab sich zurück nach Berlin, wo ihn der aus Königsberg angereiste Hamann Anfang Juli in Gesellschaft von Johann Joachim Spalding und Friedrich Gedicke antraf.[181] Einen Monat darauf

---

[175] Vgl. Schwartz, Landgraf Friedrich V. (wie Anm. 88), 134.

[176] Vgl. Soemmering an Merck, 6.5.1787, in: Merck, Briefwechsel (wie Anm. 87), Bd. 4, 425, sowie Dalberg an Leuchsenring, 15.4.1787, in: Briefe von und an Leuchsenring (wie Anm. 7), 119.

[177] Johann Joachim Christoph Bode, Journal von einer Reise von Weimar nach Frankreich. Im Jahr 1787, hg. von Hermann Schüttler, München 1997, 163.

[178] Ebd., 165.

[179] Ebd., 195 f.

[180] Vgl. ebd., 203.

[181] Vgl. Hamann an Herder, 2.–5.7.1787, in: Hamann, Briefwechsel, Bd. 7, hg. von Arthur Henkel, Frankfurt a. M. 1979, 244.

erschien er dann wieder in Pyrmont, wo ihn Nicolai „wegen Lavater nur ganz bey-
läufig" sprach und über „seine Beweise wieder denselben" nichts erfuhr.[182]
Geraume Zeit verging, ohne daß die von Leuchsenring in Aussicht gestellte
Abrechnung mit Lavater erschien. Möglicherweise beschäftigte er sich mit der
Biographie Friedrichs des Großen, die zu schreiben er sich nach dessen Tod vorgenommen hatte.[183] Die Arbeit daran war aber mit Sicherheit noch nicht weit ge-
diehen, als im April 1788 Zimmermann sein Buch über die Gespräche vorlegte,
die er als behandelnder Arzt mit dem sterbenskranken König in Potsdam geführt
hatte. Darin beschrieb Zimmermann Leuchsenring als das Muster eines Paranoi-
kers:

> Er war in alle Weiber verliebt, warb für geheime Orden, eiferte gegen alle Schwärmer,
> und war selbst der gröste von Allen. Er verdrehte die Augen, ward blaß und roth, gri-
> massirte und gestikulirte so jämmerlich in meinem Hause, daß ich hätte glauben sollen:
> unter allen meinen Schränken, Büreaux, Commoden, Tischen, Stühlen, Ofen und Bet-
> ten [...] – stecken Jesuiten! Er bath mich um Gottes willen, wenn ich unendlichem
> Mord und Todtschlage vorbeugen wolle, so möchte ich doch eiligst an die Kaiserinn
> von Rußland schreiben, um Sie zu warnen vor diesem allenthalben im Finstern schlei-
> chenden, jesuitischen Natterngezüchte.[184]

In einer Fußnote legte Zimmermann noch einmal nach und erläuterte, Leuchsenring, immerhin „ein sehr gelehrter, sehr welterfahrner" Mann, sei schlechterdings der Erfinder der grassierenden „Jesuitenriecherey":

> Seine Erfindung, wie Er mir selbst versichert hat, brachte Er zuerst nach Berlin; und
> war glücklich oder unglücklich genug, dort verschiedene vortrefliche Köpfe davon zu
> überzeügen. Diese liehen nun der Hypothese *Leüchsenrings*, ihre Gelehrsamkeit, ihre
> Weltkenntniß, ihre Welterfahrung, ihren Scharfsinn, und ihren Witz. Mit dieser Aus-
> staffirung kam die Hypothese nach Göttingen, Gotha, Weimar, und Jena, auch wieder
> auf die Toilette mancher Dame, und zu manchem Schriftsteller und Recensenten in sein
> Mausloch. Nun ward die Fackel des Mistrauens, des Argwohns, des Religionshasses,
> der Zwietracht und der Intoleranz, über Deütschland geschwungen. Jesuitenriecherey
> ward Mode, und fuhr schnell wie der Blitz, wieder zwischen die Weiber! Gelehrte und
> Weiber giengen nun, in Schaaren, auf die Jesuitenjagd.[185]

Leuchsenrings erste Reaktion auf diesen ebenso heftigen wie für unerwarteten
Angriff ist in einem ausgesucht boshaften Brief Reichardts an Zimmermann überliefert. Er habe von der Sache bei Marcus Herz erfahren, „wo eben mehrere mit der

---

[182] Nicolai an Blanckenburg, 16.9.1787, in: Habersaat, Verteidigung der Aufklärung (wie
Anm. 104), 209.
[183] Vgl. Leuchsenring an Gleim, 31.8.1786, in: Briefe von und an Leuchsenring (wie Anm. 7),
118.
[184] [Johann Georg] Ritter von Zimmermann, Ueber Friedrich den Grossen und meine Unterre-
dungen mit Ihm kurz vor seinem Tode, Leipzig 1788, 94 f.
[185] Ebd., 96 f.

Note über ihn beschäftigt waren als er ins Zimmer trat". Sofort sei er, obwohl noch gar nicht im Bilde, von den Anwesenden bestürmt worden, wie er sich verteidigen wolle. „Herz laß ihm die Note. Er erblaste, ergrimmte u[nd] fuhr dann hoch auf". Derart „ungestüm aus seiner Teigpastete zu fahren", sei um so peinlicher für ihn gewesen, als es „in Gegenwart mehrerer hübschen Weiber" geschah.[186]

Nachdem er sich wieder gesammelt hatte, entwarf Leuchsenring eine ironische Antwort, in der er in Zweifel zog, daß Zimmermann überhaupt Verfasser des unter seinem Namen erschienenen Buchs sein könne.[187] In stark abgeschwächter und gekürzter Form wurde sie im *Teutschen Merkur* gedruckt. Leuchsenring behauptete, Zimmermann habe ihm nach ihrer Unterredung in Hannover mündlich wie schriftlich zugesichert, seinen Namen nicht zu nennen, wenn er je auf die darin berührten Dinge zu sprechen komme. Im übrigen dementierte er, daß die ihm zugeschriebenen Thesen seine Erfindung oder auch nur seine Meinung seien. Er habe „*nie*, weder in Hannover noch anderswo, für geheime Orden geworben". Leugnen könne er allerdings nicht, „in alle liebenswürdige Weiber ein wenig verliebt" zu sein.[188]

Allzu wirkungsvoll war diese Verteidigung nicht, weshalb sein Freund Mauvillon auf den Gedanken kam, unter dem Titel „Von der Würde der Gelehrten, in einem Brief an den Geheimen Rath Leuchsenring, bey Gelegenheit des Zimmermannschen Werks über den König" eine eigene zu entwerfen. Sie blieb jedoch ungeschrieben, nachdem Biester „tausend Bedenklichkeiten" geäußert hatte und auch Nicolai eine Voranfrage offenbar abschlägig beschied.[189] Nicolai selbst skizzierte zur selben Zeit eine satirische Schrift „Über Jesuitenriecherey und Hahnreyschafft aus Aufklärung" als „freundschaftl. Schreiben an H v Z", die aber nie gedruckt und vielleicht auch nie geschrieben wurde.[190]

Statt einer Verteidigung Leuchsenrings erschien nur wenig später ein weiterer Angriff auf ihn, diesmal aus der Feder eines orthodoxen Protestanten. Der Dessauer Superintendent Simon Ludwig Eberhard de Marées, dem Leuchsenring offenbar im Januar 1784 selbst begegnet war, bezeichnete ihn in der dritten Fortset-

---

[186] Reichardt an Zimmermann, 12.5.1788, zit. in: Günter Hartung, Johann Friedrich Reichardt (1752–1814) als Schriftsteller und Publizist, Diss. Halle 1964, 213.

[187] „Eine Hypothese über ein neues Buch welches dem Herrn Hofrath Zimmermann in Hannover zugeschrieben wird", GStA Berlin, BPH Rep. 49 A II a Nr. 6, Bl. 20–28.

[188] Hrn. G. R. Leuchsenrings Erklärung über eine Stelle in nachbenanntem Buche, in: *Der Teutsche Merkur* Juni 1788, 577–579.

[189] Mauvillon an Nicolai, 22.6.1788, Staatsbibliothek zu Berlin, Slg. Varnhagen 120, z.Zt. Krakau.

[190] Nicolai an Zimmermann, 3.5.1788 in: Habersaat, Verteidigung der Aufklärung (wie Anm. 104), 168. Vgl. Nicolai an Gleim, 17.6.1788, Gleimhaus Halberstadt, Hs. A 2928, in: Felix von Kozlowski, Zum Verhältnis zwischen Friedr. Heinr. Jacobi, Nicolai und Wieland, in: Euphorion 14 (1907), 38–47, hier 41.

zung seiner polemischen *Briefe über die neuen Wächter der protestantischen Kirche* als einen der „größten Werber und Spionen des Illuminatenordens" und stellte die Vermutung auf, daß er auch Nicolai und die *Allgemeine deutsche Bibliothek* für dessen Zwecke eingespannt habe. Marées folgerte daraus, daß „das entsetzliche, ganz Deutschland und die benachbarten Länder, erfüllende Geschrey über die Gefahr der Protestanten, über Jesuitismus und Katholicismus seinen wahren Ursprung in dem Befehle des Illuminatengenerals" Weishaupt gehabt habe.[191]

Daß ihm die öffentlichen Anschuldigungen erheblich zusetzten, zeigt sich an der Beschwerde, die Leuchsenring aus diesem Anlaß an den Fürsten Franz von Anhalt-Dessau richtete. Er beklagte sich, daß er sich durch die durchaus unzutreffenden Mutmaßungen Marées' „auf eine sehr grobe und gehäßige Art injurirt und verläumdet" sehe und deshalb getreu seiner in solchen Situationen zur Anwendung kommenden Maxime „Widerstand ohne Rache" öffentliche Genugtuung fordern müsse.[192] In seiner Antwort wiegelte Fürst Franz ab und riet dazu, „aus erwahnter Sache keine Rechtshandel zu machen". Er selbst pflege es zu ignorieren, wenn man Falsches über ihn im Druck verbreite. Wenn es Leuchsenring nicht möglich sei, seinem Beispiel zu folgen, stehe es ihm aber frei, den Geistlichen „bei seiner Behörde zu belangen".[193] Der Petent zeigte sich zunächst noch nicht überzeugt, daß es ihm „in diesem Falle *erlaubt* sey die Verläumdung stillschweigend zu verachten", ließ die wenig aussichtsreiche Sache dann aber wohl fallen.[194]

Ohnehin konnte keine öffentliche Erklärung, keine Verteidigungsschrift und auch kein Richterspruch den eingetretenen Schaden beheben. Die Dekonspiration war erfolgt und Leuchsenring, der Agent im eigenen Auftrag, unwiderruflich verbrannt. Daß er im Mai 1792 als angeblicher Teilnehmer an einer regierungsfeindlichen Verschwörung aus Preußen abgeschoben wurde, war in diesem Sinne nur die späte Konsequenz seiner Enttarnung durch Jacobi und Zimmermann.

Carl Friedrich Zelter, der Leuchsenring von seinen Freunden am längsten die Treue hielt, nannte ihn ebenso vorwurfsvoll wie poetisch „ein schwarzes Meteor am Firmamente der Irrealitaet".[195] Als überspannter Verschwörungstheoretiker war er in der Tat eine flüchtige, rasch verglühende Erscheinung. Daß Jacobi und Zimmermann die Aufmerksamkeit des Publikums auf ihn richteten, kam vor allem Bode zugute, der selbst wenigstens zu Lebzeiten von öffentlichen Attacken verschont blieb. Erst 1795 legte der Helmstedter Theologe Heinrich Philipp Conrad Henke die wahren Verhältnisse offen, indem er in seinem *Archiv für*

---

[191] S. L. E. de Marées, Briefe über die neuen Wächter der protestantischen Kirche, Bd. 3, Leipzig 1788.

[192] Leuchsenring an Leopold Friedrich Franz von Anhalt-Dessau, 8. 6. 1788, Landeshauptarchiv Sachsen-Anhalt Abt. Dessau, Z 44 A 10 Nr. 228 d, Bl. 204–207.

[193] Franz an Leuchsenring, 11. 6. 1788, ebd., Bl. 210.

[194] Leuchsenring an Franz, 14. 6. 1788 ebd., Bl. 211–213.

[195] Zelter an Leuchsenring, 14. 9. 1802, in: Briefe von und an Leuchsenring (wie Anm. 7), 141.

die neueste Kirchengeschichte einen Brief über Bode abdruckte, den er kurz nach dessen Tod aus Weimar erhalten hatte. „Hat jemand den Jesuiten mit allen Kräften entgegen gearbeitet, so war er es, der die Hälfte seines Lebens mit ihnen kämpfte", hieß es darin, und weiter: „Er gab an *Leuchsenring* die Materialien zu allen den Aufsätzen, durch welche Nikolai und Biester den Kryptokatholicismus bestritten".[196]

Carl August Böttigers postume Enthüllung[197] kam zu einer Zeit, da der in bescheidensten Verhältnissen lebende Leuchsenring in Paris schon kaum noch seine selbstgewählte Matratzengruft verließ.[198] Jacob Heinrich Meister erstaunte er im gleichen Jahr durch seine Bereitschaft, die „Grausamkeiten unter Robespierre" zu verharmlosen und „als notwendige Maßregeln zu entschuldigen".[199] Spätere Besucher wurden Zeugen des Niedergangs seiner Ehe mit Elisabeth von Bielfeld, der jungen preußischen Hofdame, die ihn ins Exil begleitet hatte.[200] Leuchsenring versank in Armut, Illusionen und Selbstmitleid. Sein leichtfertig verschwendetes Leben, die Travestie eines Bildungsromans, endete zuletzt in jener Anonymität, die er stets gesucht hatte.

Nach dem Scheitern seines Journal de Lecture in Paris kehrte Franz Michael Leuchsenring, das ehemalige Mitglied des Darmstädter Kreises der Empfindsamen, 1780 nach Deutschland zurück. Auf der Grundlage neu erschlossener Quellen zeichnet der Artikel seine Wege als „irrender Ritter" in den Folgejahren nach. Selbst bloß ein Freimaurer im Lehrlingsgrad, erkundete Leuchsenring das Feld der rivalisierenden geheimen Gesellschaften. Als Anhänger von Johann Joachim Christoph Bodes antijesuitischer Verschwörungstheorie veröffentlichte er Dokumente, welche die Gold- und Rosenkreuzer diskreditieren sollten, und stritt mit Johann Caspar Lavater in Zürich. Nachdem seine paranoiden Neigungen von Johann Georg Zimmermann 1788 öffentlich gemacht worden waren, wurde er vier Jahre später aus Preußen ausgewiesen. Sein Leben beschloß er als Exilant in Paris in Armut und Vergessenheit.

After the failure of his Journal de Lecture in Paris, Franz Michael Leuchsenring, a former member of the Darmstadt circle of sentimentalists, returned to Germany in 1780. Based on newly-found sources, the article traces his movements as a „knight-errant" in the following years. Himself only a freemason of the lowest degree, Leuchsenring set out to explore the field of the rivalling secret societies. A convert to Johann Joachim Christoph Bode's anti-Jesuit conspiracy theory, he published documents aimed at discrediting the Rosicru-

---

[196] Archiv für die neueste Kirchengeschichte 1/1 (1795), 161.

[197] Vgl. zur Autorschaft Böttigers Briefe an Henke, Sächsische Landesbibliothek Dresden, Mscr. Dresd. h 37 (Nachlaß Böttiger), Bd. 79.

[198] Vgl. Jens Baggesen, Dagbog XXVIII, Königliche Bibliothek Kopenhagen, NKS 504 8°.

[199] Alfred Stern, Auszüge aus dem Schweizer Reisetagebuch Karl Nikolaus von Rehdigers von 1796, in: Zeitschrift für Schweizerische Geschichte 5 (1925), 456–476, hier 461.

[200] Vgl. hierzu bereits die von Bollert und Kamber übersehene, auf Dokumenten aus Zelters Nachlaß beruhende Darstellung von W[ilhelm] Rintel, Franz Michael Leuchsenring, in: Vossische Zeitung, Sonntags-Beilage vom 3. und 10.6.1883.

cians and clashed with Johann Caspar Lavater in Zurich. After his paranoid tendencies had been publicly denounced by Johann Georg Zimmermann in 1788, he was expelled from Prussia four years later and ended his life in poverty and obscurity as an exile in Paris.

Reinhard Markner, Beymestr. 9, 12167 Berlin, r_markner@yahoo.com

Andrew McKenzie-McHarg

Überlegungen zur Radikalaufklärung am Beispiel von Carl Friedrich Bahrdt

I. Halle – eine Brutstätte des Atheismus?

„Seitdem ich die Studenten in Halle kenne, waren sie zwar keine Atheisten, aber auch keine pietistischen Kopfhänger".[1] So der Eindruck von Friedrich Christian Laukhard, der sich im Juni 1782 an der Universität hatte immatrikulieren lassen. Mit seinem Kommentar zum Charakter der Hallenser Studentenschaft nimmt er implizit Bezug auf einen alten Spruch, der die zwei alternativen Folgen des Studiums in der Saale-Stadt auf den Punkt bringen soll: Halam tendis, aut pietista aut atheista paolo reversurus.[2] Die Verbindung Halles zur Reform- und Erneuerungsbewegung des Pietismus ist wohlbekannt und sogar am heutigen Stadtbild noch erkennbar. Wenn man vor der Aufgabe steht, Indizien für eine in Halle ansässige Tradition radikalaufklärerischen Denkens aufzuspüren, dann wird man trotz Laukhards Aussage bei der ersten Begegnung mit diesem Spruch hellhörig: Weist die Geschichte der Stadt ebenfalls Spuren einer vielleicht nicht so sichtbaren, aber nichtsdestotrotz wirksamen intellektuellen Gegenkultur auf, deren Vertreter in ihrem Denken nicht davor zurückschreckten, die Existenz Gottes in Frage zu stellen?

---

[1] Friedrich Christian Laukhard, Leben und Schicksale von ihm selbst beschrieben, Zweiter Theil, Halle 1792, 125.

[2] Der älteste bisher bekannte Beleg für den lateinischen Spruch, der Atheismus und Pietismus in Halle gegenüberstellt, ist eine Stelle im zweiten Band der 1734 gedruckten Consilia Hallensivm Ivreconsvltorvm. Er findet sich dort in der ausführlichen Historie der Friedrichs-Universität Halle, die der Autor Johann Peter von Ludewig (1668–1743) diesem Band vorausschickt, Johann Peter von Ludewig, Consilia Hallensivm Ivreconsvltorvm, Tomvs II, Halle 1734, 67. Im Anschluß daran taucht der Spruch immer wieder auf. An dieser Stelle erwähne ich nur die zu Laukhards Werk relativ zeitnahe Universitätsgeschichte von Johann Christian Förster, Uebersicht der Geschichte der Universität zu Halle in ihrem ersten Jahrhunderte, Halle 1799, wo es in der unpaginierten Vorrede heißt: „obgleich es sogar schon vor der Inauguration damals zum Sprüchworte geworden war: Halam tendis, aut pietista, aut atheista reversurus; so wurde doch dies alles von Verständigen nicht geachtet".

Aufklärung 24 · © Felix Meiner Verlag 2012 · ISSN 0178-7128

In seiner *Geschichte des gelehrten Unterrichts auf den deutschen Schulen und Universitäten* bezog der einflußreiche Gelehrte Friedrich Paulsen den Spruch auf eine spannungsreiche Konstellation, die im Laufe der Anfangsphase der Universität entstanden war.[3] Zur Zeit der Universitätsgründung im Jahre 1694 waren Christian Thomasius und die Pietisten um August Hermann Franke in Halle solidarisch verbunden – schließlich teilten sie die Erfahrung der Flucht aus dem sächsischen Leipzig über die Landesgrenze nach Preußen. Bei seinem Einzug in Halle galt sogar Thomasius selbst einigen Orthodoxen als Pietist.[4] Als im Laufe der 1690er Jahre die weltlichen Züge seines Denkens auf Widerspruch bei den Pietisten stießen, sah er sich wiederum dem Vorwurf des Atheismus ausgesetzt.[5] Aller Wahrscheinlichkeit nach waren es Leipziger Orthodoxe, die diese Entfremdung beobachteten und um 1700 den Spruch prägten.[6] Damit sollten beide Einflüsse auf die Studentenschaft verurteilt werden: einerseits der Einfluß, den Thomasius als mondäner Weltmann und kritisch-eklektisch denkender Philosoph ausübte sowie andererseits der, der von den frommen, sich in praktischer Seelsorge übenden, aber in manchen Augen sektiererisch anmutenden Pietisten ausging.

Sobald man feststellt, daß dieser Spruch eigentlich der Polemik entspringt, wird seine sachliche Aussagekraft erheblich vermindert. Er liefert eine falsche Spur. Dennoch lohnt es sich zu fragen, warum sogar unter den Bedingungen des polemischen Sprachgebrauchs Thomasius als Atheist gelten konnte. Anders als das Wort ‚Pietist‘, das trotz des anfänglich pejorativen Beiklangs schließlich als Selbstbezeichnung übernommen wurde, kamen im Fall des Terminus ‚Atheist‘

---

[3] Friedrich Paulsen, Geschichte des gelehrten Unterrichts auf den deutschen Schulden und Universitäten vom Ausgang des Mittelalters bis zur Gegenwart, 2 Bde., Bd. 1, Leipzig 1919, 537.

[4] Siehe zur Einschätzung von Thomasius als Pietist Udo Sträter, Aufklärung und Pietismus – das Beispiel Halle, in: Notker Hammerstein (Hg.), Universitäten und Aufklärung, Göttingen 1995, 49–63.

[5] Zu der aus der Kontroverse um Thomasius' Vorlesungen über das Decorum entstandenen Entfremdung zwischen Thomasius und den Pietisten siehe Martin Gierl, Pietismus und Aufklärung. Theologische Polemik und die Kommunikationsreform der Wissenschaft am Ende des 17. Jahrhunderts, Göttingen 1997, 451–458. Gierl berichtet ferner, wie Thomasius bereits 1689 vonseiten der Leipziger Orthodoxie des Atheismus beschuldigt wurde, vgl. ebd., 433–435. Zur ersten Orientierung eignet sich ferner – obgleich durch Gierls Studie deutlich überholt – die ältere Dissertation von Lieselotte Neisser, Christian Thomasius und seine Beziehung zum Pietismus, München 1928.

[6] Notker Hammerstein hat Paulsens Interpretation in Frage gestellt, vgl. Hammerstein, Jus und Historie. Ein Beitrag zur Geschichte des historischen Denkens an deutschen Universitäten im späten 17. und im 18. Jahrhundert, Göttingen 1972, 164. Sein eher beiläufiger Einwand ist jedoch nicht stichhaltig. Das ausführlichste Argument für den Bezug auf Thomasius findet sich bei Heinz Schwabe, Halam tendis, aut pietista aut atheista mox reversurus, in: Wolfram Kaiser, Arina Völker (Hg.), Georg Ernst Stahl (1659–1734), Halle 1985, 49–58.

Selbst- und Fremdbezeichnung nur äußerst selten zur Deckung.[7] Eine solche Diskrepanz ist gewiß symptomatisch für eine Kommunikationsform, die wie die Polemik ihre Energien aus Motiven der Verleumdung und Selbstvergewisserung speist. Wie aber im Laufe dieses Aufsatzes demonstriert werden soll, beruht sie jedoch gleichzeitig auf Erkenntnisprämissen, die es nicht verdienen, von der Wissenschaft in ihrem Abgrenzungsbedürfnis zu anderen, ‚niederen' Kommunikationsformen stillschweigend übergangen zu werden. Meistens verwies man mit der Anklage des Atheismus eher auf eine Tendenz als einen Inhalt. Die Tendenz konnte sich auf der Ebene der Theorie abspielen, wo der Atheismus als der fatale Endpunkt einer Entwicklung verstanden wurde, die einsetzte, wenn der übermutige Mensch von vorgegebenen Wahrheiten abwich. In praktischer Hinsicht wurde der Atheismus oft als Ausgangspunkt einer Entwicklung gedeutet, die sich in einem lasterhaften Leben manifestierte.[8]

Als ein Beispiel für die erste Argumentationsform kann man auf einen weiteren Streit hinweisen, der die Bereitschaft der Pietisten belegt, es zur Vertreibung ihrer Gegner kommen zu lassen. Die Geschichte ist oft erzählt worden: Am 8. November 1723 erhielt der Professor für Philosophie und Mathematik an der Friedrichs-Universität, Christian Wolff, die Nachricht, daß er gemäß einer Kabinettsorder die Stadt Halle und das Land Preußen binnen 48 Stunden zu verlassen hatte. Der in Jena lehrende Johann Franz Buddeus (1667–1729) sollte der Entscheidung zusätzliche Legitimation verleihen, da er dem Lager der Pietisten nicht eindeutig zuzuordnen war.[9] Seinem *Bedencken über die Wolfiannische Philosophie* zufolge wohnten Wolffs Denken „Consequentien" inne, die „dem Atheismo Thore und Thüren öffne".[10] Der Ausdruck war sehr beliebt und gab die Logik wieder, auf-

---

[7] Zur Wortgeschichte von ‚Pietismus' finden sich einige Anmerkungen bei Johannes Wallmann, Art. Pietismus, in: Historisches Wörterbuch der Philosophie, Bd. 7, Basel 1989, Sp. 972–974; eine ausführliche Diskussion bei Gierl, Pietismus und Aufklärung (wie Anm. 5), 193–265.

[8] Vgl. zur englischen Diskussion im 18. Jahrhundert David Berman, A History of Atheism in Britain. From Hobbes to Russell, London 1988, 153–172.

[9] Natürlich hat man es hier mit einer oft erzählten Episode der Frühaufklärung zu tun; eine neuere Skizze findet sich etwa bei Jonathan Israel, Radical Enlightenment. Philosophy and the Making of Modernity 1650–1750, Oxford 2001, 544–550. Zur pietistischen Kritik siehe Bruno Bianco, Freiheit gegen Fatalismus. Zu Joachim Langes Kritik an Wolff, in: Norbert Hinske (Hg.), Halle. Aufklärung und Pietismus, Heidelberg 1989, 111–156.

[10] Der Ausdruck oder eine enge Abwandlung findet sich in Wolffs Replik auf Buddeus' Gutachten; siehe zur zitierten Stelle Herrn D. Joh. Francisci Buddei S.s.Theol.P.P.O. zu Jena Bedencken über die Wolffianische Philosophie mit Anmerckungen erläutert von Christian Wolffen, Frankfurt am Main 1724, 20. Vgl. ferner die ähnliche Kritik an Thomasius: „Die Clerisey wurde auch hierdurch [d. h. durch Thomasius Lehre] so aufgebracht, daß sie Eltern und Kinder vor denen Höllischen Lehren, wie sie die Hällischen benannten, mit grossen Eyfer warneten: weil sie nach ihrer Meynung den Weg zum Atheismo oder Deismo bahnen sollten". Pagus Nelectici et Nudzici, Oder Ausführliche diplomatisch-historische Beschreibung des zum ehemaligen Primat und Ertz-Stifft, nunmeber aber

grund derer man behaupten zu können meinte, daß Wolffs Philosophie nur zu
Ende gedacht werden mußte, um ihre Affinität zum Atheismus bloßzustellen.
Wolff beteuerte natürlich, daß aus seiner Philosophie gerade das Gegenteil folgte:
„Ich weiß Leute / die sich aus meiner Philosophie erbauet / und habe die Probe /
daß einige / die unter den Hällischen Anstalten zu Atheisten worden waren / durch
dieselbe davon sind befreyet worden / und mir es gar sehr gedanckt haben".[11]

Von hier konnte man leicht zur zweiten Argumentationsweise übergehen, daß
der Atheismus zu einem gottlosen Lebenswandel führe. Exemplarisch sei Thomasius angeführt, dessen Einsatz für Toleranz beim Atheisten an seine Grenzen stieß.
Mit seiner Toleranzverweigerung strafte er nicht nur das Gerücht Lügen, daß er
selbst einer sei. Er wollte auch die Gefahren des Atheismus demonstrieren, denn
die Verneinung der Existenz Gottes mußte den Verlust des Glaubens an eine jen-
seitige Strafinstanz nach sich ziehen.[12] Demzufolge wurde der Atheist von aller
Angst vor den Folgen sündhaften oder verbrecherischen Handelns befreit:

> Wann nun *in Legibus* eine Strafe wieder Hurerey, Ehebruch u. verordnet ist, so schre-
> cket einen Atheisten nichts mehr von solchem *Delicto* ab, als die *Poena Legis*, daß er
> z. E. *infamis* zu werden befürchtet. Da ist nun die Frage: Ob man solche Delicta nicht
> heimlich begehen könne? […] Wann […] jemand keinen Gott glaubet, denselben hält
> innerlich nichts ab, und findet tausend Gelegenheiten, die ärgsten *Delicta* zu begehen.[13]

Solche Warnungen waren nicht originell, sondern gehörten zum düsteren Bild,
das man sich ausmalte, wenn es um die sozialen und moralischen Konsequenzen
des Atheismus ging. Man mußte also den Anfängen in der Form des theoretischen
Atheismus wehren. Die Veröffentlichung von Theodor Ludwig Laus' *Meditatio-
nes Philosophicae de Deo, Mundo, Homine* im Jahr 1717 bot Thomasius Anlaß,
dies zu tun. Thomasius' Stellungnahme zu Laus als spinozistisch gescholtenem
Werk ist zugleich ein früher Beleg für die Auseinandersetzung mit genuin radi-
kalaufklärerischem Gedankengut in der Gelehrtengeschichte Halles.

Im selben Geist der Abwehrhaltung werden Mitte des 18. Jahrhunderts radikalaufklärerische Autoren in Siegmund Jakob Baumgartens *Nachrichten von einer
hallischen Bibliothek* (1748 – 1751) rezipiert. Der erste Band enthält beispielsweise kritische Rezensionen zu Schriften von Spinoza, Boulainvilliers, La Mettrie

---

durch den westphälischen Friedens-Schluß secularisirten Herzogthum Magdeburg gehörigen Saal-
Kreÿses, Zweyter Theil, Halle 1755, 5.

[11] Herrn D. Joh. Francisci Buddei (wie Anm. 10), 4.

[12] Siehe Matthias J. Fritsch, Religiöse Toleranz im Zeitalter der Aufklärung. Naturrechtliche
Begründung – konfessionelle Differenzen, Hamburg 2004, 65.

[13] Christian Thomasius, Vollständige Erläuterung der Kirchen-Rechts-Gelahrtheit, Frankfurt,
Leipzig 1738, 57. Die Schrift wurde 1697 und 1705 verfaßt. Siehe Günter Gawlick, Thomasius und
die Denkfreiheit, in: Werner Schneiders (Hg.), Christian Thomasius 1655 – 1728. Interpretation zu
Werk und Wirkung, Hamburg 1989, 261.

und anderen.[14] Zum Programm des Journals gehörte es, Auszüge aus solchen Büchern abzudrucken,

> weil daraus am deutlichsten zu ersehen ist, […] daß die neuesten Widersacher der Religion in unsern Gegenden nichts neues vorgebracht, ja ihren Vorgängern nicht einmal gleich kommen, ob sie gleich den Schein neuer und grosser Entdeckungen zu haben gesucht.[15]

Ob radikalaufklärerische Denkansätze tatsächlich über den Kanal dieser Zeitschrift in breite akademische und studentische Kreise einsickerten und – entgegen den Absichten der Herausgeber der *Nachrichten* – Anhänger fanden, so daß Halle wenigstens in einigen individuellen Fällen der in dem alten Spruch gemachten Unterstellung, eine Brutstätte des Atheismus zu sein, gerecht wurde, ist schwer zu beantworten.[16] Zu den Alumni der Universitäten gehören Männer wie der Prediger und bekennende Determinist Johann Heinrich Schulz (Studienzeit: 1758 – 1761), der spätere Orientalist Heinrich Friedrich Diez (ab 1769), der Kriminalrat und sich anonym betätigende Kritiker des Christentums Christian Ludwig Paalzow (zweite Hälfte der 70er Jahre) und der Publizist Carl Spazier (1780 – 1784), die wenigstens phasenweise materialistische und deistische bis hin zu atheistischen Ansichten vertraten.[17] Die Sympathie eines Spazier für den radikalaufklärerischen Materialismus wurde eindeutig während seiner Hallenser Studienzeit erweckt, aber in seiner Autobiographie gibt er keine Information, aus der man auf einen Kreis gleichgesinnter Gesprächspartner schließen könnte. Die Radikalität seines *Antiphädon*, ein Werk, von dem er sich später distanzierte, scheint sich hauptsächlich aus Lektüreerlebnissen gespeist zu haben.[18] So deutet Spazier etwa die schwere Zugänglichkeit radikalaufklärerischer Schriften an, wenn er in seiner

---

[14] Israel, Radical Enlightenment (wie Anm. 9), 180 f.

[15] Nachrichten von einer hallischen Bibliothek, Erstes Stück, Halle 1748, Vorbericht, n. p.

[16] Siehe zur Problematik allgemein Winfried Schröder, Aus dem Untergrund an die Öffentlichkeit. Der Beitrag der theologischen Apologetik zur Distribution klandestiner religionskritischer Texte, in: Christine Haug, Franziska Mayer, W. Sch. (Hg.), Geheimliteratur und Geheimbuchhandel in Europa im 18. Jahrhundert, Wiesbaden 2011, 109 – 126.

[17] Siehe zu Schulz den Beitrag von Menk in diesem Band. Zu Diez: Heinrich Friedrich Diez, Frühe Schriften, hg. von Manfred Voigts, Würzburg 2010; zu Paalzow: Martin Mulsow, Christian Ludwig Paalzow und der klandestine Kulturtransfers von Frankreich nach Deutschland, in: Haug, Mayer, Schröder (Hg.), Geheimliteratur (wie Anm. 16), 67 – 84. Zu Spazier: Einleitung von Werner Krauss in: Karl Spazier, Antiphädon oder Prüfung einiger Hauptbeweise für die Einfachheit und Unsterblichkeit der Menschlichen Seele (1785), hg. von Werner Krauss, Berlin 1961, 1 – 20.

[18] Spazier schreibt: „Dann formirte ich mir […] eine Art von System des seelenlosen traurigen Materialismus, und sammelte hier noch in der letzten Zeit meines akademischen Aufenthaltes die Grundideen zu einem Buch, das ich nach einigen Jahren anonym herausgab, worin ich hauptsächlich zu zeigen mich bemühte, daß die metaphysischen Beweistümer für den Begriff von Einfachheit der Seele und daraus gefolgerten Unstersterblichkeit sich auf lauter Erschleichungen gründen […]". Carl Spazier, Carl Pilger's Roman seines Lebens, Bd. 2, Berlin 1793, 146.

Autobiographie Helvetius erwähnt, „den mir ein philosophischer Professor nicht einmal leihen wollte".[19]

Andererseits ist es auffällig, daß Spazier während seines zweiten, ab 1787 einsetzenden Aufenthalts in Halle einen Platz in einer Gruppe von eher als Außenseitern zu charakterisierenden Menschen beanspruchen konnte, die marginale Nischen im universitären Leben besetzten, ohne sich auf Dauer zu etablieren, und deren gemeinsamer Nenner die Beziehung zu einer anderen Stadt und einer dort ansässigen Institution war. Gemeint ist das Philanthropin in Dessau.[20] Die Schulgründung stand unter der Schirmherrschaft eines der intellektuell aufgeschlossensten Kleinfürsten im Reich, Leopold III. Friedrich Franz (1740–1817), sowie unter dem Einfluß eines aufgeklärten Vertrauens in die Verbesserungsfähigkeit des Menschen, die erst eine auf die Natur des Menschen getrimmte Pädagogik erschließen und fördern würde.[21] Spazier fand dort 1781 eine Position als Lehrer.[22] In diesen Jahren schloß er eine enge Freundschaft zu August Friedrich Wilhelm Crome (1753–1833), der bereits in Halle studiert hatte und später als Professor für Kameralistik in Gießen wirkte.[23] Crome war in Frühjahr 1779 nach Dessau gekommen. Insofern überlappte sich sein achtjähriger Aufenthalt dort mit dem von Ernst Christian Trapp (1745–1818) um nur einige Monate, denn Letzterer wurde im Mai dieses Jahres als Professor für Pädagogik und Phi-

---

[19] Ebd.

[20] Siehe zum geistigen und personellen Austausch zwischen Halle und Dessau, der auch von Antagonismen und Spannung geprägt war, Jörn Garber, Einleitung, in: J. G. (Hg.), „Die Stammutter aller guten Schulen". Das Dessauer Philanthropinum und der deutsche Philanthropinismus 1774–1793, Tübingen 2008, 11–13.

[21] Einen Überblick über die Bedeutung Dessau-Wörlitz in literarischer und pädagogischer Hinsicht und über die weltanschaulichen Konflikte, die vor allem am Philanthropin ausgetragen wurden, vermittelt Michael Niedermeier in seinem Aufsatz: Dessau-Wörlitz als literarisches Zentrum um 1780, in: Wolfgang Stellmacher (Hg.), Stätten deutscher Literatur. Studien zur literarischen Zentrenbildung 1750–1815, Frankfurt am Main 1998, 271–290. Zum Philanthropinismus siehe Hanno Schmitt, Vernunft und Menschlichkeit. Studien zur philanthropischen Erziehungsbewegung, Bad Heilbrunn 2007. Die umfassende Geschichtsdarstellung, die die ältere Darstellung von Albert Pinloche, Geschichte des Philanthropinismus, 2. Aufl. Leipzig 1914, ersetzen würde, steht aus. Bruno Nieser, Aufklärung und Bildung, Weinheim 1992, 152–212, enthält nützliche Einsichten ins intellektuelle Profil des philanthropischen Erziehungsprogramms. Siehe auch die Beiträge in Garber (Hg.), „Die Stammutter aller guten Schulen" (wie Anm. 20).

[22] Siehe zu Spaziers Dessauer Zeit Hermann Gilow, Karl Spaziers Tagebuch 1781–1783, in: Beiträge zur Geschichte des Dessauer Philanthropinums. Wissenschaftliche Beilage zum Jahresberichts des Köllnischen Gymnasiums in Berlin, Berlin 1911.

[23] Crome berichtet über seine acht Jahre in Dessau in: August Friedrich Wilhelm Crome, Selbstbiographie. Ein Beitrag zu den gelehrten und politischen Memoiren des vorigen und gegenwärtigen Jahrhunderts, Stuttgart 1833, 89. Dort wird Spazier als ein „trefflicher und edler Mann" beschrieben, „welchen auch ich bis zu seinem Tode zu meinen innigsten Freunden zählen durfte".

losophie nach Halle berufen.[24] In Halle kreuzte sich sein Weg mit dem eines ehemaligen Lehrers am Philanthropin, dem entschiedenen Befürworter der Demokratie Johann Christian Schmohl (1756–1783).[25] Alle genannten Personen teilten auch die Bekanntschaft mit einem Menschen, der seinerseits unter Basedows Leitung einen Schnellkurs im Philanthropinismus absolviert hatte, bevor er zuerst in Graubünden in der Schweiz und dann in Heidesheim mit der Umsetzung dieses Programms gescheitert war. Obwohl es verschiedene Auffassungen zu den Gründen für dieses Scheitern gibt, deuten diese Episoden die problematischen Seiten eines der schillerndsten Charaktere der Zeit an – Carl Friedrich Bahrdts (1740–1792). Auf Bahrdt, in dessen Lebenswandel mehrere Zeitgenossen einen ‚praktischen Atheismus' zu sehen meinten, werden sich die folgenden Ausführungen im Wesentlichen konzentrieren.[26]

Man wird das hier skizzierte Beziehungsgeflecht weniger als eine intellektuelle Konstellation, sondern eher als ein solidarisches Netzwerk beschreiben, in dessen Zentrum Bahrdt stand und dessen Zusammenhalt gewiß vom Bewußtsein einer gemeinsamen aufklärerischen Gesinnung getragen wurde.[27] Das Netzwerk

---

[24] Zu Trapp und den bitteren Erfahrungen, die er in Halle machte, siehe Hanno Schmitt, Ernst Christian Trapp (1745–1818) als erster Pädagogikprofessor in Halle, in: Schmitt, Vernunft und Menschlichkeit (wie Anm. 21), 102–115.

[25] Siehe Michael Niedermeier, Der anhaltische Philanthrop, Schriftsteller und Aufrührer Johann Christian Schmohl und seine spektakuläre Flucht aus Halle im Jahre 1781, in: Ericht Donnert (Hg.), Europa in der Frühen Neuzeit. Festschrift für Günter Mühlpfordt, Bd. 4: Deutsche Aufklärung, Weimar 1997, 229–248.

[26] Zu Bahrdts Aufenthalt bei Basedow in Dessau siehe Pinoloche, Geschichte des Philanthropinismus (wie Anm. 21), 269–271, der allerdings zum großen Teil auf Bahrdts nicht ganz zuverlässige Lebensgeschichte zurückgreift, vgl. Carl Friedrich Bahrdt, Geschichte seines Lebens, Bd. 2, Berlin 1790, 274–276. Eine besonnenere Darstellung lieferte Hans-Helmut Lößl, Karl Friedrich Bahrdt an den philanthropinischen Anstalten zu Marschlins und Heidesheim (1775–1779), Berlin 1998. An dieser Stelle ist der Hinweis auf Christian Wilhelm Kindleben berechtigt, der ebenfalls eine randständige Existenz im Umkreis der Universität in Halle führte, nachdem er – allerdings für nur einige Monate – als Gehilfe von Basedow in Dessau gedient hatte. Zu Kindleben siehe das Vorwort von Konrad Burdach, in: Studentensprache und Studentenlied in Halle vor hundert Jahren. Neudruck des „Idiotikon der Buschensprache" von 1795 und der „Studentenlieder" von 1781, Halle 1894, XV–XXIX. Dort fällt Burdach das Urteil: „Kindleben bildet mit Bahrdt und Laukhard eine wenig erfreuliche Trias hallischen literarisch-akademischen Lottertums". Ebd., XXVIII.

[27] Eine solche Aussage setzt eine Unterscheidung zwischen zwei Konzepten voraus, deren genaue, von spezifischen historischen Zusammenhängen abstrahierte Bedeutungen noch eingehender diskutiert werden muß. Man darf aber zur Profilierung der beiden Konzepte den Unterschied zwischen dem ‚Netzwerk' und der ‚Konstellation' in einer Steigerung der kommunikativen Dichte, geistiger Interaktion und höchst wahrscheinlich der räumlichen Nähe sehen – eine Steigerung, die auf der Grundlage einer gemeinsamen Problemlage entsteht und der Konstellation dann eine intellektuelle Kreativität gegenüber der Infrastruktur eines Netzwerks zukommen läßt. Siehe für weitere Ausführungen zu diesem Forschungsansatz die Beiträge in: Martin Mulsow, Marcelo Stamm (Hg.), Konstellationsforschung, Frankfurt am Main 2005.

konnte Hilfeleistungen aktivieren, auch wenn die Bekanntschaft eher dürftig war.[28] Nehmen wir das Beispiel von Johann Christian Schmohl. Im September 1780 trat der junge Schriftsteller von Halle aus eine ‚kameralistische Reise' durch das Fürstentum Anhalt an, in dem die Bauernfamilie, der er entstammte, ansässig war. In dem später verfaßten Reisebericht beschrieb Schmohl, wie er, als er sich noch im Territorium von Anhalt-Dessau befand, auf „den von mir, je besser ich ihn kennen lernte, immer mehr liebgewonnenen und verehrten, Dr. Bahrdt" traf, „der eben hierdurch auf eine Kalesche mit eigener Hand nach Berlin fuhr".[29] Von unweit größerer Konsequenz waren aber die dreisten Passagen in dem Bericht, in denen er seinen Zorn auf die Regierung des anhalt-zerbstischen Fürsten unverhüllt zum Ausdruck brachte. Die *Sammlung von Aufsätzen*, in der sein Reisebericht vorkam, wurde daraufhin in Leipzig öffentlich verbrannt, während es später in Halle zu Schmohls Verhaftung kam. Daraufhin gelang es Schmohl im späten September 1781, die Flucht zu ergreifen. Der Fluchtweg führte über Deutschland in die niederländischen Provinzen und dann nach England. Er endete, als Schmohl auf der Reise nach dem von ihm lang ersehnten republikanischen Amerika über Bord fiel und bei den Bermudas ertrank.

Der Historiker Michael Niedermeier hat den Tatvorgang bis hin zu Schmohls Ausbruch aus der Haft detailliert rekonstruiert.[30] An der Fortsetzung dieser Geschichte ist interessant, daß die erste Station auf dem langen Fluchtweg, der in der Karibik sein Ende fand, ein Aufenthalt bei Bahrdt war. In seiner Autobiographie rühmt sich Bahrdt seiner edelmütigen Bereitschaft, den Flüchtling aufzunehmen, denn

> Herr Moschel [sic!] [hat] D. Bahrdt so gut gekant […], daß er in seinem Unglück, wo Lebensgefahr ihn bedrohte, zu ihm floh, sein Leben selbst ihm anvertraute und – daß er mehrere Tage lag, von ihm, dem D. Bahrdt, kurz nach der Ausgabe der ihm bekannt gewordenen Urne, mit eigner Gefahr vieler Verdrüßlichkeiten, als Flüchtiger geheget,

<hr />

[28] Man kann beispielsweise aufgrund des hinterlassenen Materials kaum von einer engen Beziehung zwischen Crome und Bahrdt sprechen. Christa-Irene Nees erläutert in ihren neuen Studie jedoch, wie der Kontakt zwischen beiden von Spazier vermittelt wurde und wie es daraufhin höchstwahrscheinlich Bahrdt war, der Crome auf die Professur in Gießen, wo er eine Etappe seines Lebenswegs verbracht hatte, aufmerksam machte; vgl. Christa-Irene Nees, August Friedrich Wilhelm Crome: Man kann nicht alles seyn, jeder muß seinen Beruf fühlen. Meiner liegt in der großen Welt. Zum Selbstverständnis eines umstrittenen Professors um 1800, Diss. Gießen 2010, 171–173; URL: http://geb.uni-giessen.de/geb/volltexte/2011/7984/.

[29] Johann Christian Schmohl, Kameralistische Reise durch das Fürstenthum Anhalt oder auch Ritt von H. nach P. und von P. nach H., in: Sammlung von Aufsätzen verschiedener Verfasser besonders für Freunde der Cameralwissenschaften und der Staatswirthschaft, Leipzig 1781, 377.

[30] Niedermeier, Der anhaltische Philanthrop (wie Anm. 25), 229–248.

als Hungriger beköstiget, als Kranker verpflegt, als halb verwirrter und Geängsteter getröstet und mit Unkosten und Mühe gerettet worden ist.[31]

Schmohl mag Bahrdt gut gekannt haben, Bahrdt hingegen kannte ihn offenbar kaum, denn in seiner Autobiographie verwechselt er ihn mit dem bereits 1778 verstorbenen ehemaligen Kollegen am Philanthropin Johann Jakob Mochel, dem Schmohl den Band *Urne Johann Jakob Mochels* gewidmet hatte. Vieles verband Schmohl und Bahrdt – Sympathie für das republikanische Experiment auf der anderen Seite des Atlantiks, die enge Verbindung zum Philanthropin in Dessau, die Erfahrung der Flucht.[32] Vielleicht war der Altersunterschied zu groß oder die Zeit ihres gemeinsamen Aufenthalts in Halle zu kurz; die Verwechslung demonstriert jedenfalls, daß die Gemeinsamkeiten für die Konstituierung einer engeren, geistig fruchtbaren Beziehung dem Anschein nach jedenfalls nicht gereicht haben.

II. Carl Friedrich Bahrdt als ‚Radikalaufklärer‘

„Kein Außenseiter der deutschen Aufklärung wurde so häufig von der Nachwelt als ‚radikaler Aufklärer‘ bezeichnet wie Bahrdt",[33] schreibt Günter Mühlpfordt, dessen Forschungen wir ein deutlicheres Bild von Bahrdts ‚Radikalität‘ im Kontext der Spätaufklärung verdanken. Mühlpfordts Behauptung ist zweifellos insofern richtig, als nur der Nachwelt diese Kategorie zur Charakterisierung besonders kühner und sogar tollkühner Akteure des 18. Jahrhunderts zur Verfügung stand. Als ‚Aufklärung‘ am Ende des 18. Jahrhunderts zum Thema einer weit gespannten Diskussion wurde, fiel es weder Bahrdt noch irgendeinem anderen Zeitgenossen ein, sich des Prädikats ‚radikal‘ zu bedienen, um eine interne Differenzierung zwischen verschiedenen Strömungen der Aufklärung zu machen. Der Aufklärungsbegriff konnte dennoch sehr wohl – etwa durch die Opposition von Licht und Finsternis – dazu dienen, einen intellektuellen Antagonismus zu thematisieren. Als Bahrdt seine Beiträge zu dieser Debatte veröffentlichte, war diese

---

[31] Bahrdt, Geschichte seines Lebens (wie Anm. 26), Bd. 4, 81. Bahrdt bringt auch sonst einiges durcheinander. Er meint z. B., daß Moschel/Schmohl ihn „verleumdet" hat, indem er ihm (Bahrdt) einen Hang zur Versoffenheit unterstellte. Das war aber nicht der Fall – diese Behauptung richtete sich gegen Basedow.

[32] Bahrdt verfaßte sogar 1783 einen Brief in deutscher Sprache an Washington, in dem er der jungen Republik seine Dienste anbot. Siehe Heinrich Schneider, D. Karl Friedrich Bahrdt's Letter to George Washington, in: Germanic Review 29/3 (1954), 230–232.

[33] Günter Mühlpfordt, Außenseitertum. Typologie und Sonderfall: Karl Friedrich Bahrdt – Stimme der schweigenden Mehrheit, in: Günter Hartung (Hg.), Außenseiter der Aufklärung, Frankfurt am Main 1996, 75–107, hier 90.

Opposition in eine neue, besonders virulente Phase eingetreten.[34] Der ‚Aufklärer auf dem Thron‘ Friedrich II. war 1786 gestorben, und unter seinem schwärmerischen Neffen Friedrich Wilhelm II. formierte sich der gegenaufklärerische Affekt zur offiziellen Staatspolitik.

Gerade unter diesen Bedingungen wurde eine zusätzliche Unterscheidung in die Diskussion eingeführt. Um die eigenen hehren Absichten deutlich herauszustellen, gingen mehrere Teilnehmer dazu über, ihre Loyalität zu einer ‚wahren‘ Aufklärung zu bekunden.[35] Inwiefern sich in der damit implizierten Abgrenzung zu einer ‚falschen‘ Aufklärung ein typischer Reflex der moderaten Aufklärung gegenüber ihrer radikalen Variante widerspiegelt, hängt davon ab, welches Verständnis dieser Kategorien man zugrunde legt. Jedenfalls findet man Thematisierungen eines dreiteiligen Schemas, in dem das binäre Optionsangebot des begeisterten Engagements oder der starren Ablehnung durch eine mittlere, qualifizierte Haltung aufgebrochen wird. So entwickelte Bahrdt etwa eine Typologie der möglichen Einstellungen zur Volksaufklärung:

> Der eine erhebt die Aufklärung bis in den Himmel und nennt sie die Urquelle aller menschlichen Glückseligkeit, der andere redet bedenklich von ihr, und will sie höchstens als ein Kleinod der gesitteten Stände oder gar nur der höhern Stände gelten lassen, weil er glaubt, dass sie dem Volk oder gar dem Staate selbst nachtheilig seyn würde, wenn sie bis zur Hütte dringen und ein Gemeingut der Menschheit werden sollte. Ein dritter verwirft sie ganz und eifert wider alles, was auf sie abzwekt, oder spottet derer als Thoren, welche für ihre Verbreitung wirksam sind.[36]

Die Logik, die einer solchen dreiteiligen Typologie zugrunde liegt, ähnelt derjenigen, welche die parteipolitische Landschaft strukturierte, wie sie sich bereits im ausgehenden 18. Jahrhundert, vor allem aber im 19. Jahrhundert herausbildete. In diesem Kontext verfestigte sich die Wahrnehmung von Radikalität für den Flügel, dessen Forderung nach dem Neuen vor einer Zerstörung des Alten nicht zurückschreckte.

Es ist demzufolge nicht verwunderlich, daß Fritz Valjavecs 1951 erschienenes Werk *Die Entstehung der politischen Strömungen in Deutschland*, ein Werk, welches die Emergenz der parteipolitischen Konfiguration untersucht, auch das Prädikat ‚radikal‘ auf die Vorformen dieser ideologischen Ausrichtung zurückprojiziert. Meines Erachtens findet man Bahrdt zum ersten Mal bei Valjavec explizit

---

[34] Siehe Bahrdts Schriften: Ueber Preßfreiheit und deren Gränzen. Zur Beherzigung für Regenten, Censoren und Schriftsteller, o.O. 1787; Ueber Aufklärung und deren Beförderungsmittel, Leipzig 1789.

[35] Siehe dazu Werner Schneiders, Die wahre Aufklärung. Zum Selbstverständnis der deutschen Aufklärung, Freiburg, München 1974.

[36] Bahrdt, Ueber Aufklärung und deren Beförderungsmittel (wie Anm. 34), 3.

als einen „radikalen Aufklärer" bezeichnet.[37] Die weitere Implikation war ein Bild der Aufklärung, das ganz andere Akzente setzte als dasjenige, welches man in älteren Darstellungen der Aufklärung findet, wo ihr trotz aller anerkannten Mannigfaltigkeit im Einzelnen ein „relativ einheitliche[r] Charakter" attestiert worden war.[38] Stattdessen konnte man sich nun eine Aufklärung denken, die zwischen ihren moderaten und radikalen Varianten tief gespalten war. Im Rahmen der DDR-Historiographie fand dieses Bild starke Resonanz, konnte es doch als Erkenntniskategorie dienen, die man zur Herstellung einer geistigen, bis zu den Bauernaufständen der Reformationszeit zurückreichenden Genealogie heranziehen konnte: Müntzer, Bahrdt und Lenin hatten demnach alle im Sinne einer fortschreitenden Emanzipation des Volks am gleichen Strang gezogen.[39]

Im Jahr 1955 wurde ein Chemisches Institut der Universität Halle auf einem Gelände eröffnet, in dessen Nähe einst Bahrdts berühmter Weingarten gelegen hatte. Mühlpfordt, der seinerseits eine ähnliche, von der SED-Regime betriebene Ausgrenzung erfahren mußte, nutze die Gelegenheit, eine Galionsfigur freiheitlich-fortschrittsbewußten Engagements zu rühmen.[40] Er übernahm Valjavecs Charakterisierung von Bahrdt als Radikalaufklärer und entwickelte diese Bezeichnung zu einem forschungsbegrifflichen Topos weiter.[41] Dabei reflektierte er auch auf das zugrundeliegende Schema und erkannte, daß seine Anwendung auf die intellektuelle Kultur Halles wenigstens einer Modifikation bedarf, um dem Einfluß des Pietismus gerecht zu werden.[42]

Mühlpfordts Bild von Bahrdt ist sachliche Kritik nicht erspart geblieben. Vor allem Hanno Schmitt und Jörn Garber haben argumentiert, daß die von Bahrdt entwickelte Sozaillehre den Menschen doch eine Glückseligkeit in Aussicht stellte, die sich noch im Rahmen der überlieferten ständischen Gesellschaft hätte verwirklichen lassen.[43] Reformorientierte humane Verbesserung war bei Bahrdt vorgesehen, nicht jedoch Emanzipation als solche. Noch problematischer als korrek-

---

[37] Fritz Valjavec, Die Entstehung der politischen Strömungen in Deutschland 1770–1815, Düsseldorf ²1978, 135.

[38] So die Einschätzung von Ernst Troeltsch in seinem klassischen Artikel: Aufklärung, in: Realencyclopädie für protestantische Theologie und Kirche, Bd. 2, Leipzig 1897, 225–241, hier 225.

[39] Siehe zur Begriffsgeschichte Günter Mühlpfordt, Radikal – eine Kategorie in Anwendung auf Reform, Reformation und Revolution, in: Siegfried Hoyer (Hg.), Reform Reformation Revolution, Leipzig 1980, 156–166.

[40] Günter Mühlpfordt, Die Stätte des neuen Chemie-Instituts in Halle als einstiges Zentrum der radikalen deutschen Aufklärung, in Hochschulwesen 4/2 (1956), 13–18.

[41] Vgl. Günter Mühlpfordt, Karl Friedrich Bahrdt und die radikale Aufklärung, in: Jahrbuch des Instituts für deutsche Geschichte 5 (1976), 49–100, hier 63.

[42] Ebd., 89–91, wo Mühlpfordt von der „Sonderstellung" des Pietismus spricht.

[43] Vgl. Jörn Garber, Hanno Schmitt, Utilitarismus als Jakobinismus? Anmerkungen zur neueren Bahrdt-Forschung, in: Jahrbuch des Instituts für deutsche Geschichte 12 (1983), 437–449.

turfähige Interpretationen erscheinen aus heutiger Sicht die eher im Hintergrund wirkenden ideologischen Vorgaben, die in diesem Blick auf die Geschichte erkenntnisleitend waren und die von der Geschichte selbst inzwischen überholt worden sind.[44] Anstatt sich mit dem Hinweis auf strukturelle Affinitäten zu den reformatorischen Abspaltungen des 16. und den politisch-ideologischen Gruppierungen des 19. Jahrhunderts und ihre Einbettung in eine Emanzipationsgeschichte der Menschheit zu begnügen, war ein Bedarf nach inhaltlichen Festlegungen für die Kategorie ‚Radikalaufklärung' spürbar.

Darauf hat Jonathan Israel in seiner Darstellung der Radikalaufklärung reagiert. Anders als in der marxistischen Historiographie, in der die Suche nach Vorformen eines materialistisch-religionskritischen Denkens zum Leitfaden der Forschung diente, geht es Israel eher um eine Rezeptionsgeschichte, deren Fluchtpunkt von Spinoza als dem republikanisch gesinnten, atheistisch-pantheistisch denkenden Radikalaufklärer par excellence besetzt wird. Es ist dementsprechend nur konsequent, wenn Israel auch Bahrdt als „deeply influenced by Spinoza" versteht[45] – wobei man fragen kann, ob sich die ‚Tiefe' des Einflusses nicht so sehr auf eine Vertiefung in die Gedankenwelt des radikalen Philosophen aus Amsterdam bezieht, sondern mehr auf die Art der kulturellen Vermittlung, durch die Bahrdt möglicherweise einige seiner Gedanken aufnahm.[46]

Ob Bahrdt dem historischen Materialismus von Marx den Weg bereitete oder mit seiner Forderungen nach Toleranz und seiner erkennbaren Sympathie für die republikanische Staatsform in die Fußstapfen Spinozas trat, beide Interpretationsrichtungen erlauben es, Bahrdt als einen Hauptvertreter der Radikalaufklärung im späten 18. Jahrhundert zu betrachten. Davon soll hier nicht Abschied genommen werden. Dennoch möchte ich behaupten, daß die Herausforderung in seiner Bio-

---

[44] Der Hinweis auf die ältere Forschung ist aber allein deshalb berechtigt, weil die Gefahr besteht, daß sie von der neueren Forschung zur Radikalaufklärung übersehen und damit die Begriffsgeschichte drastisch verkürzt wird. Wenn Siep Stuurmann schreibt: „It was Margaret Jacob who, in 1981, coined the term „Radical Enlightenment" for the ensemble of the heterodox currents of thought [...]", so muß man darauf hinweisen, daß sich der Terminus vor allem in der deutschen marxistischen Historiographie bereits als Begriff etabliert hatte; vgl. Siep Stuurman, Pathways to the Enlightenment: from Paul Hazard to Jonathan Israel (Rezension von Israels Radical Enlightenment), in: History Workshop Journal 54 (Autumn 2002), 225–235, hier 230.

[45] Jonathan Israel, Democratic Enlightenment: Philosophy, Revolution and Human Rights 1750–1790, Oxford 2011, 314. Da Israel dem Einfluß Spinozas eine derart entscheidende Bedeutung zuschreibt, sei beiläufig gefragt, ob der postulierte Einfluß in jedem konkreten Fall die strengen Kriterien erfüllt, die Skinner für das Vorhandensein einer Rezeption in seinem berühmten Aufsatz *Meaning and Understanding in the History of Ideas* festlegte; vgl. die neue Übersetzung: Quentin Skinner, Bedeutung und Verstehen in der Ideengeschichte, in: Martin Mulsow, Andreas Mahler (Hg.), Die Cambridge School der politischen Ideengeschichte, Berlin 2010, 21–87, vor allem 51 f.

[46] Eine kurze Auseinandersetzung mit Spinozas Pantheismus, der hier zurückgewiesen wird, findet sich in Bahrdt, System der moralischen Religion, Berlin [3]1791, 110–112.

graphie weniger in der Frage nach der Gültigkeit besteht, mit der er als *ein radikaler* Aufklärer gesehen werden kann. Vielmehr geht es darum, ihn als *einen sich radikalisierenden* Aufklärer zu betrachten. Sowohl in religiösen Belangen als auch in Fragen der politischen Einstellungen müssen alle Aussagen Bahrdts mit einem zeitlichen Index versehen werden, der es erkennbar macht, zu welcher Phase seiner Entwicklung sie gehören. Es geht dementsprechend weniger um seine gedankliche Position, als vielmehr um eine Dynamik, die nach Bahrdts eigenem Geständnis ihren Antrieb nicht aus dem rein intellektuellen Ringen mit verschiedenen philosophischen Systemen bezog, sondern eher von den Lebenssituationen, in denen er sich befand, vorangetrieben wurde.[47] Ein prüfender Blick auf Bahrdts Hallesche Radikalisierung nach 1779 kann dies verdeutlichen.

III. Bahrdts religiöser Standpunkt bei seiner Ankunft in Halle

Wie ‚radikal' also war Bahrdt, als er 1779 in Halle eintraf? Angesichts des gerade angemerkten Fortwandels, dem Bahrdts Glauben über die verschiedenen Stationen seines Lebens unterworfen war, hat diese Frage ihre besondere Berechtigung. Denn am Anfang seiner Karriere vertrat Bahrdt eine dezidiert orthodoxe Position.[48] Kurz vor seinem Tod hat er Gedanken darüber angestellt, ob die Zeit für die Einführung des Naturalismus in Deutschland reif wäre.[49]

Ein erstes Indiz für die Stufe, auf der Bahrdt 1779 in diesem Wandel stand, liefert Bahrdts Flüchtlingsstatus. Im Laufe seiner Geschichte war Halle sowohl der Ort der drohenden Verfolgung, vor der man floh (Wolff, Schmohl), als auch der sichere Hafen, der die Verjagten (Thomasius, Bahrdt) empfing und aufnahm.

[47] Bahrdt schreibt: „Ich glaube gewiß, daß ich lebenslang der Orthodoxie treu geblieben sein und meine Talente bloß darauf verwendet haben würde, das morsche Lehrgebäude haltbarer zu machen und mit philologischer Weisheit zu übertünchen, wenn ich nicht so viel Feindseligkeit von den Theologen gehabt hätte". Bahrdt, Geschichte seines Lebens (wie Anm. 26), Bd. 2, 35.

[48] Dieter Pilling, „Daß ich in Leipzig nie zu der Aufklärung gekommen wäre". Carl Friedrich Bahrdts Jahre in Leipzig und Erfurt, in: Gerhard Sauder, Christoph Weiss (Hg.), Carl Friedrich Bahrdt (1740–1792), St. Ingbert 1992, 110–126. Zur Bahrdts Orthodoxie siehe das Urteil von Laukhard in: Friedrich Christian Laukhard, Beyträge und Berichtigungen zu Herrn D. Karl Friedrich Bahrdts Lebensbeschreibung, in Briefen eines Pfälzers, Halle 1791, 57: „Herr Bahrdt hatte noch ziemlich orthodox gesprochen in seinem sogenannten System der Dogmatik, und seine übrigen bis 1774. herausgegebenen Schriften enthalten nichts, weswegen man ihn vor einem orthodox lutherischen Tribunal für einen Ketzer halten konnte". Degenhard Pott liefert mehrere Kostproben des Eifers des jungen Bahrdts, der nicht davor zurückschreckte, Freigeister wie Voltaire regelrecht zu verketzern; vgl. Pott, Leben, Meynungen und Schicksale D. Carl Friedrich Bahrdts: aus Urkunden gezogen, [Leipzig] 1790, 98–105.

[49] Bahrdt, Untersuchung, ob die Einführung der natürlichen Religion in Deutschland, nach den jetzigen Friedenverträgen Statt haben könne, Thorn 1793.

Flucht gehörte zu den Biographien mehrerer Aufklärer vor allem der radikaleren Variante, die sich den Repressionsmaßnahmen des kirchlichen und staatlichen Machtapparats entziehen mußten. Wie verhält es sich mit Bahrdt?

In Preußen fand Bahrdt Schutz vor der Reichsjustiz, da seine modernisierende und in vielen Augen profanierende Übersetzung der Bibel ihm eine vom Reichsbücherkommissar gestellte Anzeige eingetragen hatte. Es handelt sich hier um eine zweite Auflage der Übersetzung, die erst 1773 auf den Markt gekommen war. Unterstützung bekam Bahrdt dabei auch von Lessing, der argumentierte, daß er mit seiner Übersetzung ein Recht ausübe, das jedem Protestanten zustehe.[50] Dennoch wurde Bahrdt bei seiner Ankunft in Halle keineswegs als ein Verteidiger protestantischer Freiheiten gefeiert, der der Maschinerie einer bigotten Reichsjustiz gerade entkommen war. Ein Bild seines Halleschen Empfangs gibt uns Bahrdt selbst im letzten Band der *Geschichte seines Lebens*. Allen Hallensern, die von seiner Ankunft erfuhren, heißt es dort, „lief es kalt über den Leib und machten +++".[51] Und weiter: „Wenn ich auf der Gasse ging, wichen mir die Leute aus".[52]

Zur Festigung seines ‚Rufes' als Ketzer hat Bahrdt selbst einen entscheidenden Beitrag geleistet und damit ebenfalls ein Dokument geliefert, das uns bei der Antwort auf die Frage nach seiner ‚Radikalität' weiterhilft. Kurz vor seiner Flucht schickte Bahrdt ein Glaubensbekenntnis an den Oberkonsistorialrat Wilhelm Abraham Teller in Berlin, der es umgehend veröffentlichen ließ. Darin zählte Bahrdt jene Doktrinen auf, die wohl zur Augsburger Konfession gehörten, jedoch weder mit der Vernunft vereinbar noch in der Schrift auffindbar waren.

> Unter diese Lehrsätze rechne ich: Die – von der Erbsünde – von der Zurechnung der Sünde Adams – von der Nothwendigkeit einer Genugthuung – von der blos und allein durch den heilige Geist in dem sich leidend verhaltenden Menschen zu bewirkenden Bekehrung – von der ohne alle Rücksicht auf unsere Besserung und Tugend geschehen sollenden Rechtfertigung des Sünders vor Gott – von der Gottheit Christi und des heiligen Geistes im Athanasianischen Sinn – von der Ewigkeit der Höllenstrafen – und einige andere.[53]

Sosehr es sich bei der Zurückweisung dieser Lehrsätze um eine persönliche Glaubensmeinung handelte, traute Bahrdt seinem Bekenntnis eine viel größere Tragweite zu. Bahrdt sprach nicht nur für sich selbst, sondern spürte eine stillschweigende Solidarität mit unzähligen Glaubensgenossen, die ebenfalls eine Läuterung des Glaubens herbeisehnten. Denn Bahrdt zufolge brachten diese Lehren, die der Vernunft widersprachen oder der Heiligen Schrift fremd waren, den

---

[50] Lessing, Anti-Goeze (1778), Lessings Werke, hg. von Kurt Wölfer, Bd. 3, Frankfurt am Main 1967, 448 f.

[51] Bahrdt, Geschichte seines Lebens (wie Anm. 25), Bd. 4, 18.

[52] Ebd., 26.

[53] Carl Friedrich Bahrdt, Glaubensbekenntniß veranlaßt durch ein hier beygelegtes Kayserl. Reichshofraths-Conclusum, mit Anmerkungen versehen, o.O. 1779, 17 f.

allgemeinen Glauben in Mißkredit und trugen damit eine Mitschuld am wachsenden Unglauben.[54]

Die Reaktion auf Bahrdts Glaubensbekenntnis zeigt, welches Potential zur Kontroverse in einer essentiell neologischen Position stecken konnte, wenn sie sich zu einer eindeutigen Artikulation ihrer kritischen Position gegenüber der dogmatischen Überlieferung durchrang.[55] Auch wenn Bahrdt mit seiner angemaßten Behauptung, für Tausende Glaubensgenossen zu sprechen, über den Rahmen eines persönlichen Glaubensbekenntnisses hinausging und dafür von einem Theologen wie seinem Hallenser Kollegen Johann Salomo Semler gerügt wurde, geht man in der Einschätzung nicht fehl, daß die bloße unverblümte Artikulation der neologischen Glaubensposition die eigentliche ‚Radikalität‘ von Bahrdts Glaubensbekenntnis darstellte.[56] Gewissermaßen hat Bahrdt mit seinem Glaubensbekenntnis jene klare Stellungnahme bezüglich Fragen des Dogmas abgegeben, die Lessing im Laufe des Fragmenten-Streits den Neologen abzuringen erhofft hatte. Dies galt insbesondere für den Disput mit Semler, der in seiner Beantwortung der Fragmente „es sorgfältig [vermied], genau zu bestimmen, welchen Lehren zum Kern des Wesentlichen gehörten".[57]

Erhellend für die Charakterisierung der exponierten Glaubenshaltung Bahrdts ist ein weiterer Vergleich mit einem anderen Neuankömmling in Halle. Johann

[54] Ebd, 17.
[55] Eine neuere Darstellung des Streits findet sich in Mark Pockrandt, Biblische Aufklärung. Biographie und Theologie der Berliner Hofprediger August Friedrich Wilhelm Sack und Friedrich Samuel Gottfried Sack, Berlin 2003, Kap. 3.2.3: Der Bahrdtsche Streit (1779), 447–460. Obwohl die Forschung Bahrdt eher dem Rationalismus zuordnet und die Neologie ihrerseits eine inhaltlich schwer faßbare Bewegung ist, scheint eine neologische Charakterisierung seines Glaubensbekenntnisses richtig zu sein, wenn man sich an den Bestimmungen orientiert, die Karl Aner in seiner klassischen Studie *Theologie der Lessingzeit* (Halle 1929, 1–13) anführt. Bahrdt zweifelte nicht an dem Offenbarungscharakter der christlichen Wahrheit, obwohl es sich um eine weitgehend entleerte Offenbarung handelte. Daß das Bekenntnis nicht einen Endpunkt, sondern nur eine vorläufige Stufe im Glaubenswandel von Bahrdt war, hat er selbst zugegeben. Siehe die Stelle in seinem Vorwort zu: Das neue Testament oder die neusten Belehrungen Gottes durch Jesum und seine Apostel, Berlin 1783, wo er im unpaginierten Vorwort schreibt, „daß ich, ohne den geringsten Vorwurf meines Gewissens, alle meine Arbeiten, die ich vor dem Jahr 1780 bekant gemacht habe, – selbst mein Glaubensbekenntnis nicht ausgeschlossen – jetzt selbst verwerfe und an die Stelle einer jeden eine bessere zu setzen mich fähig fühle".
[56] Siehe Johann Salomo Semler, Antwort auf das Bahrdische Glaubensbekentnis, Halle 1779.
[57] Siehe Hugh Barr Nisbet, Lessing. Eine Biographie, München 2008, 732. Wie Nisbet auf der selben Seite resümiert: „Wenn Semler [die von Lessing in einer Replik auf Semlers Beantwortung formulierten, aber nicht veröffentlichten] Fragen aufrichtig beantwortete, meinte Lessing, würden seine Ansichten sich wenig von der natürlichen Religion des Fragmentisten unterscheiden, von dem er sich so nachdrücklich zu distanzieren suchte. Bedauerlicherweise ist es nicht zu Lessings geplanter Konfrontation mit dem führenden deutschen Theologen gekommen; sie hätte geistig durchaus ergiebiger sein können als der erbitterte Streit mit Goeze".

August Eberhard war 1778 dem Ruf an die Universität gefolgt. In Berlin hat Eberhard, der aus Halberstadt stammte und bereits in Halle studiert hatte, Anschluß an den Kreis von Aufklärern um Friedrich Nicolai und Moses Mendelssohn gefunden. 1772 erschien dann in Nicolais Verlag der erste Band seiner *Neuen Apologie der Sokrates*. Anstoß dazu gab eine Fragestellung, die derjenigen nicht ganz unähnlich war, deren Beantwortung fünfzig Jahre vorher Christian Wolff solchen Verdruß bereitete. Es ging um die Tugendhaftigkeit der Heiden, wobei die Debatte sich nicht an den konfuzianischen Chinesen, sondern am philosophischen Sokrates entfachte. In diesem Werk unternahm Eberhard eine sich an den Richtlinien der Vernunft orientierende Prüfung der Überlieferung und stellte fest, daß der Augustinische Bestandteil dem Test nicht standhielt.

Bei allen Bedenken, die der Vergleich einer schmalen Bekenntnisschrift mit einer zweibändigen kritischen Analyse des kirchlichen Dogmas aufkommen lassen könnte, ist eine weitgehende inhaltliche Überstimmung zwischen den Positionen Bahrdts und Eberhards nicht zu übersehen. So schreibt Bahrdt in seinem Bekenntnis bezüglich der Frage, die für Eberhard zum Ausgangspunkt seiner philosophischen Exegese wird: „Daß für Christen der Glaube an Jesum Christum die unausbleibliche Bedingung der Seligkeit sei, ist unleugbar. Allein daß sich diese Verbindlichkeit auch auf die Nichtchristen erstrecke, halte ich für unvernünftig, unmenschlich und schriftwidrig".[58] Zu dieser Überzeugung war Bahrdt unabhängig von der Bekanntschaft mit Eberhard oder seinem Werk gelangt. Als Bahrdt ihn in Halle kennenlernte, zeigte sich, daß Eberhard ihm in den „Fortschritte[n] in der Aufklärung" sogar voraus war.[59] Unter dem Eindruck ihrer Gespräche zerfiel Bahrdts Glaube an eine übernatürliche Offenbarung.[60] Von einem inhaltlichen Standpunkt her läßt sich sogar behaupten, daß Eberhard zum Zeitpunkt ihres Kennenlernens ‚radikaler' war als Bahrdt.

Es ist für den Habitus Eberhards vielsagend, daß er Bahrdt diese Auffassungen nur im Gespräch anvertraute und für Bahrdts Habitus ebenso vielsagend, daß er seinerseits Eberhards Auffassung ungeniert in seiner Lebensbeschreibung ausplauderte. Der Wahrheitsanspruch von Bahrdts Autobiographie ist häufig in Frage gestellt worden, es besteht jedoch kein Grund, die Plausibilität seiner Kommentare zu Eberhards theologischem Standpunkt generell in Zweifel zu ziehen. Bereits in seiner *Apologie* ließ Eberhard seine Leser wissen, daß die Betrachtung der

---

[58] Bahrdt, Glaubensbekenntniß (wie Anm. 53), 26.

[59] Mit dem Ausdruck „Fortschritte in der Aufklärung" sprach Bahrdt von seinem Glaubenswandel. Siehe beispielsweise Bahrdt, Geschichte seines Lebens (wie Anm. 26), Bd. 2, 199.

[60] Bahrdt erzählt in seiner Autobiographie von einem Gespräch, in dessen Verlauf er behauptete, daß des Sokrates moralische Weisheit mit dem Lehrgebäude des Christentums nicht zu vergleichen sei. „Und Hr. Eberhard überführte mich, daß Christus keinen wesentlichen Lehrsatz vorgetragen habe, den Sokrates nicht ebenfalls gelehrt hätte". Bahrdt, Geschichte meines Lebens (wie Anm. 26), Bd. 4, 112.

Religion aus der Perspektive einer von ihr ableitbaren Moral Modifikationen in der vermuteten Notwendigkeit der Offenbarung nach sich ziehe.[61] Diese Ansicht stand wiederum in Einklang mit dem Geist des Werkes und in weiterem Sinne mit der Strategie, deren sich nicht nur Eberhard durch die Bewunderung für Sokrates bemächtigte und die die positive Religion indirekt in Frage stellte. Aus der Autonomie der Moral, die der weise Sokrates lehrte, konnte man auf eine Entbehrlichkeit der Offenbarung schließen, die vom vermeintlichen Menschgott Jesus erteilt wurde.[62] Ebenfalls sucht man in der *Vorbereitung zur natürlichen Theologie*, die Eberhard 1781 für seine akademischen Vorträge erscheinen ließ, vergebens nach einem Bezug zur Offenbarung.[63] Zu einer öffentlichen Position, von der aus man die Offenbarung und alle positive Religion unverblümt zurückweisen konnte und die vergleichbar mit der gewesen wäre, die Bahrdt schließlich bezogen hat, rang sich Eberhard allerdings nie durch.

Die inhaltliche Übereinstimmung konnte daher die Unterschiede im Habitus nie überbrücken. Mit seinen Bibelübersetzungen legte Bahrdt Zeugnis von einer Nähe zum Anliegen der Volksaufklärung ab, Eberhard lag eine solche Rolle fern. Gerade die Sorge Eberhards, daß seine Bekanntschaft mit Bahrdt kompromittierend sein könnte und ihn wiederum dazu zwingen würde, sich von seiner heterodoxen Seite zu zeigen, verstärkte den bereits bei Bahrdts Ankunft in Halle existierenden Impuls, auf Distanz zu gehen.[64] Als Bahrdt durch die Sorglosigkeit seines eigenen Auftretens drohte, diese Strategie Eberhards zu durchkreuzen, fiel es Eberhard in seiner Korrespondenz schwer, seine Wut zu bändigen. Aufschlußreich in dieser Hinsicht ist das enthusiastische Urteil, welches Bahrdt in seinem *Ketzeralmanach* über Eberhards *Neue Apologie des Sokrates* fällt: Das Werk „ent-

---

[61] Johann August Eberhard, Neue Apologie des Sokrates, oder Untersuchung der Lehre von der Seligkeit der Heiden (1772), hg. von Walter Sparn, Bd. 1, Hildesheim 2010, 315: „Selbst die Notwendigkeit einer Offenbarung hat müssen anders vorgestellt werden, nachdem man das Wesentliche der Religion mehr auf ihren begreiflichen moralischen Einfluß zurückgeführt hat".

[62] Zur Gegenüberstellung von Sokrates und Christus und deren subversiven Implikation siehe Benno Böhm, Sokrates im 18. Jahrhundert, Leipzig 1929, 134–154.

[63] Johann August Eberhard, Vorbereitung zur natürlichen Theologie zum Gebrauch akademischen Vorlesungen, Halle 1781.

[64] Die Stellen aus dem vierten Band von Bahrdts *Lebensgeschichte* liefern Zeugnis davon, wie Eberhard trotz Bahrdts Wunsch nach innigem Umgang auf Distanz ging: Bahrdt, Geschichte seines Lebens (wie Anm. 26), Bd. 4, 19 f., 25, 82. Trapp berichtet in einem 1785 geschriebenen Brief an Bahrdt: „Ich bin verschiedentlich gefragt worden: Wie geht es zu, daß E. sich nicht des Bahrdts annimmt, da er doch als Philosoph, als Menschenfreund gewiß für ihn seyn muß?" Brief Ernst Christian Trapps an C. F. Bahrdt, Hammerdeich, 4.7.1785, in: Degenhard Pott (Hg.), Briefe angesehener Gelehrten, Staatsmänner und anderer, an den berühmten Märtyrer D. Karl Friedrich Bahrdt, seit seinem Hinweggange von Leipzig 1769 bis zu seiner Gefangenschaft 1789, Bd. 3, Leipzig 1798, 152–155, hier 153. Als Antwort nennt Trapp Eberhards „Kälte und Menschenverachtung". Trapp hat Halle offenbar mit keinem allzu positiven Bild von Eberhards Person verlassen.

hält Wahrheiten, tief gedachte, nie so, so vollständig, so stark, so elegant gesagte, nie in solches Licht gestellte Wahrheiten, daß es mir ein Räthsel ist, wie der Verfasser einem allgemeinen Aufstrich der Wächter Zions entgehen konnte".[65] Das war als Lob gemeint, und doch konnte es Eberhard kaum behagen, da es die ‚Zionswächter' auf ihn aufmerksam machen mußte. An Nicolai schrieb er:

> Der fatale Ketzer Allmanach hat hier entsetzliche Bewegungen verursacht. [...] Sie sehen doch nun, daß mir meine noch so entfernte Verbindung mit dem Bahrdt immer Verdrießlichkeiten verursacht. Auch bin ich fest entschlossen, allen Umgang, der ohnedem schon selten genug war, nun gänzlich mit ihm aufzugeben [...] warum muß mich die fatale Theologie auch so verfolgen?[66]

Es hätte seitens Eberhard nur ein geringes Maß an Selbstreflexion erfordert, um diese 1781 von ihm gestellte, etwas larmoyant formulierte Frage zu beantworten, denn er hatte bereits drei Jahre vorher in der Fortsetzung der *Apologie* keinen Hehl aus seiner Absicht gemacht, die Theorien der theologischen Systeme als „nichts anders als Philosophie" zu behandeln.[67] Aber offenbar hatte er befürchtet, daß eine nähere Bekanntschaft mit Bahrdt ihn in polemische Auseinandersetzungen hätte verwickeln können, die ihm zuwider waren.

Aus Bahrdts Perspektive blieb nicht nur ein Wunsch nach Freundschaft unbeantwortet. Darüber hinaus erschien es ihm, „als ob Herr Eberhard Auftrag hätte, fleißig nachzusehen, wie ich aussehe, wie meine Haushaltung stehe und die Grade meiner Armuth zu messen".[68] Offenbar erahnte Bahrdt das nach Halle ausgreifende Informationssystem, über das Nicolai verfügte. In der Tat hielt Eberhard Nicolai im fernen Berlin über Bahrdts Finanzverhältnisse auf dem Laufenden und lieferte dabei zugleich Anmerkungen zu dessen Charakter. Beispielsweise informierte er Nicolai in einem Brief vom 30. November 1779:

> Aus Curland hat er ein Geschenk von 50 Ducaten erhalten; nebst einer Einladung dahin. Ich wünschte, daß er sie annähme; denn in der Lage, worin er hier ist, geht es doch auf die Dauer nicht. Er ist zu unbesonnen, und seine Feinde, heimliche noch mehr als öffentliche, zu wachsam. Wenn er auch vorsichtig seyn will: so kann er nicht; denn es fehlt ihm an einem gewissen Gefühl des honesti.[69]

---

[65] [Bahrdt,] Ketzer- und Kirchen-Almanach aufs Jahr 1781, Häresiopel [d.i. Züllichau 1781], 50 f.

[66] Brief Johann August Eberhards an Friedrich Nicolai, Halle, 16. 1. 1781. Geheimes Staatsarchiv Preußischer Kulturbesitz Berlin [im Folgenden GStA], I. HA Rep. 52 Nr. 159 N 11 (1757–1806). Für Auszüge und Kopien aus dem Eberhard-Nicolai-Briefwechsel und andere wertvolle Hinweise danke ich Reinhard Markner (Berlin).

[67] Eberhard, Neue Apologie des Sokrates (wie Anm. 61), Bd. 2, Vorrede, n.p.

[68] Bahrdt, Geschichte seines Lebens (wie Anm. 26), Bd. 4, 30.

[69] Brief Johann August Eberhards an Friedrich Nicolais, Halle, 30. 11. 1779. Staatsbibliothek zu Berlin, Nachlaß Nicolai, Bd. 16, Mp. 5. In einem Brief aus dem Jahr 1779, den der Prorektor des akademischen Gymnasiums in Mitau, Johann Melchior Gottlieb Beseke (1746–1802), an Bahrdt

Wie man weiß, hat Bahrdt die Einladung nicht angenommen. Eberhard war noch im nächsten Jahr voller Hoffnung, daß Bahrdt eine Stelle anderswo finden und Halle verlassen würde, sah sich aber nicht nur in dieser Hoffnung enttäuscht; Bahrdt wurde für Eberhard immer mehr zum Ärgernis.

Dies zeigte sich am Eklat, zu dem es 1785 kam und der Bahrdts Beziehung zu der theologischen Fakultät in Halle endgültig zerrüttete. Anlaß war die Entscheidung der Fakultät, Bahrdts Lehrbuch der systematischen orthodoxen Theologie das Imprimatur zu verweigern.[70] Offensichtlich war es im Laufe der Verhandlungen zu Äußerungen gekommen, die Eberhards Feindschaft gegenüber Bahrdt durchklingen ließen. In einem Schreiben an Zedlitz aus dem Jahre 1785 protestierte Eberhard entschieden gegen die Unterstellung, daß er „dem Doctor Bahrdt Proben von Feindschaft gegeben habe".[71] Sonst betonte Eberhard, daß eigentlich keine Reibungsfläche und daher kein Anlaß zur Feindschaft zwischen ihm und Bahrdt bestand: „Wir haben auch, Hr. B. und ich so wohl als Schriftsteller als auch als Lehrer ein jeder sein besonderes Publicum. Sein Vortrag ist popular, der meinige wissenschaftlich [...]". Und dennoch gab er seine Aversion gegen jedweden Umgang mit dem umstrittenen Theologen deutlich zu erkennen: „Ew. Excellenz wissen, daß ich zu lange guter Gesellschaft gewohnt bin, als daß ich die Gesellschaft eines lustigen Kautzes für gute Gesellschaft sollte halten können".[72]

Es ist gut möglich, daß sich Bahrdt nie darüber im Klaren war, welche für seine eigenen Projekte unheilvolle Kette von Folgen die Verschlechterung seiner Beziehung zu Eberhard nach sich ziehen würde. Weil Eberhard in Halle als Verbindungsmann zum Kreis der Berliner Aufklärer um Nicolai fungierte, verspielte Bahrdt damit die Sympathie einer wichtigen Gruppe, die ihm bei seiner Ankunft in Halle wohlgesonnen und eine Quelle finanzieller Unterstützung während der schwierigen Anfangsphase gewesen war. Diese günstige Ausgangssituation hatte

---

schickte, wird die Geldübersendung sowie die Aussicht auf eine Position im Herzogtum Kurland erwähnt; vgl. den Brief Johann Melchior Gottlieb Besekes an C. F. Bahrdt, Mitau, 11.11.1779, in: Pott (Hg.), Briefe angesehener Gelehrten (wie Anm. 64), Bd. 2, 106–108.

[70] Siehe Malte van Spankeren, Johann August Nösselt (1734–1807). Ein Theologe der Aufklärung, Halle 2012. Der Brief Eberhards an Nicolai bestätigt van Spankerens Annahme, daß die Schrift *Erklärung der theologischen Fakultät zu Halle über Herrn. d. Karl Friedrich Bahrdt's Appelation an das Publikum wegen einer Censurbedrückung* (Halle 1785) auf die Verfasserschaft Nösselts zurückgeht, obwohl alle Theologieprofessoren entschieden hatten, die Schrift gemeinsam zu verantworten.

[71] Brief Johann August Eberhards an Karl Abraham von Zedlitz, o.O. [Halle?], o.J. [1785]. GStA I. HA Rep. 52 Nr. 159 N 11 (1757–1806).

[72] Ebd. Eberhard empfahl weiter eine Unterbindung der Druckfreiheit, da Bahrdt sich mit der Schrift *Appellation an das Publikum wegen einer Censurbedrückung. Das Systema theologicum betreffend, welches zu Ostern erscheinen wird* (Halle 1785) an die Öffentlichkeit gewandt hatte.

bestanden, obwohl Bahrdt bereits einmal mit Nicolai im Streit gelegen hatte.[73] Als Bahrdt fliehen mußte, setzte sich Nicolai dennoch für ihn ein. In einem Brief an Bahrdt vom 8. Juni 1779 heißt es: „Sobald man wider Sie eine so ungerechte Verfolgung erregte, so hielt ich es für die Pflicht eines jeden, der Wahrheit und Freyheit zu denken liebt, sich Ihrer anzunehmen, daß Sie nicht ganz unterdrückt würden. Die Schritte, die Sie wider mich gethan hatten, konnten in dieser Denkungsart keine Veränderung machen".[74]

IV. Die Motive eines Heterodoxen

Sosehr Nicolai in Bahrdts Fall eine „ungerechte Verfolgung" zu sehen glaubte und sich aus Liebe zur „Wahrheit und Freyheit" zu dessen Unterstützung bewogen fühlte, war es ihm kein Geheimnis, daß Bahrdts wechselhaftes Schicksal nicht allein Folge der Intoleranz gegen heterodoxe Glaubensmeinungen gewesen ist. Dabei geht es nicht nur um ein Ermessen von deren Radikalität, sondern auch um die noch vertracktere Frage nach dem eigentlichen Motivationshintergrund, welcher der Heterodoxie Bahrdts zugrunde lag. In einem Brief aus der Zeit von Bahrdts Flucht nach Halle nahm sich Nicolai die Freiheit, eine wesentliche Dimension der sozialen Ausgrenzung anzusprechen, die auch während Bahrdts Hallenser Phase eine andauernde Rolle spielten sollte:

> Die Heterodoxie hat nirgends viel Freunde, Sie haben hingegen viele Feinde, und Ihr vorheriger Lebenswandel, der (ich sage es, ohne beleidigen zu wollen), nicht ganz fehlerfrei gewesen ist, wird mit Ihrer Heterodoxie verwechselt und tut derselben viel Schaden.[75]

Man könnte leicht eine lange Litanei der Sünden und Skandale erstellen, die sich Bahrdt zuschulden kommen ließ. Mit Blick auf seine Zeit in Heidesheim hat-

---

[73] Während seiner Zeit in Heidesheim, als Bahrdt ständig nach Möglichkeiten suchte, seine Einnahmen aufzubessern, hatte er damit begonnen, Auszüge aus Nicolais *Allgemeiner Deutscher Bibliothek* nachzudrucken. Was eigentlich eine Art Raubdruck war, wußte Bahrdt in einer für ihn typischen Manier den Anschein der hehren Interessenlosigkeit zu geben. Er behauptete, daß er damit nur einem breiteren Kreis von Menschen zum maßgebenden Vermittlungsorgan aufklärerischen Gedankengutes Zugang verschaffen wollte. Nicolai hat daher eine Verfügung erwirkt, die dieses Unternehmen von Bahrdt unterbinden sollte; vgl. Sten Gunnar Flygt, The Notorious Dr. Bahrdt, Nashville 1963, 162 f. Bahrdts Streit mit den Berliner Aufklärern wird an anderer Stelle ausführlicher dargestellt. Dies umfaßt auch ihre Rolle bei der Sabotage der Deutschen Union.

[74] Brief Friedrich Nicolais an C. F. Bahrdt, Berlin, 8. 6. 1779, in: Pott (Hg.), Briefe angesehener Gelehrten (wie Anm. 64), Bd. 2, 56.

[75] Brief Friedrich Nicolais an C. F. Bahrdt, Berlin, 7. 12. 1779, in: Pott (Hg.), Briefe angesehener Gelehrten (wie Anm. 64), Bd. 3, 126–129, hier 127. Heres schreibt Bahrdt im selben Jahr, daß „viele wider Sie, als einen unmoralischen Mann, eingenommen sind". Brief Christoph Heres' an C. F. Bahrdt, Dürkheim, 29. 5. 1779, in: ebd., 4–11, hier 7.

te eine von seinen notorischen Eskapaden die ehrrührige Folge nach sich gezogen, daß ein Dienstmädchen im Schloß, welches das Philanthropinum beherbergte, Bahrdt als den Vater ihrer Zwillingsmädchen angab.[76] Dazu kamen noch die Schuldner, die immer wieder seinen Lebensweg begleiteten und von Bahrdts Unvermögen im Haushalten zeugen. Weil er sich durch die Flucht den aus diesen Situationen hervorgehenden Bedrängnissen entzogen hatte, erwies sich die Verwechselung, von der Nicolai sprach, als äußerst opportun, denn damit wurden die besonders anrüchigen Aspekte seines Lebenswandels teilweise verdeckt. Das Glaubensbekenntnis hat folglich eine weitere strategische Bedeutung. Es bot Bahrdt die Chance, seine Heterodoxie demonstrativ nach außen zu tragen und damit den Blick von den ehrrührigen Verstrickungen abzulenken.

Auch anderen Zeitgenossen war es bewußt, daß sich in der Flucht nach Halle ein typisches Szenario abspielte. In seiner Replik auf Bahrdts *Glaubensbekenntniß* schrieb Semler, wie „es einem noch so kalten und unparteiischen Zuschauer der öffentlichen Historie des Hrn. Verfassers [d. i. Bahrdt] gleich wol sehr auffallend [ist], daß er überal sich so gleich, so leicht Verdrus und Unlust zugezogen hat, ohne daß Dogmatiken und Systeme daran Schuld waren". Semler zählte die verschiedenen Stationen von Bahrdts Lebensweg auf – „Leipzig, Erfurt, Giessen, (wohin ich ihn selbst durch Empfelung auf eine Anfrage aus Darmstadt hatte bringen helfen,) in Marschlins, in Heidesheim",[77] – und sah das wiederkehrende Motiv einer fatalen Anlage, günstige Ausgangsbedingungen immer wieder durch leichtsinniges und impulsives Handeln in ihr Gegenteil zu verkehren.[78] Auch Laukhard meinte die Selbstinszenierung zu durchzuschauen, mit der sich Bahrdt dem Publikum als unschuldiges Opfer einer intoleranten Orthodoxie präsentierte. Bahrdt wolle „der Welt gerne weis machen, daß alle sein Unglück einzig seiner Heterodoxie zuzuschreiben sey".[79] Nach Laukhards Darstellung trugen die charakterlichen Defekte der Rücksichtslosigkeit und Unehrlichkeit ebenso viel Schuld an den harten Schicksalsschlägen wie jeder Hang zur Heterodoxie.

Das Problem, vor das die eigentliche Motivation hinter Bahrdts nach außen getragener Heterodoxie sowohl die Zeitgenossen als auch heutige Forscher stellt,

---

[76] Mehrere Quellen geben Auskunft dazu – siehe z. B. Karl Gotthold Lenz, Nachträge zum Leben des D. Carl Friedr. Bahrdt. in: Friedrich Schlichtengroll (Hg.), Supplement Band des Nekrologs für die Jahre 1790, 91, 92, 93, rückständige Biographien, Zusätze und Register enthaltend, Zweyte Abtheilung, Gotha 1798, 22–126, hier 53–56. Man findet aber nichts dazu in Bahrdts Autobiographie.

[77] Semler, Antwort (wie Anm. 56), 68 f.

[78] Ebd.

[79] Laukhard, Beyträge und Berichtigungen (wie Anm. 48), 53. Laukhard zieht ebenfalls einige Details in Zweifel, mit denen Bahrdt die Beschreibung seiner Ankunft in Halle ausschmückte: „ich versichere meine Leser, daß es keinem Hallenser [bei Bahrdts Einzug in die Stadt] eingefallen ist, ein Kreuz zu schlagen". Ebd., 200.

exemplifiziert das Vexierbildartige an vielen Aspekten von Bahrdts Lebens. Immer wieder lassen sich Handlungen und Projekte Bahrdts aus zwei verschiedenen Perspektiven beurteilen. Ein weiteres Beispiel dafür stellt nicht zuletzt Bahrdts späteres Geheimbundprojekt der Deutschen Union dar, über die die Meinungen auseinandergingen, ob sie tatsächlich der Sache der Aufklärung oder bloß als Einnahmequelle für Bahrdt dienen sollte. Darauf kann man antworten, daß sich die Optionen nicht gegenseitig ausschließen. Aber die Verfolgung einer Finanzstrategie ist doch nicht restlos mit der Orientierung an den Zielen der Aufklärung in Einklang zu bringen. Diese Dissonanz war ebenso bei der Flucht nach Halle präsent. Ein Glaubensbekenntnis wie dasjenige, unter dessen Eindruck die Flucht steht, schöpft seine Glaubwürdigkeit aus der Bereitschaft, Opfer für die eigenen Überzeugungen zu bringen. Läßt sich jedoch zeigen, daß sich Bahrdt persönliche Vorteile von dem Glaubensbekenntnis versprach, dann trübt dies das Wahrheitspathos, welches sein Bekenntnis durchdringt. Andererseits muß der Hinweis auf die handfesten Motive hinter dem Glaubensbekenntnis nicht unbedingt dessen Unaufrichtigkeit implizieren und es auf den Status eines Täuschungsmanövers herabstufen. Nichts deutet darauf hin, daß Bahrdt, als er nach Halle kam, in nikodemitischer Manier eine andere Glaubensposition einnahm. Am Ende bleibt es unentscheidbar, ob Bahrdt sein Glaubensbekenntnis im Geist der Opferbereitschaft oder des Opportunismus verfaßte.[80] Es bleibt nur die Vermutung, daß es ihm nicht in erster Linie darum ging, sich für die Sache der Heterodoxie zu opfern. Vielmehr rettete er sich in die Heterodoxie hinein.

Eine Darstellung des Bahrdtschen Glaubenswandels wird diesen Opportunismus, der als Motiv hinter seiner Heterodoxie oder sogar ‚Radikalität' steht, in dessen Erklärung zu integrieren haben, denn die „vieljährige und gewissenhafte Prüfung" der überlieferten Glaubensbestände, die Bahrdt selbst in den Vordergrund stellte, war nicht der einzige Motor, der diesen Prozeß vorantrieb.[81] In seiner *Vorbereitung zur natürlichen Theologie* gibt Eberhard die konventionelle Kausalität wieder, die den praktischen Atheismus aus dem theoretischen hervorgehen läßt:

---

[80] Zwei entgegengesetzte Forschungsmeinungen seien hier angeführt: „Bahrdt's detractors have never wearied of repeating that he was completely unprincipled and would do anything for the sake of gain or gratification of his senses, that he believed in nothing, but professed to believe in whatever promised to bring him some advantage. The falsity of this view is apparent from what he now did when called upon to recant, when a little pretense would have saved him from ruin, for he flung the challange back into the teeth of his enemies and published a confession of faith". Flygt, The Notorious Dr. Bahrdt (wie Anm. 73), 196. Lößl ist hingegen der Meinung, daß das Glaubensbekenntnis ein strategischer Zug war, der ihn vor den schlimmeren Problemen rettete: „Um beiden Verfolgern, dem Reichshofrat in Wien und den Gläubigern in der Pfalz, zu entkommen, gab es nur eine Lösung: ein deutliches Glaubensbekenntnis, und dann die heimliche Flucht in der Rolle des um seines Glaubens (und nicht um seiner Schulden) willen Verfolgten". Lößl, Bahrdt an den philanthropinischen Anstalten (wie Anm. 26), 146.

[81] Bahrdt, Geschichte seines Lebens (wie Anm. 26), Bd. 3, 387 f.

Ein Gottesfürchtiger nimmt die Bewegungsgründe seiner Handlung aus der Religion. Ein Atheist kann sie aus dem Atheismus nehmen. Wer aber zu seinen gewohnten Handlungen die Bewegungsgründe aus der Verneinung des Daseyns Gottes nimmt, ist ein praktischer Atheist, und sein Irrthum ist der praktische Atheismus.[82]

Es gibt keinen Grund, Bahrdt einen theoretischen Atheismus zuzuschreiben. Selbst als sich alle weiteren Elemente der positiven Religion aufgerieben hatten, hielt Bahrdt an der Existenz eines Gottes fest, und man kann weiter hinzufügen, daß die Zentralität von Jesus – wenn gleich sozinianisch vermenschlicht – ebenfalls bestehen blieb. Allerdings gab es auch Zeitgenossen, die der Meinung waren, daß der theoretische Atheismus keine Voraussetzung für dessen praktisches Pendant bilden muß: „man kann theoretisch das Daseyn Gottes, die Nutzbarkeit der Religion annehmen, und doch dabey ein ruchloser, ungläubiger, praktischer Atheist seyn".[83] So Johann Georg Heinzmann in seinem ausgedehnten Angriff gegen den Literaturbetrieb der Aufklärungszeit: *Appell an meine Nation. Über die Pest der deutschen Literatur.* Als Beispiel für den scheinbaren Widerspruch zwischen gedanklichen Prinzipien und gelebter Praxis führte Heinzmann Bahrdt an und verschob dabei den Fokus von der Religion auf die Moral: „man kann die herrlichste Moral schreiben wie ein Bahrdt, und doch ein Leben führen wie Bahrdt, das aller Moral und aller wahren Weisheit schnurstraks entgegen läuft".[84]

Wenn hier die kausale Verknüpfung von Denken und Tun in ihrer konventionellen Richtung aufgelöst wurde, war es auch möglich, sie in der umgekehrten Richtung neu zu konstituieren, so daß der ‚praktische Atheismus', wenn nicht gerade einem theoretischen Atheismus, so doch einer exponierten und provokanten Freiheit in theologischen Fragen den Weg bahnte. Ein weiterer Zeitgenosse deutet dies in einem Brief an, den Bahrdt erhielt, nachdem er in Halle angekommen war. Zusätzlich zu den wohlwollenden Worten, die der preußische Staatsminister Karl Abraham von Zedlitz Bahrdt bei seiner Ankunft auf preußischem Territorium zukommen ließ, ermahnte er den Neuankömmling, penibel auf seinen Wandel zu achten, damit Leute nicht denken, „daß die freye Denkungsart mehr aus den Begierden des Herzens, als aus der Ueberzeugung des Verstandes entsprossen sey".[85]

[82] Eberhard, Vorbereitung zur natürlichen Theologie (wie Anm. 63), 67.

[83] Johann Georg Heinzmann, Über die Pest der deutschen Literatur (1795), hg. von Reinhard Wittmann, Hildesheim 1977, 472.

[84] Ebd.

[85] Brief Karl Abraham von Zedlitz' an C. F. Bahrdt, Berlin, 11. 8. 1779, in: Pott (Hg.), Briefe angesehener Gelehrten (wie Anm. 64), Bd. 2, 67. Zu Zedlitz siehe Peter Mainka, Karl Abraham von Zedlitz und Leipe (1731–1793). Ein schlesischer Adliger in Diensten Friedrichs II. und Friedrich Wilhelms II. von Preußen, Berlin 1995. Aus der Briefstelle läßt sich erkennen, daß Zedlitz eine nüchterne Einschätzung von Bahrdts Charakter besaß. Vor allem spiegelt sich in seiner Aussage die Einsicht wieder, daß Bahrdts berüchtigte Liederlichkeit keine praktische Konsequenz war, die sich aus der „Überzeugung des Verstandes" herleiten ließ. Vielmehr entsprach sie den Begierden des

Mit diesen Bemerkungen tasten wir uns an einen zentralen Aspekt der Biographie Bahrdts heran. „Bahrdt sey ein moralisches Räthsel" – so die Antwort, die der Schriftsteller Carl Friedrich Benkowitz auf seine Erkundungen über Bahrdt nach dessen Tod erhielt.[86] Weil die moderne Forschung es nicht als ihre Aufgabe versteht, moralische Urteile über historische Akteure zu fällen, besteht womöglich eine Abneigung dagegen, sich auf die Suche nach der Lösung dieses ‚Räthsels' zu begeben. Auf jeden Fall muß das ‚Räthsel' in eine wissenschaftliche Frage umformuliert werden, die sich von den böswilligen Abqualifizierungen und der üblen Nachrede distanziert. Wenn man viele Darstellungen von Bahrdts Charakter bis in das zwanzigste Jahrhundert hinein liest, dann entsteht fast ein unterschwelliger und vielleicht widerwilliger Respekt davor, daß Bahrdt spätere Historiker trotz der zeitlichen Distanz so oft aus dem Habitus des desinteressierten, neutralen Beobachters herauszulocken vermochte.[87] Oft lesen sich ihre Urteile über Bahrdt sogar wie eine Fortsetzung der Polemik, die bereits zu seinen Lebzeiten tobte. Aber sie weisen auf ein Problem hin, das nicht gelöst werden kann, indem man sich wortlos darüber hinwegsetzt. Ein Forschungsansatz, der das Problem nicht ausblenden will und sich stattdessen das Fingerspitzengefühl zutraut, die Moral eines historischen Akteurs in den Blick zu nehmen, ohne selbst moralisierend zu werden, könnte an die Vermutung von Betrachtern aus dem 19. Jahrhundert wie Robert Prutz anknüpfen, der in den Ausschweifungen die Widerspiegelung einer Grundstimmung der Zeit zu erkennen glaubte und in einem Beitrag zu Bahrdt schrieb:

> Standen Bahrdt's Liederlichkeiten allein [...], so wäre es allerdings das Ueberflüssigste von der Welt, wollten wir uns auch nur mit einer Silbe noch dabei aufhalten. Aber die Sache hat noch ausgedehntere und tiefer gehende Beziehungen; sie ist, wie verwerflich, wie nichtig an sich, doch auch nur ein Zeichen der Zeit und kann nur im Zusammenhang mit dieser richtig verstanden werden.[88]

Prutz verweist auf eine Reihe von anderen Figuren der Zeit, in deren Lebenswandel oft schüchterne Annäherungen an eine Bejahung des sinnlichen Genusses erkennbar sind. Eine besondere Stelle bleibt Christian Adolf Klotz vorbehalten, der bis zu seinem frühen Tod im Jahre 1771 in Halle den Lehrstuhl der Philosophie

---

Herzens, also der individuellen Anlage seiner Persönlichkeit. Siehe zu von Zedlitz' Beziehung zu Bahrdt, demgegenüber er eine Art salomonische Gerechtigkeit walten ließ, ebd., 492–499.

[86] Carl Friedrich Benkowitz, Doktor Bahrdt auf seinem Weinberg, in: Deutsche Monatsschrift 3 (1793), 115–136, hier 116.

[87] Siehe beispielsweise das vernichtende Urteil Fritz Mauthners in: Der Atheismus und seine Geschichte im Abendland, Bd. 3, Stuttgart 1922, 383–390.

[88] Robert Prutz, Menschen und Bücher. Biographische Beiträge zur deutschen Literatur- und Sittengeschichte des achtzehnten Jahrhunderts, Leipzig 1862, 330.

und Beredsamkeit bekleidete.[89] Es ist interessant, daß der erste Leipziger Skandal, in der eine Prostituierte Bahrdt für ihre Schwangerschaft zur Verantwortung ziehen wollte, Bahrdt zu einer drastischen Maßnahme bewog: Er „flüchtete nach Halle in Klotzens Arme",[90] heißt es in seinem Nekrolog. Bereits einmal vor 1779 hatte Bahrdt Zuflucht in der Stadt an der Saale gefunden, und zwar nicht weil ihm Verfolgung aufgrund heterodoxer Lehrsätze drohte. Dank Klotzens Vermittlung ging die Reise weiter nach Erfurt, wo Bahrdt einen Lehrstuhl für biblische Altertümer antrat.

Wie soll die Verknüpfung von individueller Biographie und allgemeinem ‚Zeitgeist' aussehen? Ein Kapitel aus der Lebensbeschreibung, die Bahrdts einstiger Kollaborator Degenhard Pott schrieb, heißt „Philosophie des Lebens – Etwas von Bordellen", aber der Titel verspricht mehr, als er leisten kann, denn auf das ‚Räthsel' antwortet keine „Philosophie des Lebens", zu der sich Bahrdt bekannt hatte.[91] Nirgendwo wagt Bahrdt eine Rechtfertigung des Bordellbesuches im Namen einer ungenierten Libertinage – etwas, was wenigstens von einem intellektuellen Standpunkt interessant und der Bezeichnung ‚Radikalaufklärung' tatsächlich würdig wäre. Statt dessen liefert er in seiner eigenen Lebensgeschichte kokette und verschmitzte Beschreibungen von Bordellbesuchen in London, wo es bei einem gemeinsam getrunkenen Glas Wein sehr sittsam zuging. Pott kann nur achselzuckend zur Kenntnis nehmen, daß einige Kirchenväter ebenfalls mit einem starken Triebleben zu kämpfen hatten und daß Bahrdt in dieser Hinsicht nicht anders war.[92]

Der Hinweis auf eine angeborene Anlage vermag angesichts der Ankündigung einer „Philosophie des Lebens" kaum zu befriedigen. Einen aussichtsreicheren Ansatz glaubte Karl Gotthold Lenz, der den einsichtsvollen Bahrdt-Nekrolog verfaßte, gefunden zu haben, und zwar in einer Doktrin, die zum festen Bestand der Radikalaufklärung zählt. Lenz zufolge sei Bahrdt ein entschiedener Anhänger des Determinismus gewesen. Dies führt ihn zu der Frage: „Ob dieses verführerische System nicht nachtheilig auf seinen Charakter gewirkt hat?"[93] Denn

---

[89] Siehe zu Klotz etwa Hans-Joachim Kertscher, „Klotz und die Klotzianer" als Autoren des halleschen Gebauer-Verlags, in: H.-J. K., Literatur und Kultur in Halle im Zeitalter der Aufklärung. Aufsätze zum geselligen Leben in einer deutschen Universitätsstadt, Hamburg 2007, 381–396.

[90] Karl Gotthold Lenz, Den 23 April. D. Carl Friedrich Bahrdt, in: Friedrich Schlichtegroll (Hg.), Nekrolog auf das Jahr 1792. Enthaltend Nachrichten von dem Leben merkwürdiger in diesem Jahre verstorbener Personen, Gotha 1793, 119–255, hier 133.

[91] Pott, Leben, Meynungen (wie Anm. 48), 120.

[92] Ebd., 133, wo es heißt: „Des Abends legte er seine priesterliche Kleidung ab, und ergötze sich in den Armen einer Dirne, zu der ihn nicht Neigung oder Liebe, sondern bloß viehischer Trieb führte".

[93] Lenz, Nekrolog (wie Anm. 90), 234.

es ist aus seinen Urtheilen über sich, über seine Tugenden und Mängel, so wie aus seinen Handlungen, sichtbar genug, dass ihn das System gleichgültig und nachsichtsvoll gegen seine Fehler, minder eifrig zu allem Guten machte, und dass sein Herz leer blieb von derjenigen Achtung gegen Vernunft und Sittlichkeit, die ohne den Glauben an Freyheit nicht möglich ist.[94]

In der Tat dient der Determinismus hier einer retrospektiven Rechtfertigungsstrategie, an die Bahrdt an mehreren Stellen in seiner Autobiographie appelliert.[95] Daß der Einfluß des Determinismus tatsächlich als Urheber seiner Handlungsmuster fungierte, ist jedenfalls sehr zweifelhaft, wenn die von Lenz geäußerte Vermutung stimmt, daß Bahrdt erst vom berühmt-berüchtigten Zopfprediger Schulz zum Determinismus überredet wurde. Denn dann lernte er den Determinismus erst zu einem Zeitpunkt kennen, als sich die Muster seines Handelns und Verhaltens schon längst gefestigt hatten.[96]

Offenbar muß man tiefer ansetzen. Eine weiterführende Untersuchung mußte den allgemeinen Wandel sozialer Normen in den Blick nehmen. Der Schwund jener Sanktionsmacht, die das Handeln der Menschen durch abschreckende Vorstellungen von jenseitigen oder endzeitlichen Strafen einst reguliert hatte, war bereits voll im Gange, als Bahrdt in seinem Glaubensbekenntnis den Zweifel äußerte, daß Gott „geneigt sey, die Bösen in alle Ewigkeit zu martern und dem Teufel zu übergeben".[97] Ebenso wichtig wie das Verblassen des überlieferten Bildes eines strafenden Gottes war der Wandel, dem jene positiven Anreize zum tugendhaften Handeln unterlagen. Anläufe zu einer Rehabilitierung des diesseitigen Lebensgenusses machten sich etwa in der anakreontischen Dichtung bemerkbar.[98] Den Versuch, das Wesen des Glücks zu bestimmen, unternahm die Philosophie der Spätaufklärung. An Bahrdts Beiträgen dazu läßt sich jener allgemeine Trend ex-

---

[94] Ebd., 234 f.

[95] Vgl. Bahrdt, Geschichte seines Lebens (wie Anm. 26), Bd. 1, 4, sowie Bahrdt, Geschichte und Tagebuch meines Gefängnisses nebst geheimen Urkunden und Aufschlüssen über Deutsche Union, Frankfurt am Main 1790, 106.

[96] Lenz, Nachträge (wie Anm. 76), 85–87. In der Einführung zum dritten Band der *Briefe angesehener Gelehrten* erzählt Pott von seinen Gesprächen mit Bahrdt, der anfangs ein eifriger Verteidiger der Willensfreiheit gewesen sei. Pott hat dagegen den Determinismus vertreten: „Die Resultate unserer Unterhaltungen über Freiheit und Nothwendigkeit waren, daß der Determinismus unwiderleglich sei, daß wir aber selbst so handeln müßten, als ob wir die freyesten Geschöpfe wären". Pott (Hg.), Briefe angesehener Gelehrten (wie Anm. 64), Bd. 3, 31.

[97] Bahrdt, Glaubensbekenntniß (wie Anm. 53), 27.

[98] Siehe dazu Theodor Verweyen, „Halle, die Hochburg des Pietismus, die Wiege der Anakreontik". Über das Konflikt Potential der anakreontischen Poesie als Kunst der „sinnlichen Erkenntnis", in: Norbert Hinske (Hg.), Halle (wie Anm. 9), 209–238, sowie Ernst Fischer, „Er spielt mit seinen Göttern". Kirchen- und religionskritische Aspekte der anakreontischen Dichtung in Deutschland im 18. Jahrhundert, in: Jean Mondot (Hg.), Les Lumières et leur combat. La critique de la religion et des Églises à l'époque des Lumières / Der Kampf der Aufklärung. Kirchenkritik und Religionskritik zur Aufklärungszeit, Berlin 2004, 71–85.

emplarisch beobachten, der die Einlösung der Glücksverheißung aus dem Jenseits ins Diesseits förderte.[99] Mehr als der Hinweis auf den Determinismus ist daher die Stelle in Lenz' Nekrolog einleuchtend, wo es heißt: „Ihm war die Tugend unentbehrliches Mittel zum frohen Lebensgenusse, auf welchen er alles zurückführte".[100] In Bahrdts gelebtem hedonistischen Egoismus zeigt sich allerdings auch die Kehrseite „eines individualistischen Eudämonismus".[101]

V. Jenseits der Kompromißlinie. Überlegungen zur ,Radikalisierung' Bahrdts

Es ist bereits mit Blick auf Halle und die Rolle des Pietismus angemerkt worden, daß die Anwendung des allgemeinen Dreierschemas Radikalaufklärung – Moderate Aufklärung – Orthodoxie auf einen lokalen Kontext Modifikationen und Anpassungen notwendig macht. Der Bedarf nach einem nuancierten Blick läuft nicht auf die Widerlegung der Kategorien hinaus. Aber es stellt sich die Frage nach der methodischen Geltung dieser Kategorien, wenn der Untersuchungsgegenstand die individuelle Biographie ist. An einem Fall wie demjenigen Bahrdts wird jedoch klar, daß die Kategorien in ihrer ideengeschichtlichen Reinheit als Erklärungsansatz nicht ausreichen. Bahrdt bewegte sich nicht deswegen in Richtung der Radikalaufklärung, weil deren Ideen eine unwiderstehliche Anziehungskraft auf ihn ausübten. Vielmehr gab es im Kontext der spätaufklärerischen Gesellschaft handfeste Gründe, warum eine Radikalisierung des eigenen Denkens oder der eigenen Einstellung soziale und finanzielle Vorteile in Aussicht stellen konnten.

Vor allem muß eine Erklärung für Bahrdts Entwicklung die von ihm verfolgten Strategien der Selbstvermarktung einbeziehen. Bei seiner Ankunft in Halle bestand die ,Radikalität', der Bahrdt dann seine Prominenz im Diskurs der Zeit weitgehend verdankte, zum großen Teil in seinem Appell an die Öffentlichkeit. Nach

---

[99] Vgl. Cornel Zwierlein: „Die Vorstellung einer jenseitigen Glückseligkeit bleibt *e contrario* zur genannten ,irdischen' präsent, tritt aber vollkommen in den Hintergrund". Das Glück des Bürgers. Der aufklärerische Eudämonismus als Formationselement von Bürgerlichkeit und seine Charakteristika, in: Hans-Edwin Friedrich, Fotis Jannidis, Marianne Willems (Hg.), Bürgerlichkeit im 18. Jahrhundert, Tübingen 2006, 71–114. Zum Stellenwert des Glücksthemas im Diskurs der Aufklärung siehe auch Frank Grunert, Die Objektivität des Glücks. Aspekte der Eudämonismusdiskussion in der deutschen Aufklärung, in: F. G., Friedrich Vollhardt (Hg.), Aufklärung als praktische Philosophie. Werner Scheiders zum 65. Geburtstag, Tübingen 1998, 351–368.

[100] Lenz, Nekrolog (wie Anm. 90), 233.

[101] Jörn Garber, „Die Bildung des bürgerlichen Karakters" im Spannungsfeld von Sozial- und Selbstdisziplinierung, in: Garber (Hg.), „Die Stammutter aller guten Schule" (wie Anm. 20), 357–374, hier 362.

den geltenden Normen konnte man die in seinem Glaubensbekenntnis geäußerten Ansichten für sich hegen, über sie mit Freunden oder Gleichgesinnten diskutieren oder sie sogar in gedruckten Werken, die auf eine elitäre gebildete Schicht der Öffentlichkeit zugeschnitten waren, indirekt suggerieren. Aber Bahrdt war der Überzeugung, daß er seinen Wunsch, den Ballast vernunftwidriger und offenbarungsfremder Dogmen abzuwerfen, mit „Tausend und aber Tausend" Menschen teilte.[102] Mit der öffentlichen Artikulation dieses Standpunkts in Form eines Glaubensbekenntnisses wagte er sich über die Kompromißlinie hinaus.[103] Es handelt sich dabei aber um eine kalkulierte Kühnheit. Seine Selbstprofilierung als ‚Ketzer' lenkte von den Skandalen der Vergangenheit ab, und Sympathisierende konnten glauben, in seiner Dämonisierung die übliche Bigotterie der Orthodoxen zu erkennen, was ihn als einen genuinen Kämpfer für die Aufklärung ausweisen sollte. Mit Diffamierungen war sowieso zu rechnen, und Bahrdt gefiel sich in dieser Opferrolle des ‚Ketzers' so sehr, daß seine Autobiographie – trotz des Versprechens, sich darin *in puris naturalibus* zu zeigen, – eine von Bezügen auf seine eigene Mitschuld weitgehend gereinigte Version seines Lebens präsentierte.[104] Das Geständnis eigener Verfehlungen hätte dem Anschein des unschuldigen Ketzers zu großen Schaden zugefügt und einen Einblick in wenig schmeichelhafte Beweggründe seiner „Fortschritte in der Aufklärung" erlaubt.[105]

Dabei konnte Bahrdt natürlich mit Umständen rechnen, die im historischen Vergleich dem Ketzer gegenüber relativ günstig waren. Man tötete den Ketzer nicht mehr, man machte ihn auch nicht mundtot, und wenn er sprach, wandte sich ein großer Teil der Bevölkerung nicht von ihm ab. Im Rahmen der sozialen Verhältnisse der Spätaufklärung konnte Bahrdt sich seines Publikums gewiß sein. Seine Marginalisierung verschaffte ihm sogar Freiheiten, die seinen Aussagen einen erhöhten Aufmerksamkeitswert sicherten. Diese Marginalisierung fand ihre topographische Entsprechung schließlich in dem Ankauf des Weingartens außer-

---

[102] Auf den letzten Seiten seines Glaubensbekenntnisses verwendet Bahrdt diese rhetorischen Figur wiederholt, vgl. Bahrdt, Glaubensbekenntniß (wie Anm. 53), 29 f.

[103] Bahrdt wandte diese Strategie eines Appells an die Öffentlichkeit wiederholt an, als er Stellung gegen die Zensur der theologischen Fakultät bezog, und wieder nahmen seine Gegner daran Anstoß. Wie van Spankeren schreibt: „Der erste Vorwurf der Erklärung lautet, Bahrdts Protest gegen die Verweigerung des Imprimaturs sei illegitim, weil er sich mit einem öffentlichen Begehren an das Publikum gewandt habe, anstatt an die zuständige Obrigkeit". Van Spankeren, Nösselt (wie Anm. 70), 245.

[104] In seiner Autobiographie verspricht Bahrdt seinen Lesern, „daß Sie mich hier *in puris naturalibus* zu sehen bekommen werden". Bahrdt, Geschichte seines Lebens (wie Anm. 26), Bd. 1, 4.

[105] Genau dies ist der Grund für das Unbehagen, das Laukhard bei der Lektüre überkam und das ihn zu seiner Replik *Beyträge und Berichtigungen* (wie Anm. 48) bewog. In seiner Autobiographie *Leben und Schicksale* (wie Anm. 1) wird die Selbstentblößung zur Sache des Stolzes und löst damit das Versprechen ein, das Bahrdt am Anfang seiner eigenen Lebensbeschreibung scheinheilig machte.

halb Halles. Von diesem Ort aus versuchte Bahrdt durch seine Schriften und geheimbündlerischen Aktivitäten immer noch auf die Gesellschaft einzuwirken. Für diese Tätigkeiten mußte er eine fünfzehnmonatige Haft in der Zitadelle in Magdeburg absitzen. Inwiefern diese Strafe seiner Gesundheit abträglich war, ist schwer zu beantworten, aber die spätere Todesursache war sie nicht. Zu seinem Tod führte die Selbstbehandlung mit Quecksilber, das Bahrdt für ein Heilmittel gegen venerische Krankheiten hielt.[106]

Solange man solche Details ignoriert, könnte man sich an der Legende erbauen, der zufolge der ‚Ketzer' zum ‚Märtyrer' geworden sei.[107] Bereits vor seinem Tod war Bahrdt aber zu einer Ikone der ‚radikalen' Aufklärung geworden. Denselben ikonographischen Status besaß sein Weingarten. In einer Enthüllungsschrift, die gegen Bahrdts Geheimgesellschaft Deutsche Union gerichtet war, heißt es mit Bezug auf den Weingarten:

Dieser Ort wird dermaleins sowohl in der geistlichen als weltlichen Geschichte einer der berühmtesten werden, denn hier ist das Zeugungsgeschäft der edlen deutschen Union vor sich gegangen, und wenn das große Werk der Aufklärung zu Stande gekommen ist, wird man dahin Wallfahrten anstellen, häufiger und frequenter, als zu der heiligen Maria von Loretto.[108]

Bahrdts Entwicklung wirft weitere Fragen auf. Ist seine Radikalisierung eher als ein kontinuierlicher Prozeß zu verstehen, in dem er durch seine „Fortschritte in der Aufklärung" die dogmatischen Überlieferungen progressiv und allmählich ablegte? Oder gab es doch entscheidende Momente, wo beispielsweise der junge Bahrdt über eine Bresche springen mußte, als es darum ging, sich von der Orthodoxie zu verabschieden und der moderaten Aufklärung anzuschließen?[109] Und wie sieht es mit einem weiteren Sprung aus, durch den Bahrdt schließlich zu dem radikalen Aufklärer wurde, für den Historiker von Valjavec bis zu Israel ihn gehalten haben und halten? Derartige Fragen betreffen auch Jonathan Israels

---

[106] Siehe zu Bahrdts Krankheit Johann Christian Wilhelm Juncker, Etwas über die Weinbergskrankheit des verstorbnen Doctor Bahrdt's und ähnlich noch lebender Kranken, Halle 1792.

[107] So nennt ihn Pott in seinen Briefsammlungen *Briefe angesehener Gelehrten* (wie Anm. 26). Es bleibt zu untersuchen, inwiefern die Selbststilisierung einzelner Radikalaufklärer als ‚Martyrer' und ‚Verfolgte' auch Energien aus pietistischen Kontexten gewannen.

[108] [Johann Gottlob Schulz], Nähere Beleuchtung der deutschen Union, worin zugleich gezeigt wird, wie man für einen sehr wohlfeilen Preis ein schottischer Maurer werden kann, Frankfurt am Main 1789, 4.

[109] Mühlpfordt meinte plausiblerweise, daß diese Verwandlung in einen gemäßigten Aufklärer in der Erfurter Zeit Bahrdts, also in den frühen 1770er Jahren stattfand: „Diese Ablösung eines orthodox-lutherischen Frühstadiums durch eine gemäßigt-aufklärerische mittlere Phase im Leben Bahrdts ist bezeichnend für den Wandel des Denkens, der um 1770 eintrat". Mühlpfordt, Karl Friedrich Bahrdt und die radikale Aufklärung (wie Anm. 41), 54.

Behauptung, daß diese Strömungen eigenständige, in sich abgeschlossen und voneinander eindeutig unterscheidbare Entitäten waren.[110]

Daß die Situation in ihrer Dynamik wesentlich komplexer ist, als das dreigliedrige Schema erahnen läßt, zeigt sich nicht zuletzt darin, daß die Radikalisierung ihre Impulse auch aus der moderaten Aufklärung beziehen kann. Wenn man in der Ablehnung des Offenbarungsglaubens das wesentliche religiöse Unterscheidungsmerkmal zwischen einer radikalen und einer moderaten Strömung sieht, dann entwickelte sich Bahrdt erst nach seiner Ankunft in Halle zu einem konsequenten Radikalaufklärer. Hier scheint weniger Opportunismus im Spiel gewesen zu sein. Bahrdts Abschied vom Offenbarungsglauben geschah, wie sich zeigte, unter dem Einfluß von Gesprächen mit Eberhard. Die Entwicklung wurde aber interessanterweise auch in Gang gesetzt, als sich Bahrdt mit den einschlägigen Schriften von Semler befaßte:

> Ich las jetzt erst (ich bekenne meine Schande) Semlers Schriften über den Kanon und – ward erschüttert. Darauf bekam ich seine Widerlegung des Ungenannten in die Hände, (in welcher er die Evangelien so äußerst zweifelhaft macht, und von ihrer Entstehung und Verfälschung so viel bedenkliches sagt, – die Auferstehungsgeschichte so unkörperlich macht und – das Pfingstfest so natürlich erklärt) und das gab mir den letzten Stoß, daß ich wie aus einem tiefen Schlafe erwachte und mich anfieng zu besinnen, wo ich war.[111]

Diese Erfahrung teilte Bahrdt auch mit anderen Zeitgenossen, die Semler erlebten. Laukhard, der in seiner Hallenser Zeit engen Kontakt zu ihm pflegte, kam zu dem Schluß, daß man aus Semlers Ausführungen zur Theologie

> ein sehr angenehmes Studium fabrizieren könnte. Da war mir Theologie nicht mehr System, sondern Kritik, Räsonnement, historische Bemerkungen übers System. Da hatte man gute Gelegenheit, die Grillen, Possen und Alfanzereien der Pfafferei kennenzulernen und diese Dinge von Haus aus herunterzumachen.[112]

Auch der spätere Professor und Kantianer Ludwig Heinrich Jakob sprach den Vorträgen Semlers eine ähnliche Wirkung auf seine religiösen Ansichten zu:

> Die freien Ansichten dieses Mannes, und die historischen Untersuchungen über die Entstehung der Bücher der Bibel und der einzelnen christlichen Dogmen vernichteten alle Vorurtheile, mit welchen ich bisher diese Gegenstände betrachtet hatte, und ich fing bald an, die heiligen Bücher mit eben der Unbefangenheit zu untersuchen, mit wel-

---

[110] Siehe Israels Verteidigung seines Programms im Vorwort zu: Democratic Enlightenment (wie Anm. 45), 1–35. Dort heißt es beispielsweise: „There was a wide range of opinion [...] but it was not a spectrum but rather a set of rifts between closely interactive competitors [d.h. Radikalaufklärung und moderate Aufklärung]". Ebd., 6.

[111] Bahrdt, Geschichte seines Lebens (wie Anm. 26), Bd. 4, 111.

[112] Laukhard, Leben und Schicksale (wie Anm. 1), 137.

cher die profanen Schriftsteller untersucht werden, und die Regeln der Kritik der Letzteren auf die ersten anzuwenden.[113]

Die Reihe solcher Zeugnisse könnte leicht verlängert werden.[114]

Wo ist Semler im Rahmen des dreigliedrigen Schemas einzuordnen? Bereits in seiner Reaktion auf Bahrdts *Glaubensbekenntniß* kommt Semlers Wunsch zum Ausdruck, die Überlieferung wenigstens in Form des öffentlichen Kultus bewahrt zu sehen.[115] Eine solche Haltung läßt Semler als moderaten Aufklärer erscheinen. Daß eine subversive Wirkung von der moderaten Aufklärung ausgehen konnte, war natürlich die Überzeugung von Orthodoxen, die beispielsweise in früheren Phasen der Aufklärung auf die unheilvollen, gar atheistischen Konsequenzen der von Leibniz und Wolff versuchten Versöhnung von Vernunft und Offenbarung aufmerksam machen wollten. Rückblickend ist man daher geneigt, den Orthodoxen ein gewisses Recht zukommen zu lassen. Wie Jonathan Israel schreibt: „the orthodox were right to be suspicious. For precisely in its unyielding insistence on harmonization and the rationality of religion and religious truth lay concealed the seeds of a deep-seated destabilizing tendency."[116]

Das Zitat ist im Rahmen des bereits erwähnten Dreierschemas interessant, denn es attestiert gewissen Ausprägungen der moderaten Aufklärung jene destabilisierende Wirkung, die Israel sonst aufgrund ihrer expliziten Intention und mehr oder weniger offenen Frontstellung zur Überlieferung nur der radikalen Aufklärung zuspricht.[117] Aufgrund der vorhin zitierten Erfahrungsberichte könn-

---

[113] Ludwig Heinrich von Jacob, Denkwürdigkeiten aus meinem Leben, hg. v. Hans-Joachim Kertscher, Halle 2011, 30.

[114] Ähnliche Äußerungen sind bei Carl Spazier zu finden. Siehe Spazier, Carl Pilgers Roman seines Lebens (wie Anm. 18), Bd. 2, 115 f. Noch aufschlußreicher ist die Stelle, an der Spazier dem Leser einen Einblick in die widerspruchsvollen Spannungen zwischen Dogmatik und Exegese verschafft: „Heute in der dogmatischen Stunde, wo man für die liebe Kirche haltbare Baugerüste aufstellen wollte, führte man mit großer Feierlichkeit Stellen der Bibel zum Beweise einer scholastischen Grille an, die man morgen – und manchmal that das wohl ein und eben derselbe Mann – in der eigentlich exegetischen Stunde frisch weg interpretirte und dem getäuschten Zuhörer das Nachsehen ließ. Das ängstliche Drehen und Wenden war mir zuwider, eben so wie das erzwungene Bemühen nach hohem und göttlichen Sinn, wo gar keiner oder nur ein ganz gewöhnlicher zu finden war [...]. Die ganze Theologie so lange ich nur Hörer blieb, und nicht selbst Hand anlegte, um der Sache zunächst Interesse für mich abzugewinnen, ward mir von Herzen zuwider". Ebd., 110 f.

[115] Dabei muß man anmerken, wie eine moderate Aufklärung, die solche disparaten Ansätze wie den Eklektizismus von Thomasius, den Rationalismus von Wolff und die historisch-philologisch arbeitende Hermeneutik von Semler umfaßt, auf die Gemeinsamkeit einer konzilianten Haltung gegenüber der Überlieferung und der Offenbarung angewiesen ist, damit das Ganze zusammengehalten wird. Laukhard, Leben und Schicksale (wie Anm. 1), 137 f., notiert Semlers Skepsis gegenüber den spekulativen philosophischen Systemen.

[116] Israel, Democratic Enlightenment (wie Anm. 45), 177.

[117] Es wird auf dieser Grundlage sogar möglich, den Beitrag der konservativen, antimodernen Kräfte zur Entstehung einer säkularisierten modernen Welt zu würdigen – und natürlich schwingt

238 Andrew McKenzie-McHarg

te man also geneigt sein, in Semler den Katalysator im Zerfall des Offenbarungsglaubens mehrerer seiner Zeitgenossen zu sehen. Von der Wirkung her waren seine Untersuchungen zur historischen Entstehung der kanonischen Schriften ‚radikal'. Ein Verfechter der Orthodoxie aus den Anfangsjahren des 18. Jahrhunderts
hätte es natürlich anders ausgedrückt und Semler unterstellt, daß er mit seinem
historisierenden Blick dem Atheismus ‚Tür und Tor öffne'. Genauso wie einst
die von einer moderaten Aufklärung angestrebte Versöhnung von Vernunft und
Offenbarung eine erodierende Wirkung auf die überlieferten Glaubensformen
entfaltet hatte, tat dies jetzt die Kontextualisierung der Offenbarung im Medium
der Geschichte.

Im Jahr 1794 besuchte der republikanisch gesinnte Publizist Georg Friedrich
Rebmann den ehemaligen Bahrdtschen Weingarten. In seiner Beschreibung be-
wahrheitet sich, was der Autor der Enthüllungsschrift über die Deutsche Union
prophezeit hat – der Weingarten war zu einer Art Wallfahrtsort geworden:
„Mit einer Ehrfurcht, wie ein frommer Catholik zum Grabe eines Heiligen
wallt, besuchte ich den Ort, wo der Mann, der so viel für deutsche Aufklärung
wirkte, seine lezten Tage verträumte, und endlich, nach so vielen Leiden, Ruhe
im Grabe fand".[118] Der Besuch gab ihm Anlaß, über die Beziehung zwischen
Bahrdt und Semler nachzudenken – beide waren inzwischen gestorben:

> Unbegreiflich war es mir immer, wie selbst Semler, der doch im Grunde auf einem Weg
> mit Bahrdt wandelte, nur das jener Vorurtheile durch Erörterung ihrer Entstehung, und
> dieser durch Vernunftgründe angriff, sich so weit herablassen konnte, Bahrdten zu ver-
> folgen. Bahrdt war demohngeachtet nicht bitter gegen seinen Antagonisten, und sagte
> oft: Ich wünschte mir Semlers Kenntnisse, und ich wollte die alten Gebäude dann schon
> stürzen.[119]

Wenn man Rebmanns Aussage vertrauen kann, erahnte Bahrdt offenbar die radikale Sprengkraft, die in der historischen Erkenntnis schlummerte.

Allerdings gab es keine zwingenden Gründe, warum die historische Erkenntnis
rein destruktiv wirken mußte – davon zeugt vor allem Semlers Haltung. Wegen
seiner *Antwort auf das Bahrdische Glaubensbekentnis* erntete Semler viel Kritik
von den Neologen, die sich bis dahin gewähnt hatten, mit ihm die gleiche Gesinnung zu teilen. Johann Gottfried Eichhorn etwa drückte das Befremden seitens der
aufgeklärten Kollegen mit der Anmerkung aus, daß Semler durch seine Replik auf
Bahrdt „Anspruch auf einen wohlverdienten Platz unter den kirchlich-orthodoxen

---

dabei die ironische Implikation mit, daß die Folgen eines Agierens in eine andere, sogar entgegengesetzte Richtung zielen als die Intention, die dieses Agieren erst motiviert. In diesem Sinn argumentiert Darrin M. McMahon, Enemies of the Enlightenment. The French Counter-Enlightenment
and the Making of Modernity, New York 2001.

[118] Georg Friedrich Rebmann, Wanderungen und Kreuzzüge durch einen Theil Deutschlands,
Bd. 1, Altona 1796, 72 f.

[119] Ebd., 76.

Theologen unsres Vaterlands" gemacht habe.[120] Damit wurde man Semlers Position nicht ganz gerecht, denn wenn man sich die Mühe der Lektüre macht, findet man eine Geisteshaltung, die weniger orthodox ist und vielmehr in mehrfacher Hinsicht zentrale Topoi des Konservatismus eines Edmund Burke vorwegnimmt.[121] Das historische Denken, zu dessen Entwicklung er so viel beigetragen hatte, eröffnete Optionen, die zu den ideologischen Richtungen des nächsten Jahrhunderts führen. Aber weder um die künftigen ideologischen Konflikte noch um die vergangenen mußten sich Bahrdt und Semler in Rebmanns versöhnlicher Vision kümmern, denn, „wenn Seelen sich jenseits finden können, haben sich [ihre] gewiß gefunden, und lächelnd über ihre diesseitige Feindschaft, wallen sie Hand in Hand weiter!"[122]

,Radikalaufklärung' war der Aufklärungszeit als Begriff nicht bekannt. Als der Terminus von der Geschichtswissenschaft des 20. Jahrhunderts geprägt wurde, fand er schnell Anwendung auf Carl Friedrich Bahrdt (1740–1792), eine der schillerndsten Persönlichkeiten der Spätaufklärung. Bahrdt floh 1779 nach Halle, um sich der Verfolgung zu entziehen, die ihm auf dem Reichsgebiet außerhalb Preußens wegen seiner als anstößig empfundenen Bibelübersetzung drohte. Seine Verbannung verband er mit der Veröffentlichung eines Glaubensbekenntnisses, in dem er dogmatische Lehren benannte, die vernunftwidrig oder bibelfremd waren und es daher verdienten, aus dem Glaubenssystem entfernt zu werden. Der Beitrag fragt nach Bahrdts ,Radikalität' und ,Radikalisierung'. Diese Entwicklung war keine rein intellektuelle, sondern schöpfte ihre Dynamik aus den Strategien der Selbstvermarktung. Läßt man sich auf eine breitere Analyse ein, so werden die Grenzen einer rein ideengeschichtlichen Auffassung von Radikalaufklärung deutlich.

The term radical enlightenment was not contemporary to the enlightenment period but rather coined by later historians. It however soon found application in the case of Carl Friedrich Bahrdt (1740–1792), one of the intriguing figures of the later eighteenth century. Bahrdt fled to Halle in 1779 to escape the persecution which threatened him in the rest

---

[120] Zit. n. Aner, Theologie der Lessingzeit (wie Anm. 55), 101.

[121] Seine Skepsis gegenüber Bahrdts Projekt einer natürlichen Religion regte Semler beispielsweise zu Gedanken über den Wert der Erfahrung und der Tradition an: „Einerley Einbildung reisset alles um, was Erfarungen von Jahrhunderttausenden mit täglicher saurer Mühe und gewisser Erfahrung aufgebauet und geordnet hatte [...]". Semler, Antwort (wie Anm. 56), 17. Wenn man eine Reaktion auf Bahrdts Glaubensbekenntnis lesen will, die tatsächlich den Geist der alten Orthodoxie atmet, dann lese man Johann Christoph Lucas, Carl Friedrich Bahrdts neuerlich ausgeheckte Erklärung an das Publikum über sein Glaubensbekenntniß, Leipzig 1780. Er schreckt vor einer Verketzerung nicht zurück und findet in Bahrdts Argumenten einen „Indifferentismus", „welcher der äußersten Atheisterey Thür und Fenster aufmacht!" Ebd., 18. Die ,Konsequentienmacherei', über die Wolff einst so bitter klagte, scheint hier fortzuleben, wenngleich der Eindruck entstehen kann, daß sie im Rahmen der theologischen Diskurse der Spätaufklärung inzwischen den Wert einer Kuriosität aus vergangenen Zeiten besaß.

[122] Rebmann, Wanderungen und Kreuzzüge (wie Anm. 118), 76. Für hilfreiche Hinweise und die Bereitstellung von Material bin ich Thomas Kossert, Gabi Mahlberg, Malte van Spankeren, Guido Naschert, Dirk Sangmeister und vor allem Reinhard Markner zu tiefstem Dank verpflichtet.

of the Reich outside Prussia because offence had been taken at his new translation of the New Testament. His banishment was coupled with the publication with a Profession of Belief in which he enumerated the articles of dogma which had no basis in reason or revelation and therefore pleaded for their removal from the prescribed system of belief. On this basis the question will be asked about Bahrdt's 'radicalism' as he arrived in Halle. The question is justified in view of the radicalization which Bahrdt's views experienced. This development was not purely intellectual but rather driven by strategies of self-marketing. This will then prompt an analysis looking at the inadequacy of a perspective rooted alone in intellectual history when it comes to understanding the biography of a radical enlightenment figure such as Bahrdt.

Andrew McKenzie-McHarg, Universität Erfurt, Forschungszentrum Gotha, Postfach 100561, 99855 Gotha, E-Mail: andrew.mckenzie-mcharg@uni-erfurt.de

Manuel Schulz/Marcus Conrad

Carl Friedrich Bahrdt und die halleschen Verlage Gebauer und Hemmerde

I. Die Bedeutung Bahrdts und seiner Schriften
für die Verleger Johann Jacob Gebauer und Carl August Schwetschke
(Manuel Schulz)

Unter den Autoren und Korrespondenten des Verlagshauses Gebauer-Schwetschke, das von 1733 bis 1945 in Halle an der Saale angesiedelt war und dessen Nachlaß derzeit in einem DFG-geförderten Projekt erschlossen wird, finden sich zahlreiche für die deutsche bzw. europäische Aufklärung bedeutende Akteure. Einer dieser ist Carl Friedrich Bahrdt, welcher nach mehrmaliger Verbannung 1779 nach Halle übersiedelte und dort bis zu seinem Tod 1792 wirkte.[1]

Bei einer Betrachtung der nackten Zahlen bleibt zunächst festzuhalten, daß der Verlagsautor Bahrdt – bei der quantitativen und qualitativen Schwere seiner Schriften – für Gebauer verhältnismäßig unbedeutend und in der Rolle des Radikalaufklärers durch dessen Verlag fast nie zu Wort gekommen war.[2] Allein die Schriften *Systema Theologiae Lutheranae orthodoxum* (1785) und *Die Frage: Ob Christus wahrer Gott sey? Aus den neuesten Offenbarungen Gottes in Briefen und Erzählungen*, eine gut 50-seitige Abhandlung in Oktav, die bei Gebauer 1777 und somit noch zu Bahrdts Gießener Zeit erschienen war, behandeln entsprechende Themata. Vielmehr sollte Bahrdt in der für seine Position sicherlich weniger spektakulären, aber eben nicht unbedeutenden Rolle als Übersetzer seinen Platz im Gebauerschen Verlagsprogramm finden. Seine von Friedrich II. als „vielleicht beste Übersetzung" gelobte Tacitus-Edition, die Gebauer 1780 erstmals mit einem „Probestück" verlegt hatte, beschreibt Bahrdt in seinen Erinnerungen wie folgt: „[...] so fing ich an, mich im Übersezzen zu üben und bestrebte mich, mei-

---

[1] Vier Werke Bahrdts wurden, teils in mehreren Auflagen, bei Gebauer verlegt, weitere seiner Werke bei Gebauer gedruckt. Eine nähere Beschreibung des Verlagsarchivs sowie des damit verbundenen Erschließungsprojektes findet sich im zweiten Abschnitt des Aufsatzes.

[2] Solcherlei Schriften Bahrdts verlegten u. a. Hartknoch in Riga, Vieweg und Mylius in Berlin, Frommann in Züllichau oder aber Gebauers hallesche Kollegen Francke & Bispink und Dost.

Aufklärung 24 · © Felix Meiner Verlag 2012 · ISSN 0178-7128

nen Schriftsteller, in deutschem Gewande, möglichst treffend darzustellen. [...]
Nie hab ich eine Arbeit, mit so viel Enthusiasmus gethan wie diese".[3]
    Die Idee des gewöhnlich zu Euphorie neigenden Bahrdt, nun sämtliche griechi-
schen und römischen Klassiker in solcherlei Übersetzungen dem Publikum anbie-
ten zu können, fand bei Gebauer folgerichtig Gehör, wurde aber durch vorherige
Ankündigungen der Hermannischen Buchhandlung in Frankfurt am Main von
diesem jäh verworfen und letztendlich zu einer *Sammlung der klassischen Römischen und Griechischen Geschichtschreiber* komprimiert.[4]
    Daß Gebauer nicht hauptsächlich als Verleger der Schriften des Neologen und
Radikalaufklärers Bahrdt fungierte, könnte auf verschiedene Gründe zurückzuführen sein. Weniger dürften persönliche Antipathien gegenüber der Person
und dem Charakter Bahrdts eine Rolle gespielt haben, eher schon die Befürchtung, sich durch die Publikation seiner Schriften unnötige Auseinandersetzungen
mit der Zensur respektive später zu erwartender Denunziation, Verfolgung oder
Verbotserklärungen einzuhandeln. Allerdings ist diese Überlegung nur mit der
Unterstreichung des Stellenwertes des halleschen Enfant terrible zu tätigen, da
Gebauer selbst, wie Neuß in seiner Geschichte des Verlaghauses richtig festhielt,
keineswegs dem aufklärerischen Gedankengut wie auch der Bereitschaft, dieses
durch sein Wirken zu fördern, abgeneigt war.[5] Hinreichende Beweise dafür sind
die von ihm verlegten religionskritischen Schriften des Berliner Juristen Christian
Ludwig Paalzow oder der befreundeten württembergischen Gelehrten Gebhard
Ulrich Brastberger[6] und Christian Friedrich Duttenhofer.[7] Auch die dazugehörige
Autorenkorrespondenz unterstreicht ein solches Urteil und eröffnet allein durch
einen Brief Paalzows die Idee von einer Grenze innerhalb dieser Bereitschaft.[8]
Am 11. Februar 1788 nämlich beginnt der gescholtene Verfasser einen Brief
mit der Bemerkung, daß er, weil sie „in theologischen Sachen" nichts mehr her-

---

[3] Carl Friedrich Bahrdt, Geschichte seines Lebens, seiner Meinungen und Schicksale, Band 4,
Berlin 1791, 102.
[4] Bahrdt, Leben (wie Anm. 3), 102 ff.
[5] Erich Neuß, Gebauer-Schwetschke, Geschichte eines deutschen Druck- und Verlagshauses
1733–1933, Halle 1933, 70.
[6] z. B.: *Versuche über Religion und Dogmatik zur Beförderung einer rechtmässigen christlichen
Freyheit* (Gebauer, 1783/1784) oder auch *Ist die neuere dogmatische Darstellung der christlichen
Religionslehre dem wahren Geist und Endzweck unserer symbolischen Bücher gemäß oder zuwider?*
(Gebauer, 1789).
[7] *Freymüthige Untersuchungen über Pietismus und Orthodoxie* (Gebauer, 1787).
[8] Der abgelehnte Verlagsantrag des „Hierocles jun. alias Monsieur Ledanois", der Gebauer 1787
ein Manuskript mit dem Titel *Der Antichrist in Paris oder Beweis der Schädlichkeit des Christenthums, der Unrechtmäßigkeit seiner Herrschaft in Europa und mathematischer Beweis seiner
Falschheit* anbot, muß ebenfalls erwähnt, jedoch gleichsam ausgeklammert werden, da – auch wenn
das Manuskript selbst nicht bekannt ist – dieser Fall eine andere Art von Seriosität beinhaltet.

ausbringen sollen, ihm nun ein juristisches Werk offerieren möchte.[9] Die dazugehörige Widerwilligkeit, welche sich zwischen den Zeilen herausliest, faßt er – immer noch auf der Suche nach einem Verleger – ein halbes Jahr später auch in Worte: „Ich weiß nicht warum die halleschen Herrn Theologen so böse auf mich sind".[10]

Im Falle Paalzows war Gebauer durch die Publikation des *Hierokles oder Prüfung und Vertheidigung der christlichen Religion*[11] selbst Teil dieser Entwicklung und letztendlich zum Entscheidungsträger geworden, wohingegen allein die Geschichte und der Status des geächteten und in Halle unter Auflagen geduldeten Bahrdt ihm diese Art von Entscheidung hatte abnehmen können.

Nicht weniger interessant muß dadurch die These erscheinen, daß Gebauer durch eine Unterstützung Carl Friedrich Bahrdts vor allem innerhalb eigener Autorenkreise schnell in konkrete Konflikte geraten wäre. Unter den langjährigen Verlagsautoren befanden sich mit Johann Salomo Semler, Johann August Eberhard und Matthias Christian Sprengel[12] angesehene Namen der halleschen Intelligenz, welche allesamt in einem fortschreitend gespaltenen Verhältnis zu dem Charakter, der Lehre und dem Erfolg des für seine Zeit radikal denkenden Freigeistes Bahrdt standen. Das Wegbrechen bzw. Nichtzustandekommen der benötigten Strukturen führte letztendlich auch zu dem Widerspruch, daß Bahrdt nie eigentlicher Teil des halleschen Netzwerkes werden konnte und dennoch gerade durch ihn die Stadt als ein Zentrum der Aufklärung noch stärker ins Licht der Öffentlichkeit gerückt wurde.

Günter Mühlpfordt, der sich seit 60 Jahren mit der Person und dem Wirken Carl Friedrich Bahrdts beschäftigt, bezeichnet die Autorenkarriere Bahrdts als „einen ständigen Radikalisierungsprozeß", dessen letzte Station Halle dadurch Gewicht erhalten muß.[13] Als Essenz der aufklärerischen Ideen Bahrdts ist nun die konsequente und von anderen als idealistisch-naiv gewertete Absicht zu deuten, den

---

[9] Christian Ludwig Paalzow aus Berlin an Gebauer (Karton 82, Sign. 23869).

[10] Christian Ludwig Paalzow aus Berlin an Gebauer, 15. November 1788 (Karton 82, Sign. 23872).

[11] Die Bedeutung dieses Werkes läßt sich unter anderem dadurch verdeutlichen, daß Paalzow mit seinem später synonym verwendeten „Verfasser des Hierokles" sich einen Markennamen schaffen konnte, der in diversen zeitgenössischen Rezeptionen auftaucht. Vgl. Martin Mulsow, Lessing, Paalzow und die „Historische Einleitung in die Offenbarung Johannis", in: Christoph Bultmann, Friedrich Vollhardt (Hg.), Lessings Religionsphilosophie im Kontext: Hamburger Fragmente und Wolfenbütteler Axiomata, Berlin u. a. 2011, 342.

[12] Sprengel hatte als Rektor der Fridericiana, und auf Drängen seines Schwiegervaters Reinhold Forster, 1787 dafür gesorgt, daß Bahrdt seine Vorlesungen an der halleschen Alma Mater einstellen mußte.

[13] Herzlicher Dank gilt an dieser Stelle Prof. Günter Mühlpfordt für wichtige Hinweise und Erklärungen in persönlichen Gesprächen.

Menschen per se, unabhängig von Stand und Geschlecht, aufzuklären.[14] Schriften, wie das bereits 1786 bei Vieweg in Berlin erschienene *Christliche Sittenbuch fürs Gesinde* oder das von Teller 1797, einige Jahre nach dem Tod Bahrdts, herausgegebene Werk *Moral für alle Stände* sowie das 1789 bei Hemmerde in Halle verlegte *Handbuch der Moral für den Bürgerstand*, machen dies deutlich. Allerdings bindet sich der mittlerweile in geheimbündlerische Aktivitäten verstrickte Verfasser häufiger an auswärtige Verleger. Mit Gebauer, der für einige Berliner Verlage den Druck der Schriften übernimmt, realisiert er 1785 letztmalig ein Publikationsprojekt. Erst 1807, 22 Jahre nach dem *Systema Theologiae Lutheranae Orthodoxum*, wird Gebauer wieder zum Verleger des längst verstorbenen Bahrdts, als in Halle eine Neuauflage der Tacitus-Edition erscheint.

Während Gebauer sich Ende der 1780er Jahre bis zum frühen Tod Bahrdts als Auftragsdrucker Bahrdtscher Schriften auszeichnet, bleibt die Position seines Schwiegersohns Carl August Schwetschke, der zunächst Faktor und 1788 Geschäftsführer des Verlagshauses Hemmerde wurde, undurchsichtiger.[15] Eine Autorenkorrespondenz zu dem erwähnten *Handbuch der Moral für den Bürgerstand*,[16] welches direkten Bezug auf die Umbrüche in Frankreich nimmt, ist nicht überliefert, wohl aber ist davon auszugehen, daß die Entscheidung darüber letztendlich durch Schwetschkes Hände ging. Im Nachlaß vorhandene Dokumente geben hingegen Aufschlüsse über die Rezeption und die Verbreitung des Werks. So schreibt der Berliner Verleger und Buchhändler Himburg an das Verlagshaus Hemmerde: „[…] allein da ich willens bin solches bestens bekannt zu machen und zu vertheilen; so erbitte ich mir mit erster Post a. c. noch: 6 Bahrdts Handbuch der Moral".[17]

Der Absatz Bahrdtscher Schriften, vor allem nach Berlin, läßt sich anhand der Verlagskorrespondenz gut nachvollziehen und gewinnt durch die Position Bahrdts als Verlagsautor der Witwe Mylius und Viewegs an Bedeutung. Welcher Art im Einzelnen die Netzwerke waren, die sich um Carl Friedrich Bahrdt zu spinnen wußten, kann – auch im Hinblick auf die *Deutsche Union*, ihre Protagonisten und Wirkungskreise – anhand des aufgearbeiteten Nachlasses gehaltreich und teils unter neuen Gesichtspunkten untersucht werden.

[14] Vgl. etwa auch die zusammenfassenden Analysen von Birgit Dombeck zu Bahrdts Wortschatzgebrauch in: Erich Donnert (Hg.), Europa in der Frühen Neuzeit. Festschrift für Günter Mühlpfordt, Bd. 6, Weimar u. a. 2002, 676 ff.

[15] 1819 übernahm Carl August Schwetschke das Gebauersche Verlagsgeschäft, welches während des gesamten Fortbestehens in Stammlinie von seinen Nachkommen unter dem Namen Gebauer-Schwetschke geführt wurde.

[16] Der einzige Werktitel Bahrdts, der dem Verleger Schwetschke eindeutig zugeschrieben werden kann.

[17] Christian Friedrich Himburg aus Berlin an Gebauer, 11. August 1789 (Karton 82, Sign. 24456).

II. Neue Quellen zu religionskritischen Publikationen
von Carl Friedrich Bahrdt (Marcus Conrad)

Das außerordentlich umfangreiche, geschlossen überlieferte Verlagsarchiv Gebauer-Schwetschke birgt vielfältiges Material, das der wissenschaftlichen Forschung bislang weitgehend verschlossen war.[18] Neuere Studien, die sich auf den Bestand stützen konnten, wurden vor allem von Hans-Joachim Kertscher publiziert, der auch bereits auf einschlägige Quellen zu Verlagsprojekten von Carl Friedrich Bahrdt hinwies.[19] Dabei geht Kertscher auf Publikationsprojekte wie den *Versuch über die Beredsamkeit*,[20] der von Bahrdt selbst verlegt und bei Gebauer in Druck gegeben wurde, Bahrdts von Gebauer verlegte Tacitus-Übersetzung[21] und das ebenfalls bei Gebauer erschienene *Systema Theologiae Lutheranae orthodoxum*[22] ein, diese Ausführungen werden unterfüttert mit einschlägig relevanten Kontextinformationen.[23] Kertscher erwähnt auch die hier näher zu betrachtenden Druckaufträge der Berliner Buchhändlerwitwe Sophie Christiane Mylius, so daß die hier als ‚neue Quellen' apostrophierten Dokumente aus dem Verlagsarchiv Gebauer-Schwetschke im Grunde schon durch Kertschers Studien in das Blickfeld der wissenschaftlichen Öffentlichkeit gerieten, allerdings waren die Materialien bislang noch nicht in ihrer ganzen Fülle überschaubar. Erst durch das laufende Erschließungsprojekt kann ein besserer Zugang zu diesen sowohl hinsichtlich der Menge als auch der historischen Aussagekraft geradezu überwäl-

---

[18] Der im Stadtarchiv Halle verwahrte Bestand von über 200 Archivkartons bzw. ca. 30 lfm umfaßt den Zeitraum von 1728 bis um 1930 und beinhaltet in erster Linie die Geschäfts- und Autorenkorrespondenz der Firmen Gebauer sowie Hemmerde und Schwetschke, zusätzlich Privatdokumente der Geschäftsbetreiber, Druckereiunterlagen, Manuskripte etc. Mit Förderung durch die DFG wird aktuell seine wissenschaftliche Erschließung und Digitalisierung durchgeführt, vgl. auch die entsprechende Projektseite des Interdisziplinären Zentrums für die Erforschung der europäischen Aufklärung unter der URL *www.izea.uni-halle.de* bzw. *http://webdoc2.urz.uni-halle.de/izea/cms/index.php?id=217.* Vgl. dazu außerdem Marcus Conrad, Ein deutscher Verlag der Aufklärung mit europäischer Ausstrahlung – zu Umfang, Struktur, Erschließung und Verwertbarkeit des Verlagsarchivs Gebauer-Schwetschke im Stadtarchiv Halle, in: Leipziger Jahrbuch zur Buchgeschichte 18 (2009), 367–372.
[19] Vgl. u. a. Hans-Joachim Kertscher, „Klotz und die Klotzianer" als Autoren des halleschen Gebauer-Verlags, in: Erich Donnert (Hg.), Europa in der Frühen Neuzeit. Festschrift für Günter Mühlpfordt, Bd. 7: Unbekannte Quellen, Aufsätze, Weimar u. a. 2008, 303–321, hier 316 ff.
[20] Carl Friedrich Bahrdt, Versuch über die Beredsamkeit, nur für meine Zuhörer bestimmt, Halle 1780.
[21] Carl Friedrich Bahrdt (Hg.), Des Tacitus Annalen, erstes und zweites Buch. Ein Probstück für Kenner, Halle 1780.
[22] Carl Friedrich Bahrdt, Systema Theologiae Lutheranae orthodoxum, cum brevi notatione dissensionum recentiorum, Halle 1785.
[23] Kertscher, Klotz (wie Anm. 19), 316 ff.

tigenden Originalquellen geschaffen werden.[24] So versteht sich dieser Beitrag in erster Linie als ergänzender Hinweis zur Unterstützung für denkbare künftige Forschungen.

Besonders gut ist durch das Verlagsarchiv die Produktion der von Mylius in Berlin verlegten und bei Gebauer gedruckten traditionskritischen *Analytischen Erklärung aller Briefe der Apostel Jesu*[25] sowie der Untersuchungen Bahrdts zur *Ausführung des Plans und Zwecks Jesu*[26] dokumentiert. Bereits der Titel weckt eine Assoziation zu dem von Lessing 1778 herausgegebenen Reimarus-Fragment *Von dem Zwecke Jesu und seiner Jünger*, in dem Reimarus die Jesus und seinen Jüngern unterstellten politischen Absichten in ein durchaus profanes Licht rückte. Bekanntlich löste die Publikation des Textes durch Lessing im Kontext des Fragmentenstreits seinerzeit heftige Kontroversen aus. Auch in den Briefen zur *Ausführung des Plans und Zwecks Jesu*, einer Fortführung seiner unmittelbar zuvor bei Dost in Halle erschienenen *Briefe über die Bibel, im Volkston*, führt Bahrdt eine naturalistische Lesart der Lebensgeschichte Jesu vor.

Die Verlagskorrespondenz legt den Schluß nahe, daß Gebauer erst mit dem Druck der letzten beiden Teile betraut wurde, die demnach 1789 in Angriff genommen wurden, nachdem die ersten zehn Teile bereits bis 1786 erschienen waren. Im Brief vom 10. März 1789 schreibt Sophie Christiane Mylius an Gebauer: „Zu Michaeli dieses und Ostern künftiges Jahrs will Hr. Dr. Bahrdt noch 2 Bändchens zu der Ausführung u Zweck Jesu schreiben; sprechen Sie doch mit ihm damit Sie in Zeiten Ihre Anstalten darnach machen können".[27] Kurz darauf, im April 1789, erfolgte die Inhaftierung Bahrdts als Folge seiner geheimbündlerischen Aktivitäten und der von ihm verfaßten Satire auf das Wöllnersche Religionsedikt, was die Publikationspläne jedoch nicht zu Fall brachte. Nach Bahrdts Entlassung aus der Magdeburger Festungshaft im Mai 1790 schreibt die Witwe Mylius:

Da nun Herr Doktor Bahrdt wieder in Halle ist, so kann ich für die Ostermesse noch ein Buch Ihrer Druckerey übergeben; welches ich sonst in Magdeburg wolte drucken lassen: Es ist das 11te Bändchen des Plans Jesu; wollen Sie deswegen so gütig seyn und einmal bey ihm hören wann Sie dies anfangen können; wenn Sie ihn besuchen so will

---

[24] Die Ergebnisse sind zugänglich über die URL *https://secure3.halle.de/dfg/start.fau?prj=iinterdfg*. Bis Januar 2012 konnte der Bestand bereits bis zum Jahrgang 1800 aufgearbeitet werden, das entspricht dem Inhalt von ca. 100 Archivkartons bzw. knapp 34000 in der Datenbank verzeichneten Dokumenten, die nun mittels Volltext- bzw. Indexrecherche gezielt abrufbar und als Digitalisate am Bildschirm bequem zu betrachten sind.

[25] Carl Friedrich Bahrdt, Analytische Erklärung aller Briefe der Apostel Jesu. Ein Magazin für Prediger und für alle, welche in der heiligen Schrift veste und beruhigende Überzeugung suchen, 3 Bde., Berlin 1787–89.

[26] Carl Friedrich Bahrdt, Ausführung des Plans und Zwecks Jesu. In Briefen an Wahrheit suchende Leser, Berlin 1784 ff.

[27] Sophie Christiane Mylius aus Berlin an Gebauer, 10. März 1789 (Karton 84, Sign. 24563)

ich bitten ihm mein Compliment zu machen, u ihm zu sagen daß mir seyne Befreyung eine angenehme Nachricht gewesen wäre.[28]

Im Zuge der Ausarbeitung und Drucklegung entwickelt sich nun eine Dreierkonstellation, innerhalb derer sich Bahrdt, Mylius und Gebauer wechselseitig miteinander abstimmen. So stellt Bahrdt am 10. Januar 1791 Gebauer ein Schreiben zu, das dieser bei Vorlage des Manuskripts dem Berliner Zensor aushändigen solle, der daraufhin „sein Amt nicht verweigern könne" (was auch immer das heißen mag).[29] In weiteren Schreiben von Bahrdt und Mylius an Gebauer geht es um ebendiese Belange der Zensur und Druckgenehmigung, der Druckeinrichtung, der Ausarbeitung und Manuskriptübersendung durch Bahrdt, dessen Gesundheitszustand und schließlich den unter diesen Umständen realisierbaren Erscheinungstermin.

Ein weiteres, durch das Verlagsarchiv noch besser dokumentiertes Beispiel ist die gleichfalls von Mylius verlegte und bei Gebauer gedruckte *Analytische Erklärung aller Briefe der Apostel Jesu*. In den zahlreichen Briefen dazu von Bahrdt und Mylius an Gebauer aus der Zeit zwischen Oktober 1786 und März 1789 sowie weiteren Unterlagen, insbesondere den Geschäftsberichten des Faktors Simon August Giebe, geht es gleichfalls um Fragen wie Ausarbeitung und Manuskriptübersendung, Umfang und Druckeinrichtung, außerdem u. a. Titelgebung und Bekanntgabe des Verfassernamens. Durch eine intensivere Untersuchung in weiteren Forschungskontexten sind hier sicher noch zahlreiche Entdeckungen möglich, die bislang vorliegende Resultate ergänzen könnten.

Neben den hier beispielhaft angeführten Dokumenten verdienen auch zahlreiche Erwähnungen Bahrdts in Schreiben anderer Verlagsautoren und Gelehrter, wie etwa Friedrich Eberhard Boysen, Johann Friedrich Lebret, Gebhard Ulrich Brastberger, Christian Gottfried Schütz, Christian Ludwig Paalzow oder Johann Michael Afsprung, großes Interesse, die sich im Verlagsarchiv Gebauer-Schwetschke finden und wertvolle Bausteine zur authentischen Rekonstruktion von Netzwerken und Gegnerschaften innerhalb der Res publica literaria darstellen.

Das gewählte Beispiel Bahrdt ist eines unter vielen, selbst im aktuell thematisch relevanten radikalaufklärerischen Kontext, denn im Verlagsarchiv Gebauer-Schwetschke finden sich auch diverse Quellen zu heterodoxen Schriften von Autoren wie Carl Christoph Reiche, von dem drei Publikationen der 1770er Jahre bei Gebauer erschienen,[30] oder von Christian Ludwig Paalzow, dessen religions-

---

[28] Sophie Christiane Mylius aus Berlin an Gebauer, Eingangsvermerk 27. Juli 1790 (Karton 87, Sign. 27405).

[29] Carl Friedrich Bahrdt an Gebauer, 20. Januar 1791 (Karton 88, Sign. 27530).

[30] Carl Christoph Reiche, Betrachtungen und Gebete den Landleuten bey ihrer Mühe und Arbeit, zur Erleichterung und Freude des Herzens, Halle 1776; C. C. R., Predigten eines Landgeistlichen für

kritische Schrift *Hierokles oder Prüfung und Vertheidigung der christlichen Religion* 1785 bei Gebauer erschien.[31] Diese Publikation wird in einem neueren Aufsatz von Martin Mulsow untersucht, der viele aufschlußreiche werk- und diskursgeschichtliche Details beleuchtet.[32] Da das Verlagsarchiv Gebauer-Schwetschke erst seit allerneuester Zeit, im Zuge des laufenden Erschließungsprojektes, für die wissenschaftliche Forschung verfügbar gemacht wurde, konnte dabei die einschlägige Korrespondenz zwischen Paalzow und Gebauer noch nicht einbezogen werden. Die betreffenden Briefe aus dem Verlagsarchiv bieten weitere wichtige Informationen zu Konzeption sowie Intention, Verlagskonditionen, Honorarfragen, Layout, Vertriebsstrategien und dem Umgang mit Zensurinstitutionen, darüber hinaus liegen auch hier zahlreiche Schreiben weiterer Personen vor, die Vertrieb und Rezeption authentisch belegen. Dokumente zum Fort- und Nachgang des Unternehmens und spätere Briefe Paalzows sind in den anstehenden Kartons noch zu erhoffen, insbesondere zu den anderen beiden Teilen der von Mulsow skizzierten Trilogie mit den Titeln *Celsus* und *Porphyrius*.[33] In Briefen Paalzows an Gebauer aus den Jahren 1787 und 1788 werden diese als zweiter und dritter Band des *Hierokles* angesprochen, auch ein weiteres Manuskript übersandt und Modalitäten der Drucklegung erörtert, doch vorerst muß vieles leider noch im Dunkeln bleiben.[34]

Vorgestellt wird das Erschließungsprojekt zum Verlagsarchiv Gebauer-Schwetschke, das vielfältige Dokumente zur literarischen Öffentlichkeit sowie den Kommunikationsverhältnissen in Europa im 18. und frühen 19. Jahrhundert beinhaltet, ebenso zu Vertrieb und Rezeption klandestiner Schriften. Der damit verbundene Quellenwert wird andeutungsweise für den Verlagsautor Carl Friedrich Bahrdt und insbesondere anhand religionskri-

---

Leute vom Lande über alle Sonn- und Festtäglichen Evangelia, nebst 4 Bußpredigten, Halle 1777; C. C. R., Ueber das schüchterne Wesen unsrer paradox gesonnenen Geistlichen, Halle 1779.

[31] Christian Ludwig Paalzow, Hierokles oder Prüfung und Vertheidigung der christlichen Religion, angestellt von den Herren Michaelis, Semler, Less und Freret, Halle 1785.

[32] Martin Mulsow, Christian Ludwig Paalzow und der klandestine Kulturtransfer von Frankreich nach Deutschland, in: Christine Haug, Franziska Mayer, Winfried Schröder (Hg.), Geheimliteratur und Geheimbuchhandel in Europa im 18. Jahrhundert, Wiesbaden 2011, 67–84.

[33] Christian Ludwig Paalzow, Celsus oder neueste Prüfung und Vertheidigung der christlichen Religion, angestellt von den Hrn. Michaelis etc., Gotha 1791; C. L. P., Porphyrius oder Letzte Prüfung und Vertheidigung der christlichen Religion, angestellt von den Herren Michaelis, Semler, Leß, Richard Simon, Orobio und Freret, Frankfurt und Leipzig [= Halle: Gebauer] 1793. Wie Mulsow zutreffend feststellt, finden sich zum *Celsus*, außer entlegenen Erwähnungen und bibliographischen Sekundärverweisen in anderen Schriften, keine handfesten Nachweise in Bibliotheken etc. Vgl. Mulsow, Paalzow (wie Anm. 32), 74 f.

[34] Vgl. u. a. Christian Ludwig Paalzow aus Berlin an Gebauer, 29. Mai 1787 (Karton 80, Sign. 23401); Christian Ludwig Paalzow aus Berlin an Gebauer, 28. Juli 1787 (Karton 80, Sign. 23402); Christian Ludwig Paalzow aus Berlin an Gebauer, 15. November 1788 (Karton 82, Sign. 23872).

tischer Publikationen Bahrdts vorgeführt, die von Mylius in Berlin verlegt und bei Gebauer in Halle gedruckt sowie u. a. durch diesen vertrieben wurden.

This contribution presents a project analyzing the archival material which was left behind by the publishing house Gebauer-Schwetschke and which contains documents offering insight into the literary public sphere, the general system of communication in the 18th and 19th century as well as the distribution and reception of clandestine literature. The value of these sources will be indicated by focusing on Carl Friedrich Bahrdt and in particular upon his works of religious criticism which were published by Mylius in Berlin and then printed and distributed by Gebauer in Halle.

Manuel Schulz, MA, Dr. Marcus Conrad, Interdisziplinäres Zentrum für die Erforschung der europäischen Aufklärung, Franckeplatz 1, Haus 54, 06110 Halle, E-Mail: Manuel.Schulz@halle.de, Marcus.Conrad@halle.de

PETER-HENNING HAISCHER/HANS-PETER NOWITZKI

„… gegen alles Nachtheilige bestens verwahrt."[1]

Wielands clandestine Publikationsstrategien

Jan Philipp Reemtsma zum 60. Geburtstag

Man muß die Vorurtheile nicht respectiren, aber man muß
ihnen, wie einem Ochsen, der Heu auf den Hörnern trägt, aus
dem Wege gehen.[2]

1757 provozieren die Gedichte Johann Peter Uz' (1720–1796) den jungen Christoph Martin Wieland zu einer berühmt-berüchtigten Stellungnahme, deren Veröffentlichung ihm lange den Vorwurf der Heuchelei eintragen sollte.[3] In der seinen *Empfindungen eines Christen* vorangestellten Dedikation wendet er sich an
den preußischen Hofprediger August Friedrich Wilhelm Sack (1703–1786), um
Uz und andere Anakreontiker zu denunzieren und zu diffamieren:

> Was sollen wir […] zu dem Schwarm von anakreontischen Sängern sagen, welche […]
> sich zusammen verschworen haben, alles was heilig und feyerlich ist lächerlich zu ma
> chen, und die wenigen Empfindungen für GOtt, die im Herzen der leichtsinnigen Ju
> gend schlummern, völlig auszutilgen. Es ist unnöthig, daß ich mich hier weiter mit die
> ser schädlichsten Art der elenden Scribenten einlasse […]. Es wäre aber zu wünschen,
> daß Ew. Hochwürden, und andere Männer, denen Ihre allenthalben bekannten Vorzüge,
> nebst den Würden die sie bekleiden, ein Recht geben, Aufmerksamkeit zu fordern, öf
> fentlich die Unordnung und das Ärgerniß rügen möchten, welches diese leichtsinnigen
> Witzlinge anrichten, die nur allzuviel geneigte Leser und gelinde Richter finden. Weil
> dieses Ungeziefer, das so tief unter Ihrem Gesichtskreise kriecht, Ihnen vielleicht nur

---

[1] Christoph Martin Wieland, Anmerkung zu: A. B. [Marcus Herz], Über die Widersprüche in
der menschlichen Natur, in: Der Deutsche Merkur 1 (1773), 2, 144–163, hier 159.

[2] Wieland an Salomon Geßner (Biberach, den 7. November 1763), in: Wielands Briefwechsel,
hg. von der Deutschen Akademie der Wissenschaften zu Berlin. Institut für deutsche Sprache und
Literatur, Berlin 1963 ff., Bd. 3, 205–208, hier 206 [künftig: WBr. Bandzahl, Seite].

[3] Zum Verlauf dieser Auseinandersetzung vgl. Ludwig Hirzel, Wieland und Martin und Regula
Künzli. Ungedruckte Briefe und wiedergefundene Actenstücke, Leipzig 1891, 121–132.

Aufklärung 24 · © Felix Meiner Verlag 2012 · ISSN 0178-7128

nicht einmal bekannt ist, so will ich einige der neuesten, die mir aufgestossen sind, anzeigen.[4]

Auch wenn der 24jährige Eiferer im Dienst für Religion und Moral nicht so weit geht, offen das Verbot ihrer Schriften einzuklagen, so forderte seine ‚Anzeige‘ bei erfülltem Tatbestand doch das sofortige Eingreifen des Zensors: Verspottung der Religion, Verführung der Jugend, öffentliches Ärgernis wegen Unsittlichkeit. Den Adressaten wählt er wohl nicht von Ungefähr. Als ranghoher Geistlicher ist Sack ein Vertreter der Kirchenobrigkeit und steht als solcher der preußischen Zensurkommission nahe.[5]

So führt – überblickt man Wielands schriftstellerische Laufbahn – ein weiter Weg von Saulus zu Paulus, vom eifernden Denunzianten zum überlegt-überlegenen Verfechter der Rechte und Pflichten der Schriftsteller, der dann 1788 die „Freiheit der Presse [...] als das dermahlige wahre *Palladium der Menschheit"* feiern wird.[6] Und doch sind beide Positionen Wielands eher einer zeitbedingt widersprüchlichen Haltung zur Zensur geschuldet, denn Ausdruck einer späten Bekehrung zum Menschenrecht oder eines ihm oft attestierten chamäleonhaften Charakters. Bereits im Jahr seiner Attacke gegen Uz ist nämlich eine gegensätzliche Äußerung Wielands überliefert, in der er für die Freiheit des Schriftstellers eintritt. In seiner Vorlesung *Theorie und Geschichte der Red-Kunst und Dicht-Kunst. Anno 1757* liest sich das so: „Der Mangel an Freyheit muß nothwendig den Genie einschränken und furchtsam machen, außerdem, daß ein Poet, der ein Sclav ist, auch ein Schmeichler seyn muß [...]".[7]

---

[4] Christoph Martin Wieland, An den Hochwürdigen Herrn, Herrn A. F. W. Sack, Sr. Majestät, des Königs von Preussen, Ober-Consistorial-Rath, und Hofprediger, etc. [1757], in: C. M. W., Schriften zur deutschen Sprache und Literatur, hg. von Jan Philipp Reemtsma, Hans und Johanna Radspieler, Bd. 2, Frankfurt am Main 2005, 18–34, hier 25 f.

[5] Vielleicht nahm Wieland gar an, Sack sei als Oberkonsistorialrat auch staatlicher Zensor – in einigen Reichsgebieten (so etwa in Kursachsen) oblag die letztinstanzliche Aufsicht der Zensur dem Konsistorium als der höchsten Kirchenbehörde des Landes – , was seinen Angriff auf Uz umso perfider machen würde. Tatsächlich wäre Sack beinahe Mitglied der preußischen Zensurkommission geworden. Denn Samuel von Cocceji schlug im Zusammenhang mit der Neuregelung der staatlichen Zensur, die zum Edikt vom 11. Mai 1749 führte, auch August Friedrich Wilhelm Sack als einen der möglichen Zensoren vor. Friedrich II. lehnte diesen Vorschlag aber ab und berief stattdessen ein anderes Mitglied des Konsistoriums in die Zensurkommission. Vgl. Acta Borussica. Denkmäler der Preußischen Staatsverwaltung im 18. Jahrhundert, hg. von der Königlichen Akademie der Wissenschaften. Behördenorganisation und allgemeine Staatsverwaltung, Bd. 8: Akten vom 21. Mai 1748 bis 1. August 1750, bearbeitet von Gustav Schmoller und Otto Hintze, Berlin 1906, 315 f.

[6] Christoph Martin Wieland, Das Geheimniß des Kosmopolitenordens, in: C. M. W., Politische Schriften, insbesondere zur Französischen Revolution, hg. von Jan Philipp Reemtsma, Hans und Johanna Radspieler. 3 Bde., Nördlingen 1988, Bd. 1, 321–348, hier 345.

[7] Christoph Martin Wieland, Theorie und Geschichte der Red-Kunst und Dicht-Kunst. Anno 1757, in: C. M. W., Gesammelte Schriften. hg. von der Deutschen Kommission der Königlich

Schon der junge Wieland könnte damit als Sympathisant freier Meinungsäußerung gelten, zumindest hat die Forschung dies entsprechend verbucht.[8] Allerdings ist die genannte Äußerung in einem spezifischen historischen Kontext verankert, der ihre Interpretation als direkte Kritik an Zensur und Unterdrückung freier Meinungsäußerung nicht zuläßt. Zudem ist das Publikum, für das diese Verlautbarung bestimmt ist, privaten Zuschnitts, die Widmung an Sack dagegen für ein viel größeres Forum verfaßt. Stellt dieser Umstand, läßt sich fragen, nicht vielleicht schon das Muster einer typisch Wielandischen clandestinen Aufklärungspraxis dar? Nimmt er absichtlich weithin öffentlich sichtbar Partei für die eifernden bigotten Moralisten, um in kleinem Kreis desto ungehemmter radikales Gedankengut verbreiten zu können?

Es wäre sicher übertrieben, deklarierte man diesen Umstand dezidiert als Strategie des Clandestinen. Vielmehr läßt sich zeigen, daß diese Doppelgesichtigkeit in den zeitgenössischen Zensurregelungen und ihrer Umsetzung selbst angelegt ist. Hier sei am Beispiel Wielands die Problematik des Wechselspiels zwischen Aufklärungsideologie einerseits und notwendiger Konformität in der schriftstellerischen Praxis Wielands vor der Französischen Revolution andererseits behandelt. Die Neubesichtigung einiger Auseinandersetzungen mit der Zensur unter dem Stichwort des ‚Clandestinen‘ eröffnet die Möglichkeit, die Publikationsgeschichte seiner inkriminierten Schriften transparenter und Wielands Stellungnahmen zur Pressefreiheit und zum politischen Schrifttum verständlicher werden zu lassen.

Wieland gehört zu denjenigen, die Literatur als ein in erster Linie aufklärungs- und kultursubsidiäres Medium auffassen (im Gegensatz zu denjenigen, die ihr eine vornehmlich komplementäre Funktion zuweisen).[9] Er meidet den clandestinen Publikationsmodus und setzt stattdessen auf genuin literarische Strategien wie Allusion, Hyperbole, Ironie u. a.[10] Denn der Modus der radikal verfaßten *littérature clandestine* verhält sich diametral zu den Intentionen solcher Autoren, die ihren Lebensunterhalt als freie Schriftsteller verdienen wollen oder müssen.

Zunächst aber ist eine Begriffsklärung von ‚Clandestinität‘ angezeigt. Denn der Begriff an sich ist vieldeutig und schillernd in seiner Verwendung. Häufig bezieht er sich auf Publikationswege politischer Streitschriften, häretischen, satirischen und erotischen Schrifttums; zudem wird er auf unliebsame oder von der Zensur

Preußischen Akademie der Wissenschaften, Abt. I, Bd. 4: Prosaische Jugendwerke, hg. von Fritz Homeyer und Hugo Bieber, Berlin 1916, 303–420, hier 369 f. [künftig AA Abt./Band, Seite].

[8] Vgl. John A. McCarthy, Die gefesselte Muse? Wieland und die Pressefreiheit, in: Modern Language Notes 99 (1984), 437–460, hier 437.

[9] Vgl. dazu Karl Eibl, Sprachkultur im 18. Jahrhundert. Über die Erzeugung von Gesellschaft durch Literatur, in: Rainer Wimmer (Hg.), Sprachkultur. Jahrbuch 1984 des Instituts für deutsche Sprache, Düsseldorf 1985 (Sprache der Gegenwart, 63), 108–124, hier 121 f.

[10] Vgl. McCarthy, Die gefesselte Muse? (wie Anm. 8), 444 Anm. 26.

bedrohte politische Werke angewandt, besonders aber auf die religionskritischen und tendenziell materialistischen Schriften der sogenannten ‚Starkgeister' – Schriften, wie sie exemplarisch das fiktive Verlagssignet eines *Pierre Marteau* zusammenfaßt.[11]

Littérature clandestine ist illegale, geheime Publizistik, die Darnton und andere nicht ganz unpassend, wenn auch den historischen Sachverhalt begrifflich etwas mißverständlich, als ‚Untergrundliteratur' bezeichnet haben.[12] Kann doch deren Publikum, für das sie berechnet ist, durchaus mit dem der legalen Literatur übereinkommen. ‚Legalität' und ‚Illegalität' führen nicht selten zu gegensätzlichen Schreibstrategien: So kennzeichnet den ‚Legalstil', eher argumentative Subtilität, Ironie und indirekte Kritik. Der ‚Clandestinstil' hingegen ist offensiv, geprägt von oft schonungsloser Direktheit und kritischer Radikalität. Hier, im ostentativen Unterlaufen des Legitimen, läßt sich leichter rigoristisch formulieren. Und doch sind beide Stilqualitäten geeignet, grundständige Aufklärung zu betreiben.

Bei Wieland läßt sich dieser Sachverhalt sehr gut beobachten: Zeigt er sich zu Beginn seiner Schriftstellerlaufbahn zuweilen als Zelot, meidet er später den parteilich bestimmten, entschiedenen Ton und sucht stattdessen die nuanciert-ausgewogene Formulierung. Dabei ist er stets bemüht, den Leser nicht durch die Prä-

---

[11] Es wurde zwischen 1680 und 1860 von Autoren, Verlegern und Druckern für clandestine Publikationen verwendet. Vgl. Karl Klaus Walther, Die deutschsprachige Verlagsproduktion von Pierre Marteau / Peter Hammer, Köln. Zur Geschichte eines fingierten Impressums, Leipzig 1983 (Zentralblatt für Bibliothekswesen, Beiheft 93). – Vgl. den Artikel ‚Freydenker, Freygeister, starke Geister', in: Johann Michael Mehlig, Historisches Kirchen- und Ketzer-Lexicon, aus den besten Schriftstellern zusammengezogen, 2 Bde., Chemnitz 1758, hier Bd. 1, 678. Mehlig unterscheidet hier die ungläubigen und die schwärmerischen Freidenker: Diese „sind Leute, die sich die Freyheit anmassen, von Dingen, so auf die Glaubens- und Sittenlehre zielen, nach eigenem Gefallen, ohne Zwang und Einschränkung eines regelmässigen Nachdenkens, zu setzen und zu lehren, und die mithin alle Glaubens- und Lebensregeln muthwillig verachten. Sie werden eingetheilet in Atheisten, Deisten und indifferentistische Naturalisten". Jene schwärmerischen Freydenker seien christliche Sekten wie die Widertäufer und Quäker, denen das Kirchenregiment zuwider ist. Vgl. dazu Reiner Wild, Freidenker in Deutschland, in: Zeitschrift für historische Forschung 6/3 (1979), 253–285, hier 254 f.; desgl. Agatha Kobuch, Zensur und Aufklärung in Kursachsen. Ideologische Strömungen und politische Meinungen zur Zeit der sächsisch-polnischen Union (1697–1763), Weimar 1988 (Schriftenreihe des Staatsarchivs Dresden, 12), 47–55, und A. K., Aspekte des aufgeklärten bürgerlichen Denkens in Kursachsen in der ersten Hälfte des 18. Jh. im Lichte der Bücherzensur, in: Jahrbuch für Geschichte 19 (1979), 251–293, hier 260–263.

[12] Das Wortfeld von *clandestin(e)* markieren Synonyme wie *caché* (unsichtbar, verborgen, geheim), *ténébreux* (geheimnisvoll, dunkel, unverständlich), *secret* (geheim, verborgen), *défendu* (verboten), *fait* (unerlaubt, verboten), *personne* (zwielichtig), *état* (verschleiert), *chiffré* (verschlüsselt), *prohibé* (verboten) und Antonyme wie *autorisé* (genehmigt, gestattet, erlaubt), *avoué* (gebilligt, anerkannt), *légal* (gesetzlich, rechtmäßig); *ostensible* (offenkundig, auf das Bemerktwerden berechnet, ostentativ), *public* (öffentlich, allgemein bekannt).

sentation vermeintlich fertiger Lösungen zu agitieren. Er analysiert und skizziert Problemlagen, nimmt sie aus unterschiedlichen Perspektiven in den Blick und wägt ihr Für und Wider ab. Oft bleibt dem Leser das Problem und seine letzte Lösung überlassen – wenn es die denn gibt. Wielands Aufklärungsbegriff vermittelt, wie Probleme zu erörtern sind, um sich eine eigene Meinung darüber bilden zu können. Um diese eigenständige Prüfung durch den Rezipienten zu ermöglichen, ist der Autor gehalten, sich zurückzunehmen. Dazu stimmt er sich selbst auf einen gemäßigten Ton herab und vermeidet den enthusiasmiert-schwärmerischen, ja radikalisierenden Gestus.

Um also den Begriff der ‚Clandestinität' für Wielands Werk operabel zu machen, seien hier all jene die Publikationsformen und Schreibweisen darunter subsumiert, die darauf abzielen, die Zensur bewußt zu unterlaufen, um inkriminierte Gedanken in den gesellschaftlichen Diskurs einzuspeisen. Zumeist werden darunter eher areligiöse – meist materialistische – und erotische bzw. unsittliche Schriften verstanden, die das herrschende Moral- und Gesellschaftssystem infragestellen. Würde man die Argumentation allerdings nur auf diese ‚klassischen' Formen der Clandestinität abstellen, auf Schriften also, deren politische oder moralische Inhalte eindeutig und oft in derber Form Stellung gegen die herrschenden Verhältnisse beziehen und diese dadurch tatsächlich zu untergraben drohen, dann käme Wieland überhaupt nicht in den Blick. Sein Anteil an der ‚clandestinen Aufklärung bliebe weithin verstellt. Die bloße Integration heikler Gedankengänge – wie sie etwa der Materialist Hippias im *Agathon* vertritt[13] – ließe sich dann allenfalls, wenn auch nur mit einem gerüttelt Maß an interpretatorischer Gewalt, als ‚clandestiner Import' einordnen.

Nun sind Kritik, Darstellung und Diskussion verschiedener – auch extremer – Auffassungen und Philosopheme zunächst Kennzeichen aufklärenden und aufgeklärten Schreibens. Sie allein schon als Merkmale der Clandestinität zu kennzeichnen, erhellte das Phänomen des Clandestinen nicht im Geringsten. Zu umfangreich würde der Textkorpus, integrierte man sämtliche Kontroversschriften dem Clandestinen. Um also nicht „[j]enseits potentieller Wirkungsmöglichkeiten und tatsächlicher Wirkungen [...] Tatbestände der ‚Gefährlichkeit' oder ‚Schädlichkeit' spezifischer Texte [zu] behaupten und [zu] konstruieren",[14] die keinen Halt im Faktischen finden, ist ‚Clandestinität' als intentional bestimmt aufzufassen und direkt, durch Äußerungen des Autors, oder indirekt, durch Verweis auf

---

[13] Obgleich Wieland Hippias' Position durchaus etwas abzugewinnen weiß, wie er in einem Brief an Riedel einmal schreibt, worin er betont, daß dieser „nicht allezeit Sophist ist" und daß „der Discurs dieses nämlichen *Hippias* [...] nicht unwürdig [ist], ein wenig *studiert* zu werden; [...] es ist gar viel Wahres darin, das unsere guten Deutschen noch nicht recht verstehen" (Wieland an Friedrich Justus Riedel [Biberach, den 26. Oktober 1768], in: WBr. 3 [wie Anm. 2], 549–554, hier 551).

[14] Armin Biermann, ‚Gefährliche Literatur' – Skizze einer Theorie der literarischen Zensur, in: Wolfenbütteler Notizen zur Buchgeschichte 13 (1988), 1–28, hier 10.

zeitgenössische Zensururteile, zu dokumentieren: Zum einen benennt sie Literatur, die über Vertriebswege im Untergrund publiziert wird, wodurch die obrigkeitliche Aufsicht bewußt umgangen werden soll und dazu etwa Autorschaft und Ursprungsort einer Schrift verschleiert werden. Zugleich bezeichnet sie den Versuch, über Schreibstrategien inkriminiertes Gedankengut verdeckt Einfluß auf die öffentliche Meinung nehmen zu lassen, ohne dabei den Vertrieb oder die Verbreitung einer Schrift gehemmt zu sehen. Entscheidend ist in jedem Fall der Umgang mit der Zensur und die dahinterstehende Intention des Schriftstellers: *Sucht* er nach Öffentlichkeit oder *meidet* er sie, weil er um die Gefährlichkeit des eigenen Werks weiß und die Gefahr der Grenzverletzung *intendiert?* Stellt man sich diesem Problem, nimmt man das Verhältnis Wielands zur Zensur mit in den Blick, das ihn praktisch und theoretisch immer wieder beschäftigte, dann wird auch Wielands ‚Lavieren‘ und ‚Taktieren‘ verständlicher, das ihm häufig vorgeworfen wurde und bis heute die Rezeptionsgeschichte seiner Werke bestimmt. Die Frage ist, in welchem Verhältnis das Moment der Selbst- und Fremdzensur Wielands zu seinem Aufklärungs- und Dichtungsverständnis steht, ob sie dieses korrumpiert oder perfektioniert, unterläuft oder unterstützt, ausschließt oder bedingt.

Die Forschung ist sich in dieser Frage noch immer uneins: Schon Goethe glaubte Wieland gegen den Vorwurf der Standpunktlosigkeit in Schutz nehmen zu müssen.[15] Karin Stoll sieht Wielands Selbstzensur vor allem in ökonomischen Rücksichten begründet; Wieland habe vor allem darauf gesehen, daß der Absatz des *Teutschen Merkur* in allen Reichsgebieten, den katholischen wie protestantischen gleichermaßen, gewahrt bleibt. Dabei werde allerdings die Aufklärung „durch ökonomische Abhängigkeiten" depraviert.[16] W. Daniel Wilson hingegen hebt in seinen Aufsätzen zum einen auf Wielands Radikalität[17] und Rücksichtslosigkeit bei seinen Veröffentlichungen ab,[18] faßt ihn und seine Selbstzensur dann aber als exemplarisch für die „Misere der deutschen Intellektuellen im 18. Jahr-

---

[15] Johann Wolfgang von Goethe, Zu brüderlichem Andenken Wielands (1813). In: Johann Wolfgang Goethe, Sämtliche Werke nach Epochen seines Schaffens. Münchner Ausgabe, Bd. 9: Epoche der Wahlverwandtschaften, hg. von Christoph Siegrist u. a., München 1987, 945–965, hier 959.

[16] Karin Stoll, Christoph Martin Wieland. Journalistik und Kritik. Bedingungen und Maßstab politischen und ästhetischen Räsonnements im *Teutschen Merkur* vor der Französischen Revolution, Bonn 1978 (Abhandlungen zur Kunst-, Musik-, und Literaturwissenschaft, 269), 73–75.

[17] Vgl. W. Daniel Wilson, Wieland's *Diogenes* and the Emancipation of the Critical Intellectual, in: Hansjörg Schelle (Hg.), Christoph Martin Wieland. Nordamerikanische Forschungsbeiträge zur 250. Wiederkehr seines Geburtstages 1983, Tübingen 1984, 149–179, hier 176.

[18] W. Daniel Wilson, Intellekt und Herrschaft. Wielands *Goldner Spiegel*, Joseph II. und das Ideal eines kritischen Mäzenats im aufgeklärten Absolutismus, in: Modern Language Notes 99 (1984), 479–502.

hundert" auf.[19] Zu Wielands Aufsatz *Über die Rechte und Pflichten der Schrift-steller* merkt Wilson an, daß er „als Schriftsteller und als Herausgeber – den letz-ten Schritt seines Programms nicht [gehe]. Er beläßt es dabei, politische Kritik zu fordern".[20] Anerkennung zollt er aber Wielands doppelbödigem brisanten Empi-rismus, der sich darin manifestiere, daß „Wieland konkrete Beispiele erörtert, [da-bei] doch andere Grundsätze [äußert]".[21]

John A. McCarthy hebt auf den Aspekt der Dialogizität ab und rückt damit die Rezipientenfrage in den Vordergrund: „Der Dialog darf nicht aufhören".[22] Wie-land ist ihm ein strikter Vertreter der Pressefreiheit, der diese jedoch nicht theo-retisch deduziere, sie vielmehr aus der Lebenswirklichkeit des Menschen ableite. Wielands Offenheit für verschiedenste Argumente liege in seinem Leserbild be-gründet: „Gefragt wird nach dem Mittel, die Integrität der Adressatengruppe als autonome Subjekte zu bewahren".[23] Die scheinbare Unentschlossenheit Wielands sei demnach nicht als Vorsicht mißzuverstehen, sondern erkläre sich aus seiner Abneigung gegen jedwede bevormundende Dogmatik: „Weder in seinen schön-geistigen noch in den politischen Schriften wollte Wieland Zu-Ende-Gedachtes vermitteln, sondern kritisch denken, differenziert lesen und aufmerksam sehen lehren".[24]

Herbert Jaumann baut Wieland dann zum politischen Denker der Metakritik auf: ‚Aufklärung' bedeute permanente Reflexion auch der eigenen Grundsätze und Einspruchsmöglichkeit bei dogmatischen Lehrsätzen, deren Behauptung wi-dersprochen werden kann.[25] Damit löst er die ‚Aufklärung' aus ihrer konkret-hi-storischen Bindung und das Forschungsproblem ‚dialektisch' auf; das Problem verschwindet, statt geklärt zu werden. Auch wenn Jaumann für die Verlagerung des Problems in die Sphäre eines Metadiskurses treffliche Argumente ins Feld zu führen weiß, Wielands Herausgeberpragmatismus und umsichtige Vorzensur der Fremdbeiträge werden dadurch nicht plausibler.

Thomas C. Starnes bringt in seinem jüngsten Beitrag zur Debatte, in dem er die Rezeption des *Teutschen Merkur* im Habsburgerreich unter Einbeziehung neuer Quellenfunde untersucht, die Frage nach den Gründen von Wielands Selbstzensur

[19] W. Daniel Wilson, Wielands Bild von Friedrich II. und die ‚Selbstzensur' des *Teutschen Merkur*, in: Jahrbuch der deutschen Schillergesellschaft 29 (1985), 22–47, hier 31.

[20] Wilson, Wielands Bild (wie Anm. 19), 37.

[21] Ebd., 37 Anm. 37.

[22] McCarthy, Die gefesselte Muse? (wie Anm. 8), 437–460.

[23] John A. McCarthy, Wielands *Teutscher Merkur* und die republikanische Freiheit des Lesers. Zur Rolle des *Teutschen Merkur* im öffentlichen Leben des 18. Jahrhunderts, in: Andrea Heinz (Hg.), *Der Teutsche Merkur – die erste deutsche Kulturzeitschrift?* Heidelberg 2003, 51–67, hier 52.

[24] Ebd., 59.

[25] Herbert Jaumann, Politische Vernunft, anthopologischer Vorbehalt, dichterische Fiktion. Zu Wielands Kritik des Politischen, in: Modern Language Notes 99 (1984), 461–478.

deshalb aufs Neue in die Diskussion; aber auch diesmal bleibt sie unbeantwortet.[26]

Geschuldet sind die verschiedenen Interpretationen des Verhältnisses von Zensur und Aufklärung nur zum Teil der je unterschiedlichen Textbasis und dem je spezifischen Blickwinkel. Auffällig ist, daß die Untersuchungen vor allem auf Selbstäußerungen Wielands allein zurückgreifen, ohne jedoch die in Rede stehenden Zensurphänomene zu kontextualisieren, zu klassifizieren und mit des Dichters Intentionen in Beziehung zu setzen. Wielands praktischer Umgang mit dem Phänomen ‚Zensur' bleibt so unzugänglich. Seine literarische Praxis muß jedoch vorrangig als Antwort auf und Umgang mit Zensur verstanden werden; daran knüpfen seine Stellungnahmen zur Pressefreiheit direkt, aber auch viele der seine Werke gleichsam paratextuell ‚durchsetzenden' Vorreden, Zusätze und Annotationen an.

I. Die zeitgenössische Zensur

Eine generalisierende Charakterisierung der Zensur zu Wielands Zeit stellt den Betrachter allerdings vor nicht geringe Probleme. Denn die Zensurgesetzgebung in den politisch-konfessionell vielgestaltigen Territorien des Heiligen Römischen Reichs deutscher Nation wurde unterschiedlich konsequent praktiziert. Insofern muß jede überblickshafte Geschichte der Zensur für das 18. Jahrhundert an der Unübersichtlichkeit und der Uneinheitlichkeit der konkreten Zensureingriffe scheitern. So vielgestaltig schillernd wie die Zensur, so vieldeutig zeigt sich auch das Phänomen des ‚Clandestinen'. Es fußt zwar auf der klaren Frontstellung gegen obrigkeitliche Kontrolle und deren Kontrollinstanz ‚Zensur'. Deren Vielgestaltigkeit läßt jedoch auch diese mannigfaltig werden.

Landesbehördliche Umstrukturierungen veränderten im 18. Jahrhundert Aufbau und Funktion der Zensur. Anfang des Jahrhunderts begann man damit, sie der ursprünglich geistlichen Aufsicht immer mehr zu entziehen. Hinzu kam die stärkere Berücksichtigung des politischen Schrifttums, wie sie bereits das Edikt Kaiser Karls VI. (1685–1740) von 1715 forderte: Die offene und polemische Diskussion von Verfassungsfragen des Reichs und die Furcht vor Aufdeckung der vornehmlich arkan betriebenen Politik sowie vor feindlicher Propaganda dürften der Hauptgrund für die Ausdehnung der Zensur auf politische Schriften gewesen

---

[26] Starnes fragt sich, ob Wieland „aus Gründen journalistischer Objektivität, aus kaufmännischer Ängstlichkeit vor einem unergründeten Lesermarkt, oder aber aus einer zu Privatzwecken ausgedachten Taktik" gehandelt habe. Vgl. Thomas C. Starnes, Der teutsche Merkur in den österreichischen Ländern, Wien 1994, hier 23–25.

sein.[27] Ein weiterer Grund für die Veränderungen in der Zensurgesetzgebung und -organisation dürfte aber auch in der Erweiterung des Buchmarkts zu sehen sein, auf dem theologisches Schrifttum im Verlauf des 18. Jahrhunderts signifikant an Bedeutung verlor.

Die zeitgenössische Zensur deshalb aber als eine „unüberschaubare und monströse Institution" mit einem „Heer von Zensoren" aufzufassen,[28] ist sicher überzogen; ganz im Gegenteil ist die schwer überschaubare Organisation und die Delegation der Aufgaben an wechselnde Behörden als Zeichen von Hilflosigkeit und Ohnmacht zu werten: Der um die Mitte des 18. Jahrhunderts zu verzeichnende deutliche Anstieg der Buchproduktion stellte die Zensurbehörden vor bislang ungeahnte Schwierigkeiten, der sie mit immer neuen Regelungen Herr zu werden suchten. Die Reglementierungen der Zensurbehörden machten sich vielerorts dann auch als Behinderung des ökonomischen Wachstums geltend und mußten von der Obrigkeit selbst wieder gezügelt werden.[29] Hinzu kam, daß der Buchmarkt in den größeren Handelsstädten aufgrund immenser Importe fast unüberschaubar geworden war. Die Zensur griff immer mehr nur noch selektiv ein. So waren etwa die Leipziger Buchhändler nicht mehr verpflichtet, importierte Druckwaren der Zensur vorzulegen.[30] Auch in Zürich – dem Ort, in dem Wieland neben Leipzig die meisten seiner separat erschienenen Werke publizierte – war der Zuwachs von Druck- und Handelswaren ein Problem, das die Zensur zu beherrschen sich immer weniger in der Lage sah.[31] Man versuchte hier zwar um 1765, die Zensur auch der importierten Druckwerke nochmals zu verschärfen und wies die Buchhändler an, ihre handschriftlichen Bücherkataloge der Zensur vorzulegen. Später sollten sie die neu aufgenommenen Titel dann selbst kennzeichnen.[32] All jene Bemühungen waren aber wenig erfolgreich. Die Zensurau-

---

[27] Bodo Plachta, Damnatur – Toleratur – Admittitur. Studien und Dokumente zur literarischen Zensur im 18. Jahrhundert, Tübingen 1994 (Studien und Texte zur Sozialgeschichte der Literatur, 43), 119.

[28] Vgl. Helmut Kiesel und Paul Münch, Gesellschaft und Literatur im 18. Jahrhundert. Voraussetzungen und Entstehung des literarischen Markts in Deutschland, München 1976, 106. Auch wenn man feststellen muß, daß 51 Zensoren allein für die Ulmer Zensur zwischen 1707 und 1744 tätig gewesen sind. Vgl. Elmar Schmitt und Bernhard Appenzeller, Balthasar Kühn, Buchdruckerei und Verlag Kühn. Ulm 1637–1736. Bibliographie. Mit einer Geschichte des Ulmer Buchdrucks von 1571–1781 und einer Darstellung der reichsstädtischen Bücher- und Zeitungszensur, Weißenhorn 1992, 64.

[29] Friedrich Kapp und Johann Goldfriedrich, Geschichte des Deutschen Buchhandels, 4 Bde. und Register, Leipzig 1886–1923, Bd. 3, 421.

[30] Ebd., 422.

[31] Adolf Jacob, Zur Geschichte der Zensur im alten Zürich, in: Zürcher Taschenbuch auf das Jahr 1908, 229–242, hier 239.

[32] Staatsarchiv des Kantons Zürich: E I 23.3.5, Nr. 51 und Nr. 57.

torität war in die Jahre gekommen, wurde immer fragiler; immer mehr Verleger und Händler trauten sich, sie zu umgehen.[33]

Die mit dem Anwachsen der Druckkapazitäten einhergehende flächige, in die Provinz auslaufende Verbreitung des Druckhandwerks hatte schließlich auch die Aufhebung der 1570 dekretierten Beschränkung der Druckereien auf Universitäts- und Residenzstädte durch das Zensuredikt von 1715 zur Folge.[34] Damit mußte auch die traditionell eher zentralistisch organisierte Zensur sich ins Dezentrale auswachsen. In Kursachsen etwa übertrug man dann in jenen Orten, die keine Zensurbehörde beherbergten, die Zensurverantwortung zumeist dem örtlichen Geistlichen.[35] In Universitätsstädten waren in der Regel die einzelnen Professoren der Fakultäten mit der Zensur ihrer fachspezifischen Literatur betraut. So hing die Wirkmächtigkeit der Zensur wesentlich vom individuellen Zensor und seinem Überwachungswillen, aber auch von der Denunziationswilligkeit der lesenden Bevölkerung ab. Die Zensurverordnungen selbst gewährten den Zensoren einen großen Handlungs- und Ermessensspielraum.[36]

Das Bild der Zensur im 18. Jahrhundert wird noch vielschichtiger, wenn man die Behördenkonkurrenz hinzurechnet. Die im Zuge der zunehmenden Territorialisierung und der durch ökonomische Rücksichten vollzogene Entzug der Zensur von allein kirchlicher Oberaufsicht und die damit einhergehenden Kompetenzstreitigkeiten[37] erschweren ihre Charakterisierung selbst auf regionaler Ebene beachtlich. Geistliche und weltliche Zensoren wichen in ihren Einschätzungen zuweilen erheblich ab. Weitere Instanzen konnten bei Appellationen der betroffenen Buchhändler und -drucker den Geschäftsgang und die Kompetenzstreitigkeiten noch vermehren: So gelang es den Leipziger Buchhändlern, mit Erfolg bei der kursächsischen Kommerziendeputation gegen eine zu starke Zensuraufsicht zu intervenieren, mit der Begründung, diese drohe den Handel nachhaltig zu gefährden – ein Argument, das auch damals schon entscheidend sein konnte.[38]

All dessen ungeachtet gab es im Heiligen Römischen Reich Deutscher Nation natürlich einen grundsätzlichen konfessionsübergreifenden Konsens darüber,

---

[33] Dies geht aus der Aussage Rudolf Füßlis hervor, der sich 1769 der Züricher Zensur gegenüber einer inkriminierten Schrift wegen rechtfertigen muß, die er vor Abdruck nicht den Zensoren eingereicht hatte. Vgl. Jacob, Geschichte der Zensur (wie Anm. 31), 234.

[34] Dieter Breuer, Geschichte der literarischen Zensur in Deutschland, Heidelberg 1982 (Uni-Taschenbücher, 1208), 89.

[35] Kapp, Goldfriedrich, Geschichte des Deutschen Buchhandels (wie Anm. 29), Bd. 3, 424 f.: Das kursächsische Zensurreskript von 1779 beispielsweise zeigt das Bemühen, die Zensoren entsprechend ihrer Qualifikation zu bestimmen.

[36] Breuer, Geschichte der literarischen Zensur (wie Anm. 34), 105.

[37] Vgl. Hilger Freund, Die Bücher- und Pressezensur im Kurfürstentum Mainz von 1486–1797, Karlsruhe 1971 (Studien und Quellen zur Geschichte des deutschen Verfassungsrechts, Reihe A: Studien, 6), 83; desgl. Kobuch, Zensur und Aufklärung (wie Anm. 11), 30–32.

[38] Kapp, Goldfriedrich, Geschichte des Deutschen Buchhandels (wie Anm. 29), Bd. 3, 421.

wann und auf welche Weise die Zensoren tätig zu werden hatten.[39] Die Zensurordnungen der Territorien, in denen das Gros der Wielandschen Publikationen erschienen ist, waren bei all ihrer konfessionellen Disparatheit rechtlich ähnlich
verfaßt und griffen auf stereotyp klingende Formulierungen zurück. Das sei am
Beispiel der Zensurordnungen zweier Territorien gezeigt, in denen die meisten
der Publikationen Wielands erschienen sind: an der der Hauptstadt des Schweizer
Kantons Zürich und an der der kursächsischen Universitäts- und Messestadt Leipzig.

Die Zensurverordnung Zürichs, wie sie 1757 in einer Sammlung von Verordnungen veröffentlicht wurde, bestimmt,

> daß im geringsten nichts bey Uns gedrukt, oder von den Unsern anderwärts zum Druk
> befördert werde, welches entweder der H. Schrift, unserer Eydgenössischen Glaubens-
> bekenntniß, und übrigen symbolischen Büchern in einicherley Weg zuwider; oder der
> Ehre und Ruhe unsers politischen Standes nachtheilig und verweislich; oder der Ehr-
> barkeit und guten Sitten anstössig seyn, und zur Ärgerniß gereichen möchte.[40]

Die Zensurverfügung des Kurfürstentums Sachsen von 1779 dekretiert:

> c) Bey den von ihnen zu censirenden Schriften aber soll von ihnen auf dasjenige, was
> die Reichs-Gesetze, und namentlich der Religions- und Westphälische Friedensschluß
> erfordern und insbesondere dahin gesehen werden, daß nichts, was der natürlichen Re-
> ligion, und der im deutschen Reiche festgesetzten Religions-Verfassung entgegen, ge-
> druckt werde.

> d) Der Druck derer Schmäh- und Spottschriften wider die Religion und derselben im
> deutschen Reich hergebrachten *Statum,* wider den Landesherrn, dessen gerechtsame
> und Diener, wider die Landes-Verfassung und wider einzelne Mitglieder des gemeinen
> Wesens, ist ebenso wenig, als der Druck schandbarer und den guten Sitten zuwider lau-
> fender Schriften zu gestatten [...].[41]

Der Grund für diese Übereinstimmungen liegt in ihrer identischen Herkunft. Sie
sind sämtlich der Reichsgesetzgebung verpflichtet – auch die Einrichtung der Züricher Zensur und ihre Bestimmungen sind es. Anlaß war eine Anregung der
Reichsstände, die vom 18. November 1522 bis zum 9. Februar 1523 in Nürnberg

---

[39] Vgl. auch das Kapitel ‚De Libris Damnatis‘ in: Daniel Georg Morhof, Polyhistor, Literarius,
Philosophicus et Practicus, 3 Bde., Lübeck ³1732, Bd. 1, 69–77, der darunter atheistische, häreti-
sche und sittengefährdende satirische Schriften subsumiert, die von der Zensur vermerkt würden,
„neque omnium oculis manibusque exponuntur", ebd., 70.

[40] Historische Darstellung der Urkundlichen Verordnungen welche Die Geschichte des Kirchen-
und Schulwesens in Zürich, wie auch die moralische und einiger Maßen die physische Wolfart
unsers Volks betreffen. Von der Reformation an, bis auf gegenwärtige Zeiten zusammengetragen von
Joh. Jacob Wirz [...]. Zweyter Theil. Zürich. bei Ziegler und Ulrich. 1794, 209–224: Ordnung
wegen des Bücherdruks, Verkaufs und Censur, hier 215.

[41] *Regulativ,* wie es mit der Censur in hiesigen Landen zu druckenden Bücher gehalten werden
soll [1779], in: Zweyte Fortsetzung des *Codicis Augustei* [...]. Leipzig 1805, 45–50, hier 45 f.

tagten. Vom päpstlichen Nuntius Francesco Chieregati (nach 1492 – 1539) zur Befolgung des Wormser Edikts vom 8. Mai 1521 angemahnt, verabschiedeten die Reichsstände ein vor allem das Verbot Lutherischer Schriften bezweckendes „gesetz die druckerei berührend". Darin waren die Reichsstände zur Vorzensur aller Schriften angehalten worden. Um die Ausbreitung der protestantischen Lehre weiter einzudämmen, wandte sich der Reichstag auch an die Stadt Zürich mit der Bitte, dafür zu sorgen, daß keine „leichtfertige unzuläßliche, nicht allein Schmäh- sondern auch andere Schriften zu Ringerung und Abbruch des H. christlichen Glaubens gedrukt ausgehen und verkauft werden".[42] Die Züricher kamen dem nach und installierten eine Zensurbehörde.

Natürlich tragen die Zensurverordnungen der einzelnen Staaten und Reichsstädten darüber hinaus den konfessionellen Besonderheiten der jeweiligen Landesverfassung Rechnung. Hierin unterscheiden sich das reformierte Zürich und das lutherisch-orthodoxe Kursachsen ebenso wie das katholische Österreich, so wenn in Zürich die Bibel als offenbarte Wahrheit das Richtmaß für die Beurteilung aller Schriften ist. Bei aller Toleranz in Glaubensfragen, die Erhaltung des Landesfriedens verlangt den Schutz der konfessionell disparaten Territorien vor Schrifttum, das deren politische Ruhe und die Würde ihrer Regierungen bedroht.

Die Mittel der Zensur reichten von Änderungsgeboten – vor allem, wenn das Buch die Vorzensur durchlief – bis hin zur drastischsten Form, der Bücherverbrennung – wobei es sich hier stets um eine Nachzensur handelte, wenn das Buch an der Zensurbehörde vorbei publiziert oder unrechtmäßig eingeführt worden war oder doch als in irgend einer Hinsicht Anstoß erregte. (Erfolgreich absolvierte Vorzensur schützte nicht vor nachträglicher Inkrimination durch Nachzensur!)

Seit Mitte des 18. Jahrhunderts läßt sich eine Lockerung der Zensur in vielen Staaten konstatieren. Regional gesehen verläuft hier eine Grenze zwischen den norddeutschen protestantischen Staaten und den süddeutschen, katholisch regierten Staaten, deren Zensurbestimmungen weit restriktiver gehandhabt wurden.[43]

Welche Bücher generell unter den Begriff der ‚clandestinen Literatur' fallen, ergibt sich vor allem aus den konkreten Bestimmungen der Zensurverordnungen: Zunächst sind es religiöse Schriften, die den konfessionellen Status des jeweiligen Staates attackieren, politische Schriften, die sich direkt gegen die Landesregie-

---

[42] Historische Darstellung (wie Anm. 40), 210–212: Schreiben Nürnberg, Januar 1523, hier 211; zum Wormser Edikt vgl. Ulrich Eisenhardt, Die kaiserliche Aufsicht über Buchdruck, Buchhandel und Presse im Heiligen Römischen Reich Deutscher Nation (1496–1806). Ein Beitrag zur Geschichte der Bücher- und Pressezensur. Karlsruhe 1970 (Studien und Quellen zur Geschichte des deutschen Verfassungsrechts. Reihe A: Studien, 3), 24–27.

[43] Kapp, Goldfriedrich, Geschichte des Deutschen Buchhandels (wie Anm. 29), Bd. 3, 388 f.

rung wenden, die öffentliche Ruhe gefährden oder einzelne Persönlichkeiten der Öffentlichkeit angreifen. Dann fallen darunter sämtliche Schriften, die der erotischen Literatur zuzuordnen sind. Einen Eindruck davon, welche Publikationen darunter gefaßt wurden, vermittelt exemplarisch das Verzeichnis der unter dem fiktiven Verlagsnamen ‚Pierre Marteau' veröffentlichten Schriften[44] oder die bei Weller verzeichneten Publikationen mit fingierten Ortsnamen.[45] Hier finden sich gehäuft erotische Schriften, politische Broschüren, seltene religiöse Streitschriften und Personalsatiren. Eine Subsumption unter den Begriff des ‚Clandestinen' ist bei diesen Schriften eher unproblematisch. Nachträgliche Verbote oder Individualentscheidungen des Zensors, die zwar mit den gängigen Formulierungen der Zensurvorschriften begründet werden, sind indes schwerer zu klassifizieren. Bezieht man in diesen Fällen den Autor nicht mit in die Betrachtung ein, fällt eine Zuordnung zur ‚clandestinen Literatur' schwer: Wielands Werke wären ‚clandestin' oder ‚nicht clandestin', je nachdem, welche Landeszensurbehörde sie durchlaufen haben.

In der Regel verstand es Wieland, Probleme mit der Zensur zu vermeiden. Jedenfalls wurde sein Schreiben durch Zensurbehörden selten direkt beeinflußt, auch wenn seine Werke nicht in allen Reichsgebieten ungehindert erscheinen konnten. Wielands Schriften zeichnen sich – legt man einen engeren, d. h. strikt-ausschließenden Begriff an – nur zu einem sehr geringen Teil durch ‚Clandestinität' aus, mögen sie auch immer wieder Anstoß erregt haben. Einen dezidiert clandestinen Publikationsweg schlägt Wieland aber zum Beispiel mit den *Comischen Erzählungen* ein, die ohne Autor-, Verlags- und Ortsangabe und, nach heutiger Seltenheit des Drucks zu schließen, wohl in sehr kleiner Auflage erschienen sind. Das macht sie zu einer clandestinen Erscheinung par excellence.

Vor 1789 kam Wieland in nur wenigen Fällen in Konflikt mit den Zensurbehörden, und zwar zumeist dann, wenn der Zensurbehörde die Werke zur Vorzensur, d. h. vor der Publikation vorgelegt worden sind. Hier seien zwei Fälle ausführlicher besprochen: Zunächst geht es um *Die Geschichte des Agathon* (1766/67), die von der Zürcher Zensur beanstandet wurde. In einem weiteren Fall, dem des *Goldnen Spiegels* (1772), war es die Kurmainzer Zensur, die die Unterdrückung eines Teils des Werkes erwirkte.[46] Vor allem die Schwierigkeiten in Zürich waren es, die Wielands Verhalten bezüglich der Zensur maßgeblich prägten. Hier konnte er lernen, wie man behördlichen Restriktionen wirksam begegnen oder deren Maßre-

[44] Walther, Die deutschsprachige Verlagsproduktion (wie Anm. 11).

[45] Emil Weller, Die falschen und fingierten Druckorte. Repertorium der seit Erfindung der Buchdruckerkunst unter falscher Firma erschienenen deutschen, lateinischen und französischen Schriften, 3 Bde., Hildesheim 1960–1961.

[46] Wieland „mußte auf Befehl des Maynzer Vikariats 6 Bogen jenes Buchs unterdrücken […]" (Karl August Böttiger, Literarische Zustände und Zeitgenossen. Begegnungen und Gespräche im klassischen Weimar, hg. von Klaus Gerlach und René Sternke, Berlin ³1998, 28).

geln effektiv unterlaufen konnte. In jene Jahre fallen all diejenigen Publikationen, die dem am nächsten kommen, was man gemeinhin als ‚clandestine Literatur' charakterisiert.

II. „Die Geschichte des Agathon" – Wieland und die Züricher Zensur 1752–1773

Eines der frühesten Werke Wielands, das anonym, ohne Verlagsangabe und mit irreführender Ortsnennung erschien und damit Merkmale einer clandestinen Publikation aufweist, ist der 1752 publizierte *Anti-Ovid, oder die Kunst zu lieben. Mit einem Anhang Lyrischer Gedichte.* Gedruckt wurde das Bändchen in Heilbronn (wohl bei Franz Joseph Eckebrecht), unter Angabe des fingierten Verlagsortes ‚Amsterdam'. Dabei ist ungewiß, ob Wieland bzw. sein Verleger die Dichtung überhaupt in die Vorzensur gegeben oder ob es von vornherein als clandestine Publikation geplant worden war. Bezeichnend allerdings ist die sich im Briefwechsel dokumentierende Unsicherheit des jungen Autors hinsichtlich des eigenen Umgangs mit derartigen Erotika. Schon als er seinen *Anti-Ovid* mit den mitgegeben *Lyrischen Gedichten,* sechs anakreontischen [Nr. 3 – 8] und zwei ‚enthusiastischen' Oden [Nr. 1 – 2], dem Vertrauten Johann Jakob Bodmer (1698 – 1783) zuschickte,[47] schwante ihm die problematische Aufnahme der Dichtung selbst bei seinen Schweizer Förderern. Dies läßt sich einem Brief an den Altstettener Pfarrer Johann Heinrich Schinz (1726 – 1790) entnehmen. Dort schreibt der verunsicherte Dichter:

> Der *Anti Ovid* zeigt Ihnen Ihren Freund auch aus dem Gesichtspunct eines Anakreons. Ich habe zeigen wollen wie die Anakreontische Schertze seyn müssen wenn sie *unschuldig* seyn sollen. Habe ich meinen Zweck erreicht? Aber sagen sie mir recht aufrichtig, hätte ich nicht besser gethan wenn ich keinen *Antiovid* und keine anakreontische Oden und keine so *enthousiastische* Ode über den ersten Kuß geschrieben hätte?[48]

Wielands Bedenken waren nicht unbegründet. Die kaiserliche Zensur in Wien jedenfalls setzte ihn auf den *Index librorum prohibitorum.*[49]

---

[47] Bernhard Seuffert, Prolegomena zu einer Wieland-Ausgabe [Heft 1], Berlin 1904 (Abhandlungen der Königl. Preuss. Akademie der Wissenschaften), 30, Nr. 16.

[48] Wieland an Johann Heinrich Schinz (Tübingen, den 18. April 1752), in: WBr. 1 (wie Anm. 2), 68. Vgl. auch Wieland an Johann Christian Volz (Tübingen, den 2. Juni 1752), in: ebd., 82: „Ich bin dieser [anakreontischen] Tändeleyn sehr überdrüssig, und fast bin ich auf mich selbst böse, daß ich etliche gemacht habe, die ich dem Antiovid angehengt, obleich mein Zwek gantz ein andrer war als Herrn Utzens u. anderer solcher Herren".

[49] Catalogus librorum, a commissione aulica prohibitorum. Vindobonae, Typis Joan. Thom. de Trattnern, Caes. Reg. Avlae Typogr. et Bibliop. 1765, 12 [künftig: Catalogus librorum (1765)], und Catalogus librorum a commissione Caes. Reg. Aulica prohibitorum. Editio nova. Cum Privilegio S.

Schon kurze Zeit später hatte Wieland erneut massive Schwierigkeiten mit der Zensur. Sie betrafen den Publikationsort Zürich, als er bereits zu dem Dichter-Verleger Salomon Geßner (1730–1788) gewechselt war, in dessen Verlagshaus die meisten seiner Züricher Dichtungen erschienen sind. Stein des Anstoßes war das *Gebet eines Deisten. Veranlaßt durch das Gebet eines Freygeistes* (Berlin, im Julius, 1753).[50] Wieland rekurriert im Untertitel auf Klopstocks anonym erschienene *Drey Gebete eines Freygeistes, eines Christen und eines guten Königs* (Hamburg 1753). Bodmer schreibt Zellweger von der Zensur des *Gebets:*

> Hr. Wieland hat gefunden, daß der Freigeist ein unsinniger, kopfverrückter Mensch sey, Gott und Seele Verleugner, welcher lauter nonsens und contradicktionen betet. Er hat dafür das Gebet eines Deisten, dessen größtes Verbrechen ist, daß die Offenbahrung nicht bis zu ihm gekommen, aufgesetzet, und bey Orell drucken lassen. Man hat den ersten Probbogen J[un]k[e]r Obmann Blaren[51] als Censor der Bücher geschikt. Dieser Herr hat den Bogen auch H. Antistes [Wirz] zur Censur communicirt. Und beide haben richtig und sichtig ausgemacht, es sey ein unanständiges, ärgerliches und gottvergessenes Gebet, welches viel heilsuchende Seelen übel verführen könnte. In diesen guten Gedanken haben sie auch die Publication verboten.[52]

Die Zensoren nahmen vermutlich Anstoß an Wielands insgesamt doch wohlwollender Darstellung des Deisten, der durch mangelnden Biblizismus religiösen Zweifeln verfällt. Gegenüber der anonymen Zeichnung eines Freigeistes, „dessen Gebet man ohne Zweifel fälschlich dem Hrn. Klopstok zuschreibt [und der] so übel im Kopf beschaffen zu sein [scheint], daß man uns mit seinen Schwärmereyen wohl hätte verschonen können", nimmt Wieland für seinen Deisten in Anspruch, daß er „die Ehre der menschlichen Natur, und also auch ihres Schöpfers, retten" werde.[53] Ein solcher „nach der Natur gezeichnet[er]" Deist, den wieder und wieder „traurige Zweifel" derart peinigen, er sei „vielleicht nicht zu jener grossen Zukunft bestimmt", wovon ihm „in seltnen heiligen Träumen des Geistes

---

C. R. Apost. Majestatis. Viennae Austriae Typis Geroldianis 1776, 16 [künftig: Catalogus librorum (1776)].

[50] In: Klopstocks sämmtliche Werke, Bd. 10, Leipzig 1855, 281–292. Vgl. dazu Uwe Blasig, Die religiöse Entwicklung des frühen Christoph Martin Wieland, Frankfurt am Main u.a. 1990 (Helikon. Beiträge zur deutschen Literatur, 10), 196–203. Erinnert sei in diesem Zusammenhang an das nur wenige Jahre zuvor, 1749, von dem jungen Lessing verfaßte Lustspiel *Der Freygeist* mit dem darin ebenfalls nicht ohne Sympathie gezeichneten Freigeist, vgl. Wild, Freidenker in Deutschland (wie Anm. 11), 278–280.

[51] Gemeint ist Hans Blaarer von Wartensee (1685–1757), dem Wieland noch Jahre später mit seiner *Ode zum dankbaren Andenken eines erlauchten und verdienstvollen Staatsmanns in der Republik Zürich* (Zürich: Geßner 1757, ²1770) Respekt zollt.

[52] Johann Jakob Bodmer an Laurenz Zellweger ([undatiert]; empfangen am 20. August 1753). Vgl. Thomas C. Starnes, Christoph Martin Wieland. Leben und Werk, Bd. 1: 1733–1783, Sigmaringen 1987, 46 [künftig: Starnes Band, Seite].

[53] AA I/2 (wie Anm. 7), 188–191, hier 188 Anm.

ahnet", zieht den Leser allzu sehr in den Bann und läßt ihn dessen vergebliche Suche nach offenbarter Gottesgewißheit und Menschenerlösung miterleiden. „Wie furchtbar sind diese Zweifel!"[54] Zu psychologisch getreu, zu sympathisch nimmt sich Wielands Konterfei eines Deisten aus. Das dürfte den Zensoren übel aufgestoßen sein. – Der Verlag ließ angesichts des *non placet* der Zensoren die Prosadichtung anonym, ohne Verlagsnennung und mit dem fingierten Druckort ‚Berlin' auflegen. Wieland mag sein zweites Gebet, das *Gebet eines Christen. Von dem Verfasser des Gebets eines Deisten. Berlin, im September 1753,* möglicherweise schon bei Abfassung des *Gebetes eines Deisten* geplant haben. Jedenfalls stiftet Wieland mit dem Untertitel einen direkten Bezug zum vorangegangenen, inkriminierten Prosawerk. Damit versinnbildlicht Wieland den Prozeß der christlichen Bekehrung und zeichnet den Weg des in der Naturoffenbarung *(revelatio naturalis)* befangenen Deisten zum an der übernatürlichen Offenbarung *(revelatio supranaturalis)* teilhabenden Christen nach. Der schwankende Glaube gewinnt Stärke und Gewißheit durch die biblische Offenbarung Gottes. Das zweite Gebet sicherte ihm dann auch das Wohlwollen der Züricher: „Dieses hat ihn", schreibt Bodmer, „bey den Geistlichen hier en bonne odeur gesetzt, das Gebet des Deisten hatte sie Böses argwohnen lassen".[55] Inskünftig konnten die *Gebete* problemlos die Zensur passieren. Sie fanden Aufnahme im dritten Band von Wielands *Sammlung einiger Prosaischen Schriften* (Zürich 1758), nunmehr unter dem Titel *Zwey Selbstgespräche eines tugendhaften Heiden.* Die Verschränkung beider wird hier noch durch die nähere Erläuterung unterstrichen: „Das erste, da er dem Licht der Natur überlassen; Das andere, nachdem ihm die nähere Offenbarung mitgetheilt worden".[56]

Eine Persiflage Wielands auf den Züricher Professor des Neuen Testaments und Chorherren Johann Jacob Ulrich (1714–1788), betitelt *Q. Horatii Flacci opera, der lieben Schuljugend zum besten mit Anmerkungen durchgängig versehen von Mag. Ardelio. Greifsw[ald]. 1753,* fand ebenfalls keine Gnade bei den Züricher Zensoren; sie wurde unterdrückt, aus Argwohn, dessen in Zürich erscheinender Bibelkommentar könnte damit verspottet werden.[57] Einige weitere Satiren, die sieben Briefsatiren *Edward Grandisons Geschichte in Görlitz* (Berlin 1755) und die *Ankündigung einer Dunciade für die Deutschen. Nebst dem verbesserten Hermann* (Frankfurt und Leipzig 1755), die Wieland gemeinsam mit Bodmer ver-

---

[54] Ebd., 191.

[55] Johann Jakob Bodmer an Laurenz Zellweger (Zürich, den 30. September 1753), in: Starnes 1 (wie Anm. 52), 48.

[56] Wieland, Sammlung einiger Prosaischen Schriften, Bd. 3, Zürich 1758, 71.

[57] Johann Jakob Bodmer an Laurenz Zellweger (Zürich, den 28. Februar 1754), in: Starnes 1 (wie Anm. 52), 62. Abdruck in: Heinrich Funck, Ein Anekdoton Wielands, in: Allgemeine Zeitung, München 1884, Nr. 131, Beilage, 1929 f.

faßte, ließ man dann überhaupt nicht mehr in Zürich erscheinen.[58] Man wußte damit der besonderen Empfindlichkeit, ja Gereiztheit der Züricher Zensur wirksam zu begegnen.

Von vornherein als clandestin geplante Publikation, die an der Züricher Zensur vorbei veranstaltet wurde, muß der Erstdruck der *Sympathien* von 1755 angesehen werden. Wieland, so Bodmer, „stellt sich vor, daß in der Welt wol wakere Seelen sind, die mit seiner an Liebe zur Tugend und zu allem Guten sympathetisiren, wiewol sie von einander entfernt leben und einander nicht kennen". Das Delikate daran ist, daß die pseudonymisierten Adressatinnen Züricher Damen waren, denen er „Aufmunterungen" und „Erinnerungen" bei „allerlei [erdichteten] Umständen" zuteil werden läßt. „Er will nicht bekannt seyn, und hat das Ding en cachette, mit vorbeygehen der Bücher-Censur dem Druker gegeben".[59] Die clandestine Publikation wirft Fragen auf. Außerhalb Zürichs hätte die Schrift wohl kaum Rückschlüsse auf die pseudonymisierten Adressatinnen der einzelnen *Sympathien* zugelassen.[60] In Zürich hingegen wird man Wielands Verfasserschaft und die Identität der Adressatinnen schwerlich geheimgehalten haben können. Warum also umgeht er die Zensur? Zweierlei wird man dafür namhaft machen dürfen: Zum einen hätten die Zensoren durchaus den Eindruck gewinnen können, daß Wielands *Sympathien* etwas dem Herkommen und den Sitten Zuwiderlaufendes zur Folge haben könnte. Darüber hinaus darf man wohl auch eine „gewiße Scheuigkeit" Wielands ins Feld führen, die es ihm zuweilen unmöglich machte, sich dem Publikum „kühn zu entdecken".[61]

Die meisten Hinweise zu Wielands Verhältnis zur Züricher, später auch zur Wiener Zensur liefert indes die Publikationsgeschichte der *Geschichte des Agathon*. Der Roman kam erst 1766 und 1767 in zwei schmucklosen Großoktavbänden im Verlag Orell, Geßner und Compagnie[62] heraus, obwohl Autor und Verlag seit 1762 in Verhandlungen über das Werk standen. Ursprünglich sollte er in sechs

---

[58] Eine Äußerung gegenüber Böttiger (Wielands Dunciade; Februar 1797) läßt vermuten, daß es zudem darum ging, Gottsched über die Herkunft einiger Satiren im Dunkeln zu lassen. Vgl. Böttiger, Literarische Zustände (wie Anmerkung 46), 215 f.

[59] Johann Jakob Bodmer an Laurenz Zellweger (Zürich, den 13. November 1755), in: Starnes 1 (wie Anm. 52), 102.

[60] Zur Identität der Adressatinnen vgl. Wielands Briefe an Johann Georg Zimmermann vom 11. Januar 1757 und vom 6. Oktober 1758, WBr. 1 (wie Anm. 2), 294–296, hier 296, und 362–367, hier 365.

[61] Johann Jakob Bodmer an Laurenz Zellweger (Zürich, den 24. März 1754), in: Starnes 1 (wie Anm. 52), 65.

[62] Zur Verlagsgeschichte vgl. Paul Leemann-van Elck, Druck, Verlag, Buchhandel im Kanton Zürich von den Anfängen bis um 1850. Zürich 1950 (Mitteilungen der Antiquarischen Gesellschaft in Zürich, 36/1), 51–55, und Thomas Bürger, Aufklärung in Zürich. Die Verlagsbuchhandlung Orell, Gessner, Füssli & Comp. in der zweiten Hälfte des 18. Jahrhunderts. Mit einer Bibliographie der Verlagswerke 1761–1798, in: Archiv für Geschichte des Buchwesens 48 (1997), 1–278.

Duodezbändchen erscheinen und insgesamt 50 Bogen umfassen (das entspricht etwa 100 Manuskriptbogen). Ende August 1762 hatte Geßner das Manuskript der ersten vier Bücher zur Lektüre erhalten, „etwas weniger als den Vierten Theil des Ganzen".[63]

Seitdem kursierte es, „*sub rosa communicirt*",[64] unter den Bekannten Johann Georg Zimmermann (1728–1795), Jakob Hermann Obereit (1725–1798) und Julie von Bondeli (1731–1778) sowie den Buchhändlern Tscharner, Ott, Füßli und Heidegger. Sie ließen Wieland anschließend ihre Einschätzungen wissen:

> Der Discurs des Hippias [Buch 3] enthält nach dem Urtheil meines Freundes Obereit, sehr verführerische Sachen – seine *Theologie*, seine *Moral* – Gott gebe daß am Ende alles gut ablauffe! [...] Sie glauben mit Recht, Hippias werde finstre Gesichter bekommen.[65]

Wieland sollte Recht behalten. Schon die Verlagssuche gestaltete sich überaus schwierig: Zunächst hatte er sich nach Genf gewandt, an den Leiter der Typographischen Gesellschaft Vinzenz Bernhard von Tscharner (1728–1778), vergebens, dann an den Lindauer Buchhändler Jakob Ott(o) (?–?), vergebens, dann an die Züricher Verleger Johannes Heidegger (1715–1780) und Johann Rudolf Füßli (1709–1793), beide Male ebenfalls vergebens. Ende April 1763 geht er schließlich auf Geßner zu und bietet dem Verlag, dessen Teilhaber dieser ist, den *Agathon* an. Am 20. Mai bereits schließt Wieland mit Orell, Geßner und Cie. einen Verlagsvertrag ab: Darin wird bestimmt, daß der *Agathon* in vier Bänden erscheint, die beiden ersten Bände, die etwa 50 [Manuskript-]Bogen zählen, sollen zeitgleich publiziert werden.[66] Ende Juni, Anfang Juli ließ er dem Verlag den ersten Band, d. h. die Bücher 1 bis 4 (A[8]–K[8], L[3]; im Erstdruck die Seiten 1–166), zukommen.[67]

---

[63] Wieland an Salomon Geßner (Biberach, den 27. August 1762), in: WBr. 3 (wie Anm. 2), 105 f., hier 105.

[64] Wieland an Johann Georg Zimmermann (Biberach, den 5. Februar 1762), in: ebd., 66.

[65] Wieland an Johann Georg Zimmermann (Biberach, den 20. Dezember 1762), in: ebd., 140–142, hier 140.

[66] Orell, Geßner und Cie. Copia des Tractats de 20. Mai 1763 mit Hrn. Wieland, in: ebd., 166.

[67] Wieland an Salomon Geßner (Biberach, den 5. August 1763), in: WBr. 6.1, 33–35, hier 33. Vom 2. Teil, schreibt er weiter, sei zwar „ein gutes Stück davon schon lange fertig"; momentan arbeite er aber am *Don Sylvio*. Er gibt noch einmal zu bedenken, ob man nicht doch lieber 6 Bände jeweils paarweise erscheinen lassen soll, „so müste das Manuscript, so Sie zum ersten Bande haben noch um etliche schon fertig liegende Bogen vermehrt und also aus dem ersten Bande wozu die Vorrede noch komt zwey Theile gemacht werden" (ebd., 33–35, hier 34). Ende August wiederholt er seine Bedenken: Die 6 Bogen, die das 5. Buch ausmachen, habe er schon im Pult (2 Manuskriptbogen = 1 gr. 8°-Druckbogen (L[4]+M[8]-N[8]+O[6]) (Wieland an Orell, Geßner und Cie. [Biberach, den 18. August 1763], in: WBr. 3, 173 f., hier 174). Zu den mißverständlichen Bogen- und Bandzählungen und der Frage, welches Format und welche Schrift angemessen ist, vgl. Wieland an Salomon Geßner (Biberach, den 20. und 21. Oktober 1763), in: ebd., 193–197, hier 195 f.

Der Verlag legte die ersten Kapitel dem Antistes und Vorsteher der Zensurbehörde Johann Konrad Wirz (1688–1769) zur Begutachtung vor. Dieser machte Einwendungen gegen den Roman geltend, die sich vor allem auf die darin diskutierten ‚epicuräischen' Philosopheme bezogen. Wieland ließ hier den Philosophen Hippias einen materialistischen Standpunkt in extenso entwickeln, dem die Hauptfigur des Romans zunächst nur wenig entgegenzusetzen vermochte. Wirz beklagte die unausgewogene Darstellung und damit fehlende Eindeutigkeit hinsichtlich des inakzeptablen Hippiasschen Standpunkts, wie Hanns Conrad Vögelin (1729–1791) brieflich am 11. September 1763 an Laurenz Zellweger (1692–1764) berichtet:

> Der erste Theil, den er der Orellschen Handlung zum Druck überschickt, ward zur Censur übergeben, der Censor gab sein *non placet*, ungeachtet man ihm aus des Verfassers eigenhändigem Brief zeigte, *daß die Geschichte in dem ersten Theil sich nicht entwickele,* und *daß der in diesem ersten Theil von seiner reitzenden Seite vorgestellte Epicureismus in der Folge gantz zernichtet werde.*[68]

Vögelin hatte vordem selbst schlechte Erfahrungen mit der Züricher Zensur gemacht, deren Bedenken oft kaum nachvollziehbar wären, wie er im erwähnten Brief an Zellweger bekennt. Auch Wieland hatte gegen Wirz als Zensor erhebliche Vorbehalte:

> Des Herrn Antistis Hochwürden sind doch auch gar zu strenge, wenn man's sagen dürfte. *Vexat censura columbas!*[69] Wie wird es dem Don Silvio ergehen, wenn der fromme, gottselige Agathon verworfen worden ist! Aber wahrhaftig! der Fehler liegt nicht an dem Herrn Antistes, der ein ehrwürdiger, alter Aaron ist, sondern an meinen gnädigen Herrn, lieben Nachbarn und guten Freunden den Herren von Zürich, die einem solchen Mann auftragen, dergl. *libros saeculares* zu censiren. Einem Mann, der öffentlich wider die Philosophie und Moral, wider die Poesie, wider die Romane, wider den Carl Grandison prediget, der das alles für unnütze Wort- und Narrendeutung hält, einem solchen venerablen Mann den Agathon zu censiren geben! Ey, ey, meine lieben Leutchen, das heißt das Schaaf zum Wolf in die Schur schicken, würde Pedrillo sagen.[70]

---

[68] Hanns Conrad Vögelin an Laurenz Zellweger (Zürich, 11. September 1763), in: Josephine Zehnder, Pestalozzi. Idee und Macht der menschlichen Entwickelung, Gotha 1875, 663–665, hier 664.

[69] Juv. sat. 2, 53: „*Dat veniam corvis, vexat censura columbas.* – Nachsicht gewährt die Zensur den Raben, sie quält jedoch die Tauben". August Faselius merkt dazu in seinem *Latium oder das alte Rom in seinen Sprüchwörtern* (Weimar 1859), 57 f. an: „Mit diesem Verse, welcher ohngefähr zu übersetzen sein dürfte: ‚Die Polizei sieht den Schuldigen durch die Finger; die Unschuldigen aber vexirt sie;' macht *Juvenal* den römischen Censoren, die bekanntlich das *Sittenrichteramt* oder, wie wir sagen, die *Polizei* zu verwalten hatten, den Vorwurf, daß der Reiche und Mächtige von ihnen ungestraft gelassen, der Arme aber, selbst wenn er unschuldig sei, geschoren werde. Daß dieser Vers vielfach auf die in unserer Zeit von Staatswegen angeordnete Beaufsichtigung der *Literatur* angewendet worden ist, ist bekannt".

[70] Wieland an Orell, Geßner und Füßli (Biberach, den 6. Oktober 1763), in: WBr. 3 (wie Anm. 2), 177 f., hier 178. – Die im Titel auf Richardsons *The History of Sir Charles Grandison*

Vor diesem Hintergrund mag, zumal wenn man den reformierten Standpunkt ein-
rechnet, verständlich werden, woran sich die Züricher Zensoren mit ihrem Ende
August, Anfang September ergangenen *non placet* stießen: Der „fromme, gottse-
lige" *Agathon* mit seinem „von seiner reitzenden Seite vorgestellte Epicureismus"
unterläuft ganz grundsätzlich das rigoristisch-asketische, alttestamentlich orientierte, von strenger Sittenzucht und Dogmenzwang geprägte reformierte Men-
schenbild orthodox-calvinistischer Provenienz.[71] Doch Wieland, der wohl die
Schwierigkeiten mit der Vorzensur antizipiert hatte, schien bereits im Vorfeld Alternativen zur zensurierten Publikation erwogen zu haben. Selbstbewußt und un-
beirrt hielt er an der Publikation des *Agathon* fest:

> Die Moralisten werden über mich schreyen und ich werde ihnen unter die Nase lachen.
> Ich wundre mich nicht daß etwas davon *transpirirt* ist daß ich an einem Roman arbeite
> und daß er Agathon heissen werde. Es ist schon genug wenn meine Freunde thun als ob
> sie nicht davon wissen und wenn mein Nahme nicht vor das Buch komt! Dieses ist alles
> was ein Autor nöthig hat um *incognito* bekannt zu werden.[72]

In Christian Friedrich Daniel Schubart (1739–1791) findet Wieland einen Gesin-
nungsgenossen; auch er macht sich anheischig, den Zensoren ‚unter die Nase' la-
chen zu wollen:

> Aber Ihr Agathon! – zittern Sie nicht? alle Lutherische Bischöfe, Pfarrer und Kirchen-
> diener sind wider ihn aufgebracht. Bald werden unsere Orthodoxen, schwarzbraun im
> Gesicht, von allen Canzeln, auf den armen jungen Menschen losdonnern, und seinen
> Schöpfer unter die Spinozisten, Socinianer, Weigelianer, Quietisten und Wiedertäufer
> hinabstoßen, und ihn in der Hölle, in der verfluchten Gesellschaft *Homers, Platos, So-
> krates,* Ihres theuren *Lucians* und anderer abscheulichen Ketzer – ewig ohne Erlösung –
> schmachten lassen. […] – Doch in allem Ernste, ich lache über die kalten Streiche un-
> serer Zeloten, und denke bei Gelegenheit Ihres Agathons: Sie sind gestraft genug, daß
> sie ihn nicht verstehn.[73]

(London 1754) anspielende, von Bodmer und Wieland gemeinsam verfaßte und im Mai 1755 in
Berlin bei C. F. Voß anonym erschienene Schrift *Edward Grandisons Geschichte in Görlitz* faßte in
sieben Briefsatiren den Literaturstreit zwischen den Leipzigern und Zürichern polemisch zusammen.

    [71] Ein halbes Jahr später bringt er den grundsätzlichen Wandel seiner Ansichten, seinen „Über-
gang aus der Welt die nicht ist, in die unsrige", folgendermaßen zur Sprache: „Das *Sentiment* allein
giebt meiner Meynung nach den Vergnügungen der Liebe den hohen Werth, den ich mit Erlaubniß
der Leute, die von Creuzigung des Fleisches *profession* machen, denselben beylege" (Wieland an
Johann Georg Zimmermann [Biberach, den 12. April 1764], in: WBr. 3 (wie Anm. 2), 254–260,
hier 256).

    [72] Wieland an Salomon Geßner (Biberach, den 30. September 1762), in: WBr. 3 (wie Anm. 2),
111 f., hier 112.

    [73] Schubart an Wieland (Geißlingen, den 29. Juni 1766), in: WBr. 3 (wie Anm. 2), 383–385, hier
384. An Zimmermann schreibt Wieland, sicher in Anlehnung an Schubart: „Ich höre eine grosse
Anzahl Schwäbischer Dorf-Priester nehme es mir sehr übel, daß Agathon weder ein Christ noch

Die Verleger Orell, Geßner und Füßli hat das *non placet* des *Agathon* doch überrascht und wohl auch Nachfragen provoziert. Sie hielten das „*non placet*" („es mißfällt" dem Zensor) nicht für gleichbedeutend mit „*impedit*" (der Zensor „verhindert es") und brachten die Schrift „allbereit unter der Presse", wie Vögelin in dem bereits zitierten Brief schreibt: „Inzwischen betreibt man die Sache auf allerley Weise bey denen Toleranten und halbtolleranten, und ist entschlossen, keine Mühe zu scheuhen diese tyrannische *Autocratie* der Censoren zu stürzen".[74] Jedenfalls hat der Antistes Wirz[75] die ihm zur Zensur vorgelegten Bogen (im Druck die Bogen A bis H (vielleicht auch bis einschließlich K) einem seiner Kollegen zur neuerlichen Durchsicht gegeben (ein Verfahren, das nicht unüblich war), der dessen Urteil anscheinend teilte.

Wielands Unmut darüber, daß der Verlag ausgerechnet dem Antistes Wirz den *Agathon* zugehen ließ, ist allerdings unberechtigt, wie ein Blick auf die Behördenorganisation und ihre Regularien lehrt. Ihm blieb keine andere Wahl. Der sog. Antistes[76] war „Vorsteher der gesammten Geistlichkeit zu Stadt und Land"[77] und

lutherisch ist" (Wieland an Johann Georg Zimmermann [Biberach, den 10. Juli 1766], in: ebd., 386–388, hier 387).

[74] Hanns Conrad Vögelin an Laurenz Zellweger (Zürich, 11. September 1763), in: Zehnder, Pestalozzi (wie Anm. 68), 663–665, hier 664.

[75] Der Züricher Zensor und Antistes Johann Konrad Wirz (1688–1769). Von 1708 bis 1711 war er als Hauslehrer in Emmerich am Niederrhein tätig. 1711/12 studierte er in Utrecht, hatte danach eine Pfarre in Wollishofen inne und bekleidete ab 1718 das Diakonat an der Züricher St. Peter-Kirche. Seit 1729 war er Erster Archidiakon am dortigen Großmünster und seit 1737 Antistes. 32 Jahre stand er als Antistes dann dem Züricher Kirch- und Schulwesen vor, in einer Zeit des sog. Staatskirchentums. Er gilt als ein Mann des Übergangs, als „zürcherischer Spener": Pietistisch beeinflußt stritt er gegen die reformierte Orthodoxie, ist aber noch nicht der Aufklärung zuzurechnen. Er wandte sich gegen die spätorthodoxe Betonung des Dogmas und sprach sich als Repräsentant der ‚vernünftigen Orthodoxie' (*Orthodoxie libérale*) für eine Hinwendung zur toleranteren orthopraktischen Kirchlichkeit aus. Die ‚vernünftige Orthodoxie', der auch Bodmer und Breitinger zuzurechnen sind, war eine Gegenbewegung zum religions- und kirchenkritischen Deismus und trat ein für die Verbindung von Dogma und Ethos, Glaube und Leben, Vernunft und Offenbarung. Vgl. Emil Bloesch, Geschichte der schweizerisch-reformierten Kirchen, Bd. 2, Bern 1899, 103, sowie das Kapitel: Die Aufklärung, 114–149, hier 130. Zur ‚vernünftigen Orthodoxie' vgl. Paul Wernle, Der schweizerische Protestantismus im XVIII. Jahrhundert, Bd. 1: Das reformierte Staatskirchentum und seine Ausläufer (Pietismus und vernünftige Orthodoxie), Tübingen 1923, 468–470; zu Wirz vgl. ebd., 530–533, hier 532: „Zum rechten Pietisten fehlte dem Antistes Wirz wieder die Einseitigkeit. Das Herz brannte bei ihm nicht mit dem Verstande durch"; vgl. auch das Historisch-Biographisches Lexikon der Schweiz, Bd. 7, hg. von Heinrich Türler, Victor Attinger und Marcel Godet, Neuenburg 1934, 570, sowie das Zürcher Pfarrerbuch (1519–1952), hg. von Emanuel Dejung und Willy Wuhrmann, Zürich 1953, 627 f. Zum Verhältnis von Spätorthodoxie und Pietismus in der Schweiz vgl. Rudolf Pfister, Kirchengeschichte der Schweiz, Bd. 3: 1720 bis 1950, Zürich 1984, 11–41.

[76] Eine Auflistung der Antistes findet man in Friedrich Vogel, Die alten Chroniken oder Denkwürdigkeiten der Stadt und Landschaft Zürich von den ältesten Zeiten bis 1820, Zürich 1845, 263.

[77] Historische Darstellung (wie Anm. 40), 430. Zu seinen Aufgaben vgl. ebd., 430 f.

wurde vom Großen Rat gewählt. Seine Aufgabe war es nicht nur, die reformierte Kirche Zürichs nach außen hin zu vertreten. Ihm oblag zugleich auch die Leitung der „Censur-Commission".[78] Die Zensoren hatten darauf zu achten, daß der Druck und Verkauf „schlechte[r] Bücher, abergläubische[r] Schriften, Lieder, Mährchen, oder sonst unsittliche[r] Broschüren" unterblieb.[79] Seit den Zeiten der Reformation (1553) hat in Zürich der Antistes zusammen mit zwei Ratsherren die „Aufsicht über alle Drukschriften" inne; „ohne ihr Wissen und Einsehen [sollte] nichts gedrukt werden".[80] Maßgeblich war hierfür die *Censur-Ordnung* von 1711 (1758),[81] die 1770 aufs Neue bestätigt worden ist. Die „Censur Kammer" bzw. „Censur-Commission" setzt sich aus einem Mitglied des großen und einem des kleinen Rats, dem Antistes (der Pfarrer des großen Münsters), den beiden Professoren der Theologie, den Professoren der Philosophie und der heiligen Schrift zusammen. Unter ihnen sei dem Antistes stets „die erste Communication zu thun".[82] Sie sind angehalten, fleißig und unparteiisch zu zensieren und sich dabei gegenseitig zu unterstützen, der Philosoph und der Philologe den Theologen und umgekehrt. Grundsatz bei der Beurteilung sollte sein,

> daß im geringsten nichts bey Uns gedrukt, oder von den Unsern anderwärts zum Druk befördert werde, welches entweder der H. Schrift, unserer Eydgenössischen Glaubensbekenntniß, und übrigen symbolischen Büchern in einicherley Weg zuwider; oder der Ehre und Ruhe unsers politischen Standes nachtheilig und verweislich; oder der Ehrbarkeit und guten Sitten anstössig seyn, und zur Ärgerniß gereichen möchte.[83]

---

[78] „*Die Büchercensoren* bestehen aus zwei Gliedern des Raths, und zwar aus einem Gliede des kleinen, und aus einem Gliede des großen Raths, nebst dem Antistes, den beiden Professoren der Theologie, und noch zween andern" (Anonymus [Leonhard Meister], Historisches Geographisch-Statistisches Lexikon von der Schweiz oder vollständige alphabetische Beschreibung aller in der ganzen schweizerischen Eidgenossenschaft und den derselben zugewandten Orten liegenden Städte, Klöster, Schlösser, Freisize, Dörfer, Fleken, Berge, Gletscher, Thäler, Flüsse, Seen, Wasserfälle, Naturseltenheiten, merkwürdigen Gegenden u. s. w. […] etc. etc. Zweiter und lezter Band, Ulm 1796, 424). Unter der Leitung des Antistes Wirz arbeiteten sechs Zensoren: Felix Nüscheler (Statthalter), Hans Conrad Heidegger (Säckelmeister), Salomon Hirzel (Ratsherr), die Professoren des Collegium Carolinum des Großmünsters Johann Jakob Breitinger, Johann Jakob Cramer-Meyer (Chorherren) und Jakob Hottinger (Examinator). Den fünf Geistlichen standen somit nur zwei Weltliche gegenüber. Im Vergleich dazu nimmt sich die übelbeleumundetere Wiener Zensurbehörde geradezu säkular aus: Dort standen zu dieser Zeit drei theologischen vier weltliche Examinatoren gegenüber.

[79] Historische Darstellung (wie Anm. 40), 224.

[80] Ebd., 210.

[81] Vgl. ebd., 214–222.

[82] Ebd., 215.

[83] Ebd. Zur Züricher Zensur vgl. auch Friedrich Vogel, Die alten Chroniken (wie Anm. 76), 135–138.

Desgleichen haben „Religionsschmähungen", also andere Religionen herabsetzende Schriften, zu unterbleiben.[84] Im Jahre 1717 wurden die Buchführer und -händler mittels Mandat „wider Sekten, und Sektirer" wiederholt angewiesen, „keine Bücher, welche von Schwärmereyen, fanatischen und gefährlichen Lehren handeln, weder mittelbar noch unmittelbar in das Land zu beschiken, anzunehmen, zu lesen, zu kaufen, einzubinden, noch einbinden zu lassen bey Strafe der Confiscation".[85] Auch Kupferstiche mußten der Zensur unterbreitet werden.[86]

Wieland irrte also, als er den Verlegern vorhielt, sie hätten unklug gehandelt, als sie dem Antistes „die erste Communication" zwecks Zensur des *Agathon* ‚taten'.

Das Urteil der Züricher Zensoren schien Geßner bewogen zu haben, Wieland Vorschläge zu machen, wie mit dem Urteil der Zensur zu verfahren sei. Wieland fand sie zwar „aller Attention würdig", wandte aber ein:

> [Ich] melde itzt nur soviel, daß mein Name und meine Ehre es nicht zulassen, zu leiden, daß um eines *non placet* der Herren W[irz]. und H[ottinger].[87] willen, ein Buch, dessen Urheber ich bin, und wozu ich bereit bin, mich zu bekennen, sobald es angefochten wird, mit einer *nota impietatis vel quasi* maculirt werde.[88]

Als im Januar 1765 die ersten acht ausgedruckten Bogen in Wielands Händen sind, weiß er seinen Groll kaum noch zu verhehlen: Die druckfehlerbehafteten Bogen und vor allem eine „gewiße[] *Note* unter den Text" sind ihm „ärgerlich",[89] so ärgerlich, daß er im *Verzeichnis der Drukfehler,* das er dem im Mai 1767 erschienen zweiten Band anbinden ließ, kurzerhand deren Tilgung verfügt: „S. 57. *deleatur* die sehr überflüssige Anmerkung".[90] Der Verlag hatte eigenmächtig eine Anmerkung am Beginn des sechsten Kapitels des Zweiten Buches des Erstdruckes, „Ein Gespräch zwischen Hippias und seinem Sclaven" überschrieben, einrücken lassen:

---

[84] Historische Darstellung (wie Anm. 40), 189–192.

[85] Ebd., 223. Das Mandat datiert ursprünglich aus dem Jahre 1695, wurde in den Jahren 1701, 1716, 1720, 1736 und 1751 erneuert und den Zeitumständen entsprechend auf wiedertäuferisches, herrnhuterisches, pietistisches oder heterodoxes Schrifttum bezogen.

[86] Ebd., 217 f.

[87] Jacob Hottinger; vgl. Anm. 78.

[88] Wieland an Orell, Geßner und Füßli (Biberach, den 6. Oktober 1763), in: WBr. 3 (wie Anm. 2), 177 f., hier 178. Der Ausdruck *nota impietatis vel quasi* bezeichnet hier wahrscheinlich die juristische Rüge des Buches als anstößig. Zu *nota* im Sinne einer amtlichen Rüge, vgl. Samuel Oberländer, Lexicon Juridicum Romano-Teutonicum. Unveränderter Nachdruck der 4. Auflage Nürnberg 1753, hg. und eingeleitet von Rainer Polley, Weimar, Wien 2000, 487: „*Nota,* eine Unehr, Schimpff, Spott".

[89] Wieland an Orell, Geßner und Cie. in Zürich (Biberach, den 18. Januar 1765), in: WBr. 3 (wie Anm. 2), 339–342, hier 341.

[90] Wieland, Geschichte des Agathon, in: Wielands Werke, Bd. 8.1, bearbeitet von Klaus Manger, Berlin, New York 2008 (Oßmannstedter Ausgabe), 1–455, hier 453 [künftig: WOA Band, Seite].

Zur Verhütung alles Mißverstandes berichtet der Verfasser, daß, was Hippias hier und forthin scheinbares zur Behauptung des Epicureismus vormahlet, im folgenden Theile, worinn eine der wahren Religion und christlichen Tugend vollkommen günstige Philosophie die Oberhand behält, gründlich wird widerlegt werden; so daß dieses Blendwerk, wo die in den Zeiten des Pericles herrschende Philosophie, nach der historischen Wahrheit, in der Hülle einer Geschichte vorgetragen wird, vor der Wahrheit verschwinden soll, wie der Nebel vor der Sonne.[91]

Wahrscheinlich war es aus Sorge um den Absatz des Romans geschehen, dessen Vertrieb durch weitere interne und externe Zensurrügen beeinträchtigt oder gänzlich unterbunden hätte werden können. Aus dem gleichen Grund hatte Wieland selbst zuvor – im November 1765 – erwogen, dem ersten Teil des Romans eine neue Vorrede voranzustellen, die den Leser prospektiv vom Gesamtplan des Werks unterrichten sollte: „Eine neue Vorrede, in welcher der Plan des ganzen Werkes enthalten wäre, würde, däucht mich, hinlänglich seyn, den ersten Theil gegen besorgliche Mißdeutungen sicher zu stellen [...]".[92] Damit glaubte er auch, den Einwendungen der Züricher Präventivzensur vollkommen zu genügen und stellte es dem Verlag sogar anheim, seine *Geschichte des Agathon* unter seinem Namen firmieren zu lassen,[93] was dieser aber tunlich unterließ.

Geßners Bemühungen, die Zensur vielleicht doch noch zu beschwichtigen oder einen Präzedenzfall herbeizuführen, um den Roman legal erscheinen zu lassen,[94]

---

[91] Anonymus [Christoph Martin Wieland], Geschichte des Agathon. – *quid Virtus, et quid Sapientia possit | Utile proposuit nobis exemplar.* – Erster Theil, Frankfurt und Leipzig 1766, 57. In der zweiten, erst um 1769/70 neugesetzten Ausgabe der *Geschichte des Agathon* gibt es, obgleich das Titelblatt mit dem der Erstausgabe übereinstimmt, signifikante Unterschiede. Diese Ausgabe läßt sich leicht daran erkennen, daß (1) auf dem Titelblatt zwischen dem Motto und den Meßortangaben ein Zusatz eingerückt worden ist: „Mit allergnädigster Freyheit.", daß (2) das Druckfehlerverzeichnis der Erstausgabe eingearbeitet ist, d. h. die Fußnote auf 57 fehlt, daß (3) Orthographie und Interpunktion sich variant zur Erstausgabe ausnehmen, daß (4) in manchen Exemplaren zwischen Titelblatt und Vorbericht ein churfürstlich-sächsisches Privileg eingebunden ist, datiert „Dreßden den 21. Martii 1770"., und daß (5) der 2. Teil des Erstdrucks 351 Seiten zählt, der des Doppeldrucks aber 353 Seiten; vgl. William Kurrelmeyer, Nachtrag zur Wieland-Bibliographie, in: Modern Language Notes 33 (1918), 282–293, hier 282 f., und die Druckbeschreibung in AA I/8.2 (wie Anm. 7), 1. Heft: Bericht und Register zum sechsten Band ‚Agathon', hg. von Wilhelm Kurrelmeyer, Berlin 1937, 11.

[92] Wieland an Salomon Geßner (Biberach, den 7. November 1765), in: WBr. 3 (wie Anm. 2), 357–359, hier 358.

[93] Ebd.

[94] So behauptet es Vögelin im bereits erwähnten Brief an Laurenz Zellweger (Zürich, den 11. September 1763), in: Zehnder, Pestalozzi (wie Anm. 68). Widerstand des Verlegers läßt auch Julie von Bondelis Brief an Wieland vom 4. November 1763 durchblicken, wenn sie schreibt: „Die Nachricht, liebster Freund, daß der Agathon verboten worden sey, hat mich sehr gerührt. Ich fragte in Zürich nach: Warum man ihn verboten habe? Die Antwort war: daß ein Geistlicher des vorigen Jahrhunderts, der den Ovid bloß lateinisch gelesen habe, wohl bemächtiget sey, zu glauben, daß die deutsche Sprache durch einen Roman profanirt werde; daß aber dieser Profanation und seines daran

blib der Erfolg versagt. Das Werk gehörte fortan zur Untergrundliteratur in Zürich, da es dessen Zensur nie mit einem *admittitur* passiert hatte:

> Sie wissen doch, daß Agathon in Zürch *liber prohibitus* ist, und daß die Verleger, um keine Ungelegenheit zu kriegen, sich verbergen müssen; ich erinnere Sie dessen, damit Sie die Gütigkeit haben, diesen ehrlichen Leuten das Geheimniß zu halten, ob es gleich ein Geheimniß ist, das allem Ansehen nach jedermann weiß –[95]

Der Verlag druckte das Werk also dennoch in Zürich, publizierte es aber ohne Autornamen und Verlagsangabe. Stattdessen werden nur die Meßorte Frankfurt und Leipzig genannt – ein Vorgehen, das die Reichsgesetzgebung übrigens ausdrücklich untersagte. Bereits der Speyrer Reichsabschied von 1570 legte im §. 156 fest, daß der Buchdrucker „auch des Dichters oder *Autoris* gleichfalls seinen Namen und Zunamen, die Stadt und Jahrzahl darzu [zu] sezen" habe. Die Reichspolizeiordnung von 1548. Tit. 34. §. 2 und das Kaiserliche Patent vom 10. Februar 1746 bekräftigen dies aufs Neue.[96] Der Anonymität geschuldet war, daß der Roman ohne Buchschmuck[97] blieb, denn dieser hätte ebenfalls die Vorzensur passieren müssen. Sonderlich große Mühen, die Anonymität von Verfasser und Verlag zu wahren, gab man sich indes wirklich nicht: Der Verlag listete im zweiten Band der *Geschichte des Agathon,* im „Verzeichnis derjenigen Bücher, welche von Orell, Geßner und Compagnie, Buchhändlern in Zürich, entweder selbst verlegt, oder in Menge bey ihnen zu haben sind. 1767.", die beiden Bände des *Agathon* kurzerhand mit auf.[98]

Geßner bat aber aus Sicherheitsgründen Friedrich Nicolai (1733–1811), darauf zu achten, daß in seiner *Allgemeinen deutschen Bibliothek* der Verleger auf keinen Fall genannt wird, um Irritationen zu vermeiden, wie sie bei Johann Heinrich Wasers (1742–1780) mit fingiertem Druckort erschienener *Hudibras*-Übersetzung unterlaufen waren.[99] Hier hatte man in der Besprechung Geßners Verlag

---

genommenen Anstoßes ohnerachtet, das Buch dennoch nichts desto weniger mit dem Verbote werde gedruckt werden" (Wieland an Julie von Bondeli [Könitz, den 4. November 1763], in: WBr. 3 [wie Anm. 2], 205).

[95] Wieland an Johann Georg Zimmermann (Biberach, den 19. März 1767), in: ebd., 434–438, hier 437.

[96] Vgl. in der Sammlung von Reichsgesetzen zum Buch- und Verlagswesen in: Carl Friedrich Gerstlacher, Handbuch der teutschen Reichsgeseze nach dem möglichst ächten Text, in systematischer Ordnung. Neunter Theil. Reichs- Policey- und Commercienwesen, Frankfurt und Leipzig in Commission bey Johann Benedict Mezler 1788, 1188–1214, hier 1193–1195, 1207–1214.

[97] Wieland wünschte „[e]inige vignetten, *zum exempel* vor Anfang eines jeden Buchs (denn das Ganze ist in Capitel und Bücher nach Art des Tom Jones eingetheilt)" (Wieland an Orell, Geßner & Cie. [Biberach, den 26. Mai 1763], in: WBr. 6.1, 31 f., hier 32).

[98] Vgl. Kurrelmeyer, Nachtrag (wie Anm. 91), 282–293, hier 283.

[99] Friedrich Nicolai an Salomon Geßner (Berlin, den 9. Januar 1767). Zit. in: Bürger, Aufklärung in Zürich (wie Anm. 62), 167. – Die Rezension von Wasers anonym publizierter Übersetzung von Samuel Butlers *Hudibras, ein satyrisches Gedicht wider die Schwermer und Independenten zur Zeit*

versehentlich genannt. Angesichts dessen muß es allerdings erstaunen, den Verlag selbst für sein Produkt die Werbetrommel rühren zu sehen. Auch später werden der Roman – nun der vordatierte Doppeldruck von 1770 – und sogar die clandestinen *Comischen Erzählungen* (2. Auflage von 1768) in Verlagsanzeigen von 1769 offen angepriesen.[100] Wie hinderlich sich die Zensur in Zürich für Wielands *Agathon* auch immer ausgenommen haben mag – die Werbepraxis des Verlags zeigt doch auch, daß sie die Verbreitung eines Werkes zwar hemmen und verzögern, nicht aber verhindern konnte, wenn bestimmte Vorsichtsmaßnahmen getroffen wurden und der Inhalt die Obrigkeit nicht direkt provozierte.

III. Wieland und die Wiener: Die Zensurpraxis der österreichischen Lande 1766 bis 1801

Auch außerhalb der Schweizer Kantone erregte die *Geschichte des Agathon* die Aufmerksamkeit der Zensoren. Zwar hatte Wieland bei seinen Verhandlungen mit Geßner zunächst nur die Züricher Zensur im Blick. Als er aber die zweite Auflage des *Agathon* plante und auf eine weite Verbreitung des Werkes hoffte, beschäftigte ihn auch die österreichische Zensurkommission:

> Inzwischen hat mir Hr. Riedel Hofnung gemacht daß vielleicht noch etwas zum Besten des armen unschuldigen Agathon bey dasiger Censur Commission ausgewürckt werden möchte. [...] Zur Ehre Wiens möcht' es inzwischen doch zu wünschen seyn, daß ein Buch wie Agathon, welches so offenbar die Sache der Weisheit und Tugend zu befördern geschrieben ist, je bälder je lieber von der ungerechten Bannstraffe absolvirt, und den Liebhabern die Erlaubnis auf die neue Ausgabe zu subscriben um so mehr

---

Carls des Ersten, in neun Gesängen nennt die fingierten Verlagsorte Hamburg und Leipzig 1765. In der *Allgemeinen deutschen Bibliothek* 2/2 (1766), 261 f., enttarnt der Rezensent nicht nur Geßners Verlag, sondern nimmt die Gelegenheit wahr, den Antistes in der Öffentlichkeit bloßzustellen: „Die Leser in monarchischen Staaten werden uns vielleicht die sehr wahre Anecdote kaum glauben, daß in *Zürch*, in einer freyen Republik, der Antistes der Zürchschen Geistlichkeit, diese Übersetzung, als ein *gottloses, verruchtes, und der wahren Religion höchstnachtheiliges Buch* hat verbieten dürfen; da doch bekanntermaßen *Buttler, der Republik England* und der *wahren* Religion den wichtigsten Dienst durch dis Buch geleistet hat. Die [Geßnerschen] Kupfer sind ganz hogartisch, wie das Urtheil des Herrn Antistes". Darauf bezieht sich Wieland in seinem Brief an Salomon Geßner (Biberach, den 29. August 1766), in: WBr. 3 (wie Anm. 2), 406–409, hier 409, sich freuend, daß die Berliner „Euerm alten aberwitzigen Saugrenutio bey Gelegenheit der Übersetzung des Hudibras eins versetzt haben". „Braucht es denn", so sein Stoßseufzer, „einen besondern Tod, um diesen betagten Cyrillus aus der Welt zu schaffen!" (Wirz zählte damals 78 Lebensjahre.) Wenn es nach ihm ginge, würde er ihn „mit Urthel und Recht *condemniren* [...], nichts als seine eigene Predigten zu lesen" (Wieland an Salomon Geßner [Biberach, den 18. September 1766], in: ebd., 416–419, hier 416).

[100] Verzeichniß derjenigen Bücher, welche von Orell, Geßner und Comp. in Zürich, entweder verlegt, oder sonst in Mengen zu haben sind. 1769, in: Poetische Schriften des Herrn Wieland, Bd. 2, Dritte verbesserte Auflage, Zürich 1770, [285]–288.

ertheilt werden möchte, da die hinzukommenden Verbesserungen und Zusätze Vernünftigen und billigen Beurtheilern keinen Vorwand übrig lassen werden, die sittliche
Güte dieses Werckes zu bezweifeln. Da Van Swieten (der wie ich schon lange weiß so
wenig als sein Freund Haller günstig von mir dachte) an seinen Ort gegangen [i.e. kürzlich verstorben] ist, so sollte ein solcher dem aufgeklärtern Zustande von Wien so an-
gemessener Actus Justitiae keine sonderlichen Schwierigkeiten haben.[101]

Die Zensurgeschichte der Wielandrezeption in den habsburgischen Landen –
und damit die mögliche Einschätzung des Werks als clandestine Literatur – läßt
sich anhand der erhaltenen und in Auswahl veröffentlichten Akten relativ gut rekonstruieren. In das katholische Österreich neueingeführte Druckschriften und
zur Veröffentlichung bestimmte Manuskripte mußten hier ebenfalls der Zensur
unterbreitet werden. So sollte das Eindringen protestantischer Lehren verhindert
oder zumindest erschwert werden. Als Exemplare des *Agathon* 1766 nach Wien
gelangten, wurde der Roman ‚revidiert‘, d. h. von der ‚Büchercensur-Hofcommis-
sion‘ *(Censura librorum aulica Viennensis)* auf Anstößigkeit geprüft. Man unterschied in Wien genau zwischen ‚Zensur‘ und ‚Revision‘ (i. e. Nachzensur). ‚Zensiert‘ wurden ungedruckte Schriften. ‚Revidiert‘ wurde bereits Gedrucktes, das
im Ausland verlegt und nach Österreich importiert wurde.

Die Zensur der Schriften in Wien, die vormals dem niederösterreichischen
Kammerrat Maria Carl Graf von Saurau (1718–1778) oblag und der sich damit
schließlich heillos überfordert sah, organisierte der von Wieland brieflich er-
wähnte Gerard van Swieten (1700–1772) seit 1751 neu. Als Direktor der Zensurkommission teilte er die Bücher in fünf Rubriken ein: (1) Theologie und (2) Philosophie, (3) Jurisprudenz und Politik sowie Geschichte und (4) Medizin. Theologisches oblag der Prüfung durch drei Theologen, Historisches und Politisches
drei Universitätsprofessoren, Medizinisches van Swieten. Eine fünfte Rubrik, die
materies mixtae, das sind „*romans, historiettes, farces*",[102] umfaßte die belletri-
stischen Werke und sollte unter den Zensoren verteilt werden; zumeist jedoch
kümmerte sich van Swieten darum, und zwar in seiner Eigenschaft als Präfekt
der Hofbibliothek.[103]

Die Zensoren kamen zumindest einmal im Monat zusammen und zitierten die
für bedenklich befundenen Passagen der Bücher im Kollegium, konferierten darüber und faßten schließlich mehrheitlich eine Entschließung:

---

[101] Wieland an Tobias Philipp von Gebler (Erfurt, den 25. August 1772), WBr. 4 (wie Anm. 2),
615.

[102] August Fournier, Gerhard van Swieten als Censor. Nach archivalischen Quellen, Wien 1877,
hier 23. Vgl. auch Grete Klingenstein, Staatsverwaltung und kirchliche Autorität im 18. Jahrhundert. Das Problem der Zensur in der theresianischen Reform, Wien 1970 (Österreich Archiv.
Schriftenreihe des Instituts für Österreichkunde), 164.

[103] Vgl. ebd., 171; zur Zensurreform vgl. ebd., 158–202.

[...] wenn nun diese Stellen von solchen Innhalt seynd, und von so übler Beschaffenheit zu seyn sammentlich erkennet worden, dass hierdurch entweder die Religion mishandelt, mit Lästerungen und Verleumdungen beleget, oder der Staat angetastet, die Ehrfurcht, die man denen Hohen schuldig, ausser acht gelassen oder sonst Verschidenes, was demselben zum Nachtheil gereichen kann, angebracht, oder aber die gutte Sitten, Ehrbarkeit durch Unflättereyen, Zotten und Possen, wie auch die Liebe des Nächsten durch bosshafte Lästerungen verlezet wird; so wird das Buch von dem Secretär ad Protocollum, und wenn es von allerhöchsten orth mit der allergnädigsten Bestättigung herabgediehen, zu Ende des Jahrs ad Cathalogum prohibitorum genommen. Lutherische, Calvinische, altglaubische und auch Jüdische Gebett-, und dogmatische Bücher werden, so ferne sie nicht auf die wahre Catholische Kirche lästeren, denen Besizeren, wenn sie der Religion ihres Buchs zugethan, und diese im Lande geduldet, einzeln zu ihrem eigenen Gebrauche beygelassen.[104]

Seit 1752 arbeitete die Revision der eingegangenen Druckwerke kollegialisch, d. h. den einzelnen Zensoren[105] war es untersagt, wie vordem eigenmächtig Bücherverbote zu verhängen. Darüber wurde in gemeinsamen Sitzungen nach Mehrheit abgestimmt. Anschließend wurden die Vota Maria Theresia vorgelegt. Denn die Zensurangelegenheiten waren der Kaiserin bzw. dem Kaiser unmittelbar zugeordnet: „Die Bücherkommission und die in Studiensachen reserviere mir selbsten, also daß sie zwar als ein Publicum der Kanzlei zugeteilt sind, auch nichts expedieren können, wohl aber all ihre Vorträg wie vorhin directe an mich machen sollen [...]".[106] Die Agenden wurden anschließend vom Direktorium expediert.

Auch in Wien sollte Wielands *Geschichte des Agathon* wenig Zuspruch bekommen. Van Swieten,[107] einem Mann der exakten (Natur-)Wissenschaften, waren die ‚*Materies mixtae*', also Unterhaltungs- und Erbauungsliteratur wie Dich-

---

[104] Zit. in Fournier, Gerhard van Swieten (wie Anm. 102), 35.

[105] 1763 setzte sich die siebenköpfige Zensurkommission folgendermaßen zusammen: Van Swieten, Simon Ambrosius Edler von Stock (Domstiftskantor und Dekan von St. Peter, Präses der Theologischen Fakultät), Johann Peter Simen (Domherr, Präses ‚des Studii Logici, Metaphysici et Ethici'), Carl Anton von Martini (Professor des Naturrechts und der Institutionen), Johann Aigner (J. U. Dr. und ‚Obrist-Hof-Marschallischen Gerichts-Assessor'), P. Nicolaus Muszka (Soc. Jesu), Johann Theodor von Gontier (vgl. Fournier, Gerhard van Swieten [wie Anm. 102], 34 f. Anm. 1). Im Dezember 1767 finden sich unter den Examinatoren anstelle von Muszka und Aigner Anton Bernhard Gürtler und Johann Baptist de Gaspari.

[106] Zit. in: Friedrich Walter, Die österreichische Zentralverwaltung in der Zeit Maria Theresias, Wien 1938 (Veröffentlichungen der Kommission für neuere Geschichte Österreichs, 32), 357.

[107] Gerard van Swieten (1700–1772), Schüler Hermann Boerhaaves, Reformator des österreichischen Gesundheitswesens und seit 1745 Leibarzt Maria Theresias. Er war zugleich auch Präfekt der Hofbibliothek und von 1751 an mit der Reform des Zensurwesens betraut. Von 1759 bis 1771 führte er den Vorsitz der Bücher-Censurs-Hofkommission. Vgl. Fournier, Gerhard van Swieten (wie Anm. 102), und Grete Klingenstein, Van Swieten und die Zensur, in: Erna Lesky, Adam Wandruszka (Hg.), Gerard van Swieten und seine Zeit, Graz 1973, 93–106, hier 99–101, sowie Barbara Gant, Art. „Swieten, Ger(h)ard van", in: Lexikon zum aufgeklärten Absolutismus in Europa. Denker – Sachbegriffe, hg. von Helmut Reinalter, Wien, Köln, Weimar 2005, 600–603.

tungen und philosophische Romane schlichtweg ‚unnützes Schrifttum', das den Zensoren nur sehr viel Arbeit machte. *„Quel travail pour un homme de lettres"*, resümierte er nach zwanzig Jahren Bücherzensur, *„de devoir employer une bonne portion de sa vie a la lecture des livres, non seulement inutiles, mais souvent tres vilains, scandaleux, impies, et donc il est bien aise, que rien reste dans sa memoire"*.[108] Diese Einstellung spiegelt sein Votum zum ersten Teil der *Geschichte des Agathon* von 1766 wider:

> Pagina 17. 19 nimis tenera 23. 81. sed a pagina 57 incipiendo impia habet de amando; contorte docet hippias ibi materialismum; in nota tamen 57 monet se in 2° tomo haec refutaturum esse vide et paginam 84, 94, imprimis 98.
>
> *damnatur.*[109]

> Seite 17. 19 allzu zärtlich. 23. 81. Von Seite 57 beginnend liest man Anstößiges über das Lieben; geschraubt lehrt Hippias dort den Materialismus. In der Fußnote 57 weist man wenigstens darauf hin, daß dies im zweiten Band widerlegt werden wird. Siehe auch Seite 84, 94, besonders 98.
>
> *Wird verboten.*

Das geschah dann auch. Die erste Auflage des *Agathon* und die französische Übersetzung von 1768 fanden sich seitdem in jeder Neuauflage des *Catalogus librorum prohibitorum* wieder.

Um die zweite Auflage des *Agathon* von 1773 war es nicht besser bestellt; auch diese ließ die Wiener Zensur nicht passieren. Diesmal war es der Regierungsrat Franz Karl von Hägelin (1735–1809),[110] der über das Werk in der Kommission referierte: Der Autor, meinte er,

> schütze klar die verderblichen Lehrsätze des Hypias, der ein Vertheidiger des Epikurismi sei, auch kämen viele Stellen vor, welche zum Atheismus führten, und wären in den übrigen Theilen zimlich wollüstige – jedoch in dem feinsten Geschmack niedergeschriebene Stellen zu finden, welche sehr reizend und verführend klängen.[111]

---

[108] Van Swieten, Quelques remarques sur la censures des livres (24. Februar 1772). Zit. in Fournier, Gerhard van Swieten (wie Anm. 102), 73–82, hier 80.

[109] In: van Swieten, Supplementum Librorum Prohibitorum (Ms. No. 11934 de la Bibliothéque imp. roy. de Vienne). Zit. von E. C. van Leersum, Gérard van Swieten en qualite de censeur, in: Janus 11 (1906), 381–398, 446–522, 588–606, hier 393. – Für Hilfe bei der Übersetzung danken die Autoren herzlich Ariane Ludwig.

[110] Zu Hägelin als Zensor vgl. Carl Glossy, Zur Geschichte der Wiener Theatercensur, in: Jahrbuch der Grillparzer-Gesellschaft 7 (1897), 238–340, hier 266–277, 296–340. Obgleich strenggläubiger Katholik und Feind allen protestantischen Schrifttums hat er dafür gesorgt, daß Wielands *Teutscher Merkur* in Österreich vertrieben werden konnte (vgl. ebd., 272).

[111] Friedrich Walter, Die zensurierten Klassiker. Neue Dokumente theresianisch-josephinischer Zensur, in: Jahrbuch der Grillparzer-Gesellschaft 29 (1930), 142–147, hier 144.

Wieder sind es Atheismus, Materialismus und Unsittlichkeit, die man im Werk zu finden glaubte und seinem Autor zum Vorwurf gereichen ließ. Und aufs Neue wurde der Roman „ad Catalogum" gesetzt. Wielands Werke hatten in Wien überhaupt einen schweren Stand. Viele seiner Werke ‚zierten' den Catalogus librorum prohibitorum:

Anti-Ovid oder die Kunst zu lieben (Amsterdam [i. e. Heilbronn] 1752)[112]

Die Natur der Dinge. In sechs Büchern mit einer Vorrede Georg Friedrich Meier (Halle im Magdeburgischen 1752)[113]

Sammlung einiger Prosaischen Schriften. von C. M. Wieland (Zürich 1758)[114]
Sympathien ([Zürich] 1756)[115]

Lady Johanna Gray. Ein Trauerspiel (Zürich 1758)[116]

Sammlung prosaischer Schriften des Hrn. Wieland (Zürich 1763)[117]
Comische Erzählungen ([Zürich] 1765)[118]

Geschichte des Agathon [...] Erster Theil ([Zürich] Frankfurt und Leipzig 1766)[119]

Histoire d'Agathon, ou tableau philosophique des moeurs de la Grèce, imité de l'allemand de Mr. Wieland, II. Tom (Lausanne 1768)[120]

Idris. Ein Heroisch-comisches Gedicht. Fünf Gesänge (Leipzig 1768)[121]
Der Sieg der Natur über die Schwärmerey oder Die Abentheuer des Don Sylvio von Rosalva. Eine Geschichte. 2 Theile (Ulm 1769 [recte 1764])[122]

Les Avantures merveilleuses de Don Sylvio de Rosolva par l'auteur de l'Histoire d'Agathon (Dresde 1769)[123]

Sélim et Sélima. Poème imité de l'allemand suivi du rêve d'un musulman, traduit d'un poète Arabe (Leipsik 1769)[124]

---

[112] Catalogus librorum (1765), 12, und Catalogus librorum (1776), 16 (beide wie Anm. 49).

[113] Catalogus librorum (1765), 119, und Catalogus librorum (1776), 216 (beide wie Anm. 49).

[114] Catalogus librorum (1765), 149, und Catalogus librorum (1776), 281 (beide wie Anm. 49).

[115] Catalogus librorum (1765),161, und Catalogus librorum (1776), 308 (beide wie Anm. 49).

[116] Catalogus librorum (1765) (wie Anm. 49), 168.

[117] Catalogus librorum (1776) (wie Anm. 49), 282.

[118] Supplementum ad Catalogum librorum a commissione aulica prohibitorum, de Annis 1766. 67. 68. 70. Viennae, Typis Jo. Thom. nob. de Trattern, Caes. Reg. Aul. Typogr. et Bibliop. MDCCLXXI, 17 [künftig: Supplementum ad Catalogum librorum (1771)], und Catalogus librorum (1776) (wie Anm. 49), 94.

[119] Supplementum ad Catalogum librorum (1771) (wie Anm. 118), 21.

[120] Ebd., 24, und Catalogus librorum (1776) (wie Anm. 49), 136.

[121] Supplementum ad Catalogum librorum (1771) (wie Anm. 118), 25, und Catalogus librorum (1776) (wie Anm. 49), 150.

[122] Ebd., 297.

[123] Supplementum ad Catalogum librorum (1771) (wie Anm. 118), 6, und Catalogus librorum (1776) (wie Anm. 49), 297.

[124] Supplementum ad Catalogum librorum (1771) (wie Anm. 118), 46, und Catalogus librorum (1776) (wie Anm. 49), 294.

Die Geschichte des Biribinkers. Ein comischer Roman, aus den Schriften des berühm-
ten Hrn. Wielands gezogen (Ulm 1769)[125]
Geschichte des Agathon. Erster und Zweyter Theil (Frankfurt und Leipzig 1766/67)[126]
Agathon. 1. 2. 3. und 4ter Theil (Leipzig 1773)
Der Neue Amadis (Leipzig 1771)[127]

Unbeabsichtigt informierte der *Catalog* Leser und Buchhändler regelmäßig über
neue, als clandestin ‚geadelte' Schriften Wielands, die als solche dann noch be-
gehrter waren.

Wielands *Beyträge zur geheimen Geschichte des menschlichen Verstandes und
Herzens* (1770) indes wird man in den Listen vergeblich suchen, obgleich mit ihren *Bekenntnissen des Abulfaouaris* ganz prononciert deistisch-frühneologische
Kritik an der Kirche als Institution geübt wird.[128] Maria Theresia jedenfalls schien
sich gewundert zu haben, warum sie den Titel nicht auf der Verbotsliste fand,
schließlich galt die theologische Zensur vor allem der Unterdrückung indifferen-
tistischen, deistischen und spinozistischen Schrifttums. Im Herbst 1772 verlangte
sie deshalb von der Zensurkommission Auskunft darüber, ob Wielands Werke,
darunter die genannten *Beyträge,* verboten seien. In dem Falle müßten sie doch
dann auch im *Catalogus librorum prohibitorum* verzeichnet werden. Der erst
kürzlich, im Frühjahr 1772 verstorbene van Swieten hatte die *Beyträge* seinerzeit
noch selbst revidiert und allerdings für „onanstössig" befunden. Die Kaiserin, die
man darüber unterrichtete, wollte ungern van Swietens Entscheidung annullieren
– zu sehr schätzte sie ihn – und veranlaßte, daß die *Beyträge* zwar nicht *ad Catalogum* gesetzt, aber nur an Gelehrte, die einen Revers vorweisen können, ausgegeben werden *(erga schedam).*[129] Auch der von Johann Thomas von Trattner

---

[125] Ebd., 117.

[126] Ebd., 6.

[127] Ebd., 9.

[128] Als ‚kirchenfeindlich' wurden Wielands *Gedichte* noch 1801 in Münster inkriminiert, weil die
Verserzählung *Der Mönch und die Nonne auf dem Mittelstein. Ein Gedicht in 3 Gesängen* aus dem
Jahre 1775 darin Aufnahme gefunden hat, vgl. Plachta, Damnatur (wie Anm. 27), 203; später, in
Bd. 9 seiner *Sämmtlichen Werke,* ist die Dichtung *Sixt und Klärchen oder Der Mönch und die Nonne
auf dem Mädelstein* betitelt, was sie nicht davor bewahrte, neuerlich auf dem Index zu landen; vgl.
oben zu Anm. 144.

[129] Das Wiener Bücherrevisionsamt im vormaligen Barbarastift kannte sieben gestufte Erlaubnis-
und Verbotsformeln: (1) *admittitur:* das Werk darf mit Nennung des Druckortes Wien nachgedruckt
und in Katalogen und Zeitschriften angekündigt werden; (2) *permittitur:* wie (1), nur darf der
Druckort Wien nicht genannt werden; (3) *toleratur:* wie (2), zudem ist der Nachdruck verboten; (4)
transeat resp. *non ad novellas publicas:* wie (3), zudem ist die öffentliche Ankündigung und
Ausstellung im Schaukasten verboten, d. h. das Werk ist noch frei verkäuflich; (5) *erga schedam:* das
Werk darf nur verläßlichen Personen, die einen Revers vorweisen können, mit der Verpflichtung, es
keinem anderen zugänglich zu machen, veräußert werden; (6) *damnatur:* das Werk ist verboten und
ad Catalogum gesetzt; ganz vertrauenswürdigen Personen kann die Polizeihofstelle jedoch den

(1717–1798) geplante Raubdruck wurde mittels Hofdekret vom 20. Februar 1773 untersagt.[130] Das zeitigte Wirkung: Von den *Beyträgen* sind in der Folge dann auch keine Raubdrucke veranstaltet worden.

Daß sich Wielands idealisierendes Porträt einer Märtyrerin, *Lady Johanna Gray. Ein Trauer-Spiel,* 1758 bei Heidegger und Compagnie in Zürich erschienen, in Wien unter den verbotenen Büchern findet, kann, näherhin besehen, ebenfalls nicht befremden. Das erste deutsche Blankversdrama firmierte von 1762 an unter einem anderen, aussagekräftigeren Doppeltitel; nunmehr war es *Lady Johanna Gray, oder der Triumph der Religion* überschrieben.[131] In ihm wird der moralische Triumph des Protestantismus der englischen Kronprätendentin Jane Gray (1537–1554) über den Katholizismus der englischen Königin Maria Tudor, genannt „die Katholische", eindrücklich vor Augen geführt. Von Maria etwa heißt es, ihr Dunkelmännertum und ihre Brutalität brandmarkend:

> [...] Maria herrscht!
> Der Aberglaube sitzt an ihrer Seite.[132]
> [...]
> [Sie] leyht der priesterlichen Wuth
> Den königlichen Arm. Weh uns! was bleibt
> Der nackten unbewehrten Unschuld übrig?[133]

Die Titelheldin dagegen wird als Exempel wahren Glaubens und protestantischer *constantia* präsentiert:

> [...] Das Leben,
> Wornach ich dürste, kan der Tod mir nur gewähren.
> – – – Ich sollte GOtt, ich sollte dich verläugnen,
> Dich, mein Erlöser! und dein Evangelium,
> Die Wahrheit, die du selbst mit Deinem Blut versiegelt,
> Dein Beyspiel und die heilige Gemeine
> Der Auserwählten, die in frommer Demuth

Bezug erlauben; (7) *nec erga schedam:* strengstes Verbot; das Werk wird versiegelt und dem ausländischen Verleger zurückgeschickt. Vgl. Karl Glossy, Zur Geschichte des Theater Wiens. I. (1801 bis 1820), in: Jahrbuch der Grillparzer-Gesellschaft 25 (1915), I–XXXV und 1–334, hier VI seq. In der Stufung der Erlaubnis- und Verbotsformeln spiegelt sich eine Auffassung von Aufklärung als einer limitierten, die die unterschiedlichen Grade von Aufgeklärtheit berücksichtigt wissen will. Deshalb sollten Werke *erga schedam* nur an „viris prudentibus et eruditis" (Fournier, Gerhard van Swieten [wie Anm. 102], 29) ausgegeben und der großen, noch ungebildeten Leserschicht vorenthalten werden. – In den fünfziger Jahren war allein schon das Kleinformatige Indikator für die Sittenwidrigkeit einer Schrift.

[130] Vgl. Walter, Die zensurierten Klassiker (wie Anm. 111), hier 143 f.

[131] In: Poetische Schriften des Herrn Wieland, Bd. 3, Zürich 1762, 95–184.

[132] Lady Johanna Gray. Ein Trauer-Spiel von C. M. Wieland, Zürich 1758, 81 (IV/3).

[133] Ebd., 7 (I/1).

Dir folgen – – – ihnen sollt ich untreu werden?[134]
[…]
Sie folgt der Lehre, die ihr Meister gab,
Und liebt nur GOtt noch mehr als Eltern und Gemahl.[135]

Später, in den *Poetischen Schriften des Herrn Wielands* von 1770, im dritten Band, die das Stück mit einem *Neuen Vorbericht* versehen, nimmt Wieland die antikatholische Tendenz des Dramas zurück. Als seinen „größten Fehler" gesteht er „die Wahl des Stükes [überhaupt], und die etwas zu hoch getriebene Religions-Partheilichkeit […] womit einige Personen desselben wider die Gegen-Partey declamiren", ein. Die damaligen Zustände, so historisch wahr sie auch seien, ließen sich nicht auf die gegenwärtige Zeit übertragen: „[K]ein Vernünftiger [werde] dem iztmaligen [Jahrhundert], am allerwenigsten einer ganzen Kirche [dies] zur Last legen".[136]

Bis zu Beginn des 19. Jahrhunderts, als er im Reich schon längst den Rang eines Klassikers behauptete, blieb Wieland im Visier der österreichischen Zensur. Seine im Leipziger Verlag Georg Joachim Göschens 1794 erscheinende Ausgabe der *Sämmtlichen Werke* (39 Bände, 1794–1811) wurde seit 1796 in Wien, behördlich genehmigt, von dem Verleger Franz Anton Schrämbl (1751–1803)[137] nachgedruckt. Nach Schrämbls Konkurs wurde die Nachdruckunternehmung von dessen Gläubiger Christian Krotz weitergeführt. Im Zuge der Re-Revision des theresianisch-josephinischen *Index librorum prohibitorum,* die Kaiser Franz II. vor dem Hintergrund der jüngsten politischen Entwicklungen für notwendig erachtet hatte, drohte 1803 ein Teilverbot des Vertriebs der Ausgabe. Franz II. glaubte Ende 1801, die Zensur sei in der Vergangenheit bei der Beurteilung von „falsche[n] Religions- und Staatsgrundsätze[n]" ausgegangen und ordnete deshalb besagte Re-Revision aller Indizes, der verbotenen (ab 1754) wie der erlaubten (ab 1795) gleichermaßen, an. Zu „viele verderbliche und gefährliche Bücher [seien derzeit] in Umlauf".[138] Vor allem sei darauf zu sehen, daß diejenigen Schriften zu indizieren sind, „welche Atheismus und bloße Vernunftreligion predigen, die Sitten vergiften, die Bande der gesellschaftlichen Ordnung lösen und die Grundpfeiler eines

---

[134] Ebd., 82 (IV/3).

[135] Ebd., 87 (IV/5).

[136] Wieland, Neuer Vorbericht, in: WOA 8.1 (wie Anm. 90), 759 f., hier 760.

[137] Vgl. Otto Rauscher, Der Wiener Nachdruck und die Zensur von Wielands Werken, in: Chronik des Wiener Goethe-Vereins 39 (1934), 39–41. Vgl. auch die jüngst publizierte Arbeit von Friedrich Wilhelm Schembor, Meinungsbeeinflussung durch Zensur und Druckförderung in der Napoleonischen Zeit. Eine Dokumentation auf Grund der Akten der Obersten Polizei- und Zensurhofstelle, Wien 2010 (Habsburg digital, 1), darin zu Wielands *Sämmtlichen Werken,* 78–81 (http://phaidra.univie.ac.at/o:62678).

[138] Österreichisches Staatsarchiv: Allgemeines Verwaltungsarchiv. Polizeihofstelle [künftig: PHSt.] H 16/1801. Polizeihofstelle an Bücherrevisionsamt (Wien, den 23. Dezember 1801). Zit. nach: Schembor, Meinungsbeeinflussung durch Zensur (wie Anm. 137), 65.

wohlgeordneten Staates zu untergraben suchen".[139] Philosophische und religiöse
Werke, deren Verderblichkeit bekannt sei, möchten ohne vorhergehende Re-Revision sofort verboten werden:

> Was die auffallendsten Werke eines Voltaire, Rousseau, Helvetius und Konsorten sowie
> alle jene Bücher betrifft, welche wegen ihres verderblichen Inhalts oder wegen Ausfäl-
> len auf Religion überhaupt oder die katholische Glaubenslehre insbesondere, wegen
> Spott und bösen Kritiken der kirchlichen Disziplinargesetze und Gebräuche oder we-
> gen solchen gefährlichen Stellen schon bekannt sind, welche die landesherrliche Ge-
> walt direkt oder indirekt angreifen und untergraben, die Untertanen vom schuldigen
> Gehorsam abwendig machen, den gefährlichen Schwindelgeist verbreiten und wie im-
> mer zu Unruhen und vermessenen Äußerungen über Staatsverfassung und Verwaltung
> reizen, sind solche nach Befund der Umstände gleich jetzt, ohne das Ende des ganzen
> Rezensurierungsoperats abzuwarten, mit dem gänzlichen Verbot zu belegen und nur
> erga schedam zu erlauben.[140]

Ende September 1803 lag das erste Re-Revisionsprotokoll, Rezensurierungsprotokoll genannt, vor. Franz II. untersagte dessen Druck. Stattdessen wurden nur
wenige Handschriftenkopien gefertigt und den Vorstehern der Buchhändler zuge-
stellt. Diese sollten gewissenhaft verzeichnen, welche verbotenen, nur noch *erga
schedam* erlaubte Werke bei welchen Buchhändlern in wieviel Exemplaren vorhanden sind. Auch die „Schriften eines Wieland, Goethe, Leßing, Herder und
Pfeffel [sollten] einer strengen Prüfung unterzogen, und jene Bände namhaft aufgeführt w[e]rden, welche gegenwärtig nach dem Grade, in welchem sie anstößig
sind, zu verbiethen [wären]", so das Rezensurierungsprotokoll vom 10. März
1804.

Schnell stellte sich heraus, daß die nachträgliche Indizierung vormals erlaubter
Werke, vor allem mehrbändiger, oftmals pränumerierter Werkausgaben unvor-
hergesehene Probleme zeitigte. Den Anstoß lieferte Schrämbls Nachdruck von
C. M. Wieland's sämmtlichen Werken. Insgesamt 187 Personen hatten auf 196 Exemplare der 85bändigen Ausgabe pränumeriert. Die Anzahl der bereits ausgelieferten sowie der schon gedruckten, noch nicht ausgelieferten Bände belief sich
zum Jahreswechsel 1803/04 auf 47.700 Exemplare. Diese hätten, wollte man
sie konfiszieren, ersetzt werden müssen. Der Leiter der Rezensurierungskommis-
sion Johann Bernhard Fölsch von Willersdorf[141] beriet sich darüber mit Johann
Baptist Freiherr von Lang und dem Gymnasialprofessor der Poesie Richard Müller und dem der Rhetorik Corsin Schönberger und erarbeitete das vom Polizeimi-

---

[139] PHSt. 1/1803 (4). Vortrag von Pergen (Wien, den 31. Januar 1803). Zit. nach: Schembor,
Meinungsbeeinflussung durch Zensur (wie Anm. 137), 70.
[140] Ebd.
[141] Professor der deutschen Reichsgeschichte, des Lehn- und deutschen Staatsrechts an der Wiener Universität sowie Direktor des juristischen und politischen Studiums an der k.k. Theresianischen
Ritterakademie.

nister Joseph Thaddäus Freiherr von Sumeraw dem Kaiser am 16. März 1804 unterbreitete sechste Rezensurierungsprotokoll. Darin plädierten sie für die Zulässigkeit des Originaldrucks Göschens sowie des Schrämbl-Krotzschen Nachdrucks der Wieland-Ausgabe:

> Das Resultat dieser Zusammentrettung entfiel dahin, daß die vollständigen Originalausgaben tolerirt werden mögen, [...] weil die Anschaffung dieser vollständigen Werke wegen des hohen Preißes nicht jedermanns Sache sey, weil derjenige, der eine solche komplete besitze, einzelne Bände nicht leicht hintangebe, oder ausleihe, und endlich weil diese als klaßisch angesehenen Schriften mit einiger Schonung behandelt zu werden verdienten.

> Ich [Sumeraw] habe mich bewogen gefunden, dieser Meynung aus den angeführten Gründen, insbesonders noch deßwegen beyzustimmen, weil diese Werke den Sinn für das ästhetisch-Schöne und Gute wecken, zur Bildung des guten Geschmacks in der Sprache, und Schreibart beytragen, die darin anstößigen Sachen hingegen mit aller Feinheit vorgetragen sind, so daß sie nur für die Gebildeten, und zum Nachdenken aufgelegte Leser verständlich werden. [...]
> Endlich werden in den dogmatisirenden Werken dieses Schriftstellers, welchen die deutsche Nation unter ihre classischen zählt, die in religiöser und politischer Hinsicht bedenklichen Ideen und Lehren stets mit schonender Feinheit, und in einer künstlerischen Verkleidung vorgetragen, so daß nur der Gebildete, und mit einem geschärften Verstand versehene Leser dieselben combiniren wird. Auch sind die in seinen Schriften vorkommenden üppigen Gemählde immer mit einer gewissen Decenz behandelt.[142]

Da der Vertrieb der *Originalausgabe* der *Sämmtlichen Werke* des Leipziger Verlegers Göschen vormals toleriert worden war, meinten die Zensoren um Fölsch, so sei es nur recht und billig, den *Nachdruck* dem rechtlich gleichzusetzen und auf die Wegnahme verbotener Teile in dem Fall ebenfalls zu verzichten. Interessant an dem Votum ist, daß zum einen die Publikationsform der Texte eine Rolle spielt: Größere Werkkomplexe stünden einer weiten Verbreitung entgegen und können deshalb leichter die Zensur passieren. Zum anderen kommt das Argument der ‚Klassizität' ins Spiel: Klassischen Autoren wird eine Ausnahmestellung auch hinsichtlich der Zensurierung eingeräumt: Aufgrund ihres Werts für die ästhetische Erziehung können sogar Einschränkungen bei der Sittlichkeit in Kauf genommen werden, zumal Wieland Anstößiges gut verberge – ein Hinweis auf den Erfolg der clandestinen Schreibweise des Autors.

Der Kaiser beharrte der Vorstellungen der Zensurkommission ungeachtet allerdings nach dem Vortrag des Rezensurierungsprotokolls auf einer erneuten Durchsicht auch der Einzelwerke, welche die Urteile der Theresianischen Zensur weitgehend bestätigen sollte und darüber hinaus zur Aufnahme neuer, inzwischen

---

[142] Österreichisches Staatsarchiv: Allgemeines Verwaltungsarchiv. PHSt. 1/1803 (63). Fölsch an Polizeihofstelle (Wien, den 10. März 1804). Zit. nach: Rauscher, Der Wiener Nachdruck (wie Anm. 137), hier 40.

erschienener Werke Wielands in den *Index librorum prohibitorum* führte. Franz II. wünschte die strikte Limitierung des Vertriebs der Werke der Klassiker:

> Die Sammlungen der in Frage stehenden Werke eines Wieland, Goethe, Herder, Lessing und anderer dergleichen dürfen nicht jedermann ohne Unterschied des Standes, Amtes und Charakters zugelassen werden. Es ist Mir daher noch vorläufig das Namensverzeichnis derjenigen, welche auf den Schrämblischen, nunmehr Krotzischen Nachdruck derlei Werke pränumeriert haben, vorzulegen, und zugleich beizufügen, welche Stücke von denselben und aus welcher Ursache ganz verboten oder nur *erga schedam* erlaubt sind.

> Die anderwärts bei den Buchhändlern vorfindigen Exemplarien, sie mögen Originalausgaben oder Nachdrucke sein, sind nach der allgemeinen Vorschrift zu behandeln und sonach die Gesuche derer, die solche zu besitzen wünschen, in dem monatlichen Verzeichnis in der Ordnung aufzuführen.[143]

Folgende Einzelwerke Wielands wurden unter Franz II. inkriminiert und in die Liste der verbotenen Bücher aufgenommen:

Geschichte des Agathon. Dieser Roman führet zu einem neuen Epikuräismus, und ist besonders für jugendliche Leser gefährlich. Stand schon im *Catalog. libr. prohib. Theres.*

Der neue Amadis. Dieses Gedicht enthält mehrere schlüpfrige Scenen. *Ex Catal. libr. prohib. Theres.*

Geschichte des weisen Danischmende. In diesem Werke bemüht sich der Verfasser zu zeigen, daß alles Unglück in der menschlichen Gesellschaft von der Sultanschaft und Fakirenschaft herrühren. Die Tendenz desselben ist also eigentlich gegen unumschränkte Monarchie und gegen die Hierarchie, aber auf eine verdeckte Art.

Der Mönch und die Nonne. Wenn es einzeln erscheint. Es erzählt, wie sich ein Mönch in eine Nonne verliebt, und sie zusammen aus dem Kloster entweichen, um endlich in Stein verwandelt zu werden.[144]

Komische Erzählungen. Diese Erzählungen sind der ausgelassenen Schilderungen wegen anstößig. *Ex Catal. libr. proh. Theres.*

Kombabus. Das Sujet dieses Gedichtes sowie die Behandlung ist unsittlich.

Geschichte des Don Sylvio von Rosalba. Befand sich schon in dem Theresianischen *catalogus librorum prohibitorum.* Aus demselben mittelst der Rezensurierung wieder in das Verzeichnis der verbotenen aufgenommen worden.

Idris. Enthält schlüpfrige Schilderungen, und befand sich deßwegen schon in dem Theresianischen Kataloge verbotener Bücher.

Klelia und Sinebald. Wegen Vermischung religiöser Ideen und Ceremonien mit Liebesschwärmereyen.

---

[143] Österreichisches Staatsarchiv: Allgemeines Verwaltungsarchiv. PHSt. 1/1803 (64). Vortrag von Sumeraw (Wien, den 16. März 1804). Zit. nach: Schembor, Meinungsbeeinflussung durch Zensur (wie Anm. 137), 81.

[144] Vgl. auch Anm. 128.

Geheime Geschichte des Philosophen Peregrin Proteus. Die Lektüre dieser Geschichte, in welcher der Held von überspannter Schwärmerey zur Sinnlichkeit geführet wird, ist besonders jungen Lesern gefährlich.

Über den Gebrauch von Vernunft in Glaubenssachen oder Gedanken von der Freiheit in Glaubenssachen. Wegen der zu freyen Äusserungen und Ansichten.

Agathodaemon. Ist auf eine indirekte Weise gegen die Göttlichkeit des Christenthums und in der Concentration mit dem H. Direktor Lang in religiöser Hinsicht so anstößig, wie Danischmende in politischer befunden worden.

Neue Göttergespräche. Wegen in politischer Hinsicht bedenklichen Anspielungen nur *erga schedam* erlaubt, das heißt, es durfte bloß dem ausgefolgt werden, der dafür einen ‚Erlaubniszettel' vorlegen konnte.[145]

Die erneute Nachzensur der im theresianisch-josephinischen *Catalogus librorum prohibitorum* indizierten Werke Wielands läßt eine Kontinuität in der Bewertung der Schriften erkennen – ein Zeichen, daß die Zensur nicht willkürlich verfahren war. Dabei gehen die Urteile auch auf die Jugendgefährdung durch Wielands Schriften ein. Durchgängig werden die Werke mit den bekannten Kategorien ‚unsittlich', anstößig', ‚schlüpfrig' belegt, die politischen und religiösen Schriften als ‚zu frey' und ‚bedenklich' eingestuft.[146] Überaus aufschlußreich ist die überkom-

---

[145] Akten der Kaiserlichen Polizeihofstelle in Wien. Faszikel 64. Zit. nach: Rauscher, Der Wiener Nachdruck (wie Anm. 137), 39 f.

[146] Ebd., 41. – Charakterisierungen, die bereits die Rezeption seitens des Göttinger Hains bestimmten und sich als äußerst zählebig erweisen sollten. Sie wurden auch von Mitgliedern der Berliner Mittwochsgesellschaft geteilt, wie ein Blick in Carl Gottlieb Svarez' Diskussionsvorlage für die Berliner Mittwochsgesellschaft, Vorschläge zu Censur Gesetzen (Mai 1784) betitelt, lehrt – eine Stellungnahme zum Verhältnis von Aufklärung und Zensur. Dort schreibt der preußische Jurist: „Ein einziges im physischen oder moralischen Sinn von Werthers Leiden verbranntes Gehirn; ein einziges durch Wielands Comische Erzählungen zum Übergewicht der Sinnlichkeit hingerissenes Mädgen, vernichtet in meinen Gedanken, allen ähnlichen Gewinst, den unsere schöne Literatur durch die genannten und anderen Schriften gemacht hat" (zit. in Eckhart Hellmuth, Aufklärung und Pressefreiheit. Zur Debatte der Berliner Mittwochsgesellschaft während der Jahre 1783 und 1784, in: Zeitschrift für historische Forschung 9 [1982], 315–345, hier 336). Der preußische Jurist Svarez gehörte zu jenen, die eine äußerst restriktive Handhabung der Zensur in denjenigen Fällen wünschte, wodurch ein „überwiegendes Übel im Staat und in der bürgerlichen Gesellschaft angerichtet oder befördert" werde, insbesondere solche, „1, worin die Grund-Wahrheiten der Natur-Religion angegriffen werden. Unter diese rechne ich die Lehre von der Existenz Gottes, von der Vorsehung, von der Unsterblichkeit der Seele und deren künftigem Zustande, im gleichen von der Zurechnung unserer moralisch freien Handlungen, von dem wesentlichen Unterschiede zwischen Gutem und Bösem. 2, Solche Schriften, worin über die Christliche Religion, über die Bibel, über die Geheimniße der ersteren, über die Lehrsätze und Facta in letzterer bloß gespottet wird", da die ganze Moral auf christlichen Religionsgrundsätzen aufruhe (zit. in ebd., 335). Zu der Diskussion des Aufklärungsverständnisses in der Berliner Mittwochsgesellschaft vgl. auch Hans-Peter Nowitzki, „… der Gelehrte muß den Weltmann aufklären, der Weltmann den Gelehrten polieren". Zu Wezels Kultur- und Aufklärungskonzeption, in: Wezel-Jahrbuch. Studien zur europäischen Aufklärung 6/7 (2003/04), 11–39.

mene Registrande insofern, als sie die Aufnahme jedes Werks begründet und damit die Clandestinität auch als Rezeptionsphänomen einsichtig macht. Darüber hinaus werden in ihr Werke besprochen, die als anonyme Einzelveröffentlichungen noch nicht mit Wieland in Zusammenhang gebracht worden waren und nun über die Sammlung in den Fokus der Zensoren gerieten. Des weiteren bestätigt sich bei der Durchsicht der Begründungen, daß die zeitgenössischen Examinatoren durchaus den Wechsel der Clandestinität als eines Modus der verdeckten Produktion und Distribution hin zum Modus einer literaturimmanenten, auf Schreibweisen abgestellten Clandestinität wahrgenommen haben, z. B. wenn sie beim *Danischmend* vermerken, daß er tendenziell „eigentlich gegen unumschränkte Monarchie und gegen die Hierarchie" sei, perfider Weise „aber auf eine verdeckte Art". Gleich infam nimmt sich auch der *Agathodämon* aus: Was der *Danischmend* in politischer, ist der *Agathodämon* in religiöser Hinsicht. Genauso verhüllt-clandestin arbeite er „gegen die Göttlichkeit des Christenthums". Die beobachtete literarische Qualität der Clandestinität der Wielandschen Arbeiten ist es dann aber auch, die sie seitens der Zensurbehörde gleichsam wieder legitimieren! Da die Absicht der clandestinen Schreibweise hier erkannt und z. T. goutiert wird, zeigt sich, daß solcherart sublimierte Clandestinität zur Diffundierung des Zensurakts durchaus mit den Absichten der geltenden Zensuraufsicht partiell übereinkommen konnte. Im Sinne einer ‚limitierten' Aufklärung ließen sich die Dichtungen durchaus tolerieren, denn

> in den dogmatischen Werken dieses Schriftstellers [werden] die in religiöser und politischer Hinsicht bedenklichen Ideen und Lehren stets mit schonender Feinheit und in einer gewissen künstlerischen Verkleidung vorgetragen, so dass nur der gebildete und mit einem geschärften Verstand versehene Leser dieselben kombinieren wird.[147]

Da die Werkausgaben sowieso nur von einem eng begrenzten Personenkreis, eben der finanziell besser gestellten Publikumsschicht, die zumeist auch die gebildete ist, erworben und konsumiert werde, so könnten auch die bedenklicheren im Verbund der sämtlichen Werke Wielands passieren. Die sozialdisziplinierende und -stabilisierende Zensur wird hier nicht mehr per *Index librorum prohibitorum* dekretiert, sondern über den Marktpreis realisiert. Die finanziell begründete Exklusivität fungiert indirekt als Werkzeug der Zensur. Damit sei verbürgt, daß den Unmündigen, d. h. der Jugend und dem ungebildeten Teil des Publikums, die *erga schedam*-Werke unzugänglich bleiben.

Nur wollte keiner der Pränumeranten beim Kaiser um ein Revers nachsuchen, das ihm den Bezug der Werke *erga schedam* erlaubte. Schon Schrämbl hatte deshalb zunächst auch keinen Absatz mehr gehabt. Mit dem zwölften und letzten Re-

---

147 Österreichisches Staatsarchiv: Allgemeines Verwaltungsarchiv. PHSt. 1/1803 (63). Fölsch an Polizeihofstelle (Wien, den 10. März 1804). Zit. nach: Schembor, Meinungsbeeinflussung durch Zensur (wie Anm. 137), 79.

zensurierungsprotokoll, das dem Kaiser am 15. Januar 1805 vorgelegt wurde, war die Arbeit der Superrevisionskommission beendet. Der Schaden der Re-Revision schien sich ins Immense auszuwachsen. Die einlaufenden letzten Forderungen der Buchhändler ließen den Kaiser endgültig von dem Unterfangen, die verbotenen Bücher gänzlich zu kassieren, abgehen: Es solle inskünftig, verfügte er, mit dem „klugen Verkauf ohne Ankündigung", also dem Vertrieb der Werke *non ad novellas publicas,* sein Bewenden haben.[148] An ‚mündigen‘, ‚verständigen‘ Lesern scheint es in Österreich jedenfalls genausowenig gefehlt zu haben wie im übrigen Reich. Wielands Schriften fanden in Österreich so guten Absatz, daß schon wenig später, im Jahre 1811, von Anton Doll eine neue, 63bändige Ausgabe Wielands veranstaltet werden konnte.[149]

IV. Zensur und Verlagsstandort: Wielands Abkehr von Zürich

Die Genese der Illegitimität von Wielands *Geschichte des Agathon* seit den 60er Jahren läßt Rückschlüsse auf die Zensurpraxis und vice versa auf ihre Auffassung von Clandestinität zu, die das Spektrum der Zensurbestimmungen erweitern und ihrer Auslegung präzisieren: Auch heikle philosophische oder theologische Standpunkte durften nicht unwidersprochen referiert werden, dann bestand Korrekturbedarf oder gar Anlaß für ein Verbot. Die Einschätzung der Gefährdung war Auslegungssache. Im Fall des Materialismus etwa ging die Gefahr von der daraus ableitbaren Gottlosigkeit aus, welche die Grundfesten christlich begründeter Staaten zu untergraben drohte. Der Autor konnte derartige Thesen dann ausführlich darstellen oder entwickeln, wenn aus der Darstellung eindeutig hervorging, daß sie unwahr und unmoralisch sind. So wenig Wielands *Agathon* aus Sicht der Züricher und der Wiener Zensur dieser Bedingung gerecht wurde, so wenig erfüllte er auch die Kriterien der Clandestinität, weder intentional noch publikationstechnisch: Denn Verleger und Verfasser stellten sich der Vorzensur im besten Glauben, der Roman würde diese problemlos passieren. Die Notwendigkeit einer clandestinen Publikation war von ihnen zunächst also überhaupt nicht in Betracht gezogen worden. Dazu kommt, daß Wieland dem Verlag sogar die Nennung des Verfassernamens eingeräumt hatte, falls dies „Schicanen von ihrer ehrwürdigen Censur" hätte abwenden können.[150] Erst durch die Vorzensur wurde der *Agathon* zur clandestinen Literatur.

---

[148] PHSt. Z 328/1807. Hager an Aicholt (Wien, den 20. Oktober 1807). Zit. nach: Schembor, Meinungsbeeinflussung durch Zensur (wie Anm. 137), 87.

[149] Rauscher, Der Wiener Nachdruck (wie Anm. 137), 41.

[150] Wieland an Geßner (Biberach, den 25. Juli 1764), in: WBr. 3 (wie Anm. 2), 294.

Anders sah es bei zwei weiteren zeitnahen Produktionen Wielands aus: dem *Don Sylvio* und den *Comischen Erzählungen*. Hier war es weniger der philosophische als der erotische Inhalt, der eine clandestine Erscheinungsweise unabdingbar machte.

Der in unmittelbarer zeitlicher Nachbarschaft zum *Agathon* entstandene Roman *Der Sieg der Natur über die Schwärmerey, oder die Abentheuer des Don Sylvio von Rosalva* (1764) wurde konsequenterweise der Züricher Zensur überhaupt nicht mehr zugemutet. Schon vor dem Votum der Zensoren zum *Agathon*, das ihm im September 1763 mitgeteilt wurde, beschlich Wieland eine Ahnung davon, was *Don Sylvio* von Seiten der Zensur drohen konnte:

> Es ist eine Art von satyrischem Roman, der unter dem Schein der Frivolitæt philosophisch genug ist, und wie ich mir einbilde keiner Art von Lesern, die *austere* ausgenommen, Langeweile machen soll. Indeßen muß ich doch gestehen daß er so beschaffen ist daß weder der Nahme Wieland, noch Orell Geßner u: Comp. noch viel weniger der Nahme einer Republik darauf stehen darf, welche so sevèr ist, daß ein Bal schon hinreichend ist, alle Patrioten zu allarmiren und selbst aus dem Munde der Unmündigen und Säuglinge Weissagungen von dem Untergang eines solchen zweyten Ninive hervor zu zwingen.[151]

Der Roman erschien dann – bei großzügiger Honorierung – in Ulm. Der Verleger nahm hier keinen Anstoß, sich auf dem Titel zu nennen. Der Autor indes hatte Skrupel, sich öffentlich zu bekennen und blieb schweigsam, in Sorge um sein Ansehen:

> *Sie* werden Sich gewiß nicht über den Sylvio ärgern, und damit sich alle meinen *severen* Gönner und Freunde nicht daran ärgern, so wollen wir Niemand sagen, daß ich Autor davon bin. Denn was für ein Triumph würde das für die boßhaften Berliner seyn![152]

Seinen Verleger Albert Friedrich Bartholomäi (1734 – ?) sollte dies allerdings nicht davon abhalten, im Verlagskatalog den Autor namentlich zu nennen.[153]

---

[151] Wieland an Salomon Geßner (Biberach, den 5. August 1763), in: WBr. 6.1 (wie Anm. 2), 33–35, hier 34. Der reformierte Rigorismus mit seiner Forderung nach strenger Sittenzucht und ‚ausschließlicher‘ Freude ‚in Gott‘ ging einher mit dem Verbot von Glücksspiel, Theater und Tanz. Vgl. z. B. die ergangenen *Sitten-Mandate, oder Mandate und Verordnungen die Sittlichkeit betreffend:* gegen Komödien (135–139), gegen das Glücksspielen (154–159), gegen das Kegeln (159 f.), gegen das Tanzen (160 f.) und gegen das Tragen kostbarer Kleidung und kostspieligen Schmuckes (161–164), in: Historische Darstellung (wie Anm. 40), 135–164.

[152] Wieland an Salomon Geßner (Biberach, den 7. November 1763), in: WBr. 3 (wie Anm. 2), 207. Mit den Berlinern spielt Wieland vor allem auf Nicolai und Lessing an, die die Aufrichtigkeit seiner religiösen Dichtungen der Schweizer Jahre in Rezensionen beargwöhnt hatten.

[153] *Verzeichniß von neuen Büchern, aus allen Facultäten, Künsten und Wissenschafften in deutsch- und lateinischer Sprache, welche gröstentheils in den Herbstmessen 1764. erschienen, und in den dabey stehenden Preisen verkaufft werden bey Albrecht Friederich Bartholomäi in Ulm*. 1765, 29. Zit. in: Hans Radspieler (Hg.), Christoph Martin Wieland 1733–1813. Leben und Wirken in Oberschwaben, Weißenhorn 1983 (Veröffentlichungen der Stadtbibliothek Ulm, 3), 117.

Auch durch gezielte Indiskretion bewarb der Verleger den Roman. So teilte Juli von Bondeli Wieland mit, daß

> der größten Verschwiegenheit von meiner Seite ohnerachtet, jedermann weiß, wer der Verfasser ist. Ihr Verleger wußte es. Die Begierde, Geld zu gewinnen, ist so natürlich; andere Buchhändler haben das nämliche gethan, und so wissen Sie, wie es zuging, daß mein Geheimniß das Geheimniß der Comödie geworden ist. Eine Anzeige des Buchs, voller Lobeserhebungen für den Verfasser, hat in der Schafhauser Zeitung gestanden und vollends die Neugier des Publikums erregt, welche die Buchhändler dadurch befriedigten, daß sie mit den Exemplaren zugleich auch das Geheimniß verkauften.[154]

In Wielands dichterischem Lebenslauf markieren *Agathon* und *Don Sylvio* den Beginn einer nonkonformeren, der Aufklärung zugewandteren Phase. Mit ihnen ist nicht nur eine ästhetische Neuorientierung verknüpft; gleichzeitig richtete er auch seine Publikationsstrategie grundlegend neu aus. In Zukunft wollte er für seinen „Ruhm" ebenso wie für einen „Zustand" arbeiten, in dem es „wenigstens einem Philosophen möglich ist glücklich zu seyn".[155] Deshalb, versicherte er, werde er von nun an für ein viel breiteres Publikum schreiben; „für alle Arten von Leuten". Dies sucht er dadurch zu erreichen, daß er „das Solide" in seinen Dichtungen „mit dem ergötzenden und *interessanten* durchgehends vergesellschafte[t]".

> Meine ehmaligen Schriften können nicht zum Maasstab genommen werden, um den Succeß derjenigen zu beurtheilen, die ich nunmehr und ins künftige *ediren* werde. Wenn die ersten einen ziemlichen Succeß gehabt haben, so darf ich mir von den Andern einen grossen Versprechen, da Sie so wohl weit mehr nach dem *allgemeinen* Geschmack, als an sich *interessanter* und vollkomner seyn werden. *Agathon* ist das erste Buch, das ich für die Welt schreibe; alles vorige war nur für mich und etliche gute Freunde oder Freundinnen geschrieben.[156]

Nicht nur das Sujet ändert sich mit diesen beiden Romanen grundlegend, auch seine Schreibweise beginnt sich zu wandeln. Mit „Scherz und Ironie" und „dem ordentlichen Gebrauch der fünf Sinnen" sucht er fortan Aberglauben und Enthusiasmus beizukommen. Daß er damit aber nicht zugleich der Moral abgeschworen hat und einem libertinen *laissez faire* das Wort redet, wird er von nun an nicht müde zu beteuern: „Ich liebe die Tugend um deßwillen nicht weniger, weil sich meine Metaphysik geändert hat, und ich billige um deßwillen keine Ausschweifungen, wenn ich schon nicht im Predigerton dagegen eifre".[157] Mit der Beurteilung des *Don Sylvio* durch Geßner, der ihn als Verlagsartikel ablehnte, weil Wieland damit dem Publikum nichts mehr als „einen Spaß zu machen" gedenke

---

[154] Julie von Bondeli an Wieland (Könitz, den 21. Juni 1764), in: WBr. 3 (wie Anm. 2), 281.

[155] Wieland an Johann Georg Zimmermann (Biberach, den 11. Februar 1763), in: ebd., 151–154, hier 152.

[156] Wieland an Salomon Geßner (Biberach, den 28. April 1763), in: ebd., 162–164, hier 162 f.

[157] Wieland an Salomon Geßner (Biberach, den 7. November 1763), in: ebd., 205–208, hier 207.

und eines „Lehrers der Tugend unwürdig" sei,[158] traten die unterschiedlichen
weltanschaulichen und ästhetischen Ansichten zwischen ihm und dem intellektuellen Milieu Zürichs offen zu Tage: Der „Absatz [d.i. der Unterschied], den der
Geist und der Ton" des *Don Sylvio* im Vergleich zu den frühen „feierlichen Schriften" machte, war nicht mehr zu übersehen und würde, so mutmaßte Wieland, „einem beträchtlichen Theil des Publici anstößig" sein.[159]

Scheinbare wie tatsächliche Frivolität gaben den Ausschlag, daß Wieland auch
die zwischen dem *Don Sylvio* und dem *Agathon* erschienenen *Comischen Erzählungen* (1765) anonym veröffentlichte. Es handelte sich um eine der wohl wichtigsten Dichtungen Wielands, die ungeachtet voraussehbarer Probleme mit der
Züricher Zensur von Geßner in Verlag genommen wurden. Die große Seltenheit
des Werks[160] und jeglicher Verzicht auf Angaben, die auf die Herkunft des Bandes
schließen lassen, machten den Band zu einer vom Autor von vornherein distribu-
tiv-clandestin intendierten Publikation. In diesem Fall verwahrte sich Wieland
auch öffentlich entschieden gegen die „impertinente Censur" seitens eines Rezensenten, der seine Autorschaft der *Comischen Erzählungen* im *Neuen Rechtschaffenen*[161] zu dekuvrieren sich anschickte. In seiner Entgegnung forderte Wieland,
„daß man keinem Schriftsteller [...] eine Schrift, (am allerwenigsten eine solche,
von welcher man [...] ungünstig urtheilet) namentlich zuschreiben soll, wofern
dieser Schriftsteller sich nicht selbsten öffentlich zu dieser Schrift bekannt
hat".[162] Allerdings war Wielands öffentlicher Widerspruch eher halbherzig,
ließ er doch an vielen Stellen durchblicken, daß er Autor dieser Erzählungen
sei und nur die formale Einhaltung publizistischen Anstands einfordere. Im
Fall der heiklen *Comischen Erzählungen* zeigte sich bald schon, daß das Streben
nach Autorruhm das Bedürfnis nach clandestiner Verfasserschaft überwog. Und
Wieland spielte auch im paratextuellen Umfeld selbst mit publizistischer Indiskretion, als er darin seinen Freund Zimmermann, dem er die *Comischen Erzählungen* unter dem seinen Namen mehr recht als schlecht verbergenden Kürzel
„Doctor Z*** in B*" widmete, als genugtuende Vergeltung für eine früher began-
gene Indiskretion.[163]

[158] Ebd., 206.

[159] Ebd.

[160] Der Karlsruher virtuelle Katalog listet weltweit nur 15 Exemplare im Besitz öffentlicher
Bibliotheken auf.

[161] Der neue Rechtschaffene, eine Wochenschrift. Lindau am Bodensee 1/1 (1767), 7.

[162] Wieland, Schreiben an Herrn Biedermann Johann Christian Seidel, Herausgeber des Neuen
Rechtschaffenen, in: WOA 8.1 (wie Anm. 90), 457–461, hier 460.

[163] Vgl. Wieland, Comische Erzählungen, in: WOA 7.1 (wie Anm. 90), 343–454, hier 345, wo
aus dem Reimwort zum Kürzel Z*** (Vers 22/23) die Identität Johann Georg Zimmermanns erschlossen werden kann. Der in Brugg praktizierende Zimmermann hatte den Lesern seiner 1763/64
erschienenen Schrift *Von der Erfahrung in der Arzneykunst* Wielands Gesinnungswandel verraten.

Bemerkenswert ist auch, daß Wieland die Vorzensur seines Dichter-Verlegers Geßner akzeptiert, der einige Passagen in den *Comischen Erzählungen* wegen allzu heikler sexueller Inhalte beanstandet und gern gestrichen sehen möchte. Obwohl klar ist, daß der Text ohnehin an der Zensur vorbei publiziert werden wird, kommt es also zu Eingriffen, die von fern her an eine Verpflichtung auf die in den Zensurordnungen angemahnte Einhaltung des Anstands erinnern. Im Fall sodomitischer Liebe etwa habe die dichterische Phantasie ihre Grenzen weit überschritten – die Episode von Europa und dem Stier galt Geßner als „anstößig".[164] Wieland pflichtete ihm bei, denn es sei „erstlich ein *hors d'oeuvre*, zweytens zum Eckel weitläufig, drittens an sich selbst ärgerlich, und viertens an einigen Orten übel gemalt". Nicht nur die mangelnde ästhetische Qualität war es also gewesen, die den Dichter bewog, die Erzählung „gänzlich zur Vernichtung [zu] verdamm[en]", sondern eben auch das ‚ärgerliche' Sujet ‚an sich'.[165] Später tilgte Wieland dann auch die Erzählung *Juno und Ganymed* aus dem Zyklus.[166] Seine Skrupel schienen sich zu mehren, als ihm Zimmermann in einem Brief gestand, daß ihm die Erzählungen so ausnehmend gut gefallen hätten, daß sie ihm sogar „Erectionen" verursachten. Zunächst war Wieland sichtlich bestürzt, „Urheber von sittlichen Übeln" zu sein, ein Umstand, der ihm weitere Arbeiten an Dichtungen der Art wie die *Comischen Erzählungen* glatt verleiden könnte. Er ging deshalb dem „Ochsen, der Heu auf den Hörnern trägt, aus dem Wege"[167] und beugte sich dem moralistischen „Vorurtheil", ohne es doch zu billigen:

[W]ie wird es erst gehen, wenn einmal irgend ein Sünder vor einem Chorgericht erscheinen und die Erectionen die ihm Aurora oder Endymion gemacht, als die Ursache seiner Vaterschaft von irgend einem Jungfern-Kind angegeben wird! Und doch gesteh ich daß mich's am wenigsten verdrießen würde, wenn ein paar Schock hübsche Buben und Mädchen, ihr Daseyn es sey nun auf welche Art es wolle, meiner Muse zu dancken hätten. Seyn ist immer besser als nicht seyn; ein Mädchen das zu gleicher Zeit einen armen Kerl in seinen *Bon-Sens* restituirt und die Gesellschaft mit einem Mitglied be-

---

Vgl. Johann Georg Zimmermann, Von der Erfahrung in der Arzneykunst. Neue Auflage, Zürich 1777, 148.

[164] Wieland an Salomon Geßner (Biberach, den 29. August 1764), in: WBr. 3 (wie Anm. 2), 296–299, hier 297.

[165] Wieland an Salomon Geßner (Biberach, den 29. September 1764), in: ebd., 302.

[166] Wieland thematisierte mit der Erzählung *Juno und Ganymed* als einer der ersten deutschen Dichter gleichgeschlechtliche Liebe. Vgl. W. Daniel Wilson, Ein „hartnäckiger Ketzer in Liebessachen". Wieland, griechische Liebe und Selbstzensur, in: Walter Erhart, Lothar van Laak (Hg.), Wissen – Erzählen – Tradition: Wielands Spätwerk, Berlin 2010 (Quellen und Forschungen zur Literatur- und Kulturgeschichte, 64), 293–314. Die gestrichene Episode von Europa und dem Stier ist verloren. Sie hätte ein weiteres interessantes Zeugnis von Wielands Neugier auf Spielarten menschlicher Sexualität abgegeben.

[167] Wieland an Salomon Geßner (Biberach, den 7. November 1763), in: WBr. 3 (wie Anm. 2), 205–208, hier 206.

schenkt, thut etwas wofür man sie, statt zu bestraffen; öffentl. belohnen sollte. Daß es den Urhebern der Gesetze anders beliebt hat, das danke ihnen der Wirth.[168]

Es ist eben der feine Zusatz, der einen den Schalk in Wielands Nacken sehen läßt, wenn er von der geschlechtlichen Vereinigung zweier Liebenden spricht, „es sey nun auf welche Art es wolle". Das zu mißbilligen, so Wieland, hieße den *„Bon-Sens"*, den gesunden Menschenverstand beleidigen, auch wenn es die Zensoren und das bigotte Publikum anders sähen!

Die Kritik an der Dichtung indes wollte nicht abreißen: „dieses Geseufze und Geheul über die komischen Erzählungen, welches mir von allen Orten und Enden her zukommt",[169] ließ ihn zuweilen verzagen. Das Publikum schien diese Art von Dichtung nicht goutieren zu wollen, und das Urteil darüber drohte auch auf ihn als Person abzufärben. Besorgt fragte er sich, welches Schicksal dann gar seiner jüngsten Dichtung *Idris* bestimmt sein mochte. Auf eine Approbation in Zürich war nicht zu hoffen. Seine Werke standen nun unter schwierigeren Publikationsbedingungen denn je. Die Folge war auch, daß in den Verhandlungen über seine weiteren Dichtungen die Zensurfrage und die damit verbundenen Honorar- und Absatzschwierigkeiten eine immer größere Rolle spielten. Ihm, der als Dichter reüssieren wollte, standen die Zensur und die dadurch bedingte clandestine Erscheinungsweise spürbar entgegen. So sprach er sich nun energisch gegen die verdeckte Publikation aus:

> Sie wollen, mein liebster Freund, daß ich mir nicht zu Sinne kommen lasse, den *Idris* anderswo als aus Ihrer *officin* hervorgehen zu lassen. Erlauben Sie mir, daß ich mich hierüber aufrichtig, und mit dem Vertrauen, das mir unsere Freundschaft einflößt, gegen *Sie* herauslasse. *Fürs Erste* So gesteh ich Ihnen, daß ich wünschte daß *Idris* und alle meine künftige Gedichte allenthalben hinkommen möchten, wo man deutsch lesen kan, und so viel gelesen werden möchten als möglich; und diesem, däucht mich, steht die *Anonymie* des Verlegers etc. etc. sehr im Wege; indem dieser gewisser maßen ein Geheimniß aus seinem Wercke machen muß. *Zweytens* (und dieser Punct liegt mir sehr im Kopf – es ist eine Schwachheit, wenn Sie wollen; aber ich habe sie nun einmal) möchte ich diese Gedichte gern schön und mit guten *Vignetten* oder wo möglich gar mit Kupferblättern, welche die interessantesten Gemählde aus denselben vorstellten, gedruckt haben. Dieses würde sehr *practikabel* seyn, wenn sich der Verleger nennen darf, und scheint es nicht zu seyn, wenn er verborgen bleiben muß. Endlich däucht mich auch eine Folge des leztern Umstands zu seyn, daß weder der Verleger noch der Autor so viel dabey gewinnen kan.[170]

Die von ihm zuvor als notwendiges Übel akzeptierte clandestine Publikationsweise hatte nun ausgedient:

---

[168] Wieland an Johann Georg Zimmermann (Biberach, den 27. Juni 1765), in: WBr. 3 (wie Anm. 2), 344–346, hier 345; „Wirth" ist Euphemismus für ‚Teufel'.

[169] Wieland an Salomon Geßner (Biberach, den 5. Januar 1767), in: ebd., 424–427, hier 425.

[170] Wieland an Salomon Geßner (Biberach, den 6. März 1767), in: ebd., 431–434, hier 432.

Ich begreife in der That nicht, *quo fato* meine neueren Werke unter die *libros prohibitos* gesetzt werden sollen. Indessen da nun einmal diese Denkungsart zu Zürich die Oberhand hat, so müssen wir schon dem Stärkeren nachgeben, – und ich werde entweder gar keine Gedichte mehr machen dürfen, oder auf einen andern Weg denken müssen, sie in die Welt zu schicken.[171]

Wieland suchte fortan den direkten Weg in die Öffentlichkeit. Als freier Schriftsteller brauchte er ein direkt erreichbares Publikum, das sich seine Lektüre nicht von engstirnigen Zensoren zuteilen ließ. Hierfür mußte er die Schweiz und Süddeutschland als Verlagsstandorte aufgeben und sich neue Wege in die Öffentlichkeit bahnen.

Wielands Einschätzung zufolge stand vor allem die „*Anonymie* des Verlegers" dem Erfolg im Weg, denn sie verhindert, (1) daß die Werke überall dorthin vertrieben werden können, „wo man deutsch lesen kan", muß dieser doch „gewisser maßen ein Geheimniß aus seinem Wercke machen". Zudem ist sie (2) verantwortlich dafür, daß die Werke nicht in entsprechender, d. h. qualitativ hochwertiger Ausstattung erscheinen können. (Weshalb das so war, wußte sich Wieland nicht zu erklären. Der Grund für das Geßnersche Verlagshaus war aber wohl, daß die Zensurbestimmung auch eine Prüfung der Illustrationen vorsah.) Und (3) war die Gewinnspanne bei anonymen Publikationen bei weitem nicht so groß wie bei legalen. Angesichts des sich immer weiter ausbreitenden Lesepublikums sei man daher gut beraten, die Werke nicht mehr anonymisiert zu publizieren.[172] Zu betonen ist aber, daß Wieland hier von der Anonymität des Verlegers, nicht der des Autors spricht – letztere erhielt er bei Erstpublikationen solange aufrecht, bis er seinen Käufern den Exklusivdruck seiner Werke im *Teutschen Merkur* zusagte, um ihm eine möglichst große Abonnentenzahl zu sichern. In der Folgezeit sann er wiederholt darüber nach, wie sich seine Werke einträglicher machen ließen und wie er mit ihnen ein „wenig mehr als alltägliche schriftstellers-*Reputation*" erlangen könnte.[173] Aus dem Briefwechsel mit Geßner seit Erscheinen des *Agathons* wird deutlich, daß Wieland verstärkt auf neue, ihm lukrativere Publikationsbedingungen drang. Geßner mochte nicht darauf eingehen, und bei Wieland machte sich Resignation breit. Als sein Züricher Verlag dann auch noch die Manuskripte des *Idris* und der *Musarion* an ihn zurückgehen ließ, weil dieser seine

---

[171] Ebd., 426.
[172] Ebd., 432.
[173] Wieland an Johann Georg Zimmermann (Biberach, den 8. Oktober 1767), in: ebd., 465–466, hier 465. Es sei ihm „doch ein wenig *Celebrität* von darum lieb, weil [er] gerne mit einigen guten Köpfen in verschiedenen Hauptstätten in Correspondenz kommen möchte" (Wieland an Johann Georg Zimmermann [Biberach, den 19. März 1767], in: ebd., 434–438, hier 436; vgl. auch Wieland an Friedrich Justus Riedel [Biberach, den 2. Januar 1768], in: ebd., 490–494, hier 491 f., und an denselben (Biberach, den 29. Juni 1768), in: ebd., 526–529, sowie an Johann Wilhelm Ludwig Gleim [Biberach, den 4. Februar 1768], in: ebd., 496–497).

Bedingungen für übertrieben, ja für nicht inakzeptabel hielt,[174] mußte sich Wieland nolens volens auf die Suche nach einem neuen Verleger machen. Friedrich Justus Riedel (1742–1785) bahnte ihm schließlich die neuen Wege zu Gleim, zu Christian Felix Weiße (1726–1804), zu Johann Georg Jacobi (1740–1814), zu dem Leipziger Großverleger Philipp Erasmus Reich (1717–1787) und – als Philosophieprofessor an die Erfurter Akademie. Es zog ihn gleichsam nach Mitteldeutschland, ins Zentrum der Aufklärung, wo zunächst in der von Christian Adolf Klotz (1738–1771) in Halle besorgten *Deutschen Bibliothek* der Vorabdruck des *Idris* (Mai 1768) und *Endymions Traum* (August 1768) erschienen. Kurze Zeit später schon war er in Leipzig, der Buchmessestadt im 18. Jahrhundert schlechthin, angekommen. Den Auftakt bildeten dort die Verserzählung *Musarion, oder die Philosophie der Grazien* und das Epenfragment *Idris. Ein Heroisch-comisches Gedicht* im Verlag von Weidmanns Erben und Reich, beide erschienen im Oktober 1768.[175] Die Ablösung vom Verlagshaus Orell, Geßner und Compagnie vollzog sich schrittweise: Zunächst gingen die von den Zürichern zurückgewiesenen Manuskripte nach Leipzig zu Reich. Dann bestimmte Wieland, daß all jene Werke, die vor dem *Don Sylvio* erschienen sind, Eigentum der Züricher bleiben sollen.[176] Die differenzierende Zuweisung seines Schaffens an die beiden Verlagshäuser hatte somit nicht allein verlagsrechtliche Gründe. Sie verweist zugleich auch auf die unterschiedliche zensurrechtliche Praxis in den beiden Territorien. Denn in Leipzig ließen sich nun alle jüngeren Werke Wielands ohne Probleme publizieren. Selbst der in zensorischer Hinsicht vom Sujet her äußerst problematische *Combabus* – die Geschichte einer Selbstkastration – konnte 1770 hier veröffentlicht werden. Als Wieland gar von einer zweiten, überarbeiteten Fassung des *Agathon* sprach und Geßner anbot, die Restauflage des *Agathon* durch Reich aufkaufen zu lassen, konnte sein Züricher Autorverleger nur noch Schadensbegrenzung betreiben. Er ließ umgehend einen Doppeldruck des *Agathon* veranstalten und sich dafür ein kursächsisches Privileg für den in Zürich und Wien verbotenen Roman ausstellen. Mit dem Wechsel nach Leipzig war Wielands Phase clandestiner Publikation endgültig vorüber, nicht aber die der clandestinen Produktion und Rezeption.

---

[174] Wieland an Salomon Geßner (Biberach, den 3. Dezember 1767), in: ebd., 482–483.
[175] Vgl. Wieland an Friedrich Justus Riedel (Biberach, den 2. Juni 1768), in: ebd., 519–522, hier 520.
[176] Wieland an Salomon Geßner (Biberach, den 16. Februar 1769), in: ebd., 581–584, hier 583.

V. Clandestine Schreibweise? Religions- und Systemkritik im Roman „Der Goldne Spiegel"

Die von der Züricher Zensur erzwungene Clandestinität so mancher Publikation Wielands sollte nicht darüber hinwegtäuschen, daß er in nur wenigen Fällen den Schleichweg zum Leser guthieß. Seine oben bereits angeführten Äußerungen Geßner gegenüber lassen klar erkennen, daß er als Autor größtmögliche Publizität anstrebte, nicht zuletzt auch, um die Annehmlichkeiten des literarischen Ruhms in vollen Zügen genießen zu können,[177] nämlich die Anerkennung durch Publikum und Kritik einerseits und ein angemesseneres Honorar, um seine Existenz als freier Schriftsteller sichern zu können.[178]

Gleichwohl griff Wielands schriftstellerische Betätigung immer wieder auch auf Gebiete aus, die von der Zensur besonders beargwöhnt wurden: ins Politische und Religionskritische und in die als ‚unmoralisch' verketzerte Erotik. Jene Dichtungen begründeten seinen negativen Ruf als ‚Sittenverderber', der sich mit der Herausgabe seiner einflußreichen Zeitschrift *Der Teutsche Merkur* (1773 – 1810) noch verfestigte, wie eine Äußerung Friedrich Carl von Mosers (1723 – 1798) aus dem Jahr 1775 verrät:

> Wie ausgebreitet diese Pest unserer Tage sei, nimmt man im Leben der großen Welt so sehr wahr als irgend in dem, was unter den eigentlichen Gelehrten vorgehet; und wenn diese die eigentlichen Giftmischer sind, so Wieland, Goethe und ihresgleichen die praktischen Gehülfen, die Seuche durch alle Stände der menschlichen Gesellschaft zu inokulieren. Unsere Freiheit zu denken ist ein Gassenmensch, und unsere Bücherpolizei eine Kupplerin geworden.[179]

Mosers Äußerung wiederholt nicht etwa die stereotypen Äußerungen von Zeitgenossen, die – wie viele Dichter des Göttinger Hains und andere ‚Stürmer und Dränger' – Wieland als erotischen Dichter diffamieren.[180] Moser, dessen Überzeugun-

---

[177] Auffällig ist allerdings, daß die meisten von Wielands Schriften bis in die 1770er Jahre hinein anonym erschienen – ausgenommen die größeren Sammelausgaben, für die aus Verkaufsgründen und wegen höherer Gattungsvarianz eine Autornennung hilfreich gewesen sein mag, und einige wenige Einzelausgaben. Die Anonymität der späteren großen Romane fiel nicht mehr so sehr ins Gewicht, da sich Autorschaft in den engen Zirkeln der Gelehrtenrepublik schnell herumsprach, wie die korrekten Zuschreibungen in den meisten zeitgenössischen Rezensionen belegen.

[178] Grundlegend hierzu immer noch: Wolfgang von Ungern-Sternberg, Wieland und das Verlagswesen seiner Zeit. Studien zur Entstehung des freien Schriftstellertums in Deutschland, in: Archiv für Geschichte des Buchwesens 14 (1974), 1211–1534.

[179] Aus einem Brief Friedrich Karl von Mosers an Piderit (19. Mai 1775). Zit. nach Hermann Bräuning-Oktavio, Georg Wilhelm Petersens Kampf um Freiheit der Presse, in: Archiv für Geschichte des Buchwesens 11 (1970), 473–526, hier 490 f.

[180] Manfred A. Poitzsch, Zeitgenössische Persiflagen auf C. M. Wieland und seine Schriften, Bern und Frankfurt am Main 1972 (Europäische Hochschulschriften, I/46), 91.

gen trotz des Enthüllungscharakters seiner eigenen politischen Schriften[181] stark christlich-konservativ geprägt waren, verdächtigte Wieland und Goethe viel grundsätzlicher als Propagandisten und Popularisierer einer depravierten Wissenschaftskultur, die dem Denken keine Grenzen setze und damit Sitten und Staat gefährde. Die Zensur, die dem Übel Einhalt zu gebieten hätte, nehme ihre Aufgaben nicht mehr in erforderlichem Maße wahr.

Im Falle Wielands geht Mosers kulturpessimistischer Abgesang fehl. Auch nach seinem Wechsel zum Weidmannschen Verlag geriet jener bald schon wieder in die Fänge der Zensur, wenn man einer späteren Äußerung Karl August Böttigers (1760–1835) Glauben schenken darf: Diesmal war es die kurmainzische Zensur. Wielands Schriften unterlagen aufgrund seiner Anstellung als Professor der Erfurter Universität der Prüfung durch die universitäre Zensur. Das für die geistliche Zensur zuständige Vikariat[182] habe ganze sechs Bogen seines politischen Romans *Der Goldne Spiegel* aus dem Jahre 1772 ,zu freimütiger Äußerungen über die Religion' wegen inkriminiert. Wieland „warf sie, als weiter nicht brauchbar, ins Feuer".[183] – Im Satz der Erstausgabe entspräche das einer Streichung von etwa 120 Seiten![184] Solange eine Überprüfung der über mehrere Archive (Würzburg, Wien und Wernigerode) zerstreuten Zensurakten der Kurmainzer Behörde noch aussteht,[185] kann über den Inhalt der verbotenen Bogen

[181]   Zu nennen ist hier vor allem die im 18. Jahrhundert oft aufgelegte Fürstenkritik *Der Herr und der Diener geschildert mit Patriotischer Freyheit* (Frankfurt am Main 1759).
[182]   Freund, Bücher- und Pressezensur (wie Anm. 37), 55 f. Da es in Erfurt eigentlich eine universitätsinterne Zensur gegeben hat, ist anzunehmen, daß – falls Wielands Erinnerung korrekt ist – zunächst der zuständige Universitätszensor den Roman beanstandet hat und dies – vielleicht aufgrund Wielands Einspruchs – letztinstanzlich vom Kurmainzer Vikariat bestätigt worden ist.
[183]   Böttiger, Literarische Zustände (wie Anm. 46), 28 (Wieland. Nach einem Abendessen bei Wieland. Den 8. Oktober 1791). Auch Starnes 1 (wie Anm. 52), 422, bezieht sich ausschließlich auf Böttiger als Quelle. Die Datierung auf März 1772 wäre aber problematisch, da Wieland den Druck der beiden ersten Teile des Romans bereits Anfang / Mitte April von Reich zugeschickt bekam (ebd., 424).
[184]   Problematisch an Wielands später Aussage ist auch, daß die vier Bände des *Goldnen Spiegel* in der Fassung von 1772 vom Umfang her sehr ausgewogen sind – Wieland achtete aus ästhetischen Gründen bei seinen Publikationen auf die Bandumfangssymmetrie sehr genau. Wären kurz vor der Veröffentlichung tatsächlich 120 Seiten beanstandet worden, hätte der Umfang der Streichung – immerhin über die Hälfte eines Bandes – die Ausgewogenheit der Bandeinteilung stark beeinträchtigt und eine komplette Neugliederung des gesamten Texts notwendig gemacht. Vgl. auch Wielands Brief an Philipp Erasmus Reich (Erfurt, den 9. März 1772), in WBr. 4 (wie Anm. 2), 271: „Die Satyre […] ist […] behutsam genug, daß weder der Autor noch der Verlegre etwas davon zu besorgen haben […]". Für einen Eingriff, der nachträglich korrigiert werden mußte, spräche dagegen der formal starke Bruch der Erzählung durch das Referat des ,deutschen Herausgebers' zur Religionsgeschichte Scheschians.
[185]   Das Wieland-Forschungszentrum Oßmannstedt bereitet eine Quellenedition der zeitgenössischen Akten zu Wielands politischen Tätigkeiten vor, in der auch die Zensurakten Berücksichtigung finden werden.

nur spekuliert werden. Im Roman selbst – der sich einer vielschichtigen Übersetzer- und Herausgeberfiktion bedient[186] und dazu noch durch Dialoge strukturiert wird, was zu einer weiteren Potenzierung von Ansichten und Meinungen führt – gibt vielleicht die ausführliche Zwischenbemerkung des ‚deutschen Herausgebers' im zweiten Teil des Romans einen Hinweis. Hier ist die Rede von der Auslassung eines im lateinischen Original folgenden Werkteils, an deren Stelle ein ausführliches, dem Original gegenüber aber stark gekürztes Referat der fehlenden Passagen gesetzt worden sei.[187] Thema der nur kursorisch referierten Passage ist die Religionsgeschichte des fiktiven Landes Scheschian. Ausführlich begründet nun der zensierende ‚Herausgeber' die Tilgung des Exkurses:

> Nichts ist in unsern Tagen *überflüßiger* als Feldzüge gegen *Aberglauben und Tartüfferey*. […] Andre, in ihren Folgen ungleich mehr verderbliche Ausschweifungen, Geringschätzung der Religion und Ruchlosigkeit gewinnen unvermerkt immer mehr Grund; die ehrwürdige Grundfeste der Ordnung und der Ruhe der menschlichen Gesellschaft wird untergraben, und unter dem Vorwande, einem Übel, welches größtentheils eingebildet ist, zu steuern, arbeitet der zügellose Witz, in den Mantel der Philosophie eingehüllt, der menschlichen Natur ihre beste Stütze, und der Tugend ihre würksamste Triebfeder zu entziehen. In einem solchen Zeitpunct können diejenigen, welche es mit der Menschheit wohl meynen, nicht zu vorsichtig seyn; Und bloß aus dieser Betrachtung haben wir geglaubt, dem Publicum einen größern Dienst durch die Unterdrückung der besondern Umstände der Religions-Geschichte von Scheschian als durch die Mittheilung derselben zu erweisen.[188]

Darin mag sich ein ironisierter Hinweis auf die Selbstzensur und eine Selbstanzeige der eventuell realen, zensurbedingten Textmanipulation verbergen. Des fiktiven Herausgebers Argumentation richtet sich gegen die zuvor abgedruckten Hinweise des fiktiven lateinischen Übersetzers des Romans, der den generellen Nutzen von Religionskritik hervorgehoben hatte. Bei aller Differenz ihrer Argumentation pro et contra räumen allerdings beide Herausgeber die Möglichkeit ein, daß böswillige Interpreten hinter derartigen Themen „Anspielungen […] [finden könnten], wo keine sind" und der „Erzählung einen unächten Sinn"[189] anzudichten vermögen – ein deutlicher Hinweis auf die intendierte Referentialität politisch-religionskritischer Satire, die ihre verdeckten Angriffe aus dem Rückraum der Fiktion heraus führt.

Allen Zensurschwierigkeiten zum Trotz wäre es aber voreilig, Wielands Doppelbödigkeit hier als bloß clandestine Schreibstrategie auszulegen. Denn bei Wie-

---

[186] Der Roman sei die deutsche Version eines scheschianischen Manuskriptfragments, die von einer lateinischen Übersetzung der chinesischen Übersetzung stamme, der wiederum eine indische Übersetzung des scheschianischen Originals zugrundelag. Die verschiedenen Bearbeiter der Quelle haben den Text zudem noch annotiert.

[187] WOA 10.1.1 (wie Anm. 90), 122–155.

[188] Ebd., 123.

[189] Ebd.

land lassen sich auch in zensurtechnisch ‚liberaleren‘ Zeiten durchaus perspekti-
visch ungebrochene Stellungnahmen finden, die noch weitaus deutlicher und un-
nachgiebiger den Schutz der Religion einfordern.[190] Wieland betont aber an dieser
Stelle, und besonders dann noch einmal in der Vorrede zum *Dritten Theil* des
Goldnen Spiegels, daß er es auf „unzuläßige Personal-Satire", also konkrete, zu-
weisbare Fürstenschelte nicht abgesehen habe.[191] Im zweiten Teil seines religionskritischen Referats führte er am Beispiel der Regierung des Ogul-Kan vor,
daß schriftstellerische Freiheit dort ihre Grenze habe, wo die „Ruhe des gemeinen
Wesens"[192] berührt werde. Seine Definition des Erlaubten kommt damit im
wesentlichen mit dem eigentlichen Anliegen der zeitgenössischen Zensur zur
Deckung, auch wenn er deren Bestimmungen erheblich toleranter auslegt. Gele-
gentlicher Schwierigkeiten mit einzelnen Zensoren ungeachtet stimmt sein Aufklärungsbegriff im Religiösen und Politischen mit den gängigen Zensurbestimmungen überein. In der Einleitung zum dritten Band des Romans, *Der Herausgeber an den Leser* betitelt, entdeckt er dem Leser das Programm seiner politischen
Wirkungsabsichten: Zwei grundsätzliche Methoden aufklärerischen Schreibens
werden darin erläutert – die Deduktion und die Induktion – und die Vor- und Nachteile dieser Darstellungsweisen. Nachteile der deduktiven Methode seien das
mangelnde Leserinteresse, das die Wirkung erschwerte, und die theoretische Distanz, die den meisten Lesern Verständnisschwierigkeiten bei Lektüre und Übertragung in die Lebenswirklichkeit bereiteten. Die induktive Methode – „der Weg
durch Beyspiele"– führe dagegen zu bestimmten Begriffen und leite „uns eben
dadurch zu sichern Praktischen Urtheilen".[193] Hier könnten allenfalls unzulässige
Verallgemeinerungen und falsche Konkretionen – etwa, indem der Leser hinter
der auf anthropologische Konstanten zielenden Darstellung eine Personalsatire
wittert – zu Mißverständnissen führen.[194] Seine Absicht ist es, dem vorzubeugen:

---

[190] Wieland, Gedanken von der Freiheit über Gegenstände des Glaubens zu philosophieren, in:
Christoph Martin Wieland, Werke, Bd. 3, hg. von Fritz Martini und Reinhard Döhl, München 1967,
493–549, hier 548. Vgl. dazu Martin Schmeisser, Aufklärung und Deismus bei Christoph Martin
Wieland. ‚Die Gedanken von der Freiheit über Gegenstände des Glaubens zu philosophieren‘
(1788), in: Wieland-Studien 7 (2012), 19–42, sowie Gideon Stiening, „Meine Begriffe von der
menschlichen Natur". Wielands Epistemologie und Anthropologie in ‚Was ist Wahrheit?‘ und in der
‚Geschichte des Agathon‘ (1766/67), in: ebd., 75–104.

[191] WOA 10.1.1 (wie Anm. 90), 165.

[192] Ebd., 130.

[193] Ebd., 164.

[194] Allerdings blieb Wieland seinen Prinzipien nicht immer treu: Als er Maler Müllers *Niobe* 1778
in den *Abderiten* verspottet und dieser sich darüber öffentlich beklagt, zieht er sich hinter das
Zufallsprinzip zurück, das seine satirische Schilderung des Theaterwesens zu Abdera unabsichtlich
zur Realsatire gemacht hätte. Er entschuldigt sich und kann zugleich die Valenz seiner Satire vom
überall wirksamen Abderitismus bestätigen. Vgl. Bernhard Seuffert, Maler Müller, Berlin 1877,
212–216.

Der Herausgeber der Geschichte der Könige von Scheschian hat diese kleine Anrede an den Leser, wodurch er demselben von der Ursache der Methode dieses Werkes einige Rechenschaft giebt, und seine Unschuld an dem Mißbrauch, der vielleicht damit getrieben werden könnte, vorläufig erkläret, hauptsächlich darum für nöthig gehalten, weil er leicht voraussieht, daß weder die reinsten Absichten noch die sorgfältigste Behutsamkeit in der Ausführung ihn gegen den bösen Willen von Einigen und den Unverstand von Andern sicher stellen wird.[195]

Natürlich stellt sich hier schon die Frage: Wer spricht hier eigentlich, der Herausgeber des *Goldnen Spiegels* oder der Autor? Durch die vielen Fiktionsebenen, die Wieland mit den Herausgeber- und Übersetzerfiktionen in das Werk einzieht, gelingt es ihm zwar, Verantwortlichkeiten von sich wegzudelegieren. Zugleich aber unterläuft er damit sein Anliegen, Mißdeutungen vorzubeugen. ,Clandestinität' wird von ihm damit als Rezeptionsphänomen perhorresziert. Gegen Mißhelligkeiten, die aus einer ,falschen Lesart' resultierten, sichert er sich nun mit dem Verweis auf innerfiktionale Logiken ab. Denn Anlässe für solche ,Fehlinterpretationen' liefert der vorliegende Roman zuhauf: Einige heidnische Verehrungspraktiken – „einen Mohren, in demuthsvoller Stellung und mit allen Zeichen eines andächtigen Vertrauens [...] einen Elephantenzahn oder das Horn eines Ziegenbocks in seiner Noth anzurufen"[196] – lassen sich problemlos, ja fast zu bruchlos auf den katholischen Reliquienkult beziehen als daß man es nicht tun möchte. Und der das scheschianische Reich vergiftende Streit zwischen den Religionsparteien, die sich über der Frage entzweiten, ob ihr Hauptgott ein blau- oder ein rotfarbener Affe gewesen sei, erinnert sicherlich nicht rein zufällig an die das multikonfessionelle Christentum durchziehenden dogmatischen Querelen, die sich oft an kleinen Differenzen entzündeten und zur Staatskrise auswuchsen. Die Radikalität der Aufklärung erwächst hier aus der Radikalität der Schreibweisen.

Wielands Schreibweisen eignet bei aller Radikalität eine aufklärungstypische Moderation, die darauf sieht, daß das Zulässige nicht überschritten wird, dort etwa, wo Danischmend seinen religionskritischen Exkurs mit den Worten beginnt:

Wiewohl, nach meinem Begriffe, die schlechteste Regierungsform und die schlechteste Religion immer besser ist als gar keine: so gestehe ich doch [...], daß eine Nation [...] unmöglich zu einem gewissen Grade von Vollkommenheit sich erheben könne, wenn sie das Unglück hat einer ungereimten Verfassung oder einer unvernünftigen Religion unterworfen zu seyn.[197]

Etwas später läßt Wieland den lateinischen Übersetzer seines Romans angesichts der Möglichkeit, aus Danischmends Haltung einen Glaubensrelativismus ableiten

---

[195] WOA 10.1.1 (wie Anm. 90), 166.
[196] Ebd., 120.
[197] Ebd., 118 f.

zu können, anmerken, daß die christliche Religion dem Ideal der Vernunftreligion am nächsten komme.[198] Diese Fußnote mit ihrem Bekenntnis zum Christentum erinnert an jenes Glaubensbekenntnis in Anmerkungsform, das der Züricher Verlag seinerzeit – sehr zum Unwillen Wielands – aus Zensurrücksichten in den *Agathon* hatte einrücken lassen, um Hippias' Argumente schon vorab zu entkräften. Indem Wieland sich einer vielschichtigen Romankonstruktion bedient, kann er problemlos die gängigen Erwartungen erfüllen, ohne seiner auktorialen Integrität zu schaden – sei es nun, um einem möglichen Zensureingriff zuvorzukommen, sei es, um einem ergangenen Monitum zu entsprechen. Damit schirmt er sein Anliegen, mit seinen Lesern gemeinsam über alle Staat und Gesellschaft betreffenden Sachverhalte unvoreingenommen nachdenken zu können. Wie aber schon der Rahmen des Romans anzeigt, vollzieht sich dieses schreibende Nachdenken immer in einem Machtgefüge. Danischmends Lavieren zwischen Anspruch auf Aufklärung und Vorsicht gegenüber der unverhüllten Macht in einer ständisch verfaßten Gesellschaft, der er seine Auffassungen vortragen muß, findet sein Äquivalent in der Vervielfältigung der Urheberschaft. Wieland überführt den Modus der Clandestinität von der Ebene der Publikationsform auf die Ebene der Schreibweise.

VI. *Vorzensur und Revision: Wielands Editions- und Annotationspraxis im Teutschen Merkur*

Diese Art des Umganges mit der Zensur prägt dann wesentlich auch sein Zeitschriftenprojekt, den *Teutschen Merkur*, bis an den Vorabend der Französischen Revolution. Wieland als freier Schriftsteller hatte gelernt, daß er ‚frei' nur innerhalb von Grenzen sein kann, die er, will er sein Zeitschriftenprojekt nicht gefährden, genau einhalten und seinen Ko-Autoren zur Pflicht machen muß. Im Oktoberstück des *Teutschen Merkur* vom Jahr 1773 ist von einem unveröffentlichten Manuskript die Rede, daß sich im Besitz des Herausgebers befinde und aus dem er künftig einige Auszüge mitzuteilen verspricht:

> [Wir] sind […] gesonnen, einige von den Dialogen die es enthält, nach und nach in den Merkur einzurücken. Wir sagen mit Bedacht nur einige; denn verschiedene sind mit einer Freyheit geschrieben, welche die Zeit, worinn wir leben, schwerlich ertragen möchte. Es ist wohl wahr, daß ohne Freyheit philosophieren noch ein wenig schlimmer ist als gar nicht philosophieren. Aber es ist auch wahr, daß es einen Grad von Licht giebt, welchen Augen, die seit kurzem zu sehen angefangen haben, nicht ertragen können; und daß die Freyheit über alles kaltblütig und ohne Zurückhaltung zu philosophie-

---

[198] Ebd., 120 f.

ren, einen Grad von Aufklärung voraus setzt, dessen sich noch keine Nation des Erdbodens rühmen kan.[199]

Aufklärung hat schrittweise zu erfolgen. Der Schriftsteller ist gehalten, den jeweils erreichten Stand an Aufklärung einzuschätzen und verantwortlich darüber zu befinden, wie weit seine aufklärerische Intention jeweils ausgreifen, wieviel ‚Wahrheit' den Aufzuklärenden zugemutet werden darf. Dabei sieht sich der Aufklärer nicht nur vor das Problem gestellt, den eigenen Erkenntnisstand der Öffentlichkeit vorenthalten und sie damit entmündigen zu müssen. Mehr noch: Das Philosophieren wird zum Taktieren zwischen Möglichkeit und Wirklichkeit und fällt damit hinter dem Anspruch auf Wahrhaftigkeit zurück. Tatsächlich erscheinen fast alle späteren Stellungnahmen Wielands zum Problem der freien Meinungsäußerung geprägt von einer Bewegung des gedanklichen Vorstoßens bei gleichzeitiger Selbstrücknahme der eigenen Argumentation durch Relativierung und strikte Limitierung, wie weiter unten ausgeführt wird. Deshalb wohl vermeidet Wieland eine grundsätzliche Erklärung zum Thema der Pressefreiheit.

Im Folgenden sei kursorisch noch Wielands Haltung zur Zensur bis kurz vor der Französischen Revolution nachgetragen, wie sie sich am Einzelfall und aus einigen Stellungnahmen ableiten läßt. Denn selbst der in diesem Zusammenhang kanonische Text *Über die Rechte und Pflichten der Schriftsteller* von 1785 wird im Untertitel thematisch eingeschränkt auf „Nachrichten, Bemerkungen, und Urteile über Nationen, Regierungen, und andre politische Gegenstände" und ist eine Stellungnahme zum politischen Reiseschrifttum im Stil Friedrich Nicolais, der statistische Daten und Beschreibung für ein ausführliches Bild von der Lage der Nation heranzieht.[200] Insofern ist der Versuch, Wielands Programmatik zu rekonstruieren, auf die Auswahl verschiedener Aussagen angewiesen, deren Stoßrichtung wiederum stets kontextuell gebunden ist. Die ausgewählten Textstellen aus literarischen Stellungnahmen zwischen 1772 und 1788 belegen neben der Vermeidung grundsätzlicher Äußerungen Wielands fortdauernde Beschäftigung mit dem spannungsreichen Verhältnis von ‚Öffentlichkeit und Aufklärung'. Es ist sicher kein Zufall, daß sie vor allem in den Jahren entstanden, in denen er sich besonders intensiv als Zeitschriftenherausgeber betätigte.

Für seinen *Teutschen Merkur* strebte er größtmögliche Verbreitung an und hatte hierbei die höchst unterschiedlichen Zensurpraktiken in den verschiedenen Reichsgebieten zu kalkulieren. Es galt, sich gegen unliebsame Eingriffe und Vertriebsverbote abzusichern, die das Projekt seines Nationaljournals hätten gefähr-

---

[199] Zusätze Wielands zu Friedrich Justin Bertuch, Die Regierungskunst, oder Unterricht eines alten Persischen Monarchen an seinen Sohn (1773), in: WOA 11.1 (wie Anm. 90), 57–63, hier 59.

[200] Friedrich Nicolai, Beschreibung einer Reise durch Deutschland und die Schweiz im Jahre 1781, 12 Bde., Berlin und Stettin 1783–1796.

den können.[201] Eine große Herausforderung stellten hier vor allem die in Zensur-
fragen restriktiveren katholischen Regionen Süddeutschlands[202] dar:

> Ein Hauptgesetz soll seyn, alles was irgend einer in Deutschland recipirten Religion
> anstößig seyn könnte, zu vermeiden; denn mein Merkur soll in den katholischen Staa-
> ten eben so gangbar werden, als in den Protestantischen. Da ich der eigentliche [...]
> Direktor des Werkes seyn, und dasselbe zu Weimar unter meinen eigenen Augen be-
> sorgen werde, so stehe ich auch sowohl für die Güte als für die Unanstößigkeit aller
> Artikel.[203]

Dies gelang ihm selbst in Bayern, obwohl dort alle anderen Werke Wielands verboten waren.[204] Es war das Eigeninteresse an einem möglichst großen Absatz des
Journals, der nur durch editorische Vorsicht garantiert werden konnte und das den
Herausgeber zuweilen seinen eigenen aufklärerischen Prinzipien gegenüber untreu werden ließ. Die Herausgeberzensur betraf nicht nur brisante Texte oder heikle Meinungen, die den Argwohn der verschiedenen Zensurbehörden hätten rege
machen können, sondern war auch ökonomisch motiviert: Denn im Fall des *Teutschen Merkur* hatte Wieland nun nicht mehr nur wie im Fall des *Agathon* und anderer inkriminierter Schriften mit obrigkeitlicher Zensur zu tun. Als ein wirt-
schaftlich selbständig agierender Zeitschriftenherausgeber mußte er zugleich
auch auf seine potentiellen Käuferkreise sehen, um diese nicht aufgrund zu freier
Meinungsäußerungen seiner Mitarbeiter zu verprellen und seine eigene Existenz
zu gefährden. Die vielbeschworene liberalisierende Kraft der Wirtschaft offen-
bart hier ihren ambivalenten Charakter. Denn das ‚ökonomische Argument‘
läßt den Herausgeber auf das Gros des Publikums Rücksicht nehmen und wirkt
als passives und ungesteuertes Machtinstrument zuweilen weit effektiver auf
den Autor ein, als es eine obrigkeitliche Zensur je könnte. Die Publikumserwartung bzw. der ökonomische Erfolg zeigt den Herausgeber oft als einen weniger
toleranten Zensor. Und das, obwohl in Sachsen-Weimar-Eisenach,[205] wo der *Teut-*

---

[201] Vgl. hierzu Hans-Peter Nowitzki, Der „menschenfreundliche Cosmopolit" und sein „Natio-
nal-Journal". Wielands *Merkur*-Konzeption, in: Andrea Heinz (Hg.), „Der Teutsche Merkur" – die
erste deutsche Kulturzeitschrift?, Heidelberg 2003 (Ereignis Weimar – Jena. Kultur um 1800.
Ästhetische Forschungen, 2), 68–107.

[202] Kapp, Goldfriedrich, Geschichte des Deutschen Buchhandels (wie Anm. 29), Bd. 3, 344.

[203] Wieland an Friedrich Just Riedel (Erfurt, den 17. September 1772), in: WBr. 4 (wie Anm. 2),
634.

[204] Stoll, Christoph Martin Wieland (wie Anm. 16), 73.

[205] Allerdings war Sachsen-Weimar-Eisenach keineswegs zensurfrei. Nach dem Regierungsan-
tritt Carl Augusts wurde die Zensur 1773 neu geregelt und die Kontrolle der Periodika der Gene-
ralpolizeideputation unterstellt. Vgl. Marcus Venske, Das Herzogtum Sachsen-Weimar-Eisenach
1775–1783. Ein Modellfall aufgeklärter Herrschaft?, Weimar 2004 (Veröffentlichungen der Historischen Kommission Thüringen, 10), 368. Man kann sich nur schwer des Eindrucks erwehren,
daß die Zensur in Weimar nur wenig mehr als nachlässig gewesen ist. 1763 wird von Anna Amalia
anläßlich zweier von den Verfassern zur Zensurprüfung eingereichter Landesgeschichten der

sche Merkur redigiert und gedruckt wurde, Wieland von direkter Zensur weitgehend unbehelligt geblieben ist, wie eine Bemerkung des zeitweiligen Mitredak-
teurs Karl Leonhard Reinhold (1758–1823) belegt. Dieser weist in einer Bemerkung aber ganz unmißverständlich auf den eigentlichen Zensor des *Teutschen
Merkur* hin: „Wir haben hier keine Censur als die des Herausgebers selbst
[…]“.[206] Wieland agierte in dieser Funktion überaus vorsichtig, besonders in
den Anfangsjahren des *Teutschen Merkur*. So glaubte er, einem überaus harmlosen Gedicht Johann Georg Jacobis den Abdruck im *Teutschen Merkur* verweigern
zu müssen, aus Furcht, es könne sich die katholische Leserschaft darin gekränkt
finden und die Abonnenten mindern:

> Der neue Pygmalion unsers George [i.e. Johann Georg Jacobi] ist ganz deliziös. Aber,
> sagen Sie mir auf ihr Gewißen, darf ich furchtsamer es wagen, ein Stück, das alle from-
> me Catholiken, sonderlich im Mund eines Protestanten, sehr profan finden werden, in
> den Merkur zu setzen. Diese Leute, und besonders die Wiener und Prager verstehen
> über ihre Heiligen gar keinen Spaß. Ich möchte oft toll darüber werden, daß ich so
> furchtsam seyn muß; aber sobald man Abonnenten haben will, und rechnen muß,
> daß 200 Abonnenten 100 Ld'or weniger sind, so sehe ich nicht, wie man es wagen
> darf, die populären Vorurtheile vor die Nase zu stoßen.[207]

Als sich der *Teutsche Merkur* länger hält, hat Wieland dann kein Problem mehr,
derartige Texte abzudrucken, wie das Beispiel *Clelia und Sinibald* aus dem Jahr
1783 belegt, in dem das Motiv der profanierten Heiligenstatue eine wesentliche
Rolle spielt.[208] Dies koinzidiert wohl nicht zufällig mit der Lockerung der Zensurpraxis in den österreichischen Landen unter Joseph II. (1741–1790), die nach Ma-

---

Oberkonsistorialpräsident Johann Friedrich von Hendrich als Zensor bestimmt. Nach dessen Able-
ben übergibt Carl August die Zensur der Periodika der Polizei (1776), aber erst 1781 fällt auf, daß
Conrad Jacob Glüsing, der Verleger *der Weimarer wöchentlichen Anzeigen* aus Unkenntnis über den
aktuellen Zensor seit dem Tod von Hendrichs keine Belegexemplare beim Oberkonsistorium mehr
abgeliefert hat. Die Regierung ist über den derzeitigen Zensor nicht informiert und fragt bei Carl
August an. Die Akte B 5222 des Thüringischen Hauptstaatsarchivs Weimar läßt folglich eine eher
laxe Handhabung der Zensur für Weimar vermuten. Da die Zensurakten für die Universität Jena –
dem Ort, an dem die meisten Zensurvorfälle wegen der Publikationsdichte zu vermuten sind – laut
Auskunft des Archivs – seit 1948 verloren sind, ist über die tatsächliche Strenge der Aufsicht für das
gesamte Herrschaftsgebiet allerdings keine genaue Aussage zu treffen.

[206] Karl Leonhard Reinhold an Friedrich Nicolai (Weimar, den 26. Januar 1787), in: Karl Leon-
hard Reinhold. Korrespondenzausgabe der Österreichischen Akademie der Wissenschaften, Bd. 1:
Korrespondenz 1773–1788, hg. von Reinhard Lauth u. a., Stuttgart-Bad Cannstatt, Wien 1983, 187.
Vgl. dazu kritisch Wilson, Wielands Bild (wie Anm. 19), 40.

[207] Wieland an Friedrich Heinrich Jacobi (Weimar, Anfang 1773), in: WBr. 5 (wie Anm. 2), 54.
Das Gedicht Johann Georg Jacobis hat keinerlei religionskritische Tendenz. Es schildert lediglich,
wie ein Einsiedler eine Statue der Maria Magdalena schnitzt, die seiner ehemaligen Geliebten
gleicht.

[208] Die Verserzählung greift ein Thema auf, das auch im Josephinischen Wien nach der Lockerung
der Zensur zu dieser Zeit rege diskutiert wurde, wenn am Schluß des Epos' ein Priester heiratet.

ria Theresias Tod (1717 – 1780) einsetzt.[209] Allerdings war Wielands Befürchtung gegenüber Jacobis *Pygmalion* nicht ganz unbegründet, wie das oben zitierte Urteil der Wiener Zensur zu *Clelia und Sinibald* zeigte.[210]

Wielands Tätigkeit als Herausgeber beschreiben vor allem zwei Typen von Zensur: Kontrolle der Distribution und literarische Diffusion.[211] Prinzipien und Methoden bleiben dabei stets die gleichen, ob es sich nun um politische, philosophische oder ästhetische Auseinandersetzungen handelte – ein weiterer Beleg dafür, daß es ihm primär um Verbreitung und Anerkennung seines Journals über alle Grenzen zu tun war.

Die Vorzensur Wielands von Fremdtexten schreckte weder vor Texteingriffen noch vor der gänzlichen Meinungsunterdrückung zurück, wie die von Starnes[212] aufgelisteten Beispiele zeigen:

> In Deinen letzten Allwill's-Papieren werde ich mit Deiner Erlaubniß einige garstige Zeilen über den Dienst großer Herren wegstreichen. Gott weiß, wie Du, mit dem Bewußtseyn Deiner und meiner Verhältnisse, so was hinschreiben, und mir schicken kannst, daß ich's drucken lasse.[213]

Wielands sorgfältige Redaktion passierten auch einige kritische Anmerkungen zum Klerus in der Aufsatzserie *Briefe über* [Cornelis de Pauws] *Recherches Philosophiques sur les Egyptiens et les Chinois* von Friedrich Heinrich Jacobi (1743 – 1819) nicht.

> Ein paar Perioden, die europäischen Mönche betreffend, habe ich wegstreichen müssen, weil sie im Merkur anstößig wären.[214]

Vertrauten Mitarbeitern, wie Johann Heinrich Merck (1741 – 1791), gab er auch vorab Bedenken bekannt, die den Autor zur Selbstzensur aufforderten.[215]

Zur Unterdrückung eingesandter Artikel kam es vorrangig bei politischen Artikeln. So forderte er den an der Erfurter Universität als Staatsrechtler tätigen Jo-

---

[209] Vgl. Kapp, Goldfriedrich, Geschichte des Deutschen Buchhandels (wie Anm. 29), Bd. 3, 348 f.

[210] Vgl. Rauscher, Der Wiener Nachdruck (wie Anm. 137), 41.

[211] Reinhard Aulich, Elemente einer funktionalen Differenzierung der literarischen Zensur. Überlegungen zu Form und Wirksamkeit von Zensur als einer intentional adäquaten Reaktion gegenüber literarischer Kommunikation, in: Herbert G. Göpfert, Erdmann Weyrauch (Hg.), „Unmoralisch an sich …". Zensur im 18. und 19. Jahrhundert, Wiesbaden 1988, 177–230.

[212] Starnes, Der teutsche Merkur (wie Anm. 26), 23, dem die folgenden Zeugnisse zu Wielands Zensurpraxis im *Teutschen Merkur* entnommen sind.

[213] Wieland an Friedrich Heinrich Jacobi (Weimar, den 14. Juli 1776), in: WBr. 5 (wie Anm. 2), 526. Laut Kommentar Siegfried Scheibes in WBr. 6.3, 1560 sind die durch Wieland gestrichenen Stellen nicht bekannt.

[214] Wieland an Friedrich Heinrich Jacobi (Weimar, den 22. November 1773), in: WBr. 5, 180. Lt. Kommentar in WBr. 6.3, 1259 nicht bekannt.

[215] Wilson, Wielands Bild (wie Anm. 19), 34.

hann Christoph Erich Springer (1727–1798) auf, einen politischen Artikel anzufertigen. Doch die Veröffentlichung unterblieb aus Furcht vor Schwierigkeiten:

> Von seinem Aufsatz konnte ich unmöglich Gebrauch machen. Der Mercurius würde
> übel dabey gefahren seyn, an allen Höfen hätte man crucifige über ihn gerufen, und
> weder sein geflügelter Huth, noch seine goldene Ruthe, womit er die Seelen regiert,
> hätte ihm helfen können.[216]

Auch der als Mitherausgeber tätige Jacobi hatte kein Glück, was einen von ihm
übersetzten politischen Artikel anging:

> Ich schicke Ihnen […] die Übersetzung des politischen Artikels und beschwöre Sie
> […], nicht ungehalten auf mich zu werden, wenn ich Ihnen sage, daß, so vortrefflich
> die Artikel Deutschland, England, und besonders Polen, geschrieben sind, ich es doch
> unmöglich wagen kann, sie im Merkur auf meine augenscheinliche Gefahr zu publi-
> ciren. Mir graut und schaudert vor dem Lärmen, den eine so große Freiheit, über die Kö-
> nige unserer Zeit zu philosophiren, in Berlin, Wien, Regensburg etc. erregen, und vor
> den bösen Händeln, die ich mir dadurch zuziehen würde. […] Möchte der Verfasser des
> politischen Artikels Macchiavell selbst seyn; sobald er in Deutschland und in einem
> deutschen Merkur schreibt, muß er die Hörner einziehen und bloßer Annalist seyn.[217]

Philosophische Artikel unterwarf er ebenfalls seiner Vorzensur. Wilson nennt unter anderen Beispielen einen abgelehnten Aufsatz über den französischen Materialisten Claude-Adrien Helvétius (1715–1771).[218]

Für das redaktionelle Profil Wielands scheint aber die nachträgliche Zensur
von Artikeln weit bedeutsamer gewesen zu sein. Hier zeigt sich wiederholt die
Bedeutung der Paratextualität für den Transport clandestiner Ideen, die über
Anmerkungen oder unterschiedliche Kommentarebenen zensurauffällige Äußerungen abschwächt oder die Zielrichtung der Aussage verschleiert. Bereits im
Goldnen Spiegel hatte Wieland diese Methode zur Perfektion gebracht. Als Herausgeber des *Teutschen Merkur* brauchte er die Herausgeberfiktion nun nicht erst

---

[216] Wieland an Johann Georg Meusel (Weimar, den 14. April 1773), in: WBr. 5 (wie Anm. 2),
106. Hans Wahl deutet die Möglichkeit an, der Artikel sei identisch mit Springers in Erfurt 1773
gedruckter Broschüre *Methodischer Versuch zu einer Einleitung in die Politik für Teutschland, nach
der gegenwärtigen Lage seiner öffentlichen Angelegenheiten entworfen*. Vgl. Hans Wahl, Geschichte des Teutschen Merkur. Ein Beitrag zur Geschichte des Journalismus im achtzehnten Jahrhundert, Berlin 1914 (Palaestra, 127), 16, Anm. 1. Die in Johann Georg Meusels *Lexikon der vom
Jahr 1750 bis 1800 verstorbenen teutschen Schriftsteller. Dreyzehnter Band* (Leipzig 1813), 258,
aufgeführte Schrift scheint sich nicht erhalten zu haben, jedenfalls ist über GBV und KVK kein
Exemplar nachweisbar, weder die Stadt- noch die Universitätsbibliothek Erfurt führen ein Exemplar
in ihren Katalogen.

[217] Wieland an Friedrich Heinrich Jacobi (Weimar, den 23. Juni 1775), in: WBr. 5 (wie Anm. 2),
391 f. Die Veröffentlichung des Artikels unterblieb aus diesen Gründen. Vgl. den Kommentar
Siegfried Scheibes in WBr. 6.3, 1425.

[218] Wilson, Wielands Bild (wie Anm. 19), 33 f. Im Augustheft 1780 erscheint dann ein kleiner
Aufsatz *Etwas von Helvetius*.

zu erfinden. Und auf Fremdbeiträge war er für seine Zeitschrift ohnehin dringend angewiesen. Zu viele Artikel abzuweisen oder stark zu redigieren hätte den Beiträgerkreis stark vermindert. Deshalb bediente er sich des editorischen Eingriffs in Form von Vorberichten, Anmerkungen, Zusätzen und Nachschriften, um problematische Aufsätze abdrucken zu können. Derlei zensorische Korrektive waren geeignet, der Hemmung oder Unterbindung der Distribution des *Teutschen Merkurs* entgegenzuarbeiten, ohne zugleich die Texte zu verstümmeln noch zu unterdrücken. Diese Art öffentlichen Widerspruchs und Abschwächung der Wirkung faßt Aulich[219] unter dem Begriff der *literarischen Diffusion*. Hierbei läßt der Herausgeber die problematische Meinungsäußerung zwar zu, distanziert sich andererseits aber davon und schwächt dadurch den Geltungsanspruch des Gesagten, wenn er ihn nicht ganz und gar aufhebt. Eine derartige zensorische Annotationspraxis verwahrt ihn gegen den Verdacht, die Verlautbarungen des Beiträgers entsprächen der Ansicht des Herausgebers. Auf diese Weise konnte Wieland einerseits zensorisch im Sinne der Reichsgesetzgebung tätig werden und zugleich dem aufklärerischen Anliegen der freien Meinungsäußerung als Voraussetzung eines offenen Diskurses entsprechen. Das Problem wurde seinerzeit vielfach benannt, etwa in einem Zensurgutachten der Leipziger Juristenfakultät von 1773, dem Gründungsjahr des *Teutschen Merkur*. Sie wendet sich darin gegen eine allzustrenge Zensur, weil sie so die Diskussionsfreiheit hemme und dem Fortschritt in Bildung und Wissenschaft nachteilig sei:

> […] hiernächst nicht zu leugnen ist, daß zu mehreren Aufnahme der Wissenschaften eine gewisse Freiheit der Presse schlechterdings erforderlich sei, und die allzustrenge Censur der zum Drucke bestimmten Schriften, insonderheit wenn sie nur Urteile über anderer Autoren Arbeiten und Meinungen betreffen, öfterer die Ausbreitung der menschlichen Erkenntnis hindere […].[220]

Dem entsprach Wielands Herausgebertätigkeit vollauf. Von Beginn an war er darauf bedacht, den *Teutschen Merkur* für alle Arten von Diskussionen, auch heikler Probleme und Standpunkte, offenzuhalten. 1773 etwa sorgte er sich um die Rezeption eines Aufsatzes von Marcus Herz (1747–1803) unter dem Titel *Über die Widersprüche in der menschlichen Natur*. Darin versuchte Herz à la Helvetius darzulegen, daß die Menschen grundsätzlich alle gleich seien und daß es die körperliche „Organisation und Umstände" sind, die jeden Menschen zu dem Individuum machen, was es ist.[221] Im Rückgriff auf Charles Bonnets *Essai analytique sur les facultés de l'âme* (1759) und *Essai de psychologie, ou considérations sur*

---

[219] Aulich, Elemente einer funktionalen Differenzierung (wie Anm. 212), 177–230.

[220] Aus dem Gutachten der Juristischen Fakultät zu Leipzig über Schriften von Johann Conrad Deinet von 1773. Zit. nach Bräuning-Oktavio, Georg Wilhelm Petersens Kampf (wie Anm. 179), 502.

[221] Wieland, Anmerkung (wie Anm. 1) 156.

les opérations de l'âme (1755) bespricht er die Abhängigkeit der Seelenoperationen von den Gehirnoperationen, d. h. der Geistesfähigkeiten von körperlichen Strukturen. Danach sei „eine[] ungerechte[] Handlung die nothwendige Folge irgend einer Monstrosität des Gehirns dessen der sie begeht".[222] Der damit gegebenen Gefahr einer materialistisch-deterministischen Ausdeutung sucht Wieland mit seinen Kurzkommentaren zu begegnen. Er weist zum einen auf Bonnets Anliegen hin, die Vereinbarkeit von moderner Naturwissenschaft und Katholizismus nachzuweisen. Zum anderen räumt er ein, daß dieser Satz einer „viel genaueren Bestimmung vonnöthen" habe, die hier der Kürze wegen unterbleiben müsse. Er, der „Herausgeber behält sich vor, seine Gedanken darüber künftig einmal zu sagen, und will sich inzwischen gegen alles Nachtheilige bestens verwahrt haben".[223] Wieland nimmt so den Vorwurf des Materialismus vorweg, um ihn mit dem Versprechen, die mechanische Psychologie à la Bonnet[224] in einer gesonderten Abhandlung vom Vorwurf des Materialismus und Atheismus zu befreien. In einer zweiten, abschließenden Note geht Wieland noch weiter: Er vermeint, mit dem Materialismusvorwurf sei der des Deismus verschwistert. Deshalb benimmt er Herz' Ausführungen die deistisch-neologische Spitze, indem er dessen philosophischen dem Offenbarungsglauben nicht nur bei-, sondern unterordnet:

> Der Verfasser dieser kleinen Abhandlung – welche mir würdig geschienen hat dem Publico mitgetheilt zu werden, spricht in derselben durchaus blos als Philosoph; da wo er, anstatt zu raisonnieren, zu glauben anfängt, […] verstehet sichs wohl von selbst, daß sein Philosophischer Glaube der Offenbarung untergeordnet, und durch selbige theils ergänzt, theils rectificiert werden muß.
>
> (Der Herausgeber.)[225]

Daß die Ankündigung einer folgenden Abhandlung durch den Herausgeber nur bedingt überzeugte, liegt auf der Hand. Der Artikel jedoch konnte nun erscheinen und seine Wirksamkeit entfalten, ohne dem Herausgeber und seiner Zeitschrift angelastet zu werden, wie Wieland hoffen mochte. Die eigentliche Intention dieser Anmerkungen verrät sich im Ausdruck: „gegen alles Nachtheilige bestens verwahrt". Diese Texteingriffe sollten Wieland jedoch bald schon gereuen, bewirkten sie doch das genaue Gegenteil des Intendierten. Denn anscheinend drohte dem *Teutschen Merkur* ein Verbot für Österreich.[226] Der Hinweis des Wiener Staatsrats Tobias Philipp von Gebler (1726–1786) auf den problematischen Artikel ließ

---

[222] Ebd., 159.

[223] Ebd.

[224] Vgl. dazu Hans-Peter Nowitzki, Der wohltemperierte Mensch. Aufklärungsanthropologien im Widerstreit, Berlin und New York 2003 (Quellen und Forschungen zur Literatur- und Kulturgeschichte, 25 [259]), 8, 146, 224–228, 266, 327 f., 379 f. Anm. 148, 386 Anm. 125.

[225] Wieland, Anmerkung (wie Anm. 1), 160.

[226] So der Kommentar von Siegfried Scheibe, WBr. 6.3 (wie Anm. 2), 1207. Vgl. auch Starnes, Der teutsche Merkur (wie Anm. 26), 24.

Wieland prompt die Möglichkeit erwägen, ob es nicht gerade seine zensorischen Eingriffe gewesen sein könnten, die allererst die Wiener Zensur wachgerüttelt haben. Reuig zieh er sich einer „allzu schüchterne[n] Vorsichtigkeit".[227] Zweifellos ist die Annotation als Herausgeberkorrektiv geeignet, die Textrezeption vermeintlich objektivierend zu steuern. Zugleich ist sie aber auch als paratextuelles Element schon rein typographisch sehr auffällig. Ihres Distanzierungspotentials ungeachtet ist mit der Annotationspraxis damit auch das Risiko gegeben, den Zensor durch derartige Eingriffe auf problematische Passagen geradewegs hinzuweisen und damit das Skandalon offenzulegen, anstatt es in der clandestinen Sphäre zu belassen.

Wielands Praxis literarischer Diffusion zeigt sich in seiner Auseinandersetzung mit Christian Wilhelm Dohm (1751 – 1820) besonders eindrucksvoll. Anlaß war Dohms Bemerkung von der grundlegenden Geltung des Gesellschaftsvertrags als Legitimation von Herrschaft. Wieland erhob in einer Anmerkung zu Dohms *Fortsetzung der neuesten politischen Gerüchte* im Septemberstück des *Teutschen Merkurs* vom Jahre 1777[228] kurz Einspruch und veröffentlichte bald darauf den Aufsatz *Über das göttliche Recht der Obrigkeit.* Im einleitenden Passus kommt er auch auf seine Anmerkungspraxis zu sprechen:

> Schon lange […] hab' ich es bey tausenden Gelegenheiten erfahren, daß ich für den Herausgeber eines Journals ein viel zu zartes Gewissen habe. Daher allein kommen die kleinen Anmerkungen, die ich mich zuweilen verbunden glaube unter den Text der Aufsätze, die mir von bekannten oder unbekannten Gelehrten eingeschickt worden, zu setzen.[229]

Anlaß für derartige Annotationen seien entweder falsche, assertorisch behauptete Tatsachen, auf die sich die Argumentation stütze, oder apodiktische Prinzipien, deren Wahrheit zweifelhaft sei. Der genannte Aufsatz folgte einer knappen Anmerkung zu Dohms Behauptung und wuchs sich zur Serie aus Anmerkung, Aufsatz, Gedicht und lukianischem Dialog aus,[230] die Dohms Auffassung zunächst bezweifelte, ihr dann widersprach, die sich daran entzündende Debatte mittels dichterischer Phantasie ironisch verrätselte und zuletzt noch die eigene Haltung

---

[227] Wieland an Tobias Philipp von Gebler (Weimar, den 7. Juni 1773), in: WBr. 5 (wie Anm. 2), 123.

[228] In: WOA 13.1 (wie Anm. 90), 528.

[229] Ebd., 554. Für Wieland blieb die Streitfrage unlösbar, wie sein letzter Beitrag zur Debatte – *Eine Lustreise in die Unterwelt* (1787) – zeigt, der zunächst auf eine dialektische Lösung des Streits hinzuzielen scheint, dann aber ergebnislos abbricht.

[230] *Über das Göttliche Recht der Obrigkeit* (1777), *Schach Lolo* (1778). Nach einer späteren Fortsetzung der Debatte folgt 1787 noch der Dialog *Eine Lustreise in die Unterwelt.* Zuvor hatte er noch einen Fremdartikel zu dem Thema mit einem Zusatz versehen: *An Herrn Sr., Verfasser des Schreibens über das Recht des Stärkern* (1787). Alle Beiträge finden sich in Wieland: Politische Schriften (wie Anm. 6).

relativierte, um sie letztendlich als unlösbar abzubrechen – so daß die öffentliche und zum Teil sehr heftig geführte Debatte erhebliche publizistische Aufmerksamkeit erregte, ohne daß der Herausgeber und seine Zeitschrift letztendlich gefährdet waren.[231] Kürzer und effektiver im Sinne zensierender Diffusion steuerte Wieland die Rezeption eines Dohmschen Aufsatzes im Januarstück von 1777, *Einige der neuesten politische Gerüchte* betitelt. Hier schließt er ihn mit der insulten Bemerkung:

(Kann künftig von Zeit zu Zeit fortgesezt werden, wenn es die Leser wollen; welche auch ersucht werden, die Wörter: – es scheint – soll – etc. an allen Stellen dieser Sammlung zu supliren, wo sie ihnen noch zu fehlen scheinen.)[232]

Der Gehalt des Artikels wird damit unversehens zum „politische[n] Gerücht[]" gestempelt, das darin Behandelte in seiner Faktizität in Zweifel gezogen.

Die Beispiele zeigen, daß Wieland, besonders zu Beginn seiner Tätigkeit als Zeitschriftenherausgeber, eher vor- als umsichtig war. Beiträge, die möglicherweise religiöse Gefühle von Bezieherkreisen hätten kränken können, wie der vorerwähnte *Neue Pygmalion* Johann Georg Jacobis, wurden kurzerhand unterdrückt. In politischen Fragen war Wieland nicht weniger unsicher, wie seine Praxis rigider Vorzensur zeigt, die schließlich dazu führte, daß sich kaum noch ein Autor für die politische Rubrik rekrutieren lassen wollte. Zunächst blieb der politische Artikel ganz unverfänglich auf das chronikalische Verzeichnen von Neuigkeiten nach Art lokaler Wochenblätter beschränkt. Wieland wünschte sich hierfür einen bloßen Annalisten, der politische Nachrichten referiert, sich deren Bewertung aber versagt.[233] Grund für diese Übervorsichtigkeit waren sicherlich auch Erfahrungen mit der eigenen Rezeptionsgeschichte, über die sein Aufsatz *Wie man ließt, eine Anekdote* aus dem Jahr 1781 Aufschluß gibt. Anhand einer Rousseau-Anekdote expliziert

---

[231] Wolfgang Albrecht (Hg.), Christoph Martin Wieland. Von der Freiheit der Literatur. Kritische Schriften und Publizistik, 2 Bde., Frankfurt am Main 1997, Bd. 2, 1227, listet acht Beiträge auf, die sich auf die im *Teutschen Merkur* angestoßene Debatte beziehen.

[232] WOA 13.1 (wie Anm. 90), 299. Dohm geht in seinem Beitrag auf Ereignisse des Amerikanischen Unabhängigkeitskriegs ein.

[233] Wahl, Geschichte des Teutschen Merkur (wie Anm. 216), 61–63. Zwischen 1773 und 1774 erscheinen politische Artikel nur sehr unregelmäßig, ab Oktober 1775 bis 1776 dann fast monatlich. 1777 setzt Dohms Artikelserie *Neueste politische Gerüchte* ein, bis 1778 dann die regelmäßige politische Berichterstattung – nach Wielands Auseinandersetzung mit Dohm – zunächst eingestellt wird. Erst ab 1782 verstärkt sich die politische Berichterstattung wieder, Grund ist der Eintritt Bertuchs in die Redaktion, der eine verstärkte politische Berichterstattung vertraglich fixiert, – vgl. *Contract* (Weimar, den 6. Oktober 1782), WBr. 8.1 (wie Anm. 2), 39 f. Sicherlich ist auch hierfür die Lockerung der Zensurbestimmungen unter Joseph II. wieder ursächlich gewesen.

er, daß ein Autor sich gegen Mißdeutungen nicht gänzlich absichern kann, es sei denn, er unterläßt das Publizieren gänzlich:

> Was Wunder also, wenn den besten Werken in ihrer Art [...] oft so übel mitgespielt wird. Was Wunder, wenn die Leute in einem Buche finden was gar nicht drinn ist; oder Ärgernis an Dingen nehmen, die [...] bloß dadurch ärgerlich werden, weil sie in dem schiefen Kopf [...] des Lesers dazu gemacht werden? [...] Die Art, wie die Meisten lesen, ist der Schlüssel zu allen diesen Ereignissen, die in der litterarischen Welt so gewöhnlich sind. [...] Der Autor und sein Buch werden, mit Urtheil und Recht, aber eben nach so feinen Grundsätzen, nach einer ebenso tumultuarischen und albernen Art von Inquisition, kurz mit eben der Iniquität oder *Sancta Simplicitas* verdammt, wie ehmahls in ganz Europa, und noch heutigs Tages in einigen hellen Gegenden unsers lieben teutschen Vaterlands – die *Hexen* verbrannt werden.[234]

In der Anspielung auf immer noch mögliche Hexenverbrennungen verweist Wieland wiederholt auf das Problem der Aufklärung als eines ‚gleichzeitigen Ungleichzeitigen'.[235] Was hier in Bezug auf die im Zeitalter selbsterklärter Aufklärung erwähnten anachronistischen Hexenverbrennungen anklingt, nötig ihn auch später noch erhebliche Anpassungsleistungen ab. Wie sehr die Grenzziehungen der reichsrechtlichen Zensurvorschriften Wielands Auffassung von der Pressefreiheit bestimmen können, zeigt sich an der Schrift *Das Geheimnis des Kosmopolitenordens* (1788):

> Alle Schriften nemlich, deren Bekanntmachung in jedem policierten Staate, wie groß auch die persönliche Freyheit in demselben seyn mag, ein *Verbrechen* ist [...] – also Schriften, welche solche *directe* Beleidigungen einzelner benannter oder deutlich bezeichneter Personen enthalten, die in den bürgerlichen Gesetzen verboten [...] sind – Schriften, welche *geradezu* Aufruhr und Empörung gegen die gesetzmäßige Obrigkeit zu erregen suchen – Schriften, welche geradezu gegen die *gesetzmäßige* Grundverfassung des Staats gerichtet sind – Schriften, welche *geradezu* auf den Umsturz aller Religion, Sittlichkeit, und bürgerlichen Ordnung arbeiten – alle solchen Schriften sind in jedem Staat eben so gewiß strafwürdig als Blasphemie, Hochverrath, [...] öffentliche Unzucht, Giftmischerey u.s.w.[236]

---

[234] Wieland, Wie man ließt; eine Anekdote, in: Teutscher Merkur 8/1 (1781), 70–74, hier 72 f. – Die letzte Hexenverbrennung auf deutschem Boden fand 1756 in Landshut, im Kurfürstentum Bayern, statt. Opfer war die damals etwa 13 bis 14 Jahre alte Veronica Zerritsch (vgl. Wolfgang Behringer, Hexenverfolgung in Bayern. Volksmagie, Glaubenseifer und Staatsräson in der Frühen Neuzeit, München ³1997, 360–363). Möglicherweise hatte Wieland das kürzlich im *Deutschen Museum* mitgeteilte Urteil zur von der Freiburger Theologischen Fakultät begutachteten und befürworteten Verbrennung der 68jährigen Anna Schnidenwind, geb. Trutt (1688–1751) in Endingen am Kaiserstuhl noch in frischer Erinnerung, als er dies schrieb. Das Urteil war am 24. April 1751 vollstreckt worden (Deutsches Museum 2/2 (1780), 443–445: Beitrag zur Hexengeschichte von Deutschland. Aus der ersten Hälfte unsers Jahrhunderts).

[235] Ernst Bloch, Erbschaft dieser Zeit, Frankfurt am Main ²1962 (Gesamtausgabe, 4), 113.

[236] Teutscher Merkur 15/4 (1788), 121–143, hier 139 f.

Allerdings plädiert Wieland, das signalisieren auch seine Hervorhebungen, für eine strikte Auslegung dieser Regeln: „Aber das Wörtchen *direct* oder *gerade zu* ist hier […] so wesentlich, daß die ganze Strafwürdigkeit einer angeklagten Schrift gänzlich auf ihm beruhet". Vom Deutungswillen des Lesers darf dies nicht abhängen:

> Denn sobald es irgend einem bestellten Bücher-Censor […] erlaubt wäre, eine Schrift durch *Folgerungen* die von seiner Vorstellungsart, seiner besondern Meynung, oder Vorurtheilen, dem Grade seines Verstandes oder Unverstandes, seiner Sachkenntniß oder Unwissenheit, der Schiefheit oder Richtigkeit seines innern Auges, der Lauterkeit oder Verdorbenheit seines Gefühls und Geschmacks abhiengen, – welches Buch wäre vor der Verdammung sicher? Und wissen wir nicht aus der Erfahrung, daß in Ländern, wo eine so willkührliche Censur herrscht, gerade die vortrefflichsten Bücher die ersten sind, die in den *Index prohibitorum* gesetzt werden?[237]

Im gleichen Jahr hatte Wieland in seiner von Göschen auch als Einzelbroschüre vertriebenen Schrift *Gedanken von der Freiheit über Gegenstände des Glaubens zu philosophieren* dem Schriftsteller hinsichtlich der Behandlung auch von religiösen Fragen bereits eine klare Grenze aufgezeigt. Prononcierter noch kommt er darauf in seinem Aufsatz zum Kosmopolitenorden zu sprechen, wo er explizit – und darin stimmt er mit den meisten seiner deistisch-neologisch gesinnten Zeitgenossen überein – die Spekulation über das Dasein Gottes vom freien Diskurs ausnimmt und als direkten Angriff auf die öffentliche Ordnung interpretiert: Den Glauben an das Dasein Gottes

> anzufechten […] ist im Grunde um nichts besser, als ein öffentlicher Angriff auf die Grundverfassung des Staats, wovon die Religion einen wesentlichen Theil ausmacht, und auf die öffentliche Ruhe und Sicherheit, deren Stütze sie ist.
>
> Ich trage also kein Bedenken, meinem unmaßgeblichen Rath an den König oder Fürsten, der mich […] um Rath fragen sollte, noch diesen Artickel hinzuzusetzen: daß das ungereimte und ärgerliche Disputiren gegen das Daseyn Gottes […] für ein Attentat gegen die Menschheit und gegen die bürgerliche Gesellschaft erklärt; und durch ein ausdrückliches Strafgesetz verboten werden sollte.[238]

Damit bleibt das Feld der freien Meinungsäußerung und der freien Ausübung der Vernunft offen für die Zensuraufsicht und begrenzt von der Rücksichtnahme auf die gegebenen Verhältnisse. Der Schriftsteller ist mitnichten ‚frei', sein Schreiben bleibt immer von Rücksichten bestimmt. Er ist stets gehalten, dem Goldenen Mittelweg, der *aurea mediocritas,* zu folgen: „denn in allem giebts | ein Mittel, dessen Linie, was recht ist, | bezeichnet; dieß- und jenseits wird gefehlt!"[239] Der Aufklä-

[237] Ebd., 140.

[238] Teutscher Merkur 15/3 (1788), 27 f. Diesen Abschnitt schwächt Wieland später in Band 29 der *Sämmtlichen Werke* (1797) deutlich ab, indem er den zweiten Absatz des Zitats tilgt.

[239] Teutscher Merkur 15/3 (1788), 26. Vgl. Aristot. eth. Nic. 1106b, Hor. c. 2,10,5 und Cic. off. 1,25.

rer Wieland scheut Radikalität im Theoretischen – und der wegen seiner Unbestimmtheit und seines Relativismus' vielgescholtene Autor zeigt sich im Rückblick erstaunlich konstant, hatte er doch schon 1758 geschrieben:

> Es ist nicht minder gut und in vielen *égards* heilsam, wenn von Zeit zu Zeit Schriftsteller
> auftreten, *die alle Vorurtheile choqui*eren, ob es gleich Vorurtheile giebt, die man über-
> haupt *menagi*eren soll. Die Freyheit der Philosophen und Schriftsteller muß uneinge-
> schränkt seyn, wenn sie nur die allgemeinen Grundsätze der Religion und Moral, wo-
> rinn alle Völker von jeher übereingestimmt, ungekränkt lassen.[240]

Ähnlich argumentiert er noch 1788: Wollte man die Grenzen der Religionskritik
mißachten, würde man die Grundfesten der Sittlichkeit untergraben. Der Schluß
des Aufsatzes beruhigt so die durchaus in ihrer Kritik recht weitgehende Reflexion religionspraktischer Phänomene, in denen in einem Gedankenspiel sogar
Rom „wie Sodom und Gomorra in eine Art von todtem Meer verwandelt"
wird,[241] um die konfessionellen Konsequenzen zu reflektieren, die ein Ende
des Papsttums mit sich brächte. Und dennoch: Wieland blieb bei aller Rücksichtnahme ein ‚schockierender' Autor. All der beobachteten Vorsicht ungeachtet ver-
fiel der Aufsatz noch 1801 „wegen der zu freyen Äusserungen und Ansichten"
dem Verdikt der österreichischen Zensur.[242] Es zeigt, daß die zensierende Lektüre
der auktorialen Steuerung letztlich immer ein Stück weit entzogen bleibt – vor
allem, wenn es der Autor darauf anlegt, in sicherem Rahmen zu provozieren.

Bereits mit der Adresse des Herausgebers *an die Leser* im *Goldnen Spiegel* von
1772 markiert Wieland den Ort, an dem sich seine Erfahrungen mit der Zensur
zum Profil einer Wirksamkeit als ‚freier' Schriftsteller verdichten. Um als solcher
erfolgreich zu sein, verabschiedet er die Praxis publizistischer Schleichwege.
Fortan ist er nicht mehr, wollte man den Begriff der ‚Clandestinität' dem Publikationsmodus vorbehalten, als clandestiner Autor tätig. Die Verbote der Züricher
und Wiener Zensur und Wielands Versuche, ihnen vorab zu begegnen, zeigen
aber, wie sehr Wielands Schreiben und Redaktion auf das Unterlaufen und Durchsetzen zensuraler Akte abgestellt war. Um einer kritisch-analytisch verfahrenden
Aufklärung Vorschub zu leisten, befürwortet und praktiziert Wieland die Offen-
legung und Offenhaltung aller Argumentationen. Zugleich limitiert er die diskur-
sive Offenheit durch die Definition eines klaren, erkennbaren Rahmens von Er-
laubtem, der den Zensurvorgaben weitestgehend folgt. In der Praxis ermöglicht
die geschickte, mit sublimen Schreibweisen verknüpfte Kombination von freiem
Gedankenspiel und signalisierter Grenzziehung zugleich auch die Transzendie-
rung der gesetzten Grenzen, was zu kalkulierten Widersprüchen, eben jenen ‚fal-

---

[240] Wieland an Johann Georg Zimmermann (Zürich, 8. November 1758), in: WBr. 1 (wie
Anm. 2), 381.
[241] Teutscher Merkur 15/1 (1788), 213.
[242] Rauscher, Der Wiener Nachdruck (wie Anm. 137), 41.

schen Lesarten' führen kann. Bezieht man den Produktionsmodus in die Überlegungen mit ein, läßt sich ein so erweiterter Begriff der Clandestinität auf Wieland anwenden – so wie auf das Gros der französischen Aufklärer, deren Schriften ebenfalls das *damnatur* der Zensoren brandmarkte. ‚Clandestinität' erwächst mithin aus dem Tripel von Autorintention, behördlicher Restriktion und Publikumserwartung. Je nachdem, in welcher Weise und Stärke sich der eine oder andere Aspekt geltend machen kann, ändern sich die Art und Wirkungsweise der ‚Clandestinität', ihr Modus hinsichtlich der Produktion, Rezeption und Distribution. ‚Clandestinität' – als Mittel und Vorwurf, inkriminiertes Gedankengut zu verbreiten – ist danach immer auch ein Rezeptionsmodus, gegen den sich ein Autor unmöglich in Gänze absichern kann und will. Für diesen inkalkulablen Rest kann, ja darf der Schriftsteller laut Wieland nicht verantwortlich gemacht werden, denn das hieße, ihm das Schreiben untersagen. Damit aber hörte Aufklärung auf.

Wie schon gegen Ende seiner Beziehungen zu Geßners Verlag sichtbar wurde, war für Wieland die möglichst direkte und offene Beziehung zum Publikum entscheidend. Den Zuspruch von Kritik und Publikum begriff er als Auftrag, in der Öffentlichkeit für die Öffentlichkeit zu schreiben.[243] Die Grenzen, an die er dabei stieß, führten zur Ausprägung spezifischer Schreibweisen und vielschichtig gestaffelter Herausgeberfiktionen, deren er sich in seiner Funktion als Herausgeber des *Teutschen Merkur* rege bediente. Das führte allerdings dazu, daß ihn die einen als standpunktlosen Indifferentisten, die anderen als clandestinen Autor ansahen und ablehnten. Die unterschiedlichen Sichtweisen spiegeln das spannungsreiche Verhältnis von Aufklärung und Zensur, dem sich Wieland immer wieder aufs neue zu stellen hatte und das sich bei ihm in unterschiedlichen, mitunter gegensätzlichen Rollen konkretisierte, einmal als aufklärender Publizist, das andere Mal als erfolgsorientierter Unternehmer. Eine Auflösung, noch dazu eine ‚befriedigende', konnte man hier nicht erwarten. Aber sein Werk gewann dadurch ungemein. Zum Bonmot kondensiert zeigt das Beispiel Wielands: Kritische Literatur, die nicht untergründig ist, ist oberflächlich. Das Offensichtliche scheitert vor dem Richtstuhl der Zensur ebenso leicht wie vor der ästhetischen Kritik.

Der Beitrag geht der Frage nach, inwieweit und in welchen Hinsichten sich Wielands Werke der clandestinen Literatur der Aufklärung zurechnen lassen. Entscheidend hierfür ist sein Verhältnis zur Zensur, das sein Schreiben und seine Tätigkeit als Herausgeber eigener Werksammlungen und des Teutschen Merkur entscheidend prägte. Anhand seiner Auseinandersetzungen mit den Zensurbehörden in Zürich, Wien und Kurmainz wird gezeigt, daß Wieland clandestine Publikationswege ab dem Zeitpunkt vermeidet, an dem er sich für die Existenz als freier Schriftsteller entschieden hatte. Allerdings formte und belieh er, um weiterhin seinem Ideal aufgeklärten Schreibens folgen zu können, clandestine Schreibweisen. Mit ihnen vermochte er es, sich Freiräume unbevormundeten Denkens zu schaffen.

---

[243] WOA 10.1.1 (wie Anm. 90), 166.

Um sich gegen Zensureingriffe abzusichern, deklarierte er darüber hinaus Clandestinität auch zu einem Modus der Rezeption, die dem Schriftsteller nicht zur Last gelegt werden dürfe.

This contribution is devoted to the question to what degree and in what regard can Wielands works be assigned to the clandestine literature of the Enlightenment. Decisive in these matters is his relationship to censorship, which was a formative influence upon his writing and his activities as the publisher of collections of his own works as well as the journal Teutscher Merkur. On the basis of his disputes with the censorship authorities in Zurich, Vienna and Mainz it will be shown that Wieland avoided clandestine publishing activities after he had decided to live as an independent author. On the other hand he continued to practice forms of clandestine writing in order to pursue his ideals of Enlightenment authorship. On this basis, he was able to open up new possibilities for free and independent thinking. In order to protect himself against the obstructions of censorship, he also declared clandestinity to a mode of reception for which the author carried no responsibility.

Dr. Peter-Henning Haischer, Dr. Hans-Peter Nowitzki, Wieland Forschungszentrum, Wielandstraße 16, 99510 Oßmannstedt, E-Mail: peterhaischer@googlemail.com, hans-peter.nowitzki@uni-jena.de

JÖRG SCHWEIGARD

Studentische Netzwerke im Zeichen der Französischen Revolution

Politische Gruppenbildungen, Meinungstransfers und Symbole an süddeutschen Hochschulen (1791–1794)

Der Beitrag untersucht die politisierten Studentenmilieus der Hochschulen in Mainz, Stuttgart, Tübingen und Würzburg während der Französischen Revolution. Im Zentrum steht die Frage nach der Rezeption der aus Frankreich kommenden politischen Ideen innerhalb studentischer Zirkel und Klubs sowie die Übernahme politischer Vorstellungen, Feindbilder, Codes und Symbole. Eine besondere Bedeutung haben hierbei neben anderen Quellen die studentischen Stammbucheinträge dieser Jahre.

I. Studenten und deren Verbindungen am Ende des 18. Jahrhunderts

Die Studenten am Ende des 18. Jahrhunderts waren ausschließlich männlich und jünger als heute.[1] Da die Studierenden häufig den Studienort wechselten und aus anderen deutschen Staaten stammten, finden wir bei ihnen eine deutlich höhere Mobilität vor, als bei ihren nichtstudierenden Altersgenossen. Ein weiteres Privileg war der Schutz vor der Obrigkeit: Als Studenten unterlagen sie der (meist milderen) akademischen Gerichtsbarkeit, was sie vor einem Zugriff des Landesherrn

---

[1] Das Alter der Studenten bei Studienbeginn lag zwischen 16 und 22 Jahren. Manchmal waren dem Studium Kurse vorgeschaltet, etwa wie in Mainz die philosophischen Kurse; in dem Fall waren die Studenten noch jünger. Studiert wurde in der Regel 2–3 Jahre. Die Hälfte der Studenten war bürgerlich, etwa ein Drittel entstammte kleinbürgerlichen Verhältnissen und etwa jeder Zehnte war adlig. Ärmere Studenten, sogenannte „pauperes", gab es wenige. Vgl. Jörg Schweigard, Aufklärung und Revolutionsbegeisterung. Die katholischen Universitäten in Mainz, Heidelberg und Würzburg im Zeitalter der Französischen Revolution (1789–1792/93–1803), Frankfurt am Main u. a. 2000. (Schriftenreihe der Internationalen Forschungsstelle *Demokratische Bewegungen in Mitteleuropa 1770–1850*, 29), 38; Helmut Schelsky, Einsamkeit und Freiheit. Idee und Gestalt der deutschen Universität und ihrer Reformen, Düsseldorf ²1970 (Wissenschaftstheorie, Wissenschaftspolitik, Wissenschaftsplanung, 20), 20–25.

Aufklärung 24 · © Felix Meiner Verlag 2012 · ISSN 0178-7128

schützte, wie etwa das untenerwähnte Beispiel des Würzburger Studenten Joseph Brentano zeigt. Hinzu kam, daß sie durch Verbindungen wie die gängigen Landsmannschaften und studentischen Orden bereits in ein Netzwerk eingebunden waren, das sich auch bei einem Wechsel an eine andere Hochschule fortsetzen konnte. Sie wurden am neuen Ort als ‚Bruder' aufgenommen, vorausgesetzt, daß auch an dieser Hochschule eine gleichgesinnte Verbindung existierte.

Seit es in Europa Universitäten gab, existierten an ihnen Netzwerke der Studenten. Die an mittelalterlichen Universitäten wie Paris oder Bologna bestehenden „nationes" dienten dazu, Landsleuten Schutz, Unterstützung und Geselligkeit zu bieten. Solche Landsmannschaften wie die ‚Mosellaner', ‚Rhenanen', ‚Holsteiner' und andere existierten nach geographisch großzügig ausgelegter Zugehörigkeit auch am Ende des 18. Jahrhunderts in Deutschland insbesondere an den protestantischen Universitäten.

Im letzten Drittel des 18. Jahrhunderts kamen an den deutschen Hochschulen die Orden[2] auf. Diese neue studentische Verbindungsform hatte mit den Freimaurern die geheimen Rituale, Aufnahmezeremonien oder Erkennungszeichen gemein. Die Orden waren mit Bruderlogen an anderen Hochschulen verbunden, versprachen ihren Mitgliedern lebenslange Freundschaft und rivalisierten mit den Landsmannschaften um Mitglieder, was an größeren Hochschulen wiederholt zu Konflikten führte. Als organisierte Verbindungen waren beide Typen Ende des 18. Jahrhunderts verboten, jedoch wurden die Orden von den Behörden aufgrund ihres konspirativen Charakters stärker verfolgt. Im Zuge der französischen Revolution wollte man sich reichsweit mit einer einheitlichen Lösung dieser suspekten Verbindungen entledigen und verbot sie wie alle anderen Studentenverbindungen durch einen Beschluß des Fürstenrats und des reichständischen Kollegiums in Regensburg am 14. Juni 1793.[3]

Um es gleich vorauszuschicken: Die Orden und Landsmannschaften waren als Gruppierungen nicht per se Träger politischer Gesinnungen; vielmehr waren sie aufgrund ihres reichsweiten Verbots spätestens seit 1793 allein durch ihre Existenz ein Politikum, selbst wenn es sich nur um eine gesellige Verbindung handelte. Aus Sicht der Obrigkeit waren alle Arten von Verbindungen unter Studenten problematisch.

In den Orden und Landsmannschaften wurde vor allem die ‚Burschenfreiheit', das privilegierte Studentendasein, ausgelebt; eine politische Richtung war bei

---

[2] Die größeren Orden waren die Constantisten, Amicisten, Harmonisten und Unitisten.

[3] Vgl. hierzu Jörg Schweigard, „Fürsten auf erhabnen Thronen sind nicht glücklicher als wir". Über die politische Haltung deutscher Studentenorden während der französischen Revolution, in: Zeitschrift für Internationale Freimaurer-Forschung 16 (2006), 9–31.

diesen Verbindungen selten auszumachen.[4] Auch wenn in den Orden mit der inhaltlichen Anlehnung an die Ziele der Freimaurer eine neue Form des Zusammenlebens ausprobiert wurde, gingen doch inhaltliche Reformen eher von den neuen politischen Gruppen im Zuge der Revolution aus. Diese beteiligten sich nicht an traditionellen Streitigkeiten und sprachen sich vielmehr gegen deren extremen Ausprägungen wie die Duelle aus.[5] Anders als bei den Orden oder Landsmannschaften handelte es sich hierbei um geheime und in der Regel unentdeckt gebliebene Netzwerke an den Universitäten, die sich unter Gleichgesinnten bildeten und die im folgenden exemplarisch für vier süddeutsche Hochschulen behandelt werden.

II. Die Stuttgarter Hohe Carlsschule 1791

Die 1770 gegründete Stuttgarter Hohe Carlsschule[6] war neben Tübingen eine der beiden Hochschulen im Herzogtum Württemberg. Für einen kleinen Staat wie Württemberg war die Unterhaltung zweier Hochschulen eine erhebliche finanzielle Belastung. Nach dem Tod Herzog Carl Eugens (24. Oktober 1793) entschied sich der Nachfolger Herzog Ludwig Eugen Anfang 1794 dazu, nach nur 24 Jahren ihres Bestehens, die Hochschule trotz ihres guten Rufs und zur Freude der Tübinger[7] aus finanziellen Gründen zu schließen.

---

[4] Es gab seltene Fälle, in denen Revolutionsanhänger versuchten, die traditionellen Verbindungen für ihre Zwecke zu nutzen. In Erlangen gelang es beispielsweise 1794 dem Constantisten Karl August von Wangenheim, seinen Orden und Mitglieder anderer Orden unter revolutionärer Symbolik gegen die „aristokratische" westfälische Landsmannschaft aufzubringen. Vgl. ebd., 19–22.

[5] Bekanntes Beispiel für die Reformbewegung ist etwa die von Johann Gottlieb Fichte 1794/95 unterstützte Selbstauflösung der Orden an der Universität Jena. Die Reformbefürworter unter den Jenaer Studenten waren zum Teil erklärte Anhänger der Revolution wie z. B. die untenerwähnten Isaac von Sinclair (der von Tübingen nach Jena wechselte) oder Johann Franz Jakob Brechtel (der von Würzburg nach Jena wechselte). Vgl. Schweigard, Aufklärung (wie Anm. 1), 451. Zur Politisierung der in dieser Arbeit genannten vier sowie 16 weiterer Hochschulen im Reich während der Jahre 1789–1795 vgl. Axel Kuhn, Jörg Schweigard, Freiheit oder Tod! Die deutsche Studentenbewegung zur Zeit der Französischen Revolution, Köln u. a. 2005 (Stuttgarter Historische Forschungen, 2).

[6] Zur Geschichte der Hochschule vgl. Robert Uhland, Geschichte der Hohen Karlsschule zu Stuttgart, Stuttgart 1953; für die Revolutionszeit u. a. Axel Kuhn, Revolutionsbegeisterung an der Hohen Carlsschule, Stuttgart-Bad Cannstatt 1989.

[7] Die Freude der Tübinger Bürgerschaft und der Universität war dementsprechend groß. Erstere versprach sich mehr Einnahmen durch den Zuwachs an konsumierenden und logierenden Studenten, letztere hoffte zudem auf steigende Zuschüsse durch frei gewordene Mittel. Vgl. Uwe Jens Wandel, Verdacht von Democratismus? Studien zur Geschichte von Stadt und Universität Tübingen im Zeitalter der Französischen Revolution, Tübingen 1981 (Contubernium, 31), 94 f.

Die zunächst als Militärakademie konzipierte Carlsschule war einer Universität vergleichbar, doch sie unterschied sich durch Zucht, internatsartige Unterkünfte und feste, verbindliche Lehrpläne von den freieren Universitäten.[8] Der Herzog beabsichtigte mit ihr eine praxisnahe, auf Verwaltung und Militär ausgerichtete Akademie für künftige Beamte und Offiziere. Immerhin 17 Minister und 33 Generale gingen aus ihrer doch kurzen Existenz hervor.

Die Studenten oder auch ‚Carlsschüler' absolvierten zunächst die Elementarschule und konnten dann ihr Studiengebiet aus sechs Fakultäten wählen: Jura, Medizin, Philosophie, Ökonomie, Kriegswissenschaft und Freie Künste. Die Schulordnung stand insoweit im Zeichen der Aufklärung, als sie auf die Kraft der Bildung vertraute und bestrebt war, die Leistungsfähigkeit der Schüler zu wecken, um letztlich die Grenzen zwischen Adel und Bürgertum zu überwinden. In der Ausrichtung auf die Person des Herzogs und der strengen militärischen Disziplin zeigte sich die despotische Kehrseite dieser Erziehungsanstalt. Der berühmteste Carlsschüler Friedrich Schiller durchlitt hier bis 1780 seine Studienjahre und flüchtete schließlich nach Mannheim. Der sensible Dichter war beileibe keine Ausnahme. Ein Stammbuch,[9] das hauptsächlich Einträge von 1783 enthält, versammelt gleich zehn Carlsschüler, die sich als „Sklaven" fühlten und die Unterdrückung mit freiheitlichen Sprüchen kompensierten.[10] Wurde andernorts das Ende der ‚freien' Studienzeit als Weg ins ‚Philisterdasein', in die Unfreiheit empfunden, so beglückwünschte man hier die Abgänger: „Freue dich deiner nahen Freiheit", schrieb ein Student dem Stammbuchbesitzer P. Behringer ins Stammbuch.[11]

Daß die unverhältnismäßig harten Strafen an der Hochschule auch den Widerstandsgeist der Studenten beförderten, liegt auf der Hand. Dies verdeutlichen etwa Auszüge aus dem Strafregister des später politisch aktiven Studenten Carl August Maximilian Freiherr von Seckendorf im Jahr 1791: Am 16. Februar hatte er eine Lektion gestört und erhielt dafür drei Tage Arrest; wegen Unartigkeiten in der Kirche bekam er am 27. Februar dasselbe Strafmaß und als er am 5. September eine Lektion versäumte, mußte er mit vier Tagen Arrest dafür büßen.[12]

---

[8] Allerdings stand seit Februar 1784 die Hochschule auch ‚Oppidanern' offen, Studierenden, die nicht in der Hochschule, sondern in der Stadt logierten. Vgl. ebd., 29 f.

[9] Ein Stammbuch gehörte zur Standardausstattung eines Studenten. Die Einträge der Studenten waren nach dem gleichen Prinzip aufgebaut und bestanden aus einem Text und einem kurzen Motto (Symbolum). Am Ende standen Eintragungsort, Datum, Name, Studiengang und Heimatort.

[10] Vgl. Ernst Müller, Aus dem Stammbuch eines Karlsschülers, in: Rechenschaftsbericht des Schwäbischen Schillervereins 7 (1902/3), 52 – 58.

[11] Dies schrieb der Jurastudent C. F. Goez seinem Cousin, dem Carlsschüler P. Behringer, am 6. April 1790 ins Stammbuch. Württembergisches Landesmuseum Stuttgart, Stammbuch P. Behringer (Inv. Nr. 1100), 48.

[12] Vgl. Kuhn, Revolutionsbegeisterung (wie Anm. 6), 77 f.

So kann es nicht verwundern, daß die Französische Revolution mit ihren Frei-heitsidealen an der Hochschule dankbare Sympathisanten fand, die diesem Ge-dankengut unter dem Eindruck militärischen Drills und mancherlei Unfreiheiten begeistert nacheiferten. Die Gruppe der revolutionsbegeisterten Carlsschüler trat zu Anfang des Jahres 1791 mit spektakulären Aktionen an die Öffentlichkeit. Am Beispiel des Carlsschülers und späteren Journalisten, Schriftstellers und Arztes Johann Georg Kerner[13] kann gezeigt werden, wie politische Anschauungen durch ‚Revolutionstouristen' ins Studentenmilieu der Carlsschule gelangte.

1. Exkurs: Georg Kerner – Netzwerker der Revolution

Der Medizinstudent Georg Kerner unternahm in den Oster- und Herbstferien 1790 zwei Reisen nach Straßburg, um sich einen persönlichen Eindruck von den revo-lutionären Ereignissen zu machen. Straßburg war mit seinen rund 50.000 Einwoh-nern nicht nur ökonomisch und kulturell für den deutschen Südwesten bedeutend; es war vor allem das Ausfallstor revolutionärer Propaganda nach Deutschland in Form von Flugblättern, Literatur und Presseerzeugnissen.[14] Gleichzeitig war es auch aufgrund seiner Zweisprachigkeit ein beliebter Anlaufort für unzufriedene Oppositionelle, Hochschullehrer, katholische Gelehrte, Priester oder Studenten aus Deutschland, die hier unter anderen politischen Vorzeichen arbeiten und leben wollten.[15]

Im Oktober reiste Kerner mit seinem Kommilitonen Ernst Franz Ludwig Mar-schall von Bieberstein und berichtete darüber seinem Freund Johann Gotthard Reinhold in einem langen, tagebuchartigen Brief vom 10. bis 24. Oktober 1790. Demnach verkehrte Kerner im Elsaß mit Anhängern und Gegnern der Re-volution. Als angehender Arzt stattete er auch dem Krankenhaus einen Besuch ab und nahm das Gefängnis und das Armenhaus der Stadt in Augenschein, um an deren Zuständen die positiven Auswirkungen der Revolution zu studieren. Nach dem Besuch des Freiheitsaltars in der Metzgerau schrieb er pathetisch sei-nem Freund: „Wann wird man denn endlich in Deutschland solche Altäre er-

---

[13] Zu Kerner vgl. u. a. Hedwig Voegt, Georg Kerner. Jakobiner und Armenarzt. Reisebriefe, Berichte, Lebenszeugnisse, Berlin 1978 und Andreas Fritz, Georg Kerner (1770–1812): Fürsten-feind und Menschenfreund. Eine politische Biographie, Frankfurt am Main 2002.

[14] Vgl. Roland Marx: Strasbourg, centre de la propagande révolutionnaire vers L'Allemagne, in: Die französische Revolution und die Oberrheinlande (1789–1798), hg. von Volker Rödel, München und Zürich 1983 (Beihefte der Francia, 12), 16–25, hier 25.

[15] Katholische Theologen und Priester konnten hier bei weltanschaulicher Eignung als ‚konsti-tutionelle' Priester an den Hochschulen oder in den Behörden wirken. Zu den bekanntesten unter ihnen gehörte Eulogius Schneider, der sich hier vom Aufklärer zum radikalen Jakobiner entwickelte. Vgl. Schweigard, Aufklärung (wie Anm. 1), 54–58.

blicken, wann wird man denn in Deutschland auch anfangen, endlich den Himmel zu versöhnen, daß Jahrtausende hindurch der Geist der Sklaverei nicht von unserem Boden wich?"[16]

Zurück in Stuttgart, fiel es ihm schwer, sich erneut in das Autoritätskorsett der Hochschule einzufügen. Obwohl er hier einem politischen Klub revolutionsbegeisterter Studenten angehörte und an verschiedenen Protestaktionen beteiligt war, zog es ihn zurück nach Frankreich. Rasch verfertigte er seine Doktorarbeit und ließ sich im Mai 1791 in Straßburg nieder. Nach offizieller Lesart wollte er hier seine medizinische Ausbildung vervollständigen. Dieser Vorwand sicherte ihm noch einige Zeit ein zu Studienzwecken gewährtes Stipendium des Herzogs. Doch seine Aktivitäten wiesen auf andere Motive hin. Kaum angekommen, trat er am 25. Juni in die *Gesellschaft der Freunde der Konstitution* ein, dem bedeutendsten politischen Klub der Stadt, mit dem auch der politische Klub der Carlsschüler korrespondierte. Es ist davon auszugehen, daß Kerner den Kontakt aufgebaut hatte und nach seinem Weggang von der Carlsschule die Kommilitonen mit politischen Nachrichten versorgte. Seine ersten politischen Artikel schrieb er für das Straßburger Blatt *Geschichte der Gegenwärtigen Zeit*. In der Heimat hatte die Obrigkeit indessen von seinem Betätigungsfeld erfahren, weshalb ihm der Herzog am 6. September 1791 das Stipendium entzog.[17]

Kerner siedelte nach Paris über, wo er sich als Arzt am dänisch-schwedischen Hospital seinen Unterhalt verdiente. Politisch orientierte er sich an den liberalen Girondisten, die sich als Gemäßigte zwischen Royalisten und Jakobinern befanden. Im politischen Spektrum Frankreichs war er nicht als Jakobiner zu bezeichnen, dennoch deckten sich viele seiner Positionen mit denen der gemäßigteren, liberalen deutschen Jakobiner.[18] Unter der Terror-Herrschaft des Jakobiners Robespierre mußte Kerner Anfang 1794 über Umwege in die Schweiz fliehen.[19]

---

[16] Zit. nach Fritz, Georg Kerner (wie Anm. 13), 51.

[17] Vgl. Kuhn, Revolutionsbegeisterung (wie Anm. 6), 44–46 und Fritz, Georg Kerner (wie Anm. 13), 97.

[18] Seit einigen Jahren wenden sich Historiker gegen eine Verwendung des Begriffs „deutscher Jakobiner". Reinbold etwa bezeichnet die deutschen Jakobiner gar als einen „Mythos auf wissenschaftlicher Ebene" und empfiehlt den Begriff „Republikaner" zu verwenden, da dieser „vom maßvollen Anhänger der konstitutionellen Monarchie bis hin zu beredten Verfechtern des Republikanismus" reiche. Vgl. Wolfgang Reinbold, Mythenbildung und Nationalismus. Deutsche Jakobiner zwischen Revolution und Reaktion (1789–1800), Bern u. a. 1999 (Freiburger Studien zur frühen Neuzeit, 3), 35. Nach Cottebrune beruhe das Engagement der deutschen Revolutionsanhänger auf einem radikalen Liberalismus, dessen Wurzeln im Gedankengut der deutschen Aufklärung lägen. Viele seien Anhänger einer Reformpolitik geblieben und hätten sich lediglich eine freiheitliche Interpretation der Menschenrechte gewünscht. Vgl. Anne Cottebrune, „Deutsche Freiheitsfreunde" versus „deutsche Jakobiner". Zur Entmythisierung des Forschungsgebietes „Deutscher Jakobinismus". Bonn-Bad Godesberg 2002 (Gesprächskreise Geschichte, 46), 55–58. Letztlich führt auch diese Neudefinition nicht zu einer größeren Klarheit, sondern lediglich zu einer neuen

In seine Heimat Württemberg kehrte er im Oktober 1794 im Auftrag der französischen Republik kurzzeitig zurück, um dem Landesherrn die Neutralität im unmittelbar drohenden Krieg nahezulegen. Der neue Herzog Ludwig Eugen hielt davon jedoch wenig und verwies ihn des Landes. Kerner blieb zeitlebens ein Anhänger freiheitlicher Prinzipien. Gegen den anfangs bewunderten Napoleon schrieb er zum Beispiel mutig das oppositionelle Gedicht *Das blaue Fieber* (1806).

2. Der politische Klub

Bis Georg Kerner im Mai 1791 die Hochschule verließ, gehörte er einem kleinen und in seinen Aktionen äußerst kreativen politischen Klub von Carlsschülern an, der sich *Gesellschaft der Wahrheit*[20] nannte. Obwohl die studentischen Klubmitglieder von der Obrigkeit nie entlarvt wurden, sind die meisten heute bekannt.

Ein Mitglied, Carl August Eschenmayer,[21] erinnerte sich noch eindrücklich an seinem Lebensabend in einem Brief an Georg Kerners Bruder Justinus Kerner:

Mein Aufenthalt fiel in die Jahre 1789–93 bis zur Aufhebung, also gerade in die große Epoche der französischen Revolution. Du kannst Dir leicht denken, welche Sympathie die Wörter Freiheit und Gleichheit, die der Moniteur zu einem stereotypen Schilde führte, auf uns unfreie, von Offizieren und Aufsehern bewachten Jünglinge damals wirkten und einen so großen Kontrast mit unsern deutschen dynastischen Formen bildeten. [...] Bald bildete sich ein geheimer akademischer Klubb, in den auch ich gezogen wurde, und da war es, daß ich mit deinem Georg, mit Pfaff usw. zusammenkam. Dieser Klubb, der sich mit Straßburg in Correspondenz setzte, war für uns ein um so gefährlicheres Wagstück, weil unsere Zusammenkünfte leicht durch die Trüffelnase des Lieutnant Nieß ausgespürt werden konnten. Doch blieb es unentdeckt, und mit dem Tod des Carl Herzogs hörte ohnedieß alles auf.[22]

Wie hatte man sich die Politisierung innerhalb des Klubs vorzustellen? Nach Erinnerungen eines weiteren Klubmitglieds, Christoph Heinrich Pfaff, führten die Mitglieder ein ordentliches Protokoll über die Sitzungen und hielten Korrespon-

---

Begriffsbildung, welche die negative Konnotation des alten, denunziatorisch verwendeten Begriffs aufhebt, aber nicht das Problem beseitigt, das alle Begriffsbildungen und Definitionen haben, wenn mehrere politische Positionen zusammengefaßt werden.

[19] Vgl. hierzu zuletzt Fritz, Georg Kerner (wie Anm. 13), 149 ff.

[20] Vgl. Heinrich Wagner, Geschichte der Hohen Carls-Schule, Bd.3, Würzburg 1858, 140.

[21] Der spätere Leibarzt der Herzogin Franziska wurde 1811 Professor für Medizin und Philosophie in Tübingen. Vgl. Werner Gebhardt, Die Schüler der Hohen Karlsschule. Ein biografisches Lexikon unter Mitarbeit von Lupold von Lehsten und Frank Raberg, Stuttgart 2001, 229 f.

[22] Brief Eschenmayers an Justinus Kerner aus Kirchheim vom 18.10.1849, veröffentlicht in: Magikon. Archiv für Beobachtungen aus dem Gebiet der Geisterkunde und des magnetischen und magischen Lebens 5/4 (1853), 387 f.

denz mit dem politischen Straßburger Klub.[23] Ob dieser Kontakt erst über Georg Kerner – nach dessen endgültigem Weggang – erfolgte, bleibt hier offen. Sicherlich wurden hier auch andere politische Zeitungsnachrichten als nur die des *Moniteur* diskutiert. Schubarts *Deutsche Chronik* wurde sogar in der Akademiedruckerei vervielfältigt. Das kritische Blatt verfügte über einen Straßburger Korrespondenten und blieb bis zu seinem Verbot 1793 frei von Zensur. Schubart besprach von Anfang an die Ereignisse in Frankreich mit Wohlwollen, was selbst französische Zeitungen beifällig bemerkten. Bereits vor der Erstürmung der Bastille riet er in der Ausgabe vom 10. Juli 1789 seinen Lesern: „lernet von den Franzosen, was Gefühl von Menschenwürde, was Freiheitsgeist sei!"[24]

Wie andernorts gedachte auch der Studentenklub der neuen politischen Jahrestage. Als sich der Sturm auf die Bastille zum zweiten Mal jährte, begingen dies die Studenten mit einem heimlichen Fest. Der Saal war nach der Erinnerung Pfaffs an diesem 14. Juli 1791 mit einer Gipsfigur der Freiheit sowie mit Büsten von Brutus und Demosthenes geschmückt. So wurde der Befreiungstag zu mitternächtlicher Stunde durch „patriotische Reden" begrüßt.[25]

Die Klubmitglieder feierten jedoch nicht nur insgeheim, sondern nutzten auch äußere Anlässe, um mit politischen Performanzen auf sich aufmerksam zu machen.

Am 29. Januar 1791 kamen adlige französische Emigranten mit dem Prinzen Louis Henry Joseph de Condé an der Spitze nach Stuttgart. Die Emigranten waren hier wie andernorts nicht besonders gern gesehen, wurden aber geduldet. Dies sahen die Carlsschüler anders und nutzten die Gelegenheit zur politischen Polemik. Vier von ihnen nahmen am 31. Januar einen öffentlichen Maskenball zum Anlaß, um unter den Augen der französischen Adligen mit einer kleinen theatralischen Szene die Abschaffung des Adels im revolutionären Frankreich symbolisch darzustellen: Auf dem Fest erschien Marschall von Bieberstein als Adeliger ‚verkleidet' und mit einem Stammbaum versehen. Kerner, sowie zwei weitere Carlsschüler, Christoph Heinrich Pfaff und Johann Jakob Peter – in Farben der Trikolore gekleidet – entrissen und zerstörten ihm den Stammbaum. Daß die vier Studenten diesen Auftritt straflos überstanden, ist nur mit der vom Herzog garantierten freien Maskenwahl zu erklären.[26]

[23] Vgl. Christoph Heinrich Pfaff, Lebenserinnerungen, Kiel 1854, 47.

[24] Zit. nach Ursula Wertheim, Schillers Auseinandersetzung mit der Französischen Revolution. Sonderdruck für die Schiller-Gedenkstätte der Universität Jena, [Jena 1979], 17. Schubart starb an den Folgen seiner früheren Haft bereits im Oktober 1791.

[25] Pfaff, Lebenserinnerungen (wie Anm. 23), 47.

[26] Vgl. zu dieser Maskerade Hellmut G. Haasis, Gebt der Freiheit Flügel. Die Zeit der deutschen Jakobiner 1789–1805, Bd. 1, Reinbek 1988, 445; Pfaff, Lebenserinnerungen (wie Anm. 23), 46; Fritz, Georg Kerner (wie Anm. 13), 58.

3. Politische Parolen und Schmähschriften

Bereits am 7. März folgte der zweite Auftritt politisierter Carlsschüler und vermutlich auch einiger Lehrkräfte auf einem Maskenball. Verkleidet als der Gott der Zeit, Saturn, brachte eine Person revolutionäre politische Parolen, die sie in einer Urne versteckt hatte. Mitbeteiligte waren die Studenten Georg Kerner und Joseph Anton Koch sowie Jean-Charles Laveaux,[27] Professor für französische Literatur und Sprache. Die derart verbreiteten politischen Devisen waren eindeutig. Die gut informierte *Straßburgische Zeitung* berichtete über das spektakuläre Ereignis am 17. März und zitierte gleich einige der Parolen, die sich wie politische Einträge in den Stammbüchern der Studenten dieser Zeit lesen: „Die Deutschen werden endlich einsehen lernen, daß nicht sie frey sind, weil ihre Fürsten es sind! Völker, streift die Fesseln des Despotismus ab, und gehorcht ferner nur dem Gesetz".[28]

Organisiert hatte diese aufsehenerregende Flugblattverteilung der Carlsschüler Marschall von Bieberstein, der wie die anderen Beteiligten durch die Maskerade unentdeckt blieb.[29]

Der abwesende Herzog erhielt direkt von seinem Minister Baron von Uxkull Nachricht über den Vorfall. Der Staatsdiener spielte den politischen Inhalt als Zeitgeistphänomen herunter, der auch in einschlägigen Zeitungen zu finden sei:

> Übrigens ist der Inhalt solcher Billets von solch Beschaffenheit, daß er keine sonderliche Sensation gemacht hat, da die Ausdrücke mehr im Tone der in öffentlichen Blättern angepriesenen Democratie und Verwerfung des Despotism unter Anpreisung der französischen Verfassung niedergeschrieben seynd.[30]

Ein weiterer Vorfall ereignete sich Ende des Jahres. Eine studentische Gesellschaft, die mit dem Namen *Gesellschaft der Wahrheit* unterschrieb, hatte im November 1791 mehrere Schmähschriften gegen einen tyrannischen Vorgesetzten an verschiedenen Orten in der Hochschule befestigt. Eines davon endete mit dem Satz: „Jedem soll dann das Seinige werden; da aber Wahrheitsliebe uns leiten wird, so zittre der Niedrigdenkende! So viel für jetzt. Die Gesellschaft der Wahrheit".[31]

---

[27] Der erklärte Revolutionsanhänger Laveaux verbreitete die Grundsätze der Französischen Revolution in Vorlesungen unter den Studierenden. Aufgrund obrigkeitlichen Drucks reichte er seine Entlassung ein, welcher der Herzog am 10. Oktober 1791 zustimmte. Vgl. Kuhn, Revolutionsbegeisterung (wie Anm. 6), 157 f.

[28] Zit. nach ebd., 25. Vgl. zu dem ganzen Vorfall auch Fritz, Georg Kerner (wie Anm. 13), 59 f.

[29] Franz Ludwig Freiherr Marschall von Bieberstein verließ die Hochschule noch im selben Jahr, trat in Nassauische Dienste über und wurde später als Staatsminister ein bedeutender Politiker. Vgl. Gebhardt, Schüler (wie Anm. 21), 371 f.

[30] Hauptstaatsarchiv Stuttgart A 202 Bü 113. Nr. 9.

[31] Wagner, Geschichte (wie Anm. 20), 140.

Die politisierten Carlsschüler versuchten einen legalen Rahmen für ihre Versammlungen zu schaffen. 20 Studenten baten in einer Eingabe an Oberst Christoph Dionys von Seeger am 16. Dezember 1791 um die Erlaubnis, eine Lesegesellschaft gründen zu dürfen, wobei ein unbesetztes Zimmer der Hochschule als Versammlungsort dienen sollte. Es verwundert wenig, daß dieses Ansinnen von höchster Stelle abgelehnt wurde.[32] Wie lange dieser rund 15 Mitglieder[33] starke, sehr kreative Klub letztlich bestand, ist nicht bekannt. Nach Eschenmayers oben genannten Erinnerungen existierte er bis zur Auflösung der Hochschule (1794).

Die Stuttgarter Studenten gehörten mit ihren vielzähligen Aktionen im Jahr 1791 zu den frühesten und aktivsten innerhalb Deutschlands. Immerhin waren zwei öffentliche politische Maskeraden zu verzeichnen, eine öffentliche Karikatur, ein heimliches Revolutionsfest und ein politischer Klub, der Flugblätter verbreitete und Kontakte zu Straßburg unterhielt.

Was wurde aus den Stuttgarter Revolutionsfreunden im Nachhinein? Nicht bei allen revolutionsbegeisterten Studenten mündete nach der Studienzeit die einstige Haltung in ein ruhiges Philisterdasein. Von Georg Kerners lebenslangem Kampf für politische Freiheit war bereits oben die Rede. Der Student der Malerei, Joseph Anton Koch, entfloh Anfang Dezember 1791 wegen der Entdeckung einer von ihm verfertigten politischen Karikatur in Richtung Straßburg, wo er bereits Mitglied des Jakobinerklubs war.[34] In seinem Abschiedsbrief bezeichnete sich der später in Italien lebende „Schöpfer der klassischen deutschen Landschaftsmalerei"[35] als „ächter Demokrat".[36] Johann Gottlieb Biber versuchte 1792 vergeblich, eine Hofmeisterstelle im „freien" Frankreich zu finden.[37] Anfang März 1792 floh der angehende Maler Karl Gottlieb Schweikert aus der Carlsschule. Er wollte nach Straßburg, „in die freie Welt, allwo keine Aristograten [!] und Unterdrücker

---

[32] Ebd., 34 f.

[33] Aus der Gruppe revolutionsbegeisterter Carlsschüler lassen sich heute rund 15 Personen namhaft machen. Dazu gehörten unter anderem die erwähnten Wortführer Pfaff, Kerner, Marschall von Bieberstein, Koch, Eschenmayer, Freiherr von Seckendorf und Johann Gottlieb Biber.

[34] Koch hatte bereits im Januar 1791 brieflich eine Geldspende und eine „patriotische" Karikatur an den Straßburger Jakobinerklub geschickt. Im Straßburger Klubprotokoll war unter dem Datum des 22. Januar 1791 vermerkt: „Koch, ein junger Maler aus Stuttgart, der seiner Liebe zur Freiheit wegen in seinem Vaterland verfolgt sich unter den Schutz der fränkischen Nation begab". Zit. nach Kuhn, Revolutionsbegeisterung (wie Anm. 6), 71.

[35] Gebhardt, Schüler (wie Anm. 21), 335.

[36] Axel Kuhn, Revolutionsbegeisterung – Revolutionsverdrängung. Die Jugendjahre des Malers Joseph Anton Koch, in: Freiheit – Gleichheit – Brüderlichkeit. 200 Jahre Französische Revolution in Deutschland, hg. vom Germanischen Nationalmuseum Nürnberg, Nürnberg 1989, 119–128, hier 124.

[37] Pfaff, Lebenserinnerungen (wie Anm. 23), 51.

der Untertanen mehr herrschen", wie er in seinem Abschiedsbrief formulierte.[38] Zu derselben Zeit scheiterte sein Kommilitone Johann Baptist Seele mit demselben Vorhaben und wurde am 21. März 1792 als fluchtverdächtig ausgeliefert und ungnädig aus der Hochschule entlassen.[39]

III. Tübingen 1791 – 1793

An der 1477 gegründeten württembergischen Universität Tübingen studierten neben den normalen Studenten auch eine kleine elitäre Gruppe von Studierenden, die als Stipendiaten im Studienhaus des Stifts, der Kaderschmiede der evangelischen Theologen Württembergs, untergebracht waren. Die Stipendiaten waren begabte Landeskinder wie zu dieser Zeit etwa Georg Wilhelm Friedrich Hegel, Friedrich Hölderlin oder Friedrich Wilhelm Joseph Schelling. Die ‚Stiftler' erhielten Kost und Logis, sie wohnten und lebten im Studienhaus, besuchten jedoch wie andere Studierende die Veranstaltungen an der Universität. Die strikten disziplinarischen Auflagen für die Stipendiaten erinnern an die Verhältnisse an der Stuttgarter Hohen Carlsschule.

Traditionell waren von den Stipendiatenplätzen zehn für Studenten aus der in Frankreich liegenden Grafschaft Mömpelgard (Montbéliard)[40] reserviert. Die Mömpelgarder, die im Stift eine eigene Stube hatten, sollten bei der Politisierung der Tübinger Studenten eine besondere Rolle spielen.

1. Revolutionsimport aus Montbéliard

In den ersten Revolutionsjahren waren diese ‚französischen Württemberger' Impulsgeber für die Politisierung der Tübinger Studenten. Dies belegen Stammbucheinträge, in denen die „Montbéliards" ab dem Frühjahr 1791 ihre Verbundenheit mit der Französischen Revolution bekundeten.

So notierte der Mömpelgarder Georges Louis Bernard in einem Eintrag die ungenau auf „printemps 1791" datierte Devise „vive la liberté française".[41] Andernorts schloß er einen Eintrag mit dem Motto „Vive Jean-Jacques [Rousseau]" und

---

[38] Hauptstaatsarchiv Stuttgart A 272 Bü 325. Schweikert (auch Schweickard/Schweickart) reiste von Straßburg in die Schweiz; ab 1795 lebte er in Wien. Vgl. Gebhardt, Schüler (wie Anm. 21), 485 f.

[39] Vgl. Gebhardt, Schüler (wie Anm. 21), 491.

[40] Die südlich von Belfort befindliche Exklave gehörte seit dem Ende des 14. Jahrhundert bis 1796 zu Württemberg, wurde aber bereits 1790 und 1793 von französischen Truppen besetzt.

[41] Axel Kuhn, Schwarzbrot und Freiheit. Die Tübinger Studentenbewegung zur Zeit Hölderlins und Hegels, in: Bausteine zur Tübinger Universitätsgeschichte 6 (1992), 9–62, hier 20.

datierte nach dem Revolutionskalender „l'an 3 de la liberté française"[42] (statt 1791[43]) und in einem dritten Eintrag ließ er die französische Verfassung vom 3. September 1791 hochleben: „Vive la Constitution française".[44]

Ein weiterer Mömpelgarder, Carl Friedrich Bouillon, trug sich Ende Mai 1791 mit dem Motto „Vivat die Freiheit"[45] ein. Sein Landsmann Charles Louis Leconte schrieb ebenfalls Ende Mai „Vive la Liberté et l'Égalité! Vive le Roi"[46] und setzte an anderer Stelle unter dem Datum „la troisième année de la Liberté Françoise", also 1791, die Parole „Vive la Constitution!"[47]

E. Frederic Jeanmaire bekannte Ende Mai 1791 auf französisch, „ein Freund sei besser als eine Krone, ein Monarch sei nichts ohne Herz, und er würde auf einen Thron verzichten, wenn er dafür einen Freund gewänne".[48] Andernorts verwendete er am 14. September 1791 die Devise „Vive la liberté".[49]

Jean Jerôme Kob aus Straßburg notierte am 26. November 1791: „Vivre libre ou mourir! C'est le Symbole de ton vrai ami".[50] Die Formel, frei zu leben oder zu sterben, war in der Straßburger *Societé des Amis de la Constitution* seit 1790 üblich und wurde auch beim Aufnahmeritual des Mainzer Jakobinerklubs 1792/93 übernommen.[51]

Die Bereitschaft, für seine Überzeugung auch zu sterben, wurde von Studenten in den kommenden Jahren häufiger in Stammbucheinträgen formuliert.[52] Georges Frédéric Fallot variierte diese Formel und schrieb am 11. Juni 1791[53] und 24. Januar 1792 „Mort ou Liberté".[54]

---

[42] Friedrich Nicolin (Hg.), Briefe von und an Hegel. Bd. 4, Teil 1, Dokumente und Materialien zur Biographie, Hamburg 1977, 154.

[43] Von dem 14. Juli 1789 an zählten die Franzosen nach Jahren der Freiheit, seit der Republikgründung (22. September 1792) nach Jahren der Republik.

[44] Deutsches Literaturarchiv Marbach, Stammbuch Ferdinand Wilhelm Friedrich Rothacker, 95.186/1, 79. Für die Hinweise auf das Stammbuch Rothacker und seine Einträge danke ich Prof. Dr. Axel Kuhn von der Universität Stuttgart.

[45] Kuhn, Schwarzbrot (wie Anm. 41), 20.

[46] Ebd.

[47] Deutsches Literaturarchiv Marbach, Stammbuch Ferdinand Wilhelm Friedrich Rothacker, 95.186/1, 173.

[48] Kuhn, Schwarzbrot (wie Anm. 41), 20.

[49] Ebd., 21.

[50] Ebd.

[51] Jeder, der 1792/93 in den Mainzer Jakobinerklub eintrat, mußte den feierlichen Eid ablegen, „frei zu leben oder zu sterben". Der verbindliche Schwur hielt manchen vom Beitritt ab. Vgl. Schweigard, Aufklärung (wie Anm. 1), 187.

[52] Vgl. etwa Horst Steinhilber, Von der Tugend zur Freiheit. Studentische Mentalitäten an deutschen Universitäten 1740–1800 (Historische Texte und Studien, 14) Hildesheim, Zürich, New York 1995, 280–84.

[53] Deutsches Literaturarchiv Marbach, Stammbuch Ferdinand Wilhelm Friedrich Rothacker, 95.186/1, 77.

Die genannten Einträge konzentrieren sich in ihren Parolen oder Datierungen auf die neue politische Freiheit, auf die Verfassung, auf das Für und Wider einer konstitutionellen Monarchie und die Bereitschaft, dafür alles zu tun („zu sterben").

Die Einträge der französischen Württemberger spiegeln die Zeitläufte, denn in Frankreich stand die Verfassungsfrage und die Rolle des Königs darin im Mittelpunkt. Als am 20. Juni 1791 die Flucht Ludwigs XVI. mit seiner Familie in Varennes vereitelt wird, findet sich von dieser Zeit an auch in den Stammbucheinträgen kein positiver Bezug zum König mehr.

Da die „Montbéliardiens" im Stift zusammen in einem Raum untergebracht waren und aus ihrer revolutionsfreundlichen Gesinnung keinen Hehl machten, ist daher zurecht zu vermuten, daß sie „den Radikalismus nach Tübingen einschleppten".[55] So verwundert es wenig, daß der württembergischen Regierung zunehmend alle aus Frankreich kommenden Studierenden suspekt waren. Man vermutete Emissäre und Propagandisten der Revolution; die Universität Tübingen ging dazu über, vor der Immatrikulation in Stuttgart anzufragen und auch französischstämmige Sprachlehrer waren nicht mehr gerne gesehen.[56]

2. Ein politischer Studentenklub 1792–1793

Die französischen Württemberger blieben jedoch mit ihrer Gesinnung nicht unter sich. Dies belegt schon allein die Tatsache, daß sie ihre Überzeugungen freimütig in die Stammbücher ihrer deutschen Kommilitonen eintrugen. Zudem ging die Initiative zur Gründung eines politischen Klubs, in dem sich Ende 1792 bis Mitte 1793 deutsche und französische Revolutionsanhänger versammelten, von ihnen aus:

„Es bildete sich im Stift ein politischer Clubb. Man hielt die Französischen Zeitungen. Man verschlang ihre Nachrichten. […] Die eifrigsten Teilnehmer an dem Clubb waren die Mömpelgarder."[57]

Die Quellenlage zu dem geheimen Klub ist dürftig, mehr als seine Existenz und die Gesinnung seiner Mitglieder ist nicht bekannt. Gewiß gehörten die oben genannten Mömpelgarder dazu.

54 Kuhn, Schwarzbrot (wie Anm. 41), 22.
55 Wandel, Verdacht (wie Anm. 7), 52.
56 Vgl. ebd., 54 f.
57 Karl Rosenkranz, Georg Wilhelm Friedrich Hegels Leben, Berlin 1844 (Nachdruck Darmstadt 1977), 33. Rosenkranz stützt sich in seiner Darstellung unter anderem auf Angaben von Hegels Studienfreund Johann Christoph Friedrich Fink.

Wenden wir uns daher wieder den Stammbucheinträgen nach dem September 1791 zu. Nachdem im September 1792 die französische Republik ausgerufen worden war, erhielten die Stammbucheinträge aristokratenfeindliche Akzente. Dem Studenten Leo von Seckendorf, der im Herbst 1792 nach Jena wechselte, schreibt oben genannter Fallot am 12. September in französischer Sprache den folgenden Satz ins Stammbuch: „Die beste Lektion, die ich dir geben kann, ist, nicht mehr Aristokrat zu sein". Er wählte als Symbol wieder „Mort ou Liberté", und bezeichnete sich als „bon patriote".[58]

In Rothackers Stammbuch findet sich „im ersten Jahr der Republik der Franken" (1792/93) ein von Carl Fehleisen eingetragenes Freiheitsgedicht. Es lautet:

> Frei zu sein, der Menschheit erstes Recht, dies sei das edle Ziel, nach dem wir ringen. Wer Ketten trägt, wird durch die Ketten schlecht, die Sklaverei lähmt unsers Geistes Schwingen. Vielleicht wird bald ein mutiger Geschlecht der Freiheit Glück dem Erdkreis wieder bringen. Dann schweigt beschämt Despoten Übermut und wo ein Kerker stand, glänzt unsrer Gottheit Hut.[59]

Der Eintrag gibt einen Hinweis auf die Radikalisierung nach der Republikgründung und der Hinrichtung Ludwigs XVI. (Januar 1793). Auch öffentlich trugen nun die Studenten politische Abzeichen, die blau-weiß-roten Kokarden, und bekannten sich damit zur Republik. Der Theologiestudent Ludwig Friedrich Kerner berichtete 1793 seinem Bruder Georg Kerner in einem Brief, die Studenten trügen „dreifarbige Kokarden"; ein Jahr später notierte ein französischer Agent, die Tübinger Studenten hätten sich wiederholt die dreifarbige Kokarde angesteckt.[60] Wären die französischen Truppen nach Tübingen gekommen, hätten sie auch hier studentische Sympathisanten gefunden. Einer der radikalsten Tübinger Revolutionsanhänger, Isaak von Sinclair, der Kontakte zu studentischen Mitgliedern des Mainzer Jakobinerklubs hatte, überlegte sich am 11. November 1793 in einem Brief aus Tübingen und vor dem Hintergrund der Ereignisse der Mainzer Republik Methoden für eine Revolutionierung der Bevölkerung:

> Aber man darf die gute Gelegenheit nicht versäumen, die einem jetzt der Einfall der Franzosen gibt, man muß alles anwenden, das Volk in Gährung zu bringen und aus seinem Schlummer zu erwecken [...], man müsste Klubs, Kokarden, kurz alles, alles schon haben.[61]

---

[58] Vgl. Adolf Beck, Aus der Umwelt des jungen Hölderlin. Stamm- und Tagebucheinträge, in: Hölderlin-Jahrbuch 1947 (1948), 41–44.

[59] Deutsches Literaturarchiv Marbach, Stammbuch Ferdinand Wilhelm Friedrich Rothacker, 95.186/1, 43.

[60] Vgl. Kuhn, Schwarzbrot (wie Anm. 41), 42; Wandel, Verdacht (wie Anm. 7), 87.

[61] Berthold Dirnfellner (Hg.), Isaac von Sinclair. Jugendbriefe 1792–1794, in: Le pauvre Holterling. Blätter zur Frankfurter Ausgabe 4/5 (1980), 92–140, hier 120.

Sinclair stellt insofern eine Ausnahme dar, als er bereits als Revolutionsanhänger aus Homburg v.d.H. nach Tübingen gekommen war. Sinclair immatrikulierte sich am 22. Oktober 1792 in Tübingen. In Homburg gehörte er bereits revolutionären Kreisen an und beeinflußte andere: Im Juli 1792 hatte er bei einem Besuch in Mainz den Studenten Joseph Schlemmer „gleichsam mit Gewalt zu einem Demokraten" gemacht.[62] Seine Kommilitonen hingegen orientierten sich erst an der Hochschule politisch. Den Grundstein für diese Haltung hatten die Mömpelgarder Studenten im Frühjahr 1791 gelegt.[63]

IV. Universität Mainz 1791 – 1792

Die 1477 gegründete katholische Universität Mainz galt am Vorabend der Französischen Revolution als aufgeklärte Hochschule. Der Landesvater, Kurfürst und Erzbischof Friedrich Karl von Erthal hatte sie 1784 reformiert, mit ausreichend Mitteln ausgestattet und aufgeklärtes Lehrpersonal an die Hochschule geholt, so daß die Zahl der Studierenden durch den neuerworbenen guten Ruf nach oben schnellte.[64]

Das linksrheinische Mainz war deutlich stärker von der politischen Revolutionspropaganda beeinflußt als die rechtsrheinischen Hochschulen. Der neue freie Geist der Aufklärung an der Hochschule tat ein Übriges, um das kritische Denken der Studierenden zu befördern, mehrere Hochschullehrer sympathisierten selbst in ihren Vorlesungen offen mit der Revolution oder übten auf andere Weise direkt oder indirekt Einfluß auf die Studenten aus.[65] Wir betrachten hier insbesondere die Zeit vom Beginn der Revolution bis zum Einzug der französischen Truppen in Mainz (21. Oktober 1792) und dem Beginn der Mainzer Republik.[66]

---

[62] Wenige Monate später trat Schlemmer in den Mainzer Jakobinerklub ein. Vgl. Schweigard, Aufklärung (wie Anm. 1), 155.

[63] Vgl. hierzu auch Steinhilber, Tugend (wie Anm. 52), 381 f.

[64] Zur Reform der Universität Mainz vgl. Schweigard, Aufklärung (wie Anm. 1), 64–72.

[65] Insbesondere der bei den Studenten beliebte Philosophieprofessor Andreas Joseph Hofmann politisierte mehrfach im Jahr 1791. Vgl. ebd., 114 f.

[66] Zur Haltung der Studenten in der Mainzer Republik vgl. ebd., 139–200.

1. Revolutionärer Corpsgeist

Sieht man von einem frühen Vorfall ab, setzte die Politisierung der Mainzer Studenten verstärkt im Jahr 1791 ein.[67] Der Prorektor der Universität, Franz Joseph Bodmann, bemerkte im Sommer 1791 einen bedenklichen „Corpsgeist" unter den Studierenden, der sich in symbolischer Zurschaustellung durch das Tragen einer französischer blau-weiß-roten Nationalkokarde zeigen konnte, oder durch öffentliche politische Reden.[68] Bereits dieses Beispiel zeigt, daß sich die Haltung der Studenten gegenüber dem früheren Renommiergeist, der ‚studentischen Freiheit', gewandelt hatte und sich nicht nur auf Abzeichen und Symbole allein beschränkte.

Auch durch andere Formen der Symbolik bekannten sie Farbe. So datierten die Mainzer Studenten ihre Stammbucheinträge oder Vorlesungsmitschriften nach dem Revolutionskalender, etwa „im 2ten Jahr der fränkische Freiheit", was selbst dem Mainzer Hofkanzler Franz Joseph von Albini, der Nummer zwei im Kurstaat nach dem Kurfürsten, zugetragen wurde.[69]

Gegen Ende des Jahres führte die Gegenwart der unbeliebten adligen Emigranten aus Frankreich wie zu Jahresbeginn in Stuttgart zu einer öffentlichen Parteinahme der Studenten. Der Mainzer Kurfürst Erthal hatte zur vermeintlich gelungenen Flucht Ludwigs XVI. passenderweise die Oper *Richard Löwenherz* auf den Spielplan des Theaters setzen lassen. Hierfür bekamen er und einige ihn begleitenden emigrierten französischen Prinzen am Abend des 24. November die ganze Wut der anwesenden Studenten zu spüren, als gleich zu Beginn deren „vielhundertstimmiges Pereat", „Pfeifen, Faustgepolter und ein so donnerndes Stampfen"[70] ertönte, daß sich der blamierte Kurfürst mit seinen Prinzen nach einiger Zeit zurückziehen mußte.

Ebenfalls wie bei den Vorgängen in Stuttgart, gab es in Mainz Korrespondenten, die den unerhörten Vorgang rasch nach Straßburg berichteten.

Die wie bei anderen Mainzer Vorfällen glänzend instruierte Straßburger Zeitung *Geschichte der gegenwärtigen Zeit* informierte wenige Tage später, am 30. November 1791, ihre Leser über diese Vorgänge.[71] Es blieb nicht bei diesem Zwischenfall. Nach einem Zeitzeugen kam es kurz darauf zu Zwischenfällen zwi-

---

[67] Am 25. Juli 1789 vergriff sich eine Gruppe von Studenten an dem kursächsischen Gesandten Rudolf von Bünau. Vgl. ebd., 147–149.

[68] Ebd., 150 f.

[69] Die Datierung nach dem Revolutionskalender bestätigen mehrere Mainzer Quellen. Vgl. ebd., 168 f.

[70] Kathinka Zitz, Magdalena Horix oder Vor [sic] und während der Klubistenzeit. Ein Zeitbild. Mainz 1858, 246.

[71] Vgl. hierzu und zu weiteren Quellen Schweigard, Aufklärung (wie Anm. 1), 152 f.

schen Studenten und Emigranten. So prügelten sich Studenten mit provozierenden Emigrantenadligen nach einer mitternächtlichen Weihnachtsandacht.[72]

2. Politische Studentenzirkel im Vorfeld der Mainzer Republik

Wie in Stuttgart oder Tübingen existierten auch in Mainz spätestens seit 1791 politische Studentenzirkel, in denen über neueste Zeitungsmeldungen aus Paris gesprochen und revolutionäre Theaterstücke oder Gedichte entworfen wurden. Der Philosophiestudent Johannes Weitzel berichtete über den politischen Freundeskreis:

> Unsere Gespräche, Briefe, Entwürfe, Feste und Spiele, […] alles bezog sich auf das Weltereignis [die Französische Revolution] […] Wehe uns, wären unsere Briefe von dem scheuen Argwohne der Polizei erbrochen oder unsere Reden von ihr belauscht worden! Sie hätten nichts weniger als Hochverrat gefunden […] Wir sprachen in unserem Kreise das Verdammungsurteil über mehr als einen Fürsten aus und machten aus der ganzen Welt eine einzige und unteilbare Republik.[73]

Auch Auszüge aus den Theaterstücken gibt Weitzel im nachhinein preis. So wurde *König Lear* auf die aktuelle französische Revolution umgeschrieben, indem etwa ein Patriot auftritt und fordert, alle Aristokraten aufzuhängen.[74]

Naturgemäß gibt es bei einem Klub, der von der Obrigkeit nicht entdeckt wurde, neben Berichten in Memoiren nur noch wenige überlieferte Quellenzeugnisse. Die Stuttgarter und Tübinger Beispiele oben haben dies gezeigt.

Eine Besonderheit ist es daher, wenn Gedichte und Textfragmente aus dieser Zeit überliefert sind, wie es bei Friedrich Lehne und Friedrich Joseph Emerich, den Kommilitonen Weitzels, der Fall ist. In den revolutionsbegeisterten Studentenkreisen schrieb Philosophiestudent Lehne kraftvolle revolutionäre Gedichte – und trug sie den Gleichgesinnten vor. In dem Gedicht *Ruf eines Deutschen an die Freiheit* bittet er prophetisch die Revolutionstruppen, nach Deutschland zu kommen: „Bringe deine Franken-Söhne / Uns zum Bruderkusse mit!"[75] Dieses Gedicht hatte Lehne nach eigenen Angaben für den verschwiegenen Zirkel seiner Vertrauten verfertigt, in dem noch andere politische Texte zirkulierten.[76]

---

[72] Zitz, Magdalena Horix (wie Anm. 70), 246 f.

[73] J. [Johannes] Weitzel, Das Merkwürdigste aus meinem Leben und aus meiner Zeit, Erster Band, Leipzig 1821, S. 241 f.

[74] Ebd., 261 f.

[75] Helmut Mathy, Unbekannte Quellen zur Jugendgeschichte von Friedrich Lehne, in: Mainzer Zeitschrift 69 (1974), 135–145, hier 138.

[76] So zum Beispiel ein ironischer Text zu den preußischen Orden im Zusammenhang mit der Niederlage gegen die französischen Truppen 1792. Vgl. Schweigard, Aufklärung (wie Anm. 1), 161 f.

Ein weiteres dichtendes Mitglied dieses Zirkels war der Jurastudent Friedrich Joseph Emerich, der in einem Gedicht aus dem Jahr 1792 den Mainzer Kurfürsten und Erzbischof als „Schurkenherz in Purpur" bezeichnete, dessen „Priesterfrevel" die „Frömmlerwelt" heilige. Auf den Zirkel seiner gleichgesinnten Freunde kommt er in dem Gedicht *Die Rheinfahrt* zu sprechen.[77]

Die drei Genannten blieben später ihren Idealen auf verschiedene Weise treu. Weitzel veröffentlichte anonym 1795 in Frankfurt die Schrift *Geist der fränkischen Revolution*, in der er sich als Republikaner bezeichnete. Im wieder französischen Mainz folgte drei Jahre darauf die Schrift *Über die Bestimmung des Menschen und des Bürgers*, in welcher er die Revolution trotz ihrer Opfer als geschichtliche Notwendigkeit bezeichnete und das Ende des Absolutismus prognostizierte.[78]

Auf Vermittlung Andreas Joseph Hofmanns erhielt Weitzel eine Stelle in der französischen Verwaltung als Kreiskommissar von Germersheim, wurde jedoch aufgrund seiner revolutionären Gesinnung bei der Verwaltungsreform von 1801/ 02 nicht mehr berücksichtigt. In den folgenden Jahren fungierte er als Leiter der angesehenen freisinnigen *Mainzer Zeitung*.

Sein Kommilitone Lehne gehörte zu den elf Studenten, die im Oktober 1792 nach der Übergabe von Mainz an die französischen Truppen den Mainzer Jakobinerklub gründeten. Lehne zählte zu den aktivsten Jakobinern und behielt auch noch später im französischen Exil und im wieder französischen Mainz seine republikanische Haltung bei. Im Exil dichtete er gegen den Mainzer Kurfürsten als „Erzkanzler von dem Reich der Teufel"[79] und 1799, im wieder französischen Mainz, gab er mit seinem Studienfreund Nikolaus Müller zusammen ein Bändchen *Republikanischer Gedichte* heraus. Publizistisch setzte sich Lehne mit seinem Studienfreund Oskar Schlemmer im gemeinsam herausgegebenen *Beobachter von Donnersberg* (ab 1798) für die Republik ein. Das kritische Blatt erregte ein ums andere Mal das Mißfallen der lokalen französischen Behörden. Als Mainz wieder deutsch wurde, redigierte Lehne seit 1816 die *Mainzer Zeitung*, die gegen die beginnende Restauration anschrieb, bis sie 1822 verboten wurde.

Wie Lehne verfolgte auch Emerich das Ideal einer deutschen Republik. Er beteiligte sich 1795 an einer überregionalen Verschwörung mit seinem zentralen politischen Aufruf *An die teutschen Jünglinge*, der zur Sammlung eines revolutionären studentischen Freikorps in Mainz drängte, um gemeinsam mit französi-

---

[77] Beide Gedichte sind veröffentlicht in: Jacob Christian Kolb (Hg.), Gedichte von Friedrich Joseph Emerich, Frankenthal 1799, 145 und 149.

[78] J.[Johannes] Weitzel, Über die Bestimmung des Menschen und des Bürgers. Mainz im siebenten Jahr der fränkischen Republik [1798, Nachdruck o. O. 1979.], 37.

[79] Friedrich Lehne, Versuche republikanischer Gedichte. Straßburg im dritten Jahr der Franken-Republik [1795], 74.

schen Truppen die deutschen Tyrannen zu bekämpfen.[80] Der studierte Jurist erhielt wegen seiner politischen Betätigung Berufsverbot in den Staaten Kurmainz
und Hessen-Darmstadt und auch im französischen Departement Donnersberg
fand Emerich keine politische Heimat mehr und verstarb früh im Jahr 1802.

Die Anonymität verschworener Zirkel war den Studenten im Jahr 1792 dann
nicht mehr genug. Wenige Monate vor Ankunft der Franzosen in Mainz reichte
eine Gruppe von 30 Studenten den Entwurf für die Gründung eines akademischen
Lesezirkels[81] an die Universität ein. Der Werdegang eines Teils der Mitglieder und
der Inhalt des Entwurfs belegen, daß die Studenten mit der Gründung die Voraussetzungen für einen politischen Kreis mit äußerlich ‚offiziellem Gepräge' schaffen wollten. Von den 30 Gründungsmitgliedern schrieben sich später mindestens
zehn Studenten und ein Sprachlehrer in die Mitgliederliste des Mainzer Jakobinerklubs ein. Mit der Gründungsschrift, die sie zur Genehmigung an den Prorektor der Universität, Franz Joseph Bodmann, richteten, traten die Studenten aus der
Anonymität eines verschwiegenen Studentenkreises an die Öffentlichkeit. Bemerkenswert ist die Forderung nach Autonomie. Bodmann zensierte zwar einige
bereits angeschaffte politische Bücher des Zirkels, leitete den Entwurf aber mit
einer prinzipiell positiven Empfehlung an den Kurfürsten weiter, da er glaubte,
auf diese Weise die „giftige Pflanze in einen nutzbaren Hauptstamm der Universität"[82] umwandeln und diesen kontrollieren zu können. Zu einer Reaktion der Regierung kam es wegen der politischen Veränderungen nicht mehr.

3. Stammbucheinträge Mainzer Studenten

Die überlieferten Stammbucheinträge der Mainzer Studenten vor Einzug der französischen Truppen (Oktober 1792) decken sich mit anderen Befunden ihrer politischen Gesinnung. Friedrich Lehne umschreibt diese Mentalität im Rückblick
in Anlehnung an Rousseau als Zurückgewinnung der „Freiheit": „Ich studierte
noch, als 1792 die Franzosen Mainz erreichten. Ich erklärte mich sofort für die
Sache der Freiheit, denn die Philosophie hat mich gelehrt, sie höher zu schätzen
als meine Privatinteressen".[83] Anderorts begründetete er seine Parteinahme in der

---

[80] Den Aufruf Emerichs veröffentlichte erstmals Sigfried Gauch, Friedrich Joseph Emerich – Ein
deutscher Jakobiner, Frankfurt am Main, Bern, New York 1986 (Europäische Hochschulschriften,
934), 382–384.
[81] Schweigard, Aufklärung (wie Anm. 1), 164 f.
[82] Zit. nach ebd., 165.
[83] (Original:) „Je faisais encore mes études lorsq'en 1792 les francais arrivèrent à Mayance;
aussitôt je me suis declaré pour la cause de la liberté que la philosophie m'avait rendû plus chère que
mon interet particulier". Stadtarchiv Mainz, État des services (…) Mont Tonnere, fol. 103.

Mainzer Republik damit, daß er sich für das Prinzip des Rechts und der Tugend und gegen das Laster des *Ancien régime* entschieden habe.[84]

Diese Gesinnung spiegelt sich auf verschiede Weise auch in den Stammbüchern der Studenten. Der Theologiestudent Johann Daum zitierte am 18. April 1791 Kants *Kritik der praktischen Vernunft* (1788): „Vor einem Vornehmen bücke ich mich, aber mein Geist bückt sich nicht".[85] Der Revolutionsanhänger verließ im Dezember, acht Monate später, Mainz, und ging nach Straßburg. Als Mitglied des dortigen Jakobinerklubs schwor er dem Priestertum ab und gehörte zum Umfeld des radikalen Jakobiners Eulogius Schneider. Er wurde Mitglied der Straßburger Distriktverwaltung und des Überwachungskomitees.[86]

Franz Falciola notierte am 12. Februar 1792 „Freiheit besteht im Bewußtsein und Genuß seiner Vorrechte". Außerdem schrieb das spätere Mitglied des Mainzer Jakobinerklubs aus dem damals unter den Studenten beliebten Revolutionsroman *Dya na Sore*[87] ab:

> Wenn einer will und nur zwei von der Möglichkeit seiner Absichten überzeugt, wenn jeder sich verdoppelt und so von Zahl zu Zahl den Kreis seiner Freunde mehrt, so läßt sich berechnen, zu welcher Summe von Einverstandenen sich fortschreiten, zu welcher Ausführung sich Kräfte sammeln lassen.[88]

Der spätere Jakobiner Carl Anton Zumbach berief sich 20. März 1792 auf Montesquieu: „Es gibt irgendwo ein[en] Zauberer, der macht die Leute glauben, daß 3 nur 2 ist, und daß das Brot, welches man ißt, kein Brot sei etc". Aussagekräftiger als dieses Zitat war die ergänzende Revolutionsparole „Freedom or Death!"[89]

Die überlieferten Stammbucheinträge aus der Zeit der Mainzer Republik waren nicht etwa radikaler, wie man es aufgrund der veränderten politischen Lage hätte annehmen können. Das zeigt etwa der Eintrag des Mainzer Jakobiners und Medizinstudenten Anton Plöger am 8. November 1792: „Es leben alle guten

---

[84] Zit. nach Ph.[ilipp] H.[edwig] Külb (Hg.), Friedrich Lehne's, Professors und Stadtbibliothekars zu Mainz gesammelte Schriften. Fünfter Band. Kleinere Schriften verschiedenen Inhalts, Mainz 1839, 296.

[85] Archiv der Deutschen Burschenschaft im Bundesarchiv, Außenstelle Frankfurt am Main, Stammbuch Ernst Daniel Glaubregg (o. Sign.), Bl. 15r.

[86] Vgl. Schweigard, Aufklärung (wie Anm. 1), 173.

[87] Zur politischen Bedeutung des Romans vgl. Jörg Schweigard, Vom revolutionären Kampf für Freiheit zum Tod fürs Vaterland. Die studentische Rezeption des Romans *Dya-Na-Sore* während der Französischen Revolution, in: Zeitschrift für Internationale Freimaurer-Forschung 22 (2009), 9–28.

[88] Archiv der Deutschen Burschenschaft im Bundesarchiv, Außenstelle Frankfurt am Main, Stammbuch Ernst Daniel Glaubregg (o. Sign.), Bl. 44v.

[89] Museum für Kunsthandwerk Frankfurt am Main, Stammbuch Blenkner (L.St.604), 157.

Patrioten!"[90] – Eine zwar offene Gesinnung zur Revolution, die jedoch auch schon vor der Mainzer Republik in einem Stammbuch hätte stehen können.[91]

Vor diesem Hintergrund war das Verhalten einiger Studenten in den Wochen vor der Ankunft der Franzosen nicht verwunderlich. Diese trugen nun zuhauf die Revolutionskokarde oder spionierten die Festungsanlage für die Franzosen aus, obwohl beides noch von der kurmainzischen Regierung geahndet werden konnte. Kaum waren dann die Franzosen in Mainz, konstituierte sich in der Stadt der Jakobinerklub; unter den 20 Gründungsmitgliedern befanden sich allein 11 Studenten.[92]

V. Universität Würzburg 1793

Die 1582 gegründete katholische Universität Würzburg gehörte territorial zum gleichnamigen Hochstift. Die Hochschule hatte unter der Regierung des aufgeklärten Fürstbischofs Franz Ludwig von Erthal, dem Bruder des Mainzer Kurfürsten, einen guten Ruf und zählte neben Mainz und Bonn zu den aufgeklärten katholischen Universitäten.

Der Würzburger Fürstbischof war allerdings bemüht, ‚Mainzer Verhältnisse' zu verhindern. Bürgerliche Sozietäten wie Lesegesellschaften oder Freimaurerorden wurden nicht geduldet; eine nach 1789 verstärkte Zensur verhinderte weitgehend das Aufkommen kritischer Literatur, die Bevölkerung wurde über ihr religiöses Empfinden (etwa durch Fastenhirtenbriefe) subtil gegen die Ideen der Revolution immunisiert. Mit einer zurückhaltenden Außenpolitik und der Weigerung, französische Emigranten aufzunehmen, versuchte Franz Ludwig – anders als sein kurfürstlicher Bruder in Mainz – Konflikte zu vermeiden. Da er den Würzburger Professoren zudem noch inneruniversitären Freiraum in der Forschung und Lehre zugestand, hatte die Universität durch Lehrkräfte wie die Aufklärer Matern Reuss oder Franz Berg dennoch den Ruf, aufgeklärt zu sein.[93]

Die Studentenschaft bestand um 1789 fast ausschließlich aus Einheimischen, die zum Teil noch bei ihren Eltern wohnten. Diese Situation sollte sich ab dem Wintersemester 1790/91 ändern. Die Zahl der Neueinschreibungen der „Ausländer" aus den anderen deutschen Staaten stieg durch den Kriegsverlauf im Westen

---

[90] Stadtarchiv Duisburg, Stammbuch Gerhard de Bruyn (Kopie, Stammbuch Nr. 14), 51. Der Stammbuchbesitzer Gerhard de Bruyn studierte in Duisburg Medizin. Da im November 1792 allgemein die französische Besetzung Mainz' bekannt war, gehörte Bruyn vermutlich auch zu den ‚Revolutionstouristen', die sich diese politische Sensation vor Ort anschauen wollten.

[91] Im zeitgenössischen Verständnis war in der frühen Zeit der Französischen Revolution in Deutschland ein „Patriot" ein Sympathisant der Revolution.

[92] Vgl. Schweigard, Aufklärung (wie Anm. 1), 183 und 186.

[93] Zur Politik Franz Ludwigs vgl. ebd., 327–340

an.[94] Durch die Immatrikulation auch linksrheinischer Studierender kamen neue Weltanschauungen und auch studentische Gepflogenheiten und Sitten nach Würzburg und beeinflußten das beschauliche Klima.

1. Die Würzburger *Freunde der Freiheit und Gleichheit* 1793

Die Studentenschaft verhielt sich im Gefolge der aus Frankreich kommenden Nachrichten vergleichsweise ruhig. Erstmals trat in Würzburg im Juni 1793 eine Gruppe auf, die sich den Namen *Freunde der Freiheit und Gleichheit* gegeben hatte, und meldete sich mit zwei Flugblättern politisch zu Wort.[95]

Die beiden Schriften wenden sich gegen die Spitzen des Würzburger Kirchenstaats, gegen den Adel und den hohen und niederen Klerus. Beide Schriften wurden von derselben Hand an verschiedene Adressaten geschrieben. Die erste Schrift ist in der Anrede an die Würzburger Studenten gerichtet: „An die Akademiker zu Würzburg von einem aus ihrer Mitte!"[96] In dem Text wurden die Studenten instruiert, wie sie sich gegen „Despotism[us] und Paffendruck" zu wehren hätten. Am Ende der Ansprache konnten dann die politischen Gegner des oder der Verfasser folgende Drohung lesen:

> Und ihr Pfaffen! und geadelten Schurken! Forschet nicht, wer es wagt, euch dem aufgeklärten Teile des Volkes mit allem eurem Unfug aufzudecken, euer Zorn scheitert an ihm, er trotzt euch elenden Menschen, er erkennet euch, er kennt eure tyrannische Wut, allein ihr werdet zu Schanden an ihm werden mit all eurer Kabale, ihr sollt noch zittern vor seiner Stärke, wenn sie vielleicht in kurzem euren Aberglauben, womit ihr eure Mitmenschen blendet, vom Throne stürzen und euch reife Sünder mit euren Amuletten, Spagulieren [Spangen] und Kreuzen und Ordensbändern zernichten wird.

Dieser erste Anschlag wurde am Morgen des 19. Juni 1793 an der Universitätstür entdeckt und schleunigst entfernt. Den zweiten fand der Universitätspedell am Morgen des 22. Juni an derselben Stelle. Er war von derselben Hand geschrieben, richtete sich gleich zu Beginn gegen Adel und Klerus. Zur Verfasserschaft bekannte sich eine Gruppe der *Freunde der Freiheit und Gleichheit zu Würzburg*. Der Text ist anders als der erste weniger akademisch und für ein breiteres Publikum geschrieben. Die politischen Gegner in dem kleinen Kirchenstaat werden bildhaft angegangen:

---

[94] Vgl. ebd., 405.

[95] Diese Flugblätter befinden sich im Stadtarchiv Würzburg, Nachlaß Ziegler XIV, Nr. 83, Lit. A und Lit. B. Erstmals veröffentlicht in Schweigard, Aufklärung (wie Anm. 1), 430–437, 508–509.

[96] Hier wie im Folgenden, wenn nicht anders zitiert: Stadtarchiv Würzburg, Nachlaß Ziegler XIV, Nr. 83, Lit. A.

„An alle, welche Kreuze, Sterne, Ordensbänder, schwarze, bunte und graue Robe[n], Perücken, ganz oder halb geschorene Köpfe haben, d[as] i[st:] An adeliche und geistliche Schufte von den Freunden der Freiheit und Gleichheit zu Würzburg".[97]

Der Anrede folgt eine Strophe, die dem Gedicht *Der böse Priester*[98] des Straßburger Jakobiners Eulogius Schneider entlehnt war:

Der Priester, der ein Esel ist
Und täglich am Brevier
An seiner Kirchenkrippe frißt,
Ist ein verworfnes Tier.

Schneider war zu diesem Zeitpunkt in Deutschland als radikaler Jakobiner bekannt, der als öffentlicher Ankläger in Frankreich Todesstrafen gegen Revolutionsgegner aussprach. Der ehemalige Priester und Theologieprofessor war 1756 in Wipfeld bei Würzburg geboren worden, hatte hier Theologie studiert und war offensichtlich ein Vorbild der hiesigen politisierten Studenten.

Die Verfasser beider Schriften bekämpften Adel und Klerus, beide Aufrufe gehörten zusammen und entstammten einem politisierten studentischen Milieu, das dem Bekennernamen nach eine Affinität zum Mainzer Jakobinerklub hatte.

2. Import politischer Ideen aus dem Mainzischen

Es spricht einiges dafür, daß auswärtige Studenten diesen aufsäßigen Geist nach Würzburg gebracht hatten. Seit 1792 nahmen die Einschreibungen an der Universität Würzburg erheblich zu und vor allem aus dem Linksrheinischen kamen seit dem Kriegsausbruch Studenten. Die neuen politischen Moden drückten sich in Würzburg auch durch das Tragen von so genannten „Patriotenstöcken" aus, die der Fürstbischof Franz Ludwig zum wiederholten Mal am 4. März 1793 untersagen mußte.[99]

Für die Nähe der Verfasser der beiden politischen Texte zum Umfeld der Mainzer Republik spricht neben dem Bekennernamen[100] auch der Zeitpunkt der Anschläge: Ende Juni 1793 stand die Rückeroberung der Festung Mainz kurz bevor,

---

[97] Hier wie im Folgenden, wenn nicht anders zitiert, Stadtarchiv Würzburg, Nachlaß Ziegler XIV, Nr. 83, Lit. B.

[98] Eulogius Schneider, Gedichte. Frankfurt 1790, 39. Schneiders Gedichtband aus dem Jahre 1790 erregte wegen seiner offenkundig prorevolutionären Tendenz in ganz Deutschland großes Aufsehen.

[99] Vgl. hierzu Schweigard, Aufklärung (wie Anm. 1), 422 f.

[100] Der Mainzer Jakobinerklub nannte sich „Gesellschaft der Freunde der Freiheit und Gleichheit".

nachdem das Umland der Mainzer Republik schon seit Anfang April besetzt worden war.

Um es vorweg zu sagen: Die genauen Verfasser sind heute nicht mehr zu identifizieren. Jedoch kommen mehrere Personen zu dieser Zeit in Betracht, die zu Sympathisanten der Mainzer Republik gezählt werden können und hier kurz skizziert werden. Zu ihnen zählt der Student Ludwig Traupel aus dem kurmainzischen Aschaffenburg. Traupel hatte zuerst in Mainz bis 1792 studiert und noch den Beginn der Mainzer Republik (21. Oktober 1792) miterlebt, denn in Würzburg immatrikulierte er sich erst am 26. November 1792. Traubel wurde später Mitglied eines politischen Studentenklubs, des *Menschheitsbunds*, in dem er Ende 1794 unter anderem auch bestehende und frühere Mißstände in Mainz anprangerte: Die zu hohe Abgabenlast für Bürger, die Willkürherrschaft der Mainzer Regierung, die emigrantenfreundliche Politik des Kurmainzer Hofs und die Schutzgelder für Juden.[101] Traupel beteiligte sich 1795 an einer überregionalen Stundentenverschwörung zur Befreiung von Mainz von den konterrevolutionären Besatzern.[102] Am selben Tag wie Traupel immatrikulierte sich auch der Mainzer Georg Adam Düring, der sich in einem gleichgesinnten politischen Umfeld bewegte.[103]

Einer der aktivsten Revolutionsanhänger aus dem Linksrheinischen, der zu dieser Zeit in Würzburg studierte, war der Pfälzer Johann Franz Jakob Brechtel. Er stammte aus Rülzheim, das, ursprünglich zum Fürstbistum Speyer gehörend, 1789/90 von Frankreich dem Departement Bas-Rhin einverleibt wurde. Brechtel immatrikulierte sich am 26.11.1791 in Würzburg als Medizinstudent. Wenn man seine späteren politischen Aktivitäten betrachtet, ist anzunehmen, daß er auch schon in Würzburg entsprechend aktiv war. Brechtel wechselte 1793 nach Jena, wo er die revolutionären Prinzipien unter den Jenaer Studenten propagierte und für Frankreich spionierte.[104]

Eine ähnliche Gesinnung wie Brechtel hatte der Mannheimer Medizinstudent Joseph Brentano, der in Würzburg einer politischen Gruppe angehörte. Der seit dem 26. November 1793 immatrikulierte Brentano scheute sich nicht, auch öffentlich seine politische Ansicht zu vertreten. Zu Jahresbeginn 1794 geriet er bei einem Heimatbesuch in Heidelberg in ein politisches Streitgespräch und bezeichnete unter anderem den potentiellen pfalzbayrischen Thronfolger, den Her-

---

[101] Vgl. ebd., 462.
[102] Vgl. ebd., 439–396.
[103] Vgl. ebd., 426–428.
[104] Seit 1794 spionierte Brechtel für die Franzosen die politischen Verhältnisse an den deutschen Hochschulen aus und berichtete in Basel an einen Untergebenen des französischen Gesandten Barthélemy. In Basel traf Brechtel sehr wahrscheinlich auch erstmals den ebenfalls in französischen Diensten stehenden Georg Kerner, der ähnliche Ziele wie Brechtel verfolgte. Vgl. ebd., 447–449.

zog von Zweibrücken, und den Prinzen Max als „die größten Tyrannen und Igno-
ranten", die „jeden Bürger als verächtlich und als Sklaven betrachten" würden.[105]
Brentanos Äußerungen wurden der Obrigkeit angezeigt und die pfälzische Regierung verlangte am 23. Mai 1794 die Auslieferung Brentanos.[106] Die Würzburger Regierung hatte jedoch keine Hoheit über die universitäre Gerichtsbarkeit.
Die Hochschuljuristen kamen zum Schluß, daß Brentano kein Vergehen nachzuweisen und er deshalb nicht auszuliefern sei.[107] Trotz seines Freispruchs wechselte Brentano bald nach Jena, wohin ihn kein Auslieferungsgesuch der pfälzischen
Regierung mehr verfolgte. In Jena war Brentano weiterhin in einer profranzösi-
schen rheinländischen Landsmannschaft aktiv.[108] Später kehrte Brentano sogar
nach Heidelberg zurück.[109]

Zur Zeit der politischen Zettelanschläge befand sich mit Augustin Joseph
Damm auch ein geflohener „Mainzer Republikaner"[110] in Würzburg und initiierte
unter den Studenten einen politischen Klub, vermutlich besagte Würzburger
Freunde der Freiheit und Gleichheit, zu dem Brentano, der Medizinstudent
Aloys Popp und möglicherweise auch Brechtel gehörten. Als überzeugter Anhänger der Mainzer Republik versuchte Damm, politisch Gleichgesinnte an der Universität Würzburg zu einem Bund zu sammeln. Wir wissen über diesen politischen Klub, der zumindest 1793 in Würzburg bestand, nicht mehr als den Namen
und den Inhalt der politischen Zettelanschläge sowie einige mutmaßliche Mitglieder. Wichtiger jedoch ist der Befund, daß sich in Würzburg durch ‚importiertes‘
Gedankengut aus dem Umfeld der Mainzer Republik und der linksrheinischen
Pfalz auch in diese vom Kriegsgeschehen und von französischer Propaganda ab-

[105] Staatsarchiv Würzburg, Gebrechenamt VII W 1184, Actum Würzburg in fiscalatu Universi-
tatis, den 2. 4. 1794, Beilage.

[106] Staatsarchiv Würzburg, Gebrechenamt VII W 1184, Schreiben des pfälzischen Staatsministers
Oberndorff an die Würzburger Regierung v. 23. 5. 1794.

[107] Um möglichen Einwänden der Regierung gegen das Urteil vorab zu widersprechen, wiesen die
Juristen darauf hin, daß das Universitätsgericht eine von der hochfürstlichen Regierung ganz un-
abhängige Behörde sei. Staatsarchiv Würzburg, Gebrechenamt VII W 1184, Extractus Protocolli,
11. 6. 1794.

[108] Vgl. Ernst Deuerlein, Neues vom Constantisten-Orden, in: Wende und Schau 2 (1932), 98 –
193, hier 139.

[109] Am 2. Dezember 1797 trug sich Brentano ins Heidelberger Matrikelverzeichnis ein.

[110] Damm hatte hier von 1783 bis 1791 sein philosophisches Vorstudium und ein Jurastudium
absolviert und war dann Rechtspraktikant in Kirrweiler bei Speyer geworden. Zu Zeiten der Mainzer
Republik hatte er dort als Gehilfe des Oberamtmanns und in Zusammenarbeit mit dem prominenten
Mainzer Jakobiner Joseph Anton Dorsch die Wahlkampagne für den Rheinisch-deutschen Natio-
nalkonvent unterstützt. Als das Oberamt Kirrweiler Anfang April 1793 von den gegenrevolutionären
Truppen besetzt wurde, floh Damm nach Würzburg, wo sein Vater noch lebte. Vgl. Heinrich Scheel
(Hg.), Die Mainzer Republik II. Protokolle des Rheinisch-deutschen Nationalkonvents mit Quellen
zu seiner Vorgeschichte (Akademie der Wissenschaften der DDR. Schriften des Zentralinstituts für
Geschichte, 43) Berlin 1981, 344 f.

gelegeneren Hochschule eine politische Gruppe bilden konnte, die unter dem Vorzeichen revolutionärer Prinzipien aktiv wurde.

VI. Zusammenfassung

Der Vergleich der politischen Studentenmilieus an den vier Hochschulen ergibt für die Jahre 1791–1793 einige Parallelen hinsichtlich der politischen Proteste und der Zeit, zu der diese stattfanden. Auffällig sind Übereinstimmungen bei den Anfeindungen gegen den nach Deutschland emigrierten französischen Adel. Die Studierenden trugen ferner durch politische Symbole (Patriotenstöcke, blau-weiß-roten Kokarden oder Kleidungsstücke), durch verbalen Radikalismus oder durch Adaption der neuen Zeitrechnung in Jahren der Freiheit oder der Republik (in Stammbucheinträgen und Vorlesungsmitschrieben) ihre Haltung offen zur Schau. Die Obrigkeit kam letztlich nicht umhin, den Zeitgeistcharakter oder ‚Esprit de Corps' zu konstatieren.

An allen vier Hochschulen existierten unter dem Eindruck der Revolutionsereignisse politische Studentenklubs, in denen auf verschiedene Weise der politischen Orientierung gehuldigt wurde: Revolutionsfeste wurden gefeiert, politische Aufsätze, Theaterstücke, Gedichte, Pamphlete oder Flugschriften verfaßt und über politische Nachrichten aus Zeitungen, Briefen oder mündlich Übermitteltes aus Frankreich diskutiert.

Eine auffällige Parallele zwischen Stuttgart und Mainz war der Versuch, die geheimen Zusammenkünfte zu legalisieren, indem jeweils eine größere Gruppe von Studierenden (erfolglos) die Erlaubnis zur Gründung einer studentischen Lesegesellschaft einzuholen versuchte.

Da sich die Studenten hierdurch auch Risiken aussetzten, handelt es sich um mehr als die Verteidigung der „traditionellen Freiheits- und Ehrvorstellungen (…) mit dem Instrumentarium der heraufziehenden Moderne".[111] Dies geschah größtenteils weiterhin in den traditionellen Studentenverbindungen (Orden, Landsmannschaften), während in den neuen politischen Zirkeln und Klubs eine Geisteshaltung unter dem Eindruck der Ereignisse in Frankreich herrschte.

Insbesondere die aus Frankreich kommenden Nachrichten, aber auch französische Studenten (in Tübingen), ‚Revolutionstouristen' (wie Georg Kerner) oder andere Kontakte ins Nachbarland beförderten die Politisierung dieser Klubs.

Die revolutionsfreundlichen Bekundungen der Studierenden waren anfangs aufgrund fehlender Betätigungsmöglichkeiten eher zurückhaltend und zumeist

---

[111] Holger Zaunstöck, Das Milieu des Verdachts. Akademische Freiheit, Politikgestaltung und die Emergenz der Denunziation in Universitätsstädten des 18. Jahrhunderts, Berlin 2010 (Hallische Beiträge zur Geschichte des Mittelalters und der Frühen Neuzeit 5), 351.

nach innen gerichtet. Diese Politisierung fand außerhalb traditioneller Studentenverbindungen wie Orden und Landsmannschaften in verschwiegenen Zirkeln Gleichgesinnter statt. Hier wurde durch gemeinsame Lektüre politischer Texte, durch Verbreitung politischer Phrasen und Codes oder das Tragen politischer Abzeichen das politische Geschehen verarbeitet.

Ein Sonderfall in der Beeinflussung von außen war die Universität Tübingen, in der die französische Studentenkolonie der Mömpelgarder direkt Gedankengut aus dem Nachbarland importierte und an die deutschen Kommilitonen weitergab. In Würzburg, der mit Abstand (ab 1793) am spätesten politisierten der vier Hochschulen, setzten politische Aktionen und Gruppenbildungen erst ein, als Studierende aus dem Linksrheinischen und insbesondere Mainz in die Stadt kamen.

Auffällig ist die insgesamt späte Politisierung der Studierenden an den Hochschulen ab 1791, selbst in Tübingen, das über französische Studenten verfügte.

Die Nachrichten über die Französischen Revolution wurden von den Studenten auch mit den Verhältnissen vor Ort verglichen. An den beiden katholischen Hochschulen in Mainz und Würzburg spielten ‚wahre Religion' und Gegnerschaft zur Institution Kirche innerhalb der politischen Bezüge eine wichtige Rolle, was den Verhältnissen der geistlich-weltlichen Herrschaft geschuldet war. An den beiden protestantischen Universitäten in Württemberg spielte dies keine Rolle. Der kritische innenpolitische Zustand in Mainz (klare Positionierung des Kurfürsten gegen die Revolution, die Gegenwart des Emigrantenadels, die Abkehr des Kurfürsten von seiner aufgeklärten Hochschule) war für die Politisierung der Studenten ebenso wichtig wie die strenge Zucht und Gängelung der Studenten an der Stuttgarter Hohen Carlsschule oder im Tübinger Stift.

Durch die Kriegsverläufe, die anfänglichen militärischen Erfolge der französischen Revolutionstruppen, schien die Möglichkeit einer äußeren politischen Beteiligung für die Studenten Realität zu werden. So wuchs die Bereitschaft, aus den geheimen Zirkeln herauszutreten und offen Partei zu ergreifen, indem sie politische Schriften auslegten und sich an der Gründung eines Jakobinerklubs in Mainz oder an einer überregionalen Verschwörung beteiligten.

Im Fall von Würzburg förderte das Ereignis „Mainzer Republik" von 1792/93 bei den Studenten die Bereitschaft, aktiv politische Veränderungen innerhalb Deutschlands anzustreben; Mainz wurde für sie somit zum symbolischen Ort für das vermeintlich Machbare.

Die Untersuchung der politischen Studentenmilieus an den vier Hochschulen in Mainz, Stuttgart, Tübingen und Würzburg der Jahre 1791–1793 ergab Parallelen bei den politischen Feindbildern und Symbolen. Selbst die Obrigkeit konstatierte den Zeitgeist (‚Esprit de Corps'). Die politisierten Studenten suchten nach neuen Verbindungsformen. Während in den traditionellen Verbindungen (Orden, Landsmannschaften) die alten Freiheits- und Ehrvorstellungen vorherrschten, bildeten sich unter dem Eindruck der Revolution parallel neue politische Zirkel und Klubs mit entsprechender Geisteshaltung. Die innen-

politischen Verhältnisse und Zustände an den Hochschulen wirkten auf die Politisierung der Studenten ebenso wie die Ereignisse innerhalb Frankreichs. Durch die für Frankreich anfangs günstigen Kriegsverläufe wuchs unter den Studenten der politische Aktionismus. Der Sonderfall ‚Mainzer Republik' wurde für die Studenten der Hochschulen in den Folgejahren zum Symbol für das vermeintlich Machbare.

This analysis of the political aspects of the student milieu at the higher educational institutions in Mainz, Stuttgart, Tübingen and Würzburg in the years 1791 – 1793 reveals the parallels with regard to symbols and the projected images of the enemy („Feindbilder"). Even the authorities were attuned to the „Zeitgeist" („Esprit de Corps"). The politicized students were seeking new forms of organization. While in the traditional organization (such as the regionally defined fraternities („Orden", „Landsmannschaften") the old notions of freedom and honour dominated, new political associations began to emerge under the impression made by the revolution. In addition to the events in France, the internal political relationships and conditions at these institutions also contributed to the politicization of the students. The initial advances made by the French military campaign generated a political Actionism among the students. The special case of the „Mainz Republic" became a symbol for the students in subsequent years of what could be achieved in this regard.

Dr. Jörg Schweigard, Gutenbergstraße 97, 70197 Stuttgart, E-Mail: joerg.schweigard@gmx.de

KURZBIOGRAPHIE

JOHANN GEORG HEINRICH FEDER (1740–1821)

‚Moderati durant!' Das Lebensmotto Johann Georg Heinrich Feders weist den Philosophen und Illuminaten als gemäßigten Aufklärer aus, der um die Problematik radikaler Positionen wußte und daher auf vermittelndem, nicht auf polarisierendem Wege zu wirken versuchte. Dies entsprach seinem akademischen Selbstverständnis: „Gelehrte Streitigkeiten zu vermeiden war einer meiner frühsten Vorsätze; weil ich wußte, wie Mancher sich das Leben dadurch verbittert hat, und meine Gemüthsart dazu nicht sonderlich paßte", schreibt er in seiner Autobiographie.

Der aus dem Fränkischen Reichskreis stammende Feder wurde am 15. Mai 1740 in Schornweisach, einem nahe bei Neustadt an der Aisch gelegenen Dorf geboren. Sein Vater war der Pfarrer Martin Heinrich Feder (1693–1749), der in einer 1739 gedruckten *Historia Genealogica Familiae Federianae* die protestantische Familientradition seit dem 16. Jahrhundert dargestellt hat. Die Frömmigkeit der Mutter war stark von Johann Arndt geprägt. Es war daher konsequent, daß sie Feder nach dem Tod des Vaters in die von pietistischen Anschauungen geprägte, sittenstrenge Neustädter Schule gab. Hier entwickelte der Alumnus neben schwärmerischen Religionsgefühlen auch erste Neigungen zur Philosophie. Besonders der Stoizismus Senecas beeindruckte ihn nachhaltig.

1757 kam Feder im Alter von siebzehn Jahren auf die Universität Erlangen, um Theologie und ‚Schulwissenschaft' zu studieren. Er erwarb sich dabei besondere philologische Fähigkeiten. Seine philosophische Ausbildung wurde vor allem durch den Wolffianer Simon Gabriel Suckow (Succov) (1721–1786) gefördert. Außerdem hörte er theologische Vorlesungen und gewann Fertigkeiten im Predigen und Disputieren. Vor allem Letzteres sollte seine akademische Biographie prägen. Zu seinen engsten Studienfreunden zählte der Dichter Christian Friedrich Daniel Schubart (1739–1791).

Nach dem Universitätsaufenthalt trug sich Feder zunächst mit dem Gedanken, eine Lehrstelle am Halleschen Waisenhaus zu finden. Er hatte deswegen schon an Freylinghausen geschrieben. Dann erreichte ihn jedoch das Angebot, Hofmeister beim Freiherrn von Wöllwarth auf dem Landgut Polsingen zu werden, wo zwei jugendliche Söhne zu unterweisen waren. In dieser Phase las er zum ersten Mal Rousseaus Erziehungsroman *Emile*. 1764 begleitete er seine Zöglinge auf die Universität Erlangen. Feder erinnerte sich noch später an das besonders aufgeklärte intellektuelle Klima: „Der herrschende Ton in den Gesellschaften war nach französischer Sitte gestimmt, und fast zu frey. *Voltaire, Rousseau, Helvetius* waren die Classiker dieser Zirkel".

Aufklärung 24 · © Felix Meiner Verlag 2012 · ISSN 0178-7128

Zu seinen ersten Schriften zählen die Dissertation *Homo natura non ferus* (Erlangen 1765), seine Auseinandersetzung mit Rousseau, der Roman *Der neue Emil oder von der Erziehung nach bewährten Grundsätzen* (Erlangen 1768 ff.) sowie der *Grundriß der Philosophischen Wissenschaften nebst der nöthigen Geschichte* (Coburg 1767).

Schon diese ersten Publikationen fanden Beachtung und reichten aus, um 1765 eine Professur für Metaphysik und Hebräisch am Coburger Casimirianum zu erhalten. Dies war nur eine kurze Station. Bereits 1768 nahm er einen Ruf nach Göttingen an, wo Feder drei Jahrzehnte lang tätig war. Mit seiner Antrittsvorlesung fand er den Beifall der Göttinger Kollegen. Feder hatte verkündet, das Zeitalter der Philosophie würde durch ein neues der Psychologie und schönen Literatur abgelöst.

Trotz dieser programmatischen Erklärung war sich Feder allerdings bewußt, noch über kein eigenständiges philosophisches Profil zu verfügen. Rückblickend schreibt er, ich „war für Göttingen noch nicht reif. Ohne festes System, schwankte ich zwischen Wolfischem Dogmatismus und einem Scepticismus, den Naturanlagen und Lectüre erzeugt, tiefere Einsichten noch nicht geläutert und in die rechten Gränzen gebracht hatten". Sein Skeptizismus entsprang weniger einer generell skeptischen Grundhaltung als vielmehr der Verlegenheit über die Begründung der Prinzipien der Wolffschen Philosophie, vor allem des Satzes vom zureichenden Grunde. Demgegenüber versuchte er „anwendbare Philosophie aus den natürlichsten, oder nicht füglich zu bestreitenden, Vorstellungsarten zu entwickeln, das Wahre und Gute, was sie enthielten, durch vernünftige Gründe jedweder Art zu befestigen". Das psychologische Gefühl einer inneren, subjektiven Notwendigkeit bei den fundamentalen Denkgesetzen schien ihm der letzte Grund zu sein. Nach 1800

sah sich Feder daher durch vergleichbare Gedankengänge bei Jakob Friedrich Fries bestätigt.

Feders Denken ist ferner von einer „irenisch-eclectische Lehrart" geprägt, die er auf Leibniz selbst zurückbezog. Nicht das eine, auf Verdrängung und Vernichtung der anderen ausgelegte Systemprinzip, das z. B. Feders Illuminatenkollege Carl Leonhard Reinhold suchte, sondern die verständige Auswahl aus verschiedenen Systemen sollte den Frieden zwischen den Parteien schlichten. Hier setzen sich frühneuzeitliche Traditionslinien der Irenik fort.

Das Ansehen des Franken beruhte vor allem auf seinen Lehrbüchern, die viele Auflagen erlebten. Hervorzuheben sind das *Lehrbuch der Logik und Metaphysik* (Göttingen 1769), das auch in einer lateinischen Bearbeitung erschien, den *Institutiones Logicae et Metaphysicae* (Göttingen 1777), und das *Lehrbuch der praktischen Philosophie* (Göttingen 1770), welches Adam Weishaupt, der Feder für den Illuminatenorden gewann, so sehr schätzte. Der Erfolg dieser Kompendien lag nicht in ihrer Radikalität oder besonderen philosophischen Konsequenz. Vielmehr handelt es sich um gekonnte Verbindungen der Modedisziplinen der 1760er und 1770er Jahre: der Ästhetik, Anthropologie und Psychologie.

Feders philosophisches Hauptwerk sind die *Untersuchungen über den menschlichen Willen* (4 Teile, 1779–1793), in denen er eine für die Reformpädagogik einflußreiche Trieblehre entwarf. Bezeichnenderweise sollte das Werk ursprünglich den Titel ‚Über das menschliche Herz' führen, doch stimmte Moses Mendelssohn Feder bei einem Aufenthalt in Pyrmont um. Feder hat zu zahlreichen Themen seiner Zeit publiziert: zum Büchernachdruck, über den Sprachursprung, über die Todesstrafe, das moralische Gefühl, den Schlafwandel oder die stehenden Armeen. Seine Schriften finden sich in den führenden politischen, philosophischen und anthropologischen Magazinen.

Sein persönliches Kontaktnetz war weit verstreut. Er besaß Beziehungen zu fast allen bedeutenden deutschen Denkern der Aufklärung und ‚Popularphilosophie', stand mit ihnen im Briefverkehr und besuchte sie auch auf gelegentlichen Reisen. Von der Korrespondenz ist aber nur noch wenig erhalten geblieben. Feder bekennt in seiner Autobiographie, daß er „den größten Theil [s]eines Briefwechsels [...] lange schon vernichtet" habe.

1782 erhielt er den Titel eines kurbraunschweigischen Hofrats verliehen und wurde Mitglied der Freimaurerloge *Augusta zu den drei Flammen* in Göttingen, die sich zeitweise eng mit dem Illuminatenorden verband. Feder, dessen Ordensname ‚Marcus Aurelius' war, besaß die Kenntnis der höchsten bis dahin ausgearbeiteten Illuminatengrade, wandte sich jedoch schon bald vom Orden wieder ab, da ein vom Freiherrn von Knigge ausgearbeiteter, religiös überhöhter Grad seinen aufklärerischen Zielen nicht entsprach.

Es war Feder, der Adam Smith' *Wealth of Nations* durch eine ausführliche Rezension in den *Göttinger gelehrten Anzeigen* vom 10. März und 5. April 1777 in Deutschland bekannt machte. Eine andere Buchbesprechung sollte sein Bild in den Geschichtsbüchern bis heute prägen. Als Mitarbeiter der *Göttinger gelehrten Anzeigen* hatte er seinen Freund Christian Garve dazu überreden können, Kants *Kritik der reinen Vernunft* zu besprechen. Er selbst hat Garves Text, der am 19. Januar 1782 erschien, noch weiter redigiert und dabei einen verfehlten Vergleich der Kantischen Philosophie mit derjenigen Berkeleys eingearbeitet. Feder bezeichnete später nicht seinen Fehler, sondern die Wahl des Rezensenten als ein „unverzeihliches Versehen". Es kam zu einem gelehrten Schlagabtausch. Kant replizierte die Kritik in den *Prolegomena zu einer je-*

den künftigen Metaphysik (Riga 1783), Feder antwortete mit der Schrift *Ueber Raum und Caussalität zur Prüfung der Kantischen Philosophie* (Göttingen 1787) und gab im Verbund mit seinem Kollegen und Herzensfreund Christoph Meiners die *Philosophische Bibliothek* (1788–1791) heraus, die vor allem die Zurückdrängung der Kantischen Philosophie zum Ziel hatte. Letztlich aber fanden seine Argumente kein Gehör mehr, und der auch als Professor zunehmend erfolglose Feder verließ schließlich Göttingen.

Von 1797 bis 1811 leitete er das Georgianum, seit 1802 war er Hofbibliothekar in Hannover. Im Alter erhielt er mehrere hohe Auszeichnungen. 1819 wurde er Geheimer Justizrat, 1820 Mitglied der Göttinger Sozietät. Feder war zweimal verheiratet. Er starb am 22. Februar 1821 in Hannover.

Eine eigene Feder-Forschung hat sich nur punktuell herausgebildet. Jedoch wird seinen Schriften und Positionen über die Kant-Kritik hinaus in den letzten Jahren deutlich mehr Gewicht beigemessen. Feder gehört neben Platner, Sulzer und Tetens zu den anthropologisch-psychologischen Weichenstellern der 1760er und 1770er Jahre. Seine Wirkung blieb nicht auf die Aufklärung beschränkt, sondern erstreckte sich in die Frühromantik hinein. Darüber hinaus gehörte Feder neben Weishaupt, Reinhold und Meiners zu den wichtigsten Philosophen im Illuminatenorden. Eine dem Gesamtwerk gewidmete Tagung oder ein Aufsatzband stehen aus.

Literatur: J. G. H. Feders's Leben, Natur und Grundsätze, Leipzig u. a. 1825, Zitate in direkter Rede nach dieser Ausgabe 115, 50, 71 f., 79 f., 80, 108, 118; Georg Wolfgang Augustin Fikenscher, Vollständige akademische Gelehrtengeschichte der königlich preußischen Friedrich Alexanders Universität zu Erlangen von ihrer Stiftung bis auf gegenwärtige Zeit, 3. Abt., Nürnberg 1806, 172–185;

Johann Stephan Pütter, Versuch einer academischen Gelehrtengeschichte von der Georg-Augustus-Universität zu Göttingen, 2. Theil von 1765 bis 1788. Fortgesetzt von Friedrich Saalfeld, Hannover 1820, 164–166; ebd., 3. Theil von 1788 bis 1820, Hannover 1820, 192–194; Heinrich Wilhelm Rotermund, Das Gelehrte Hannover […], 2. Bd., Bremen 1823, 22 f.; Heinrich Döring, Johann Georg Heinrich Feder, in: Johann Samuel Ersch, Johann Gottfried Gruber (Hg.), Allgemeine Encyklopädie der Wissenschaften und Künste […], 24. Th., Leipzig 1845, 210–219; Albert Stern, Über die Beziehungen Christian Garve's zu Kant, nebst mehreren ungedruckten Briefen Kant's, Feder's und Garve's, Leipzig 1884; Erich Pachaly, Feders Erkenntnistheorie und Metaphysik, Diss. Erlangen 1906; Wilhelm Stietz, Feder als Gegner Immanuel Kants, Diss., Rostock 1924; Kurt Wöhe, Johann Georg Heinrich Feder. Eine Untersuchung zur Geschichte des Philanthropinismus, Diss., Borna-Leipzig 1928; Max Wundt, Die deutsche Schulphilosophie im Zeitalter der Aufklärung, Tübingen 1945, 290–292, 306 f.; Walter Ch. Zimmerli, „Schwere Rüstung" des Dogmatismus und „anwendbare Eklektik". J. G. H. Feder und die Göttinger Philosophie im ausgehenden 18. Jahrhundert, in: Studia Leibnitiana 15 (1983), 58–71; Kurt Röttgers, J. G. H. Feder. Beitrag zu einer Verhinderungsgeschichte eines deutschen Empirismus, in: Kant-Studien 75 (1984), 420–441; Reinhard Brandt, Feder und Kant, in: Kant-Studien 80 (1985), 249–264; Frederic C. Beiser, The Fate of Reason. German Philosophy from Kant to Fichte, Cambridge (Mass.) 1987, 175–177, 180–184; Günter Gaw-lick, Lothar Kreimendahl, Hume in der deutschen Aufklärung. Umrisse einer Rezeptionsgeschichte, Stuttgart-Bad Cannstatt 1987, 77 f., passim; Dietmar Hermann Heidemann, Kant und das Problem des metaphysischen Idealismus, Berlin 1988, 87–93; Zwi Batscha, „Despotismus von jeder Art reizt zur Widersetzlichkeit". Die Französische Revolution in der deutschen Popularphilosophie, Frankfurt a. M. 1989, 57–125, passim; Heikki Lempa, Bildung der Triebe. Der deutsche Philanthropinismus (1768–1788), Turku 1993, 47–49; Luigi Marino, Praeceptores Germaniae. Göttingen 1770–1820, Göttingen 1995, 169–187, 343–346; Jan Rachold, Die aufklärerische Vernunft im Spannungsfeld zwischen rationalistisch-metaphysischer und politisch-sozialer Deutung. Eine Studie zur Philosophie der deutschen Aufklärung (Wolff, Abbt, Feder, Meiners, Weishaupt), Frankfurt a. M., Bern 1999, 199–208, 212–216, 309–313; Martin Mulsow, „Steige also, wenn du kannst, höher und höher zu uns herauf. Adam Weishaupt als Philosoph", in: Walter Müller-Seidel,. Wolfgang Riedel (Hg.), Die Weimarer Klassik und ihre Geheimbünde, Würzburg 2002, 27–66; Christoph Böhr, Philosophie für die Welt. Die Popularphilosophie der deutschen Spätaufklärung im Zeitalter Kants, Stuttgart-Bad Cannstatt 2003, 35 f.; Falk Wunderlich, Kant und die Bewußtseinstheorien des 18. Jahrhunderts, Berlin, New York 2005, 90–92; Lutz-Henning Pietsch, Topik der Kritik. Die Auseinandersetzung um die Kantische Philosophie (1781–1788) und ihre Metaphern, Berlin 2010, 90–95, 118–123, 186–192.

Guido Naschert (Erfurt/Gotha)

DISKUSSION

Rainer Enskat

Bewährungsproben der Reflexion

Heinrich Meiers Rousseau-Studie
Über das Glück des philosophischen Lebens[1]

I.

Wenn ein zentraler, obgleich umstrittener Autor aus der Mitte des fast schon legendären *Jahrhunderts der Aufklärung* einem Akt seiner Selbsterkenntnis den Charakter einer Entdeckung attestiert; wenn er dieser Entdeckung das Format einer Revolution deswegen beimißt, weil sie zu nichts weniger als zu seiner endgültigen Selbstaufklärung geführt hat; wenn er dieser Revolution sogar das Potential zutraut, eines Tages zu einer Revolution auch unter den Menschen zu führen; und wenn diesem Autor im Rückblick auf sein zu Lebzeiten veröffentlichtes Gesamtwerk von keinem geringeren Zeitgenossen als d'Alembert bescheinigt wird, daß er den ersten Rang unter allen Gelehrten einnehme – dann verdienen Inhalt, Struktur und methodisches Format dieser Selbsterkenntnis eine sorgfältige Aufmerksamkeit auch um ihrer selbst willen. Wenn es sich bei diesem Autor indessen um Jean-Jaques Rousseau handelt, dann ist es um eine solche Aufmerksamkeit auch in der Gegenwart immer noch nicht sonderlich günstig bestellt. Das thematische Feld der Rousseau-Forschung wird auch gegenwärtig immer noch, sieht man von vereinzelten, vorläufig noch recht erratischen Versuchen korrigierender Gegensteuerungen ab, von Leithypothesen dominiert, die mehr oder weniger stillschweigend in einer hintergründigen Oberhypothese übereinstimmen: Daß Rousseau ein seine Themen sprunghaft wechselnder Autor sei, der die in seinen Texten dokumentierten Überlegungen überdies kaum jemals in kohärenten und methodisch kontrollierten Formen zu gestalten wisse, so daß diese einer mikroskopischen und auf Kohärenz bedachten Strenge der Prüfung weder fähig noch würdig seien. Zu den bedeutsamen Ausnahmen, die die gegenläufige Hypothese mit mu-

[1] Heinrich Meier, Über das Glück des philosophischen Lebens. Reflexionen zu Rousseaus *Rêveries* in zwei Büchern, München 2011. 442 S., zwei Abbildungen, Ln., € 29,95. – Die Studie wird mit Seitenangaben in Klammern direkt im Text zitiert.

sterhafter Strenge erproben, gehören auch die zweiten von Heinrich Meier vorgelegten großen Rousseau-Studien.[2] Allerdings haben schon Peter Gays thematische Untersuchungen zu bedenken gegeben, daß die Beurteilung von Rousseaus
Denkweg einer solchen methodischen Anstrengung nicht nur bedarf, sondern ihrer auch fähig und würdig sei: „His reports of his sudden dramatic inspirations
[…] have eclipsed his other reports of slow, deliberate reflection. […] Many of
his important ideas, in fact, he pondered for years and subjected to severe logical
scrutinity".[3] Zwar kann auch nicht gut bezweifelt werden, daß das methodische
Reflexions-Niveau des Autodidakten Rousseau erst mit den sukzessiv seit
1750 publizierten Anstrengungen bis zu dem ihm beschiedenen Optimum gereift
ist. Er hat, wie Hegel gelegentlich von Schelling bemerkt, ‚seine Entwicklung vor
dem Publikum gemacht'. Rousseau selbst charakterisiert das kognitive Format
seiner Entwicklung mit Hilfe eines Solon-Verses, der ihm als Motto der *Troisième
Promenade* dient: „Je deviens vieux en apprenant toujours".[4] Es ist dieser Weg
von Rousseaus täglichem Lernen, den der Verf. mit der von Gay für nötig und
fruchtbar gehaltenen ‚severe logical scrutinity' untersucht.

II.

Meier beleuchtet diesen Weg, indem er im Ausgang von dessen reifster, erst *po-
stum* veröffentlichter Schrift eine Erfahrung von „[…] paix de l'âme, et presque
félicité"[5] sowie von „[…] vie heureuse et douce"[6] thematisiert und analysiert (vgl.
S. 282 ff.). Sie war Rousseau in schriftlich formulierbarer Form allerdings erst
jenseits seiner publizierten philosophischen Anstrengungen beschieden und sogar erst durch dies *opusculum postumum* öffentlich dokumentierbar geworden.
Daß ihm diese Erfahrung ohne diese Anstrengungen niemals beschieden gewesen
wäre, bekundet Rousseau selbst unmißverständlich, indem er die in den *Rêveries*
dokumentierten ‚träumenden' Tätigkeiten als „[…] méditant les dispositions de
mon âme dans toutes les situations de ma vie"[7] charakterisiert. Gelegentlich faßt

---

[2] Vgl. Jean-Jacques Rousseau, Diskurs über die Ungleichheit/ Discours sur l'inégalité, Kritische
Ausgabe des integralen Textes. Mit sämtlichen Fragmenten und ergänzenden Materialien nach der
Orig.-Ausg. und den Handschriften neu hg., übers. und komment. von Heinrich Meier (¹1984),
Paderborn ⁶2008.

[3] Peter Gay, The Enlightenment. An Interpretation, 2 Bde. (¹1966, ¹1969), New York 1996.

[4] *Rêveries*, Bd. 1., 1011.– Rousseaus Werke werden im folgenden, wenn nicht anders vermerkt,
zitiert nach der Ausgabe: Jean-Jacques Rousseau, Oeuvres complètes, hg. von B. Gagnebin und M.
Raymond, Paris 1959 ff., mit Titel bzw. Kurz-Titel, Band- und Seitenangabe.

[5] *Rêveries*, Bd. 1, 1080.

[6] *Rêveries*, Bd. 1, 1081.

[7] *Rêveries*, Bd. 1, 1074.

er den ganzen Weg seines täglichen Lernens als eine einzige Bemühung um Selbsterkenntnis zusammen: „Pour moi quand j'ai désiré d'apprendre c'était pour savoir moi-même et non pas pour enseigner; j'ai toujours cru qu'avant d'instruire les autres, il falloit commencer par savoir assez pour soi".[8] Dem Leitfaden dieser träumerisch meditierenden Rückbesinnung[9] folgt der Verf. auf Schritt und Tritt durch souveräne mikroskopische Rückgriffe wie durch ebenso souveräne makroskopische Rückblicke auf das Gesamtwerk, das aus diesen Anstrengungen hervorgegangen ist. Das Niveau der hermeneutischen Strenge und der gelehrten Umsicht des Verf. gehört in der Rousseau-Forschung zu den großen Ausnahmen.[10] Die reichen Aufschlüsse, die dem Verf. durch diese Strenge und diese Umsicht mit Blick auf die innere Kohärenz von Rousseaus Werk und auf dessen mannigfaltige Verflechtungen mit den religiösen, politischen, theologischen und philosophischen Diskursen der Überlieferung und seiner Gegenwart gelungen sind, sind durch Besprechungen in Feuilletons großer überregionaler Zeitungen schon ausführlich gewürdigt worden.

Eine Prüfung der Hypothesen, Interpretationen, Analysen und Einschätzungen des Verf. wird indessen nicht weniger sorgfältig untersuchen dürfen, ob das von ihm in Rousseaus *opusculum postumum* thematisierte Glück so unfraglich das einzigartige Glück jedes philosophischen Lebens ist, wie es der Titel seines Buches evoziert. Eine solche Evozierung von Einzigartigkeit setzt jedenfalls den Gebrauch von Kriterien der Einzigartigkeit philosophischen Lebensglücks voraus, die zu bewährbaren Diagnosen eines solchen Glücks auch in vergleichbaren anderen Fällen sollten verhelfen können. Oder ist dies Glück in Rousseaus Fall die verwandelte Erbschaft seines ganz persönlichen zwölfjährigen öffentlichen phi-

---

[8] *Rêveries*, Bd. 1, 1013.

[9] Zu Rousseaus Verwendung der Traum-Kategorie mit Blick auf die seelische Verfassung seines ganzen Lebens vgl. *Rêveries*, Bd. 1, 985, 1047–1049, 1060, sowie *Ébauches des Rêveries*, Bd. 1, 1164 (1); vgl. auch die Selbstcharakterisierung als „[...] contemplatif[..] solitaire[...]", *Rêveries*, Bd. 1, 1040.

[10] Einen kaum noch zu überbietenden methodischen und sachlichen Niveauverlust nicht nur mit Blick auf Rousseaus Werk bietet das am übergreifenden Aufklärungs-Thema orientierte Buch von Philipp Blom, Böse Philosophen. Ein Salon in Paris und das vergessene Erbe der Aufklärung (amerik. [1]2010), München 2011; vgl. hierzu Rainer Enskat, Aufklärung – ,Erwirb sie, um sie zu besitzen!' oder Literarische Spielwiese?, in: Aufklärung. Interdisziplinäres Jahrbuch zur Erforschung des 18. Jahrhunderts und seiner Wirkungsgeschichte, 23 (2011), 307–28; zu einem Versuch, die Bodenlosigkeit des Niveauverlusts von Bloms Buch zu überspielen und seine Sensationseffekthascherei als Muster sowohl einer meisterhaften Popularisierung von Wissenschaft wie eines unmittelbaren Beitrags zur aktuellen Aufklärung des Publikums zu feiern, vgl. die Preisrede des Germanisten und Geschäftsführenden Direktors des Halleschen Interdisziplinären Zentrums für die Erforschung der Europäischen Aufklärung Professor Dr. Daniel Fulda, Rede zur Verleihung des Gleim-Preises an Dr. Philipp Blom am 7. Oktober 2011, Keine Aufklärung ohne Publikum. Wie populär kann Wissenschaft sein?, in: http://www.izea.uni-halle.de/newsletter// 2011 11/Preisverleihung Blom.pdf.

losophischen Wegs durch ‚eine Welt von Widerständen' (Jean Starobinski)? Oder
ist es die wiedergewonnene Mitgift seiner ihm mit der Geburt auf den Weg gegebenen individuellen Natur?[11] Es fragt sich überdies, ob Rousseau Kriterien des
philosophischen Lebensglücks in seinem Werk selbst ans Licht gebracht hat
oder erst der Verf. mit Hilfe seiner Interpretationen und Analysen. Vor allem diese
zentrale Kriterienfrage sollte sich unter Aspekten klären lassen, die nach Möglichkeit an einer trennscharfen Unterscheidung von Philosophie und Psychologie
des philosophischen Lebensglücks orientiert sind. Doch vor allem macht Meier zu
Recht in angemessen hervorgehobener Weise darauf aufmerksam, daß die *Rêveries* als ein Beitrag zur Antwort auf die allgemeine Frage nach Methode und Struktur der *Selbsterkenntnis* ein außerordentliches Maß an Aufmerksamkeit verdienen
(vgl. S. 259 ff.). Vor allem mit Blick auf diese Fragen hat der Verf. die Aufmerksamkeit in verdienstvoller Weise erneut auf zwei mikro-analytische Brennpunkte
in Rousseaus Werk gelenkt, die eine ebenso mikro-analytische Prüfung verdienen.

III.

Die Fortschritte, die der Verf. Rousseaus konzeptionellem Niveau mit Blick auf
diese Fragen im *opusculum* bescheinigt, verschränken sich mit den konzeptionellen Fortschritten, die er seinen Publikationen von 1750 bis 1762 attestiert: „Erst in
der *Huitième Promenade* erreicht Rousseaus Darstellung seiner Selbsterfor-
schung das konzeptionelle Niveau, das er im Oeuvre erarbeitet hatte" (S. 282).
Rousseau selbst lokalisiert die in seinem Oeuvre dokumentierte konzeptionelle
Wende zur Einsicht in „[…] le principe inébranlable qui sert de base à ma sécu-
rité"[12] in der *Troisième Promenade* in dem ‚in seiner Generation unwürdig ge-
schändeten und entweihten Werk' des berühmten Savoyischen Glaubensbekenntnisses im *Émile*.[13] Die Charakterisierung dieses Prinzips durch Rousseau selbst im
opusculum ist indessen einmal mehr geeignet, den Eindruck des Befremdlichen
und Paradoxen zu befestigen, der nicht nur seine Generation, sondern nach wie vor
auch weithin seine heutigen Leser irritiert. Denn um dieses Prinzips inne zu sein,
so lautet es in Rousseaus „[…] grundlegender Formel" (S. 282), „[…] il importe
d'avoir un sentiment pour soi, et de le choisir avec toute la maturité de jugement
qu'on y peut mettre".[14] In der vom Verf. zu Recht in einen Brennpunkt seiner Auf-

---

[11] Mindestens einmal spricht Meier allerdings in unbestimmter Form vom „[…] Glück *eines*
Philosophen", Heinrich Meier, Les rêveries du Promeneur Solitaire. Rousseau über das philosophische Leben, München 2005, 54, Hervorhebung R.E.

[12] *Rêveries*, Bd. 1, 1018.

[13] Vgl. ebd.

[14] Ebd.

merksamkeit gerückten *Huitième Promenade* thematisiert Rousseau dies *sentiment pour soi*, nachdem er in den vorangegangenen Promenades über „[…] les dispositions de mon âme dans toutes les situations de ma vie"[15] meditiert hat. Wie der Verf. mit berechtigter Emphase herausarbeitet, bildet dies *sentiment* zwar das emotionale Medium, in dem Rousseau die seine unverstellte Selbsterkenntnis eröffnende Erfahrung des *amour de soi* entdeckt hat[16] (vgl. S. 282 ff.). Umso mehr fällt auf, daß Rousseau gerade in dieser *Huitième Promenade* der kognitiven Schlüsselrolle nur in nahezu verschwindender Form Beachtung schenkt (vgl. allerdings unten S. 19 ff.), die er in der *Troisième Promenade* der ‚ganzen Reife der Urteilskraft' für die ‚Wahl' gerade desjenigen *sentiment pour soi* attestiert, in dem er in der *Huitième Promenade* das emotionale Medium seiner Selbsterkenntnis sieht.

Der Schlüsselrolle der Urteilskraft schenkt Meier – entsprechend der Verstreuung einschlägiger Bemerkungen Rousseaus in den *Rêveries* – ebenfalls nur in verstreuten Textbezügen Beachtung (vgl. vor allem S. 275 f., 320 ff.). Immerhin wird der *sentiment pour soi* von Rousseau selbst schon im *locus classicus* als „[…] dirigé dans l'homme par la raison"[17] konzipiert, also so, daß eine die Selbsterkenntnis begünstigende Funktion des *amour de soi* einer Steuerung durch einen trefflichen kognitiven Akt der Vernunft vorbehalten ist. In der Trias aus *sentiment*, *amour de soi* und *maturité de jugement* ist es stattdessen die Urteilskraft, der nur allzu offenkundig nicht nur die einzige kognitive Rolle zufällt. Vor allem eröffnet sich alleine ihr in dieser kognitiven Rolle die Möglichkeit, in einer *wahrheitsfähigen* Form zu der für Rousseau alles entscheidenden semi-platonischen Alternativ-Frage Stellung zu nehmen – ob der *amour propre* oder der *amour de soi* „auf das wirkliche und nicht auf das scheinbar Gute geht" (S. 283). Denn der Mensch „[…] choisit le bon comme il a *jugé* le vrai, s'il *juge* faux il choisit le mal".[18] Die Unterbelichtung der Schlüsselrolle der Urteilskraft durch den Verf. in diesem zentralen Dokument von Rousseaus Selbsterkenntnis ist umso auffälliger als diesem kognitiven Vermögen gerade in dem für seinen langen Weg zur Selbsterkenntnis so zentralen Glaubensbekenntnis des Savoyischen Vikars eine Schlüsselrolle zugeschrieben wird – in zwar höchst unscheinbarer, aber umso bedeutsamerer Form. Dem souveränen Umgang des Verf. auch mit fast schon sub-mikroskopischen Elementen der Texte Rousseaus ist der einschlägige Passus denn auch nicht entgangen: „Maintenant c'est à vous de juger".[19] (vgl. S. 411 f.) Auffälligerweise schränkt Meier seine Erörterung dieses Appells an die Urteilskraft Émiles aber

---

15 *Rêveries*, Bd. 1, 1074.
16 Vgl. *Rêveries*, Bd. 1, 1079 ff.
17 *Discours sur l'inégalité*, Note XV, Bd. 3, 219.
18 *Émile*, Bd. 4, 586, Hervorhebungen R.E.
19 *Émile*, Bd. 4, 630.

auf eine immanente Interpretation der *Inhalte* des Glaubensbekenntnisses ein und macht ihn ausschließlich als Ausgangspunkt für eine allerdings außerordentlich lehrreiche Auseinandersetzung mit den von Rousseau in diesem Kontext angeschnittenen Grenzfragen zwischen Theologie, Philosophie, Religion und Politik fruchtbar (vgl. ebd.). Formale und funktionale Erörterung des Einzugsbereichs und der Tragweite der Urteilskraft, wie sie der kognitiven Schlüsselrolle angemessen wären, die Rousseau der ‚ganzen Reife der Urteilskraft' für die Selbsterkenntnis attestiert, bleiben indessen aus. Innerhalb der Grenzen seines Buches bleibt die Urteilskraft daher weitgehend eine Art kognitiver Kulisseninstanz. Aus dieser Rolle tritt sie für das Publikum der Leser auf die Bühne des Buches nur bei den seltenen Gelegenheiten heraus, bei denen konkrete, von Rousseau exemplifizierte *Akte* der Urteilskraft auch für die Erörterungen des Verf. *exemplarisch* wichtig werden. Im Kontrast und gleichsam im Gegenzug zu dieser Kulissenfunktion der Urteilskraft geraten daher im Spiegel des Verf. der *sentiment pour soi* und der *amour de soi* in so prominente Rollen, daß Rousseau fast als eine paradoxe Art von Emotivist der Selbsterkenntnis erscheinen kann. Zu den Fragen, deren klärungsträchtige Zuspitzung die gegenwärtige philosophische Forschung kaum einem anderen Buch so sehr wie dem des Verf. verdankt, gehört daher die Frage, ob die Selbsterkenntnis einem außerordentlichen kognitiven Akt der Urteilskraft entspringt, einem eminenten *sentiment pour soi* oder einer außerordentlichen kognitiven Bewährungsprobe des *sentiment pour soi* durch die Urteilskraft.

Mit seinem unscheinbaren Appell an die Urteilskraft wendet sich der Savoyische Vikar in der dramaturgischen Regie des Autors Rousseau buchstäblich ganz am Ende seines Bekenntnisses wenigstens indirekt an den wichtigsten Zuhörer seines Bekenntnisses, an den immerhin noch jugendlichen Émile, dessen Urteilskraft durch die lebensgeschichtlichen, religiösen, theologischen und metaphysischen Inhalte seines Bekenntnisses maßlos überfordert sein muß. Denn, wie Rousseau im *Émile* außerhalb der *Profession* argumentiert, „Le jugement vient lentement", [20] so daß „Il faut […] considérer dans nôtre élève […] l'homme exposé à tous les accidents de la vie". [21] Émile wird die in den *Rêveries* thematisierte *maturité de jugement* daher auch erst erworben haben, nachdem er *tous les accidents de la vie* ausgesetzt gewesen ist. Es spricht im Zusammenhang von Rousseaus ganzem Werk denn auch das meiste dafür, daß sich Rousseau im Kontext des Glaubensbekenntnisses mit nichts so sehr, wenn auch nur indirekt, identifiziert wie mit dem zum Urteilen aufgeforderten Émile, dessen „[…] jugement saine […] rien n'a pu corrompre", [22] während er sich in den *Rêveries* gewissermaßen

---

[20] *Émile*, Bd. 4, 435.
[21] *Émile*, Bd. 4, 252.
[22] *Émile*, Bd. 4, 463.

mit einem durch *tous les accidents de la vie* zur *maturité du jugement* gelangten Émile identifiziert.

Zwar geht der Verf. der funktionalen Struktur der Trias aus *sentiment, amour de soi* und *maturité de jugement* im Rahmen seiner Erörterungen der *Huitième Promenade* des *opusculum postumum* nicht im einzelnen nach, obwohl Rousseau nach Meiers eigener Einschätzung gerade in diesem Kontext das strukturell-funktionale Zentrum seiner Selbsterkenntnis thematisiert. Dennnoch hat Meier mit Hilfe einer fast schon wieder sub-mikroskopischen Beobachtung auf eine sehr wichtige konzeptionelle Selbstpräzisierung Rousseaus im *opusculum postumum* aufmerksam gemacht. Sie hängt einerseits mit der Schlüsselrolle zusammen, die Rousseau der Reife der Urteilskraft in dieser Trias zuschreibt, andererseits aber auch mit der strukturell-funktionalen Charakterisierung, die Rousseau der Urteilskraft um ihrer selbst willen erstmals im Rahmen seines Werks dem Savoyischen Vikar in den Mund legt. Es handelt sich bei der beobachteten Selbstpräzisierung darum, daß Rousseau die im *Discours sur l'inégalité* eingeführte Konzeption des *amour-propre* als eines *sentiment factice*[23] nunmehr in der *Huitième Promenade* stattdessen als *passion factice*[24] charakterisiert (vgl. S. 283[41]). Der *amour-propre* wird damit von Rousseau im wörtlichsten Sinn in die von Descartes so prominent apostrophierte Familie der *passions de l'âme* aufgenommen,[25] allerdings mit der besonderen, nicht-cartesischen Qualifizierung, daß diese *passions* der Seele *ausschließlich* durch deren Verflechtung mit den Manifestationen des gesellschaftlichen Lebens ihres individuellen Trägers – also mit der ,Welt von Widerständen' (Starobinski) – widerfahren[26] (vgl. S. 282 ff.). Diese Selbstpräzisierung Rousseaus hat ihren Ursprung indessen in dem für Rousseaus Prinzipienerörterungen zentralen Passus des Textes des Glaubensbekenntnisses,[27] den Meier ausführlich erörtert (vgl. S. 320 ff.), indem er sogar die Rolle des *amour-propre* einbezieht (vgl. S. 332 ff.), allerdings ohne die Tragweite zu berücksichtigen, die gerade diese Prinzipienerörterungen für die endgültige konzeptionelle Präzisierung des *amour-propre* mit sich bringen können. Dabei bildet der Text des Glaubensbekenntnisses angesichts seiner Publikation 1762 gerade auch im Blick auf den zeitlichen Abstand Rousseaus zur sieben Jahre früheren ersten Einführung der Konzeption des *amour-propre* im *Discours sur l'inégalité* ein wichtiges lebensgeschichtliches Indiz für seine gewachsene Reife auch *in theoreticis* und damit

---

[23] Vgl. *Discours sur l'inégalité*, Bd. 3, 154 bzw. Note XV, Bd. 3, 218.

[24] *Rêveries*, Bd. 1, 1079.

[25] Vgl. René Descartes, Les passions de l'âme (1649), in: Oeuvres de Descartes, hg. von Charles Adam und Paul Tannery, Bd. 11, Paris 1909.

[26] Vgl. *Rêveries*, Bd. 1, 1079 ff.

[27] Vgl. *Émile*, Bd. 4, 570–573.

auch für einen wichtigen Fortschritt in Richtung auf die Selbstpräzisierung in den
Rêveries.

IV.

Worum geht es in dem einschlägigen Prinzipien-Teil des Glaubensbekenntnisses? Wie der Verf. ausführlich zeigt (vgl. S. 320 ff.), erörtert der Vikar eingehend
seine Auffassung von dem im eigentlichen Sinne aktiven, spontanen kognitiven
Funktionszentrums der menschlichen Seele,[28] also eine Auffassung, die als einzige das Potential hat, schließlich die zentrale theoretische Quelle für die Einsicht
in die *Passivität* des *amour-propre* und in die *Nicht-*Passivität des *amour de soi* zu
werden. Nur durch diese spontan aktive mentale Disposition des Menschen ist er
ein *être intelligent,* das der „[...] attention, méditation, réflexion"[29] fähig ist (vgl.
S. 33 f.). Doch es ist diese kognitive Disposition, die hier unter ihrem klassischen
Namen der Urteilskraft, der *puissance de juger,*[30] thematisiert und daher auch als
„[...] sa *faculté* intelligente" charakterisiert wird[31] (vgl. S. 338 f.). Wenn der
amour de soi und der mit ihm verbundene *sentiment pour soi* in den *Rêveries*
im Gegensatz zur passiven *amour propre* als nicht-passiver, also als aktiver mit
dem *amour de soi* verbundener *sentiment* aufgefaßt wird, dann ist dieser aktive
Charakter offenbar nur ein uneigentliches Moment. Es hat seinen Ursprung in
der Spontaneität des kognitiven Akts, mit dem Rousseaus Urteilskraft dies Gefühl
‚mit ihrer ganzen Reife erwählt', und zwar *als* das Gefühl, das mit seiner Selbsterkenntnis in untrüglicher Weise verflochten ist. Rousseau legt daher dem Vikar
eine subtile Inkonsistenz in den Mund, wenn er ihn einerseits die unmißverständ-
liche Auffassung vertreten läßt, in deren Licht kognitive Akte nur insofern Akte
sind als sie den attentiven, meditativen und reflexiven Tätigkeitsformen der Urteilskraft angehören, und ihn andererseits behaupten läßt, „Les actes de la conscience ne sont pas des jugemens, mais des sentimens".[32] (vgl. S. 356[89].)

Indessen erweist sich das *être* namens Mensch, das dieser und nur dieser mentalen Disposition der Urteilskraft den Status eines *être actif* verdankt, als ein zwei-
fach disponiertes Wesen. Denn angesichts seiner Sinnesempfindungen, seiner
sensations vereinigt es zusammen mit diesem Status auch den Status eines *être
passif* in sich. Wie der Verf. argumentiert, plädiert der Vikar mit Blick auf den
„[...] gleitenden Übergang von den *sensations* zum *sentiment* für den Vorrang
des Gefühls" (S. 321), und zwar wegen der „[...] privilegierten Stellung [des *sen-*

---

[28] Vgl. *Émile,* Bd. 4, 586 f.
[29] *Émile,* Bd. 4, 573.
[30] Vgl. *Émile,* Bd. 4, 586.
[31] Ebd., Hervorhebung R.E..
[32] *Émile,* Bd. 4, 599.

timent, R.E.] zur Wahrheit" (ebd.). Doch *wie* kann eine *sensation* ‚gleitend' in das *sentiment* ‚übergehen'? Und im Vergleich mit welcher anderen seelischen Disposition des Menschen hat das *sentiment* eine privilegierte Stellung zur Wahrheit? Angesichts der Schlüsselrolle, in der das mit dem *amour de soi* verbundene *sentiment* in der *Huitième Promenade* zur Selbsterkenntnis beiträgt, scheint die ‚privilegierte Stellung des *sentiment* zur Wahrheit' auch ganz aus eigener Kraft die Wahrheit dieser Selbsterkenntnis zu verbürgen. Doch die strikte Zurückhaltung, die der Verf. zu Recht gegenüber einer vorschnellen Identifikation der dem Vikar in den Mund gelegten Auffassungen mit denen Rousseaus kultiviert, lohnt sich auch hier. Denn falls das so aufgefaßte *sentiment* in der ganz zweifellos authentischen Konzeption Rousseaus in den *Rêveries* ebenfalls die die Wahrheit der Selbsterkenntnis verbürgende Rolle hätte – wäre dann nicht die von Rousseau in der Trias aus *sentiment, amour de soi* und *maturité de jugement* fest verflochtene ‚Reife der Urteilskraft' funktionslos? Doch was für eine Funktion kann ihr in dieser Trias überhaupt zukommen? Angesichts der Authentizität von Rousseaus Funktionszuschreibung ist es jedenfalls ganz unbezweifelbar, daß nur sie es sein kann, die in dieser Trias die für sie so charakteristische *kognitive* Funktion ausübt.

V.

Man hat es in den *Rêveries* bei der Konzeption des *amour propre* als einer *passion* mit einer punktuellen, aber subtilen und tiefgehenden Korrektur Rousseaus an den entsprechenden dem Vikar in den Mund gelegten Auffassungen zu tun. Diese Korrektur ist, wie Rousseau in der *Troisième Promenade* im unmittelbaren Anschluß an die Exposition der Trias mitteilt, „Le résultat de mes penibles recherches",[33] die schließlich zu der in den *Rêveries* formulierten Selbsterkenntnis geführt haben. Doch dies Resultat stimmt, wie Rousseau betont und wie der Verf. selbst so treffsicher notiert (vgl. S. 295), eben auch nur ungefähr („à peu près")[34] mit den Auffassungen überein, wie „[...] je l'ai consigné [...] dans la Profession de foi du Vicaire Savoyard".[35] Die unscheinbare, aber ausschlaggebende Differenz betrifft die Auffassungen, die in beiden Kontexten mit der Wahrheitsfähigkeit des *sentiment* bzw. der Urteilskraft verbunden werden. In der *Profession* läßt Rousseau den Vikar dessen entsprechende theoretische Auffassungen am Leitfaden einer kleinen Fallerörterung plausibel machen, die zu Formulierungen von drei Ergebnissen führen: 1.) „[...] il n'est jamais faux que je sente ce que je sens";[36] 2.) „[...] la

---

[33] *Rêveries*, Bd. 1, 1018.
[34] Ebd.
[35] Ebd.
[36] *Émile*, Bd. 4, 572.

vérité des sensations qui ni montrent que les objects";[37] und 3.) „[…] mon entendement qui juge les rapports [entre les objects sentis, R.E.] mêle ses erreurs à la
vérité des sensations".[38]

Eine strikt immanente Interpretation des Textes kommt nicht umhin, dem Vikar
angesichts der zweiten und der dritten Formulierung die Auffassung zuzuschreiben, daß die Empfindungen in ihren Beziehungen zu den in ihrem Medium empfundenen Objekten eine die Wahrheit unmittelbar gewinnende Zeigefunktion –
also eine ‚privilegierte Stellung zur Wahrheit' – haben. Beide Auffassungen werden vom Vikar offenkundig als Schlußfolgerungen aus der fast unmittelbar zuvor
formulierten Auffassung formuliert, daß es ‚niemals falsch sei, daß ich empfinde,
was ich empfinde', also daß dies *immer wahr* sei. Doch eine über die immanente
Interpretation hinausgehende *sachliche Beurteilung der Tragfähigkeit der expliziten und der impliziten Prämissen* dieser Schlußfolgerung kommt zu einem ganz
anderen Ergebnis. Denn aus der abstrakten, teils metalogischen und teils epistemologischen wahren These, daß es *niemals falsch* sei, daß ich empfinde, was ich
empfinde, *folgt nicht*, daß ich über die jeweils empfundenen *Objekte* stets *die*
Wahrheit, also die *objektive* Wahrheit erkenne. Wenn *ich*, um beim Empfindungs-Beispiel der Fallerörterung zu bleiben, *sehe*, was ich sehe, z. B. einen
Stab,[39] dann bin ich nicht einer objektiven Wahrheit über einen *Stab* inne, sondern
lediglich einer subjektiven Wahrheit über *mich* und eine *mich* affizierende Empfindung eines von *mir* als Stab *interpretierten* Elements im Horizont *meines* Gesichtssinns. Doch aus dieser subjektiven Wahrheit über mich, eine mich affizierende Empfindung und einen von mir als Stab interpretierten Empfindungsgehalt
aus dem Horizont meines Gesichtssinns *folgt* weder, wie der Vikar zu verstehen
gibt, daß *die* Wahrheit in den Empfindungen liegen würde, noch *folgt* daraus, daß
sich ein *objektiver* Irrtum des *entendement qui juge* – also der Urteilskraft – ‚in die
Wahrheit der Empfindung mischen' könnte. Vielmehr ist eine okkassionelle subjektive Empfindungs-Wahrheit wie die, daß *ich* (jetzt) einen Stab *sehe*, sowohl mit
dem *objektiv falschen* Urteil *verträglich*, daß *das, was* ich (jetzt) sehe, ein Stab *ist*,
wie mit dem *objektiv wahren* Urteil, daß *das, was* ich (jetzt) sehe, *durchaus* ein
Stab *ist*. Denn nur die *puissance de juger* befähigt mich, „[…] de juger les choses"[40] und „de […] donner un sens à ce mot *est*",[41] nämlich den Sinn eines Anspruchs auf objektive Wahrheit eines *Es-ist-der-Fall*-Urteils über *les choses*.[42]

---

[37] *Émile*, Bd. 4, 573.
[38] Ebd.
[39] *Émile*, Bd. 4, 572 f.
[40] *Émile*, Bd. 4, 570.
[41] *Émile*, Bd. 4, 571.
[42] Das wichtigste Echo dieser Reflexion über die Funktion der Kopula findet sich bei dem
enthusiastischen *Émile*-Leser Kant: „[…] so finde ich, daß ein Urteil nichts anderes sei, als die Art
gegebene Erkenntnisse zur objektiven Einheit der Apperzeption zu bringen. *Darauf zielt das Ver-*

Doch außer der Verträglichkeitsbeziehung zwischen einer subjektiven Empfindungs-Wahrheit und einem korrepondierenden objektiv wahren bzw. objektiv falschen Urteil gibt es nicht noch so etwas wie eine ‚Einmischung' eines objektiv falschen bzw. irrigen Urteils in eine subjektive Empfindungs-Wahrheit. Auch ein objektiv wahres Urteil darüber, daß *das, was* ich sehe, ein Stab *ist*, ist nicht mit so etwas wie einer ‚Einmischung' in die Empfindungs-Wahrheit, daß *ich* einen Stab *sehe*, verbunden. Vielmehr hat in diesem Fall die Empfindungs-Wahrheit die objektive Bewährungsprobe bestanden, der sie durch die Urteilskraft mit Hilfe der ihr zur Verfügung stehenden Kriterien dafür, daß etwas ein Stab ist, ausgesetzt worden ist.

Der Vikar verkennt ganz einfach, daß die subjektive Empfindungs-Wahrheit zu einem ganz anderen *Typ* von Wahrheit gehört als die objektive Wahrheit eines Urteils über *les choses*.[43] Ein objektiv wahres Urteil hat die *puissance de juger* der *Alternative* entweder-objektiv-wahr-oder-objektiv-falsch stets durch eine mehr oder weniger anspruchsvollen Anstrengung abgerungen. Zum subjektiven Typus der Empfindungs-Wahrheit gibt es indessen gar nicht die Alternative einer Empfindungs-Falschheit. Rousseau hätte den Vikar das subjektivistische Empfindungs-Theorem, daß es *niemals falsch* sei, daß ich empfinde, was ich empfinde, ohne Verlust auch positiv formulieren lassen können, daß es *stets wahr* ist, daß ich empfinde, was ich empfinde. Die konventionell gewordene Redeweise von der Sinnestäuschung faßt in irreführend-abstrakter Form die kognitive Struktur der komplexen Situationen zusammen, in denen jemand nachträglich und im Licht einer kriteriengeleiteten Bewährungsprobe durch die *puissance de juger* erkannt hat, daß eine anfängliche Empfindungs-Wahrheit diese Bewährungsprobe nicht bestanden hat. Rousseau läßt den Vikar sogar selbst eine solche Bewährungsprobe andeuten, wenn dieser bemerkt, daß es möglich ist „[...] de connôitre que le corps

---

hältniswörtchen ist in denselben, um die objektive Einheit gegebener Vorstellungen von der subjektiven zu unterscheiden", Kant, *Kritik der reinen Vernunft*, B 141–42, Hervorhebung R.E.

[43] Der Vikar versteigt sich sogar zu einer Ontologie der Wahrheit: „Je sais seulement que *la vérité est dans les choses*", *Émile*, Bd. 4, 573, Hervorhebung R. E.; zwar gilt für den Vikar, daß die Wahrheit „[...] non [est] pas dans mon esprit qui les juges", ebd. Doch da andererseits Wahrheit bzw. Falschheit für ihn auch nichts anderes sind als „[...] la convenance ou disconvenance qui existe entre nous et les choses", *Émile*, Bd. 4, 599, – also *Beziehungen* zwischen ‚den Sachen und uns' –, kann es auch nicht der Fall sein, daß die Wahrheit ausschließlich ‚in' den Sachen ist. Das schließt zwar nicht aus, daß „[...] nous *connoissons* la convenance ou disconvenance qui existe entre nous et les choses [par les sentimens]", ebd., Hervorhebung R.E. Doch die ‚sentimentalen' oder die kognitiven Zugänge zum Bestehen der Beziehungen namens Wahrheit und Falschheit sind etwas ganz anderes als diese Beziehungen selbst. Rousseau läßt den Vikar offenkundig in inkohärenten Formen mit dem Wahrheitsproblem und dem Erkenntnisproblem sowie den Beziehungen zwischen beiden Problemkreisen kämpfen. Daß die Wahrheit (einer Aussage bzw. eines Urteils) nicht in den Sachen liegt, betont schon Aristoteles, vgl. *Met.* 1027 b25–26, ebenso zu Recht wie, daß die Sachen vielmehr das der Wahrheit Zugrundeliegende sind, vgl. *De int.* 12, 21 b26–32, besonders 27–31.

que nous touchons et l'object que nous voyons sont le même",[44] obwohl die Emp-
findungsgehalte der beiden korrespondierenden Empfindungs-Wahrheiten gänzlich disparat sind. Daher sind bereits die einfachsten objektiv wahren Identitäts-
Urteile über Elemente von gänzlich disparaten Empfindungsgehalten verschiede-
nerer Empfindungs-Wahrheiten aus Bewährungsproben hervorgegangen, die von
spezifischen Identitäts-Kriterien der auf objektive Wahrheit zielenden *puissance
de juger* geleitet sind.

Im Rahmen von immanenten Interpretationen von Texten Rousseaus ist es richtig und wichtig, daß der Verf. im Fall der *Profession* des Savoyischen Vikars insbesondere die beiden Auffassungen herausgearbeitet hat, mit denen sich der Vikar
im äußerst komplizierten Spannungsfeld zwischen Subjektivität und Objektivität
verirrt hat: die irrige Auffassung von der ‚privilegierten Stellung der Empfindungen zur Wahrheit' und die nicht weniger irrige Auffassung, als ob die *faculté
intelligente*, also die Urteilskraft, nicht nur einfach „Quelle der Fehler und der Irrtümer" (S. 320), sondern vor allem eine Quelle von *nichts anderem* als von Irrtümern und Fehlern sei und sich mit ihren Irrtümern in die ‚Wahrheit der Sinne *ein-
mische*'. Dagegen hält der Verf. zu Recht fest: „Die Fähigkeit zu urteilen schließt
die *Möglichkeit*, falsch zu urteilen, ein" (ebd., Hervorhebung R.E.). Doch die Fähigkeit der Urteilskraft, zu objektiv wahren Urteilen über *les choses* zu gelangen,
bleibt in der Darstellung durch den Vikar mindestens bis zur Unscheinbarkeit zugunsten der subjektiven ‚Wahrheit der Sinne' unterbelichtet.

Damit geraten die Bekenntnisse des Vikars in eine unauflösbare Spannung zu
den von Rousseau im *Émile* der Sache nach und im eigenen Namen entwickelten
Auffassungen. Denn das ganze pädagogische und didaktische Programm, das hier
umrissen wird, wird mit allen seinen komplexen Maximen, Kasuistiken, Reflexionen und Kriterien zugunsten eines einzigen Ziels in Szene gesetzt: „[…] apprenons-lui à bien juger",[45] „[…] pour rendre un jeune homme judicieux".[46] Mit
Blick auf dies Ziel „Il faut perfectioner […] l'instrument qui juge".[47] Faßt man im
Rahmen dieser teilweise pädagogischen und teilweise didaktischen Aufgabe
nicht weniger als eine solche Perfektion der Urteilskraft des Adepten ins Auge,
dann „Il s'agit […] de lui montrer comment il faut s'y prendre pour découvrir *toujours* la vérité".[48] Doch selbstverständlich ist sich Rousseau mit Blick auf *tous les
accidents de la vie* – und nicht zuletzt seines eigenen Lebens – darüber im klaren,
in welchem Maß die Urteilskraft des Menschen allen *accidents de la vie* jedenfalls
nicht perfekt gewachsen ist. Immerhin wird Rousseau am Vorabend der von der

---

[44] *Émile*, Bd. 4, 573.
[45] *Émile*, Bd. 4, 484; vgl. auch 285, 324, 361, 380, 392, 396, 397, 421, 458, 483, 486, 654.
[46] *Émile*, Bd. 4, 458.
[47] *Émile*, Bd. 4, 674.
[48] *Émile*, Bd. 4, 484, Hervorhebung R.E.

naturwissenschaftlichen Entwicklung begünstigten Industriellen Revolution von Anfang an von der Sorge in Atem gehalten, daß „[…] nous, hommes vulgaires"[49] durch diese Revolution in eine Lebenswelt geführt werden, in der wir auf unsere Lebensbedingungen blicken müssen, „[…] sans savoir démêler l'erreur de la vérité",[50] und zwar „[…] à mésure que nos science et nos arts sont avancé à la perfection".[51] Ein Denker mit dieser Orientierung ist mit Blick auf die Möglichkeiten der Urteilskraft der individuellen Menschen, den Irrtum von der Wahrheit zu unterscheiden, weit von dem irregeleiteten Perfektionsoptimismus entfernt, ‚die Wahrheit *immer* entdecken' zu können.

Die Nüchternheit, mit der Rousseau die relativ bescheidenen realen Möglichkeiten und Chancen der Urteilskraft einzuschätzen gelernt hat, hat ihn in der zentralen *Troisième Promenade* der *Rêveries* zur Prägung der Wendung von der *maturité de jugement* geführt. Denn mit der naturalen Reife-Komponente dieser kognitiven Fähigkeit gibt Rousseau zu verstehen, daß jede Übung, Erprobung, Ertüchtigung und Kultivierung der Urteilskraft, ganz unbeschadet ihres auf Reifung angelegten dispositionellen Formats, mit einer nie gänzlich verfügbaren, stets mehr oder weniger widerspenstigen und auch von Risiken einer „[…] dépravation de jugement"[52] begleiteten natürlichen Komponente dieser zentralen kognitiven Fähigkeit rechnen muß. Mit der Grammatik des Reife-Vokabulars gibt er darüber hinaus zu verstehen, daß man vom Niveau der Urteilskraft nie mehr verlangen sollte, als daß sie stets so reif wie möglich *für* die Beurteilung derjenigen *accidents de la vie* ist, die für die urteilende Person in ihrer jeweils konkreten Situation hinreichend wichtig sind – also auch für die Beurteilung des Wichtigkeitsgrades dieser jeweiligen Situation selbst. Die Frage, deren sachliche Strittigkeit die Untersuchungen des Verf. bei Gelegenheit einer Rousseau-Studie wie kaum eine andere zuspitzen, hat daher die Form einer Alternative: Kann sich die seelische Lebenssituation, die der *Promeneur solitair* in den *Rêveries* thematisiert, ausschließlich im *emotionalen* Medium des *sentiment* erschließen, das er in dieser Situation seinem *amour de soi* verdankt? Oder kann sich ihm diese seelische Situation ausschließlich einem *kognitiven* Akt erschließen, wie ihm mit Hilfe der ‚ganzen Reife seiner Urteilskraft' gelingt? Oder kann sie sich ihm ausschließlich dadurch erschließen, daß es seiner Urteilskraft gelingt, durch vergleichende Abwägungen seiner gegenwärtigen seelischen Disposition und aller anderen, ihm erinnerlichen seelischen Dispositionen seines Lebens zu einem abschließenden Urteil zu gelangen?

---

[49] *Discours sur les sciences et les arts*, Bd. 3, 30.
[50] *Discours sur les sciences et les arts*, Bd. 3, 24.
[51] *Discours sur les sciences et les arts*, Bd. 3, 9.
[52] *Discours sur l'inégalité*, Bd. 3, 220, Note XVI.

VI.

Die Situation, die Meier mit dem thematischen Zugriff seines ganzen Buches thematisiert, ist für Rousseau unzweifelhaft von einzigartiger Wichtigkeit. Mit dem ersten Satz der *Rêveries*, der die Einzigartigkeit dieser Situation auch sogleich in einzigartiger Weise charakterisiert, führt der Verf. in seine weitgespannten Untersuchungen ein: „Me voici donc seul sur la terre"[53] (vgl. S. 17 ff.). Die Einzigartigkeit der Stimmung, in die sich Rousseau im Jetzt und Hier dieser Situation der Einsamkeit versetzt findet, evoziert er mit dem Auftakt der letzten, der *Dixième Promenade* nicht weniger überschwenglich im feierlichsten Ton des österlich gestimmten Naturfreundes: „Aujourd'hui jour de Plâques fleuries".[54] Die Einzigartigkeit des *locus amoenus*, dessen einzigartige diese Stimmung begünstigenden Umstände er als *sauvages et romantiques*[55] charakterisiert, wird in der ganzen *Cinquième Promenade* in liebevollster Weise förmlich ausgemalt. Von hier aus erinnert er daran, daß er den Bogen seiner *Rêveries* über „[…] précisément cinquante ans",[56] „[…] trois quarts de ma vie"[57] gespannt hat.

Indessen bezieht diese gegenwärtige Situation ihre unüberbietbare Wichtigkeit aus einem Umstand, dessen innerer Komplexität man zumindest vorläufig am angemessensten mit metaphorischen Mitteln gerecht werden kann: Rousseau sucht *im Licht* dieser Situation buchstäblich *alles* Licht auf die ihm erinnerlichen *dispositions de mon âme dans toutes les situations de ma vie* fallen zu lassen; im selben Atemzug sucht er aber auch *im Licht* dieser ihm erinnerlichen seelischen Dispositionen *Licht* auf die seelische Disposition seiner gegenwärtigen Situation fallen zu lassen. Diese metaphorische Charakterisierung kann wenigstens in größtmöglicher Kürze zu verstehen geben, daß es bei einem solchen Vorhaben in methodischer Hinsicht um Vergleiche seelischer Dispositionen mit dem Ziel geht, zu der *Selbsterkenntnis* zu gelangen, auf deren thematische Erörterung Meier zu Recht im letzten Kapitel des Ersten Buchs seiner Untersuchungen zielt (vgl. S. 259 ff.). Man darf in diesem Zusammenhang einmal alle methodologischen Probleme außer Acht lassen, die vor allem Wittgenstein während seines letzten Lebensjahrzehnts unter den disziplinären Titel einer *Philosophie der Psychologie* gestellt hat. Im Licht dieser Probleme steht Rousseaus Unterfangen eines Vergleichs der *dispositions de mon âme dans toutes les situations de ma vie* unter zwei Vorzeichen. Zum einen kann man seelische Dispositionen und zumal die mit ihnen verbundenen *sentiments* nicht wirklich direkt so miteinander verglei-

---

[53] *Rêveries*, Bd. 1, 995.
[54] *Rêveries*, Bd. 1, 1098.
[55] *Rêveries*, Bd. 1, 1040.
[56] *Rêveries*, Bd. 1, 1098.
[57] *Rêveries*, Bd. 1, 1081.

chen wie man Entitäten in Raum und Zeit miteinander vergleichen kann: Die Manifestationen seelischer Dispositionen gehören ausschließlich der zeitlichen, sukzessiven Dimension an, so daß man sie weder in die für einen Vergleich nötige gleichzeitige Nachbarschaft noch in die dafür nötige überschaubare räumliche Nähe bringen kann. Vergleichen kann man sie stets nur im Medium der sprachlichen Interpretationen, durch die man sie sich sowohl in ihren Eigenarten wie in ihren Kontrasten zu verwandten seelischen Dispositionen bewußt macht. Immerhin kann Rousseau in dieser Hinsicht in methodisch korrekter Weise zumindest auf alle die *Interpretationen* der seelischen Dispositionen seines Lebens zurückgreifen, zu deren Formulierungen er in den einige Jahre zuvor erarbeiteten *Confessions* gelangt ist. Zum anderen hat Wittgenstein ebenso eindringlich darauf aufmerksam gemacht, daß die Interpretation einer seelischen Disposition an den Typus der äußeren, speziell der sozialen Situation gebunden ist, in der der Inhaber dieser Disposition interpretierend auf sie aufmerksam wird. Auch die unzähligen von Rousseau in den *Confessions* thematisierten seelischen Dispositionen werden von ihm durchweg in ihren Verflechtungen mit den sie auslösenden äußeren, speziell sozialen Situationen interpretiert. Sogar die Situation der Einsamkeit, in der sich Rousseau auf der *Isle de St. Pierre* befindet, ist, wie „Le plus sociable et le plus aimant des humains"[58] nicht müde wird, durch negative Abgrenzung zu charakterisieren, eine auch soziale Situation. Doch vermutlich sind es gerade deswegen die ‚wilden und romantischen' naturwüchsigen Umstände dieser insularen Situation, die seine einzigartige aktuelle seelische Disposition in einzigartiger Weise begünstigen.

Stellt man diese methodologischen Vorzeichen eines Vergleichs der seelischen Dispositionen eines langen Lebens zugunsten von Rousseaus Unterfangen gebührend in Rechnung, dann blickt er im Vergleich mit den seelischen Dispositionen, deren er in allen bisherigen Lebenssituationen interpretierend inne geworden ist, in seiner gegenwärtigen Situation auf eine seelische Disposition, die von ihm als „[…] la paix de l'âme, et presque la félicité",[59] als „[…] la sérénité, la tranquillité, la paix, le bonheure même"[60] interpretiert wird. Dieser Seelenfriede und diese annähernde Glückseligkeit verdanken sich indessen einer weitläufigen „[…] découverte", die „[…] n'était pas si facile à faire qu'on pourrait croire".[61] Doch mit dieser Entdeckungs-Diagnose und mit dem Hinweis auf die Schwierigkeiten des Wegs zu der diagnostizierten Entdeckung gibt Rousseau den deutlichsten Wink in Richtung auf die kognitive Schlüsselrolle, die auf diesem Weg der Urteilskraft zufällt, die nicht nur vom Verf., sondern auch von Rousseau selbst in den *Rêveries*

---

[58] *Rêveries*, Bd. 1, 995.
[59] *Rêveries*, Bd. 1, 1080.
[60] *Rêveries*, Bd. 1, 1077.
[61] *Rêveries*, Bd. 1, 1079, vgl. auch 1076.

so spärlich belichtet wird. Denn mit seiner Entdeckungs-Diagnose verweist Rousseau nun einmal ganz unzweifelhaft auf den Anteil eines kognitiven Akts an der Erschließung der mehr oder weniger komplexen seelischen Disposition, deren er sich im Hier und Jetzt seiner *Promeneur*-Situation interpretierend bewußt ist. Mit dem Hinweis auf die Schwierigkeiten, sich diese Disposition zu erschließen, gibt er indessen ebenso zu verstehen, daß seiner Entdeckung über mehr oder weniger lange Zeit auch mehr oder weniger vorläufige und mehr oder weniger unzulängliche, irrige Abwägungen der Charakterisierungsmodi vorangegangen sind, die den seine ‚annähernde Glückseligkeit' stiftenden seelischen Dispositionen angemessen sein könnten. Das für die Tätigkeit der Urteilskraft charakteristische Methoden-Postulat, das er bei Gelegenheit der Erörterung der ärztlichen Urteilsbildung formuliert, hat bei Rousseau denn auch die Form eines Abwägungs-Postulats: „[…] il faut balancer".[62] Erst in den *Rêveries* sieht sich Rousseau in der Situation, in der die abwägende Suche seiner Urteilskraft nach den seine Glückseligkeit wenigstens annähernd stiftenden seelischen Dispositionen an den Punkt gelangt ist, den er mit dem von ihm fomulierten geglückten Ende dieser Suche, mit einer ‚Entdeckung' identifiziert. Erst in dieser Situation des *Promeneur solitair* hat er ‚mit der ganzen Reife der Urteilskraft' das *sentiment pour soi zu* ‚erwählen' vermocht, in dessen Medium sich ihm diese Disposition als *la paix de l'âme* erschlossen hat. Doch ganz ungeachtet der Spärlichkeit, mit der der Verf. die kognitive Schlüsselrolle der Urteilskraft im ganzen seiner Untersuchungen bedenkt,[63] ist seiner nahezu sub-mikroskopischen Aufmerksamkeit auch die vom *Promeneur solitaire* buchstäblich *en passant* berührte Schlüsselrolle der Urteilskraft für diese Entdeckung wiederum nicht entgangen. Denn die von Rousseau apostrophierte Entdeckung hat nur deswegen den Rang einer zur Selbsterkenntnis führenden Entdeckung, weil sie „[…] l'épreuve de la réflexion"[64] bestanden hat (vgl. S. 275, 290 f.) und auf „[…] une méditation si longue et si reflechie"[65] zurückzuführen ist. Wie der Verf. daher zu Recht ausdrücklich betont, gehört alles, was Rousseau über die einzigartige seelische Disposition des *Promeneur solitaire* auf *L'isle de St. Pierre* in der *Cinquième Promenade* formuliert,[66] nur deswegen

---

[62] *Émile*, Bd. 4, 269.

[63] Wie der Verf. zu bedenken gibt, wird „Der Leser, für den die *Rêveries* geschrieben sind, […] in der Lage sein, Rousseaus Wort vom *épreuve de la reflexion*", mit anderen relevanten Überlegungen Rousssaus „zusammenzubringen" (S. 290). – Zur Schlüsselrolle der Urteilskraft in Rousseaus Philosophie der Aufklärung vgl. Rainer Enskat, Bedingungen der Aufklärung. Philosophische Untersuchungen zu einer Aufgabe der Urteilskraft, Weilerswist 2008, besonders 213–523.

[64] *Rêveries*, Bd. 1, 1075.

[65] *Rêveries*, Bd. 1, 1018.

[66] Vgl. *Rêveries*, Bd. 1, 1046 (dritter Absatz)–1047; dieser lange „[…] Satz des Glücks" (S. 275), ist nicht nur im Titelbild von Meier, Les rêveries (wie Anm. 11), veranschaulicht, sondern auch in

zum kognitiven Typus des Urteil, weil es diese so langwierige kognitive Bewährungsprobe der Reflexion bestanden hat (vgl. ebd.).[67] Damit gelingt Rousseau im speziellen thematischen Umkreis des Problems der Selbsterkenntnis offensichtlich aber auch die Entdeckung der Schlüsselrolle der *reflektierenden* Urteilskraft *avant la lettre.*[68] Bei der von ihm in der *Troisième Promenade* in den Mittelpunkt gerückten ‚Reife der Urteilskraft' handelt es sich im Licht der hier thematisierten Bewährungsprobe um gar keine andere Reife als die der reflektierenden Urteilskraft.[69]

Die Zuspitzung der Entdeckung, der Rousseau seine Selbsterkenntnis zuschreibt, auf eine bestandene kognitive Bewährungsprobe der Reflexion läßt auch eine andernfalls unscheinbare sprachliche Differenzierung Rousseaus in einem aufschlußreichen Licht erscheinen. Wenn er diese Entdeckung, die im übrigen ‚nicht so leicht war, wie man glauben könnte', an der Schlüsselstelle der *Troisième Promenade* dadurch erläutert, daß er den *sentiment pour soi* mit der ganzen Reife der Urteilskraft *erwähle* (*choisir*[70]), dann gibt er unmißverständlich auch zu verstehen, daß seine Urteilskraft vor einer mehr oder weniger komplexen Alternative gestanden hat, die eine Wahl erforderlich machte. Diese auf eine Wahl bedachte Auseinandersetzung seiner (reflektierenden) Urteilskraft mit dieser Alternative war für ihn sogar so komplex, daß er sie in Übereinstimmung mit seinem Abwägungs-Postulat gelegentlich sogar als „[…] cette deliberation" charakterisiert und die Selbsterkenntnis, zu der sie ihn geführt hat, als „[…] la conclusion

dem Landschaftsbild auf der Rückseite, in dem das Ruderboot von Rousseaus *dolce far niente* gleichsam mit einem teleskopischen Blick an der Spitze der Peters-Insel erfaßt ist.

[67] Dem widerspricht nicht, daß Rousseau selbst bemerkt: „En tout ceci l'amour de moi-même fait toute l'oeuvre", *Rêveries*, Bd. 1, 1081, weil er damit lediglich abgrenzend zu verstehen gibt, daß von den zwei divergierenden Formen der Liebe, „[…] l'amour propre n'y entre pour rien", ebd.

[68] Zur wörtlichen Entdeckung der reflektierenden Urteilskraft vgl. Kant, Kritik der Urteilskraft. Erste Einleitung, Akademie-Ausgabe, Berlin 1900 ff., Bd. 5, 248 ff.

[69] Der Aufmerksamkeit von Jean Starobinski, La transparence et obstacles ([1]1957), Paris 1971, ist entgangen, daß Rousseau mit Blick auf *toutes les situations de ma vie* die alles entscheidende *transparence* einem *épreuve de la réflexion* verdankt, der aus *une méditation si longue et si reflechie* hervorgegangen ist. Dieser Unachtsamkeit ist es zuzuschreiben, daß er die Reflexion in dem einschlägigen Abschnitt nur mit *La réflexion coupable* identifizieren kann, vgl. vor allem 250–251, und andererseits die einschlägigen Passagen in den *Rêveries* völlig unterbelichtet gelassen hat, in denen auch das wichtigste *sentiment* einen *épreuve de reflexion* bestehen muß, um mit *toute la maturité du jugement* ‚erwählt' zu werden. Starobinskis Argument „[…] c'est pourquoi, *dans la théorie*, le développement de la réflexion est exactement contemporain de l'invention des premiers instruments, au *moyen* desquels l'homme opposera désormais à la nature", 247–48, Hervorhebung R.E., zeigt deutlich, daß er die Rolle der Reflexion ausschließlich mit ihrer abstrahierenden theoretischen Rolle identifiziert, die ihr in Wissenschaft und Philosophie zufällt, und daher verkennt, welche eminente Rolle ihr auch nach Rousseau für den Weg zur Selbsterkenntnis zufällt.

[70] Vgl. *Rêveries*, Bd. 1, 1018.

que j'en tirai".[71] Doch diese deliberierend abgewogene Alternative hängt mit der entsprechend komplexen Substruktur der *paix de l'âme* zusammen, auf die Rousseau unter den einzigartig günstigen Umständen der *Isle de St. Pierre* blicken kann. Denn dieser Friede erschöpft sich nicht in „[...] la tranquillité",[72] die jedenfalls auch mit ihm verbunden ist (vgl. S. 288 ff.). Jeder Friede ist nun einmal eine mehr oder weniger komplexe, wenngleich friedliche *Beziehung* zwischen wenigstens zwei zumindest potentiell konfligierenden Kräften. Bei diesen Kräften kann es sich angesichts eines Friedens der *Seele* und angesichts von Rousseaus Rückblick auf *les dispositions de mon âme dans toutes les situations de ma vie* auch nur um den Frieden *zwischen* allen ihm jemals (im Licht seiner Interpretationen) bewußt gewordenen seelischen Dispositionen aller seiner Lebenssituationen handeln.

Auch der von Rousseau auf der *Isle de St. Pierre* thematisierte Seelenfriede hat daher – ganz ungeachtet des seelischen Typs der miteinander friedlichen Kräften – nicht nur eine komplexe, sondern auch eine prekäre Substruktur. Denn auch diese Kräfte hören in ihrem friedlichen Miteinander nicht auf, in Abhängigkeit von den sozialen Beziehungen, in die ihr Inhaber jederzeit wieder eintreten kann, wird oder muß, das Potential zu untereinander konfligierenden Beziehungen zu haben (vgl. S. 288 f.). Es ist daher sowohl aus begrifflichen wie aus sachlichen Gründen nur konsequent, wenn Rousseau berichtet, er sei „[...] extrémement frappé de voir *si peu de proportion* entre les diverses combinaisons de ma destinée et les sentimens habituels de bien ou mal dont elles m'ont affecté".[73] Diese geringe Proportionalität findet daher ihre Gegengestalt offenbar in der nicht nur maximalen, sondern sogar optimalen Proportionalität seiner miteinander friedlich gewordenen, aber immer noch potentiell konfligierenden seelischen Dispositionen. Diese Form der Proportionalität pflegen wir mit Hilfe des Begriffs der Harmonie zu charakterisieren. Es ist daher nur konsequent, daß Rousseau von „[...] l'harmonie [...]" und „[...] cet accord[...]"[74] gerade dann spricht, wenn er diejenige Form des Zusammenspiels der natürlichen Gegebenheiten einer Landschaft wie der der *Isle de St. Pierre* thematisiert, der auch die Form des Zusammenspiels entspricht, die sich seiner (reflektierenden) Urteilskraft auf dieser Insel immer wieder von neuem im emotionalen Medium seines *sentiment pour soi* erschließt.

Wenn der von den balancierenden Abwägungen der (reflektierenden) Urteilskraft ‚erwählte' *sentiment pour soi* strikt an die lokalen und die temporären, also vorübergehenden, wenn auch harmonischen natürlichen Gegebenheiten der *Isle de St. Pierre* gebunden wäre, dann wären das Glück, die annähernde Glückselig-

---

[71] *Rêveries*, Bd. 1, 1019.
[72] *Rêveries*, Bd. 1, 1077.
[73] *Rêveries*, Bd. 1, 1074, Hervorhebungen R.E.
[74] *Rêveries*, Bd. 1, 1062.

keit und der seelische Friede, die Rousseau sich im Rahmen der *Rêveries* zuschreibt, ebenso mehr oder weniger flüchtig wie seine Aufenthalte auf der Insel. Die Struktur der Selbsterkenntnis, die er sich im *opusculum postumum* attestiert, wäre selbst nicht weniger von flüchtiger Situationsabhängigkeit als dieser *sentiment pour soi*. Die „[…] grande révolution […]",[75] die Rousseau mit dieser Selbsterkenntnis verbindet, wäre nicht mehr als eine emotionale Revolution und würde sich so oft wiederholen wie dem *Promeneur solitair* solche Naturerlebnisse wie auf der *Isle de St. Pierre* widerfahren würden. Es bliebe rätselhaft, inwiefern er von einer solchen Form der Selbsterkenntnis in der höchst anspruchsvollen Form sprechen könnte, daß sie durch einen Akt von „[…] s'éclaire en dedans […]"[76] gewonnen werden müßte. Meiers *Zweites Buch* innerhalb seiner weitgespannten Untersuchungen ist angesichts dieser neuralgischen Rolle des *sentiment* in der Struktur der von Rousseau prätendierten Selbsterkenntnis zu Recht der Klärung einer Paradoxie gewidmet. Denn Rousseau berichtet im *opusculum*, daß er ungefähr zwanzig Jahre früher „[…] je me décidai pour toute ma vie sur tous les sentimens qu'il m'importoit d'avoir".[77] Doch wie kann ein knapp Fünfzigjähriger für sein ganzes (weiteres) Leben über *alle* Gefühle *entscheiden*, die zu haben für ihn wichtig sind?

VII.

Rousseau gibt selbst den wichtigsten Wink in die Richtung, in der die Auflösung der Paradoxie gefunden werden kann. Denn ein *sentiment* ist für ihn nur dann wichtig, wenn es „[…] le sentiment qui me parut *le mieux établi* directement"[78] ist. Doch wie Rousseau fast im selben Atemzug erläutert, handelt es sich um ein *sentiment* dieses Formats nur dann, wenn es möglich ist, „[…] de le choisir avec toute la maturité de jugement".[79] Ist ein *sentiment* – zumal das *sentiment pour soi* – erst einmal mit der ganzen Reife der Urteilskraft ‚erwählt‘, dann ist es offenbar so fest mit den spezifischen Reflexionen, Meditationen, Abwägungen und Deliberationen verflochten, die die Reife auch des ‚erwählenden‘ Urteilsakts ausmachen, daß es wirklich – als Grundgefühl – das *ganze* weitere Leben des Urteilenden bestimmen kann, ohne von äußeren Umständen und ihrem ständigen Wechsel abhängig zu sein: „Die Dauer, die zur höchsten Glückseligkeit Rousseaus führte, ist vorrangig eine kognitive" (S. 170). Sie verdankt sich daher eben jenem *épreuve de la reflexion*, den Rousseaus Selbstprüfungen ein für alle Mal im Umkreis der

---

[75] *Rêveries*, Bd. 1, 1015, vgl. auch 1076.
[76] *Rêveries*, Bd. 1, 1013.
[77] *Rêveries*, Bd. 1, 1017.
[78] *Rêveries*, Bd. 1, 1018, Hervorhebung R.E.
[79] Ebd.

Arbeit an der *Profession du Vicard Savoyen* durchgemacht haben. Es sind daher die Inhalte dieser Reflexionen, Abwägungen und Deliberationen, dieser „[…] penibles recherches […]",[80] die das Thema des *Zweiten Buchs* von Meiers Studien bilden und ihr literarisches Zentrum im Text des Glaubensbekenntnisses des Savoyischen Vikars im Vierten Buch des *Émile* finden (vgl. S. 295 ff., besonders 2951).

Es ist kein Zufall, daß der erste Philosoph, auf den Meier im Auftakt dieses Buchs anspielt, Platon ist (vgl. S. 296 f., vgl. aber auch schon S. 22 ff. sowie besonders S. 399 ff.), und daß der zweite, noch ältere Philosoph als Platon, den der Verf. zum Ende seiner Studien in den Brennpunkt seiner Aufmerksamkeit rückt, Sokrates ist (vgl. S. 398–402). Meiers prominente Berücksichtigung dieser beiden Philosophen trägt der Klage Rousseaus Rechnung, daß er die Zeitgenossenschaft teilt „[…] avec des philosphes modernes qui ne ressembloit guére aux anciens".[81] Indessen läßt der Verf. keinen Zweifel daran, daß Sokrates in der von der Ciceronischen Tradition entworfenen und von den Kirchenvätern tradierten Gestalt das Zentrum seiner Aufmerksamkeit bildet[82] (vgl. S. 399–402). Dies Zentrum teilt sich Sokrates, in Übereinstimmung mit Rousseaus Aufmerksamkeit, mit dem Jesus des Evangeliums[83] (vgl. S. 398–402). Den gemeinsamen leitenden Aspekt dieser geteilten Aufmerksamkeit bildet „Cet enthousiasme de la vertu",[84] der in diesen beiden überlieferten Gestalten seinen bedeutsamsten Anhalt findet.

Auf der methodischen Linie seiner immanenten Interpretation von Rousseaus Texten ist für Meier konsequenterweise „[d]er substantielle Punkt des Vergleichs zwischen Sokrates und Jesus innerhalb der Eloge auf das Evangelium […] die Frage, wer von beiden als der größere, der wirksamere und aussichtsreichere Lehrer der Moral gelten könne" (S. 399). Angesichts des Anspruchs des zwei Bücher umfassenden Werks des Verf., mit Hilfe seiner Rousseau-Studien Einsichten in *das* Glück *des* philosophischen Lebens zu vermitteln, ist es indessen fraglich, ob das von Rousseau *und* vom Verf. adoptierte Sokrates-Bild der Ciceronischen Tradition so unfraglich zugunsten des Bestehens der Bewährungsprobe für diesen Anspruch beiträgt wie Meier unterstellt. Zwar kann nicht gut bezweifelt werden, daß Platon in der *Politeia* Sokrates' Dialogpartner Glaukon eine Typographie des vollkommenen Gerechten und seines Schicksals in den Mund legt, die „[…] peint trait pour trait Jesus-Christ".[85] Doch daß Sokrates „[…] inventa […] la morale"[86] und

---

[80] Ebd.
[81] *Rêveries*, Bd. 1, 1015.
[82] Vgl. *Émile*, Bd. 4, 599 f., 626 f.
[83] Vgl. *Émile*, Bd. 4, 621, 626 f.
[84] *Émile*, Bd. 4, 596.
[85] *Émile*, Bd. 4, 626; vgl. Platon, *Rep.* 360–62 a3, besonders 361 e3–362 a2.
[86] *Émile*, Bd. 4, 626.

„[…] eut définit la vertu",[87] kann gewiß nicht Platons Dialogen entnommen werden. Es darf hier zwar offen bleiben, ob „[…] Rousseau [in der *Profession*] weit mehr als Platon [in seinen Dialogen] auf Abstand bedacht ist und Abstand hält" (S. 296) zur Identifikation mit den Inhalten des jeweils Formulierten. Indessen ist gewiß, daß nicht einer einzigen Formulierung in Platons Dialogen auf die Stirn geschrieben steht, daß er sich ihren Inhalt zueigen gemacht habe. Und ebenso gewiß ist, daß Sokrates in keinem der Platonischen Dialoge die Tugend definiert oder die Moral erfunden oder auch bloß den Anspruch auf eines von beiden erhoben hätte.

So ist es nicht nur wichtig, daß die Typographie des vollkommenen Gerechten nicht Sokrates, sondern Glaukon in den Mund gelegt wird. Es ist ebenso wichtig, daß sie sowohl mit der des *verkannten* Gerechten wie mit der des vollkommen Ungerechten, aber gerecht *Scheinenden* verbunden wird (vgl. Rep. 361 a4–5). Doch vor allem ist wichtig, daß diese vierfältige Typographie von Glaukon selbst mit der methodologischen Bemerkung eingeführt wird, daß man das Urteil über die Lebensweisen (Τὴν δὲ κρίσιν αὐτὴν τοῦ βίου, Rep. 360 e1) der beiden Extremtypen nur dann richtig (ὀρθῶς, Rep. 360 e3) fällen kann, wenn man sie richtig gegeneinander abgegrenzt hat. Zwar verweist Glaukon auch selbst auf das Beispiel des tüchtigsten Steuermanns und des tüchtigsten Arztes, um daran zu erinnern, daß es bei ihnen liegt zu unterscheiden, was in ihren spezifischen Künsten möglich ist und was nicht, so daß nur sie, wenn sie sich einmal in einer Angelegenheit getäuscht haben, diese auch wiedergutmachen können (vgl. Rep. 360 e6–361 a1). Gleichwohl macht Glaukon diese Erinnerung einseitig nur zu dem Zweck fruchtbar, den vollkommen Ungerechten gerade mit Blick auf seine Vollkommenheit als denjenigen zu typisieren, der sich auch am besten darauf versteht, sich mit dem Schein der Gerechtigkeit zu umgeben und jedermann über seine Ungerechtigkeit zu täuschen (vgl. Rep. 360 e6–361 a1). Es ist indessen Sokrates, der erst inmitten eines langen Exkurses über die strukturellen Beziehungen zwischen dem gerechten Staat und der gerechten Seele des einzelnen Menschen (vgl. Rep. 367 e6–472 b2) nunmehr auf das Beispiel des guten Arztes und des guten Richters zu sprechen kommt. Denn, wie er argumentiert, nur eine lange, schon in der Kindheit beginnende authentische Erfahrung mit konkreten paradigmatischen Beispielen von eigener körperlicher Krankheit und Gesundheit bzw. mit guten Sitten und gerechten Handlungsweisen anderer Mensche befähigt schließlich, in allen ärztlichen Angelegenheiten bzw. in allen richterlichen Angelegenheiten der Gerechtigkeit richtig zu urteilen (vgl. Rep. 408 e–409 d4), also in allen derartigen Angelegenheiten auch das Scheinbare vom Wahren zu unterscheiden.

Dies Beispiel ist nur eines von unzähligen, die zeigen können, daß Platons Sokrates weder ein Lehrer der Moral war noch die Tugend definiert hat. Stattdessen

---

[87] Ebd.

lehrt dieser Sokrates seine Gesprächspartner – und die Leser von Platons Dialogen
– durch das Beispiel seiner niemals an ein definitives Ende gelangten fragenden
Tätigkeit, wie jeder von ihnen – *dans toutes les situations de sa vie!* – sich selbst
darin üben, erproben, disziplinieren und kultivieren kann und muß, immer wieder
von neuem seine Fähigkeit auf die Probe zu stellen, alles und jedes im Licht der
Idee des Guten richtig zu beurteilen. Das zeigt sich sogar in dem für Rousseaus
Hauptthema in der *Profession* und für Meiers entsprechende Interpretationen wichtigsten Dialog Platons, in dem dem Thema der Frömmigkeit gewidmeten *Euthyphron*. Hier wird Sokrates weder eine Lehre noch eine Definition des Frommen
in den Mund gelegt. Stattdessen läßt Platon seinen Sokrates auf die kognitiven
Voraussetzungen aufmerksam machen, auf die man zur richtigen *Beurteilung*
des Frommen bzw. Unfrommen einer Handlung und ihres Akteurs angewiesen
ist: Man muß an jener Form selbst (ἐκεῖνο αὐτὸ τὸ εἶδος, Euthphr. 6d 10 – 11) orientiert sein, die selbst in jeder Handlung dieselbe mit sich selbst ist (ταὐτόν ἐστιν
ἐν πάσῃ πράξει τὸ ὅσιον αὐτὸ αὑτῷ, Euthphr. 5d 1 – 3), so daß man sie wie ein
kriterielles Muster (παραδείγματι, Euthphr. 5d 4 – 5) gebrauchen könne, auf das
blickend (ἀπροβλέπων, Euthphr. 6e 4) man beurteilen kann, ob die jeweils frag-
liche Handlung bzw. ihr Akteur dieser Form des Frommen entspricht oder nicht.
Da der Vikar unter diesen Voraussetzungen von vornherein Unvergleichbares vergleicht und prüft, wenn er den Sokrates der Platonischen Dialoge und den Jesus
der Evangelien mit Blick auf eine Lehre der Moral und eine Definition der Tugend
vergleicht und prüft, wird es wichtig zu prüfen, ob und gegebenenfalls inwiefern
der Verf. angesichts dieser Inkommensurabilität einer irrigen Orientierung folgt,
wenn er durch eine immanente Rousseau-Interpretation zu Einsichten in *das*
Glück *des* philosophischen Lebens zu gelangen sucht.

Mit Blick auf *cet enthousiasme de la vertu* läßt sich dieser Sokrates von diesem
Jesus gewiß ebenso wenig übertreffen wie in der Bereitschaft, für seine Formen
dieses Enthusiasmus einen Tod in Kauf zu nehmen, wie er nach den gesetzlichen
Bestimmungen seines Gemeinwesens über die Verfahren der gerichtlichen Ur-
teilsfindung über ihn verhängt worden ist. Der einzige Aspekt, unter dem Rousseau den Vikar zum Urteil eines Rangunterschiedes zwischen Sokrates und Jesus
gelangen läßt, betrifft die äußeren Umstände und die Formen vor allem ihrer Hinrichtung und deren Erduldung. Im Licht des Martyriums seiner Hinrichtung und
der ergebenen Formen ihrer Erduldung ist Jesus im *Urteil* des Vikars „[…] un
Dieu", Sokrates im Licht der rechtlich humanen Formen seiner Hinrichtung
und der gelassen-besonnenen Formen ihrer Erduldung indessen „[…] un
sage".[88] Zwar wird durch das Attest der Weisheit der kognitiv orientierte Enthusiasmus von Platons Sokrates für die Tugend berücksichtigt. Doch es ist das Evangelium, dem das *Urteil* des Vikars vorbehält, daß es „[…] a des charactéres de

---

[88] Ebd.

vérité si grands, si frapans, si parfaitement inimitables".[89] Da er selbst „[...] ne cherche que à savoir qui importe à ma conduite",[90] akzeptiert er diese Wahrheit, weil sie sich ausschließlich „[...] aux points essentiels à la pratique"[91] bezieht, so daß er in ihrem Licht „[...] bien décidé sur les principes de tous mes devoirs"[92] sein kann (vgl. S. 402 f.). Doch der Text des Evangeliums ist auch für den Vikar zunächst einmal nicht mehr und nicht weniger als ein *Medium* für sein *chercher à savoir qui importe à ma* conduite. Diese komplexe kognitive Einstellung des Suchens und des schließlichen Wissens einer ‚großen' Wahrheit hat offensichtlich zum Ziel, den Inhalt dieses Texts einer Bewährungsprobe durch seine Urteilskraft auszusetzen, die zum selben kognitiven Typ eines *épreuve de reflexion* gehört, wie ihn Rousseaus selbst mit Blick auf *toutes les situations de ma vie* ausgeübt hat, bevor er zu dem (Reflexions-)Urteil gelangt ist, das ihm den tragenden Grund seiner *paix de l'âme* erschlossen hat.[93] Sowohl die Wahrheit des Evangeliums, die *points essentiels à la pratique* und *les principes de tous mes devoirs* bilden daher ausschließlich *Inhalte des komplexen Urteils*, das jenen alles entscheidenden *épreuve de reflexion* bestanden hat, durch den der Vikar zu seinem individuellen *paix de l'âme* gefunden hat. Die Einschätzung des Verf., gemäß der „Die Dauer, die zur höchsten Glückseligkeit Rousseaus führte, [...] vorrangig eine kognitive [ist]" (S. 170), trifft daher ohne Abstriche auch auf die aus einer *épreuve de reflexion* hervorgegangene ‚evangelische' Wahrheit des moralisch-praktischen *Urteils* des Vikars zu (vgl. S. 355 ff.). Da der Verf. andererseits zu Recht davor warnt, den tragenden Grund von Rousseaus eigener *paix de l'âme* – und damit *des* Glücks *des* philosophischen Lebens! – mit dem Inhalt der *Profession* des Vikars zu identifizieren (vgl. S. 296 ff.), bleibt die Antwort auf die Frage nach diesem tragenden Grund dem Teil des Zweiten Buchs des Verf. vorbehalten, der über die Interpretation der *Profession* hinausgeht. Ohnehin steht „[d]as Glaubensbekenntnis des Savoyischen Vikars [...] im Dienst eines Lebens, das einen scharfen Kontrast darstellt zum philosophischen Leben" (S. 412), wie Rousseau es sich zuschreibt.

---

[89] *Émile*, Bd. 4, 627.

[90] Ebd.

[91] Ebd.

[92] Ebd.

[93] Rousseaus Bemerkung, daß die Proselyten des Vikars „[...] auront deux regles de foi qui n'en font qu'une, la raison et l'Évangile", I, *Lettres écirtes de la montagne*, *Émile*, Bd. 4, 697, kann trotz der behaupteten funktionalen Einheit von Vernunft und Evangelium nicht darüber hinwegtäuschen, daß der Leser des Evangeliums auf denselben Typ von Vernunft angewiesen ist, dessen Manifestation im Evangelium er *beurteilen* können. Nur unter dieser Voraussetzung kann Rousseau mit gutem Grund behaupten, daß die im Evangelium manifest werdende „[...] Religion sous l'autorité des hommes", ebd., stehe.

VIII.

Meier läßt zu Recht keinen Zweifel daran, daß er den wichtigsten *épreuve de réflexion* für die Tragfähigkeit des tragenden Grundes nicht nur des Seelenfriedens Rousseaus, sondern damit auch *des* Glücks *des* philosophischen Lebens vor allem in Rousseaus Antwort auf die Frage sieht, ob und gegebenenfalls inwiefern die Politik auf die Religion angewiesen ist (vgl. S. 407 ff.). Die ‚evangelische‘, ausschließlich moralisch orientierte Religion des Vikars (vgl. S. 425–26) ist hierfür unzureichend, weil sie als moralische „[…] von begrenzter Wirksamkeit" (S. 426) in der Praxis bleibt. Denn der Christ „[…] fait son devoir, il est vrai, […] avec une profonde indifférence sur le bon ou mauvais succès de ses soins".[94] Nur die Politik mit ihrer vornehmsten Aufgabe, für alle Bürger eines wohlgeordneten Gemeinwesens die für ihre Handlungsweisen verbindlichen und mit Sanktionen bewehrten Gesetze zu finden, in Kraft zu setzen und durchzusetzen, kann die bescheidenen normativen Grenzen der praktischen Wirksamkeit der Moral bis an die äußerste Grenze des normativ Möglichen überschreiten, wiewohl sie „[…] ne passe point […] les bornes de l'utilité publique".[95] Wegen dieser tiefgreifenden und weitreichenden Diskrepanz zwischen der ‚evangelischen‘ Wahrheit des Vikars und der von Rousseau gesuchten politischen Wahrheit hat der Bürger eines Gemeinwesens, das den im *Contrat social* entwickelten Kriterien genügt, also der „[…] Bürger im eminenten Verstande […] im Glaubensbekenntnis des Vikars keinen Ort" (S. 437).[96]

Ob der Hauptadressat des Vikars, Émile, deswegen nach Rousseaus Auffassung, wie der Verf. behauptet, „[…] von der „Heiligkeit" des *Contrat social* [so gut wie nichts, R.E.] zu wissen braucht" (ebd.), ist indessen fraglich. In seiner literarischen Rolle als Erzieher und Lehrer hält Rousseau es für durchaus nötig, Émile wenigstens einen Abriß dieses fast gleichzeitig publizierten, so eminent wichtigen *Contrat social* zu bedenken zu geben.[97] Zwar verträgt sich diese abstrakte Präsentation nicht mit dem didaktischen Grundsatz des ‚entdeckenden

---

[94] *Contrat social*, Bd. 3, 466.

[95] *Contrat social*, Bd. 3, 467.

[96] Wenn Meier zur Bekräftigung dieses Umstands den von Rousseau literarisch inszenierten Umstand heranzieht, daß der „[…] Vikar […] sein Glaubensbekenntnis auf einer Anhöhe außerhalb der Stadt vor[trägt]" (S. 437), dann ist mit Blick auf Rousseaus und auf Meiers diverse Hinweise auf Platon bzw. den Platonischen Sokrates daran zu erinnern, daß Platon seinen Dialog *Phaidros* nicht nur in einer idyllischen Landschaft außerhalb Athens in Szene setzt, vgl. 230 bc. Er läßt den athenischen Bürger (πολίτης!) Sokrates seinem Gesprächspartner Phaidros, der diesen Ort für ihr Gespräch ausgesucht hat, auch entgegenhalten: „Dies verzeih mir schon, o Bester. Ich bin eben lernbegierig, und Felder und Bäume wollen mich nichts lehren, wohl aber die Menschen in der Stadt", *Phdr.* 230 d3–5.

[97] Vgl. *Émile*, Bd. 4, 836–857.

Lernens', durch den der Rousseau des *Émile* in dieser Rolle seinen Adepten alles Lernenswürdige lernen zu lassen sucht. Denn auch „[…] qui veut juger sainement des gouvernemens"[98] und „[…] de la bonté relative des gouvernements",[99] lernt dies nur „[…] en regardant de près nos institutions",[100] „[…] où les bons et les mauvais effets du gouvernement se font *mieux sentir*".[101] Ein unvermeidlicherweise sehr abstrakter philosophischer Traktat über Politik ist angesichts dieser Zusammenhänge lediglich einer von „[…] tous nos vains discours".[102] Doch offenbar ist Rousseau es gerade der „[…] sainteté du Contrat social"[103] schuldig, seiner abstrakten und eben deswegen eigentlich ‚vergeblichen' Präsentation immer noch eine unverzichtbare Orientierungsfunktion im Blick auf die kognitiven Erfahrungen und Aufgaben zuzutrauen, die den zukünftigen Bürger Émile in dem für ihn maßgeblichen Gemeinwesen erwarten. Andernfalls hätte er ihn nicht in die didaktischen Bemühungen um die Urteilskraft Émiles integriert. Doch was verleiht, wie der Verf. signalisiert, einem *Werk* wie dem *Contrat social* ‚Heiligkeit'? Und ist es wirklich dies literarische Werk, dem dies Attribut eignet, oder stattdessen etwas, was im Rahmen der Begriffe, der Sätze und der Argumente dieses Werks zum Thema gemacht wird – und dies vielleicht zum ersten Mal in der literarisch überlieferten Geschichte der Menschheit?[104]

Rousseau hat im Blick auf diese von Meier auf dem Höhepunkt seiner *Reflexionen* hervorgerufenen Fragen einen ebenso unschätzbaren wie unscheinbaren Wink gegeben. An einer einzigen Stelle unterscheidet er das literarische Werk und seinen Titel von einem durch dies Werk und seinen Titel evozierten „[…] contrat, au moins tacite".[105] Im Gegensatz zum Verf. gibt Rousseau in dem maßgeblichen Vierten Buch des *Contrat social* auch nicht durch die geringsten typographischen Indizien eines Werk-Titels zu verstehen, daß er sich durch die Rede von „[…] la sainteté du Contrat social"[106] auf sein eigenes literarisches Werk beziehen würde. Gerade das Stillschweigende dieses Vertrags macht es unter den von Rousseau vorgefundenen geschichtlich-politischen Umständen offenbar so dringend nötig, die Struktur dieses Vertrags und die Tragweite seiner Struktur zum ersten

---

[98] *Émile*, Bd. 4, 836.

[99] *Émile*, Bd. 4, 851.

[100] *Émile*, Bd. 4, 857.

[101] *Émile*, Bd. 4, 850, Hervorhebung R.E.

[102] *Émile*, Bd. 4, 859.

[103] *Contrat social*, Bd. 3, 468.

[104] Angesichts der Subtilität des Verf. auch in sprachlichen und literarischen Stilfragen bleibt dem Leser nichts anderes übrig, als das Attribut der Heiligkeit in Verbindung mit Meiers Kursivierung *Contrat social* auf Rousseaus literarisches Werk zu beziehen. Obwohl Zweifel bleiben, daß Meier es so meint, wie er es schreibt, lohnt es sich, die Alternative zu der dadurch gelegten, nach meiner Auffassung aber irrigen Spur zu erörtern, weil in ihrem Licht manches weiter geklärt werden kann.

[105] *Émile*, Bd. 4, 839.

[106] *Contrat social*, Bd. 3, 468.

Mal so im Rahmen eines philosophischen Traktats *zur Sprache zu bringen*, wie Rousseau es unter dem Titel seines Werks in aller Öffentlichkeit erprobt. Mit dem ersten Satz des *Contrat social* gibt Rousseau unmißverständlich zu verstehen, daß „Je veux chercher si dans l'ordre civil il peut y avoir quelque règle d'administration légitime et sûre".[107] Die Legitimität der für die regierende Exekutive (*administration*) gesuchten Regel hängt daher offenkundig davon ab, ob diese mit jenem Inhalt des ‚stillschweigenden Vertrags' konform ist oder nicht, den Rousseau in seinem Werk zur Sprache zu bringen sucht. Es erscheint daher mehr als zweifelhaft, daß ein Denker, der auch selbst das Evangelium für das einzigartige Medium einer ‚großen Wahrheit' hält, obwohl es auch „[…] est plein de choses incroyables, de choses qui répugnent à la raison",[108] seinem eigenen Werk, das er im übrigen lediglich für einen von *tous nos vains discours* hält, Heiligkeit beimessen könnte. Heilig kann nur der ‚stillschweigende Vertrag' selbst sein, dessen Struktur stillschweigend – also *bevor* „[…] ein Gespräch wir sind und hören voneinander"[109] – alle Menschen *zum* Status von Bürgern verpflichtet und *im* Status von Bürgern verbindet. Es ist die politische Solidarstruktur dieses stillschweigenden Vertrags, die als einzige geeignet ist, einem von Bürgern getragenen und nicht von Untertanen ertragenen politischen System Legitimität zu verleihen.[110] Einzig und alleine diesem Vertrag kann daher das Attribut der Heiligkeit und damit der Würdigkeit verliehen werden, nicht angetastet oder gar verletzt werden zu dürfen. Rousseau hat daher sowohl das Stillschweigende wie den Typus der Heiligkeit dieses Vertrags unmißverständlich klargestellt. Das Stillschweigende dieses Vertrags stempelt ihn zusammen mit seiner die Regierungen legitimierenden bürgerlichen, also seiner im wörtlichen Sinne zivil-politischen Solidaritätsstruktur zu „[…] le secret des gouvernements".[111] Dieses Geheimnisses hat sich Rousseau indessen so gründlich angenommen, daß „J'ai pénétré le secret".[112] Gleichzeitig sorgt die tiefe Verborgenheit, durch die sich nur diese die Regierungen legitimie-

---

[107] *Contrat social*, Bd. 3, 351.

[108] *Émile*, Bd. 4, 627.

[109] Friedrich Hölderlin, *Friedensfeier*, v. 92.– Wie Hölderlins Gedicht *Rousseau* zeigt, identifiziert er sich in seiner freundschaftlichen Anrufung Rousseaus mit einem jener „[…] Neuen, dass du an Freundeshand/Erwarmst, wo nahn sie, dass du einmal/Einsame Rede vernehmlich werdest", v. 10–12. Friedrich Hölderlins sämtliche Werke. Große Stuttgarter Ausgabe, Bd. 2.1: Gedichte nach 1800, hg. von Friedrich Beißner, Stuttgart 1970, 327. Zu Recht finden sich die vollständigen drei Verse Hölderlins als Motto in Meier, Les rêveries (wie Anm. 11), 11. Hölderlins Verse klingen wie eine Antwort auf die Klage Rousseaus, die er als Motto mit Hilfe eines Ovid-Wortes auf das Titelblatt von *Rousseau juge de Jean Jacques. Dialogues* gesetzt hat: „Barbarus hic ego sum, quia non intelligor illis", Bd. 1, 657.

[110] Vom Status des Untertanen (*sujet*) spricht Rousseau mit terminologischer Strenge nur mit Blick auf das Verhältnis eines Mitglieds eines republikanischen Gemeinwesens zu dessen Gesetzen.

[111] *Lettre à C. de Beaumont* (Fragments), Bd. 4, 1019.

[112] Ebd.

rende Solidaritätsstruktur den Völkern gerade entzieht, dafür, daß es einer dem Evangelium analogen Offenbarung gleichkommt, wenn es einem Menschen gelingt, diese Struktur für die Völker ans Licht zu bringen: „[…] je l'ai revelé aux peuple", wenngleich ohne revolutionäre Absichten: „[…] non pas à fin qu'ils secouassent le joug, ce qui ne leur est possible".[113] Nicht zuletzt aber ist es die aus einer entsprechend tiefen und komplexen *épreuve de la reflexion* hervorgegangene *Einsicht* Rousseaus in diese politische Solidaritätsstruktur, der Rousseau den tragenden Grund seines sein weiteres Leben bestimmenden *paix de l'âme* verdankt. Nur diese Einsicht kann jene „[…] heureuse découverte, […] belle et grande vêrité à répandre, quelque erreur générale et pernicieuse à combattre, enfin quelque point d'utilité publique à établir"[114] bilden, deren sich Rousseau im Rückblick auf sein veröffentlichtes Werk als des tragenden Grundes seines dauernden Glücks freuen kann. Nur diese Einsicht der Politischen Philosophie kann daher auch mit der politischen Wahrheit verbunden sein, die ebenso einen scharfen Kontrast zur ‚evangelischen' Wahrheit des Vikars darstellt, wie „Das Glaubensbekenntnis des Savoyischen Vikars […] im Dienst eines Lebens [steht], das einen scharfen Kontrast darstellt zum philosophischen Leben" (S. 412).

IX.

An diesem Punkt ergibt sich in der Auseiandersetzung mit Rousseaus Traktat zur Politischen Philosophie und mit der wie stets aufschlußreichen immanenten Interpretation des Verf. eine verwickelte Problemlage, die zum Schluß eine Digression des Rez. von der Linie seiner formellen Aufgabenstellung nötig macht. Denn die Tragweite der *religion civile*, die Rousseau im letzten Abschnitt des letzten Buchs des *Contrat social* konzipiert, wird von Rousseau und – gemäß den Regeln immanenter Interpretation auch vom Verf. – ausschließlich auf Fälle individueller Illoyalitäten von Gesetzesunterworfenen in einer Republik bezogen, die die von Rousseau gesuchten Legitimitätskriterien erfüllt. Er konzentriert sich – und ebenso der Verf. – unzweifelhaft auf solche Fälle, indem er argumentiert, daß jeder Fall der Illoyalität eines Einzelnen *bedeutet*, daß „[…] il a commis le plus grand des crimes", weil „[…] il a menti devant les lois", so daß „[…] il soit puni de mort".[115] Daran muß hier nichts bemängelt werden. Es ist indessen fraglich, ob Rousseau vor allem oder gar ausschließlich in dieser Tragweite die politische Beutsamkeit dieser Zivilreligion gesehen haben kann. Meier merkt zu Recht an, daß Rousseau „[…] es in den *Rêveries* nicht an Hinweisen fehlen [läßt], daß er sein letztes Werk

---

[113] Ebd.

[114] *Rousseau juge*, Bd. 1, 673.; vgl. auch Meier, Les rêveries (wie Anm. 11), 56–57.

[115] *Contrat social*, Bd. 3, 468.

eingedenk der hohen Anforderungen schrieb, die sich aus seiner ursprünglichen Einsicht in die unaufhebbare Spannung zwischen Philosophie und Politik für eine Verhandlung philosophischer Gegenstände ergeben, Anforderungen, die umso mehr an die Verhandlung des philosophischen Lebens zu stellen sind".[116] Wie diese unaufhebbare Spannung auf Rousseaus Verhandlung seines eigenen philosophischen Lebens in den *Rêveries* ausstrahlt, läßt sich in unübersehbarer Weise an dem Vokabular ablesen, mit dessen Hilfe Rousseau die gänzliche *Apraxie* charakterisiert, die zur *paix de l'âme* seines philosophischen Lebens gehört. Es ist „[…] la même indifférence",[117] in der „[…] on se suffit à soi-même comme Dieu"[118] und in der sich „Le précieux *far niente* "[119] auskosten (*savourer*) läßt – also gerade die *praktische* Indifferenz, die nicht nur die unaufhebbare Spannung zur Praxis der politischen Wahrheit der Schrift *Du contrat social* ausmacht. Sie macht diese Spannung sogar genauso zu jener moralischen Praxis der ‚evangelischen' Wahrheit des Vikars aus, die ohnehin schon und gerade im Gegensatz zur politischen Praxis *avec une profonde indifférence sur le bon ou mauvais succès de ses soins* verbunden ist. Unaufhebbar ist diese Spannung durch das philosophische Leben deshalb, weil dies Leben zwar der Aufgabe gewidmet ist herauszufinden, *si dans l'ordre civil il peut y avoir quelque règle d'administration légitime et sûre*. Für den danach Suchenden schließt diese Aufgabe indessen alles andere als die Fähigkeit ein, sich an der institutionellen und der organisatorischen Etablierung einer solchen Ordnung aktiv zu beteiligen. Denn im Gegensatz zum Problem der Politischen *Philosophie* ist „Le problème *politique* […] une problème d'organisation".[120] Für denjenigen, der mit den Fähigkeiten für die Aufgaben der Philosophie und insbesondere der Politischen Philosophie begabt ist, sind jedoch „Ces heures de solitude et de méditation les seule de la journée où je sois […] ce que la nature a voulu"[121] und „[…] pour [les]quelle[s] j'étais né".[122] Nur unter solchen Umständen kann es ihm gelingen, so tiefe ‚Geheimnisse' zu ‚durchdringen', wie sie den ‚stillschweigenden Vertrag' umgeben, dessen politische Solidaritätsstruktur alle Menschen zu Bürgern republikanischer Gemeinwesen verbindet und den Regierungen solcher Gemeinwesen nur dann Legitimität verbürgt, wenn sie sich den Respekt für diese Struktur zur Pflicht machen.

Die eben schon zitierten Formulierungen Rousseaus finden sich denn auch im Rahmen einer raffinierten Fiktion, die Rousseau im Rückgriff auf gewisse *êtres surlunaires* aus Platons Dialog *Phaidros* eine weltenthobene Selbstpositionierung

---

[116] Meier, Les rêveries (wie Anm. 11), 24.
[117] *Rêveries*, Bd. 1, 1081.
[118] *Rêveries*, Bd. 1, 1047.
[119] *Rêveries*, Bd. 1, 1042.
[120] Bernhard Groethuysen, *J.-J. Rousseau* (11949), Paris 1983, 277, Hervorhebung R.E.
[121] *Rêveries*, Bd. 1, 1003.
[122] *Rêveries*, Bd. 1, 1081.

erlauben. Diese Formulierungen präsentieren die einzigen und wichtigsten Motive, die einen geborenen Philosophen wie Rousseau in seiner ,supralunaren' Position zum Publizieren bringen können: „Quelque heureuse découverte [...], quelque belle et grande vêrité à répandre, quelque erreur générale et pernicieuse à combattre, enfin quelque point d'utilité publique à établir".[123]

Es ist indessen gänzlich unplausibel – und zwar auch trotz des unzweifelhaften Wortlauts von Rousseaus Text im Abschnitt über die Zivilreligion –, daß diese Zivilreligion ein Teil jener ,glücklichen Entdeckung, schönen und großen der Verbreitung würdigen Wahrheit zur Bekämpfung eines großen und gefährlichen Irrtums und schließlich eines für den öffentlichen Nutzen festzuhaltenden springenden Punkts' bloß deswegen sein sollte, weil sie eine Tragweite für die strafrechtlichen Konsequenzen für Fälle von Gesetzesverstöße von Gesetzesunterworfenen in einer Republik mit sich bringt, die die Legitimitätskriterien des stillschweigenden Gesellschaftsvertrags erfüllt. Denn wie kann etwas so eminent Anspruchsvolles wie eine Religion – und sei es eine Zivilreligion – sich darin erschöpfen, zu strafrechtlichen Konsequenzen für Illoyalität beizutragen? Immerhin umfaßt die von Rousseau konzipierte Zivilreligion je nach dem inhaltlichen Differenzierungsgrad der Zählung sechs bzw. elf Dogmen: „L'existence de la Divinité puissante, intelligente, bienfaisante, prévoyante et pourvoyante, la vie à venir, le bonheur des justes, le châtiment des méchants, la sainteté du Contrat social et des Loix; [...]. Quant aux dogmes négatifs, je les bornes à un seul; c'est l'intolérance".[124] Lediglich das Dogma des *châtiment des méchants* ist direkt am Strafrecht orientiert und bezieht seine Schärfe aus dem Dogma der *sainteté des Loix*. Das Dogma gegen die Intoleranz wird vom Verf. ausführlich erörtert (vgl. S. 406 ff.). Doch worin besteht die spezifisch zivile Tragweite der anderen Dogmen?

X.

Tatsächlich läßt sich für diese Tragweite im Licht von Argumenten und Kriterien, die Rousseau in den vorausliegenden Büchern des Traktats formuliert hat, eine Bedeutsamkeit plausibel machen, die größer ist als die für die deswegen nicht unwichtigen strafrechtlichen Fälle und mindestens genauso groß wie für das negative Intoleranz-Dogma. Es geht dabei um eine von Rousseau nicht ausdrücklich berücksichtigte legitime Möglichkeit von *geschichtlicher Nachsicht* mit Fällen von politischem und rechtlich bedeutsamem Fehlverhalten von Bürgern. Denn abgesehen von Anmaßungen der regierenden Exekutive oder von Usurpationen exekutiver Macht, konzipiert Rousseau eine einzige Quelle, die Nachsicht mit Anta-

---

[123] *Rousseau juge*, Bd. 1, 673; vgl. auch Meier, Les rêveries (wie Anm. 11), 56 f.
[124] *Contrat social*, Bd. 3, 468 f.

stungen und Verletzungen des stillschweigenden Gesellschaftsvertrags legitimieren kann. Er identifiziert diese Quelle mit einem anthropologisch fundierten kognitiven Defizit: Obwohl „[…] la volonté générale tend toujours à l'utilité publique",[125] „[…] la volonté générale peut errer",[126] und zwar deswegen, weil „[…] le jugement, qui la guide, n'est pas toujours éclairé".[127] Das anthroplogische Format dieser defizitären Disposition der Urteilskraft thematisiert Rousseau unmißverständlich, wenn er bemerkt, daß „L'erreur du jugement […] vient principalement de la faiblesse de l'âme".[128]

An der Schlüsselstelle, an der Rousseau im Kapitel *De la religion civile* das ausschlaggebende Argument zugunsten einer solchen Religion formuliert, rekurriert er daher auch auf das wichtigste kognitive Medium, in dem sich die Bürger sowohl miteinander wie über die wichtigsten ihnen obliegenden politischen Agenden, also über die Gesetzgebungsangelegenheiten verständigen – auf ihre Meinungen: „Les sujets ne doivent donc compte au Souverain de leurs opinions qu'autant que ces opinions importe à la communauté".[129] Und er fährt unmittelbar im schlußfolgernden Stil fort: „Or il importe bien que chaque citoyen ait une Religion qui lui fasse aimer ses devoirs".[130] Allerdings ergibt sich eine unaufgelöste begriffliche und argumentative Spannung zwischen beiden Thesen: Die Meinungen, für die die Prämisse bei genauerem Hinsehen nicht mehr und nicht weniger als ein Maßkriterium (*autant que*) ihrer politisch-rechtlichen Solidaritätstauglichkeit formuliert, werden ausschließlich den Gesetzesunterworfenen (*les sujets*) zugeschrieben; in der Conclusion wird dagegen die Religion, die zur Liebe zu den (gesetzlichen) Pflichten führt, ausschließlich den Bürgern (*les citoyens),* also den Gesetzgebern zugeschrieben. Zwar markiert Rousseaus Unterscheidung zwischen *citoyens* und *sujets* nicht einen realen Unterschied zwischen zwei elementfremden Klassen von Mitgliedern einer Republik, sondern den politisch-rechtlichen Statusunterschied zwischen diesen Mitgliedern, sofern sie einerseits an der Gesetzgebung beteiligt sind und andererseits den von ihnen selbst zumindest mehrheitlich verabschiedeten Gesetzen unterworfen sind. Doch von Meinungen, nämlich von wahren bzw. falschen Meinungen der Bürger – also des Souveräns – darüber, ob eine zu beratende und zu verabschiedende Gesetzesvorlage *importe à*

---

[125] *Contrat social*, Bd. 3, 371.
[126] Ebd.
[127] *Contrat social*, Bd. 3, 380. – „Il n'est pas certain qu'il [i.e. le peuple] ait en toute occasion assez de jugement pour savoir discerner le vrai du faux et les bons consellers des mauvais", Groethuysen, *Rousseau* (wie Anm. 120), 91.
[128] *Rousseau juge*, Bd. 1, 669. – Zur Schlüsselrolle, die Rousseau in seiner Politischen Philosophie für die Urteilskraft der Bürger und der Inhaber der Regierungsämter konzipiert, vgl. Enskat, Bedingungen (wie Anm. 63), 425–514.
[129] *Contrat social*, Bd. 3, 468 f.
[130] *Contrat social*, Bd. 3, 469, Hervorhebung R.E.

la communauté bzw. *à l'utilité publique* oder nicht, hängt in praktisch-politischer Hinsicht offensichtlich sogar noch viel mehr für diese Gemeinsamkeit und deren Zukunft ab als von den wahren bzw. den falschen Meinungen, von denen sich individuelle Gesetzesunterworfene in der gesetzlichen Treue bzw. Untreue ihrer alltäglichen Handlungen leiten lassen. Denn 1.) *le jugement, qui la (i. e. la volonté générale*, R.E.*) guide, n'est pas toujours éclairé*; und 2.) wird das Medium, in dem sich auch diese politisch orientierte Urteilskraft äußert, von den Meinungen gebildet, von denen sich die Bürger in den Beratungen und den Abstimmungen über die Gesetzesvorlagen leiten lassen. Daher *muß* sich das von Rousseau formulierte Maßkriterium der Tragweite, die Meinungen für die politische und die rechtliche Gemeinsamkeit der Träger dieser Meinungen mit sich bringen (*leurs opinions autant que ces opinions importe à la communauté*), auch auf die Meinungen der legislatorisch tätigen Bürger beziehen und *können* sich *nicht* auf die Meinungen beschränken, von denen sich individuelle Gesetzesunterworfene bei ihren illoyalen Handlungsweisen leiten lassen. Aus demselben Grund *muß* sich seine anthropologische Diagnose, daß die Urteilskraft, die den Allgemeinwillen leitet, nicht immer aufgeklärt ist, sogar *trivialerweise* auch auf die Meinungen beziehen, in denen diese mangelhaft aufgeklärte Urteilskraft von Fall zu Fall die Irrungen und Wirrungen zeitigt, von denen sich die Bürger in den Beratungen und Abstimmungen über die Gesetzesvorlagen zur Verabschiedung von Gesetzen verleiten lassen, die der *utilité publique* abträglich sind. Zwar kann die Gemeinwohlabträglichkeit solcher Gesetze immer erst nachträglich, also zu spät durchschaut werden. Doch das zeigt nur, daß die anthropologisch bedingte Anfälligkeit der Urteilskraft für Irrungen und Wirrungen gerade in der politisch-rechtlichen Dimension der Gesetzgebung eine geradezu *geschichtliche* Tragweite mit sich bringt.

Diesen Zusammenhang hat Rousseau im Auge, wenn er daran erinnert: „L'inflexibilité des loix, qui les empêche de se plier aux êvênements, peut en certain cas les rendre pernicieuse".[131] Denn gerade wegen dieser potentiellen situationsabhängigen Gefährlichkeit der (formal-normativen) Starrheit der Gesetze argumentiert er, daß „[…] en tout état de cause, un peuple est toujours le maître de changer ses loix",[132] und daß „[…] il est absurde que la volonté se donne de chaines *pour l'avenir*".[133] Das wird insbesondere in den Fällen wichtig, in denen die (formal-normative) Starrheit der Gesetzes so dysfunktional in „[…] les cas exraordinaires"[134] und „[…] des exceptions"[135] verstrickt wird, daß es zu „[…] tems de trou-

---

[131] *Contrat social*, Bd. 3, 455.
[132] *Contrat social*, Bd. 3, 394.
[133] *Contrat social*, Bd. 3, 368, Hervorhebungen R.E.
[134] *Contrat social*, Bd. 3, 387.
[135] *Contrat social*, Bd. 3, 385, 404.

bles"[136] oder zu „[...] tems de crise"[137] kommt. Sogar „[...] différens Gouvernemens peuvent être bons [...] au même peuple *en différens temps*".[138] Zeiten der
Unruhe und der Krise wiederum können ‚der Urteilskraft, die den allgemeinen
Willen leitet', in einer Verfassung widerfahren oder sie sogar in eine Verfassung
versetzen, in der sie ebenfalls nicht zureichend aufgeklärt ist. In solchen Situationen vergreift sie sich nur allzu leicht in der Alternative *elle choisit le bon comme
elle a jugé le vrai, si elle juge faux elle choisit le mal*,[139] urteilt falsch und wählt
daher das Schlechte, nämlich wiederum schlechte Gesetze.

Rousseau berücksichtigt daher sogar das kognitive Format von Situationen, die
die politische Urteilskraft überfordern können – „[...] des cas improvus".[140] Dieser kognitiv strukturierte Situationstyp ist für Rousseau sogar so wichtig, daß er
mit einem raffinierten Argument daran erinnert, wie wichtig eine ganz besonders
anspruchvolle kognitive Tugend der Urteilskraft ist, um den okkasionellen Fehlleistungen eines anthropologisch bedingten kognitiven Defizits wenigstens vorzubeugen: „Il peut se présenter mille cas auxquels le législateur n'a point pourvu,
et c'est une *prévoyance* très-nécessaire de sentir qu'on *ne peut* tout prévoir".[141]
Für die Produkte der politischen Urteilskraft gilt sogar ganz allgemein, daß der
Urteilende „[...] ne doit pas fonder son jugement sur ce qu'il voit, mais sur ce
qu'il prévoit".[142] Mit der für die legislatorisch tätigen Büger so nötigen kognitiven
Doppel-Tugend der Vorsicht und Voraussicht ergänzt Rousseau im *Contrat social*
aber auch nur eine andere von ihm schon früher berücksichtigte für die Politik nötige kognitive Tugend der Urteilskraft. Denn schon in der *Dédicace* des Zweiten
Diskurses mahnt er die zur Gesetzgebungsinitiative befugten Inhaber der Regierungsämter, daß sie die entsprechende Befugnis „[...] usassent même avec tant de
circonspection".[143] Und gerade mit Blick auf Krisensituationen gibt er schließlich
in seiner reifen Politischen Philosophie zu bedenken, daß die Regierungsämter
von Bürgern ausgeübt werden sollten, die „[...] devenus plus circonspects"[144]
sind. Gerade spiegelbildlich hierzu gehört es mit Blick auf Gesetzesinitiativen
der Regierung zu den Tugenden der Urteilskraft des legislatorisch tätigen Volkes,
„[...] que le Peuple de son coté fût [...] reservé à donner son consentement à ces
loix", bei denen es sich unter Umständen um „[...] projets interessés et mal con-

---

[136] *Contrat social*, Bd. 3, 390.
[137] Ebd.
[138] *Contrat social*, Bd. 3, 397, Hervorhebungen R.E.
[139] Vgl. *Émile*, Bd. 4, 586.
[140] *Contrat social*, Bd. 3, 426, 424.
[141] *Contrat social*, Bd. 3, 455, Hervorhebungen R.E.
[142] *Contrat social*, Bd. 3, 389.
[143] *Discours sur l'inégalité*, Bd. 3, 114.
[144] *Contrat social*, Bd. 3, 457.

çus, et [des, R.E.] innovations dangereuse"[145] handeln kann. Doch angesichts der irrtumsanfälligen Grunddisposition der Urteilskraft gibt es für ein dafür ausreichendes Niveau dieser Tugend auch niemals eine Garantie.

Es sind daher vor allem die aus anthropologischen Gründen unvermeidlichen und folgenträchtigen Irrungen und Wirrungen der nicht immer aufgeklärten Urteilskraft der *volonté générale* bzw. der Urteilskraft der die *volonté générale* und damit die Gesetzgebung tragenden Mehrheit der Bürger eines Gemeinwesens,[146] wodurch „[...] une profession de foi purement civile"[147] nötig wird. Zwar sorgt sich Rousseau auch um institutionelle und prozedurale „[...] précautions [...] pour que la *volonté générale* soit toujours éclairée",[148] damit also die *Urteilskraft*, die die *volonté générale* leitet, immer aufgeklärt sei. Doch da das nicht immer vermeidbare Aufklärungsdefizit der politischen Urteilskraft fest mit der *conditio humana* verflochten ist, entspricht es sowohl der anthropologischen Tiefe des Ursprungs wie der potentiellen praktisch-politischen Tragweite dieser defizitären Disposition, daß sie das Bedürfnis nach der Obhut durch eine Religion weckt. Ihrem politischen Rang entspricht es, daß „[...] il appartient au Souverain de fixer les articles"[149] bzw. „Les dogmes de la Religion civile";[150] ihrem praktischen Status entspricht es indessen, daß diese Artikel selbst zwar „Sans pouvoir obliger personne à les croire"[151] sind, wohl aber, wie der Verf. sie in Analogie zu Kants Postulaten-Lehre treffend einstuft, das Format von gemeinsamen praktischen Postulaten der Bürger jedes Gemeinwesens haben (vgl. S. 414). Den mit diesen Postulaten verbundenen Glauben müssen die Bürger nicht um deren Inhalt willen kultivieren, sondern um der praktisch-politischen Begünstigungsfunktion willen, die der Glaube an diese Inhalte für die *utilité publique* in allen Situationen, vor allem aber auch in prekären, riskanten oder gefährlichen Situationen des Gemeinwesens ausübt. Angesichts der okkasionellen mehr oder weniger gefährlichen praktisch-politischen Konsequenzen von Irrungen und Wirrungen der dispositionellen Irrtumsanfälligkeit der Urteils wäre es um die praktischen, politisch-rechtlichen Fortschritte der Völker ungünstig bestellt, wenn die Menschen nicht an die Existenz einer Gottheit glauben könnten, deren Macht, Intelligenz, Wohltätigkeit, Voraussicht und Fürsorge die Zuversicht gewähren, daß die Struktur der geschaffenen Natur und die praktischen Pflichten sowie das kognitive Format des Menschen doch so aufeinander abgestimmt sind, daß den Bemühungen um die *utilité*

---

[145] *Discours sur l'inégalité*, Bd. 3, 114.
[146] *Contrat social*, Bd. 3, 369*: „Pour qu'une volonté soit générale il n'est pas toujours nécessaire qu'elle soit unanime".
[147] *Contrat social*, Bd. 3, 468.
[148] *Contrat social*, Bd. 3, 372.
[149] Ebd.
[150] *Contrat social*, Bd. 3, 468.
[151] Ebd.

publique wenigstens im geschichtlichen Maßstab hinreichend viele Fortschritte beschieden sein können. Ohne diesen Glauben würden die kognitiven und die praktischen Tugenden erlahmen, ohne die die praktische, politisch-rechtliche Solidarstruktur des stillschweigenden *contrat social auch* nicht allmählich zugunsten eines legitimen, republikanischen Gemeinwesens verwirklicht werden kann. Es ist daher auch Rousseaus Einsicht in die defizitäre Grunddisposition der Urteilskraft, die ihn vor der Neigung bewahrt, mit der Zivilreligion die direkten Wahrheitsansprüche zu verbinden, die die die religionspolitischen Kontroversen, Konflikte und Kriege der Weltgeschichte provozieren (vgl. S. 406 ff.).

Wenn Rousseau seinen *paix de l'âme* irgendeiner *heureuse découverte*, irgendeiner *belle et grande vêritê à répandre* und *quelque erreur générale et pernicieuse à combattre* sowie *enfin quelque point d'utilité publique à établir* verdankt, dann verdankt er ihn der Einsicht in diese die politische Legitimität fundierende Solidarstruktur des stillschweigenden *contrat social*, in die geschichtsträchtige praktisch-politische Schlüsselrolle der Urteilskraft und ihrer Irrtumsanfälligkeit sowie in die praktisch-politische Unentbehrlichkeit der *religion civile*. Und wenn Rousseau *das* Glück *des* philosophischen Lebens irgendeiner Einsicht verdankt, dann der Einsicht, daß Einsichten von dieser Tiefenschärfe nur unter Umständen gewonnen werden können, die es einem Philosophierenden wie ihm erlauben, „[…] pour me rendre à moi-même"[152] und zu sagen: „*Je voudrais que cet instant durât toujours*".[153] Es sind diese beiden während mehrerer Jahrzehnte aus unzähligen *épreuves de reflexion* gewonnen Einsichten, die die Selbsterkenntnis Rousseaus ausmachen

Doch kann der komplexe Inhalt dieser Selbsterkenntnis verallgemeinert werden? Es sollte zu denken geben, wie sich der älteste unter den *philosophes anciens*, deren Gesellschaft Rousseau so schmerzlich vermißt, der Platonische Sokrates, in aller Öffentlichkeit von seinen Mitbürgern verabschiedet. Er vermag in dieser für ihn schicksalhaften Situation eine Haltung zu bewähren, die die Frage nach *dem* Glück *des* philosophischen Lebens mit einer wahrhaft Sokratischen – oder eher Platonischen? –, aber jedenfalls philosophischen Besonnenheit seiner Urteilskraft in der Schwebe läßt: „Jedoch, es ist nun Zeit, daß wir gehen, ich, um zu sterben, und ihr, um zu leben. Wer aber von uns beiden zu dem besseren Geschäft hingehe, das ist allen verborgen außer nur Gott".[154]

---

[152] *Rêveries*, Bd. 1, 1084.
[153] *Rêveries*, Bd. 1, 1046
[154] Platon, *Apol.* 42 a2–5.

XI.

Es gibt keine philosophische Untersuchung zum Thema von Rousseaus „Buch der Selbsterkenntnis",[155] die die Komplexität und die Tiefendimension dieses Themas auch nur annähernd in so strengen methodischen und gelehrten Formen ausloten würde wie Meier dies am Leitfaden von Rousseaus *Rêveries* zeigt. Es gibt daher aber auch keine andere Untersuchung, die gerade durch ihre Strenge und Erudition fruchtbarer dazu herausfordern würde, die Arbeit an diesem Thema mit derselben methodischen Tiefenschärfe und gelehrten Umsicht weiter auszuloten. Es ist zu wünschen, daß die Untersuchungen von Meier ein Vorbild für viele andere Untersuchungen werden, die anderen dafür geeigneten Texten der überlieferten Philosophie zutrauen, daß die besten methodischen Mittel gerade gut genug sind, um in der Auseinandersetzung mit ihnen zu Einsichten zu gelangen, die wir auf keinem anderen Weg gewinnen können.

Prof. Dr. Rainer Enskat, Seminar für Philosophie der Martin-Luther-Universität Halle-Wittenberg, Schleiermacherstr. 1, 06114 Halle (Saale), E-Mail: rainer.enskat@phil.uni-halle.de

---

[155] Meier, Les Rêveries (wie Anm. 11) 52.

RAINER ENSKAT

Dialektik der Aufklärung?

Revisionen diesseits und jenseits
des Bannkreises eines Buchs

Im 300. Geburtstagsjahr
Jean-Jacques Rousseaus

I.

Die klassische philosophische Arbeit ist seit ihren Anfängen bei Platon an schwer
zu meisternden Teilaufgaben orientiert. So sollte die Schrittfolge einer philosophischen Überlegung in methodischer Hinsicht an dem Ziel orientiert sein, den
Weg zu einer vom Autor in Anspruch genommenen Einsicht in solchen sprachlichen, begrifflichen und argumentativen Formen zu gestalten, daß deren Grundzüge von jedem Philosophiebeflissenen auch unabhängig von der jeweils dokumentierten konkreten Überlegung erlernt und nachvollzogen werden können.
Die auf einem solchen Weg vermittelte Einsicht sollte nicht nur möglichst trag-
fähig sein, sondern auch eine Tragweite mit sich bringen, die es jedem Philosophiebeflissenen möglich macht, durch die Auseinandersetzung mit der mitgeteilten Überlegung eine Einsicht zu gewinnen, wie er sie auf keinem anderen Weg
gewinnen kann. Schließlich sollten die dokumentierten Überlegungen ein Problem thematisieren, dessen Behandlungsbedürftigkeit zu ihrer Zeit einen so hohen Grad von Dringlichkeit besitzt, daß spätestens durch die intendierte Einsicht
ein überzeugendes Licht auf diesen Dringlichkeitsgrad fällt. Werke, die alle drei
Bedingungen in musterhafter Weise erfüllen, pflegen wir höchstens einem Dut-
zend philosophischer Klassiker zuzurechnen.

Einen atypischen Sonderfall bilden Werke, die ihren philosophischen Anspruch unverblümt artikulieren, ohne eine der drei klassischen Bedingungen zu
erfüllen, aber einflußreiche Angehörige des zeitgenössischen Bildungssystems
und der gebildeten Öffentlichkeit dennoch so in ihren Bann schlagen, daß solchen
Werken eine ans Irrationale und Unheimliche grenzende Bedeutsamkeit im Bil-
dungsbewußtsein dieser Zeitgenossen zuwächst. Das wohl prominenteste Muster
eines solchen monumentalen Werks der jüngeren Moderne bildet zweifellos das

Aufklärung 24 · © Felix Meiner Verlag 2012 · ISSN 0178-7128

Werk Friedrich Nietzsches. Ein in buchtechnischer Hinsicht nicht nur vergleichsweise schmales, sondern sogar seinem eigenen Anspruch nach fragmentarisches
Muster dieses Typs bilden die *Philosophischen Fragmente*, die von Max Horkheimer und Theodor W. Adorno unter dem Titel *Dialektik der Aufklärung* 1947
zum ersten Mal in einem europäischen Verlag herausgegeben worden sind.[1]
Als die Autoren die Arbeit am Text des Buches 1944 abschließen, formulieren
sie vier wohlunterschiedene theoretische Ausgangspunkte, die aber funktional
fest miteinander verflochten sind: eine Verfalls-Diagnose, eine Erklärung des diagnostizierten Verfalls, einen Therapievorschlag zur Überwindung dieses Verfalls
und eine ätiologische Diagnose. Die Basis-Diagnose zielt auf „[…] die rastlose
Selbstzerstörung der Aufklärung",[2] die Erklärung sucht diese Selbstzerstörung
bei einem Prozeß „[…] des Rückfalls von Aufklärung in Mythologie […], bei
der in Furcht vor der Wahrheit erstarrenden Aufklärung"[3] und die Therapie in
der Maxime, „[…] die Aufklärung muß sich auf sich selbst besinnen".[4] Das
Ziel ihrer Überlegungen fassen die Autoren darüber hinaus in Form einer besonderen ätiologischen Diagnose ins Auge und formulieren es als „[…] die Erkenntnis, warum die Menschheit, anstatt in einen wahrhaft menschlichen Zustand
einzutreten, in eine neue Art von Barbarei versinkt".[5]

Es liegt angesichts dieser klaren und kohärenten theoretischen Ausgangspunkte der Überlegungen der Verfasser auf der Hand, daß die größte Tragweite dieser
vier Elemente bei der Basis-Diagnose liegt, die eine ‚rastlose Selbstzerstörung der
Aufklärung' am Werk sieht. Denn wie auch im Standardfall der ärztlichen Diagnose werden bereits durch die Diagnose selbst die wichtigsten Elemente eines
angemessenen Therapievorschlags festgelegt.[6] Es scheint im Horizont dieser Diagnose daher auch nur konsequent zu sein, wenn die Autoren die Therapie für die
von ihnen diagnostizierte *Selbst*-Zerstörung der Aufklärung in einer *Selbst*-Besin-
nung der Aufklärung sehen. Es liegt indessen trotz der leider schlechten Abstraktheit der doppelten *selbst*-Grammatik solcher Formulierungen auf der Hand, daß
die Aufklärung, die sich nach der Auffassung der Autoren selbst *zerstört*, nicht gut
dieselbe Aufklärung sein kann, die sich auf sich selbst *besinnt*. Zwar machen die
Autoren selbst auf eine Quelle für eine innere Spaltung der Aufklärung aufmerksam, indem sie der ‚Wahrheit', vor der sie die Aufklärung ‚in Furcht erstarren' sehen, eine doppelte Gestalt zuschreiben. Doch wie so viele andere Gedanken und

---

[1] Vgl. Max Horkheimer, Theodor W. Adorno, Dialektik der Aufklärung. Philosophische Fragmente, Amsterdam 1947.

[2] Ebd., 5, vgl. auch 7.

[3] Ebd., 8.

[4] Ebd., 9.

[5] Ebd., 5.

[6] Vgl. Rudolf Gross, Medizinische Diagnostik. Grundlagen und Praxis, Berlin, Heidelberg, New
York 1969, 1–24.

Überlegungen des Buchs wird auch diese Konzeption einer doppelten Wahrheits-gestalt in Formulierungen von so schlecht-abstrakter Grammatikalität und Lexi-kalität mitgeteilt, daß auch ein Bemühen um durchsichtigere Paraphrasen an un-überwindliche Grenzen stößt. So faßt die Konzeption der doppelten Wahrheitsge-stalt der Aufklärung zum einen die Gestalt ins Auge, die ihr „[…] das vernünftige Bewußtsein […]" verleiht, zum anderen deren „[…] Gestalt in der Wirklichkeit".[7] Gleichwohl ist es nicht einfach und direkt die Gestalt dieser Wahrheit ‚in der Wirk-lichkeit', vor der die Autoren die Aufklärung in Furcht erstarren sehen. Vielmehr sehen die Autoren die Aufklärung gleichsam in einem eigentümlichen Spiegelef-fekt in Furcht vor derjenigen Wahrheit erstarren, mit der ihr deren ‚Gestalt in der Wirklichkeit' ein Spiegelbild in Gestalt der Konsequenzen vor Augen führt, die die von den Autoren für selbstzerstörerisch gehaltene Aufklärung bis in ihre Ge-genwart gezeitigt hat.

Wie die Überschrift des ersten Fragments zeigt, unterscheiden die Autoren ei-nen Begriff der Aufklärung zumindest in formaler Hinsicht sorgfältig von dem realen Prozeß der „[…] Aufklärung im umfassendsten Sinn fortschreitenden Den-kens".[8] Was den Autoren indessen zumindest in der Dimension ihrer methodi-schen Hilfsmittel gänzlich zu fehlen scheint, ist das Bewußtsein der außerordent-lichen Wichtigkeit der sorgfältigen Unterscheidung des Begriffs einer Sache von dem Kriterium, mit dessen Hilfe man beurteilen und erkennen – also diagnosti-zieren – kann, ob in der stets nur schwer zu überschauenden und zu durchschau-enden Wirklichkeit eine Sache auftaucht, die auch wahrerweise unter den Begriff dieser Sache subsumiert werden kann.[9] Doch jede wahre Beurteilung irgendeiner wirklich oder vermeintlich vorliegenden Sache – von der Beurteilung der primi-tivsten denkbaren Sache im Horizont der frühkindlichen Entwicklung bis zur Be-urteilung der komplexesten denkbaren Sache wie z. B. der geschichtlichen Bewe-gung namens Aufklärung – ist sowohl auf einen erkennbar geschärften Begriff der Aufklärung wie auf ein hinreichend bewährungsfähiges Kriterium angewiesen. Berücksichtigt man diesen Zusammenhang dann fällt auch ein nützliches Licht auf die Leitintentionen, die Horkheimer und Adorno schon in der Vorrede ihres Buchs exponieren. Denn nur allzu offensichtlich kann es sich bei der Aufklärung, der sie rastlose Selbstzerstörung attestieren, nur um eine Pseudo-Aufklärung in einem doppelten Sinne handeln: Weder ihr Begriff hält einer Prüfung seiner An-gemessenheit stand noch hält die Wirklichkeit, die man am Leitfaden dieses Be-griffs herbeizuführen gesucht hat, einer Prüfung auf den Charakter einer aufge-klärten Wirklichkeit stand.

---

[7] Horkheimer, Adorno, Dialektik (wie Anm. 1), 8.
[8] Ebd., 13.
[9] Zu den Binnenproblemen der Kriterien-Frage (s.u.).

Doch damit verdoppeln sich die erkenntnistheoretischen und die methodologischen Probleme, die die Autoren eigentlich zu meistern haben, wenn sie ihre
Überlegungen in einer nicht nur für sie selbst durchsichtigen Regie behalten wollen. Denn nicht nur für die zutreffende Subsumtion einer wirklichen Sache unter
einen Begriff benötigt man ein Kriterium, sondern ebenso für die Beurteilung der
sachlichen Angemessenheit eines Begriffs. Zwar räumen die Autoren freimütig
ein: „Wir unterschätzten die Schwierigkeiten der Darstellung, weil wir zu sehr
noch dem gegenwärtigen Bewußtsein vertrauten".[10] Doch gerade so elementare
methodologische Hilfsmittel der Erkenntnistheorie wie die Unterscheidung zwischen dem Begriff bzw. seiner Definition und dem Kriterium seines zutreffenden
bzw. definitionskonformen Gebrauch sind keine Angelegenheit irgendeines gegenwärtigen Bewußtseins, sondern einer geschichtsinvariant methodenbewußten
Reflexion. Zwar gibt Adorno bei einer späteren Gelegenheit mit Hilfe einer meta-
erkenntnistheoretischen Reflexion zu bedenken: „Ein Maß an schlechter Abstraktheit ist aller Erkenntnistheorie gesetzt, auch der Kritik an ihr".[11] Doch diese
meta-erkenntnistheoretische Reflexions-Diagnose verkennt nicht nur, daß *jeder*
auch noch so primitive Begriff von irgend etwas und *jeder* auch noch so primitive
Satz über irgend etwas bereits ein Abstraktionsprodukt ist. Schlecht kann daher
stets nur das *Maß* der Abstraktheit sein, mit der ein Begriff definiert oder im Rahmen von Sätzen gebraucht wird. Angesichts der unvermeidlichen Abstraktheit *aller* begriffsorientierten Tätigkeit kann daher auch Adornos späteres Bedenken
wegen schlechter Abstraktheit keine methodologische Entlastung bieten, wenn
es darum zu tun ist, die *Grade* der Abstraktion abzuwägen, die für einen angemessenen Begriff der Aufklärung und für ein bewährungsfähiges Kriterium der im
Licht dieses Begriffs beurteilungsfähigen und beurteilungsbedürftigen Wirklichkeit in Frage kommen. Nur im Rahmen solcher Abwägungen und auch nur, wenn
solche Abwägungen an einem *konkreten* begrifflichen bzw. definitorischen und
kriteriologischen Einzelproblem orientiert sind, kann mit berechtigter Aussicht
auf Erfolg eingeschätzt werden, wann das Maß einer Abstraktheit schlecht ist
und wann nicht.

Die Exposition der Leitintentionen der Autoren leistet daher um so mehr selbst
einen direkten und produktiven Beitrag zu schlechter Abstraktheit, weil sie solche
methodischen Hilfsmittel nicht nur auf *irgendeinem* thematischen Feld der Reflexion vernachlässigt, sondern sogar auf dem gerade in praktischer Hinsicht so eminent wichtigen thematischen Feld der Aufklärung. Andererseits formuliert diese
Exposition auch eine formale Anforderung an den Begriff der Aufklärung, deren
Tragweite schwerlich überschätzt werden kann. Diese Forderung verbindet mit

[10] Horkheimer, Adorno, Dialektik (wie Anm. 1), 5.
[11] Theodor W. Adorno, Einleitung, in: Th. W. A. u. a., Der Positivismusstreit in der deutschen
Soziologie ([1]1969), Darmstadt, Neuwied 1972, 7–79, hier 8.

dem Begriff der Aufklärung eine Gestalt der Wahrheit, die „[…] nicht bloß das vernünftige Bewußtsein, sondern ebenso dessen Gestalt in der Wirklichkeit"[12] einschließt. Orientierungshilfen auch nur des bescheidensten *kriteriellen* Typs, wie man das ‚wahre vernünftige Bewußtsein', also doch wohl das wahrhaft *aufgeklärte* Bewußtsein unter den labyrintischen Erscheinungsmodi menschlicher Bewußtseinsformen in der jeweiligen Wirklichkeit *erkennen* kann – also so etwas wie ‚Prolegomena zu einer Phänomenologie des aufgeklärten Bewußtseins' –, kann man dem Text des Buches nicht entnehmen. Haben die Autoren sorgfältig genug bedacht, daß ihre formale Anforderung an den Aufklärungs-Begriff ganz ohne solche kriteriologischen Reflexionen drei alternative höchst problematische Implikationen nach sich zieht: entweder 1. daß sie die Definition des Aufklärungsbegriffs mit einem Kriterium seines zutreffenden Gebrauchs identifizieren bzw. verwechseln, oder 2. daß sie sich selbst mit der kooperativen Instanz identifizieren, die mit der Definitionshoheit über diesen Begriff der Aufklärung auch die kriterielle, also die richterliche Hoheit über die Beurteilung der jeweiligen Wirklichkeit des wahren vernünftigen, also des wahrhaft aufgeklärten Bewußtseins in Anspruch nimmt, oder 3. daß diese kriteriell-richterliche Hoheit wildwüchsig bei jedermanns Gutdünken liegt? Von Hegels vorbildlich kritischen Erörterungen der methodischen Spannungsverhältnisse zwischen Begriffen und subsumierbaren Gegenständen, Definitionen und ‚Maßstäben', also Kriterien[13] haben die Autoren, hat insbesondere der spätere virtuose Hegel-Interpret Adorno anscheinend noch nichts vernommen.

II.

Die formalen Anforderungen, die die Autoren in der *Vorrede* mit Blick auf den angemessenen Aufklärungsbegriff formulieren, warten unter diesen Voraussetzungen darauf, in den Fragmenten selbst erfüllt zu werden. Immerhin eröffnen die Autoren noch in der *Vorrede* die Aussicht, daß im ersten Fragment unter dem Titel *Begriff der Aufklärung* die „[…] an Aufklärung geübte Kritik […] einen positiven Begriff von ihr vorbereiten [soll]".[14] Im Auftakt dieses Fragments haben sie Elemente dieser Aufklärung bzw. ihres Begriffs von ihr zusammengefaßt. Diese Elemente sind allerdings nur allzu offensichtlich allzu heterogenen Quellen entlehnt. Allenfalls die ahnungslosesten Leser unter den intendierten Adressaten

---

12 Horkheimer, Adorno, Dialektik (wie Anm. 1), 8.
13 Vgl. G. W. F. Hegel, Phänomenologie des Geistes ([1]1807), Der Philosophische Bibliothek, Bd. 114, Hamburg [6]1952, 70–75; das *Wort* „Kriterium" benutzt Hegel aufschlußreicherweise gerade in dem Zusammenhang, in dem es um die klassische, zuerst von Epikur so apostrophierte Suche nach einem „*Kriterium* der Wahrheit", ebd., 154, geht.
14 Horkheimer, Adorno, Dialektik (wie Anm. 1), 10.

des Buchs können sich durch die Formulierungskraft der Autoren suggerieren lassen, diese Elemente hätten nur darauf gewartet, durch die Autoren ihres wie auch
immer beschaffenen ‚geistigen Bandes' inne zu werden. So ist die von Max Weber
im ersten Drittel des zwanzigsten Jahrhunderts diagnostizierte Tendenz zur „Entzauberung der Welt"[15] den Autoren zufolge „Seit je […] im umfassendsten Sinne
fortschreitenden Denkens" das „Programm der Aufklärung"[16] gewesen. Das von
Francis Bacon und von Descartes formulierte Ziel, „[…] den Menschen […] als
Herren einzusetzen"[17] – nämlich als Herren der *Natur*[18] –, dient im Rahmen der so
verstandenen Finalisierungskonzeption der Aufklärung dem psychagogischen
Ziel, „[…] von den Menschen die Furcht zu nehmen".[19] Der mehr als bizarren Trias aus „Kant, Sade und Nietzsche" verleihen die Autoren den nicht weniger bizarren Rang, mit den „[…] unerbittlichen Vollendern der Aufklärung"[20] identisch
zu sein.[21] Die Vollendung der so verstandenen Aufklärung geht in den Augen der
Autoren und angesichts dieser von ihnen diagnostizierten Art von Unerbittlich-
keit denn auch einer Katastrophe von quasi-johanneischer Apokalyptik entgegen:
„Die vollends aufgeklärte Erde strahlt im Zeichen triumphalen Unheils".[22]

Der Respekt vor den nationalsozialistischen Widerfahrnissen der beiden Emigranten und vor allem vor den unsäglichen Schicksalen der unzähligen Namen-
losen, in deren Namen sie auch argumentieren, kann die Philosophie nicht von
ihrer Aufgabe entlasten, die ‚Anstrengung des Begriffs', die vor allem Adorno sowohl als akademischer Lehrer wie als Autor und als intellektuelle Leitgestalt in
öffentlichen Diskursen in virtuosen Formen geprobt hat, durch die Anstrengung
einer *Analyse* vor allem des Begriffs der Aufklärung und der aufklärungsorientier-
ten Argumente zu ergänzen. Freilich hat Adorno die von ihm geprobten Formen
der ‚Anstrengung des Begriffs' – nicht zuletzt von Schlüsselbegriffen wie denen
der Aufklärung – gelegentlich vor Analysen solcher Begriffe zu bewahren ge-

---

[15] Ebd., 13.

[16] Ebd.

[17] Ebd.

[18] Vgl. Francis Bacon, The New Organon, in: The Works of Francis Bacon, coll. and ed. by James
Spadding et al., London 1858, Faksimileneudruck, Stuttgart 1989, Bd. 4, Book I, Aph. 129; vgl.
René Descartes, Discours de la Méthode, in: Oeuvres de Descartes, publ. par Ch. Adam et P.
Tannery, Paris 1996, Bd. 6, 62 f.

[19] Horkheimer, Adorno, Dialektik (wie Anm. 1), 13.

[20] Ebd., 10.

[21] Zu dieser von den Autoren konstruierten Triade hat schon Winfried Schröder, Moralischer
Nihilismus. Typen radikaler Moralkritik von den Sophisten bis Nietzsche, Stuttgart-Bad Cannstatt
2002, besonders 126–129, alles Nötige gesagt, nicht zuletzt durch seine aufschlußreiche abgren-
zende Nebenbemerkung über „seriöse Arbeiten von Philosophiehistorikern", ebd., 128, wiewohl die
‚Seriositäts'-Defizite des Entwurfs der beiden Autoren gewiß ebenso unmittelbar auch dessen begriffliches und methodisches Format einschließen.

[22] Horkheimer, Adorno, Dialektik (wie Anm. 1), 13.

sucht, z. B. vor einer Analyse des für den Aufklärungsbegriff zweifellos charakteristischen Moments des Fortschritts:

> Mehr noch als andere zergeht der Begriff des Fortschritts mit der Spezifikation dessen, was nun eigentlich damit gemeint sei, etwas was fortschreitet und was nicht. Wer den Begriff präzisieren will, zerstört leicht, worauf er zielt. Die subalterne Klugheit, die sich weigert von Fortschritt zu reden, ehe sie unterscheiden kann: Fortschritt worin, woran, in Bezug worauf, verschiebt die Einheit der Momente, die im Begriff aneinander sich abarbeiten, in bloßes Nebeneinander. Rechthaberische Erkenntnistheorie, die dort auf Exaktheit dringt, wo die Unmöglichkeit des Eindeutigen zur Sache selbst gehört, verfehlt diese, sabotiert die Einsicht und dient der Erhaltung des Schlechten durchs beflissene Verbot, über das nachzudenken, was im Zeitalter utopischer wie absolut zerstörender Möglichkeiten das Bewußtsein der Verstrickten erfahren möchte: ob Fortschritt sei.[23]

Übersieht Adorno, daß der Begriff des Fortschritts selbst ein Moment des Begriffs der Aufklärung bildet, mit dem er eine komplexe Einheit bildet? Verkennt er, daß man diese Einheit durchaus nicht ‚verschiebt‘, wenn man durch eine allererste Elementaranalyse des Begriffs der Aufklärung klarstellt, daß Fortschritt eine von mehreren notwendigen Bedingungen der Aufklärung ist? Sieht er nicht, daß nicht die Momente dieses – oder irgendeines verwandten – Begriffs ‚sich aneinander‘ abarbeiten, sondern daß es immer nur die armen Menschen sind, die sich an irgend etwas abarbeiten, auch daran, ‚Fortschritte im Bewußtsein ihrer Aufklärungsbedürftigkeit‘ zu machen?

Es ist allerdings mehr als zweifelhaft, ob Adorno die Arbeitserfahrungen wirklich selbst gemacht hat, die man im siebten Jahrzehnt des zwanzigsten Jahrhunderts machen konnte, wenn man die bis dahin bewährten Regeln der begriffsanalytischen Kunst auf dem damals möglichen Niveau erprobte.[24] Die ahnungslose Unbedachtheit, mit der die Präzisierung eines Begriffs als Risiko der Zerstörung der unter ihnen fallenden Sache diskreditiert wird, die Abfälligkeit, mit der die begriffsanalytische Unterscheidung des begriffsanalytisch Unterscheidbaren als Ausübung subalterner Klugheit diskreditiert wird, ohne sich Hölderlins schönen Mottos *Unterschiedenes ist gut*[25] zu erinnern, und schließlich die Überlegenheitsattitüde, mit der von schlechter Erkenntnistheorie gesprochen wird, während im selben Atemzug die eigene erkenntnistheoretische Blindheit dafür eingestanden wird, daß die Unmöglichkeit der Eindeutigkeit des *Sprechens* über eine Sache nicht das geringste Hindernis bietet, jedenfalls und mindestens so viele Momente

---

[23] Theodor W. Adorno, Fortschritt, in: Harald Delius, Günther Patzig (Hg.), Argumentationen. Festschrift für Josef König, Göttingen 1964, 1–19, hier 1.

[24] Vgl. hierzu im selben Band die methodisch vorbildliche Analyse des Tatsachenbegriffs durch Günther Patzig, Satz und Tatsache, 170–191.

[25] Friedrich Hölderlin, Stuttgarter Ausgabe, hg. von Friedrich Beißner, Bd. 2.1, Stuttgart 1951, 327.

des *Begriffs* dieser Sache analytisch zu klären, daß jener invariante Kerngehalt eines Begriffs geklärt wird, jenseits von dessen Kerngrenze die Unbestimmtheit beginnt, die dem *Gebrauch* dieses Begriffs im Kontext sprachlicher Äußerungen seinen *partiellen Mangel* an Eindeutigkeit verleiht – alles dies sind eher Symptome von kompensatorisch fungierenden polemischen Abwehrreaktionen eines methodologisch Verängstigten und methodisch Verunsicherten als wahrheitsfähige Diagnosen eines wahrhaft Überlegenen.

Doch bietet das Florilegium heterogener Topoi, mit denen die Autoren ihre Vorbereitungen auf einen positiven Begriff der Aufklärung eröffnen, eine günstigere Aussicht, diesen positiven Begriff durch Abgrenzung gegen diesen Topoi-zentrierten ‚negativen' Begriff zu gewinnen? Die Einsicht, die Adorno aus eigener Erfahrung in der Auseinandersetzung mit den Wahrheitsansprüchen philosophischer Werke gewonnen hat – „Nichts läßt isoliert sich verstehen, alles nur im Ganzen, mit dem Peinlichen, daß wiederum das Ganze an den singulären Momenten sein Leben hat"[26] –, hat ihn anscheinend im Stich gelassen: Den zu Topoi stilisierten und isolierten singulären Momenten aus Werken Bacons, Descartes' und Webers mutet er zu, jenes Ganze der Aufklärung zu repräsentieren, das angeblich durch so inkommensurable Autoren wie de Sade, Kant und Nietzsche – und dies auch noch ‚unerbittlich' – vollendet worden sei. Doch wie sieht das spannungsvolle Verhältnis zwischen dem Ganzen z.B von Bacons Philosophie der Wissenschaft und deren singulären Momenten aus?

Gewiß ist Bacon nicht in jeder Hinsicht der methodologische Vater der modernen Naturwissenschaft.[27] Dafür fehlt seinem *Novum Organon* jede Rücksicht auf die alles entscheidende neuartige Verflechtung physikalischer Maßgrößen und Meßverfahren mit ebenso neuartigen mathematischen Algorithmen. Die revolutionären Züge seiner Experimental-Methodologie liegen vielmehr im Bruch mit der Aristotelischen Konzeption, daß die Technik, insbesondere auch die experimentelle Technik die Natur *imitiere*,[28] sowie in dem erfahrungsgestützten Postulat an die experimentelle Ursachenforschung, nach kausal strukturierten *verborgenen* Prozessen (*latent processes*)[29] und *geheimen* Bewegungen (*secret motions*)[30] zu suchen, also nach Ursachen, für die es unter den ohne Experimente auffindbaren und durch wahre Sätze beschreibbaren Naturphänomenen gerade *keine* Beispiele und daher auch *keine* unmittelbaren Imitationsmöglichkeiten gibt. Denn

---

[26] Theodor W. Adorno, Skoteinos oder Wie zu lesen sei, in: T. W. A., Drei Studien zu Hegel, Frankfurt am Main 1963, 105–165, hier 109.

[27] Vgl. Horkheimer, Adorno, Dialektik (wie Anm. 1), 13 ff., 57 f.

[28] ἡ τέχνη μιμεῖται τὴν φύσειν, Arist. Phys. 194a21.

[29] Vgl. Bacon, Organon (wie Anm. 18), 119 f., 122 f; 123 f., 126, 146 f.

[30] Vgl. Bacon, New Atlantis, in: The Works of Francis Bacon (wie Anm. 18), Bd. 3, 156.

wo die Ursache nicht bekannt ist, kann der Effekt nicht produziert werden.[31] Sein Musterbeispiel für eine solche Ursache bietet die typischerweise auf der Grenze zwischen Entdeckung und Erfindung liegende Einsicht in die zerstörerische Wirkung der in der Natur nicht auffindbaren und daher auch nicht imitierbaren explosiv-kausalen Kraft des nur durch technisches Know-how erzeugbaren und verwendbaren Schwarzpulvers.[32] Dennoch handelt es sich nicht um einen erst von der Geschichte aufgedeckten Zynismus szientistisch-technizistischer Blindheit, daß Bacon sich von einer experimentellen Ursachenforschung dieses Typs einen „Nutzen für die ganze Menschheit"[33] verspricht, während sein Paradigma für diese menschheitsutilitäre Forschung eine Entdeckung und Erfindung jener experimentellen Chemie ist, die Montesquieu schon hundert Jahre später den sorgenvollen Stoßseufzer über „[…] das Unheil der Chemie"[34] entringt, weil er befürchtet, daß „[…] man schließlich dahin gelangt, irgendein Geheimnis zu entdecken, das lediglich einen gänzlich abgekürzten Weg bietet, die Menschen zu vernichten sowie die Völker und ganze Nationen zu zerstören".[35]

Wie hätten Horkheimer und Adorno wohl gedacht und geurteilt, wenn sie ihre Aufmerksamkeit nicht ausschließlich auf Marxismus-affine Spaltprodukte von Bacons Texten[36] und auf furchterregende Epiphänomene der wissenschaftsbasierten Politik und insbesondere Militärpolitik ihrer jüngeren und jüngsten Vergangenheit konzentriert hätten, sondern auch auf jene singulären Momente im Ganzen von Bacons Philosophie der Wissenschaft, die zur Aufklärung *über* Wissenschaft *avant la lettre* gehören? Diese Momente hat Bacon in der formliterarischen Gestalt der Utopie seiner *Nova Atlantis* verschlüsselt. Die Verschlüsselung hat offensichtlich auch die Funktion, die skeptische Sorge des erfahrenen Politikers nicht so leicht erkennbar werden zu lassen, ob die Regenten seiner Zeit und

---

[31] „[…] for where the cause is not known the effect cannot be produced", Bacon, Organon (wie Anm. 18), 47.

[32] Vgl. Bacon, Organon (wie Anm. 18), Aph. 109, vgl. auch Aph. 129. Es gehört zu den didaktischen Kunstgriffen dieses Schlüsselaphorismus, daß Bacon die Zustandsänderungen, die durch einen zerstörerischen Gebrauch von Explosionstechniken herbeigeführt werden können, durch einige wahre Sätze beschreibt, um darauf aufmerksam zu machen, daß kein Mensch, der mit solchen Techniken noch nicht bekannt ist, aus dem propositionalen Gehalt solcher Sätze eine zutreffende Charakteristik dieser Explosionstechnik selbst und jener kausal relevanten Bedingungen dieser Zustandsänderungen gewinnen könnte, die in den verwendeten Explosivstoffen verkörpert sind.

[33] Vgl. Bacon, Organon (wie Anm. 18), 16.

[34] „[…] des ravages de la chimie", Charles Louis de Montesquieu, Lettres persanes, in: C. L. d. M., Oeuvres complètes, Bd. 1, Paris 1990, 286.

[35] „[…] qu'on ne parvienne à la fin à découvrir quelque secret qui fournisse une voie plus abrégée pour faire périr les hommes, détruire les peuples et les nations entières", ebd.

[36] Vgl. Horkheimer, Adorno, Dialektik (wie Anm. 1), 14 ff., sowie das parteidoktrinäre Muster bei Manfred Buhr, Vorbemerkung, in: Francis Bacon, Das neue Organon (Novum Organon), hg. von M. B., Berlin 1962, VII-XXI.

der Zukunft der Aufgabe wohl gewachsen sein werden, von den Resultaten der von ihm konzipierten experimentellen Ursachenforschung stets einen für die Menschheit nützlichen Gebrauch zu machen. Denn die höchste Tugend, die den christlichen Hierokraten dieses Inselreichs gerade auch im Umgang mit der Wissenschaft abverlangt wird, ist die *caritas*,[37] die Sorge um die Humanität.[38] Gibt es bis heute einen angemesseneren Begriff für das, was jedem einzelnen Menschen und allen Menschen gemeinsam am elementarsten not tut, wenn sie sich in ihrer alltäglichen Praxis – und zwar auch und gerade in der wissenschafts-basierten Praxis der Gegenwart und der Zukunft – zu Recht für aufgeklärt halten wollen? Wollen die Autoren sich selbst und ihre Leser allen Ernstes glauben ma-chen, daß ein Denker, dessen Ganzes seiner Philosophie der Wissenschaft auch an diesen singulären Momenten ‚sein Leben hat‘, daran mitarbeitet, daß „[r]ück-sichtslos gegen sich selbst [...] die Aufklärung noch den letzten Rest ihres eigenen Selbstbewußtseins ausgebrannt [hat]"?[39] Vielmehr gibt es in der frühen Prägungs-geschichte der neuzeitlichen Naturwissenschaft keinen anderen Theoretiker die-ser Wissenschaftsgruppe, der von Anfang an so scharfsinnig und weitblickend wie Bacon eingesehen hat, daß keine andere wissenschaftliche Forschung so strikt auf eine *caritas*-aufgeklärte praktische Wachsamkeit angewiesen ist, wie die tech-nikorientierte experimentelle Ursachenforschung.[40] Der vielzitierte ‚Herr über die Natur‘[41] kann der Mensch im Licht dieser Philosophie nur dann in respektablen Formen sein, wenn er von der *caritas* den rechten Gebrauch zu machen weiß.

Descartes, der entscheidende Anregungen zur Ausarbeitung seiner Methodo-logie und Pragmatik der Naturwissenschaft durch sein Studium von Bacons *Novum Organon* empfangen hat,[42] zielt dank seiner ingeniösen philosophischen, mathematischen und naturwissenschaftlichen Mehrfachbegabung auf eine neue grundlagentheoretisch angeleitete Nutzbarkeit der naturwissenschaftlichen Dis-ziplinen. Seine strikt mechanistisch konzipierte Physik einer ‚mathematisierba-ren‘ Natur sollte nicht nur eine Tragfähigkeit und Tragweite auch noch für die Physiologie des menschlichen Organismus und damit für die Medizin und die ärztliche Heilkunst mit sich bringen. Inmitten der verheerenden Verwüstungen

---

[37] „[...] that the perfect and govern [knowledge] is charity", vgl. Francis Bacon, The Great Instauration, in: The Works of Francis Bacon (wie Anm. 18), Bd. 4, 21.

[38] So der treffende Paraphrasierungsvorschlag von Lothar Schäfer, Das Bacon-Projekt. Von der Erkenntnis, Nutzung und Schonung der Natur, Frankfurt am Main 1993, 109.

[39] Horkheimer, Adorno, Dialektik (wie Anm. 1), 14.

[40] Vgl. hierzu im ganzen Rainer Enskat, Dimensionen des Kausalwissens, in: R. E., Authenti-sches Wissen. Prolegomena zur Erkenntnistheorie in praktischer Hinsicht, Göttingen 2005, 307–355.

[41] Vgl. Horkheimer, Adorno, Dialektik (wie Anm. 1), 14 f.

[42] Vgl. hierzu die vorzügliche Untersuchung von Lüder Gäbe, Descartes' Selbstkritik. Untersu-chungen zur Philosophie des jungen Descartes, Hamburg 1972, besonders 97–108.

im Europa des Dreißigjährigen Kriegs vergißt Descartes auch in der Arbeit an einer integralen Konzeption von Philosophie, Mathematik und Physik nicht, sich an den Kriterien des ärztlichen Ethos' vom möglichen Lindern und Heilen der leibhaftig leidenden Menschen zu orientieren[43] – nur allzu offensichtlich eine sowohl unvergleichlich viel tiefer wie konkreter durchdachte, aber ebenso aufgeklärte wissenschaftsphilosophische ,Sorge um die Humanität' wie Bacons abstrakt-programmatisches und formliterarisch verschlüsseltes *caritas*-Postulat an die Wissenschaftspolitik.

Schließlich hat Max Webers geschichts- und vor allem neuzeit-diagnostischer Topos von der Entzauberung der Welt durch Kultivierung einer technischen Zweck-Mittel-Rationalität möglichst aller praktischen Lebensvollzüge[44] entgegen den stillschweigenden Präsuppositionen der beiden Autoren auch mit seiner eigenen Auffassung von den Möglichkeiten und den Aufgaben der Aufklärung nichts zu tun. Für ihn sind gerade mit Blick auf den neuzeitlichen Lebensnerv dieser Entzauberung – die Fortschritte der Wissenschaften – nichts weniger als die beiden drängendsten Schlüsselfragen der neuzeitlichen Bemühungen um Aufklärung noch nicht beantwortet: „Welches ist der *Beruf der Wissenschaft* innerhalb des Gesamtlebens der Menschheit? und welches ihr Wert?"[45] sowie, was ist „[...] *wichtig* im Sinn von ,wissenswert'?"[46] Denn „[...] da stecken nun offenbar alle unsere Probleme darin".[47] Man kann Max Weber kaum schlechter gerecht werden als dadurch, daß man ihn als Stichwortgeber für einen Pseudo-Typ von Aufklärung, geradezu für einen Prototyp einer über sich selbst nicht aufgeklärten Gegenaufklärung in Anspruch nimmt. Das mißbrauchte Stichwort – eines der singulären Momente am Ganzen seiner alttestamentarischen Sorge: „Wächter, wie lange noch die Nacht?"[48] – bildet für Weber lediglich den Auftakt für die ihn bedrängenden Schlüsselfragen seiner aufklärungsbedürftigen, weil szientistisch und technizistisch verdunkelten Gegenwart.[49]

---

[43] Vgl. hierzu die richtungweisenden Orientierungen in den Untersuchungen von Rainer Specht, René Descartes in Selbstzeugnissen und Bilddokumenten, Hamburg 1966, besonders 73–79; R. S., Innovation und Folgelast. Beispiele aus der neueren Philosophie- und Wissenschaftsgeschichte, Stuttgart 1972, besonders 93–98, sowie R. S., Pragmatische Aspekte der cartesischen Physik, in: Andreas Kemmerling, Hans-Peter Schütt (Hg.), Descartes nachgedacht, Frankfurt am Main 1996, 6–23.

[44] Vgl. Max Weber, Wissenschaft als Beruf, in: M. W., Gesamtausgabe, i. A. der Kommission für Sozial- und Wirtschaftsgeschichte hg. von Horst Baier u. a., Tübingen 1984 ff., Bd. 17, hg. von Wolfgang J. Mommsen und Wolfgang Schluchter, Tübingen 1992, 86 ff.

[45] Ebd., 88.

[46] Ebd., 93.

[47] Ebd.

[48] Ebd. 111.

[49] Zur philosophischen Aufarbeitung von Webers Fragen nach dem Wissenswerten und dem Wert der Wissenschaft vgl. Wolfgang Wieland, Möglichkeiten der Wissenschaftstheorie, in: Rüdi-

III.

Die in jeder Hinsicht bizarrste Rolle in ihren Reflexionen haben die Autoren der Homerischen Gestalt des Odysseus zugedacht.[50] Die von ihnen beanspruchte teilweise sozialgeschichtliche und teilweise mentalitätsgeschichtliche „[…] Einsicht in das bürgerlich aufklärerische Element Homers"[51] hat schon Hans-Georg Gadamer zu Recht mit der sarkastischen Bemerkung kommentiert, daß man darin doch wohl „[…] eine Verwechslung Homers mit Johann Heinrich Voß sehen muß".[52] Vielleicht möchte man noch bereit sein, die Ursachen-Diagnose vom „[…] Rückfall […] von Aufklärung in Mythologie"[53] als Versuch zu deuten, Kants Arbeitsdefinition der Aufklärung[54] zugunsten einer mentalitätshistorischen Erklärung fruchtbar zu machen, die einen ‚selbstverschuldeten Rückgang des Menschen in die Unmündigkeit des Mythologischen' am Werk sieht. Immerhin identifizieren die Autoren Odysseus im Gegenzug mit dem Prototyp dessen, der „[…] im Leiden mündig geworden [ist]"[55] – also doch wohl aufgeklärt. Doch den Weg in diese Mündigkeit des Aufgeklärten meinen die Autoren Odysseus im Licht von Spinozas Satz zuschreiben zu können, daß das Streben nach Selbsterhaltung die erste und einzige Grundlage der Tugend sei.[56] In diesem Satz sehen sie wiederum „[…] die wahre Maxime aller westlichen Zivilisation, in der die religiösen und philosophischen Differenzen des Bürgertums zur Ruhe kommen".[57] Das ‚bürgerlich aufklärerische Element Homers' besteht unter diesen Voraussetzungen offensichtlich darin, daß in seinem literarischen Entwurf der Gestalt des Odysseus ‚die wahre Maxime aller westlichen Zivilisation, in der die religiösen und philosophischen Differenzen des Bürgertums zur Ruhe kommen', zum ersten Mal in klassischer Form in Szene gesetzt wird. Das Streben nach der so verstandenen Mündigkeit des sich selbst erhaltenden Aufgeklärten ist dem Homerischen Odys-

---

ger Bubner, Konrad Cramer, Reiner Wiehl (Hg.), Hermeneutik und Dialektik. Aufsätze I. Methode und Wissenschaft, Lebenswelt und Geschichte. Hans-Georg Gadamer zum 70. Geburtstag, Tübingen 1970, 31–56, und W. W., Praktische Philosophie und Wissenschaftstheorie, in: Manfred Riedel (Hg.), Rehabilitierung der praktischen Philosophie, Bd. 1: Geschichte – Probleme – Aufgaben, Freiburg 1972, 505–534.

[50] Vgl. Horkheimer, Adorno, Dialektik (wie Anm. 1), 58–99, auch schon 46 ff.

[51] Ebd., 58.

[52] Hans-Georg Gadamer, Wahrheit und Methode (¹1960), Tübingen ²1965, 258.

[53] Horkheimer, Adorno, Dialektik (wie Anm. 1), 8.

[54] „Aufklärung ist der Ausgang des Menschen aus seiner selbstverschuldeten Unmündigkeit", Immanuel Kant, Beantwortung der Frage: Was ist Aufklärung?, in: Kant's gesammelte Schriften, Bd. 8, Berlin 1923, 42.

[55] Horkheimer, Adorno, Dialektik (wie Anm. 1), 46.

[56] „Conatus sese conservandi primum, et unicum virtutis est fundamentum", Spinoza, Ethica, Pars IV, Propos. XXII, Corrol.

[57] Horkheimer, Adorno, Dialektik (wie Anm. 1), 42.

seus im Licht dieser Voraussetzungen dadurch gelungen, daß sich ihm in „[…] der Vielfalt der Todesgefahren, in denen er sich durchhalten mußte, […] die Einheit des eigenen Lebens, die Identität der Person gehärtet [hat]".[58]

Es fällt schwer, der Versuchung zu widerstehen, diese Interpretationshypothesen und Interpretationen der Homerischen Gestalt des Odysseus durch die beiden Autoren in Analogie zu der beliebten Jugendbuch-Version von den ‚Irrfahrten des Odysseus' *nicht* als die Irrfahrten Horkheimers und Adornos zu apostrophieren. Indessen hat auch Adorno selbst gelegentlich einen Aspekt hervorgehoben, der geeignet ist, ein kritisches Licht auf die methodologisch mißratene Fixierung auf die Gestalt des Odysseus und dessen vom Halbdunkel des Mythos umrankten Taten und Widerfahrnisse zu werfen. In einem selbstkritischen Rückblick auf einige Artikel unter seinen musikalischen Schriften merkt er an, daß sie „[…] physiognomischer eher als analytischer Art [sind]".[59] Man könnte die methodischen Defizite des Odysseus-Exkurses kaum treffender erfassen als durch diese methodologische Mangel-Diagnose. Denn welche in der Odyssee verwendeten Begriffe oder Sätze hätten die Autoren einer Analyse unterzogen, die diesen Namen verdienen würde? Es ist stattdessen die Physiognomie, die Odysseus in Homers literarischem Spiegel mit seinen Taten und Widerfahrnissen präsentiert, was die beiden Autoren als Material für die Applikation einiger weniger neuzeitlicher ethischer und bewußtseinstheoretischer Sätze und Topoi verwenden – doch alles dies mit rigoroser Vernachlässigung der methodologisch vorrangigen Kontrollfrage, inwiefern diese einzelnen theoretischen Sätze und Topoi aus ferner Zukunft zu jenen ‚isolierten singulären Momenten' *von sehr verschiedenen* ‚Ganzen' gehören, die an diesen ‚isolierten singulären Momenten' in höchst unterschiedlichen Formen ‚ihr Leben haben'.

Es gibt eigentlich nur eine einzige Interpretationshypothese der beiden Autoren, die ein Element präsentiert, von dem aus sich nicht nur eine genuine Brücke zu den von Homer verwendeten Attributen des Odysseus schlagen läßt, sondern das auch ein genuines Analyse-Potential enthält. Der Zwölfte Gesang der Odyssee entwirft für die Autoren mit der „Vorbeifahrt der Sirenen"[60] die entscheidende Bewährungsprobe für die endgültig von Odysseus erworbene aufgeklärte Identität seiner Person, weil sie paradigmatisch zeige, daß „[…] einzig immerwährende Geistesgegenwart der Natur die Existenz abtrotzt".[61] Sieht man einmal davon ab, daß es ganz und gar nicht *ausschließlich* die Natur ist, der Odysseus durch welche mentalen Dispositionen auch immer die Existenz abtrotzt, sondern mindestens

---

[58] Ebd.
[59] Theodor W. Adorno, Musikalische Schriften IV. Moments musicaux. Impromptus, Gesammelte Schriften, Bd. 17, Frankfurt am Main 1982, 11.
[60] Horkheimer, Adorno, Dialektik (wie Anm. 1), 42.
[61] Ebd., 47.

ebenso seine durch Krieg, Machtpolitik, Konkurrenz und emotionale Konflikte
zerklüftete Mitwelt, dann bleibt doch das Attribut der immerwährenden Geistesgegenwart, mit dem die Autoren wenigstens mit einem ersten Schritt der notorischen mentalen Attributen-Familie Homers für Odysseus näherkommen – wenngleich es gerade mit Blick auf den Anteil von Adornos geradezu hypersensiblem
Sprachgehör verblüffend ist, daß sie den klassischen Attribuierungen Homers
eine Attribuierung vorziehen, die nicht nur unüberhörbar neudeutscher Herkunft
ist, sondern die wichtigsten begrifflichen Konnotationen der klassischen griechischen Attribuierungen Homers unterschlägt: *Vielgewandt,*[62] *klug,*[63] *erfindungs-*
bzw. *listenreich*[64] und *großgesinnt*[65] sowie *der, der sich immer zu helfen weiß,*[66]
sind die mentalen Attribute bzw. Kennzeichnungen, unter denen Odysseus von
seinem Rhapsoden präsentiert wird.

Man kann indessen nicht gut bezweifeln, daß die Rede vom listenreichen Odysseus schon längst den Rang des einzigen geflügelten Worts erlangt hat. Das griechische Synonym πολυμηχᾰνός[67] geht gerade dadurch über die Semantik und
Pragmatik der Rede von der (immerwährenden) Geistesgegenwart hinaus, daß
es die an bewährten Techniken und Methoden der Meisterung von unzähligen diversen Lebenssituationen gebundene, paradigmatisch durch Odysseus verkörperte kognitive Disposition zur Sprache bringt. Die Rede von der Geistesgegenwart
läßt dagegen gerade unbestimmt, wie Odysseus die dadurch charakterisierte kognitive Disposition fruchtbar macht. Dabei ist es andererseits mehr als verwunderlich, daß die beiden Autoren die μηχᾰνή-Komponente dieses Attributs nicht
verwenden, um Homers literarische Inszenierung des Odysseus in den Dienst ihrer technik-orientierten Verfallsdiagnose der Aufklärung zu stellen. Denn mit ihrer Hilfe läßt sich Odysseus geradezu als Prototyp dessen konzipieren, der durch
lebenstechnischen Erfindungsreichtum ,die Einheit des eigenen Lebens, die Identität der Person gehärtet hat'. Zwar schreiben die Autoren von der „Formel für die
List des Odysseus".[68] Diese List ist für die Autoren konsequenterweise „Das Organ des Selbst, Abenteuer zu bestehen, sich wegzuwerfen, um sich zu erhalten
[…]".[69] Diese List wird von den Autoren mit Blick auf die diversen Opfergaben,
die Odysseus während seiner Irrfahrten darbringt, als Organ der „[…] Transformation des Opfers in Subjektivität" gedeutet, weil diese List „[…] am Opfer stets

---

[62] Od., I, v. 1.
[63] Od., I, v. 48.
[64] Od., V, v. 214.
[65] Od., V, v. 81.
[66] Od., V, v. 182.
[67] Il. 2.173 ff.
[68] Horkheimer, Adorno, Dialektik (wie Anm. 1), 74.
[69] Ebd., 64.

schon Anteil hatte",[70] so daß das „[...] Moment des Betrugs im Opfer [...] das Urbild der odysseischen List [ist], wie denn viele Listen des Odysseus gleichsam einem Opfer an Naturgottheiten eingelegt sind".[71]

Man braucht das Anregungspotential dieser und anderer list- bzw. opfertheoretischer Reflexionen, Interpretationshypothesen und Interpretationen nicht in Frage zu stellen. Gleichwohl ist unübersehbar, daß die *relative* kognitive Überlegenheit des Homerischen Odysseus über die entsprechenden Formen mythischen Bewußtseins auch im Horizont dieser Reflexionen, Interpretationshypothesen und Interpretationen *ausschließlich* in dem lebenspragmatischen und methodisch-technisch erfindungsreichen πολυμηχανή-Wissen des Odysseus besteht. Doch ist dies Wissen tatsächlich *nichts anderes* als „[...] das Wissen, in dem seine Identität besteht und das ihm zu überleben ermöglicht".[72] Und dieser spinozistisch gedeutete Odysseus soll der Prototyp einer Aufklärung sein, die ihren Träger befähigt, mit der ‚Entzauberung der Welt' zu beginnen, indem er seinen Listen- und Erfindungsreichtum nutzt, um den von ihm inszenierten Schein einer Teilhabe am inneren Bannkreis kollektiver mythischer Kultformen nutzenegoistisch zugunsten des eigenen Überlebens zu instrumentalisieren? Im Kontext des Buches soll die „Formel für die List des Odysseus, daß der abgelöste, instrumentale Geist, indem er der Natur resigniert sich anschmiegt, dieser das Ihre gibt und sie eben dadurch betrügt"[73] jedenfalls allen Ernstes auch das Strukturschema für die Formel der *Kulturindustrie. Aufklärung als Massenbetrug?*[74] liefern. Allen Ernstes soll auch sie nach den Kriterien der beiden Autoren den ‚abgelösten, instrumentalen Geist' repräsentieren, der, indem er den Massen listenreich sich anschmiegt, diesen das Ihre gibt und sie eben dadurch betrügt? Und ebenso soll dieser Betrug – jedenfalls im Horizont der Theorie des kapitalistischen Gesellschaftssystems der beiden Autoren und analog wie der Listenreichtum des Odysseus dessen Selbsterhaltung dient – auch wiederum der Selbsterhaltung dieses Systems dienen?

Die Physiognomie, die die Autoren dem Odysseus Homers durch ihre Interpretationen verleihen, ist offensichtlich eine Maske, hinter der die Autoren in von ihnen selbst nicht durchschauten Formen den von ihnen mystifizierten, pseudo-bürgerlichen Prototyp jener falschen Aufklärung versteckt haben, deren wahre Gestalt für sie offenbar erst in der neuzeitlichen Wirklichkeit und in der Wirklichkeit ihrer Gegenwart erkennbar geworden ist. Eine Behandlung von Elementen der

---

[70] Ebd., 72.

[71] Ebd., 65.

[72] Ebd., 62.

[73] Ebd., 74; warum Odysseus unter den Voraussetzungen der Autoren der Natur ‚*resigniert*' sich anschmiegt' und nicht listen- und erfindungsreich, bleibt ihr Geheimnis.

[74] Vgl. ebd., 144, sowie 166: „Immerwährend betrügt die Kulturindustrie ihre Konsumenten um das, was sie immerwährend verspricht".

Homerischen Odyssee, die stattdessen ‚analytisch eher als physiognomisch‘ zur
Frühgeschichte der Bemühungen um die ‚wahre‘ Aufklärung beitragen würde,
sucht man im *Exkurs I* ihres Buchs vergeblich.

IV.

Zwar haben die Autoren sowohl in einem der beiden ältesten klassischen Epen der
europäischen Geschichte wie in der neuzeitlichen Geschichte mit seinem nahezu
sprichwörtlichen *Jahrhundert der Aufklärung* keinerlei Elemente der ‚wahren‘
Aufklärungskonzeption gefunden.[75] Es bleibt indessen fraglich, ob sie wirklich
danach gesucht haben oder nicht vielmehr danach, ob eine Aufklärungskonzeption überliefert ist, die in wichtigen Punkten mit der Aufklärungskonzeption über-
einstimmt, die sie selbst allerdings auch erst vorzubereiten suchen. Jedenfalls
könnte der Kontrast zwischen ihrem offensichtlichen problemgeschichtlichen
Negativbefund und ihren konzeptionellen Intentionen schwerlich drastischer ausfallen als im Licht des Umstandes, daß knapp vierhundert Jahre nach der vermuteten schriftlichen Formulierung des zweiten Homerischen Epos' und damit rund
zweieinviertel Jahrtausende vor der Niederschrift ihrer *Philosophischen Fragmente* eine vorbildliche elementaranalytische Vorbereitung des Aufklärungsproblems *avant la lettre* an Hand eines literarischen Materials der Homerischen
Odyssee präsentiert worden ist. Im *Kleinen Hippias* läßt Platon Sokrates' namen-
gebenden Gesprächspartner des Dialogs sechs Verse aus der *Ilias* zitieren,[76] in denen für die folgenden elementaranalytischen Erörterungen nur das wieder für
Odysseus reservierte Attribut πολυμήχανος ausschlaggebend ist.[77] Platons ein-
fachster Kunstgriff zugunsten der Regie über die anschließende dialogische Elementaranalyse besteht allerdings zunächst darin, daß er Hippias diese eindeutig
kognitiv konnotierte Attribuierung aus seinem eigenen Zitat ignorieren und stattdessen die ausschließlich lebenstechnisch-pragmatisch konnotierte Attribuierung
des vielgewandten (πολύτροπός)[78] Odysseus verwenden läßt. Der Schritt in die
sachlich orientierte Elementaranalyse wird zwischen beiden Dialogpartnern
klar mit einer Verabschiedung von Homer-Interpretationen und mit der Begrün-

---

[75] Zum Problem der *wahren* Aufklärung vgl. die richtungweisende Untersuchung von Werner
Schneiders, Die wahre Aufklärung. Zum Selbstverständnis der deutschen Aufklärung, Freiburg,
München 1971.
[76] Vgl. Gr. Hipp. 365a 1-b 2, sowie Il. 9.308–14, allerdings mit kontroversen Überlieferungs-
differenzen zwischen den beiden Textstücken.
[77] Gr. Hipp. 365a 1 bzw. Il. 9. 308.
[78] Gr. Hipp. 365b 5.

dung vollzogen, daß den Homer ohnehin niemand mehr fragen könne, was er sich bei dem Geschriebenen dachte.[79]

Sokrates lenkt die analytische Aufmerksamkeit des Gesprächs von Anfang an auf eine Prämisse, die von Hippias' lebens-pragmatisch-technischer πολύτροπός-Fixierung zwar nicht direkt erfaßt, aber von ihm stillschweigend geteilt wird. Denn er fragt Hippias, wessen er diejenigen für unfähig oder untüchtig (ἀδυνάτους) bzw. für fähig oder tüchtig (δυνατούς) hält,[80] die etwas Bestimmtes tun, z. B. lügen.[81] Die zwischen ihnen konsensuale Verknüpfung der lebenspragmatisch-technischen Vielgewandtheit mit einer entsprechenden Fähigkeit oder Tüchtigkeit bzw. Unfähigkeit oder Untüchtigkeit[82] wird von Sokrates unmittelbar anschließend mit einer zweiten von Hippias stillschweigend geteilten Prämisse verflochten. Diese Prämisse charakterisiert diese Fähigkeit oder Tüchtigkeit bzw. deren Gegenteile alternativ als eine von zwei *kognitiven* Fähigkeiten oder Tüchtigkeiten bzw. deren Gegenteile – als List (πανουργία) oder als Klugheit (φρόνησις) bzw. deren Gegenteile.[83] Die generelle konsensuale Formel für den Fähigen oder Tüchtigen (Δυνατός)[84] besagt, daß jeder dies also ist, der stets das bewerkstelligt, was er intendiert, sobald er es intendiert.[85] Die Ergänzung der Orientierung an der lebenspragmatisch-technischen Vielgewandtheit durch die Orientierung an den entsprechenden Fähigkeiten oder Tüchtigkeiten bzw. Unfähigkeiten oder Untüchtigkeiten und insbesondere an deren spezifisch kognitivem Gepräge bereitet auf längere Sicht lediglich die ,Geburtshilfe' zugunsten einer weiteren von Hippias ebenfalls stillschweigend geteilten Prämisse vor: Daß wir bei allem, was wir tun, jeweils von irgendwelchen *in der Seele* beheimateten Fähigkeiten oder Tüchtigkeiten bzw. Unfähigkeiten oder Untüchtigkeiten *wie von Instrumenten* Gebrauch machen.[86]

Durch einer seiner wichtigsten Kunstgriffe demonstriert Platon, daß er den odysseeischen Listen- und Erfindungsreichtum ganz unbeschadet seiner lebenspragmatisch-technischen Wichtigkeit als eine überwindungsbedürftige Vorgestalt der Aufklärung auf dem Weg zur wahren Aufklärung einstuft. Dieser Kunstgriff zeigt sich mit der von Hippias akzeptierten Einführung und Verwendung des Schlüsselbegriffs der Kunst (τέχνη) durch Sokrates.[87] Denn nicht nur alle Tätig-

---

[79] Vgl. Gr. Hipp. 365c 8-d 4.

[80] Gr. Hipp. 365d 6 ff.

[81] Vgl. ebd.

[82] Vgl. Gr. Hipp. 365e 1–2.

[83] Vgl. Gr. Hipp. 365e 2–4.

[84] Gr. Hipp. 366b 7.

[85] Δυνατός δέ γ' ἐστὶν ἕκαστος ἄρα, ὃς ἂν ποιῇ τότε ὃ ἂν βούληται, ὅταν βούληται, Gr. Hipp. 366b 7–9.

[86] Vgl. Gr. Hipp. 374e 3–376b.

[87] Vgl. Gr. Hipp. 367e 8 ff.

keiten, deren Hippias sich selbst rühmt, fähig oder tüchtig zu sein, werden mit Hilfe dieses Schlüsselbegriffs charakterisiert. Ebenso werden das Rechnen, die geometrischen und die astronomischen Tätigkeiten sowie alle handwerklichen und sonstigen leibhaftigen Tätigkeiten einschließlich solcher Tätigkeiten wie das Bogenschießen (Homers Heimkehr!), das Musizieren und sogar die ärztlichen Tätigkeiten als Manifestationen von technischen, in der Seele beheimateten kognitiven Fähigkeiten oder Tüchtigkeiten eingestuft.[88] Doch diese ‚technizistisch' zugespitzte Zusammenfassung aller Erörterungen von Tätigkeiten und der durch sie manifest werdenden kognitiven, seelischen Fähigkeiten wird durch Sokrates von Anfang an mit Hilfe des anderen Kunstgriffs vorbereitet.[89] Er führt diese Ausübung aller dieser Tätigkeiten schließlich ausdrücklich darauf zurück, daß die Ausübenden entweder die Vorsätzlichen (ὅι ἑκόντες)[90] sind oder aber zu den Unvorsätzlichen (τῶν ἀκόντων)[91] gehören. Dabei ist es unter den von Sokrates in Anspruch genommenen und von Hippias schließlich auch akzeptierten Voraussetzungen gleichgültig, ob die vorsätzlich ihre Tüchtigkeiten Ausübenden das Steuerruder des Schiffes vorsätzlich schlecht handhaben oder vorsätzlich schlecht musizieren oder die ärztlichen Tätigkeiten vorsätzlich schlecht ausüben.[92]

Die Auseinandersetzung um die Frage der Vorsätzlichkeit von Schlechtes hervorbringenden Tätigkeiten erreicht ihren sachlichen und argumentativen Höhepunkt – und den Höhepunkt von Hippias' Irritationen – mit einer von Sokrates zu bedenken gegebenen These. Sie wird von Hippias nicht akzeptiert und von Sokrates zwar für formal konsequent, aber wegen ihres Inhalts für problematisch gehalten[93] – die paradoxe These, daß der, der vorsätzlich Schlechtes und Ungerechtes bewerkstelligt, wenn es einen solchen gäbe, kein anderer als sogar *der* Gute (ὁ ἀγαθός)[94] wäre.[95] Auch dieser mehrfache Höhepunkt ist von langer, implizite Prämissen analysierender und sammelnder Tätigkeit vorbereitet. Die eine dieser von Hippias für unverfänglich gehaltenen Prämissen besagt, daß der, der beim Rechnen der tüchtigste im Sagen von wahren und falschen Lösungen ist, der Gute (ὁ ἀγαθός)[96] ist.[97] Die andere Prämisse dieses Typs besagt, daß die Gerechtigkeit (ἡ

[88] Vgl. Gr. Hipp. 368e 2–369a 2 im Rückblick auf 366c 5–368e 1 sowie im Vorblick auf 373c 6–375d 5.

[89] Vgl. Gr. Hipp. 366b 1 ff.

[90] Gr. Hipp. 371e 7 ff.

[91] Gr. Hipp. 372a 2 ff.

[92] Vgl. Gr. Hipp. 374e 3 ff.

[93] Gr. Hipp. 376b 7 ff.

[94] Gr. Hipp. 376b 6.

[95] Vgl. 376b 4–6; es gehört zum technizistisch-poietischen Aspekt des Kontexts, daß das Bewerkstelligen dieses Ungerechten ausdrücklich durch ein ποιῶν bewerkstelligt wird.

[96] Gr. Hipp. 367c 4, 5–6.

[97] Vgl. Gr. Hipp. 367c 1–7.

δικαιοσύνη) sowohl eine Fähigkeit oder Tüchtigkeit (δύναμίς τίς) wie eine Erkenntnis (ἐπιστήμη) ist.[98] Die ganze Paradoxie der These von dem einzigartigen Guten, der vorsätzlich Schlechtes und Ungerechtes bewerkstelligt, wird daher durch das schon gesammelte Prämissengefüge evoziert, in dessen Zwielicht dieser Gute mit demjenigen identisch ist, der sowohl über die Fähigkeit oder Tüchtigkeit wie über die Erkenntnis des Gerechten *und* des Ungerechten verfügt.

Es liegt indessen auch fast auf der Hand, wie sich die Faktoren unterscheiden lassen, die dies Zwielicht erzeugen. Hippias' ursprüngliche Fixierung auf die pragmatisch-technische Vielgewandtheit des Odysseus verleiht der dialogischen Auseinandersetzung die durchgängige pragmatisch-technische Orientierung an den vielfältigen erörterten *Tätigkeiten* und an den aus ihnen hervorgehenden guten und schlechten *Resultaten und Konsequenzen*. Die Beurteilung solcher Resultate und Konsequenzen als entweder gut oder als schlecht ist unabhängig davon, wie man die Personen und die seelischen, kognitiven und technischen *Fähigkeiten oder Tüchtigkeiten* beurteilt, ohne die solche Tätigkeiten und deren Resultate allerdings nicht hervorgebracht werden könnten. Die Paradoxie, die nicht nur Hippias, sondern auch Sokrates vorläufig zu schaffen macht, hängt aber offensichtlich ausschließlich davon ab, daß beide Gesprächspartner *noch* nicht durchschauen, daß man zwei formal verschiedene Argumente unterscheiden muß: 1. Der Gute, der welcher vorsätzlichen Tätigkeiten auch immer technisch-pragmatisch und kognitiv fähig und tüchtig ist, ist *deswegen* gut, weil er sowohl Gutes wie Schlechtes *tätigen* kann; 2. der sowohl des Tuns des Schlechten wie des Guten fähige und tüchtige Gute ist *deswegen* gut, weil er über die Fähigkeit und Tüchtigkeit verfügt, sowohl Gutes wie Schlechtes *zu erkennen und zu unterscheiden*. Sokrates und Hippias haben also noch nicht die uneingeschränkte *Priorität der Erkenntnis und Unterscheidung* von Gutem und Schlechtem vor dem vorsätzlichen pragmatisch-technischen Tun von Gutem und Schlechtem durchschaut. Hätten sie diese Priorität durchschaut, dann hätten sie auch eingesehen, daß das „deswegen" des 1. Arguments nicht haltbar ist und in ein „nicht-schon-deswegen" umgeformt werden muß, wenn man mit der Einsicht in diese Priorität konform zu sein sucht.

Sowohl Hippias' Fixierung auf die Vielgewandtheit des als πολύτροπός charakterisierten Odysseus wie Homers und vor allem Horkheimers und Adornos Orientierung am Listen- und Erfindungsreichtum des als πολυμηχανός charakterisierten Odysseus werden alleine schon durch Platons Paradoxie auch ohne Auflösung der Paradoxie überwunden. Denn jedenfalls und mindestens werden die Fähigkeit oder Tüchtigkeit und die Erkenntnis, ohne die die Gerechtigkeit des Gerechten bzw. das Gute des Guten nicht sein könnte, was sie bzw. es ist, als ein Schlüsselelement bewahrt, das an dieser Auflösung beteiligt ist. Odysseus könnte

---

[98] Vgl. Gr. Hipp. 375d 8–376b 6.

unter diesen Voraussetzungen ohne das *vorsätzliche* Tun von Gutem bzw. Gerechtem und von Schlechtem bzw. Ungerechtem nicht gut bzw. gerecht sein und daher wegen der Vorsätzlichkeit auch nicht ohne die Fähigkeit oder Tüchtigkeit und die Erkenntnis des Guten oder Gerechten bzw. Schlechten und Ungerechten. Im übrigen werden sein Listen- und sein Erfindungsreichtum ohnehin nicht *als* kognitive Dispositionen für das Tun des *Gerechten und Guten* gepriesen. Damit ist durch die Auseinandersetzungen des Dialogs und deren vorläufig aporetisches Resultat zwar noch nicht eine wohlbestimmte konzeptionelle Stufe von Aufklärung erreicht. Wohl aber ist dadurch ein unmißverständlicher Fingerzeig gegeben, daß eine solche Stufe nur dadurch erreicht werden kann, daß die Frage der Priorität oder der Posteriorität der Fähigkeit oder Tüchtigkeit und der Erkenntnis des Gerechten bzw. Guten mit guten Gründen beantwortet wird.

V.

Man braucht Platon nicht zu verweigern, was Horkheimer und Adorno in Anspruch nehmen – die Bereitschaft ihrer Leser, der Vorbereitung einer positiven Konzeption der Aufklärung Aufmerksamkeit in der Erwartung zu schenken, daß diese *Vorbereitung* gelingen könne. Allerdings hegt kein Geringerer als Jürgen Habermas noch eine Generation nach dieser Vorbereitung das qualifizierte Bedenken, daß Horkheimer und Adorno diese Konzeption gar nicht gelingen konnte. Denn schon diese Vorbereitung „[…] blieb in der puristischen Vorstellung befangen, als stecke in den internen Beziehungen zwischen Genesis und Geltung der Teufel, der auszutreiben sei, damit sich die Theorie, von allen empirischen Beimengungen gereinigt, in ihrem eigenen Element bewegen könne".[99] Daher „[…] hat sich die total gewordenen Kritik [sc. Ideologiekritik, R.E.] [dieses Erbes] nicht entledigt".[100]

Von solchen Befangenheiten war Platon schon deswegen frei, weil die von ihm dialogisch inszenierte Ausarbeitung des Odysseus-Problems und seiner aporetischen Überwindung im *Kleinen Hippias* gar nicht der Vorbereitung einer Konzeption dient, die in erkennbarer Weise Züge einer Aufklärungskonzeption auch nur *avant la lettre* zeigen würde. Sie dient allenfalls der Vorbereitung der Überwindung der Aporie, durch deren bloße Formulierung das Odysseus-Problem allerdings schon überwunden ist. Um so klarer sind von Zügen einer Aufklärungs-Konzeption die Auffassungen geprägt, die Platon schließlich in der *Politeia*

---

[99] Jürgen Habermas, Die Verschlingung von Mythos und Aufklärung: Horkheimer und Adorno ([1]1982), in: J. H., Der philosophische Diskurs der Moderne. Zwölf Vorlesungen, Frankfurt am Main [2]1989, 130–157, hier 156.

[100] Ebd., 156 f.

von der Idee des Guten und deren Funktionen ausarbeitet. Nichts könnte diese Züge konzentrierter zusammenfassen und suggestiver anschaulich machen als der für seine ganze Philosophie zentrale Symbolisierungs- und Analogisierungskunstgriff. Durch seine Identifizierung des Symbols der Idee des Guten mit dem neuzeitlichen Sonnen-Symbol der Aufklärung[101] bereitet er den nicht weniger wichtigen Analogisierungskunstgriff vor: Die sichtbarkeits- und wachstumsbegünstigenden Funktionen der Sonne sind dem Beitrag analog, durch den das Gute das Erkannt-werden des Erkennbaren sowie das Sein und das Wesen des Erkennbaren begünstigt.[102] Zusammen mit dem Gedanken, daß das Gute durch seinen überragenden (ἐπέκεινα)[103] axiologischen Rang und durch seine normative Nutzenfunktion das Sein des Erkennbaren an Kraft und Würde überragt,[104] und in Verbindung mit dem Höhlengleichnis[105] konzipiert Platon hier offenkundig die Zentralbedingung einer Aufklärungskonzeption *avant la lettre*: Nur und erst dann ist ein Mensch aufgeklärt, wenn er auf den mühseligen Wegen des Höhlengleichnisses ein für alle Mal gelernt hat, in das sonnenhafte Licht der Idee des Guten zu blicken und in diesem Licht stets in erfolgsträchtiger Weise darum bemüht zu sein, seine Praxis mit demjenigen Muster des Guten zu durchdringen, das in jeder Praxis selbst mit sich selbst dasselbe ist. Die Strukturelemente dieser Ideenorientierung hat Platon ein für alle Mal am trefflichsten schon im *Euthyphron* formuliert. Hier erinnert er daran, daß man zur Beurteilung und Gestaltung einer Praxis darauf angewiesen sei, auf ein (kriterielles) Muster zu blicken (ἀπο-βλέπων [...] παραδείγματι),[106] das identisch ist mit jener Idee selbst (ἐκεῖνο αὐτὸ τὸ εἶδος)[107] und dessen Erkenntnis dem Handelnden hilft, seine Praxis so zu beurteilen und zu gestalten, daß dies Muster in jeder Praxis selbst mit sich selbst dasselbe ist (ταὐτον ἐστιν ἐν πάσῃ πράξει [...] αὐτὸ αὑτῷ).[108] Die Tragfähigkeit und die Tragweite, die Platon sogar noch in seinem Hauptwerk mit dieser Strukturformel des *Euthyphron* für den kognitiven Ideenbezug des Menschen verbindet, ist unübersehbar: Ihr wichtigstes Element verwendet er in der *Politeia* sogar mit Blick auf die Idee des Guten, indem er zu bedenken gibt, daß man diese Idee als (kriterielles) Urmuster gebrauchen müsse (παραδείγματι χρομένους ἐκείνῳ),[109] wenn man die Praxis und insbesondere den Staat zu gestalten sucht.[110]

---

[101] Vgl. Rep. 504e 7 ff., besonders 508a 4 ff.
[102] Vgl. Rep. 509b 6–8; vgl. auch 517b 9-c 5.
[103] Rep. 509b 9.
[104] Vgl. Rep. 509b 8–10.
[105] Vgl. Rep. 514a 1–517a 8.
[106] Euthphr. 6e 4–5.
[107] Euthphr. 6d 10–11.
[108] Euthphr. 5d 1–3.
[109] Rep. 540a 9

Die aus der Bearbeitung des Odysseus-Problems hervorgegangene Aporie des *Kleinen Hippias* ist damit eindeutig und endgültig zugunsten des Gedankens von der Priorität der Erkenntnis des Guten überwunden. Doch darüber hinaus kommt der rein axiologisch-funktionalistisch konzipierten, aber inhaltlich gänzlich unbestimmt bleibenden Idee des Guten und ihres Nutzens eine Orientierungsfunktion zu, die alle utilitaristischen und nicht-utilitaristischen Praxis-Kriterien überragt, wenn es um die Beurteilung und Gestaltung irgendeiner beliebig elementaren oder komplexen Praxis als gut oder nicht gut geht.[111] Zu einer klassischen Aufklärungsfunktion ist Platon mit diesen Auffassungen offensichtlich aus zwei Gründen durchgedrungen: In Übereinstimmung mit den teilweise in der Lichtmetaphorik und teilweise in der Sonnensymbolik verschlüsselten kognitiven Gehalten der neuzeitlichen Aufklärungskonzeptionen signalisiert Platon mit der Sonnen- und Lichtmetaphorik, daß er nur einer eminenten Form von Erkenntnis zutraut, daß ein Mensch aufgeklärt ist; und in Übereinstimmung mit der praktischen Grund- und Leitorientierung der neuzeitlichen Aufklärungskonzeptionen hängt die eminente Form dieser Erkenntnis entscheidend davon ab, daß nur sie ihren Besitzer befähigt, das Gute einer Praxis – und zwar sowohl der eigenen wie der öffentlichen – nicht nur zu beurteilen und zu erkennen, sondern auch praktisch zu gestalten.[112]

Bevor man diese Elemente von Platons Aufklärungskonzeption *avant la lettre* dem wohlfeilen Verdacht aussetzt, daß es für die ideologiekritische Virtuosität Horkheimers und Adornos ein Leichtes gewesen wäre, sie eines wie auch immer strukturierten ‚falschen Bewußtseins‘ zu überführen, tut man gut daran, die habituellen skeptischen und selbstkritischen Reserven in Rechnung zu stellen, die Platon mit jeder der von ihm mitgeteilten philosophischen Überlegungen verbindet. So hat Platon die im *Kleinen Hippias* mit Hilfe eines irrealen Konditionals formulierte Überlegung niemals widerrufen, daß, *wenn* es einen Menschen *gäbe*, der vorsätzlich das Gute und das Schlechte bewerkstelligt, er *der* Gute *wäre* (s. o.). Doch durch die Form des irrealen Konditionals signalisiert Platon, daß es im Rahmen seiner Überwindung des Odysseus-Problems auf die reale Existenz oder Nicht-Existenz eines solchen personifizierten Guten gar nicht ankommt. Es kommt vielmehr ausschließlich auf die Fruchtbarkeit der problematischen Alternative, ob die Priorität bei der Erkenntnis und Unterscheidung von Guten und Schlechtem liegt oder beim vorsätzlichen Tun von Gutem und Schlechtem. Mit

---

[110] Neu ist im Rahmen der *Politeia* indessen die Ergänzung des kognitiven Ideenbezugs durch die gebrauchsorientierte praktische Einstellung zu dieser Idee.

[111] Über die von Platon in gänzlicher inhaltlicher *Unbestimmtheit* gelassene Idee des Guten ist nur noch ein einziger anderer Denker einen radikalisierenden Schritt hinausgegangen, indem er das Gute definitiv sogar als *unbestimmbar* bzw. den Begriff des Guten definitiv als *undefinierbar* eingestuft hat, vgl. George Edward Moore, Principia Ethica, Cambridge 1903, besonders Kap. 1.

[112] Vgl. auch Rep. 517c 3–5.

denselben unscheinbaren formalen Mitteln trägt Platon in der *Politeia* dem Gleichnischarakter des komplexen Bildes von der Höhle Rechnung. Denn im Rahmen von dessen diskursiver Auslegung spricht er über den der Idee des Guten ansichtig Gewordenen durchweg in den Formen des irrealen Konditionals.[113] Damit signalisiert er, daß es auf die reale Existenz oder Nicht-Existenz eines solchen Menschen nicht ankommt, sondern ausschließlich auf die eminente kognitive und praktische Orientierungsfunktion der Idee des Guten. Im übrigen signalisiert Platon seine skeptische und vor allem auch selbstkritische Haltung durch die literarische Gestaltung der fragenden, hypothetischen, ironischen und sonstigen performativen und illokutionären Rollen von Sokrates' Beiträgen in jedem seiner Dialoge auf Schritt und Tritt. Jedem der Sokrates in den Mund gelegten Sätze vorenthält er zusammen mit dem assertorischen Modus auch den Ausdruck von Überzeugtheit oder Gewißheit und damit den direkten Anspruch auf Wahrheit. Sieht man einmal von allen inhaltlichen Differenzen ab, dann unterscheiden sich die Haltungen, in denen Platon einerseits und andererseits Horkheimer und Adorno ihre Überlegungen formulieren und kommunizieren, durch nichts tiefer als durch die skeptisch-selbstkritische Haltung, mit der Platon alles und jedes zu verstehen und zu bedenken gibt, was er zu verstehen und zu bedenken gibt.

Wenn man Platons Aufklärungskonzeption *avant la lettre* nicht aus den Augen verliert, dann ist die Ironie nicht zu überbieten, der sich Horkheimers und Adornos Apostrophierung einer *Dialektik der Aufklärung* gerade dadurch aussetzt, daß diese Dialektik am Leitfaden des ‚frühbürgerlichen' Listen- und Erfindungsreichtums von Odysseus' lebenstechnischer Selbstbehauptungspragmatik paradigmatisiert wird. Denn der mit der Einsicht in die Idee des Guten vertraut Gewordene wird von Platon mit niemand anders als dem Dialektiker (ὁ διαλεκικός)[114] identifiziert. Ihm ist nicht nur die Fähigkeit des Dialektischen (ἡ τοῦ διαλέγεσθαι δύναμις)[115] zueigen, in seiner Obhut liegt auch die dialektische Methode (ἡ διαλεκτικὴ μέθοδος)[116]. Dieser Dialektiker bildet nicht nur die Nachfolgergestalt ‚des Guten' aus dem *Kleinen Hippias*. Er ist vor allem nicht mehr und nicht weniger als die mit keinerlei Existenz- oder Nicht-Existenz-Unterstellungen verbundene Personifizierung der notwendigen und hinreichenden kognitiven Voraussetzungen dafür, daß ein Mensch aufgeklärt ist. Der tragische *cantus firmus*, von dem Horkheimers und Adornos *Diagnosen* des geschichtlichen Niveaus der Aufklärung vor allem angesichts ihrer realen Gegenwart getragen wird, ist durchweg unüberhörbar. Dieser möchte zu Recht auf ihr Entsetzen darüber zurückgeführt werden können, in welchem wahrhaft ungeheuren Maß es in der realen Geschichte immer

---

[113] Vgl. Rep. 518a 1-b 5.
[114] Vgl. Rep. 534b 3 – 535a 1.
[115] Rep. 533a 8.
[116] Rep. 533c 9.

wieder einmal und vor allem in ihrer unmittelbaren Gegenwart an realen Gestalten
gefehlt hat, die diese Bedingungen jeweils zur rechten Zeit und am rechten Ort mit
einem für die Praxis und insbesondere für die Politik hinreichend günstigen Maß
erfüllt haben und fruchtbar machen konnten. Um so mehr leiden ihre *philosophie-,
theorie- und ideengeschichtlichen Fehlanzeigen* entsprechender Aufklärungs-
Konzeptionen unter einem Maß an Unbildung ihrer problemgeschichtlichen
und philosophischen Urteilskraft, das der Geringschätzung direkt proportional
ist, mit der sie im toten Winkel dieser Urteilskraft buchstäblich alles und jedes
ignorieren oder mißdeuten, in der Auseinandersetzung mit dem sie hätten lernen
können, was ‚fortschreitendes Denken' von Begriffen, Kriterien, Argumenten und
Theorien der Aufklärung zuwege zu bringen vermag. Sie hätten dann zwar durchaus auch weiterhin urteilen können, daß „[j]edes inhaltliche Ziel, auf das die Menschen sich berufen mögen, als sei es eine Einsicht der Vernunft, […] nach dem
strengen Sinn der Aufklärung Wahn, Lüge, Rationalisierung [ist]".[117] Doch gerade nach diesem ‚strengen Sinn von Aufklärung' kann man die klassische Einsicht
in die zentrale normative Bedingung der Aufklärung nirgendwo besser finden als
in der inhaltlichen Unbestimmtheit der von Platon zur Sprache gebrachten Idee
des Guten sowie in der funktionalen Bestimmung der höchst mühselig zu gewin-
nenden Erkenntnis dieser Idee – daß nämlich die Orientierung an dieser Idee die
zentrale kognitive Voraussetzung der Beurteilung, der Erkenntnis und des Tuns
des Guten jeder noch so elementaren und noch so komplexen Praxis abgibt.

Doch nicht weniger verschließt sich Horkheimer und Adorno Platons Einsicht
in die Möglichkeiten und in die Aufgaben, die nur der mit der Idee des Guten vertraut gewordene Dialektiker wahrzunehmen weiß. Denn nur er weiß sowohl die
einfachsten wie die komplexesten und am besten bewährten Hypothesen – wörtlich: Unterstellungen –, mit denen auch die strengsten Wissenschaftler und insbesondere die Mathematiker fruchtbar arbeiten, in ihrem hypothetischen Charakter und Status zu durchschauen und auf die nicht-hypothetischen Prinzipien der
Berechtigung der Arbeit mit ihnen zurückzuführen.[118] Platon hat Sokrates zwar
in keinem seiner Dialoge – auch nicht in der *Politeia* – ausführliche und kohärente
dialogische Elemente in den Mund gelegt, die in einem argumentativen oder konzeptionellen Zusammenhang zeigen könnten, wie der Dialektiker seine Einsicht
in die Idee des Guten und deren Nutzenfunktionen fruchtbar machen würde, wenn
es in exemplarischen konkreten Fällen um Fragen des guten und des schlechten
oder des gerechten und ungerechten Gebrauchs von Hypothesen und anderen Elementen der Wissenschaft in der Praxis des alltäglichen Zusammenlebens der
Menschen geht. Indessen kann es angesichts der eminenten Nutzenfunktion,
die Platon der Einsicht in die Idee des Guten zuschreibt, keinen ernsthaften Zwei-

---

[117] Horkheimer, Adorno, Dialektik (wie Anm. 1), 101; vgl. auch 109.
[118] Vgl. Rep. 511c 1-e 6; vgl. auch 533c 1 ff.

fel geben, daß die durch den erfahrungsreichen Weg zu dieser Einsicht vermittelte dialektische Fähigkeit auch diesen wissenschaftspragmatischen und -politischen Aufgaben am besten gewachsen ist. Nur ihr und nicht einer ‚listen- und erfindungsreichen‘, wie auch immer rationalistisch und technizistisch gesteuerten ‚Entzauberung der Welt‘ würde es daher auch obliegen zu beurteilen, wie man gut und wie man schlecht bzw. wie man mehr oder weniger gut von Elementen der Wissenschaft in der Praxis Gebrauch machen kann. Indessen lebte Platon in einer geschichtlichen Welt, die noch zwei Jahrtausende von den wirklichen, wenn auch unscheinbaren Anfängen jener wissenschaftlich-technisch geprägten und durchdrungenen Lebenswelt entfernt war, deren Entartungssymptome die von Horkheimer und Adorno angemahnte *Selbstbesinnung der Aufklärung* (s. o.) angezeigt erscheinen lassen konnten. Doch bedurfte es zu dieser Selbstbesinnung eines so radikalen Neuanfangs, wie ihn sich die beiden Autoren meinten zutrauen zu müssen?

VI.

Max Webers Fragen nach dem Wissenswerten und nach dem Wert der Wissenschaft im ganzen (s. o.) sind zu ihrer Zeit bereits ein ebenso beunruhigendes wie spätes Symptom für jene neue und tiefe ‚Krise des europäischen Geistes‘ (Paul Hazard), die auch für Horkheimer und Adorno im 17. Jahrhundert beginnt. Sie wird in ihren Augen vom politisch geförderten Bürgertum ausgelöst und zunehmend vertieft. Mit Hilfe des Listen- und Erfindungsreichtums des frühen Homerischen ‚Bürgers‘ Odysseus – aber im dunklen Schatten einer entsprechend falschen, von Platon allerdings schon längst überholten Aufklärungskonzeption – nutzt dies Bürgertum die technischen Potentiale der experimentell und mathematisch immer reifer werdenden Naturwissenschaften zunehmend im industriellen Maßstab. Der technische Komfort und die Sicherheitsstandards sowie die ökonomische Wohlfahrt der eigenen gesellschaftlichen Konfiguration werden auf diesem Weg unablässig auf Kosten der zunehmend depravierten sozialen Erfüllungsgehilfen dieser unaufgeklärten Form von ‚Entzauberung der Welt‘ gesteigert. Die Technik, mit deren Hilfe in Rousseaus *Diskurs über den Ursprung und die Grundlagen der Ungleichheit unter den Menschen* die Besitzlosen von den Besitzenden im Schutz eines betrügerischen Vertrags um ihre prosperierende Zukunft gebracht werden, funktioniert im Bild der Autoren von der neuzeitlichen Sozialgeschichte auch ohne den vertragstechnischen Listen- und Erfindungsreichtum eines wiedergeborenen ‚Bürgers‘ Odysseus.

Doch Webers Fragen bilden bereits ein fast schon wieder resignatives Nachspiel von Auseinandersetzungen, die schon im 18. Jahrhundert Horkheimers und Adornos Bemühungen um eine ‚kritische‘ Aufklärungskonzeption überflüssig gemacht haben. Wenn die beiden Autoren das klassische neuzeitliche Paradig-

ma für eine Bewußtseinsform wirklich hätten suchen wollen, das sie nach ihren
Kriterien als mythologisches Gegenstück zu einer noch zu entwerfenden Aufklärungskonzeption hätten charakterisieren können, dann wären sie in der Gestalt der
monumentalen *Encyclopédie des Sciences, des Arts, et des Métiers* von d'Alembert und Diderot[119] fündig geworden. Denn nicht nur fassen die Organisatoren
dieses epochalen Werks mit dessen Titel ein Verbundsystem aus Wissenschaft,
Technik und Wirtschaft ins Auge, Diderot konzipiert im programmatischen Artikel *Encyclopédie* des Werks darüber hinaus die Wissenschaft ganz ohne jede
Einschränkung sogar als die zentrale Instanz und das zentrale Medium der Aufklärung. Diese Instanz übt ihre Aufklärungsfunktion mit Hilfe von zwei Faktoren
aus: Der eine besteht darin, die Menge der Kenntnisse durch wissenschaftliche
Entdeckungen zu vergrößern;[120] der andere besteht darin, die jeweils schon zuwege gebrachten Entdeckungen im Stil einer Encyklopädie zu sammeln und zu ordnen;[121] beide Faktoren werden ausschließlich mit dem Ziel zu Hilfe genommen,
damit viel mehr Menschen aufgeklärt seien.[122] In Verbindung mit der Voraussetzung, daß die unbedingte Nützlichkeit der Wissenschaften eine ausgemachte
Tatsache sei,[123] ist mit der Aufklärungsfunktion der Wissenschaft auch die unbedingte (*absolue*) Nutzenfunktion verbürgt, die ihre entsprechende Indienstnahme
zugunsten der Entwicklung der Technik (*des Arts*) und zugunsten der Organisation der Wirtschaft (*des Métiers*) ausübt.

Wenn man wie Horkheimer und Adorno nur von der Unterscheidung zwischen
aufgeklärten und mythologischen Bewußtseinsformen Gebrauch macht und keine graduellen oder funktionalen Unterschiede innerhalb bzw. zwischen diesen
Bewußtseinsformen in Rechnung stellt – außer dem wiederum dichotomischen
Unterschied zwischen wahrer und falscher Aufklärung –, dann repräsentiert
die programmatische Aufklärungskonzeption der *Encyclopédie* zweifellos entweder ein mythologisches Bewußtsein oder – zumindest im Licht des durch Platon erreichten Klärungsniveaus – geradezu den Prototyp des von den Autoren kritisch diagnostizierten falschen, szientistischen Aufklärungsbewußtseins. Denn es
ist dies so beurteilte falsche Aufklärungsbewußtsein, dessen Praktizierung die
Autoren im Rückblick die unheilvolle Tragweite meinen zuschreiben zu können,
die die wissenschaftlich-technische Entwicklung im Licht ihrer Diagnosen und
historischen Erklärungen in der neuzeitlichen praktischen Lebenswelt gezeigt
hat. Doch ob eine Bewußtseinsform mythologisch ist oder ein falsches Aufklä-

---

[119] Jean Baptiste Le Rond d'Alembert, Denis Diderot, Encyclopédie raisonnée des Sciences, des
Arts, et des Métiers, Paris 1751 ff.

[120] „[…] l'un d'augmenter la masse des Connaissances par des déscouvertes", ebd., Art. „Encyclopédie", 637.

[121] „[…] l'autre de rapprocher les déscouvertes et de les ordonner entre elles", ebd.

[122] „[…] à fin que beaucoup plus hommes soient éclairés", ebd.

[123] „[…] en prenant l'utilité absolue des sciences pour une donnée", ebd., Art. „Chymie", 451.

rungsbewußtsein repräsentiert, hängt wesentlich davon ab, ob die Träger des falschen Aufklärungsbewußtseins in ihrer aktuellen geschichtlichen Situation außer ihrem faktischen Aufklärungsbewußtsein auch eine reale Chance haben, die ihnen erlaubt, sich mit Mitteln von selbstkritischer Reflexion und Analyse an einer Auseinandersetzung um die kontroverse Alternative zu beteiligen, *ob* sie ein falsches Aufklärungsbewußtsein kultivieren *oder nicht.* Für die Träger des mythologischen Bewußtseins ist es dagegen gerade charakteristisch, daß sie in ihrer aktuellen geschichtlichen Situation ein Bewußtsein noch nicht einmal von der mythischen Form ihres Bewußtseins ausgebildet haben. Doch eben deswegen können sie auch kein Bewußtsein von der Überwindungsbedürftigkeit ihrer Bewußtseinsform durch so etwas wie Aufklärung haben. Sie können also kein Bewußtsein einer Aufklärungsbedürftigkeit haben. Ein Aufklärungsbewußtsein, das diesen Namen verdient, kann indessen auch dann keiner mythologischen Bewußtseinsform angehören oder ihr anheimgefallen sein, wenn es abgrundtief falsch ist. Als falsches Aufklärungsbewußtsein kann es nur diagnostiziert werden, wenn es bereits für seine Träger selbst aus Bemühungen um Aufklärung hervorgegangen ist – also aus Bemühungen um Einsichten, die geeignet sind, den Menschen in vernünftigen Formen die Augen für den Aspekt zu öffnen, unter dem allen ihren kognitiven und praktischen Anstrengungen der Wert verliehen wird, um dessen willen es sich für sie überhaupt lohnt, sie zu unternehmen. Wenn man daher eine wie auch immer zu konzipierende ‚Dialektik‘ der Aufklärung ins Auge zu fassen sucht, dann kann sie auch nur Formen betreffen, in denen Auseinandersetzungen um die wahre Aufklärung unter den Vorzeichen eines solchen schon ein für alle Mal erwachten Aufklärungsbewußtseins ausgetragen werden. Ob diese Vorzeichen erst oder schon mit Platons Philosophie zum ersten Mal ein paradigmatisches methodisches, begriffliches und praktisches Reflexionsniveau erreicht haben, ist mit Blick auf die szientistische Aufklärungskonzeption der *Encyclopédie* weniger wichtig. Wichtig ist ausschließlich die Antwort auf die Frage, ob die um die *Encyclopédie* versammelten *philosophes* – und deren Jünger und Adepten – in ihrer unmittelbaren geschichtlichen Situation eine reale Chance hatten, dies von ihnen getragene szientistische Aufklärungsbewußtsein einer kritischen Auseinandersetzung um seine Tragfähigkeit und Tragweite auszusetzen.

VII.

Die Antwort auf diese Frage war den *philosophes* und ihren Zeitgenossen im gebildeten Publikum Europas mühelos zugänglich, ebenso Horkheimer und Adorno und deren Zeitgenossen und nicht weniger mühelos ist sie deren Nachfahren zugänglich. Sie hat in ihrer konzentriertesten Fassung selbst die Form von Fragen. Gerade durch ihre Frageform war sie wie sonst nichts anderes geeignet, die Frag-

würdigkeit des szientistischen Aufklärungsmodells der *Encyclopédie* ans Licht
zu bringen: ‚Was ist wichtig, gewußt zu werden?[124] Was ist nützlich, gewußt
zu werden?[125] Was ist würdig, erforscht zu werden?'.[126] Berücksichtigt man
noch die Aufgabenstellung, genau einzuschätzen, was die Wissenschaft im ganzen wert ist,[127] dann ist in unüberbietbar einfacher Weise die sowohl kognitive wie
praktische Form der Aufklärung umrissen, deren nicht nur jeder Mensch auf
Schritt und tritt bedarf. Darüber hinaus ist gerade auch diejenige kognitive und
praktische Form von Aufklärung in Erinnerung gerufen, deren die Menschen
seit dem 18. Jahrhundert unter den Vorzeichen einer lebensbestimmend werdenden Dynamik der Entwicklung eines Verbundsystems aus Wissenschaft, Technik
und Wirtschaft bedürfen – also jenes Verbundsystems, das die *philosophes* der *Encyclopédie* in ihrem optimistischen Enthusiasmus für die unbedingte Nützlichkeit
der Wissenschaft mit den literarischen und publizistischen Mitteln ihres Gemein-
schaftswerks in so harmlos scheinenden Formen beschwören. Rousseau stellt die
Fragen, die der Platonische Sokrates sogar mit der thematisch gewordenen Orientierung an der Idee des Guten noch nicht zu stellen braucht. Denn Platons Lebenswelt ist noch fast zweitausend Jahre von einer geschichtlichen Situation entfernt, in der es anfängt lebenswichtig zu werden, immer wieder von neuem nach
verbesserten Antworten auf diese Fragen zu suchen. Gleichzeitig signalisiert
Rousseau mit seinen Fragen, daß man schon dann einen Fortschritt im Aufklärungsbewußtsein erzielen kann, wenn man eine produktive Form von Skepsis kultiviert. Denn Rousseaus Skepsis wird durch den Gedanken produktiv, daß den Trä-
gern des szientistischen Auflärungsbewußtseins von der absoluten Nützlichkeit
wissenschaftlicher Entdeckungen nur allzu offensichtlich verborgen geblieben
ist, daß sich die Frage der Nützlichkeit wissenschaftlicher Entdeckungen in keinem einzigen konkreten Fall von selbst beantwortet, sondern mit einem mehr oder
weniger gravierenden und mehr oder weniger komplexen Auswahl- und Beurteilungsproblem verbunden ist. Gleichzeitig zeichnet sich in dieser Situation in
geradezu paradigmatischer Form ab, daß eine Dialektik der Aufklärung an eine
argumentative Minimalform von Skepsis gebunden ist. Sie wacht über einen Anspruch auf die wahre Aufklärung mit gezielten skeptischen Fragen nach Voraussetzungen der Aufklärung, wie sie den Initiatoren dieses Anspruchs verborgen geblieben sein könnten.

Die Selbsttäuschung im szientistischen Aufklärungsbewußtsein der *philosophes* der *Encyclopédie* wird offensichtlich durch zwei Irrtümer geprägt: durch

---

[124] „[…] qu'il importe de savoir", Jean-Jacques Rousseau, Émile, in: J.-J. Rousseau, Oeuvres
complètes, hg. von B. Gagnebin und M. Raymond, Paris 1959 ff., Bd. 4, 445.
[125] „[…] utile à savoir", ebd., 447.
[126] „[…] dignes des recherches", ebd., 428.
[127] „[…] estimer exactement qu'elle [sc. la science] vaut", ebd., 466.

den Irrtum, als könnten durch die Wissenschaften viel mehr Menschen aufgeklärt werden, und durch den Irrtum, als wäre die absolute Nützlichkeit der Wissenschaften eine ausgemachte Sache. Auf diese doppelten Selbsttäuschungsfaktoren hat Rousseau schon ein Jahr vor dem Erscheinen des ersten Bandes der *Encyclopédie* aufmerksam gemacht. Bei dem ersten für jede Aufklärungskonzeption ausschlaggebenden Faktor handelt es sich um den kognitiven Faktor: Wir einfachen Menschen aus dem Volk bleiben in unserer *Dunkelheit* befangen,[128] und zwar in dem Maß, in dem unsere Wissenschaften und Technik der Vollendung entgegengehen.[129] Eine Aufklärung durch Entdeckungen der Wissenschaft scheitert an der zunehmenden kognitiven Komplexität wissenschaftlicher Methoden, Sätze, Argumente und Theorien. Diderot, der federführende Autor dieser Aufklärungskonzeption, hätte den entscheidenden kognitiven Selbsttäuschungsfaktor dieser Konzeption selbst durchschauen können. Denn für ihn gehört zu diesem Typ von Aufklärung ‚die aufgeklärte Kunst‘,[130] nicht nur ‚das Wahre vom Falschen zu unterscheiden, das Wahre vom Wahrscheinlichen, das Wahrscheinliche vom Wunderbaren und Unglaublichen, die gewöhnlichen Phänomene von den außerordentlichen, die sicheren Tatsachen von den zweifelhaften und die zweifelhaften von den absurden und mit der Ordnung der Natur unverträglichen‘.[131] Über diese aufgeklärte Kunst verfügt auch nur der aufgeklärteste Wissenschaftler,[132] weil er ‚jene Urteilskraft erworben haben wird,[133] über die man nur verfügt, wenn man ‚vertraut ist mit allen Prozeduren und allen Operationen‘,[134] die zur Methodik einer Wissenschaft gehören, und wenn man sie ‚mit jener Leichtigkeit, mit jenem Überfluß an Hilfsmitteln und mit jener Raschheit‘[135] ausübt, die für die Reife der aufgeklärten wissenschaftliche Urteilskraft charakteristisch sind.

Rousseau kann diese von Diderot formulierten szientistischen Aufklärungsbedingungen sogar auf Grund der Arbeits- und Lernerfahrungen anreichern, die er selbst gemeinsam mit Diderot 1747 im Rahmen des vollständigen einjährigen Chemie-Kurses beim Inhaber des Lehrstuhls für Chemie in den Königlichen Gärten zu Paris, Francois Rouelle, gesammelt und in seinem 1500 Seiten umfassen-

---

[128] „[…] nous, hommes vulgaires, restons dans notre obscurité“, Discours sur les sciences, ebd. Bd. 3, 30.

[129] „[…] à mésure que nos sciences et nos arts sont avancés à la perfection“, ebd., 9.

[130] „L’art éclairé“, d’Alembert, Diderot, Encyclopédie (wie Anm. 119), Art. „Encyclopédie“, 642.

[131] „[…] distinguer le vrai du faux, le vrai du vraisemblable, le vraisemblable du merveilleux et l’incroyable, les phénomènes communs des phénomènes extraordinaires, les faits certains des douteux, ceux-ci des faits absurdes et contraires à l’ordre de la nature“, ebd.

[132] „[…] le plus éclairé“, ebd., Art. „Chymie“ 420.

[133] „[…] aura acquis cette faculté de juger“, ebd.

[134] „[…] familier tous les procédés, tous les opérations“, ebd.

[135] „[…] avec cette facilité, cette abondance de ressource, cette promptitude“, ebd.

den Manuskript *Les Institutions chymiques*[136] formuliert hat. Einem seiner Lehr-
buchautoren während dieser Zeit, dem deutschen Chemiker Becher, schreibt er in
der späteren Rhetorik von Diderots szientistischer Aufklärungskonzeption die Eigenschaften zu, ‚von der Flamme der Erfahrung aufgeklärt zu sein‘,[137] und führt
diese Aufklärung auf ‚unendlich viel Erfahrung‘[138] zurück, wie man sie nur ‚im
Labor des Chemikers‘[139] erwerben kann, indem man ‚diese Erfahrungen auf Regeln zurückführt und sie auf irgendein Prinzip bezieht, mit dessen Hilfe die Vernunft alles begreifen kann‘.[140] Nur von daher ‚kommt die Nützlichkeit der Theorie, daß sie die Urteilskraft erweitert und sie erfinderisch und fruchtbar macht‘.[141]

Aus den Arbeits- und Lernerfahrungen dieses Studienjahrs hat Rousseau nicht
nur sein Urteil über den inneren Wert der Wissenschaft mitgenommen: ‚Die Wissenschaften gehören zum Besten unter den Menschen‘;[142] ‚viele von ihnen sind in
der Tiefe gegründet‘;[143] ‚die Wissenschaft im ganzen ist uneingeschränkt schön
und erhaben‘.[144] Überdies hat er hier zum ersten Mal in einer kohärenten Form
eine Begrifflichkeit eingeübt und erprobt, mit deren Hilfe sich überhaupt ein Aufklärungsbewußtsein entwickeln läßt und damit auch alternative Aufklärungskonzeptionen entwerfen lassen. Gleichwohl hat Rousseau den von Diderot zur Sprache gebrachten Enthusiasmus und Optimismus der *philosophes* der *Encyclopédie*
für die unmittelbare Aufklärungsfunktion einer absolut nützlichen Wissenschaft
von Anfang an als einen Irrtum in mehrfacher Hinsicht diagnostiziert. Er hat diesen vielfältigen Irrtum mit einer Sorgfalt analysiert und mit einer Direktheit, Einfachheit und Trefflichkeit auf Begriffe gebracht, von denen sich in Horkheimers
und Adornos Ansprüchen auf eine Überwindung des falschen szientistisch-tech-
nizistischen Aufklärungsbewußtseins keine vergleichbare, geschweige denn
ebenbürtige Spur findet.

Den einen Irrtum hat er im Bewußtsein der Öffentlichkeit vor allem durch die
Erinnerung wachzuhalten gesucht, daß der wissenschaftlichen Arbeit nicht nur
die von Diderot und ihm selbst skizzierte komplexe, sondern auch eine widerspen-
stige methodische und kognitive Binnenstruktur eigen ist: ‚Wie vielen falschen

---

[136] Vgl. Les Institutions chymiques de Jean-Jacques Rousseau, Publiées et annotées par M.
Gautier, in: Annales de la Société Jean-Jacques Rousseau, Tome 12 (1918–19), V-XXIII, 1–164,
sowie Tome 13 (1920–21), 1–177.

[137] „[...] éclairé par le flambeau de l'expérience", ebd., Tome 12, 12.

[138] „[...] infiniment beaucoup d'expérience", ebd., 21, 46.

[139] „[...] dans le laboratoir du chimiste", ebd., 27.

[140] „[...] les réduire aux règles et les rapporter à quelque principe, avec lequel la raison peut
comprendre tout", ebd., 46.

[141] „De là vient l'utilité de la théorie, elle enlargit le jugement et le fait inventif et fertil", ebd.

[142] „[...] ce qu'il y a de meilleur [...] parmi les hommes, [...] les Sciences", Discours sur l'origine
et les fondements de l'inégalité parmi les hommes, Oeuvres complètes (wie Anm. 124), Bd. 3, 189.

[143] „Tant de Sciences approfondies", ebd., 202.

[144] „La Science toute belle, toute sublime", Sur la réponse qui a été faite à son discours, ebd., 36.

Fährten geht man in den Forschungen der Wissenschaft nach? Wie viele Irrtümer muß man durchmachen, bis man zur Wahrheit gelangt?'.[145] Stellt man alle diese methodischen und kognitiven Binnenstrukturen der wissenschaftlichen Arbeit gebührend in Rechnung, dann sind die Diagnose und die Prognose von geradezu unübertreffbarer Trefflichkeit, mit denen Rousseau gegen den szientistischen Aufklärungsenthusiasmus und -optimismus das suggestive Gegenbild formuliert, wonach ,wir Menschen aus dem Volk' proportional zur internen Vervollkommnung von Wissenschaft und Technik ,in unserer Dunkelheit befangen bleiben werden'. Wir werden angesichts von deren wachsender methodischer und kognitiver Komplexität und Widerspenstigkeit, sogar immer weniger ,wissen, wie man den Irrtum und die Wahrheit unterscheidet',[146] nämlich Irrtum und Wahrheit wissenschaftlicher Sätze und Theorien – von den Beurteilungsschwierigkeiten ganz zu schweigen, die Diderots differenzierter Alternativen-Katalog (s. o.) auch schon wissenschaftsintern bietet. Es ist also gerade die wissenschaftsinterne Urteilskraft des methodisch erfahrenen Forscher und Gelehrten, was den ,einfachen Menschen aus dem Volk' fehlt und sie in ihrer Dunkelheit von der wissenschaftsinternen Form der Aufklärung ausschließt.

Auf den zweiten Selbsttäuschungsfaktor im szientistischen Aufklärungskonzept der *philosophes* der *Encyclopédie* macht Rousseau sogleich im selben Atemzug mit dem ersten, dem methodisch-kognitiven Selbsttäuschungsfaktor aufmerksam: ,Und wenn wir schließlich (nachdem wir so viele unvermeidliche Irrtümer durchgemacht haben, R.E.) die Wahrheit finden[147] – Wer von uns wird von ihr einen guten Gebrauch zu machen wissen?'.[148] Doch den konzeptionellen Höhepunkt in den Überlegungen seiner ersten Publikation erreicht Rousseau mit einer Frage, durch die er an die Verschränkung der praktischen mit der kognitivem Dimension des Aufklärungsproblems erinnert: ,Welches wird unser Kriterium sein, um darüber gut zu urteilen?'[149] – das Kriterium also dafür, gut darüber zu urteilen, wie man von einer einmal gewonnenen Wahrheit einen in der Praxis guten Gebrauch machen kann. Damit hat Rousseau im Zentrum des Aufklärungsproblems ein Beurteilungsproblem diagnostiziert, das sowohl in dessen kognitive wie in dessen praktische Dimension ausstrahlt: In der kognitiven Dimension ist

---

[145] „Que de fausses routes dans l'investigation des Sciences? Par combien d'erreurs ne faut-il point passer pour arriver à elle [sc. la vérité]", Discours sur les sciences, ebd., 18. – Zur Erinnerung der gegenwärtigen Wissenschaftstheorie an diese methodische und kognitive Widerspenstigkeit der wissenschaftlichen Arbeit vgl. Ian Hacking, Einführung in die Philosophie der Naturwissenschaften (engl. 1983), Stuttgart 1996, besonders Kap. 2: Eingreifen.

[146] „[…] sans savoir demeler l'erreur de la vérité", Discours sur les sciences, Oeuvres complètes (wie Anm. 124), Bd. 3, 24.

[147] „Et […] si par bonheur nous la (sc. la vérité) trouvons à la fin", ebd., 18.

[148] „Qui de nous en saura faire un bon usage?", ebd.

[149] „Quel sera notre *Criterium* pour en bien juger?", ebd.

das Beurteilungsproblem in der Form eines Kriterienproblem zu Hause, in der praktischen Dimension ist das Problem der praktisch-nützlichen Gebrauchsformen für einmal gewonnene Wahrheiten zu Hause. Deren Verschränkung vollzieht sich in der Frage, wie bzw. mit Hilfe welchen Kriteriums man gut beurteilen kann, wie man von einer wissenschaftlichen oder einer nicht-wissenschaftlichen Wahrheit einen guten praktischen Gebrauch machen kann.

Die Nüchternheit des skeptischen Scharfsinns, mit der Rousseau die internen Webfehler des szientistischen Aufklärungsbewußtseins analysiert und beschreibt, ist um so bemerkenswerter, als er sich nicht nur der ‚gefährlichen Aufbewahrung der menschlichen Erkenntnisse‘[150] bewußt ist. Angesichts dieser Gefährlichkeit und angesichts des blinden Vertrauens der Träger des szientistischen Aufklärungsbewußtseins in die absolute Nützlichkeit der Wissenschaften gedenkt er sogar der Nachgeborenen und legt ihnen den verzweifelten Ruf nach göttlichem Beistand gegen ‚die Aufklärung und die unheilvolle Technik ihrer Vorväter‘[151] in den Mund. Doch trotz dieser kassandrischen Sorgen wird hier weder der Philosophie noch irgendeinem Mensch die tragische Wahl zugemutet, die Erde davor zu bewahren, daß sie ‚im Zeichen triumphalen Unheils strahlt‘, oder an der Unabwendbarkeit dieses Unheils mitzuwirken. Vielmehr werden aus einer wahrhaft kritischen Analyse des falschen szientistischen Aufklärungsbewußtsein der damaligen Gegenwart skeptische Prämissen gewonnen und zwölf Jahre lang einer „[…] severe logical scrutinity"[152] unterworfen.

VIII.

In der Lerntheorie des *Émile* hat Rousseau die in zwölf Jahren gereiften Konsequenzen seines Nachdenkens über diesen früh geschürzten skeptisch-kritischen Problemknoten des Aufklärungsthemas zum Gedanken des kognitiven Vorrangs der praktischen Urteilskraft gegenüber der Wissenschaft ausgearbeitet. Fast im Stil einer Arbeitsgruppe, die sich der Ausarbeitung dieses Gedankens gewidmet hat, formuliert er: ‚Was wir als Hilfe vorschlagen, ist weniger die Wissenschaft als die Urteilskraft‘,[153] als Hilfe nämlich gegen das Risiko, daß ‚die Eitelkeit des Urteilens noch mehr Fortschritte macht als die Aufklärung‘.[154] Der interne Fort-

---

[150] „[…] dangereux dépot des connaissances humaines", ebd., 26.

[151] „[…] Dieu tout puissant, […] delivre-nous des lumières et des funestes arts des nos Péres", ebd., 28.

[152] Peter Gay, The Enlightenment. An Interpretation, 2 Bde, New York 1966, 1969, hier Bd. 1, 534.

[153] „Ce que nous proposons est moins la science que le jugement", Émile, Oeuvres complètes (wie Anm. 124), Bd. 4, 466.

[154] „[…] la vanité de juger faisant encore plus de progrès que les lumières", ebd., 483.

schritt, der Rousseau im Licht dieser einfachen Formulierung gelungen ist, führt
in zwei Richtungen. In der einen Richtung führt dieser Fortschritt zu der Einsicht,
daß die wahre Aufklärung in der Aufklärung der Urteilskraft besteht, also in einem strukturellen Gewinn an Trefflichkeit des praktischen Urteils darüber, was
wichtig, nützlich, förderungswürdig und wertvoll ist. In der anderen Richtung besteht er darin, daß Rousseau sich von den instrumentalistischen Suggestionen der
Rede von einem Kriterium befreit und eingesehen hat, daß der Fortschritt der Aufklärung überhaupt von einem *kognitiven Vermögen* wie der Urteilskraft abhängt
und nicht von einem Pseudo-Instrument Namens *Kriterium*. Deswegen verwendet
Rousseau auch eine naturalistische Kategorie, wenn er von der ,*Reife* der Urteilskraft'[155] spricht und daran erinnert, daß ,die Urteilskraft langsam kommt',[156] bis
sie ihre Reife erlangt hat. Im Gegensatz zu einem natürlichen Vermögen ver-
schleißt und verfällt ein Instrument vom ersten Augenblick seines Gebrauchs
an, während ein natürliches kognitives Vermögen wie die Urteilskraft vom ersten
Augenblick seines Gebrauchs an erprobt, ertüchtigt und optimiert wird sowie
Fortschritte zugunsten seiner Reife durchmacht. Im Schutz dieser anti-instru-
mentalistischen Überlegungen kann Rousseau dann um der Pointierung willen sogar ohne Gefahr instrumentalistischer Rückfälle davon sprechen, ,daß man das
Instrument perfektionieren müsse, das urteilt'.[157] Denn diese Perfektionierung
hängt nicht von einer instrumenten-technischen Perfektionierung ab, sondern
von einem ununterbrochenen individuellen Lernprozeß, ,jener ununterbrochenen
Übung',[158] deren Struktur das eigentliche Thema von Rousseaus *Émile* bildet. Der
Adept der hier konzipierten Aufklärung der Urteilskraft ist daher der Maxime an-
vertraut: ,Lassen wir ihn lernen, gut zu urteilen!'.[159] Wenn er nur gut zu urteilen
gelernt hat, dann ,kommt es wenig darauf an, ob er dies oder jenes lernt'[160] – also
ob er Mathematik, Geographie, Chemie oder Astronomie lernt –, ,vorausgesetzt,
er begreift den Gebrauch dessen gut, was er lernt'.[161] Die Fortschritte in der Reifung der praktischen Urteilskraft, die in Rousseaus Theorie nichts anderes als
Fortschritte der Aufklärung sind, schließen sogar die politische Aufklärung der
Urteilskraft ein. Denn nur eine politisch aufgeklärte Urteilskraft vermag ,gesund
über Regierungen zu urteilen'[162] bzw. ,die relative Gutheit von Regierungen zu

---

[155] „[...] „la maturité du jugement", Les Rêveries du Promeneur Solitaire, ebd., Bd. 1, 1018.
[156] „Le jugement vient lentement", Émile, ebd., Bd 4., 435.
[157] „[...] il faut perfectionner l'instrument qui juge", ebd., 674.
[158] „[...] cet éxercise continuel", ebd., 486.
[159] „[...] apprenons-lui à bien juger", ebd., 484, vgl. auch 285, 324, 361, 380, 392, 396, 397, 421,
458, 483, 486, 654.
[160] „Il importe peu s'il apprenne ceci ou cela [...]", ebd., 447.
[161] „[...] pourvu qu'il conçoive bien [...] l'usage de ce qu'il apprend", ebd.
[162] „[...] juger sainement des gouvernements", ebd., 836.

beurteilen'.[163] Wo immer in der Praxis – und nicht zuletzt in der politischen Praxis der Gesetzgebung – etwas in vermeidbarer Weise mißlingt, liegt es vor allem daran, daß ‚die Urteilskraft nicht immer aufgeklärt ist'.[164]

Die Schlichtheit, mit der Rousseau die Resultate seines skeptischen, kritischen und scharfsinnigen Nachdenkens über die internen Fehler des szientistischen Aufklärungsbewußtseins seiner Zeit formuliert, sollte nicht über die theoretischen Potentiale dieser Resultate hinwegtäuschen. Im Licht dieser Resultate zeichnen sich strukturelle Grundzüge einer Dialektik der Aufklärung ab, die einer rationalen Analyse und Überwachung zugänglich ist. Hält man an der mehr oder weniger stillschweigenden Idee einer *wahren* Aufklärung fest, dann zeichnet sich der wichtigste dieser Grundzüge in einem Gedanken ab, den von den beiden Autoren der *Philosophischen Fragmente* Adorno schon früh unter Berufung auf eine Anregung Walter Benjamins als den ‚Zeitkern der Wahrheit' pointiert hat.[165] Vorsichtig und vorläufig hat er ihn als den Gedanken formuliert, „[…] daß – könnte man sagen – die Zeit in der Wahrheit ist".[166] In der Neuausgabe der *Dialektik der Aufklärung* von 1969 berufen sich beide Autoren auf diesen Gedanken.[167] Doch spätestens seit die Philosophie durch die Pionierarbeiten Arthur N. Priors zur Zeit-Logik[168] auf die komplexen formalen Beziehungen zwischen Zeit und Wahrheit aufmerksam geworden ist und immer leistungsfähiger gewordene Mittel zu deren Untersuchung an die Hand bekommen hat, kann man sich bei der Charakterisierung dieser Beziehungen nicht mehr mit solchen halbmetaphorischen Mitteln begnügen. Schon elementarste logische Wahrheiten wie die, daß es jetzt regnet oder jetzt nicht regnet, können die Komplexität dieser formalen Beziehungen in paradigmatischer Weise zeigen: Man kann (logisch komplexe) Sätze behaupten, deren jeweils behauptete Wahrheit aus logischen Gründen *zeitinvariant* ist, obwohl die Behauptung jedes ihrer Teilsätze nur unter Inkaufnahme *zeitvariabler* empirisch-kontingenter Wahrheit oder Falschheit gelingen kann. Entsprechend große Vorsicht ist geboten, wenn es um die Beziehungen von notorisch so dunklen Wahrheiten wie derjenigen der ‚wahren' Aufklärung zur Zeit geht.

---

[163] „[…] juger de la bonté relative des gouvernments", ebd., 851.

[164] „Le jugement […] n'est pas toujours éclairé", Du contrat social, ebd., Bd. 3, 380.

[165] Vgl. Theodor W. Adorno, Zur Metakritik der Erkenntnistheorie. Studien über Husserl und die phänomenologischen Antinomien, Stuttgart 1956, 146 ff.– Wenn Adornos Hinweise auf die Abfassungszeiten der vier Kapitel des Buchs (vgl. 9, 11) entsprechend zu deuten sind, dann ist der Text des 3. Kapitels mit diesem Gedanken 1934–1937 verfaßt worden.

[166] Theodor W. Adorno, Einführung in die Dialektik (1958), hg. von Christoph Ziermann, in: Nachgelassene Schriften, Abteilung 4: Vorlesungen, Bd. 2, Frankfurt am Main 2010, 27.

[167] Vgl. Max Horkheimer, Theodor W. Adorno, Zur Neuausgabe, in: M. H., T. W. A., Dialektik der Aufklärung. Philosophische Fragmente, Frankfurt am Main 1969, IXf.

[168] Arthur N. Prior, *Time and Modality*, Oxford 1957, A. N. P., *Past, Present and Future*, Oxford 1967, sowie A. N. P., *Papers on Time and Tense,* Oxford 1969.

Doch Rousseaus doppelter Gedanke der Abhängigkeit der Wahrheit der Aufklärung vom Reifegrad der Urteilskraft und der Abhängigkeit des Reifegrads der
Urteilskraft von der Zeitspanne der Erprobung, Bewährung und Verbesserung des
Reifegrads der Urteilskraft weist die Wahrheit der Aufklärung einem anderen Typus von Wahrheit zu als dem der Wahrheit von Sätzen, Gedanken, Argumenten
oder Theorien und damit auch einer anderen Form von Zeitlichkeit. Dieser Typus
von Wahrheit ist im Rahmen von Rousseaus Konzeption durch mehrere Bedingungen respektiert. Die eine Bedingung ist an die Reifebedürftigkeit der Urteilskraft gebunden und damit an einen durch keine Theorie antizipatorisch bestimmbaren *Zeitbedarf* ihrer Reifung, also ihrer Aufklärung. Die andere Bedingung ist
durch die Bindung der Aufklärung an den *personalen Status* der Inhaber der Urteilskraft respektiert. Die dritte Bedingung schließlich respektieren Horkheimer
und Adorno selbst implizit dadurch, daß sie argumentieren, daß die Konzeption
der ‚wahren‘ Aufklärung „Jedes inhaltliche Ziel, auf das die Menschen sich berufen mögen, als sei es eine Einsicht der Vernunft",[169] gerade *vermeiden* müsse.
Denn gerade die Aufklärung der Urteilskraft bildet nicht ein ‚inhaltliches Ziel,
auf das die Menschen sich berufen mögen, als sei es eine Einsicht der Vernunft‘.
Sie bildet vielmehr die kognitive, personale und zeitaufwendige *Voraussetzung*
der wahren Aufklärung, also dafür, daß solche Einsichten im Medium aufgeklärter praktischer Urteile über das, was in einer konkreten Situation mehr oder weniger langfristig wichtig, nützlich und wertvoll ist, überhaupt erst gewonnen werden können. Die zeitliche Form der Wahrheit der Aufklärung wird daher von der
Geschichte gebildet, in der sie erreicht wird.

Doch hier ist Vorsicht geboten. Denn diese geschichtliche Form besteht nicht
etwa in nichts anderem als in Fortschritten, die die Aufklärung ihrer Wahrheit
Schritt für Schritt näherbringen würden. Adorno hat mit einer allerdings zu Vieles
im Dunkeln lassenden Formulierung davon gesprochen, daß „[d]enkbar ein Zustand, in dem [...] sich der Fortschritt ins Korrektiv von dessen Prekärem [verwan-
delte], der immerwährenden Gefahr des Rückfalls".[170] Doch die Korrektivfunktion des Fortschritts der Aufklärung ist nicht eine Denkbarkeit von dessen Verwandlung in einem mehr oder weniger fernen geschichtlichen Zustand. Sie ist
vielmehr eine in jeder geschichtlichen Situation real mögliche Funktion der Urteilskraft. Rousseaus Urteil über die Rückschrittlichkeit des szientistischen Aufklärungsbewußtseins und sein Urteil über die ausschließliche Aufklärungsbedürftigkeit und -fähigkeit der Urteilskraft bilden geradezu selbst das einzigartige geschichtliche Paradigma einer aufklärenden, also fortschrittlichen Ausübung der
Korrektivfunktion der Urteilskraft – Kant könnte später differenzierend hinzufü-

---

[169] Horkheimer, Adorno, Dialektik (wie Anm. 1), 101; vgl. auch 109.
[170] Adorno, Fortschritt (wie Anm. 23), 19.

gen: der *reflektierenden* Urteilskraft.[171] Rückfälle von einem einmal erreichten
Aufklärungsniveau der Urteilskraft bilden indessen schon wegen der personalen
Bindung der Urteilskraft eine ‚immerwährende Gefahr'. Spätestens mit dem Tod
eines entsprechend aufgeklärten Angehörigen einer Generation verschwindet
auch eine individuelle Gestalt aufgeklärter Urteilskraft. Die Aufklärung seiner
Urteilskraft muß von jedem Angehörigen einer neuen Generation immer wieder
von neuem erworben werden. Sie kann nicht von einer Person auf eine andere
übertragen werden: Denn „[…] Urteilskraft [ist] ein besonderes Talent […], welches gar nicht belehrt, sondern nur geübt sein will",[172] und zwar in einer ‚ununterbrochenen Übung'.[173] Rousseaus ebenso skeptische wie besorgte Frage, ‚bis zu
welchem Punkt ich mich auf die Urteilskraft verlassen kann',[174] ist deswegen ge-
rechtfertigterweise sowohl skeptisch wie besorgt, weil sie angesichts der ununterbrochenen Übungsbedürftigeit der Urteilskraft niemals auf eine positive wahre
Antwort *in der Theorie* hoffen kann. Die einzigen lehrreichen Grenzerfahrungen,
die Menschen in der Sorge um die Aufklärung ihrer Urteilskraft machen können,
widerfahren ihnen jedesmal dann, wenn praktische Konsequenzen aus praktischen Fehlurteilen ihnen zumindest einen indikatorischen Spiegel einer mangelhaft aufgeklärten Urteilskraft vorhalten. Der über alles Weitere entscheidende
Anfang des Absturzes in den politischen, rechtlichen und moralischen Abgrund
der deutschen Katastrophe war vor allem die Manifestation eines erschreckenden
Mangels an jener von Rousseau berücksichtigten politischen Aufklärung darüber,
wie man ‚gesund über Regierungen *urteilen*'[175] bzw. ‚die relative Gutheit von Regierungen *beurteilen*'[176] kann. Doch dieser Absturz war gleichzeitig ein höchst
lehrreicher Indikator dafür, daß ein Reflexionsgipfel der Aufklärung, wie er in
Deutschland eineinhalb Jahrhunderte zuvor durch Kant und Mendelssohn erreicht
worden war,[177] nicht im mindesten eine Gewähr für eine hinreichende Aufklärung
jener praktischen und politischen Urteilskraft bildet, auf die es im praktischen und
politischen Alltagsleben der Menschen eines politischen Gemeinwesens ankommt.

---

[171] Vgl. hierzu ausführlich Rainer Enskat, Wahre Aufklärung, unwahre Aufklärung, funktionale
Aufklärung, in: Frank Grunert, Oliver Scholz, Kay Zenker (Hg.), Aufklärung und Aufklärungskri-
tik. Perspektiven der Gegenwart. Werner Schneiders anläßlich seines 80. Geburtstags gewidmet, in
Vorbereitung für den Druck, erscheint voraussichtlich 2013.

[172] Kant, Kritik der reinen Vernunft (Philosophische Bibliothek, Bd. 37a), Hamburg 1956, A 133,
B 172.

[173] „[…] éxercise continuel", Émile, Oeuvres complètes (wie Anm. 124), Bd. 4, 486.

[174] „[…] jusqu'à quel point je puis me fier à son usage [i.e. au usage du jugement, R.E.]", ebd.,
586.

[175] „[…] juger sainement des gouvernements", ebd., 836.

[176] „[…] juger de la bonté relative des gouvernments", ebd., 851.

[177] Vgl. hierzu Rainer Enskat, Bedingungen der Aufklärungen. Philosophische Untersuchungen
zu einer Aufgabe der Urteilskraft, Weilerswist 2008, besonders 523–628.

Rousseaus Konzeption der Aufklärung der Urteilskraft hat solche Grenzerfahrungen gewiß nicht nötig. Seine Einsicht in die exklusive Aufklärungsbedürftigkeit und -fähigkeit der Urteilskraft ist fest verbunden mit der Einsicht in die nie endende Zeitlichkeit der Bemühungen um diese Form der Aufklärung. Seine Sorge und seine Skepsis wegen der mit theoretischen Mitteln grundsätzlich nicht bestimmbaren Grenzen der Berechtigung des Zutrauens in die Urteilskraft können jeden, der diese Skepsis und Sorge teilt, besser als alles andere vor Überraschungen, Erschrecken und Entsetzen über reale Konsequenzen von praktischen Fehlleistungen der Urteilskraft schützen. Im Licht von Rousseaus Konzeption besteht die wahre Aufklärung daher nicht schon in der Verfügung über eine Menge wahrer und wohlbegründeter Sätze über die in der Urteilskraft liegenden Bedingungen der Aufklärung. Die wahre Aufklärung nimmt erst in einer sowohl kognitiven wie praktischen Haltung Gestalt an, die im Licht von wahren Sätzen über elementare Eigenschaften der Urteilskraft mit beständiger Skepsis um die Aufklärung der Urteilskraft auch dann besorgt ist, wenn sie das Handeln im Licht der Produkte ihrer Urteilskraft nicht umgehen kann. Fatale praktische Konsequenzen aus fehlerhaften Produkten der Urteilskraft können dieser Haltung – außer daß sie ihr zu denken und zu lernen aufgeben – nur zu noch mehr Umsicht und Vorsicht und zu noch mehr Skepsis und Sorge wegen der Möglichkeiten der Urteilskraft verhelfen. Rousseau hat dieser auf Einsichten in die wichtigsten Eigenschaften der Urteilskraft beruhenden skeptischen und besorgten Haltung den schönen und trefflichen Namen der *aufgeklärten* Tugend[178] verliehen.

IX.

Für die Schwarmgeister, in die sich bisher schon viele Leser der *Dialektik der Aufklärung* durch deren Lektüre verwandelt haben, verwandelt sich dies Buch im harmlosesten Fall in eine ‚Kostbarkeit, die man nicht den Philosophen überlassen sollte'.[179] Allerdings kann man über ein Buch, mit dem dessen Autoren einen philosophischen Anspruch verbinden, schwerlich ein geringschätzigeres Urteil fällen. *Philosophische Fragmente*, die diesen Namen verdienen, bilden nicht den Kronschatz einer Familie, in deren Bannkreis nur Leser respektiert werden, die sich den Mythos einer Dialektik der Aufklärung zueigen machen, der ihnen nur noch die tragische Wahl läßt, die Erde davor zu bewahren, daß sie ‚im Zeichen triumphalen Unheils strahlt', oder ideologiebefangen an der Unabwendbarkeit dieses Unheils mitzuwirken. Wer den Menschen oder der Philosophie die Aufgabe stellt, sich eine solche Alternative zueigen zu machen, hat nicht nur die einfach-

---

[178] „[…] vertu éclairé", Émile, Oeuvres complètes (wie Anm. 124), Bd. 4, 560.
[179] Vgl. Lorenz Jäger, Ermüdet. „Dialektik der Aufklärung", in: FAZ vom 24. 1. 1998.

sten anthropologischen Lektionen dessen, was Menschen zugetraut und zugemutet werden kann, noch nicht gelernt. Er hat auch alle Arbeitserfahrungen versäumt, aus denen man lernen kann, was mit Mitteln der Philosophie geht und was nicht. Bei den Bemühungen um Aufklärung handelt es sich nun einmal um ein ausschließlich kognitives Unternehmen, und zwar auch dann, wenn es um die praktische Aufklärung geht, weil es hier um die Klärung der kognitiven Voraussetzungen der Praxis geht. Mit der Ausarbeitung seiner Konzeption der Aufklärungsbedürftigkeit und Aufklärungsfähigkeit der Urteilskraft hat Rousseau hat Rousseau unter den Bedingungen der Neuzeit ein für alle Mal alles getan, was mit elementaren Reflexionsmitteln der Philosophie möglich ist, um über die zentrale kognitive Voraussetzung der Praxis aufzuklären. Sogar die am moralisch und rechtlich Unbedingten orientierte praktische Vernunft erfordert, wie der enthusiastische Rousseau-Leser Kant argumentiert, „[…] noch durch Erfahrung geschärfte Urteilskraft".[180] Doch die Urteilskraft ist, wie Rousseau nüchtern notiert, nicht immer aufgeklärt (s. o.). Nur wegen der Abhängigkeit der Praxis von dieser prekären Urteilskraft haben die Bemühungen um Aufklärung in einem präzisierbaren und vor allem päzisierungsbedürftigen Sinne an einer Dialektik teil. Die unüberwindbaren Schranken der Reichweite und der Tiefenschärfe der Urteilskraft verurteilen uns immer wieder einmal von neuem dazu, von unerfüllten, aber zu lange verborgen bleibenden Voraussetzungen über Erfolgsbedingungen unserer Praxis Gebrauch zu machen. Nur die Praxis selbst und deren längerfristige Konsequenzen können der praktischen Urteilskraft in solchen Fällen zur Aufklärung über solche anfänglichen Selbsttäuschungen verhelfen und Chancen zu Selbstkorrekturen und zu einer verbesserten Praxis eröffnen. Die Dialektik der Aufklärung ist nicht nur die Form, in der eine vernünftige Auseinandersetzung mit diesem anthropologisch unvermeidlichen Wechselspiel aus fehlbarer Urteilskraft und verfehlter Praxis möglich ist. Sie ist auch die Form, in der sich der geschichtliche ‚Zeitkern der Wahrheit' der Aufklärung zeigt.

Daran hat auch der neuzeitliche Einzug der Wissenschaften und ihrer technischen Potentiale in die Lebensbedingungen der Menschen prinzipiell nichts geändert. Rousseau selbst war allerdings in der einzigartigen geschichtlichen Situation des erwachenden szientistischen Aufklärungsbewußtseins der erste und deswegen auch der letzte, der die Gelegenheit hatte und auch zu nutzen vermochte, mit Hilfe seiner Skepsis rechtzeitig den einzigartigen verborgenen Voraussetzung dieses Bewußtseins auf die Spur zu kommen – seinen *unerfüllten* Elementar-Präsuppositionen: 1.) Die Wissenschaft kann nicht kraft ihrer internen Methoden, Kriterien, Aspekte und Resultate über die praktische Relevanz ihrer Tätigkeiten, Entdeckungen und Forschungsziele urteilen, sondern muß solche Einschätzungen

---

[180] Immanuel Kant, Grundlegung zur Metaphysik der Sitten, in: Kant's gesammelte Schriften, Bd. 4, Berlin 1911, 389.

der praktischen Urteilskraft überlassen; 2.) die Wissenschaft ist nicht absolut nützlich, sondern muß Nützlichkeitsabwägungen den situativen Einzelfallbeurteilungen ihrer Ziele und Resultate durch die praktische Urteilskraft überlassen; 3.) die Bürger eines politischen Gemeinwesens werden im Rahmen exklusiver Bemühungen um ihre Aufklärung durch den wissenschaftlichen Fortschritt nicht aufgeklärt, sondern um die praktische, also um die moralische, rechtliche, utilitäre und politische Aufklärung ihrer Urteilskraft gebracht.

Wer die These vom ‚Zeitkern der Wahrheit' auch mit Blick auf die *wahre Aufklärung* (Werner Schneiders) wirklich gelernt hat, wird daher unter Rousseaus Vorzeichen auch niemals wieder ernsthaft meinen können, daß man dieser Wahrheit durch irgendwelche zeit- und geschichtsinvarianten Formen von unstrittig wahren Sätzen ein für alle Mal restlos habhaft werden könnte. Er wird stattdessen gelernt haben, daß die Wahrheit der Aufklärung nur immer wieder von neuem aus der unablässigen Skepsis hervorgehen kann, mit der wir über unerfüllte Präsuppositionen der Antworten auf die einfachen Fragen Rousseaus wachen: Was ist wichtig, gewußt zu werden? Was ist nützlich, gewußt zu werden? Was ist würdig erforscht zu werden? Was ist die Wissenschaft im ganzen wert? Wie kann man immer wieder von neuem gut beurteilen, wie man von einer wissenschaftlichen oder von einer nicht-wissenschaftlichen Wahrheit in der Praxis einen guten Gebrauch machen kann? In jeder neuen geschichtlichen Situation kann die Wahrheit dieser Antworten von anderen situativen Bedingungen abhängen als zuvor.

Der Philosophie obliegt es, mit der von Rousseau apostrophierten ‚aufgeklärten Tugend' in umsichtiger und eindringlicher Weise die Einsicht unablässig im öffentlichen Bewußtsein wach zu halten, daß und warum diese Fragen zu keiner Zeit vernachlässigt werden dürfen und zu keiner Zeit in einer anderen Obhut beantwortet werden können als in der Obhut einer von der moralischen und rechtlichen Vernunft orientierten, situationserfahrenen praktischen und politischen Urteilskraft. Da sie die These vom ‚Zeitkern der Wahrheit' der Aufklärung schon längst gelernt hat, hat sie auch gelernt, daß es keine Instanz gibt, die durch abstrakte Argumentationsanalysen letztgültig darüber entscheiden könnte, welche Antworten auf Rousseaus Fragen in einer konkreten geschichtlichen Situation wahr sind und welche nicht. Sie weiß daher auch, daß an der Wahrheit solcher Antworten die Formen ihrer geschichtlichen Bewährung in der Praxis einen wesentlichen Anteil haben: Ihre Wahrheit *zeigt sich* der praktischen Urteilskraft nur *in der Geschichte* der Praxis selbst. Zur Dialektik der Aufklärung gehört daher die Skepsis, die unablässig immer wieder von neuem danach trachtet, durch Diagnostizierung verborgener unerfüllter Präsuppositionen der Produkte der praktischen Urteilskraft Chancen dafür zu eröffnen, daß die Antworten auf Rousseaus Fragen besser gegeben, begründet und praktiziert werden können als ohne die unablässigen Bewährungsproben im Medium dieser Skepsis. Diese Dialektik ist nicht die eschatologisch orientierte Dialektik eines Bewußtsein, das im Bann einer menschengemachten Apokalypse steht. Sie ist die Dialektik der anthropologisch unvermeidlichen Selbsttäuschungen der alltäglichen praktischen Urteilskraft. Solche Selbsttäuschungen sind es, auf die die Skepsis des dialektischen Bewußtsein der Aufklärung im „Garten des Menschlichen" (C. F. von Weizsäcker) deswegen auf Schritt und Tritt gefaßt ist, weil dieser Garten schon immer alles andere als ein für die praktische Einsicht amoener Ort war. Diesen Garten hat zwar auch Kant im Auge, wenn er seine Kritik der Swedenborgschen „Träumereien eines Geistersehers" mit der Mahnung Candides beschließt: „Laßt uns unser Glück besorgen, in den Garten gehen und arbeiten!"[181] Doch nur wenn die Philosophie die Selbsttäuschungsträchtigkeit nicht aus den Augen verliert, der die praktische Urteilskraft inmitten dieser alltäglichen Arbeit auch unter den Bedingungen eines wissenschaftlich-technisch rationalisierten Menschengartens ausgesetzt ist, kann sie der von Platon erstmals durchschauten Dialektik der Aufklärung immer wieder von neuem auch mit ihren Mitteln gerecht werden, indem sie immer wieder von neuem zur Diagnostizierung und dadurch zur Überwindung von unvermeidlichen Selbsttäuschungen der praktischen Urteilskraft über unerfüllte Präsuppositioen ihrer eigenen Produkte beiträgt.

Prof. Dr. Rainer Enskat, Seminar für Philosophie der Martin-Luther-Universität Halle-Wittenberg, Schleiermacherstr. 1, 06114 Halle (Saale), E-Mail: rainer.enskat@phil.uni-halle.de

[181] Immanuel Kant, Träume eines Geistersehers, in: Kant's gesammelte Schriften, Bd. 2, Berlin ²1912, 373.